MANAGEMENT & COMPUTER

경영과 컴퓨터

최재화 손승희 장윤희 이형배

북넷

머리말

마이크로소프트 엑셀과 액세스가 개인용 컴퓨터의 애플리케이션 소프트웨어로 등장한 지는 벌써 20년이 지났다. 그동안 엑셀과 액세스의 이름 앞에는 오피스라는 단어가 들어가 마이크로소프트 오피스 엑셀과 액세스로 바뀌었다. 이제 엑셀과 액세스는 오피스(사무실)의 핵심 애플리케이션 소프트웨어이다. 다시 말해서 엑셀과 액세스는 오늘의 지식노동자에게 필수불가결의 도구로 자리 잡게 되었다. 이것이 많은 대학에서 전공을 불문하고 엑셀과 액세스를 교육하고 있는 이유이다.

엑셀과 액세스를 잘 활용한다는 것은 그것에 대한 기본 개념을 이해하고 다양한 기능을 효과적으로 사용하여 주어진 문제를 해결할 수 있음을 말한다. 대학의 경상계열 학생들에게는 엑셀과 액세스의 기본적 기능의 사용법을 익히는 것은, 엑셀과 액세스를 사용하여 대학에서 배운 다양한 전공 이론들을 기업 실무에 활용하고 능력을 배양하는 것은 매우 중요하다. 이러한 관점에서 본 서는 다양한 사례 프로젝트를 수행함으로써 엑셀과 액세스의 기본 기능과 실제 활용 방법을 배울 수 있도록 구성하였다. 따라서 본 서는 대학의 경상계열 전공자들뿐만 아니라 실무 담당자들에게도 실질적인 도움을 줄 수 있을 것으로 본다.

본 서는 마이크로소프트 엑셀을 다루는 열 개의 장과 마이크로소프트 액세스를 다루는 두 개의 장으로 구성되어 있다. 제1장은 마이크로소프트 엑셀의 기본기능을 예산편성 사례를 통하여 설명하였다. 제2장은 손익분기점 분석과 프로젝트를 통해서 재무관리 분야에서의 엑셀의 활용방법에 대해서 소개하였다. 제3장은 경제적 주문량과 주문시기를 결정하는 재고관리 분야에서의 활용방법에 대해서 설명하였다. 제4장은 판매량의 이동평균과 판매량 추세분석 그리고 계절변화에 따른 판매량 변화에 대한 프로젝트를 소개하고 있다. 제5장은 회귀분석 프로젝트를 다루었다. 제6장은 투자론 분야의 대표적인 투자의사결정 이론인 포트폴리오 이론에 활용하는 방법을 설명하였다. 제7장은 재고와 고객주문 그리고 생산로트에 근거하여 최적 생산계획을 수립하는 방법을 소개하였다. 제8장은 마아코프 분석에의 엑셀 활용을 다루고 있다. 제9장은 자본 예산을 편성하기 위해 엑셀 모델을 개발하는 프로젝트를 소개하고 있다. 제10장은 엑셀의 고급 기능인 매크로의 활용에 대한 소개를 하였다. 액세스를 다루는 제11장은 영업 대리점 관리 프로젝트를 통해서 테이블, 질의, 폼, 그리고 보고서 작성에 필요한 액세스의 기본적 개념과 기능을 설명하였고, 제12장은 주문관리 프로젝트를 통해서 판매 및 영업분야에서의 활용 방법을 소개하였다.

마지막으로 개정판을 낼 수 있도록 도와준 북넷의 류재식 사장님과 편집부 직원 여러분에게 감사의 마음을 전한다.

2012년 6월

저자 일동

차 례

제 1 부 엑셀 응용

Chapter 01 마이크로소프트 엑셀 기초

Chapter 07 생산운영관리–최적 생산계획

Chapter 08 경영과학–마아코프 분석

Chapter 09 재무관리–자본예산

Chapter 10 마이크로소프트 엑셀 고급-매크로 활용

제 2 부 액세스 응용

Chapter 11 마이크로소프트 액세스 기초

Chapter 12 주문관리

제 3 부 부 록

PART 1 엑셀응용

01

CHAPTER

마이크로소프트 엑셀 기초

SECTION 01에서는 스프레드시트의 개념과 대표적인 스프레드시트 프로그램인 마이크로소프트 엑셀의 특징을 살펴본다.
SECTION 02에서는 간단한 예산 스프레드시트 프로젝트를 통하여 마이크로소프트 엑셀의 기본 기능을 배운다.

스프레드시트와 마이크로소프트 엑셀

1 스프레드시트

스프레드시트(Spreadsheet)는 데이터를 분석하고 평가하는 일을 돕는 중요한 사무용 도구이다. 스프레드시트는 비즈니스 데이터를 구성하고 표현하여 의사결정을 돕는 도구로 오랫동안 사용되어 왔다. 그러나 스프레드시트의 활용은 기업활동에만 한정되지 않고 비재무적 데이터의 분석에도 사용되고 있다.

스프레드시트는 수작업으로 작성될 수도 있으나, 현재는 컴퓨터로 전자적 스프레드시트(Electronic Spreadsheet) 또는 워크시트(Worksheet)를 만들며 이것을 가능하게 하는 소프트웨어를 스프레드시트 프로그램이라 한다.

본 장에서는 스프레드시트 프로그램 중의 하나인 마이크로소프트 엑셀(Microsoft Excel)의 기본적 기능과 그 사용법을 배운다.

2 스프레드시트를 사용한 문제해결 과정

스프레드시트를 사용하여 복잡한 문제를 분석하고자 할 때 먼저 문제의 해결을 위한 계획을 세우는 것이 중요하다. 계획은 문제를 효율적으로 해결하게 하며 최종 결과를 효과적으로 표현하게 한다. 스프레드시트를 사용한 문제해결 과정은 대체로 다음과 같다.

그림 1-1 스프레드시트의 작업과정

▪ 문제의 정의

스프레드시트의 목적 또는 목표를 정한다. 스프레드시트가 어떻게 사용될 것인가를 분명히 하여야 한다. 어떤 입력 데이터가 사용되고 어떤 출력물이 요구되는지를 결정한다. 즉 문제의 정의 단계에서는 구체적인 요구사항을 파악하는 것이다.

▪ 모델의 개발

모델의 개발 단계는 스프레드시트를 디자인하는 과정이다. 문제를 스프레드시트 모양으로 표현하고 모든 부분에 대한 설명도 포함하여야 한다. 다른 데이터를 사용하여 계산되는 데이터를 위한 수식도 결정한다.

▪ 스프레드시트 작성 및 테스트

모델이 완성되면 데이터와 수식을 입력하고 테스트한다. 스프레드시트 테스트는 데이터가 수식 또는 함수에 의해 바르게 계산되는가를 확인하는 것이다. 스프레드시트가 계속 사용될 경우에는 실수로 인하여 스프레드시트가 변경되지 않도록 보호하는 것도 중요하다.

▪ 문서화

스프레드시트는 그 자체가 어느 정도 문서화를 포함하고 있지만 다른 사람도 쉽게 사용할 수 있도록 더 자세하게 문서화를 해놓는 것이 중요하다. 간단히 스프레드시트에 문서화를 할 수 없는 경우에는 워드프로세서를 사용하여 문서화를 하는 것이 좋다.

유용한 스프레드시트의 개발은 신중한 구상에서 출발한다. 철저한 구상에서 개발된 스프레드시트는 정확한 결과를 명확하게 표현하여 읽기 쉽고 자유로운 변환이 가능하게 한다.

3 마이크로소프트 엑셀

마이크로소프트 엑셀은 마이크로소프트 오피스 패키지의 한 구성요소이며 현실 문제를 계량적 모델화하여 분석하는 과정을 돕는 의사결정 도구로 사용된다. 사용자는 엑셀[1]의 워크시트에 주로 숫자 데이터를 입력하여 정리하고 계산을 통하여 분석을 한다.

엑셀 윈도우는 [그림 1-2]에서 보는 바와 같이 다른 윈도우 화면과 유사한 데, 전체 화면 구성은 크게 3부분으로 나눌 수 있다.

그림 1-2 엑셀 전체 화면의 구성

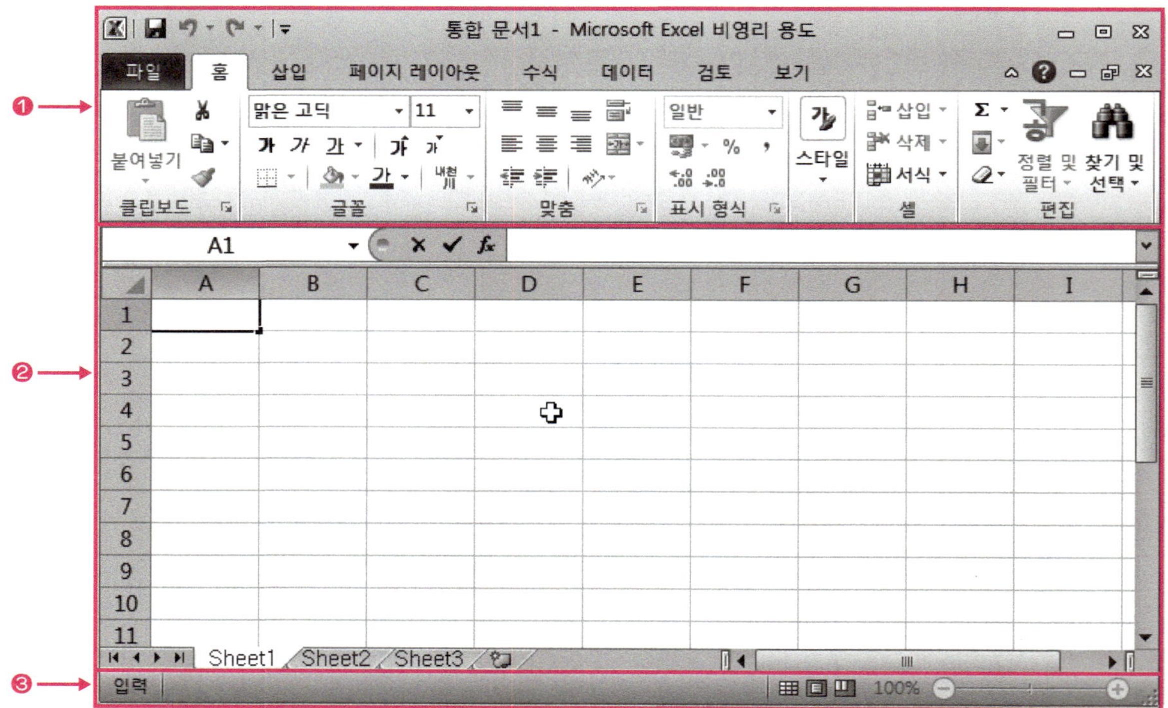

1) 여기서부터는 마이크로소프트 엑셀을 엑셀로 줄여서 사용하기로 한다.

❶ **명령지시 부분** : 메뉴와 명령 단추와 그룹명과 대화상자 표시 단추로 통합된 리본 메뉴로 되어 있다

❷ **워크시트 부분** : 숫자, 텍스트, 수식, 함수 등을 입력하여 사용자가 원하는 문서 작업을 한다.

❸ **작업상태표시 부분** : 현재의 작업 상태를 나타내고, 선택된 범위의 계산 결과를 보여준다.

3.1 명령 지시 부분

그림 1-3 명령 지시 부분

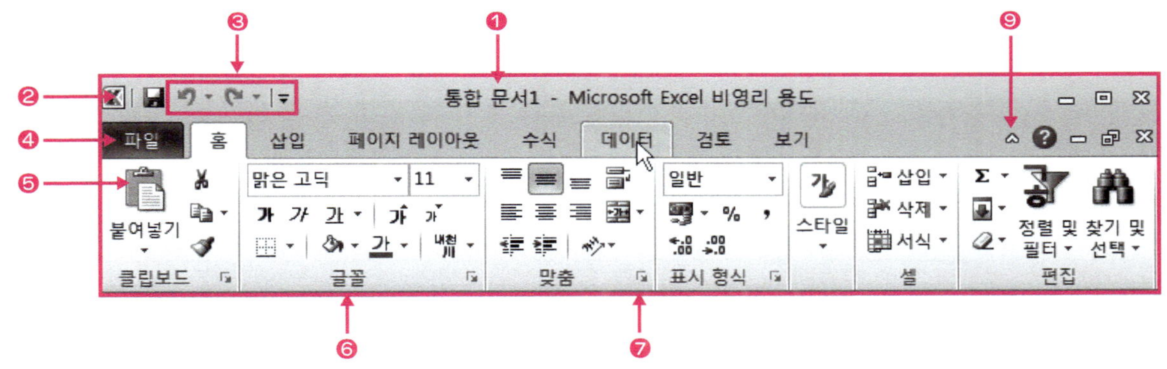

❶ **제목 표시줄** : 실행 중인 응용프로그램인 마이크로소프트 엑셀과 현재 사용 중인 파일명을 표시한다.

❷ **창 조절 메뉴** : 클릭하면 엑셀 창을 조절하는 메뉴가 표시되고, 더블 클릭하면 엑셀이 종료된다.

❸ **빠른 도구 실행 모음** : 자주 실행되는 명령을 추가하여 빠르게 선택할 수 있다.

❹ **탭** : 텍스트 형태의 메뉴 부분이다. 엑셀이 제공하는 중요 기능을 탭으로 나타내며 탭을 클릭하면 해당 그룹이 나타나고, 여기서 명령 아이콘을 선택할 수 있다.

❺ **아이콘 명령** : 클릭하면 해당 아이콘의 명령을 실행한다.

❻ **그룹명** : 아이콘 명령을 분류해 놓은 그룹 이름이다.

❼ **대화상자 표시 버튼** : 그룹에 없는 명령들을 대화상자를 열어 선택할 수 있다.

❽ **리본 메뉴** : 텍스트 형태의 탭 메뉴(위의 ❹)와 아이콘 형태의 명령 단추(위의 ❺)가 통

합된 메뉴를 리본 메뉴라 한다.

❾ **리본메뉴 최소화 단추** : 클릭하면 탭만 표시하고 아이콘을 숨긴다. 다시 클릭하면 아이콘 명령 단추가 나타난다.

3.2 데이터 입력 부분

데이터 입력 부분은 사용자가 편집 또는 사용하고 있는 시트로서 열(Column)과 행(Row)으로 이루어져 있다. 열은 오른쪽 방향으로 알파벳으로 된 이름을 가지며, 행은 아래쪽 방향으로 숫자로 된 번호로 주로 표시한다. 행과 열이 만나서 만드는 직사각형을 셀(Cell)이라 하고, 각 셀은 해당되는 행과 열의 머리글로 만들어진 고유의 주소(Unique Address)를 갖는다.

그림 1-4 데이터 입력 부분

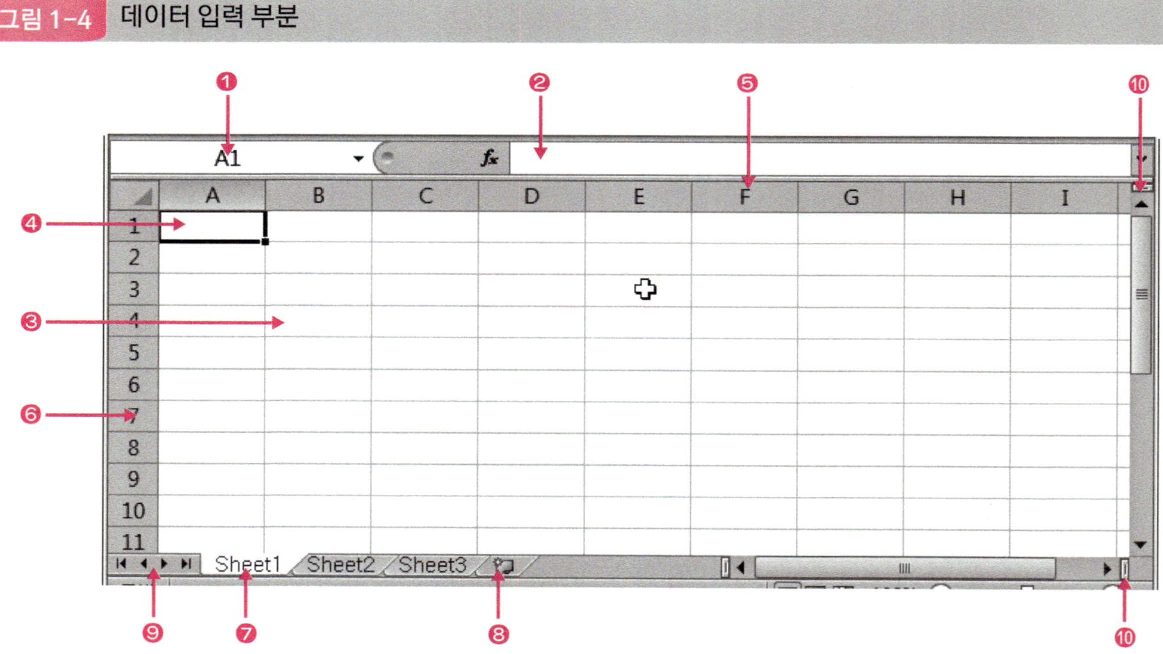

❶ **이름 상자** : 이름 상자는 현재 선택된 셀의 주소를 표시된다.

❷ **수식 입력줄** : 수식 입력줄은 입력되어 있는 데이터 또는 수식을 보여준다.

❸ **셀** : 행과 열이 교차해서 만들어진 사각 영역을 말한다. 워크시트 하나에 17, 179, 869, 184개의 셀이 있다.

❹ **활성화 셀** : 활성화 셀은 사용자가 작업을 위해 선택한 셀이며, 사용자는 마우스로 원하는 셀을 클릭하여 활성화 셀로 만든다.

❺ **열 이름** : 열 이름이 표시되는 부분으로 A열 ~ XFD열까지 총 16,384개의 열이 있다.

❻ **행 번호** : 행 번호가 표시되는 부분으로 1행 ~ 1,048,576행까지 있다.

❼ **시트 탭** : 엑셀은 하나 이상의 노트 종이를 묶어 두는 바인더 모양과 같이 워크북(Workbook)이라는 파일에 워크시트와 차트를 저장한다. 각 워크시트와 차트의 이름은 워크북 하단의 시트 탭(Sheet Tab)에 나타난다. 현재 선택된 시트는 흰색으로 표시된다.

❽ **워크시트 삽입 단추** : 클릭하면 새로운 워크시트가 추가된다.

❾ **시트 탭 이동 단추** : 시트의 개수가 많아서 시트 탭이 모두 보이지 않을 때, 가려진 시트 탭을 볼 수 있도록 시트 탭 화면을 이동한다.

❿ **창 분할선** : 드래그하면 화면을 가로나 세로로 분할 할 수 있다. 큰 표를 작업할 경우, 창을 분할할 때에 사용한다.

3.3 상태 표시줄 부분

상태 표시줄은 메뉴에서 선택된 명령에 대한 간단한 설명이나 마우스 포인터가 위치한 버튼의 기능, 실행 중인 상태 등을 나타내며, 엑셀 윈도우의 맨 아래에 위치한다. 상태가 준비(Ready)로 나타날 때는 엑셀이 데이터 입력을 받거나, 다음 명령을 수행할 준비가 되었음을 나타내고, 입력(Input)일 때는 엑셀이 키보드로부터 활성화 셀에 데이터를 입력 받고 있는 중임을 나타낸다.

그림 1-5 상태 표시줄 부분

❶ **보기 바로 가기** : 기본보기, 페이지 레이아웃 보기, 페이지 나누기, 미리보기 단추로 되어 있어, 화면 보기를 쉽게 선택할 수 있다.

❷ **축소/확대** : 현재 워크시트의 축소/확대 배율을 나타낸다.

❸ **축소/확대 슬라이더** : +나 – 버튼을 클릭하거나, 슬라이더를 드래그하여 화면의 배율을 빠르게 조절할 수 있다.

3.4 활성화 셀(Active Cell)

엑셀에서 작업을 수행하려면 기본적으로 셀을 선택해야 한다. 즉, 워크시트에 데이터를 입력, 편집, 서식을 지정할 때 등 모든 작업은 셀 단위로 이루어진다.

따라서 어떤 명령을 실행하기 전에 먼저 원하는 셀을 선택해야 한다. 선택된 셀을 활성화 셀이라고 하는데, 선택된 셀은 굵은 테두리로 표시되고, 선택된 셀 주소는 이름 상자에 나타나게 된다. 셀 또는 셀 범위를 선택하는 방법에 대하여 알아보자.

❶ 한 개의 셀을 선택하려면 해당 셀로 마우스 포인터를 이동시키고 클릭한다.

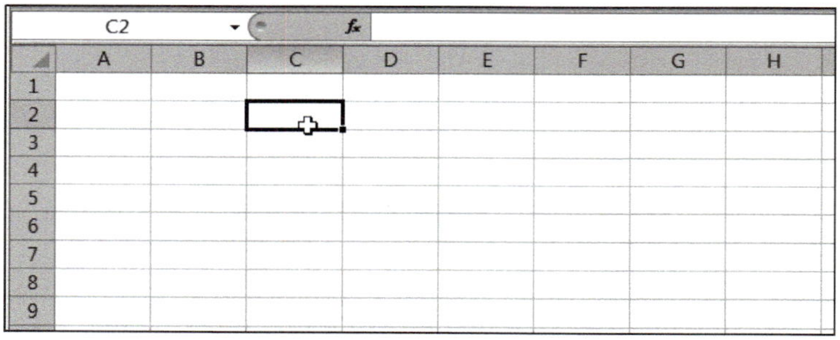

❷ 연속적인 셀을 선택(활성화)하려면, 시작 셀에서 마우스 왼쪽 버튼을 누른 상태에서 원하는 셀까지 이동한 다음 마우스 버튼에서 손을 뗀다(드래그한다).

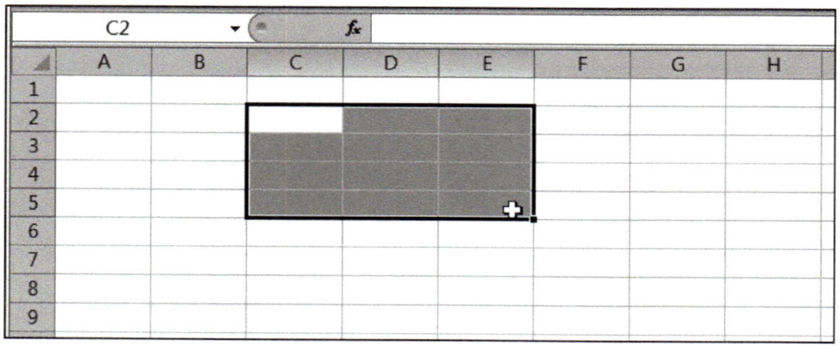

❸ 비연속적인 셀을 선택하려면, Ctrl키를 누른 상태에서 다른 셀을 클릭하거나, 다른 셀 범위를 드래그하여 선택한다. 비연속적인 셀 선택을 해제 하려면 아무 셀이나 클릭하면 된다.

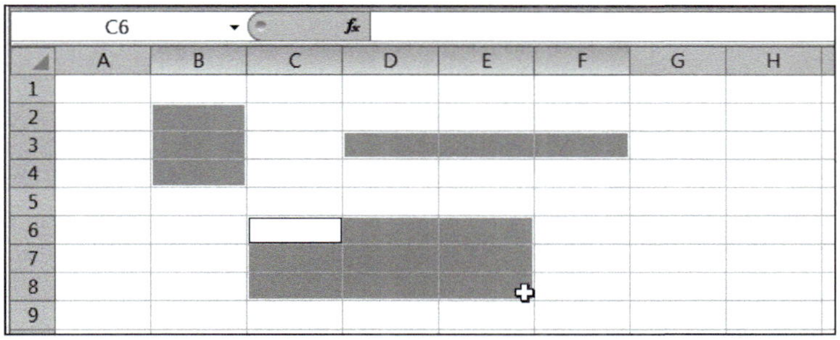

❹ 행을 추가하거나 삭제 등을 하는 행을 대상으로 하는 작업을 할 경우, 해당 행 전체를 선택해야 한다. 이런 경우는 행 머리글을 클릭한다. 여러 행을 선택할 때는 Ctrl 키를 누른 상태에서 행 머리글을 클릭하거나 드래그한다.

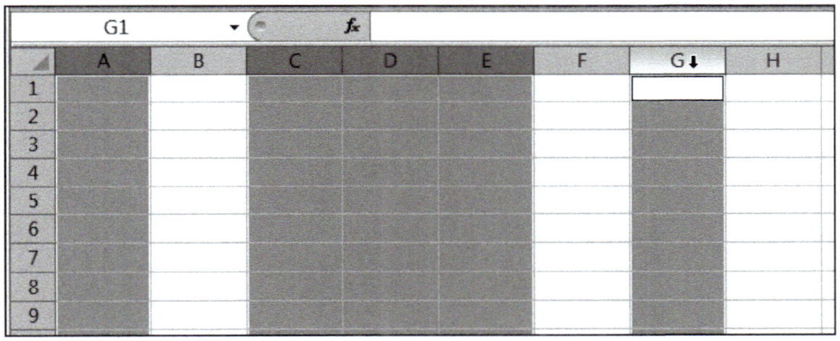

❺ 열을 추가하거나 삭제 등을 하는 열을 대상으로 하는 작업을 할 경우, 해당 열 전체를 선택해야 한다. 이런 경우는 열 번호를 클릭한다. 여러 열을 선택할 때는 Ctrl 키를 누른 상태에서 열 번호를 클릭하거나 드래그한다.

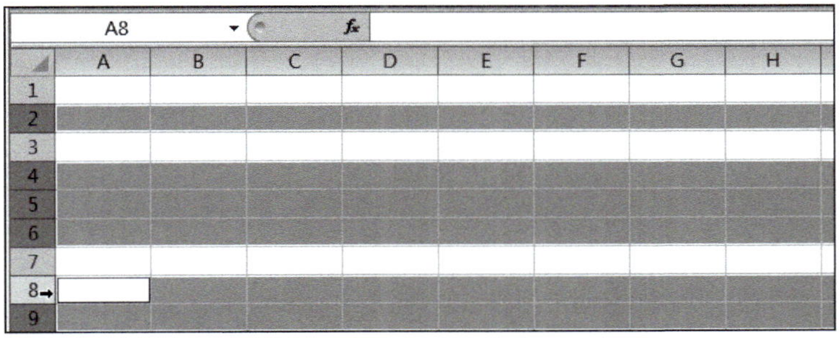

⑥ 모든 셀을 선택하려면, 워크시트의 [모두 선택] 버튼을 클릭한다.

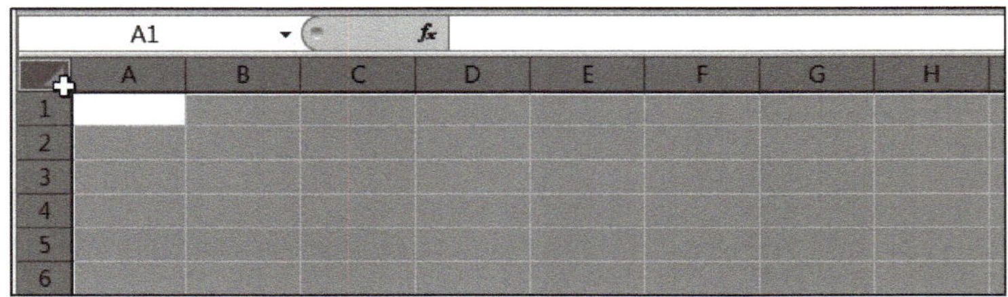

3.5 시트 탭(Sheet Tab)

엑셀에서 새로운 통합문서를 열면, 통합문서에는 Sheet1, Sheet2, Sheet3이라는 세 개의 워크시트 탭이 있다. 이들은 엑셀 사용자가 워크시트에 작성한 내용에 따라 시트 이름을 변경할 수 있다. 또 필요하면 시트를 삽입하거나 삭제할 수 있다.

❶ 시트 이름을 변경하려면, 이름을 변경할 시트 탭을 더블 클릭하거나, [홈] 탭 → [셀] 그룹 → 〈서식〉의 드롭 다운 버튼을 클릭하여 [시트 이름 바꾸기]를 선택한다. 그러면 시트명이 반전 상태로 된다.

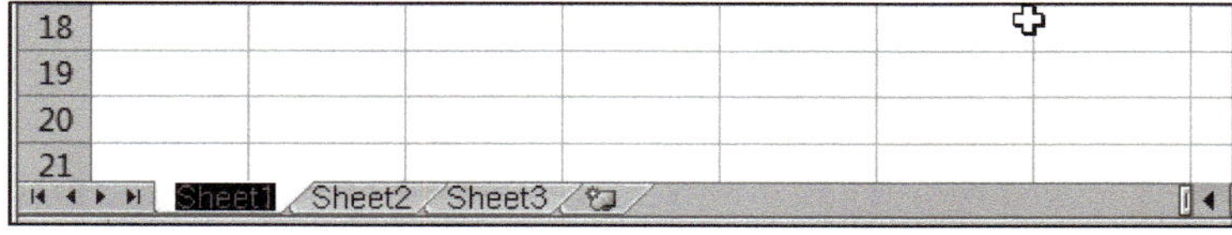

위의 상태에서 워크시트 이름을 입력한다. '현금예산2012-03-09'라고 입력한다.

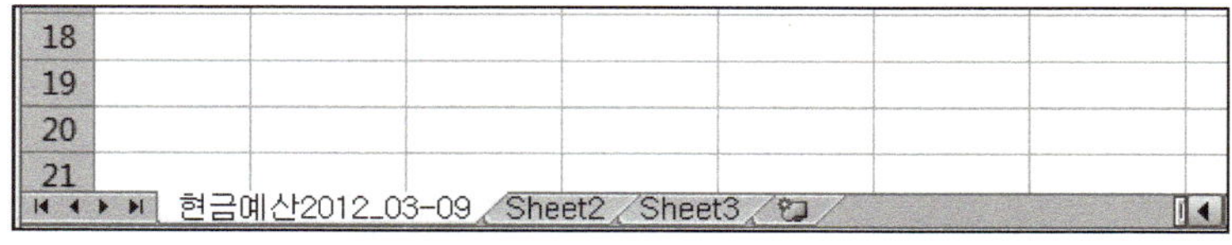

❷ 새로운 워크시트를 삽입하려면 시트 탭에 있는 〈워크시트 삽입〉 버튼을 클릭한다.

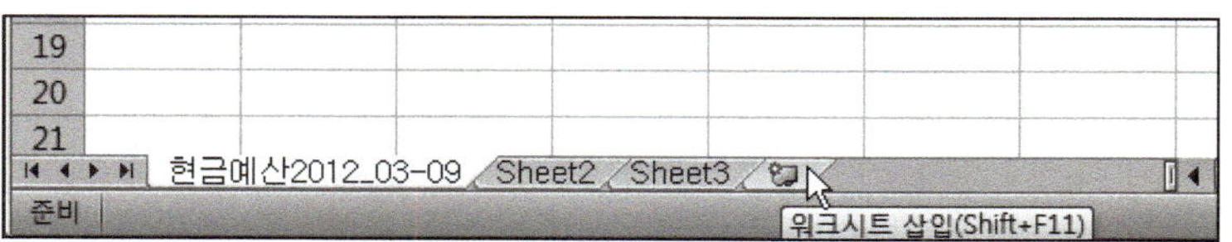

새로운 워크시트 Sheet4가 삽입된다.

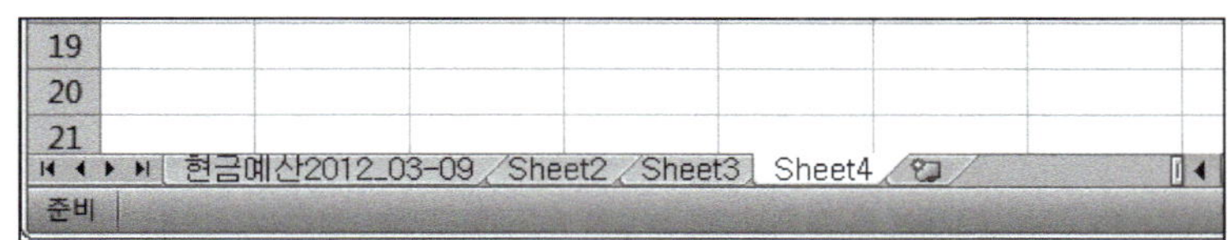

시트 명을 클릭하여 드래그하면 워크시트를 이동할 수 있다. 시트 명에 왼쪽 버튼을 클릭하면 워크시트에 관한 여러 가지 조작 메뉴가 나타난다.

3.6 엑셀에서 명령하는 5가지 방법

엑셀을 조작하기 위해 명령을 선택하는 방법에는 5가지가 있다.

그림 1-6 엑셀에서 명령하는 방법들

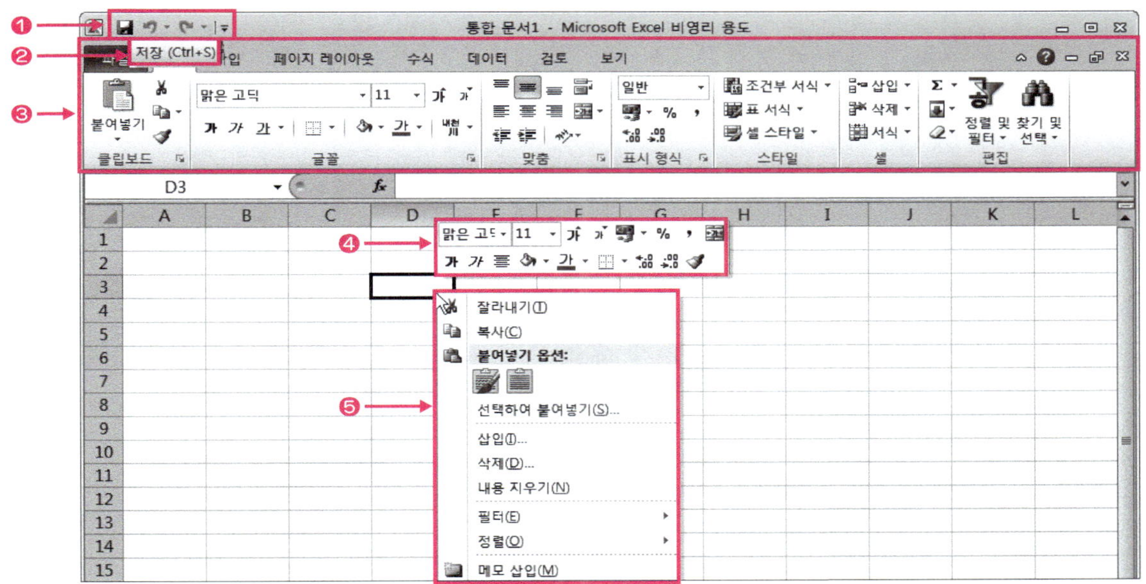

❶ **리본 메뉴** : 명령 단추나 '대화상자 표시 버튼' 클릭으로 나타난 메뉴에서 명령을 선택하여 실행한다.

❷ **빠른 실행도구 모음** : 이곳에 등록된 아이콘 명령 버튼을 클릭하여 명령을 실행한다.

❸ **키보드 단축 키** : 명령 아이콘에 마우스를 이동하면 "Ctrl+영어알파벳"이 나타나는

데, 이 단축키(또는 '바로 가기 키'라고도 함)를 누르면, 마우스를 사용하지 않고, 명령을 실행한다.

④ **단축 메뉴** : 조작 대상의 셀들이 선택된 상태에서 마우스 포인터를 이동시킨 후, 마우스 오른쪽 버튼을 클릭하여 명령을 실행한다.

⑤ **미니 도구 모음** : 단축 메뉴와 함께 나타내는 미니 도구를 조작하여 명령을 실행한다.

3.7 리본 메뉴의 사용자화

엑셀 2010부터는 리본 메뉴의 사용자화가 훨씬 다양해졌다. 즉 원하는 탭만을 나타나게 하거나, 사용자가 지정한 탭을 추가할 수 있다. 또 탭의 이름이나 순서 등을 변경할 수 있다.

❶ [파일] 탭 → [옵션] 메뉴로 나타난 대화상자에서 왼쪽에 있는 [리본 사용자 지정]을 선택하여, 원하는 탭과 명령 버튼을 추가나 삭제를 하고, 이름을 변경할 수 있다.

❷ 최초의 리본 메뉴로 되돌아가려면 위의 대화상자에서 [원안대로] → [모든 사용자 지정 다시 설정]을 선택한다.

그림 1-7 리본 메뉴의 사용자화

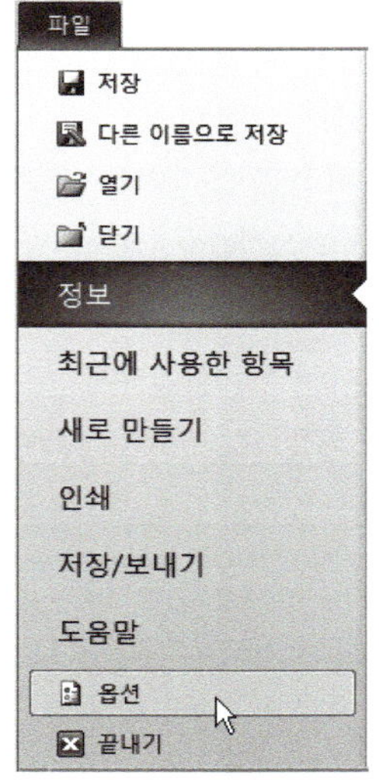

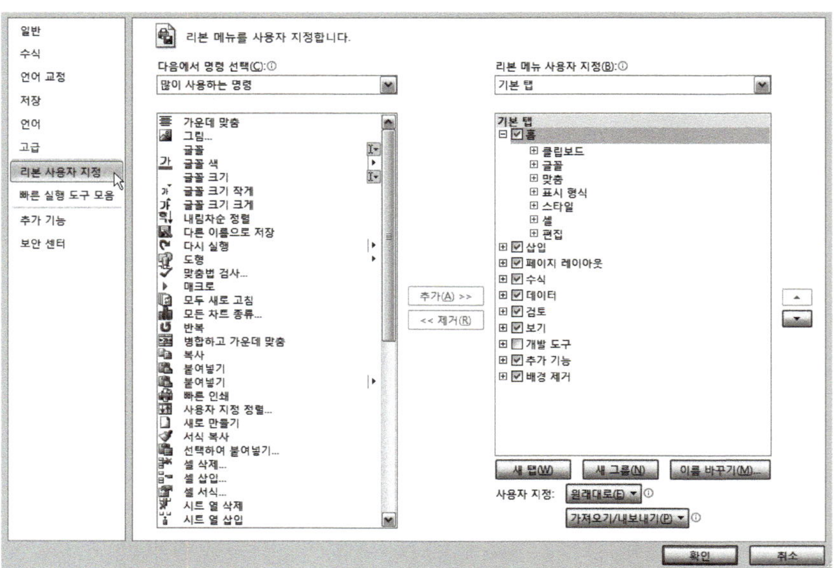

3.8 엑셀의 기능

엑셀은 워크시트의 데이터로 그래프를 그려 세련된 보고서를 만들 수 있게 하고, 엑셀 파일을 월드와이드 웹(World Wide Web)에 올리게 하는 기능도 포함하고 있다. 또 엑셀은 비주얼베이식(Visual Basic)에 기반한 매크로(Macro)를 제공하여 고급 응용프로그램 개발도 가능하게 하고 있다.

엑셀은 스프레드시트 또는 워크시트, 차트, 그리고 데이터 관리기능을 완전히 통합하여 사용자가 엑셀 안에서 차트를 만들 수 있고 데이터도 관리할 수 있다.

엑셀의 데이터 관리기능은 초보적이므로 본격적인 데이터 관리는 데이터베이스관리시스템(Database Management System)인 마이크로소프트 액세스(Microsoft Access)[2)]로 하는 것이 좋다.

2) 마이크로소프트 액세스(Microsoft Access)는 액세스 파트에서 다룬다.

사례 프로젝트

마이크로소프트 엑셀 기초 프로젝트

㈜NextBio는 가축사료 제조업체이다. 소, 돼지 사료나 닭 사료는 일년 동안 판매가 되고 있다. ㈜NextBio의 신용조건은 20일내에 현금지불하면 2%내에서 할인혜택을 부여하고 지급기간은 40일 이내로 제한하고 있다.

그런데 현실적으로 매출액의 20% 정도는 판매당월에 회수되고, 70% 정도는 한 달 뒤에, 나머지 10%는 두 달 뒤에 회수되고 있다. 옥수수나 콩, 그 밖의 생산요소들은 완제품생산 한 달 전에 구매하고 구매대금은 1개월 내에 지급한다.

예들 들어 6월에 1,000만원 정도의 매출이 예상되면 5월에 추정매출액의 70%인 700만원의 자재를 구매하고 그 대금은 6월에 지급하게 되는 것이다.

㈜NextBio의 예산편성팀은 2012년 3월부터 8월까지의 현금예산을 편성하기 위해서 다음과 같은 자료를 수집하였다.

1. 예상되는 매출액

(단위: 천원)

월	1	2	3	4	5	6	7	8	9
매출액	5,000	5,000	10,000	15,000	20,000	10,000	10,000	5,000	5,000

2. 월별 지출금액

(단위: 천원)

	3월	4월	5월	6월	7월	8월
임 금	750	1,000	1,250	750	750	500
임차료	250	250	250	250	250	250
기타비용	100	150	200	100	100	50
세 금			2,000			2,000
공장건설용지출				5,000		

3. 은행차입을 하지 않았을 경우의 3월초 현금수준을 3백만원으로 하고, 목표현금흐름 수준을 매월 2백 50만원으로 하여 현금예산을 편성한다.

1 스프레드시트 모델 설계

엑셀을 시작하기 전에 위의 문제를 파악하여 스프레드시트 모델을 먼저 개발하여야 한다. 스프레드시트 모델은 문제의 데이터로 필요한 계산을 거쳐 원하는 결과를 도출하는 것이 가능하도록 표현하는 것이다. [그림 1-8]은 위의 문제를 엑셀로 해결한 스크린으로 주어진 문제에 대한 하나의 스프레드시트 모델이다.

허용되는 할인율, 판매된 달에 대금이 회수되는 비율, 매출후 한달후에 회수되는 비율, 매출후 두달 뒤에 회수되는 비율, 변동비율, 즉 매출액에서 자재비가 차지하는 비율은 문제 해결과정에서 파라미터로 사용될 수 있으므로 모델의 외부에 [그림 1-8]과 같이 입력하는 것이 좋다.

스프레드시트 모델을 이용하여 ㈜NextBio의 여유현금에 대한 투자계획의 수립, 필요한 현금의 조달방안 강구 및 현금유입이나 현금유출에 대한 예측 등은 간단하게 수행할 수 있다.

이제 [그림 1-8]과 같은 스프레드시트 모델을 어떻게 단계적으로 개발하는가를 보자.

그림 1-8 스프레드시트 모델

㈜NextBio 현금예산									
할인율	2%								
회수율	20%								
1월후회수율	70%								
2월후회수율	10%								
변동비율	70%								
월	1월	2월	3월	4월	5월	6월	7월	8월	9월
매출액	₩5,000	₩5,000	₩10,000	₩15,000	₩20,000	₩10,000	₩10,000	₩5,000	₩5,000
할인금액			₩1,960	₩2,940	₩3,920	₩1,960	₩1,960	₩980	
1월후회수금액			₩3,500	₩7,000	₩10,500	₩14,000	₩7,000	₩7,000	
2월후회수금액			₩500	₩500	₩1,000	₩1,500	₩2,000	₩1,000	
총현금유입			₩5,960	₩10,440	₩15,420	₩17,460	₩10,960	₩8,980	
구매			₩7,000	₩10,500	₩14,000	₩7,000	₩7,000	₩3,500	
임금			₩750	₩1,000	₩1,250	₩750	₩750	₩500	
임차료			₩250	₩250	₩250	₩250	₩250	₩250	
기타비용			₩100	₩150	₩200	₩100	₩100	₩50	
세금					₩2,000			₩2,000	
공장신설비용						₩5,000			
현금유출			₩8,100	₩11,900	₩17,700	₩13,100	₩8,100	₩6,300	
순현금유입			-₩2,140	-₩1,460	-₩2,280	₩4,360	₩2,860	₩2,680	
월초보유현금수준			₩3,000	₩860	-₩600	-₩2,880	₩1,480	₩4,340	
월말보유현금수준			₩860	-₩600	-₩2,880	₩1,480	₩4,340	₩7,020	
목표보유현금수준			₩2,500	₩2,500	₩2,500	₩2,500	₩2,500	₩2,500	
은행차입금			₩1,640	₩3,100	₩5,380	₩1,020	-₩1,840	-₩4,520	

2 스프레드시트 모델 개발

엑셀을 사용하여 프로젝트를 해결하기 위해서는 윈도우 95, 98 또는 XP의 데스크탑 스크린에서 액셀을 시작한다. 엑셀이 시작되면 [그림 1-2]와 같이 자동적으로 통합문서 1 제목으로 되어 있으며 Sheet1이 선택된 워크시트로 되어 있다. 다음에서 Sheet1 워크시트에 ㈜NextBio의 현금예산 편성 스프레드시트를 개발하여 저장하는 작업을 단계적으로 수행하기로 한다.

워크시트에는 숫자, 문자, 그리고 계산을 위한 식과 같이 다양한 형태의 데이터가 입력된다. 엑셀에 입력되는 데이터는 〈표 1-1〉과 같이 네 종류로 나누어진다.

〈표 1-1〉 엑셀 입력 데이터의 종류

입력 데이터	설 명
값(Values)	엑셀이 계산에 사용할 수 있는 숫자, 날짜 및 시간 등의 데이터
문자열(Text)	엑셀이 값으로 보지 않는 문자들의 집합
수식(Formulas)	엑셀이 수행하도록 표시한 계산을 나타내는 식
함수(Functions)	엑셀이 미리 만들어 저장한 수식

2.1 제목과 항목이름 입력

스프레드시트 모델의 제목이나 항목이름과 같이 이름을 나타내기 위해 입력되는 문자열 데이터는 레이블(Label)이라 한다. 다음에서는 워크시트의 제목과 항목이름을 입력하는 과정을 보인다.

❶ 셀A1에 '㈜NextBio 현금예산'을 입력한다.

❷ 셀A3에서 A7에 '할인율', '회수율', '1월후 회수율', '2월후 회수율', '변동비율'을 입력한다.

A1, A5, A6에 입력된 텍스트가 셀의 너비를 초과하면 오른쪽의 셀까지 문자열이 나타나게 된다. 이때는 A열과 B열의 경계선에 마우스 포인터를 이동시키고 드래그하여 A열의 너비를 확대하거나, 더블 클릭하면 자동으로 셀 너비가 확대된다.

❸ 셀A9에서 A26에 '월', '매출액', '할인금액', '1월후 회수금액', '2월후 회수금액', '총현금유입', '구매', '임금', '임차료', '기타비용', '세금', '공장신설비용', '현금유출', '순현금유입' '월초보유현금수준', '월말보유현금수준', '목표보유현금수준', '은행차입금'을 입력한다.

그림 1-9 제목과 항목이름 입력

A26 fx 은행차입금

	A	B	C	D	E	F	G	H	I
1	㈜ NextBio 현금 예산								
2									
3	할인율								
4	회수율								
5	1월후 회수율								
6	2월후 회수율								
7	변동비율								
8									
9	월								
10	매출액								
11	할인금액								
12	1월후 회수금액								
13	2월후 회수금액								
14	총현금 유입								
15	구매								
16	임금								
17	임차료								
18	기타비용								
19	세금								
20	공장신설 비용								
21	현금유출								
22	순현금유입								
23	월초보유현금수준								
24	월말보유현금수준								
25	목표보유현금수준								
26	은행차입금								
27									

Sheet1 Sheet2 Sheet3

2.2 자동채우기를 이용한 시리즈 입력

일반적으로 스프레드시트 모델의 제목과 항목이름은 문자열로 되어 있으나 때로는 시리즈(일련의 수 또는 이름)를 나타나는 년, 월, 일련번호 등으로 항목이름을 정할 때가 있다. 〈표 1-2〉에서 보는 바와 같이 왼쪽의 시리즈의 첫 데이터만 입력하고 나머지 시리즈 데이터는 자동채우기(AutoFill)를 이용하여 쉽게 입력할 수 있다.

〈표 1-2〉 시리즈 데이터

시리즈 첫째 데이터	자동채우기로 채워지는 시리즈 데이터
월	화, 수, ..., 토
월요일	화요일, 수요일, ..., 토요일
1월	2 월, 3 월, ... , 12 월
January	February, March, ..., December
1사분기	2 사분기, 3 사분기, 4 사분기
11:00AM	11:01AM, 11:02AM, ...
제품 1	제품 2, 제품 3, ...
1, 2, 3, 4	5, 6, 7, 8...
1, 3, 5	7, 9, 11...

1월에서 9월까지를 입력하기 위해 아래와 같이 1월을 입력하고 나머지는 자동채우기로 입력하기로 한다.

❶ B9를 클릭하고 "1월"을 입력하고 Enter키를 누른다.

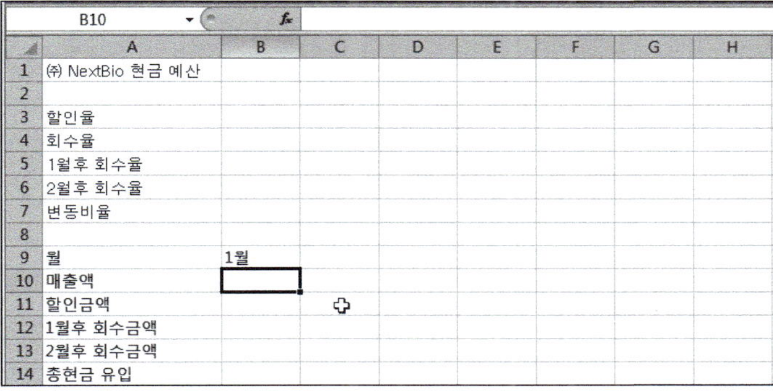

B10 | fx

	A	B	C	D	E	F	G	H
1	㈜ NextBio 현금 예산							
2								
3	할인율							
4	회수율							
5	1월후 회수율							
6	2월후 회수율							
7	변동비율							
8								
9	월	1월						
10	매출액							
11	할인금액							
12	1월후 회수금액							
13	2월후 회수금액							
14	총현금 유입							

❷ 다시 B9를 클릭하고 마우스 포인터를 B9셀의 오른쪽 아래 구석에 위치하여 마우스 포인터의 모양이 짙은 십자가(자동채우기 핸들이라고 함)가 되게 한다.

B9 | fx | 1월

	A	B	C	D	E	F	G	H
1	㈜ NextBio 현금 예산							
2								
3	할인율							
4	회수율							
5	1월후 회수율							
6	2월후 회수율							
7	변동비율							
8								
9	월	1월						
10	매출액							
11	할인금액							
12	1월후 회수금액							
13	2월후 회수금액							
14	총현금 유입							

❸ 위 상태에서 마우스 왼쪽 버튼을 누르고 J9까지 드래그하면 2월, 3월…이 나타나는데, 9월이 보이면 왼쪽 버튼을 놓는다.

그림 1-10 자동 채우기를 이용한 입력

B9 | fx | 1월

	A	B	C	D	E	F	G	H	I	J
1	㈜ NextBio 현금 예산									
2										
3	할인율									
4	회수율									
5	1월후 회수율									
6	2월후 회수율									
7	변동비율									
8										
9	월	1월								
10	매출액							9월		
11	할인금액									
12	1월후 회수금액									
13	2월후 회수금액									
14	총현금 유입									

자동으로 다음과 같이 2월~9월까지 자동으로 입력된다.

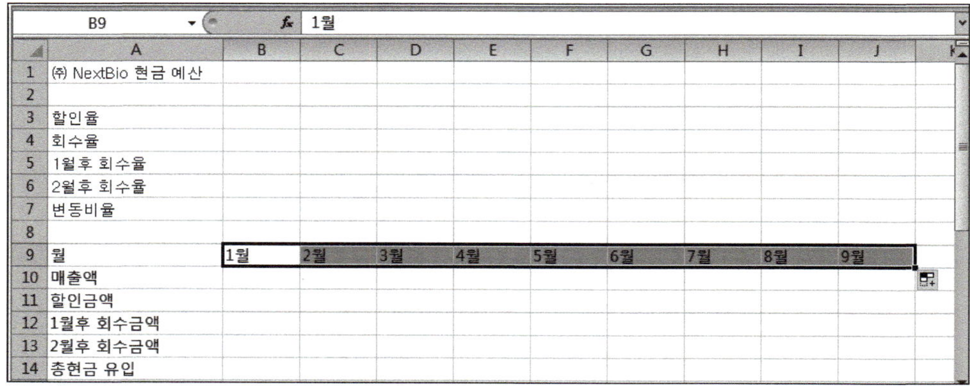

B9 | fx | 1월

	A	B	C	D	E	F	G	H	I	J
1	㈜ NextBio 현금 예산									
2										
3	할인율									
4	회수율									
5	1월후 회수율									
6	2월후 회수율									
7	변동비율									
8										
9	월	1월	2월	3월	4월	5월	6월	7월	8월	9월
10	매출액									
11	할인금액									
12	1월후 회수금액									
13	2월후 회수금액									
14	총현금 유입									

2.3 숫자 입력

엑셀에서 수량을 나타내기 위해 셀에 숫자를 입력한다. 숫자는 소수점 9자리까지 사용할 수 있고 다음의 특수 문자들 중 하나를 사용할 수도 있다.

– ( ) , . $ % E e

워크시트에서 수는 여러 가지 스타일로 표시될 수 있다. 예를 들면, 정수의 표현을 세 자리마다 컴마를 사용하여 나타낼 수도 있고, 숫자에 통화 표시를 하기 위해 달러나 원화 표시에 사용되는 부호를 사용할 수도 있다.

그러나 이러한 포맷에 관련된 사항은 모든 워크시트의 데이터와 수식 입력을 끝낸 뒤에 하는 것이 시간을 절약하는 방법이다. 따라서 포맷을 신경쓰지 않고 다음과 같이 숫자를 입력한다.

❶ B3부터 B7에 '0.02', '0.2', '0.7', '0.1', '0.7'을 차례로 입력한다.

❷ B10부터 J10에 '5000', '5000', '10000', '15000', '20000', '10000', '10000', '5000', '5000'을 입력한다.

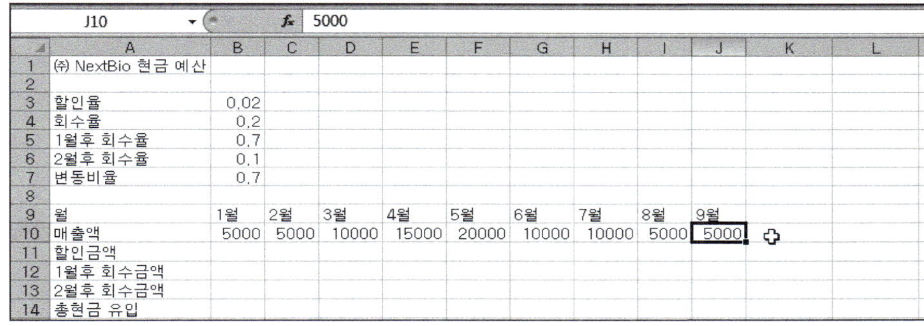

J10 | fx 5000

	A	B	C	D	E	F	G	H	I	J	K	L
1	㈜ NextBio 현금 예산											
2												
3	할인율	0.02										
4	회수율	0.2										
5	1월후 회수율	0.7										
6	2월후 회수율	0.1										
7	변동비율	0.7										
8												
9	월	1월	2월	3월	4월	5월	6월	7월	8월	9월		
10	매출액	5000	5000	10000	15000	20000	10000	10000	5000	5000		
11	할인금액											
12	1월후 회수금액											
13	2월후 회수금액											
14	총현금 유입											

❸ 16행에서 20행까지 앞에서 제시된 '월별지출금액' 자료를 숫자로 입력한다.

그림 1-11 숫자 입력

G20 | fx 5000

	A	B	C	D	E	F	G	H	I	J	K	L
1	㈜ NextBio 현금 예산											
2												
3	할인율	0.02										
4	회수율	0.2										
5	1월후 회수율	0.7										
6	2월후 회수율	0.1										
7	변동비율	0.7										
8												
9	월	1월	2월	3월	4월	5월	6월	7월	8월	9월		
10	매출액	5000	5000	10000	15000	20000	10000	10000	5000	5000		
11	할인금액											
12	1월후 회수금액											
13	2월후 회수금액											
14	총현금 유입											
15	구매											
16	임금			750	1000	1250	750	750	500			
17	임차료			250	250	250	250	250	250			
18	기타비용			100	150	200	100	100	50			
19	세금					2000			2000			
20	공장신설 비용						5000					
21	현금유출											
22	순현금유입											

2.4 수식 입력

엑셀에서 수식 입력은 '=' 부호의 입력으로 시작한다. 그 다음에 계산을 위한 수식을 입력하는데 보통 수식에서는 연산자와 숫자나 셀의 주소를 사용하여 원하는 계산이 이루어지게 한다.

수식의 계산 결과는 수식이 입력된 셀에 나타나게 된다. 수식에 사용되는 셀의 주소 입력은 키보드에서 직접 입력할 수도 있고 마우스로 셀을 클릭하여 입력한다. 다음은 '할인금액'에서 '구매'까지의 계산을 위해 수식을 입력하는 과정을 보인다.

❶ 셀D11를 클릭하고 "=$B$4*D10*(1−$B$3)"을 입력하고 Enter키를 누른다.

SUM | =$B$4*D10*(1-$B$3)

	A	B	C	D	E	F	G	H	I	J	K	L
1	㈜ NextBio 현금 예산											
2												
3	할인율	0.02										
4	회수율	0.2										
5	1월후 회수율	0.7										
6	2월후 회수율	0.1										
7	변동비율	0.7										
8												
9	월	1월	2월	3월	4월	5월	6월	7월	8월	9월		
10	매출액	5000	5000	10000	15000	20000	10000	10000	5000	5000		
11	할인금액			=$B$4*D10*(1-$B$3)								
12	1월후 회수금액											
13	2월후 회수금액											
14	총현금 유입											
15	구매											
16	임금			750	1000	1250	750	750	500			
17	임차료			250	250	250	250	250	250			
18	기타비용			100	150	200	100	100	50			
19	세금					2000			2000			
20	공장신설 비용						5000					
21	현금유출											

❷ 셀D12를 클릭하고 " =$B$5*C10"을 입력하고 Enter키를 누른다.

❸ 셀D13을 클릭하고 " =$B$6*B10"을 입력하고 Enter키를 누른다.

❹ 셀D14를 클릭하고 "=SUM (D11:D13)"을 입력하고 Enter키를 누른다.

❺ 셀D15를 클릭하고 " =$B$7*D10"을 입력하고 Enter키를 누른다.

그림 1-12 수식 입력

SUM =$B$7*D10

	A	B	C	D	E	F	G	H	I	J	K	L
1	㈜ NextBio 현금 예산											
2												
3	할인율	0,02										
4	회수율	0,2										
5	1월후 회수율	0,7										
6	2월후 회수율	0,1										
7	변동비율	0,7										
8												
9	월	1월	2월	3월	4월	5월	6월	7월	8월	9월		
10	매출액	5000	5000	10000	15000	20000	10000	10000	5000	5000		
11	할인금액			1960								
12	1월후 회수금액			3500								
13	2월후 회수금액			500								
14	총현금 유입			5960								
15	구매			=$B$7*D10								
16	임금			750	1000	1250	750	750	500			

[그림 1-12]에서는 수식을 키보드로 직접 입력하는 방법을 사용하였으나 키보드와 마우스를 함께 사용하여 수식을 입력할 수도 있다.

2.5 상대주소와 절대주소

'할인금액'을 계산하는 수식에서 $B$4는 회수율 셀의 주소이며 열 이름과 행 번호 앞에 $부호가 첨가되어 있는데 이것을 절대주소(Absolute Address)라 한다. 이렇게 열 이름이나 행 번호 앞에 $부호를 붙이는 것은 한 셀의 수식이 다른 셀에 복사되어도 절대주소로 된 셀의 주소는 변경되지 않도록 하기 위함이다.

위의 경우 D11의 수식이 E11에서 I11까지 복사될 것이다. 셀 주소에 $부호를 붙이지 않으면 복사될 때에 위치에 적합하도록 엑셀이 주소를 변경시켜 해당되는 셀의 데이터를 계산에 사용한다. 셀주소에 $부호가 전혀 사용되지 않은 주소를 상대주소(Relative Address)라고 한다.

[그림1-13]은 상대주소와 절대주소를 사용하여 수식을 입력하고 자동 채우기를 한 것이다. 전혀 다른 값을 갖게 되며, 이런 경우는 반드시 절대주소를 사용해야 정확한 작업을 할 수 있다.

그림 1-13 상대 참조와 절대 참조 사용(수식 입력 후, 자동 채우기 한 것)

D5 =C5*(1+C2)

	A	B	C	D	E	F
1						
2		인상률	10%			
3						
4		상품	단가	인상된 단가		
5		사과	1000	1100		
6		딸기	1500	1500		
7		배	2000	#VALUE!		
8		수박	3000	3003000		
9		메론	2500	3752500		
10						

D5 =C5*(1+$C$2)

	A	B	C	D	E	F
1						
2		인상률	10%			
3						
4		상품	단가	인상된 단가		
5		사과	1000	1100		
6		딸기	1500	1650		
7		배	2000	2200		
8		수박	3000	3300		
9		메론	2500	2750		
10						

2.6 수식 복사

E11에서 I11에 입력될 수식은 D11에서와 모양은 같고 참조되는 셀 주소만 다르다. 엑셀은 다음에서 보는 바와 같이 D11의 수식을 E11에서 I11에 쉽게 복사하게 하는 기능이 있다.

❶ D11를 클릭하고 마우스포인터를 D11셀의 채우기 핸들에 위치하여 마우스포인터의 모양이 질은 십자가가 되게 한다.

❷ [그림 1-14]와 같이 왼쪽 버튼을 누르고 I11까지 끌어 D11에서 I11이 선택된 범위가 되게 한 다음 왼쪽 버튼을 놓는다.

그림 1-14 수식 복사

D11 =$B$4*D10*(1-$B$3)

	A	B	C	D	E	F	G	H	I	J	K	L
1	㈜ NextBio 현금 예산											
2												
3	할인율	0.02										
4	회수율	0.2										
5	1월후 회수율	0.7										
6	2월후 회수율	0.1										
7	변동비율	0.7										
8												
9	월	1월	2월	3월	4월	5월	6월	7월	8월	9월		
10	매출액	5000	5000	10000	15000	20000	10000	10000	5000	5000		
11	할인금액			1960								
12	1월후 회수금액			3500								
13	2월후 회수금액			500								
14	총현금 유입			5960								
15	구매			7000								
16	임금			750	1000	1250	750	750	500			
17	임차료			250	250	250	250	250	250			
18	기타비용			100	150	200	100	100	50			
19	세금					2000			2000			
20	공장신설 비용						5000					
21	현금유출											

앞에서 본 것처럼 한 행씩 수식을 복사할 수도 있지만, [그림 1-15]와 같이 여러 행의 수식을 동시에 복사할 수도 있다. D12에서 D15에 입력된 수식도 복사를 할 수 있다. 이것은 D12에서 D15까지를 블록한 다음 D15셀의 채우기 핸들을 I15까지 드래그하여 복사한다.

그림 1-15 여러 행의 수식 복사

D12 =C10*$B$5

	A	B	C	D	E	F	G	H	I	J	K	L
1	㈜ NextBio 현금 예산											
2												
3	할인율	0.02										
4	회수율	0.2										
5	1월후 회수율	0.7										
6	2월후 회수율	0.1										
7	변동비율	0.7										
8												
9	월	1월	2월	3월	4월	5월	6월	7월	8월	9월		
10	매출액	5000	5000	10000	15000	20000	10000	10000	5000	5000		
11	할인금액			1960	2940	3920	1960	1960	980			
12	1월후 회수금액			3500								
13	2월후 회수금액			500								
14	총현금 유입			5960								
15	구매			7000								
16	임금			750	1000	1250	750	750	500			
17	임차료			250	250	250	250	250	250			
18	기타비용			100	150	200	100	100	50			
19	세금					2000			2000			
20	공장신설 비용						5000					
21	현금유출											

2.7 자동합계와 함수마법사 사용

이제 현금유출을 구할 차례인데 이것은 구매, 임금, 임차료, 기타비용, 세금, 그리고 공장신설비용의 합계이다. 이를 위해서는 앞에서와 같이 수식을 사용할 수도 있다. 예를 들면 3월의 현금유출의 합계를 구하려면 D21에 '=D15+D16+D17+D18+D19+D20'을 입력하면 된다.

일련의 숫자의 합을 구하는 합계는 매우 자주 사용되므로 [수식] 탭 → [함수 라이브러리] 그룹 → 〈자동합계〉 버튼 명령이라는 별도의 버튼을 제공하고 있다. 다음에서는 그것을 사용하기로 한다.

❶ D21을 클릭하고 자동합계(Σ) 버튼을 누른다.

❷ D10에서 D20까지가 자동합계의 범위로 선택되었음을 알리기 위해 깜빡이는 점선이 나타나는데 이때 [그림 1-15]에서 보는 바와 같이 D15에서 D20까지를 블록하고(D21에는 '=SUM(D15:D20)'이 입력되었음을 D21과 입력줄에 보여 준다.) Enter키를 누른다.

그림 1-16 자동 합계

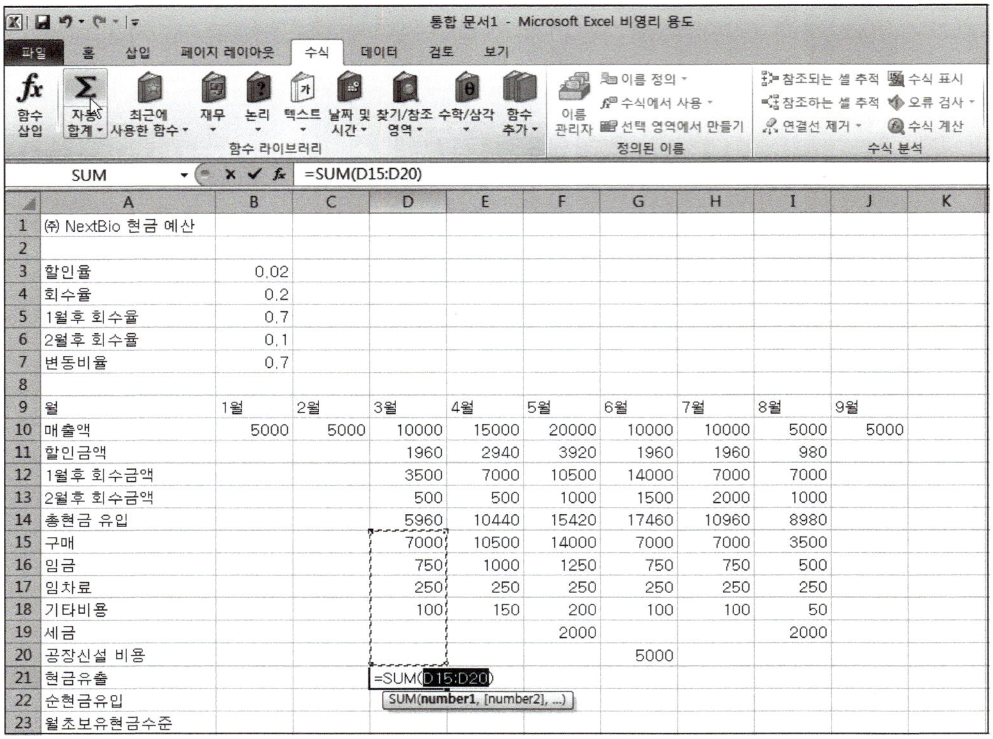

일련의 숫자에 대한 평균, 최고 및 최저를 구하는 일도 자주 일어난다. 이렇게 빈번히 실행하는 수학, 재무, 통계 등의 계산을 사용자가 쉽게 할 수 있도록 엑셀에서는 함수마법사라는 도구를 제공하고 있다.

엑셀은 여러 유형의 함수로 분류된 400개가 넘는 함수를 함수마법사를 통해 제공하고 있다. 일반 사용자가 흔히 사용하는 함수로는 다음과 같은 것이 있다.

〈표 1-3〉 자주 사용하는 함수

함 수	계산 종류	기 능
SUM	합 계	선택 영역의 숫자의 합을 구함
COUNT	개 수	선택 영역에서 데이터가 입력된 셀의 개수를 셈
MAX	최대값	선택 영역에서 가장 큰 숫자를 구함
MIN	최소값	선택 영역에서 가장 작은 숫자를 구함
AVERAGE	평 균	선택 영역의 평균을 구함

2.8 수식입력

다음은 '순현금유입'에서 '은행차입금'까지의 계산을 위해 수식을 입력하는 과정을 보인다.

❶ 셀D22에 "=D14–D21"을 입력한 후 셀I22까지 수식을 복사한다.
❷ 셀D23에 주어진 값 '3000'을 입력한다.
❸ 셀E23에 "=D24"를 입력한 후 셀I23까지 수식을 복사한다.
❹ 셀D24에 "=D22+D23"을 입력한 후 셀I24까지 수식을 복사한다.
❺ 셀D25부터 셀I25에 주어진 값 '2500'을 각각 입력한다.
❻ 셀D26에 "=D25–D24"를 입력한 후 셀I26까지 수식을 복사한다.

그림 1-17 기본 완성 스프레드시트 모델

D26 =D25-D24

	A	B	C	D	E	F	G	H	I	J	K
1	㈜ NextBio 현금 예산										
2											
3	할인율	0.02									
4	회수율	0.2									
5	1월후 회수율	0.7									
6	2월후 회수율	0.1									
7	변동비율	0.7									
8											
9	월	1월	2월	3월	4월	5월	6월	7월	8월	9월	
10	매출액	5000	5000	10000	15000	20000	10000	10000	5000	5000	
11	할인금액			1960	2940	3920	1960	1960	980		
12	1월후 회수금액			3500	7000	10500	14000	7000	7000		
13	2월후 회수금액			500	500	1000	1500	2000	1000		
14	총현금 유입			5960	10440	15420	17460	10960	8980		
15	구매			7000	10500	14000	7000	7000	3500		
16	임금			750	1000	1250	750	750	500		
17	임차료			250	250	250	250	250	250		
18	기타비용			100	150	200	100	100	50		
19	세금					2000			2000		
20	공장신설 비용						5000				
21	현금유출			8100	11900	17700	13100	8100	6300		
22	순현금유입			-2140	-1460	-2280	4360	2860	2680		
23	월초보유현금수준			3000	860	-600	-2880	1480	4340		
24	월말보유현금수준			860	-600	-2880	1480	4340	7020		
25	목표보유현금수준			2500	2500	2500	2500	2500	2500		
26	은행차입금			1640	3100	5380	1020	-1840	-4520		
27											

2.9 데이터 서식(Format) (또는 셀 서식)

[그림 1-17]과 같이 기본적 스프레드시트 모델이 완성되면 그 서식을 변경하여 표현을 보기 좋게 할 수 있다.

예를 들면, [그림 1-2]에서 '매출액'에 관한 숫자는 통화로 표시되고 '할인율'을 나타내는 숫자에는 % 부호가 있음을 볼 수 있다. 이와 같이 숫자의 서식을 지정하면 어떤 의미의 숫자인지를 쉽게 이해할 수 있다. 다음에서 몇 가지 데이터의 표현 양식을 선택하는 방법에 대하여 간단히 알아보자.

❶ 마우스포인터로 B3을 클릭한다.

❷ 다음에 마우스포인터를 B3셀의 가운데에 위치하고 왼쪽 마우스 버튼을 누른 상태에서 B7로 드래그하여 블록을 만든 다음 왼쪽 버튼을 놓는다.

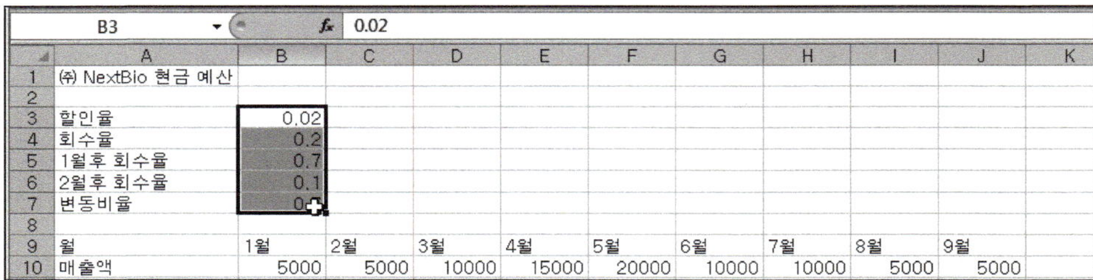

B3 | 0.02

	A	B	C	D	E	F	G	H	I	J	K
1	㈜ NextBio 현금 예산										
2											
3	할인율	0.02									
4	회수율	0.2									
5	1월후 회수율	0.7									
6	2월후 회수율	0.1									
7	변동비율	0									
8											
9	월	1월	2월	3월	4월	5월	6월	7월	8월	9월	
10	매출액	5000	5000	10000	15000	20000	10000	10000	5000	5000	

❸ 마우스 포인터를 [홈] 탭 → [표시형식] 그룹에 있는 % 버튼을 누르면 비율을 나타내는 숫자에 퍼센트 부호가 붙는다.

그림 1-18 백분율 표시

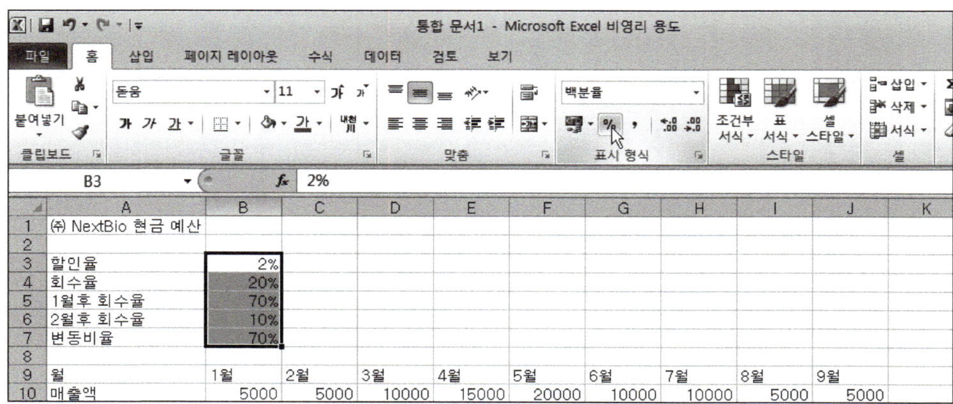

B3 | 2%

	A	B	C	D	E	F	G	H	I	J	K
1	㈜ NextBio 현금 예산										
2											
3	할인율	2%									
4	회수율	20%									
5	1월후 회수율	70%									
6	2월후 회수율	10%									
7	변동비율	70%									
8											
9	월	1월	2월	3월	4월	5월	6월	7월	8월	9월	
10	매출액	5000	5000	10000	15000	20000	10000	10000	5000	5000	

❹ 마우스포인터로 B10을 클릭한 다음 마우스포인터를 셀의 가운데에 위치한 다음 왼쪽마우스 버튼을 누른 상태에서 J26으로 드래그하여 블록을 만든 뒤 왼쪽 버튼을 놓는다(또는 B10을 클릭한 후, Shift 키를 누른 상태에서 J26을 클릭한다).

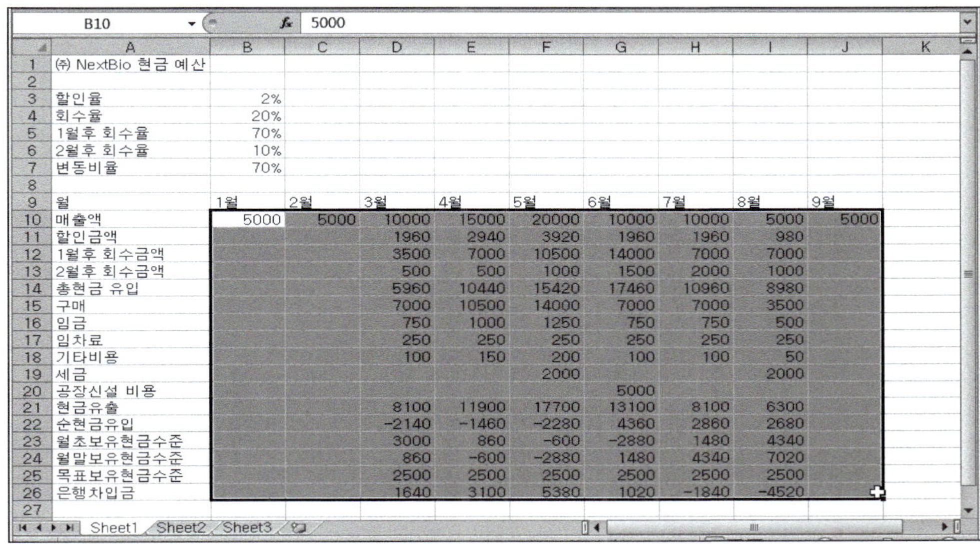

	A	B	C	D	E	F	G	H	I	J
1	㈜ NextBio 현금 예산									
2										
3	할인율	2%								
4	회수율	20%								
5	1월후 회수율	70%								
6	2월후 회수율	10%								
7	변동비율	70%								
8										
9	월	1월	2월	3월	4월	5월	6월	7월	8월	9월
10	매출액	5000	5000	10000	15000	20000	10000	10000	5000	5000
11	할인금액			1960	2940	3920	1960	1960	980	
12	1월후 회수금액			3500	7000	10500	14000	7000	7000	
13	2월후 회수금액			500	500	1000	1500	2000	1000	
14	총현금 유입			5960	10440	15420	17460	10960	8980	
15	구매			7000	10500	14000	7000	7000	3500	
16	임금			750	1000	1250	750	750	500	
17	임차료			250	250	250	250	250	250	
18	기타비용			100	150	200	100	100	50	
19	세금					2000			2000	
20	공장신설 비용						5000			
21	현금유출			8100	11900	17700	13100	8100	6300	
22	순현금유입			-2140	-1460	-2280	4360	2860	2680	
23	월초보유현금수준			3000	860	-600	-2880	1480	4340	
24	월말보유현금수준			860	-600	-2880	1480	4340	7020	
25	목표보유현금수준			2500	2500	2500	2500	2500	2500	
26	은행차입금			1640	3100	5380	1020	-1840	-4520	

❺ 마우스포인터를 블록 위에 위치하고 오른쪽 버튼을 누르면 메뉴가 나타난다(이것을 단축 메뉴라 함). 메뉴의 하단 부분에 있는 셀 서식이라는 옵션을 누른다.

그림 1-19 데이터 포맷(셀 서식)

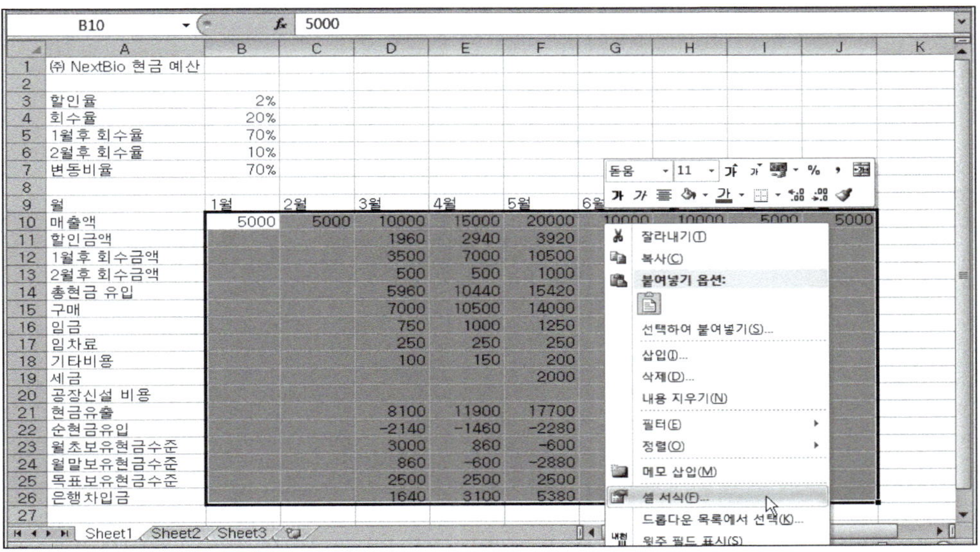

❻ [셀 서식]이라는 대화 상자가 나타나면 표시형식 탭을 누른다. 왼쪽의 표시형식의 종류에서 통화를 클릭하고 오른쪽에서 소수 자리수를 0으로, 기호를 원화표시(₩)로, 그리고 음수 표기형식을 -₩1,234로 선택한 후 확인 버튼을 누른다.

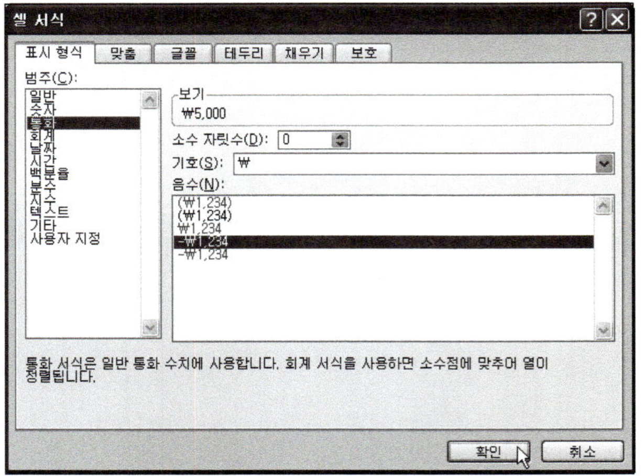

2.10 차트 그리기

여기서는 6개월 동안의 '순현금유입'을 막대형 차트로 그려 워크시트에 삽입하는 작업을 다음과 같이 실행하기로 한다.

❶ 마우스로 차트 대상인 D9에서 I9까지를 드래그하여 블록으로 만들고, Ctrl키를 누르면서 D22에서 I22까지를 드래그하여 블록으로 만든다.

❷ 마우스 포인터를 [삽입] 탭 → [차트] 그룹 → 〈세로 막대형〉 버튼을 눌러 나타난 메뉴 중에 3차원 세로 막대형 버튼을 클릭한다.

그림 1-20 차트 대상과 차트 종류 선택

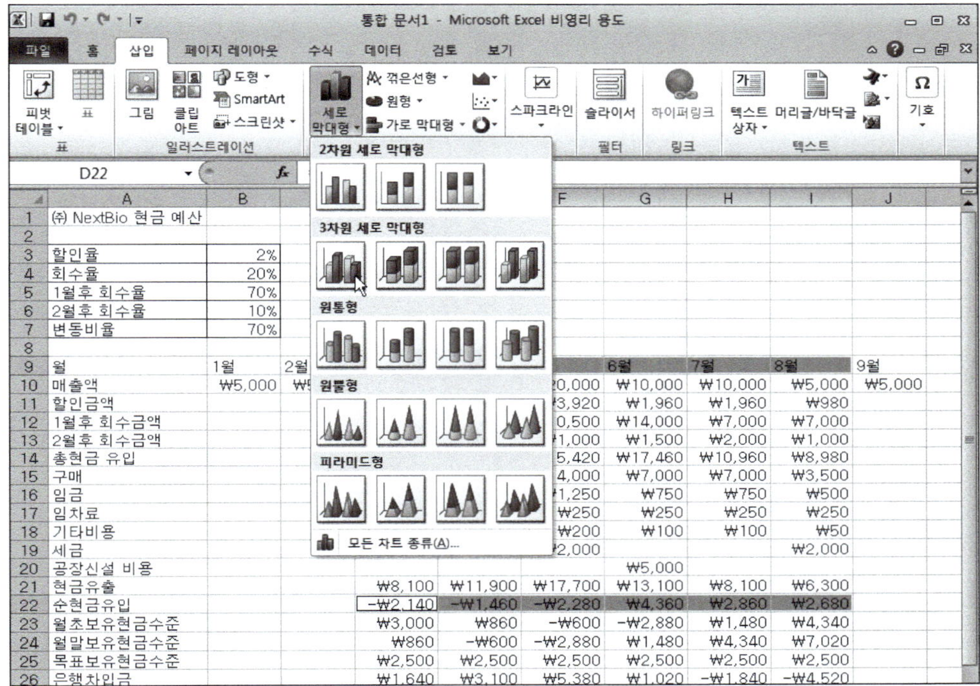

❸ 위의 조작으로 작성된 차트에서 '계열1'(범례라 함)을 마우스 왼쪽 버튼을 클릭하여 나타난 단축 메뉴에서 [데이터 선택]을 클릭한다.

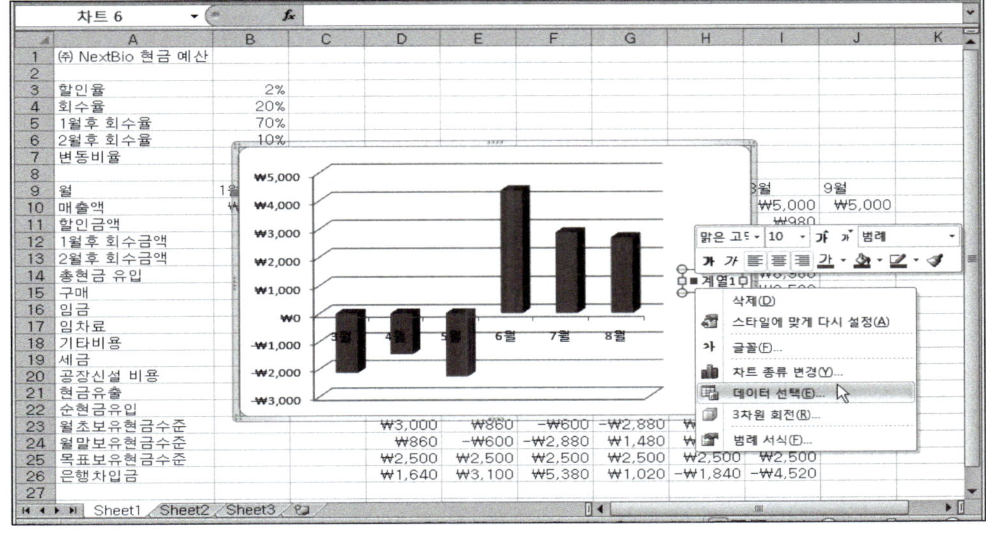

❹ 나타난 대화 창(팝업 윈도우)에서 왼쪽 '범례 항목(계열)'에 있는 〈편집〉 버튼을 한다.

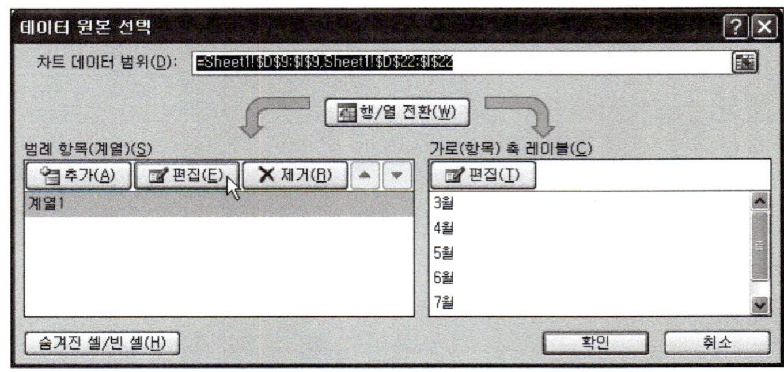

나타난 대화 창에서 '계열 이름'을 "순현금유입"이라고 입력하고 〈확인〉 버튼을 클릭한다.

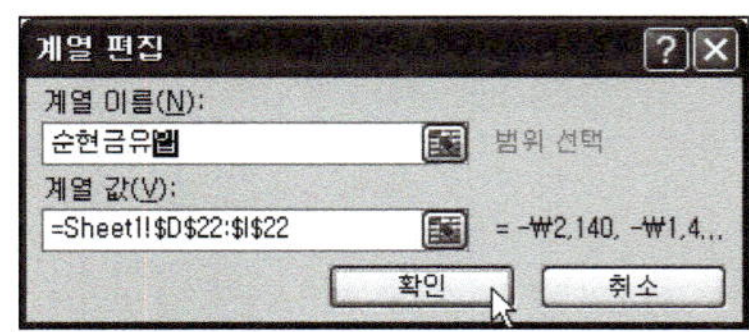

다시 [데이터 원본 선택] 대화 창으로 돌아가는 데, 여기서 〈확인〉 버튼을 클릭하면, 워크시트에 다음과 같은 차트가 된다.

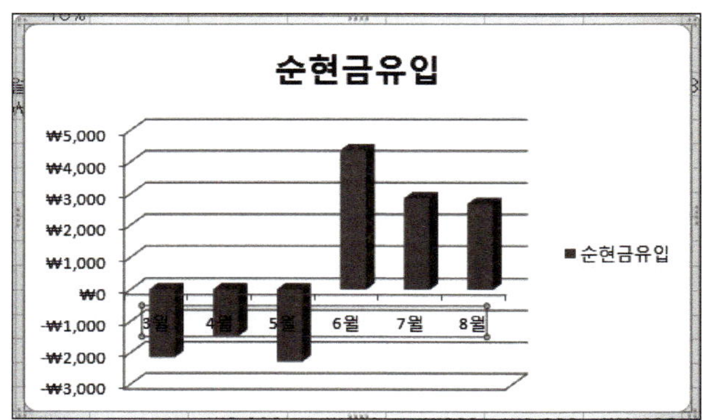

여기서 차트 오른쪽 중간에 있는 범례인 "순현금유입"을 삭제한다.

[그림 1-21]은 워크시트에 차트가 삽입된 후의 스크린이다.

그림 1-21 워크시트에 차트 삽입

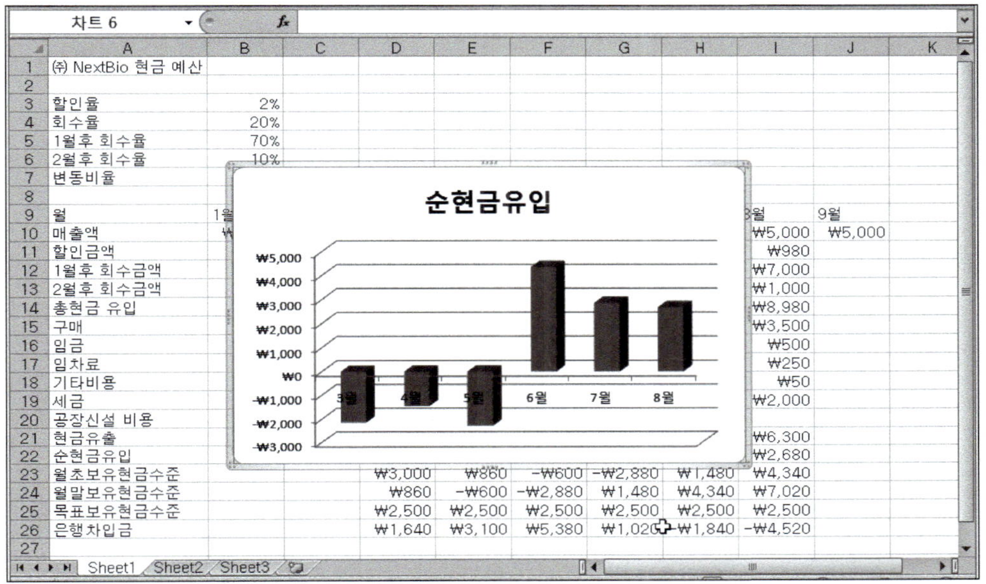

이상의 작업으로 막대형 차트가 워크시트에 삽입된다. 삽입된 차트의 가장자리는 테두리 표시를 위해 상자가 그려져 있으며 8개의 검은 점, 즉 핸들이 있음을 볼 수 있다.

핸들이 나타나는 것은 차트 객체가 선택되었음을 표시한다. 핸들은 마우스를 상자 밖에서 클릭하면 없어지고 다시 상자 안에서 클릭하면 나타난다. 워크시트 안의 차트는 다음과 같은 작동으로 위치를 변경할 수 있다.

❶ 차트 상자가 선택된 상태에서 마우스를 차트 상자 가장자리 바로 안쪽에 위치한다.

❷ 왼쪽 버튼을 눌러 마우스 포인터가 위치 이동 표시로 바뀌면 스프레드시트 모델의 아래로 드래그 한 뒤 버튼을 놓는다.

[그림 1-22]는 차트를 스프레드시트 모델 아래로 옮긴 뒤의 스크린이다.

그림 1-22 차트의 이동

	A	B	C	D	E	F	G	H	I	J
1	㈜ NextBio 현금 예산									
2										
3	할인율	2%								
4	회수율	20%								
5	1월후 회수율	70%								
6	2월후 회수율	10%								
7	변동비율	70%								
8										
9	월	1월	2월	3월	4월	5월	6월	7월	8월	9월
10	매출액	₩5,000	₩5,000	₩10,000	₩15,000	₩20,000	₩10,000	₩10,000	₩5,000	₩5,000
11	할인금액			₩1,960	₩2,940	₩3,920	₩1,960	₩1,960	₩980	
12	1월후 회수금액			₩3,500	₩7,000	₩10,500	₩14,000	₩7,000	₩7,000	
13	2월후 회수금액			₩500	₩500	₩1,000	₩1,500	₩2,000	₩1,000	
14	총현금 유입			₩5,960	₩10,440	₩15,420	₩17,460	₩10,960	₩8,980	
15	구매			₩7,000	₩10,500	₩14,000	₩7,000	₩7,000	₩3,500	
16	임금			₩750	₩1,000	₩1,250	₩750	₩750	₩500	
17	임차료			₩250	₩250	₩250	₩250	₩250	₩250	
18	기타비용			₩100	₩150	₩200	₩100	₩100	₩50	
19	세금					₩2,000			₩2,000	
20	공장신설 비용						₩5,000			
21	현금유출			₩8,100	₩11,900	₩17,700	₩13,100	₩8,100	₩6,300	
22	순현금유입			-₩2,140	-₩1,460	-₩2,280	₩4,360	₩2,860	₩2,680	
23	월초보유현금수준			₩3,000	₩860	-₩600	-₩2,880	₩1,480	₩4,340	
24	월말보유현금수준			₩860	-₩600	-₩2,880	₩1,480	₩4,340	₩7,020	
25	목표보유현금수준			₩2,500	₩2,500	₩2,500	₩2,500	₩2,500	₩2,500	
26	은행차입금			₩1,640	₩3,100	₩5,380	₩1,020	-₩1,840	-₩4,520	

2.11 스프레드시트의 수식 보기

수식이 입력되면 스프레드시트는 수식에 따른 계산 결과인 값을 셀에 표시한다. 때로는 스프레드시트 모델에 사용된 수식을 직접 보면서 잘못이 있는지를 따져 보는 것이 편리할 때가 있다. 다음에서는 엑셀에서 어떻게 수식을 셀에 직접 표시할 수 있는가를 보자.

❶ 워크시트의 어느 셀이든 활성화되어 있는 상태에서 [수식] 탭 → [수식분석] 그룹 → 〈수식표시〉 버튼을 클릭한다.

그림 1-23 〈수식 표시〉 명령 버튼

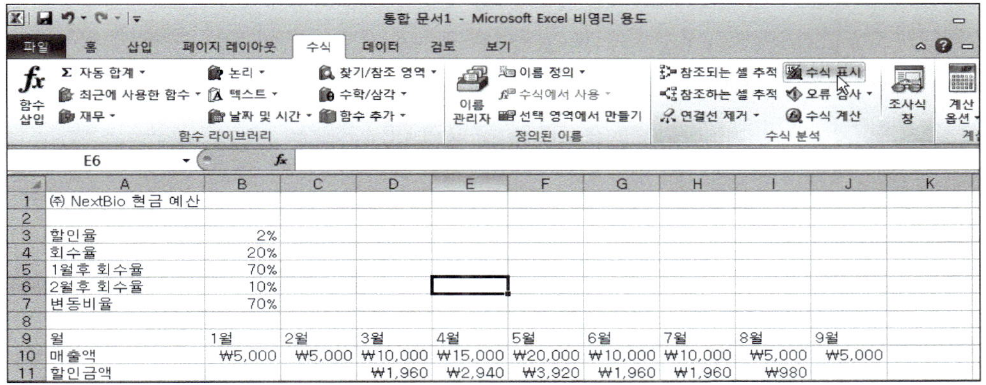

❷ [그림 1-23]은 워크시트에 수식을 표시한 스크린이다. 수식이 워크시트에 디스플레이 된 상태에서 인쇄를 하면 수식이 인쇄된다. 이 때 각 셀의 수식이 길게 되어 있으므로 인쇄할 용지의 방향을 가로로 하는 것이 좋다.

그림 1-24 수식 표시

D3

	A	B	C	D	E	F	G	
1	(주) NextBio 현금 예산							
2								
3	할인율	0.02						
4	회수율	0.2						
5	1월후 회수율	0.7						
6	2월후 회수율	0.1						
7	변동비율	0.7						
8								
9	월	1월	2월	3월	4월	5월	6월	7월
10	매출액	5000	5000	10000	15000	20000	10000	10000
11	할인금액			=$B$4*D10*(1-$B$3)	=$B$4*E10*(1-$B$3)	=$B$4*F10*(1-$B$3)	=$B$4*G10*(1-$B$3)	=$B$4
12	1월후 회수금액			=C10*$B$5	=D10*$B$5	=E10*$B$5	=F10*$B$5	=G10*
13	2월후 회수금액			=B10*$B$6	=C10*$B$6	=D10*$B$6	=E10*$B$6	=F10*
14	총현금 유입			=SUM(D11:D13)	=SUM(E11:E13)	=SUM(F11:F13)	=SUM(G11:G13)	=SUM(
15	구매			=D10*$B$7	=E10*$B$7	=F10*$B$7	=G10*$B$7	=H10*
16	임금			750	1000	1250	750	750
17	임차료			250	250	250	250	250
18	기타비용			100	150	200	100	100
19	세금					2000		
20	공장신설 비용						5000	
21	현금유출			=SUM(D15:D20)	=SUM(E15:E20)	=SUM(F15:F20)	=SUM(G15:G20)	=SUM(
22	순현금유입			=D14-D21	=E14-E21	=F14-F21	=G14-G21	=H14-
23	월초보유현금수준			3000	=D24	=E24	=F24	=G24
24	월말보유현금수준			=D22+D23	=E22+E23	=F22+F23	=G22+G23	=H22+
25	목표보유현금수준			2500	2500	2500	2500	2500
26	은행차입금			=D25-D24	=E25-E24	=F25-F24	=G25-G24	=H25-

❸ 스프레드시트에서 다시 값을 표시하기 위해서는 [수식] 탭 → [수식분석] 그룹 → 〈수식표시〉 버튼을 다시 한번 클릭한다.

2.12 엑셀 통합 문서 저장하기

지금까지 엑셀의 새로운 워크시트를 열어 스프레드시트 모델을 만들었다. 이제 이 작업을 저장하여 두어야 다시 사용할 수 있다.

❶ USB 포트에 USB를 넣고 [빠른 실행도구 모음]에 있는 저장 버튼을 누르거나 [파일] 탭 → [저장] 또는 [다른 이름으로 저장]을 선택한다.

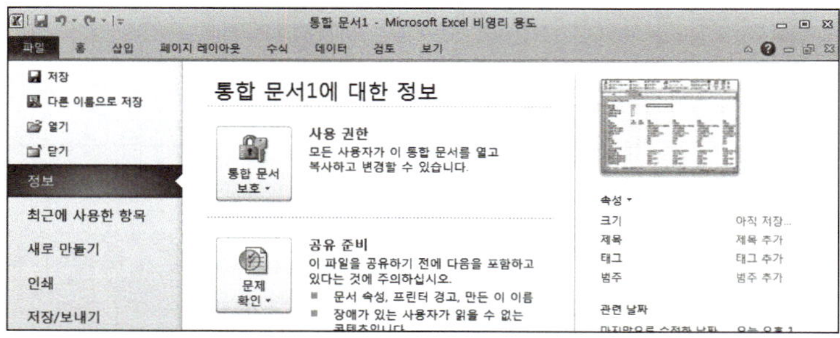

❷ 다른 이름으로 저장 윈도우가 나타나면 먼저 [저장 위치] 목록 상자의 옵션 버튼을 누른 다음 USB 드라이버를 선택한다.

❸ [그림 1-25]와 같이 파일이름 상자에 '현금예산'이라는 이름을 입력하고, 〈저장〉 버튼을 클릭한다(확장자 '.xlsx'는 자동으로 추가된다.).

그림 1-25 저장하기

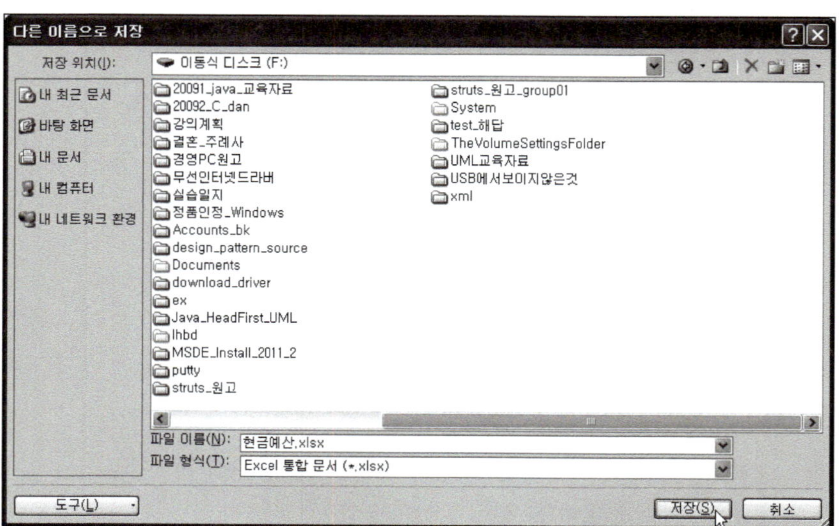

연 습 문 제

Chater 01

01 리본 메뉴의 사용자화

[그림 1-26]에서와 같이 리본 메뉴에서 [수식] 탭과 [데이터] 탭이 나타나지 않게 하시오. 그리고 My_Menu라는 새로운 탭을 만들고, 그 아래에 [정렬] 그룹과 [취소선] 그룹을 만드시오.

그림 1-26 리본 메뉴의 사용자화

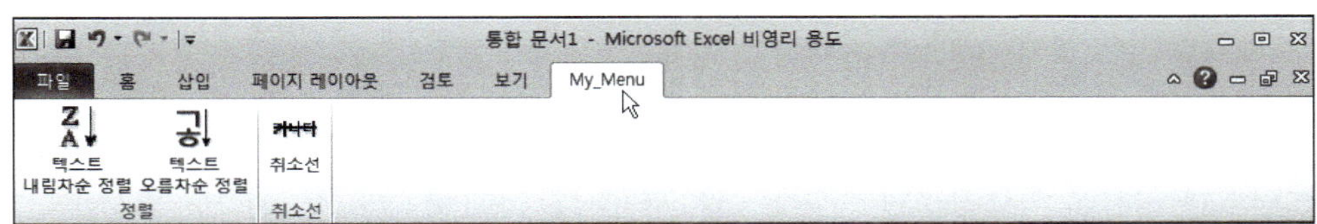

최초의 리본 메뉴로 되돌아가려면 [파일] 탭 → [옵션] 메뉴로 나타난 대화상자에서 [리본 사용자 지정]을 선택한 후, 오른쪽 아래에 있는 [원안대로] → [모든 사용자 지정 다시 설정]을 선택한다.

02 숫자 입력

아래와 같이 입력하면 셀에 어떤 형태로 나타나는가를 확인하시오.

입력 셀 주소	키보드로 입력한 데이터	엑셀 화면에 나타난 형태
B2	123	
B3	123456789012	
B4	123,456,789	
B5	123456789123	
B6	−123	
B7	(123)	
B8	₩123	
B9	80%	

셀에 숫자를 입력할 때, 12자리 이상은 지수로 표시되고, 세 자리마다 ,(컴마)를 입력하면 통화로 인식한다. 숫자 길이가 열 너비보다 길면 #으로 표시 되고(단, 입력된 셀 서식이 통화와 백분율로 설정된 경우), −는 음수로 인식하며, ( ) 속의 숫자도 음수로 인식한다.

₩나 $를 함께 입력해도 숫자 데이터(화폐)로 인식하고, %를 함께 입력해도 숫자로 데이터(백분율)로 인식된다.

03 날짜와 시간 입력

아래와 같이 입력하면 셀에 어떤 형태로 나타나는가를 확인하시오.

입력 셀 주소	키보드로 입력한 데이터	엑셀 화면에 나타난 형태
D2	4–5	
D3	2012–03–01	
D4	9:30	
D5	2:45 PM	
D6	Ctrl 키를 누르면서 ;을 누름	
D7	Ctrl 키와 Shift 키를 누르면서 ;을 누름	

셀에 날짜나 시간을 입력하려면, 년–월–일, 년/월/일, 년/월, 년–월, 월/일, 월–일의 형태로 년월일 사이에 하이픈(–)이나 슬래시(/)를 입력해야 날짜 데이터로 인식된다. 시간은 시, 분, 초 사이에 콜론(:)을 입력해야 시간 데이터로 인식된다.

04 데이터의 종류

아래와 같이 입력된 데이터는 ① 값(Values), ② 텍스트(Text), ③ 수식(Formulas), ④ 함수(Functions) 중에 어느 종류에 해당하는가.

입력 셀 주소	키보드로 입력한 데이터	데이터 종류
F2	2.234E+4	
F3	1.4536E–6	
F4	경영과 컴퓨터	
F5	abc	
F6	45%	
F7	₩1234	
F8	=4*5	
F9	=C1 + C2 * 23	
F10	=123 〈 345	
F11	=SUM(F2:F6)	
F12	=SUM(F2:G3, AVERAGE(B3:B12))	

입력 셀 주소	키보드로 입력한 데이터	데이터 종류
F13	=SUM(23, C8, MAX(A1:A7)) + 20	
F14	="경영" & "컴퓨터"	

05 자동 채우기

다음과 입력된 데이터에서 아래 방향으로 자동 채우기를 하면 어떻게 되는가 확인하시오.

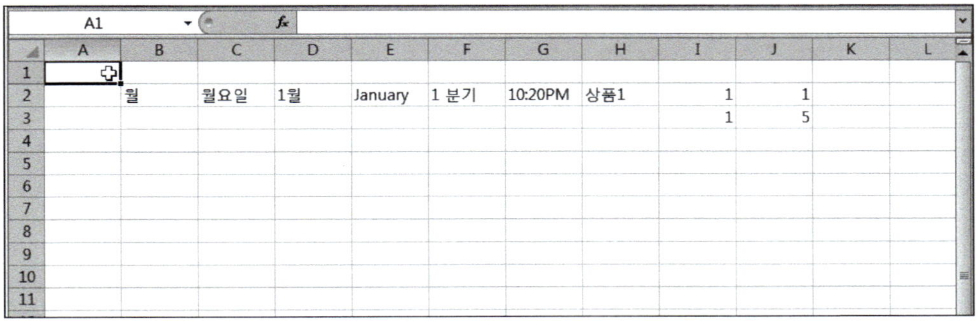

	A	B	C	D	E	F	G	H	I	J	K	L
1												
2		월	월요일	1월	January	1 분기	10:20PM	상품1	1	1		
3									1	5		
4												
5												
6												
7												
8												
9												
10												
11												

06 혼합참조

셀 참조 방법에는 '상대 참조'와 '절대 참조'가 있고, 이들 두 가지 방법을 혼합한 '혼합 참조'는 셀 주소의 열 이름이나 행 번호 중에 하나만 $가 붙은 형태의 셀 주소를 말한다. 수식을 복사할 때에 $가 붙은 부분은 변하지 않고, $가 없는 부분만 변한다.

다음 표는 혼합 참조를 사용하여 할인율에 따른 가격표를 나타낸 것이다.

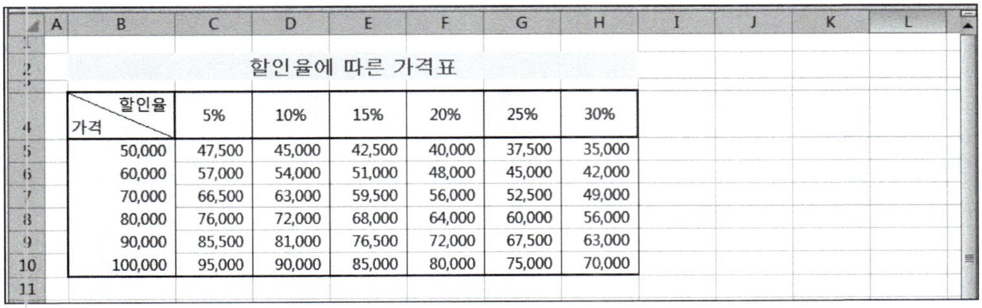

할인율에 따른 가격표

가격 \ 할인율	5%	10%	15%	20%	25%	30%
50,000	47,500	45,000	42,500	40,000	37,500	35,000
60,000	57,000	54,000	51,000	48,000	45,000	42,000
70,000	66,500	63,000	59,500	56,000	52,500	49,000
80,000	76,000	72,000	68,000	64,000	60,000	56,000
90,000	85,500	81,000	76,500	72,000	67,500	63,000
100,000	95,000	90,000	85,000	80,000	75,000	70,000

위의 가격표와 같이 혼합 참조를 사용하여, 아래 표를 완성시키시오.

할인율에 따른 가격표

할인율 / 가격	3%	6%	9%	12%	15%	18%
55,000						
65,000						
75,000						
85,000						
95,000						
105,000						

절대 참조를 표시하는 기호는 $이며, 키보드 $를 누르거나 F4 기능키를 눌러 입력할 수 있습니다. 다음은 수식 입력 줄에서 C5가 선택된 상태에서 F4 키를 한번씩 눌러 상대참조 → 절대참조 → 혼합참조(열) → 혼합참조(행) → 상대참조로 순환되는 것을 나타내고 있다.

그림 1-27 F4키에 의한 참조의 변환

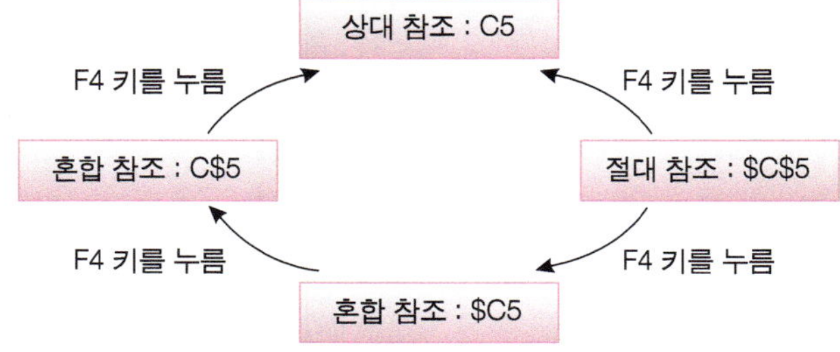

07 함수 입력 방법 ①(수식 입력 줄에 함수를 키보드로 입력)

본문에서는 〈자동 합계〉 버튼을 사용하여 함수를 입력하였다. 여기서는 이 방법과는 다른 함수의 입력 방법을 알아보기로 한다. 먼저 엑셀에서 사용하는 함수의 구조를 정확하게 알아야 한다.
인수의 종류에는 다음의 네 가지가 있다.

그림 1-28 함수의 구조

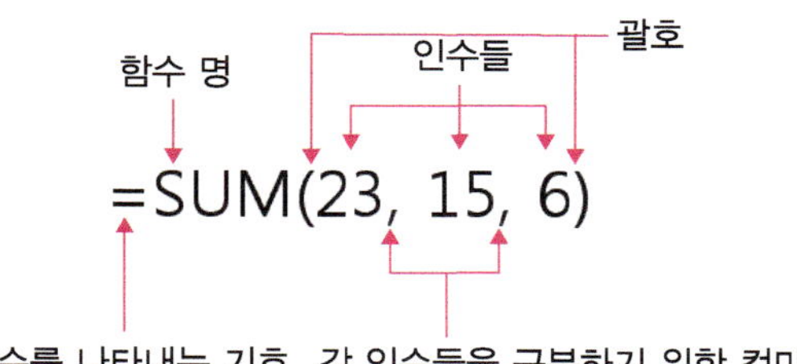

① 숫자 인수 : 숫자나 숫자가 입력되어 있는 셀 참조나 셀 이름
② 범위 인수 : 블록이나 셀 참조가 되는 식, 또는 함수
③ 텍스트 인수 : 양쪽에 "(쌍 따옴표)로 묶은 것. 텍스트가 입력되어 있는 셀 주소나 셀 이름
④ 조건 인수 : 논리 연산자 〈=, 〈, 〈〉 등을 사용한 식 또는 논리식이 입력된 셀 주소나 셀 이름

여기서는 위와 같이 함수의 구조를 알고 있으면 함수를 '수식 입력 줄'에 함수를 키보드로 직접 입력하는 것이다. 이 방법을 사용하여, 다음 워크시트에서 각 과목별 최고 점수를 구하시오. 단 함수를 사용할 때 '수식 입력 줄'에 직접 입력하시오.

AND | =max(c5:c9)

	A	B	C	D	E	F	G
1							
2			기말 시험 성적				
3							
4		이름	국어	영어	수학	과학	사회
5		홍길동	95	65	67	89	56
6		이순신	89	98	78	67	78
7		장길산	78	90	98	89	98
8		윤아	90	97	76	80	98
9		온유	89	87	90	78	78
10		최고점	=max(c5:c9)				
11							
12							

인수를 입력할 때, 타이핑 대신에 해당 범위를 드래그하여 입력해도 된다. 엑셀을 처음 공부하는 경우는 함수를 키보드로 직접 입력하는 방법을 적극 추천한다. 이 방법에 익숙해져야 함수명, 인수의 성질 등을 정확하게 이해하기 때문이다.

08 함수 입력 방법 ②(함수 마법사를 이용한 방법)

다음 워크시트에서 함수 마법사를 사용하여 국어, 수학, 사회의 총 평균을 구하여, D11셀에 입력하세요.

D11

	A	B	C	D	E	F	G
1							
2			기말 시험 성적				
3							
4		이름	국어	영어	수학	과학	사회
5		홍길동	95	65	67	89	56
6		이순신	89	98	78	67	78
7		장길산	78	90	98	89	98
8		윤아	90	97	76	80	98
9		온유	89	87	90	78	78
10							
11		국어, 수학, 사회의 총평균					
12							

함수를 사용할 때는 [수식] 탭 → [함수 라이브러리] 그룹을 사용하는 것이 좋다. 함수 마법사가 나타나게 하려면, 함수의 실행 결과를 입력할 셀 D11을 클릭하여 액티브로 한 후, [함수 라이브러리]에 있는 〈함수 삽입〉 버튼을 클릭하거나, '수식 입력 줄' 바로 앞에 있는 〈함수 삽입〉 버튼을 클릭한다.

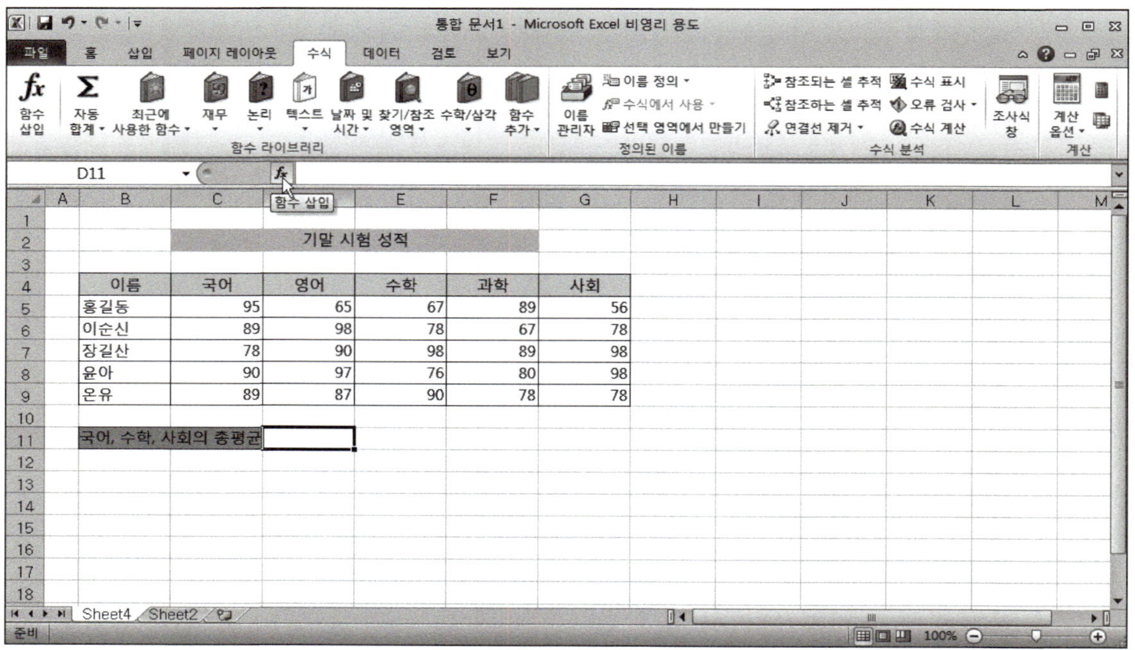

나타난 대화상자에서 [함수 검색] 텍스트 박스에 AVERAGE라고 입력하고 〈검색〉 버튼을 클릭하면, [그림 1-29]와 같은 AVERGE 함수의 인수를 입력하는 마법사가 나타난다.

그림 1-29 AERAGE 함수 마법사

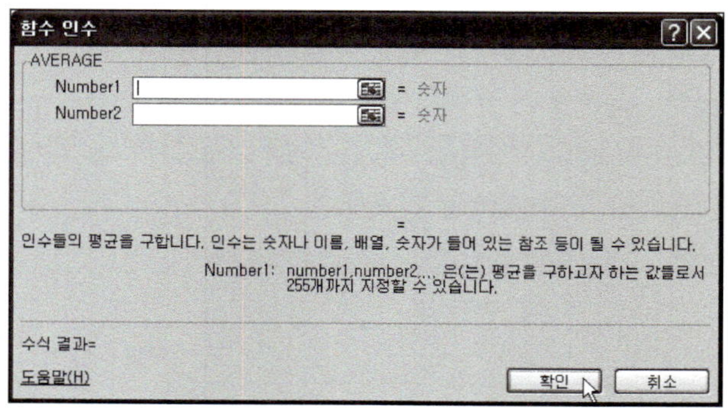

위의 텍스트 박스에 해당 셀을 드래그하여 인수를 입력한 후, 〈확인〉 버튼을 클릭하면 평균값이 계산된다.

09 자주 사용하는 함수(SUM, COUNT, MAX, MIN, AVERAGE)의 활용

다음 표에서 적절한 함수를 사용하여 F4:F13, C14:F18의 빈 셀을 완성하시오(함수를 키보드로 입력하여 완성시키시오).

A1

	A	B	C	D	E	F	G	H	I
1									
2		자주 사용하는 함수				(단위 : 천원)			
3		일	노트	볼펜	메모리펜	합계			
4		1	1000	600	1250				
5		2	1200	800	750				
6		3	900	500	1500				
7		4	1400	900	1750				
8		5	1500	1000	1250				
9		6	1100	1100	1000				
10		7	1000	700	500				
11		8	800	900	1750				
12		9	1200	1100	2000				
13		10	1300	1200	1500				
14		합계							
15		평균값							
16		셀의수							
17		최대값							
18		최소값							

10 데이터 포맷(셀 서식)

다음 그림은 '간이 영수증'이다. 각자 주위에 있는 미니 수퍼나 문방구에서 발행하는 '간이 영수증'을 구입하여, 엑셀로 영수증 서식을 완성하시오.

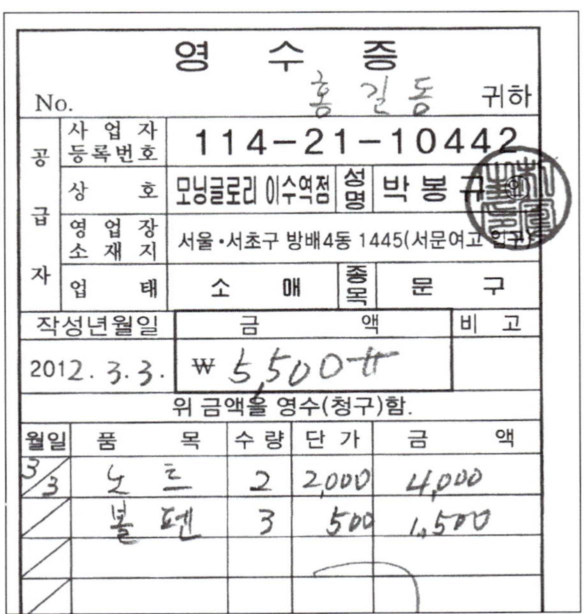

영 수 증

No. 홍길동 귀하

공급자	사업자 등록번호	114-21-10442		
	상 호	모닝글로리 이수역점	성명	박 봉 구
	영업장 소재지	서울•서초구 방배4동 1445(서문여고 입구)		
	업 태	소 매	종목	문 구

작성년월일	금 액	비 고
2012. 3. 3.	₩ 5,500-	

위 금액을 영수(청구)함.

월일	품 목	수 량	단 가	금 액
3/3	노트	2	2,000	4,000
/	볼펜	3	500	1,500
/				
/				
/				

11 차트 작성

다음과 같은 데이터가 입력된 워크시트가 있다. 단, 할당량과 실적량은 숫자가 입력된 것으로 숫자 "건"이 붙어 있는 서식이다.

	A	B	C	D	E	F	G	H
1								
2			영업 실적 현황					
3								
4		부서명	직위	성명	할당량	실적량		
5		인사부	과장	소녀시대	40 건	32 건		
6		기획부	부장	박지성	43 건	46 건		
7		영업부	대리	김연아	51 건	50 건		
8		홍보실	사원	이승기	0 건	72 건		
9		경리부	과장	2AM	60 건	58 건		
10		영업부	부장	이수근	52 건	59 건		
11		홍보실	대리	2PM	69 건	54 건		
12		경리부	이사	조영남	72 건	62 건		
13		영업부	부장	송창식	50 건	35 건		
14		홍보실	대리	윤주형	0 건	45 건		
15								
16								

이 워크시트를 기초로 하여 다음과 같이 차트를 작성하시오.

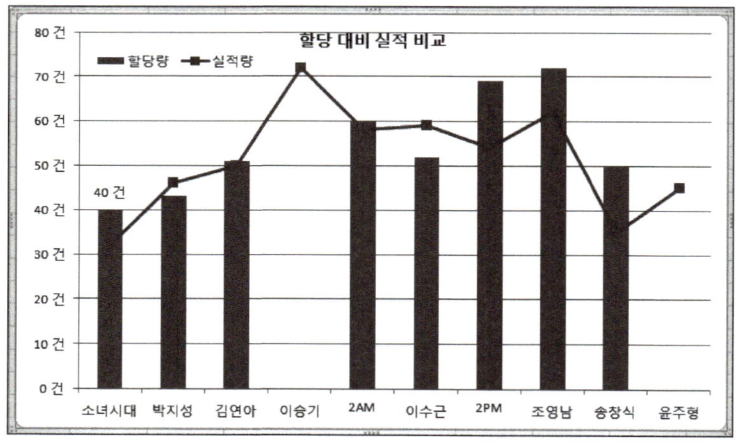

① 차트를 작성할 대상 데이터의 선택(블록 설정) : 셀 범위 D4:F14를 드래그하여 선택

② 차트 작성 : [삽입] 탭 → [차트] 그룹 → 〈세로 막대형〉 버튼 클릭 → 〈묶은 세로 막대형〉 버튼 클릭 → (작성된 차트의) 빨간 막대에 오른쪽 클릭으로 단축 메뉴가 나타나게 함 → [차트 종류 변경] 메뉴 선택 → (꺾은 선형 중에) [표식이 있는 꺾은 선형]을 클릭

③ 제목 삽입 : (작성된 차트가 선택된 상태에서) [차트 도구] 정황 탭 → [레이아웃] 탭 → [레이블] 그룹 → [제목을 가운데에 맞추어 표시] → (나타난 텍스트 박스에) "할당 대비 실적 비교"라고 입력

④ 범례 이동 및 차트 크기 조절 : 범례를 드래그하여 이동, 차트 크기도 [차트 도구] 정황 탭 → [디자인] 탭이 선택된 상태에서 드래그하여 크기를 조절

12 상태 표시줄의 활용

다음과 같은 데이터가 입력된 워크시트가 있다. 이 워크시트에서 그림과 같이 C5:C9, E5:E9, G5:G9를 블록으로 설정하였을 때 상태 표시줄에 무엇이 나타나는가를 확인하시오.

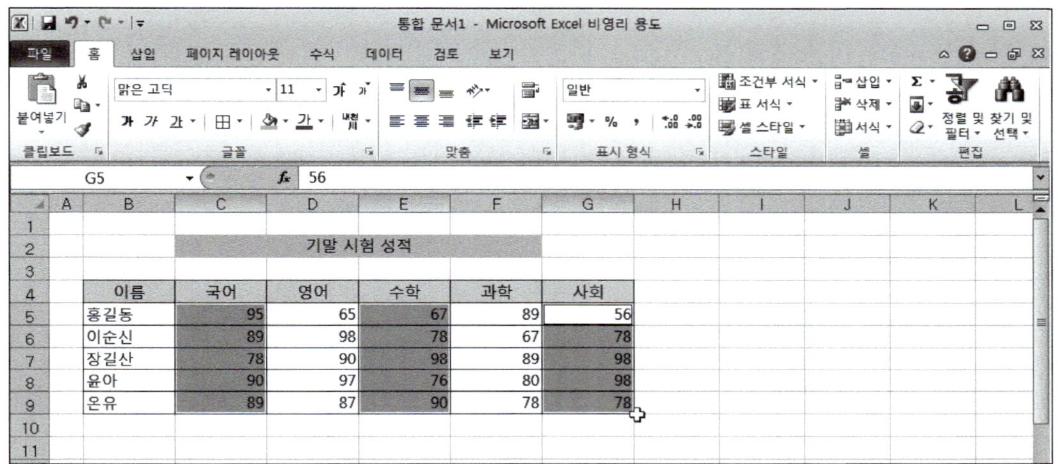

02

CHAPTER

재무관리 – 손익분기점 분석

SECTION 01에서는 자본예산에 대한 간단한 소개를 한다. SECTION 02에서는 손익분기점 프로젝트를 통하여 이익 계획에 대한 소개를 한다.

재무계획

재무계획은 크게 둘로 나누어진다. 첫째는 이익계획을 세우는 것이고, 둘째는 자금계획을 마련하는 것이다. 이익계획이란 투자자본에 대하여 이익이 얼마여야 되는가를 따지는 것이다. 매출액을 V, 총자본을 C, 영업이익을 G라고 하면 총자본영업이익률은 다음 식과 같이 매출영업이익률과 자본회전율로 분해된다.

총자본영업이익율 = 매출영업이익율 * 총자본회전율

$$\frac{G}{C} = \frac{G}{V} + \frac{V}{C}$$

위의 식에서 매출영업이익율은 원가(Cost), 매출액(Volume), 영업이익(Profit)간의 관계를 분석한 것으로 CVP분석이라 하고, 이것은 넓은 의미의 손익분기점 분석이라고 할 수 있다. 다음으로 총자본회전율은 총자본이 매출액에 몇 번 회전해서 현재의 실적매출액을 거둘 수 있었는가를 살펴보는 것으로 매출액이 변화하면 총소요자본이 얼마나 되어야 하는가를 계획하기 위한 지표이다.

손익분기점 분석 프로젝트

손익분기점 분석(Breakeven Point Analysis; BEP)은 일정기간의 매출액과 영업비용이 일치하여 손실 또는 이익이 없을 때의 일정수준으로, 이 점에서 손실 또는 이익으로 분기된다고 해서 손익분기점이라고 한다. BEP를 결정하는 기본요소는 매출액, 고정비용, 변동비용이다.

선형 손익분기점 분석은 단위당 수익과 단위당 비용이 상수이며 고정된 시작비용(Start-up cost)이 있다고 가정한다. 또 모든 비용은 고정비와 변동비로 구분될 수 있다고 전제한다. 고정비는 매출 또는 생산량과 상관없이 고정적으로 발생되는 것으로 감가상각비, 상근인원에 대한 급여, 재산세, 임차료 등이 여기에 속한다. 변동비는 매출 또는 생산량에 비례하는 비용으로 재료비, 노무비, 직접제조경비 등을 포함한다. 그리고 매출액은 생산액, 매출수량, 생산량 등 여러 가지의 변수를 사용할 수 있다.

단위당 한계 이익은 한계 수익과 한계 비용의 차이이다. 손익분기점 수량에서 총이익은 총 시작비용과 같다. 손익분기점은 이익이 없는 점이다. 즉 BEP는 '영업이익 = 0'일 때의 매출액 또는 매출량을 말한다. 손익분기점보다 적은 수량은 손실을 낳고 손익분기점보다 많은 수량은 이익을 가져온다.

단수 제품 손익분기점 분석

1.1 단수 제품 손익분기점 분석 프로젝트

㈜NextCom은 주로 반도체 장비와 조립라인에 필요한 주변기기를 생산하여 반도체 장비 업계를 주도하는 세계적인 기업이 되고자 한다. 투자에 앞서 ㈜NextCom의 손익분기점을 알아보기 위하여 주력 제품의 생산 및 판매에 관련된 자료를 정리한 결과는 다음과 같다(단위: 백만원).

고정비용 : 4,000
단위당 변동비용 : 10
단위당 수익 : 15

손익분기점의 생산량 또는 매출량은 고정비용을 한계이익(Marginal Profit) 또는 공헌이익(Contribution Margin)으로 나눈 값이다. ㈜NextCom의 한계이익은 5(15-10)이다.

따라서 주력 제품 1개만을 고려하여 ㈜NextCom의 손익분기점을 보면 800개임을 알 수 있다. 이 수량은 단위당 한계이익 5가 고정비용 4,000을 상쇄하는 수량이다. 이러한 계산을 스프레드시트를 통하여 실행하는 방법을 살펴보자.

1.2 스프레드시트 모델 개발

손익분기점 계산을 위하여 다음과 같이 스프레드시트에 주어진 데이터를 입력하고 손익분기점 매출량 셀에는 수식을 입력한다.

❶ 먼저 A1에 제목으로 '손익분기점(단일제품)'을 입력한다.
❷ A3에서 A6에 항목이름 '고정비용', '단위당 변동비용', '단위당 이익', 그리고 '손익분기점 매출량'을 차례로 입력한다.
❸ B3에서 B5에 4000, 10, 15를 입력한다.
❹ B6에 '=B3/(B5-B4)'를 입력한다. [그림 2-1]은 손익분기점을 모델로 나타낸 것이다.

그림 2-1 손익분기점 모델

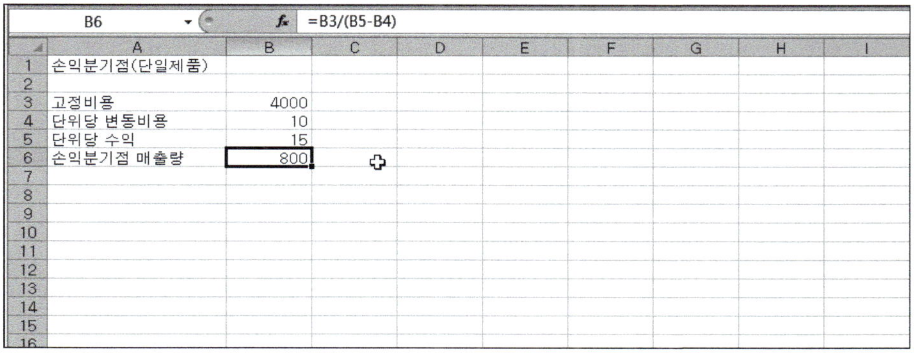

B6 =B3/(B5-B4)

	A	B
1	손익분기점(단일제품)	
2		
3	고정비용	4000
4	단위당 변동비용	10
5	단위당 수익	15
6	손익분기점 매출량	800

같은 스프레드시트 모델에 손익분기점 부근에서 이익이 마이너스에서 플러스로 변화하는 것을 보기 위해서 손익분기점 매출량 부근의 수량으로 총수익, 비용, 이익을 산출해 보기로 한다.

❶ A8에서 D8에 '매출량', '수익', '비용', 그리고 '이익'을 입력한다.
❷ A9에 500, A10에 600을 입력한다.
❸ A9와 A10을 블록으로 한 뒤 채우기 핸들을 아래로 드래그하여 1200까지 입력되도록 한다.

그림 2-2 제목 및 수량 입력

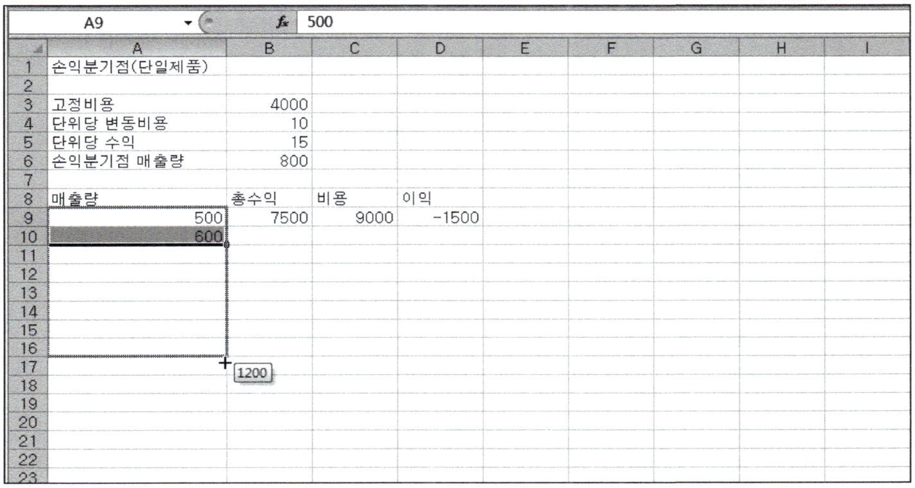

A9 500

	A	B	C	D
1	손익분기점(단일제품)			
2				
3	고정비용	4000		
4	단위당 변동비용	10		
5	단위당 수익	15		
6	손익분기점 매출량	800		
7				
8	매출량	총수익	비용	이익
9	500	7500	9000	-1500
10	600			

1200

[그림 2-3]처럼 매출량에 따른 수익, 비용, 이익을 계산하는 수식을 첫 행에 입력하고 다른 행에 복사한다.

❶ B9에 '=$B$5*A9'를 입력한다.
❷ C9에 '=$B$3+(A9*$B$4)'를 입력한다.
❸ D9에 '=B9-C9'를 입력한다.

그림 2-3 수식 입력

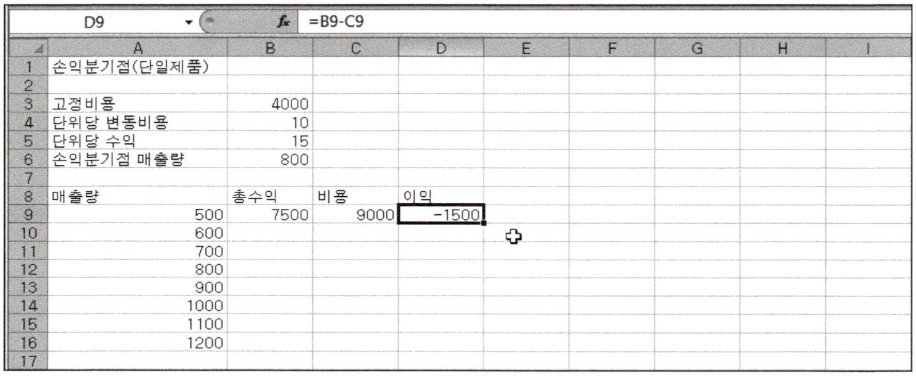

D9 =B9-C9

	A	B	C	D	E	F	G	H	I
1	손익분기점(단일제품)								
2									
3	고정비용	4000							
4	단위당 변동비용	10							
5	단위당 수익	15							
6	손익분기점 매출량	800							
7									
8	매출량	총수익	비용	이익					
9	500	7500	9000	-1500					
10	600								
11	700								
12	800								
13	900								
14	1000								
15	1100								
16	1200								
17									

❹ B9와 D9를 블록으로 한 뒤 채우기 핸들을 아래로 D16까지 드래그하여 수식이 입력되도록 한다.

그림 2-4 자동 채우기로 수식 입력

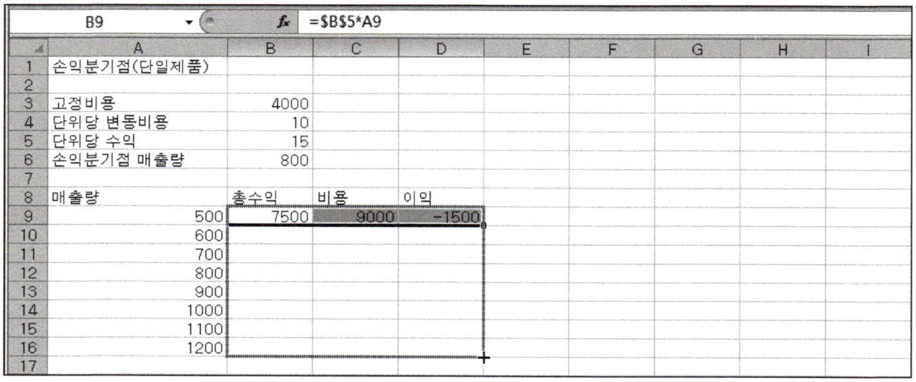

B9 =$B$5*A9

	A	B	C	D	E	F	G	H	I
1	손익분기점(단일제품)								
2									
3	고정비용	4000							
4	단위당 변동비용	10							
5	단위당 수익	15							
6	손익분기점 매출량	800							
7									
8	매출량	총수익	비용	이익					
9	500	7500	9000	-1500					
10	600								
11	700								
12	800								
13	900								
14	1000								
15	1100								
16	1200								
17									

이제 제목, 항목, 입력숫자, 그리고 수식에 의해 계산된 숫자가 디스플레이 되었으므로 [그림 2–5]와 같이 스프레드시트 모델을 포맷하여 모양내기를 할 수 있다.

그림 2–5 스프레드시트 포맷

	A	B	C	D
1	손익분기점(단일제품)			
2				
3	고정비용	₩ 4,000		
4	단위당 변동비용	₩ 10		
5	단위당 수익	₩ 15		
6	손익분기점 매출량	800		
7				
8	매출량	총수익	비용	이익
9	500	₩ 7,500	₩ 9,000	-₩ 1,500
10	600	₩ 9,000	₩ 10,000	-₩ 1,000
11	700	₩ 10,500	₩ 11,000	-₩ 500
12	800	₩ 12,000	₩ 12,000	₩ -
13	900	₩ 13,500	₩ 13,000	₩ 500
14	1000	₩ 15,000	₩ 14,000	₩ 1,000
15	1100	₩ 16,500	₩ 15,000	₩ 1,500
16	1200	₩ 18,000	₩ 16,000	₩ 2,000

■ 손익분기점 분석

손익분기점 부근의 수량에 따른 수익, 비용, 이익의 변화는 차트(Breakeven Chart)를 통하여 알아볼 수 있으므로 다음에서 차트를 그리기로 한다.

❶ 차트를 작성의 대상이 되는 B8에서 C16까지를 마우스로 드래그하여 블록으로 만든다.

❷ [삽입] 탭 → [차트] 그룹 → 꺾은 선형 → 2차원 꺾은선형 → 표식이 있는 꺾은선형을 클릭한다.

그림 2–6 블록 지정과 차트 형태 지정

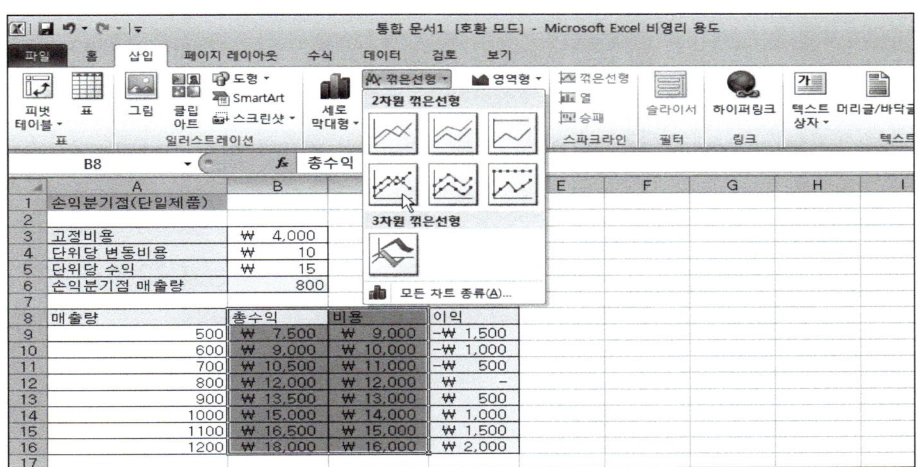

❸ 가로(항목)축 레이블에 마우스 포인터를 이동하고 오른쪽 버튼을 클릭하여 나타난 단축 메뉴에서 [데이터 선택]을 클릭한다.

그림 2-7 가로(항목)축 레이블의 변경

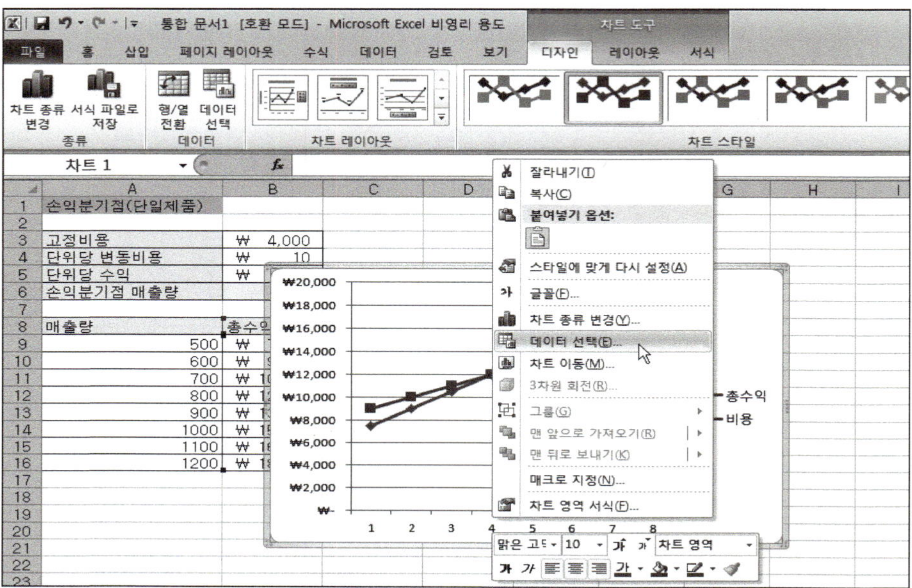

❹ 나타난 대화상자에서 '가로(항목)축 레이블'의 아래에 있는 〈편집〉 버튼을 클릭한다.

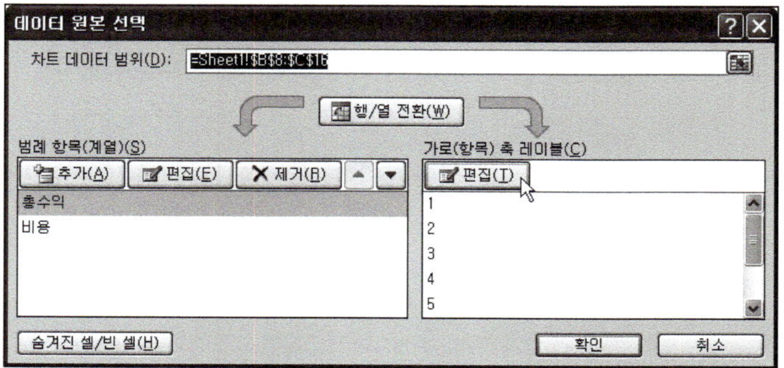

❺ 나타난 대화상자에는 [축 레이블 범위]라는 텍스트 박스가 있는 데, A9에서 A16까지 드래그하여 텍스트 박스에 범위를 입력하고 〈확인〉 버튼을 클릭한다.

❻ 위의 (4)의 '데이터 원본 선택' 대화상자로 되돌아가는 데, 이 대화상자의 〈확인〉 버튼을 클릭한다.

❼ [차트 도구] 정황 탭 → [레이아웃] 탭 → 〈차트 제목〉 버튼 → [제목줄 가운데에 맞춤 표시]를 선택한다.

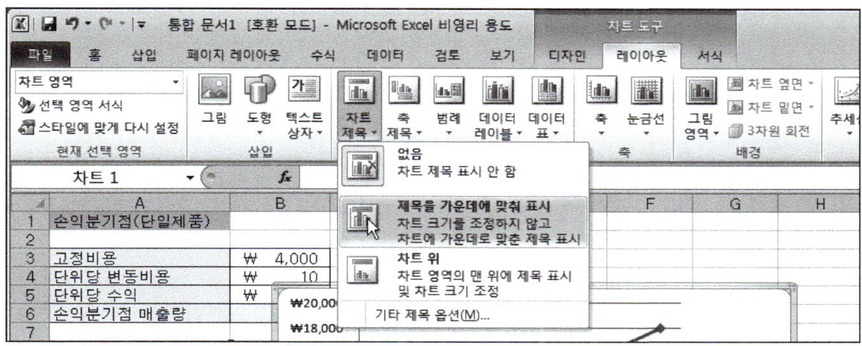

❽ 나타난 [차트 제목] 텍스트를 "손익분기점 분석"이라고 입력한다.

❾ [차트 도구] 정황 탭 → [레이아웃] 탭 → 〈범례〉 버튼 → [위쪽에 범례 표시]로 범례와 적절히 조정한 후 이동시키고, 차트 및 차트 제목의 크기를 적절하게 조절한다.

[그림 2-8]은 워크시트에 차트를 삽입하여 이동한 후의 화면이다.

그림 2-8 차트 삽입

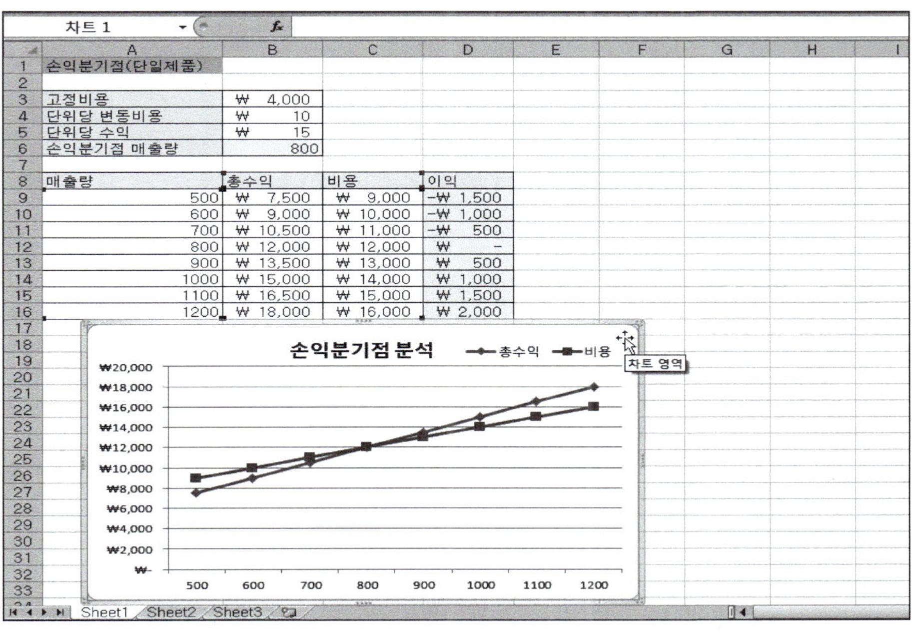

	A	B	C	D
1	손익분기점(단일제품)			
2				
3	고정비용	₩ 4,000		
4	단위당 변동비용	₩ 10		
5	단위당 수익	₩ 15		
6	손익분기점 매출량	800		
7				
8	매출량	총수익	비용	이익
9	500	₩ 7,500	₩ 9,000	-₩ 1,500
10	600	₩ 9,000	₩ 10,000	-₩ 1,000
11	700	₩ 10,500	₩ 11,000	-₩ 500
12	800	₩ 12,000	₩ 12,000	₩ -
13	900	₩ 13,500	₩ 13,000	₩ 500
14	1000	₩ 15,000	₩ 14,000	₩ 1,000
15	1100	₩ 16,500	₩ 15,000	₩ 1,500
16	1200	₩ 18,000	₩ 16,000	₩ 2,000

손익분기점 차트에서 보는 바와 같이 매출량 800에서 수익 및 비용이 12,000이어서 이익은 0이 된다. 일반적으로 손익분기점 차트는 수익 커브가 비용 커브의 아래로부터 위로 올라가는 모양을 갖는다. 즉, 이익이 마이너스에서 플러스로 변화하는 것을 보여 준다.

2 복수제품 손익분기점 분석

2.1 복수제품 손익분기점 분석 프로젝트

㈜NextCom은 주력 제품 이외에도 다른 두 제품의 생산 여부를 결정하고자 한다. 어느 제품은 소량 생산을 하는 것이 좋을 수 있고, 다른 제품은 대량 생산을 하는 것이 좋을 수 있다. 따라서 이익 공헌도를 고려하여 여러 상품을 생산하는 방법의 하나를 택하는 문제이다. 제품별 한계이익을 구할 수 있으면 앞에서와 같이 제품별 손익분기점을 구하여 비교하면서 의사결정을 할 수 있다.

그러나 세 제품에 대한 한계이익을 구할 수 없더라도 생산량에 따른 총비용을 비교하면서 의사결정을 할 수 있다. 다음은 ㈜NextCom의 세 제품에 대한 비용자료이다(단위: 백만원).

비 용	A	B	C
고정비용	4,000	8,000	16,000
변동비용	10	8	5

이 자료를 보면 'A'는 낮은 고정비용과 높은 변동비용을 요구하고 'C'는 가장 높은 고정비용에 가장 낮은 변동비용을 요구하는 경우이다.

2.2 스프레드시트 모델 개발

세 제품의 생산비용 비교를 위하여 다음과 같이 스프레드시트에 제목과 주어진 데이터를 입력한다.

❶ 먼저 A1에 제목으로 '손익분기점(복수제품)'을 입력한다.

❷ A4에서 A5에 항목이름 '고정비용', '단위당 변동비용'을 입력한다.

❸ B3에서 D3에 'A', 'B', 'C'를 입력한다.

❹ B4에서 D4에 '4000', '8000', '16000'을 입력한다.

❺ B5에서 D5에 '10', '8', '5'를 입력한다.

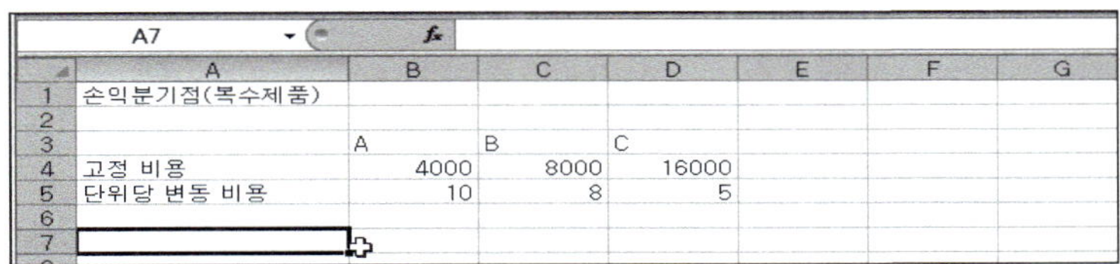

A7

	A	B	C	D	E	F	G
1	손익분기점(복수제품)						
2							
3		A	B	C			
4	고정 비용	4000	8000	16000			
5	단위당 변동 비용	10	8	5			
6							
7							

❻ A7에 '수량'을 입력하고 B7에서 D7에 'A', 'B', 'C'를 입력한다.

❼ A8, A9에 '1000', '1200'을 입력한다.

❽ A8과 A9를 블록으로 한 뒤 채우기 핸들을 아래로 드래그하여 '3000'까지 입력되도록 한다.

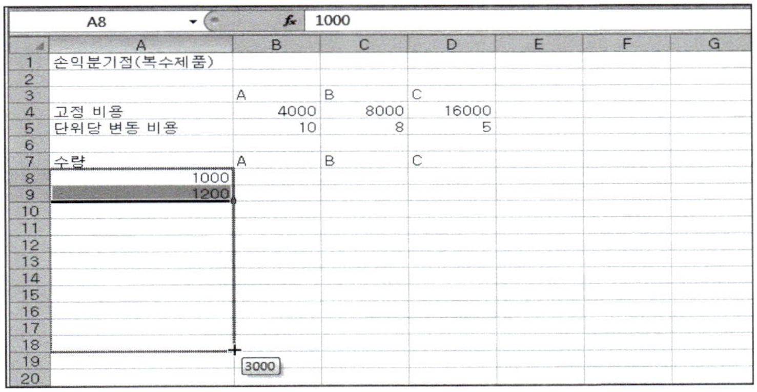

A8 | 1000

	A	B	C	D	E	F	G
1	손익분기점(복수제품)						
2							
3		A	B	C			
4	고정 비용	4000	8000	16000			
5	단위당 변동 비용	10	8	5			
6							
7	수량	A	B	C			
8	1000						
9	1200						
10							
11							
12							
13							
14							
15							
16							
17							
18							
19		3000					
20							

❾ B8에 '= $B$4+$B$5*A8'을 입력한다.

❿ C8에 '= $C$4+$C$5*A8'을 입력한다.

⓫ D8에 '= $D$4+$D$5*A8'을 입력한다.

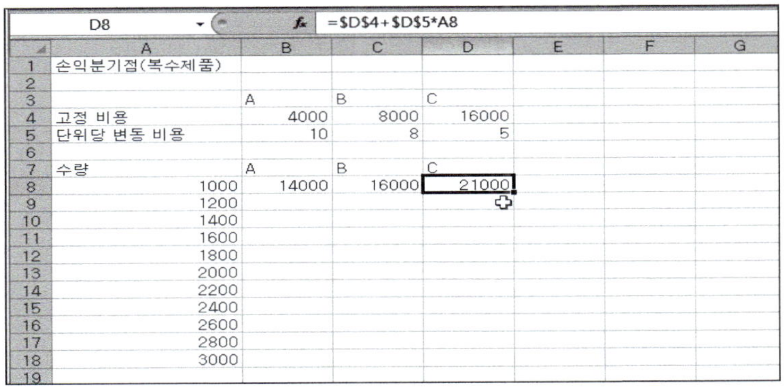

D8 | =$D$4+$D$5*A8

	A	B	C	D	E	F	G
1	손익분기점(복수제품)						
2							
3		A	B	C			
4	고정 비용	4000	8000	16000			
5	단위당 변동 비용	10	8	5			
6							
7	수량	A	B	C			
8	1000	14000	16000	21000			
9	1200						
10	1400						
11	1600						
12	1800						
13	2000						
14	2200						
15	2400						
16	2600						
17	2800						
18	3000						
19							

⑫ B8과 D8을 블록으로 한 뒤 채우기 핸들을 아래로 D18까지 드래그하여 수식이 입력되도록 한다.

B8 | f_x =$B$4+$B$5*A8

	A	B	C	D	E	F	G
1	손익분기점(복수제품)						
2							
3		A	B	C			
4	고정 비용	4000	8000	16000			
5	단위당 변동 비용	10	8	5			
6							
7	수량	A	B	C			
8	1000	14000	16000	21000			
9	1200						
10	1400						
11	1600						
12	1800						
13	2000						
14	2200						
15	2400						
16	2600						
17	2800						
18	3000						
19							

제목, 항목, 입력숫자, 그리고 수식에 의해 계산된 숫자가 디스플레이 되었으므로 스프레드시트 모델을 포맷하여 모양내기를 할 수 있다. [그림 2-9]는 비용비교 스프레드시트 모델이다.

그림 2-9 비용비교 모델

A1 | f_x 손익분기점(복수제품)

	A	B	C	D	E	F	G
1	손익분기점(복수제품)						
2							
3		A	B	C			
4	고정 비용	₩ 4,000	₩ 8,000	₩ 16,000			
5	단위당 변동 비용	₩ 10	₩ 8	₩ 5			
6							
7	수량	A	B	C			
8	1000	₩ 14,000	₩ 16,000	₩ 21,000			
9	1200	₩ 16,000	₩ 17,600	₩ 22,000			
10	1400	₩ 18,000	₩ 19,200	₩ 23,000			
11	1600	₩ 20,000	₩ 20,800	₩ 24,000			
12	1800	₩ 22,000	₩ 22,400	₩ 25,000			
13	2000	₩ 24,000	₩ 24,000	₩ 26,000			
14	2200	₩ 26,000	₩ 25,600	₩ 27,000			
15	2400	₩ 28,000	₩ 27,200	₩ 28,000			
16	2600	₩ 30,000	₩ 28,800	₩ 29,000			
17	2800	₩ 32,000	₩ 30,400	₩ 30,000			
18	3000	₩ 34,000	₩ 32,000	₩ 31,000			
19							
20							

단수제품 | 복수제품 | Sheet3

생산량에 따른 총비용의 변화는 차트를 통하여 쉽게 알아볼 수 있으므로 다음에서 차트를 그리기로 한다. 차트를 작성할 때 A, B, C 제품이름을 선택하지 않고, 차트 작업의 대상을 B8:D18로 선택(블록화)하면 차트의 범례가 계열1, 계열2, 계열3으로 나타나게 된다.

그림 2-10 비용비교 차트

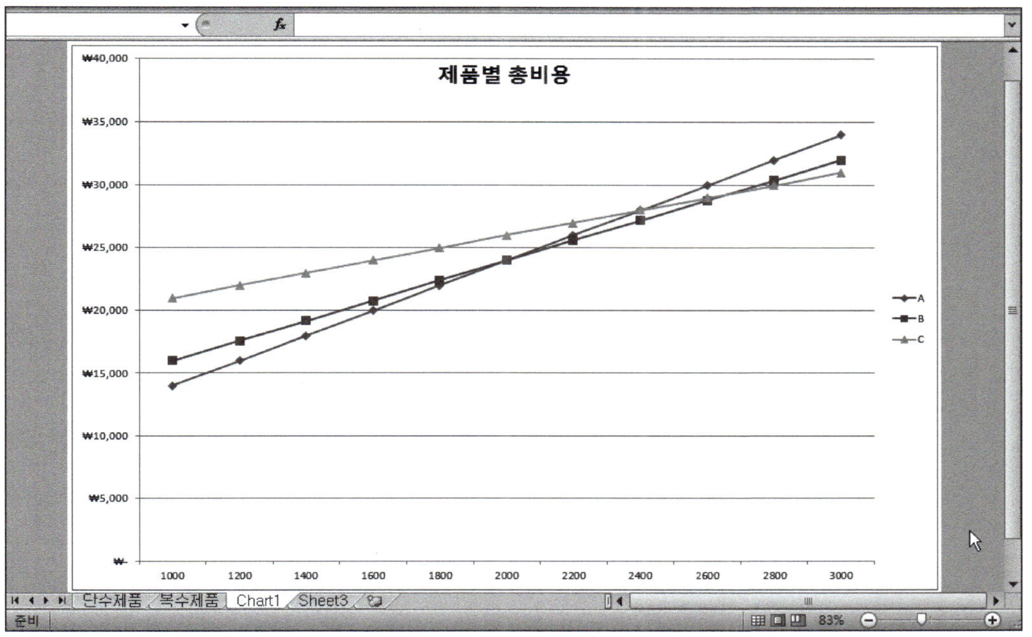

범례 이름을 변경하는 것은 제1장의 '[그림 1–17] 차트 대상과 차트 종류 선택'의 동일한 경우이므로 참고하면 된다. [그림 2–10]은 세 제품의 총비용을 비교한 차트이다.

A제품은 적은 생산량에 좋으며, B제품은 2,000단위에서 2,600단위 사이에서 좋고, C제품은 2,800단위 이상에서 좋은 것을 나타난다.

또 [그림 2–8]과 같이 작성된 차트를 차트 전용의 워크시트에 나타나게 하려면 [차트 도구] 정황 탭 → [디자인] 탭 → [위치] 그룹 → 〈차트이동〉 명령 버튼을 클릭하여 나타난 대화상자에서 조작하면 된다.

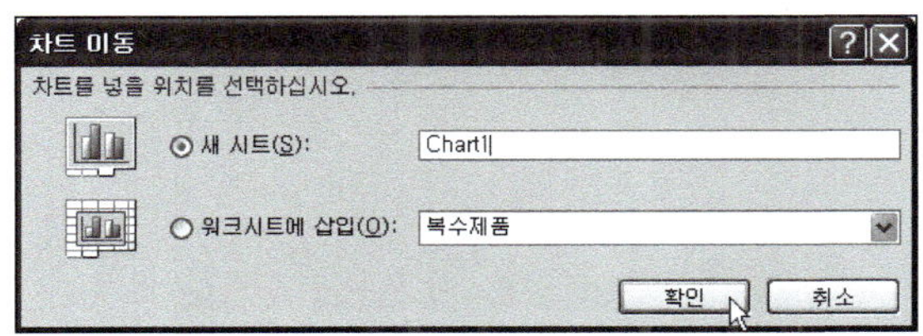

Chater 02

연 습 문 제

01 연산자의 우선 순위

다음 수식을 지정된 셀에 입력하고 그 결과를 확인하시오. 단, [셀 서식]에서 [표시 형식]이 "일반"으로 되어 있는 것으로 한다.

입력할 셀 주소	키보드로 입력할 수식	수식의 결과(화면에 나타난 값)
B2	=5*(4+2)	
B3	=5*−3*2	
B4	=10+100*10%/5	
B5	=2^2−3^2	
B6	=4−6/2	
B7	=8+15&"절"	
B8	=7*3〉3+20	

연산자의 우선 순위: 위의 문제를 정확히 계산하려면 연산자의 우선 순위를 이해해야 한다.

순 위	이 름	연산자	설 명
1	괄호	( )	괄호 안에 있는 식을 가정 먼저 계산
2	음수	−	음수를 나타냄
3	퍼센트	%	백분율을 나타냄
4	지수	^	지수를 나타나냄 2^3 → 8
5	곱하기 나누기	* /	곱셈, 나눗셈
6	더하기 빼기	+ −	덧셈, 뺄셈
7	엄퍼샌드	&	텍스트 및 수식 결합
8	비교연산자	= 〈 〉 〉= 〈= 〈〉	결과 값이 TRUE와 FASLE 중 하나

02 함수의 인수에 셀 이름 사용

A1 | fx

	A	B	C	D	E	F	G	H	I
1									
2			기말 시험 성적						
3									
4		이름	국어	영어	수학	과학	사회		
5		홍길동	95	65	67	89	56		
6		이순신	89	98	78	67	78		
7		장길산	78	90	98	89	98		
8		윤아	90	97	76	80	98		
9		온유	89	87	90	78	78		
10		합계	441						
11									

위의 셀 D10에 합계를 구하려면 =SUM(C5:C9)라는 함수를 사용하였다. 이것 보다는 =SUM(국어)라고 함수를 작성하면 훨씬 이해하기 쉽게 된다. 여기서 사용하는 '국어'는 C5:C9에 이름을 붙인 것이다. 셀 이름을 정의하는 방법은 [그림 2–11]과 같이 해당 셀 C5:C9를 블록화 하고, '이름 상자'에 "국어"라고 입력하면 된다.

그림 2–11 이름 정의

국어 | fx 95

	A	B	C	D	E	F	G	H	I	J
1										
2			기말 시험 성적							
3										
4		이름	국어	영어	수학	과학	사회			
5		홍길동	95	65	67	89	56			
6		이순신	89	98	78	67	78			
7		장길산	78	90	98	89	98			
8		윤아	90	97	76	80	98			
9		온유	89	87	90	78	78			
10		합계	441							
11										

① 셀 C10:G10에 각 과목 점수 합계를 SUM 함수로 구하시오. 단 인수는 셀 이름을 사용할 것.

② 셀 I5에 국어, 수학, 사회의 총 평균 AVERAGE 함수로 구하시오. 단 인수는 셀 이름을 사용하시오.

03 데이터 유효성 검사

셀에 입력된 데이터를 제한할 수 있다. 이것을 데이터 유효성이라고 한다.

B5 | A11

대리점 관리직원

직원번호	이름	입사일	성별	나이	관할지역	01년실적	02년실적
A11	김정재	2009-09-01	남	40	중부	₩32,250,000	₩25,000,000
A12	박승준	2006-03-01	남	36	충청	₩25,500,000	₩13,500,000
A13	김정은	2010-11-05	여	30	전라	₩18,520,000	₩12,550,000
A14	김선미	1996-09-10	여	38	경상	₩42,000,000	₩37,000,000
A15	이현준	2003-10-10	남	41	강원	₩33,750,000	₩28,500,000

위의 워크시트에서 "직원번호"는 3글자로 입력되게 하고, "성별"에는 '남' 또는 '여' 중 하나만 입력할 수 있게 한다. 이처럼 조작하려면 엑셀에서는 "데이터 유효성 검사'를 설정하면 된다.

이 설정을 하려면 먼저 대상이 되는 셀(여기서는 B5 아래쪽의 열, E5 아래쪽의 열)을 블록으로 선택한 후, [데이터] 탭 → [데이터 도구] 그룹 → [데이터 유효성 검사] 클릭하여 나타난 대화상자에서 설정한다.

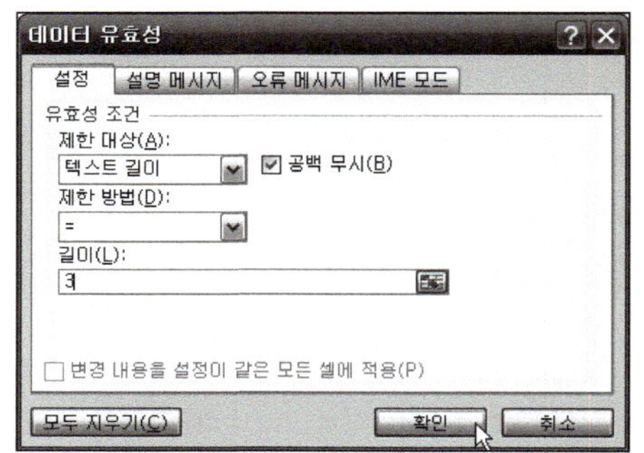

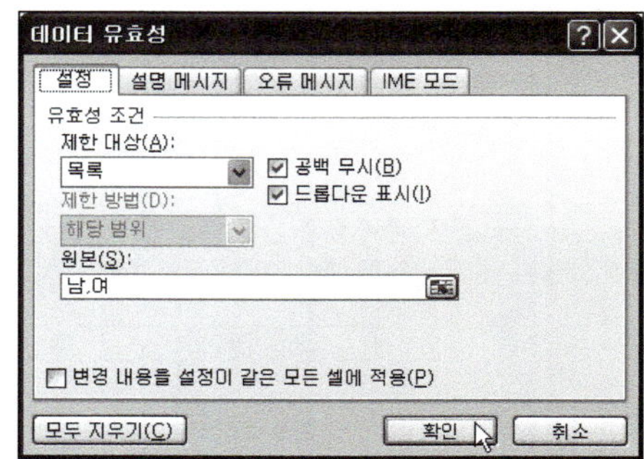

위의 워크시트에서 "나이"는 18~70사이 정수만 입력되게 하고, "관할지역"은 중부, 충청, 전라, 경상, 강원, 경기 중 하나만 입력할 수 있도록 설정하시오.

04 조건부 서식

여러 개의 셀에 글꼴 크기나 바탕색 등의 서식을 변경하려면 해당 셀을 선택한 후, 셀 서식을 설정하였다. 그러나 선택된 범위에서 조건에 맞는 셀에만 지정된 서식만이 적용할 수 있다. 이것을 "조건부 서식"이라 한다.

B5 | fx C001

	A	B	C	D	E	F	G	H
1								
2				대리점				
3								
4		대리점번호	대리점	주소	도시	청구액	입금액	
5		C001	강북	동대문구 종암동 102-1	서울	₩1,200,000	₩1,000,000	
6		C002	송도	동구 만석동 123-43	인천	₩1,870,000	₩1,500,000	
7		C003	송파	송파구 신천동 401-1	서울	₩1,550,000	₩85,000	
8		C004	안서	천안시 안서동 18번지	천안	₩5,000,000	₩1,000,000	
9		C005	도일	평택시 도일동 65	평택	₩750,000	₩500,000	
10		C006	우암	청주시 상당구 우암동 21	청주	₩450,000	₩0	
11		C007	가야	부산시 금정구 구서동 20	부산	₩1,375,000	₩1,200,000	
12		C008	대연	부산시 남구 대연동 45	부산	₩1,850,000	₩1,500,000	
13		C009	팔복	전주시 덕진구 금호동 54	전주	₩950,000	₩950,000	
14		C010	금호	광주시 서구 금호동 54	광주	₩650,000	₩200,000	
15		C011	운정	강릉시 운정동 34-1	강릉	₩700,000	₩500,000	
16		C012	제주	제주시 아라동 10-5	제주	₩550,000	₩0	
17		C013	달서	대구시 달서구 두류동 28	대구	₩1,100,000	₩500,000	
18		C014	구룡	대전시 유성구 구룡동 20	대전	₩1,300,000	₩1,300,000	
19		C015	삼정	대전시 대덕구 삼정동 15	대전	₩1,200,000	₩500,000	
20								

위의 워크시트에서 청구액이 1,500,000 이상 행 전체의 배경색을 '분홍색'으로 설정하는 조건부 서식을 지정해 보자.

서식을 적용할 셀(B5:G19) 범위를 드래그하여 블록으로 지정한 후, [홈] 탭 → [스타일] 그룹 → 〈조건부 서식〉 → [새 규칙] 메뉴를 선택한다.

나타난 대화상자에서 [그림 2-12]와 같이 [수식을 사용하여 서식을 지정할 셀 결정]을 클릭하고 '다음 수식이 참인 값의 서식 지정' 텍스트 박스에 '=$F5 〉= 1500000'한 후, 〈서식〉 버튼을 클릭하여 바탕색을 분홍색으로 지정하면 된다.

그림 2-12 조건부 서식 설정

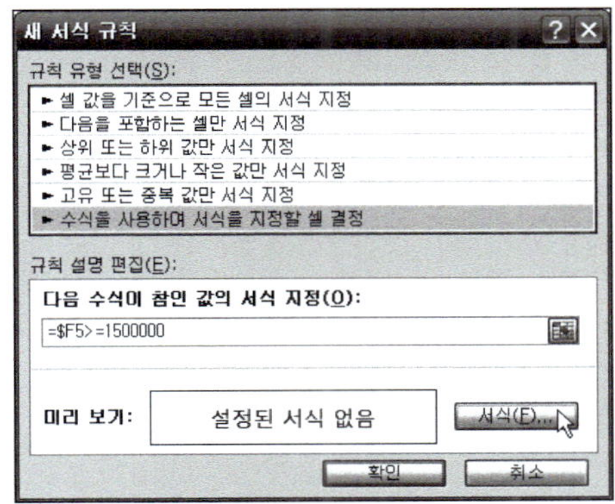

도시명이 '서울'인 행 전체를 글꼴색을 파랑색으로 하시오**(힌트 =$E4="서울")**.

05 COUNTIF/COUNTIFS, SUMIF/SUMIFS, AVERAGEIF/AVERAGEIFS

COUNTIF는 조건에 맞는 셀의 개수, COUNTIFS(COUNTIF의 복수형)는 다중 조건에 맞는 셀의 개수를 계산해 준다. SUMIF는 조건에 맞는 셀의 합계, SUMIFS(SUMIF의 복수형)는 다중 조건에 의한 셀의 합계를 계산해 준다. AVERAGEIF는 조건에 맞는 셀의 평균, AVERAGEIFS(AVERAGEIF 복수형)는 다중 조건에 의한 셀의 평균을 계산해 준다.

COUNT, SUM, AVERAGE, MAX, MIN 등은 인수의 순서가 정해지지 않았으나, 위의 함수들은 인수의 순서에 특히 주목해야 한다.

함수 사용 구조	설 명
=COUNTIF(조건범위, 조건)	조건범위에 만족하는 셀의 개수를 구함
=SUMIF(조건범위, 조건, 합계범위)	조건범위에 만족하는 자료의 합계를 구함
=AVERAGEIF(조건범위, 조건, 평균범위)	조건범위에 만족하는 자료의 평균을 구함
=COUNTIFS(조건범위, 조건, …)	조건이 2개 이상, 사용 셀의 개수
=SUMIFS(합계범위, 조건범위, 조건, …)	조건이 2개 이상, 합계 범위의 합계
=AVERAGEIFS(평균범위, 조건범위, 조건, …)	조건이 2개 이상, 평균 범위의 평균

–조건이 텍스트인 경우는 반드시 “ ”으로 둘러싸야 한다.

–조건이 “이*”는 “이”로 시작하는 모든 텍스트로 나타난다. ‘*’는 와일드 카드라 함

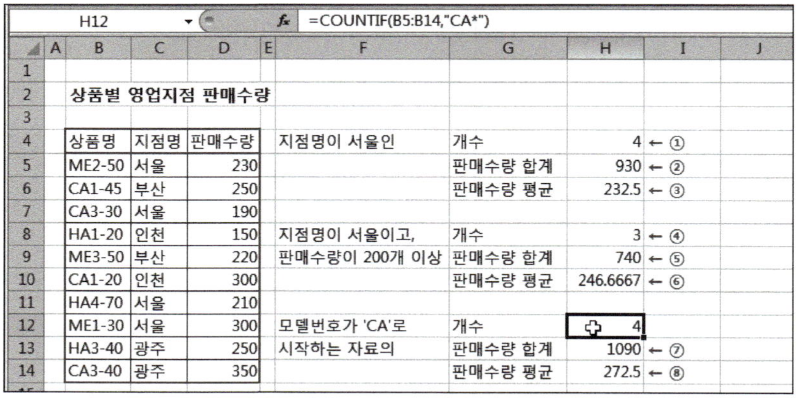

H12 =COUNTIF(B5:B14,"CA*")

	A	B	C	D	E	F	G	H	I	J
1										
2		상품별 영업지점 판매수량								
3										
4		상품명	지점명	판매수량		지점명이 서울인	개수	4	← ①	
5		ME2-50	서울	230			판매수량 합계	930	← ②	
6		CA1-45	부산	250			판매수량 평균	232.5	← ③	
7		CA3-30	서울	190						
8		HA1-20	인천	150		지점명이 서울이고,	개수	3	← ④	
9		ME3-50	부산	220		판매수량이 200개 이상	판매수량 합계	740	← ⑤	
10		CA1-20	인천	300			판매수량 평균	246.6667	← ⑥	
11		HA4-70	서울	210						
12		ME1-30	서울	300		모델번호가 'CA'로	개수	4		
13		HA3-40	광주	250		시작하는 자료의	판매수량 합계	1090	← ⑦	
14		CA3-40	광주	350			판매수량 평균	272.5	← ⑧	

위의 워크시트에서 ①~⑧의 결과가 나타나도록 COUNTIF/COUNTIFS, SUMIF/SUMIFS, AVERAGEIF/AVERAGEIFS를 사용한 함수식을 쓰시오.

번 호	함수식	번 호	함수식
①		⑤	
②		⑥	
③		⑦	
④		⑧	

06 날짜 함수

DATE는 인수를 사용하여 날짜를 만들 때, WEEKDAY는 요일를 번호로 알아낼 때, YEAR는 년을 구할 때, NOW는 현재의 날짜와 시간을 구할 때, TODAY는 현재의 시간을 구할 때에 사용한다.

함수 사용 구조	설 명
=DATE(년, 월, 일)	년, 월, 일에 해당하는 날짜를 구함
=WEEKDAY(날짜, [옵션])	날짜에 해당하는 요일의 번호를 구함 옵션 1 또는 생략 : 1 (일요) 부터 7(토요) 옵션 2 : 1 (월요) 부터 7(일요)
=YEAR(날짜)	날짜에서 연도를 추출
=NOW()	지금 현재의 날짜와 시각을 표시
=TODAY()	현재 오늘의 날짜를 표시

NOW 함수나 TODAY 함수의 인수는 없다. 이와 같이 인수가 없는 함수도 있다.
다음 함수식을 지정된 셀에 입력하고 그 결과를 확인하시오.

입력할 셀 주소	키보드로 입력할 수식	수식의 결과(화면에 나타난 값)
D2	=NOW()	(셀 서식을 숫자로 함)
D3	=NOW()	(셀 서식을 날짜로 함)
D4	=TODAY()	(셀 서식을 숫자로 함)
D5	=TODAY()	(셀 서식을 날짜로 함)
D6	=DATE(1900,1,1)	(셀 서식을 숫자로 함)
D7	=DATE(9999,12,31)	(셀 서식을 숫자로 함)
D8	=DATE(2015,1,1)	(셀 서식을 날짜로 함)
D9	=WEEKDAY("2012/3/15")	(셀 서식을 숫자로 함)
D10	=WEEKDAY("2012/3/15",1)	(셀 서식을 숫자로 함)
D11	=WEEKDAY("2012/3/15",2)	(셀 서식을 숫자로 함)
D12	=YEAR("2012-3-15")	(셀 서식을 숫자로 함)
D13	=YEAR(NOW())	(셀 서식을 숫자로 함)

엑셀에서는 날짜 계산은 하루를 1로 인식하고 계산한다. 1900년 1월 1일을 1로 하고 시작한다. 1900년 1월 3일은 3으로 된다. 1900년 1월 30일은 30으로 된다. 9999년 12월 31일을 마지막 날로 정하였다. 9999년 12월 31일 초과하는 날은 날짜 함수를 사용할 수 없다.
YEAR 함수가 년을 구하는 것처럼 MONTH는 월, DAY는 날, HOUR는 시간, MINUTE는 분, SECOND는 초를 구할 때 사용한다. DATE 함수가 날짜를 만든 것처럼 TIME 함수는 인수를 시각으로 만들어 준다.

07 텍스트(문자열 처리) 함수

텍스트(문자열)를 추출할 때에 사용하는 함수로 LEFT, MID, RIGHT가 있고, 텍스트를 반복하여 표시하는 데는 REPT라는 함수가 있다. 숫자를 텍스트로 변환하는 TEXT 함수, 필요없는 공백을 제거하는 TRIM이라는 함수가 있다.

함수 사용 구조	설 명
=LEFT(문자열, 개수)	문자열의 왼쪽에서 개수만큼 문자를 추출
=MID(문자열, 시작 위치, 개수)	문자열의 시작 위치에서 개수만큼 문자를 추출
=RIGHT(문자열, 개수)	문자열의 오른쪽에서 개수만큼 문자를 추출
=REPT(문자열, 반복회수)	문자열을 반복회수만큼 표시함
=TEXT(숫자인수, 서식)	숫자를 서식('셀 서식'의 '표시형식' 탭에서 범주 상자에 있는 숫자 서식)이 지정된 텍스트로 변환
=TRIM(인수)	단어 사이에 있는 한 칸의 공백을 제외하고 인수에 포함된 모든 공백을 제거

다음 함수식을 지정된 셀에 입력하고 그 결과를 확인하시오. 단 셀 E1에 ABCDEFG가 입력되어 있고, E2에는 ★이 입력되어 있다.

입력할 셀 주소	키보드로 입력할 수식	수식의 결과(화면에 나타난 값)
F2	=LEFT("KBSCNN",3)	
F3	=LEFT(E1,5)	
F4	=MID("KBSCNN",2,3)	
F5	=MID(E1,3,2)	
F6	=REPT("=",6)	
F7	=REPT(E2,7)	
F8	=TEXT(50, %"#")	
F9	=TEXT(3456729, "#, ###")	
F10	=TRIM(" 대한민국 "	
F11	=TRIM(" 우리 생 활 ")	

08 수학 함수

반올림, 올림, 내림을 구하려면 ROUND, ROUNDUP, ROUNDDOWN 함수를 사용한다. 나머지를 구할 때는 MOD 함수, 정수를 구하는 때는 INT 함수, 소수점 이하를 버릴 때는 TRUNC 함수, 절대값을 구할 때는 ABS 함수를 사용한다. 배열에 대한 곱의 합을 구할 때는 SUMPRODUCT 함수, 나머지를 구할 때는 MOD 함수, 제곱근을 구할 때는 SQRT 함수를 사용한다.

함수 사용 구조	설 명
=ROUND(숫자인수, 자리수)	인수를 지정한 자리수까지 반올림하여 구함
=ROUNDUP(숫자인수, 자리수)	인수를 지정한 자리수까지 올림하여 구함
=ROUNDDOWN(숫자인수, 자리수)	인수를 지정한 자리수까지 내림하여 구함
=INT(숫자인수)	인수의 정수를 구함
=TRUNC(숫자인수, 자리수)	인수에서 지정한 자리수 이하를 버림. 자리수를 생략하면 정수 부분만 남는다.
=ABS(숫자인수)	인수의 절대값을 구함
=SUMPRODUCT(배열1, 배열2)	배열1과 배열2를 곱한 값들의 합계를 구함
=MOD(인수1, 인수2)	인수1을 인수2로 나눌 때의 나머지를 구함
=SQRT(양의 숫자인수)	인수의 평방근 값을 구한다

다음 함수를 지정된 셀에 입력하고 그 결과를 확인하시오. 단 워크시트에 G1:I2에 데이터가 다음과 같이 입력되어 있는 것으로 한다.

	G	H	I	J
1	1	2	1	
2	10	20	30	
3				
4				

입력할 셀 주소	키보드로 입력할 수식	수식의 결과(화면에 나타난 값)
H3	=ROUND(2.15, 1)	
H4	=ROUND(AVERAGE(G1:I2), 2)	
H5	=ROUND(12.15, -1)	
H6	=ROUNDDOWN(32.25, 0)	
H7	=ROUNDOWN(AVERAGE(G1:I2), 2)	
H8	=ROUNDDOWN(3.14159, -2)	
H9	=ROUNDUP(23.25, 0)	
H10	=ROUNDUP(3.14159, 3)	
H11	=ROUNDUP(AVERAGE(G1:I2), -2)	
H12	=TRUNC(5.675, 2)	
H13	=TRUNC(AVERAGE(G1:I2), -1)	
H14	=INT(8.9)	
H15	=INT(−8.9)	
H16	=8.9−INT(8.9)	
H17	=SQRT(81)	
H18	=SQRT(AVERAGE(G1:I2))	
H19	=ABS(5)	
H20	=ABS(−5)	
H21	=SQRT(ABS(−5))	
H22	=SUMPRODUCT(G1:I1, G2:I2)	
H23	=SUMPRODUCT(G1:I1^2, G2:I2^2)	
H24	=MOD(AVERAGE(G1:I1),, 9)	
H25	=MOD(I3, G2)	

09 통계 함수

통계 함수에는 순위를 계산해 주는 RANK, RANK.EQ, RANK.AVG 함수와 중간 값을 찾아주는 MEDIAN 함수와 큰 값이나 작은 값을 찾아주는 LARGE, SMALL 함수와 셀의 개수를 계산해 주는 COUNTA, COUNTBLANK 함수가 있다.

함수 사용 구조	설 명
=RANK(숫자인수, 범위, 옵션)	범위 안의 인수에 대한 순위를 지정. 옵션이 0이거나 생략하면 내림차순, 1이면 오름차순으로 정렬
=RANK.EQ(숫자인수, 범위, 옵션)	엑셀 2010부터 사용한 함수로 RANK 함수와 동일
=RANK.AVG(숫자인수, 범위, 옵션)	동일한 값에 대해 평균 순위를 똑 같이 준다.
=MEDIAN(인수1, 인수2, …)	인수들 중에 중간 값을 구함
=LARAGE(인수, 숫자)	인수들 중에서 숫자 번째로 큰 값을 찾아 줌
=SAMLL(인수, 숫자)	인수들 중에서 숫자 번째로 작은 값을 찾아 줌
=COUNTA(인수1, 인수2,…)	인수들 중에서 비어있지 않는 셀의 수를 구함
=COUNTBLANK(인수1, 인수2,…)	인수들 중에서 비어있는 셀의 수를 구함

위의 함수를 사용하여 다음 워크시트를 완성하시오.

H5 | =SUM(C5:G5)

	A	B	C	D	E	F	G	H	I	J
1										
2			기말 시험 성적							
3										
4		이름	국어	영어	수학	과학	사회	총점	순위(RANK.EQ)	순위(RANK.AVG)
5		홍길동	95	65	67	89	56	372		
6		이순신	89	98	78	67	89	421		
7		장길산	78	90	98	89	98	453		
8		윤아	80	87	76	80	98	421		
9		온유	89	87	85	78	78	417		
10		2번째 큰값								
11		3번째 작은값								
12		중간값								
13										

다음 워크시트에서 COUNTA 함수로 M5:O5, M6:O6, M7:O7, M8:O8의 '자료 수'와 COUNTBLANK 함수로 M5:O5, M6:O6, M7:O7, M8:O8 빈 공백 개수를 구하시오..

P5

	L	M	N	O	P	Q	R	S	T	U	V
1											
2											
3											
4		자료1	자료2	자료3	자료 수	공백 셀의 수					
5		엑셀	34								
6		4	10:30	월요일							
7		휴일		수학							
8		4	52	#DIV/0!							
9											

03 CHAPTER

재고관리 – 경제적 주문량 모델

SECTION 01에서는 경제적 주문량의 이론을 설명하고 단순한 사례를 가지고 스프레드시트 모델을 개발한다.
SECTION 02에서는 경제적 주문량 이론을 통한 의사결정 사례를 학습한다.

경제적 주문량 모델

재고관리 비용은 크게 재고유지비용(Carrying cost)과 주문비용(Ordering cost)으로 나누어진다. 재고가 늘어남에 따라 재고유지비용은 증가하지만 주문비용은 감소한다. 즉 주문이 빈번해지면 주문비용은 많아지지만 1회 주문량이 적으므로 재고유지비용은 작아질 것이다. 경제적 주문량(Economic Order Quantity; EOQ) 모델은 기업의 적정재고수준을 알아내기 위한 계량적 재고모델이다.

재고자산관리에서 중요한 것은 일정(1년)기간의 재고자산 소요량을 정확히 예측하는 일인데 EOQ 모델은 재고자산 소요량예측이 가능하다고 가정한다. EOQ 모델은 재고자산 소요량과 함께 1회 주문량도 결정되었다고 가정한다. 총비용이 주문비용과 재고유지비용의 합계이므로 총비용이 최소화되는 수준에서 적정재고가 결정된다.

EOQ모델에 사용될 기호와 수식은 다음과 같다.

Q = 1회 주문량

D = 연간 소요량(일정기간 동안의 총주문량)

H = 단위당 재고유지비용

P = 단위당 가격

C = 1회 주문비용

연간주문회수는 $\frac{D}{Q}$ 이고, 평균재고수준은 $\frac{Q}{2}$ 이다. 연간주문비용은 C * $\frac{D}{Q}$ 이고, 연간재고비용은 H * $\frac{Q}{2}$ 이다. 따라서 총비용은 C * $\frac{D}{Q}$ + H * $\frac{Q}{2}$ 이며 이것을 최소화하는 Q가 적정주문량이다.

$$Q = \sqrt{\frac{2 * C * D}{H}}$$

사례 프로젝트

단순 경제적 주문량

1 단순 경제적 주문량 프로젝트

㈜NextBio의 주력제품에 대한 경제적 주문량을 알아보기 위하여 다음과 같은 자료를 획득하였다(단위: 백만원).

연간 소요량 : 4,000
단위당 재고비용 : 15
1회 주문비용 : 200

2 스프레드시트 모델 개발

㈜NextBio의 적정 주문량과 총재고비용을 다음과 같이 계산하기 위하여 제목, 항목이름 및 주어진 데이터를 다음과 같이 입력한다.

❶ A1에 ‘경제적 주문량’을 입력한다.

❷ A3에서 A7에 ‘단위당 보유비용’, ‘주문비용’, ‘연간소요량’, ‘적정주문량’, ‘총재고비용’을 입력한다.

❸ B3에서 B5에 ‘15’, ‘200’, ‘4000’을 입력한다.

그림 3-1 제목과 항목이름 입력

B5 4000

	A	B	C	D	E	F	G	H	I	J
1	경제적 주문량									
2										
3	단위당 보유비율	15								
4	주문비용	200								
5	연간소요량	4000								
6	적정주문량									
7	총재고비용									
8										
9										

적정주문량을 계산하는 수식을 다음과 같이 입력한다.

❶ B6에 〈함수 삽입〉 (f_x) 버튼 클릭하고, 수학/삼각 범주를 선택한 후 함수선택에서 SQRT를 선택한후 〈확인〉 버튼을 클릭한다.

그림 3-2 SQRT함수 선택

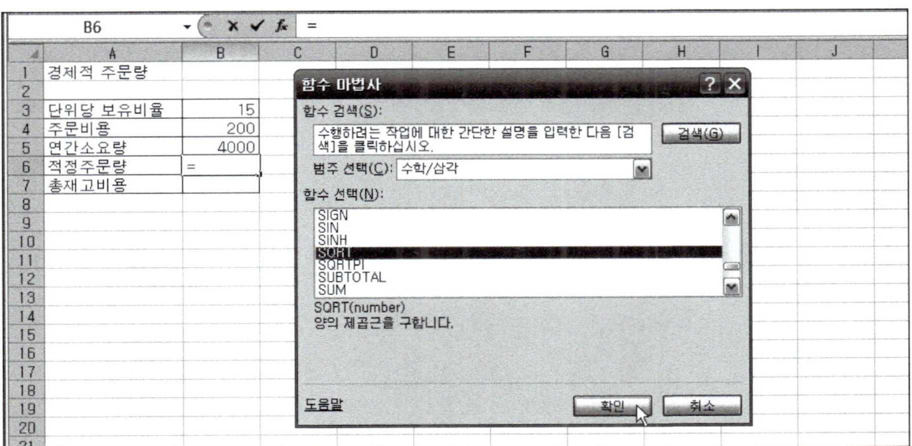

❷ SQRT 함수 인수 자리에 '2*B4*B5/B3'을 입력한 후 〈확인〉 버튼을 클릭한다.

그림 3-3 SQRT함수 인수입력

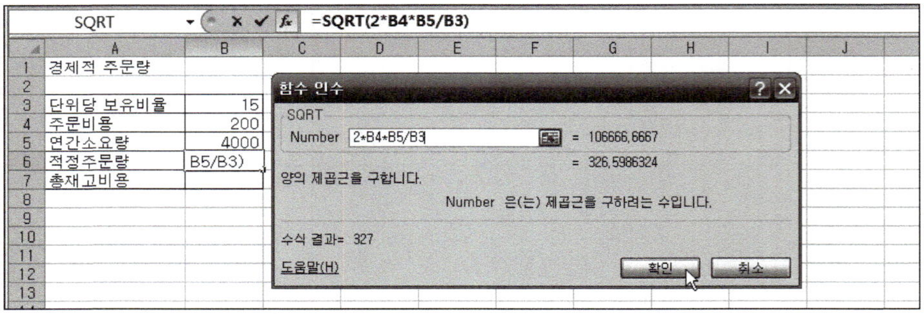

SQRT =SQRT(2*B4*B5/B3)

	A	B
1	경제적 주문량	
2		
3	단위당 보유비율	15
4	주문비용	200
5	연간소요량	4000
6	적정주문량	B5/B3)
7	총재고비용	

함수 인수
SQRT
Number 2*B4*B5/B3 = 106666.6667
= 326.5986324
양의 제곱근을 구합니다.
Number 은(는) 제곱근을 구하려는 수입니다.
수식 결과= 327
도움말(H) 확인 취소

총 연간 재고비용 수식 입력은 다음과 같이 한다.

❶ B7에 '= B4*B5/B6+B3*B6/2'를 입력한다.

그림 3-4 수식입력

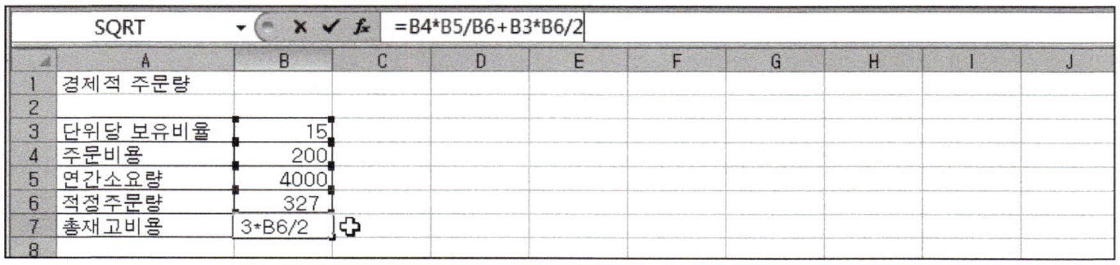

SQRT =B4*B5/B6+B3*B6/2

	A	B
1	경제적 주문량	
2		
3	단위당 보유비율	15
4	주문비용	200
5	연간소요량	4000
6	적정주문량	327
7	총재고비용	3*B6/2

적정주문량과 관련하여 다른 주문량에 대한 비용을 비교하는 것은 문제 분석에 도움되므로 다음과 같이 비용 비교표를 만들어 보자.

❶ A9에서 D9에 '수량', '주문비용', '보유비용', 그리고 '총비용'을 입력한다.
❷ A10에 '100', A11에 '125'를 입력한다.
❸ A10과 A11을 블록으로 한 뒤 채우기 핸들을 아래로 A30까지 드래그하여 '600'까지 자동입력되도록 한다.

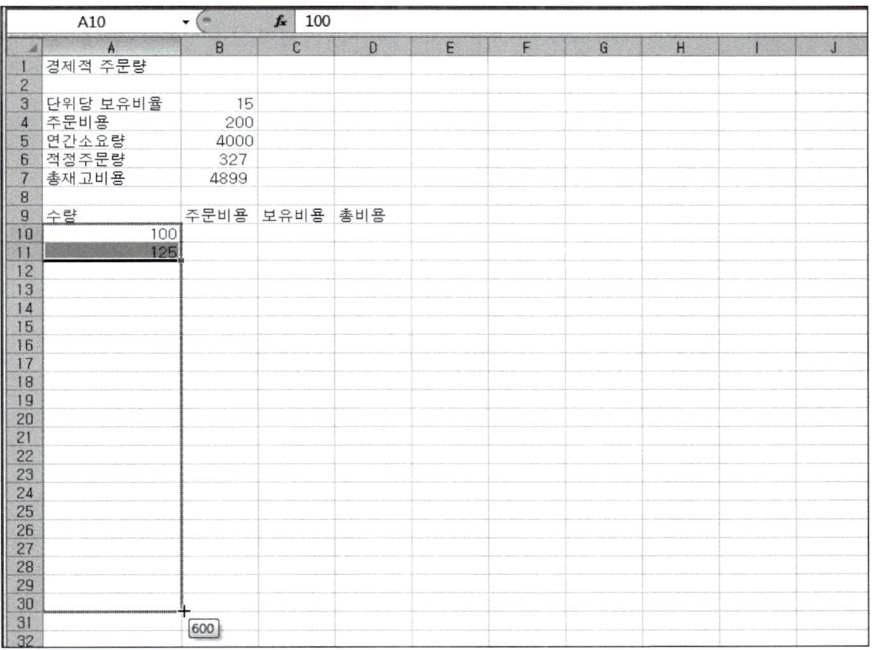

❹ B10에 '=$B$4*$B$5/A10'을 입력한다. $B$4와 $B$5는 B4, B5셀을 클릭한 후 F4키를 눌러 절대주소로 만든다.

❺ C10에 '=$B$3*A10/2'를 입력한다.

❻ D10에 자동합계 버튼을 누른 후 B10:C10 범위를 블록하여 범위를 지정한 후 확인버튼을 누른다.

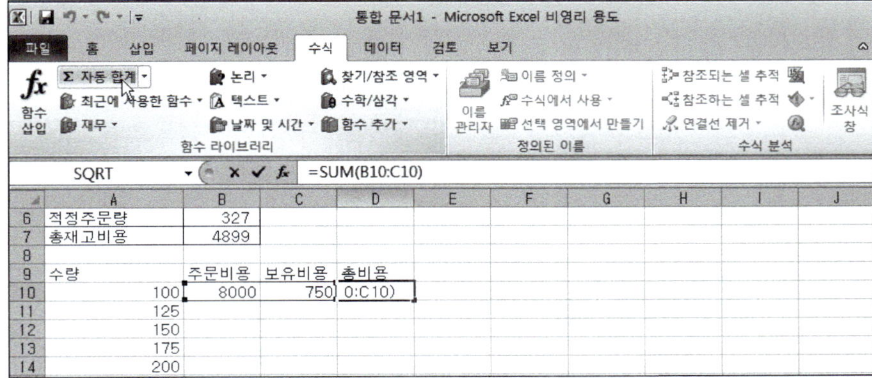

❼ B11:D30까지의 수식은 B10:D10을 블록으로 만들어 채우기 핸들을 아래로 당겨 수식이 복사되도록 한다.

이후 테두리선을 가는 실선으로 하고, 비용 관계 셀은 '회계'로 지정하여 다음과 같이 완성한다.

그림 3-5 비용비교

D30 =SUM(B30:C30)

	A	B	C	D
1	경제적 주문량			
2				
3	단위당 보유비율	₩ 15		
4	주문비용	₩ 200		
5	연간소요량	4000		
6	적정주문량	327		
7	총재고비용	₩ 4,899		
8				
9	수량	주문비용	보유비용	총비용
10	100	₩ 8,000	₩ 750	₩ 8,750
11	125	₩ 6,400	₩ 938	₩ 7,338
12	150	₩ 5,333	₩ 1,125	₩ 6,458
13	175	₩ 4,571	₩ 1,313	₩ 5,884
14	200	₩ 4,000	₩ 1,500	₩ 5,500
15	225	₩ 3,556	₩ 1,688	₩ 5,243
16	250	₩ 3,200	₩ 1,875	₩ 5,075
17	275	₩ 2,909	₩ 2,063	₩ 4,972
18	300	₩ 2,667	₩ 2,250	₩ 4,917
19	325	₩ 2,462	₩ 2,438	₩ 4,899
20	350	₩ 2,286	₩ 2,625	₩ 4,911
21	375	₩ 2,133	₩ 2,813	₩ 4,946
22	400	₩ 2,000	₩ 3,000	₩ 5,000
23	425	₩ 1,882	₩ 3,188	₩ 5,070
24	450	₩ 1,778	₩ 3,375	₩ 5,153
25	475	₩ 1,684	₩ 3,563	₩ 5,247
26	500	₩ 1,600	₩ 3,750	₩ 5,350
27	525	₩ 1,524	₩ 3,938	₩ 5,461
28	550	₩ 1,455	₩ 4,125	₩ 5,580
29	575	₩ 1,391	₩ 4,313	₩ 5,704
30	600	₩ 1,333	₩ 4,500	₩ 5,833
31				

1.1 비용 커브 그리기

적정주문량 부근의 수량에 따른 주문비용, 보유비용, 총비용의 변화는 차트를 통하여 알아볼 수 있으므로 다음에서 비용커브를 그리기로 한다.

❶ 마우스로 차트 대상인 B9에서 D30까지를 드래그하여 블록으로 만든다.

❷ [삽입] 탭 → [차트] 그룹 → 〈꺾은 선형〉 → 〈2차원 꺾은 선형〉 → [표식이 있는 꺾은 선형]을 클릭한다.

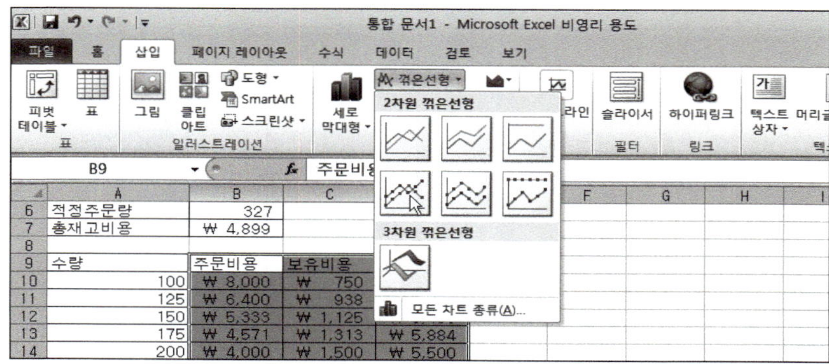

❸ 작성된 차트의 가로축(항목)을 클릭한 후, 마우스 오른쪽 버튼을 클릭하여 나타난 단축 메뉴에서 [데이터 선택]을 선택한다.

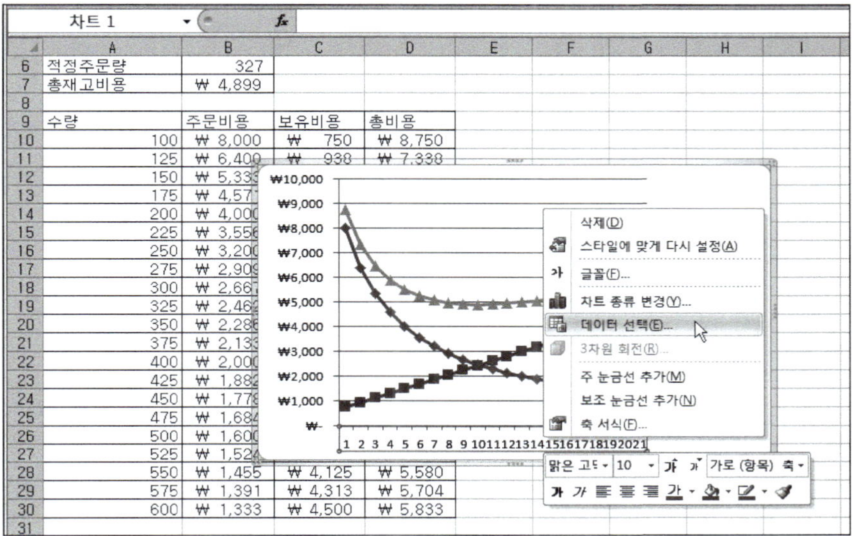

❹ 나타난 대화상자에서 [가로(항목)축 레이블] 아래에 있는 〈편집〉 버튼을 클릭한 후, A10에서 A30까지 드래그하여 가로축 레이블로 설정한다.

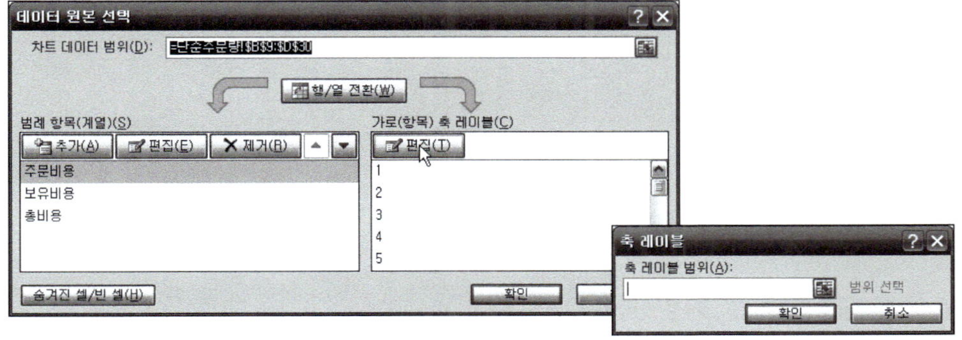

❺ 차트가 선택된 상태에서 [차트 도구] 정황 탭 → [레이아웃] 탭 → 〈범례〉 버튼 → [아래쪽에 범례 표시]로 범례의 위치를 변경한다.

❻ [차트 도구] 정황 탭 → [레이아웃] 탭 → 〈축 제목〉 버튼 → [기본 가로축 제목] → [축 아래 제목]을 선택하여 "수량"이라고 입력한다.

❼ [차트 도구] 정황 탭 → [레이아웃] 탭 → 〈축 제목〉 버튼 → [기본 세로축 제목] → [세로 제목]을 선택하여 "금액"이라고 입력한다.

❽ [차트 도구] 정황 탭 → [디자인] 탭 → [위치] 그룹 → 〈차트 이동〉 버튼을 클릭하여 새로운 차트 1 시트로 삽입한다.

⑨ 리본 메뉴에 있는 〈리본 메뉴 최소화 단추〉 버튼을 클릭하여 차트 크기를 가장 크게 나타나게 한다.

그림 3-6 비용커브

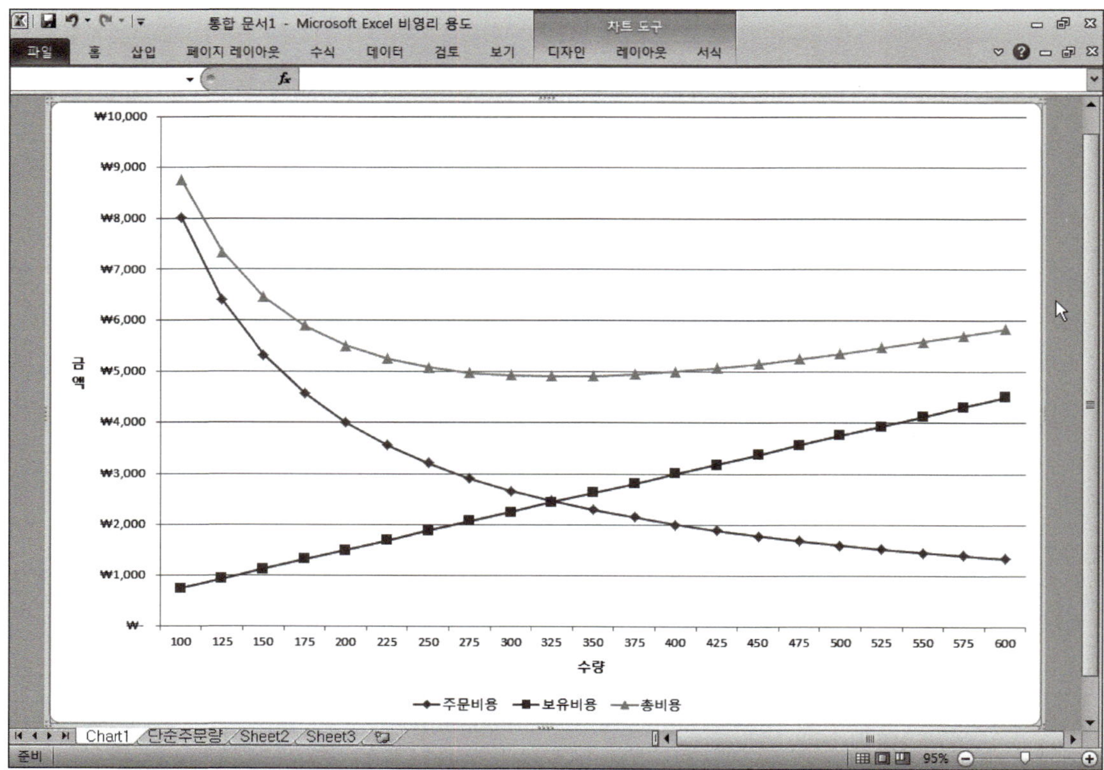

의사결정 변수는 주문수량이다. 주어진 비용과 수요에 대하여 총보유비용은 주문량의 변화에 상대적으로 덜 민감하다.

1.2 민감도분석(Sensitivity Analysis)

연간소요량, 단위당 보유비용, 또는 주문비용이 변화할 때 적정주문량은 어떻게 변화하는가? 스프레드시트 모델을 이용하여 우리는 연간소요량, 주문비용, 단위당 보유비용에 다른 값을 주면서 적정주문량에 어떤 변화를 주는지를 살펴 볼 수 있다.

이러한 파라미터 중 어느 하나 또는 여럿이 동시에 변화하게 될 때 스프레스시트는 쉽게 결과를 재계산하여 나타낸다. 예를 들어 연간소요량을 4,000에서 3,250으로 변화할 때 [그림 3-7]에서 보는 바와 같이 적정 주문량은 294, 총 연간 재고비용은 4,416으로 변한다.

그림 3-7 민감도분석

B5 fx 3250

	A	B	C	D
1	경제적 주문량			
2				
3	단위당 보유비율	₩ 15		
4	주문비용	₩ 200		
5	연간소요량	3250		
6	적정주문량	294		
7	총재고비용	₩ 4,416		
8				
9	수량	주문비용	보유비용	총비용
10	100	₩ 6,500	₩ 750	₩ 7,250
11	125	₩ 5,200	₩ 938	₩ 6,138
12	150	₩ 4,333	₩ 1,125	₩ 5,458
13	175	₩ 3,714	₩ 1,313	₩ 5,027
14	200	₩ 3,250	₩ 1,500	₩ 4,750
15	225	₩ 2,889	₩ 1,688	₩ 4,576
16	250	₩ 2,600	₩ 1,875	₩ 4,475
17	275	₩ 2,364	₩ 2,063	₩ 4,426
18	300	₩ 2,167	₩ 2,250	₩ 4,417
19	325	₩ 2,000	₩ 2,438	₩ 4,438

1.3 단순 EOQ 모델의 한계점

지금까지 살펴본 단순 EOQ 모델은 몇 가지 한계가 있다. 단순 EOQ 모델은 수요가 일정(Uniform)하다고 가정한다. 계절적 수요 변화가 없다고 본다. 수요나 리드타임에 불확실성이 없다. 리드타임이 있다면 그것은 완전히 사전에 결정된다. 또 안전 재고량에 대한 고려도 없다. 다행히 단순 EOQ 모델은 비용과 수요의 작은 변화에 대하여 매우 안전한 모델이다. 선택한 주문량이 어느 정도 맞다면 총재고비용은 적정수준에 있게 된다. 단순 EOQ 모델은 적정 주문량 계산에서 쓸만한 추정치를 제시한다. 그러므로 단순 EOQ 모델은 더 정교한 접근방법의 시발점이 된다.

사례 프로젝트

다량구입과 EOQ 모델

다량구입과 EOQ 모델 프로젝트

㈜NextCom 의 적정주문량과 관련한 자료는 다음과 같다.

연간소요량 : 1000
단위당 가격 : 50
주문비용 : 25
보유비용 : 17.50

그런데 한 공급업체가 500개 이상을 주문하면 단위당 가격을 4% 할인하여 공급할 수 있다는 제안을 하였다. 이 제안을 받아들일지 여부를 결정하여야 한다.

2 스프레드시트 모델 개발

먼저 적정주문량 계산을 위하여 다음과 같이 스프레트시트에 주어진 데이터를 입력하고 적정주문량 셀에는 수식을 입력한다.

❶ 먼저 A1에 제목으로 '할인제의'를 입력한다.

❷ A3에서 A15에 항목이름 '연간소요량', '단위당가격', '주문비용', '단위당 보유비용', '최소주문량', '적정주문량', '실제주문량', '주문회수', '평균재고량', '연간주문비용', '연간보유비용', '연간구매액' 그리고 '총비용'을 차례로 입력한다.

❸ B2와 C2에 '표준가격', '할인가격'을 입력한다.

❹ B3와 C3에 '1000'을 입력한다.

	A	B	C	D	E	F	G	H
1	할인제의							
2		표준가격	할인가격					
3	연간소요량	1000	1000					
4	단위당 가격							
5	주문비용							
6	보유비용							
7	최소주문량							
8	적정주문량							
9	실제주문량							
10	주문회수							
11	평균재고량							
12	연간주문비용							
13	연간보유비용							
14	연간구매액							
15	총비용							
16								

❺ B4에 '50'을 입력하고, B5와 C5에 '25'를 그리고 B6에 '17.5'를 입력한다.

❻ B7과 C7에 '0', '500'을 각각 입력한다.

❼ B8에 '=SQRT((2*B3*B5)/B6)'을 입력한다.

[그림 3-8]은 표준가격에서 적정주문량을 나타낸 것이다. 표준가격은 할인을 적용 받지 않으며 낼 수 있는 주문이기 때문에 최소주문량이 없는 경우이므로 스프레드시트에서는 0으로 보았고 이때에 적정주문량은 53.45이다.

다음에는 표준가격을 적용할 때 적정주문량과 관련한 비용을 계산하여 보자.

그림 3-8 표준가격에서의 적정주문량

B8 | =SQRT((2*B3*B5)/B6)

	A	B	C
1	할인제의		
2		표준가격	할인가격
3	연간소요량	1000	1000
4	단위당 가격	50	
5	주문비용	25	25
6	보유비용	17.5	
7	최소주문량	0	500
8	적정주문량	53.45	
9	실제주문량		
10	주문회수		
11	평균재고량		
12	연간주문비용		
13	연간보유비용		
14	연간구매액		
15	총비용		
16			
17			

❶ B9를 클릭하여 액티브로 한 후 〈함수 삽입〉 버튼(f_x)을 클릭하고, 수학/삼각 범주를 선택한 후 함수 선택에서 ROUND를 선택한 후 〈확인〉 버튼을 누른다.

❷ ROUND함수의 Number인수로 B8을 클릭한다.

그림 3-9 ROUND 함수마법사 입력

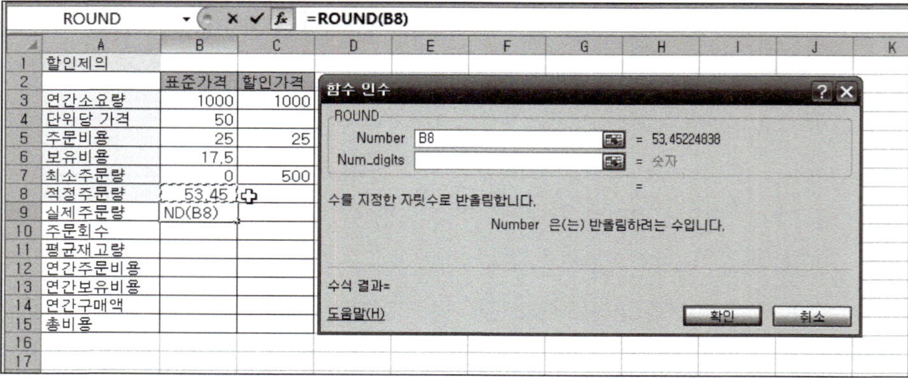

ROUND | =ROUND(B8)

	A	B	C
1	할인제의		
2		표준가격	할인가격
3	연간소요량	1000	1000
4	단위당 가격	50	
5	주문비용	25	25
6	보유비용	17.5	
7	최소주문량	0	500
8	적정주문량	53.45	
9	실제주문량	ND(B8)	
10	주문회수		
11	평균재고량		
12	연간주문비용		
13	연간보유비용		
14	연간구매액		
15	총비용		
16			
17			

❸ ROUND함수의 Num_digits인수로 0을 입력하고 〈확인〉 버튼을 클릭한다.

주문회수, 평균재고량, 연간주문비용, 연간보유비용, 연간구매액 그리고 총비용 계산을 위한 수식을 다음과 같이 입력한다.

❶ B10에 수식 '=B3/B9'를 입력한다.
❷ B11에 수식 '=B9/2'를 입력한다.
❸ B12에 수식 '=B5*B10'을 입력한다.
❹ B13에 수식 '= B11*B6'을 입력한다.
❺ B14에 수식 '=B4*B3'을 입력한다.
❻ B15에 수식 '=SUM(B12:B14)'를 입력한다.

그림 3-10 표준가격에서의 총비용

B15 | =SUM(B12:B14)

	A	B	C	D	E	F	G	H	I	J
1	할인제의									
2		표준가격	할인가격							
3	연간소요량	1000	1000							
4	단위당 가격	50								
5	주문비용	25	25							
6	보유비용	17.5								
7	최소주문량	0	500							
8	적정주문량	53.45								
9	실제주문량	53.00								
10	주문회수	18.87								
11	평균재고량	26.50								
12	연간주문비용	471.70								
13	연간보유비용	463.75								
14	연간구매액	50000.00								
15	총비용	50935.45								
16										

이제 할인가격에서의 적정주문량과 비용을 구하기로 한다.

❶ C4에 '= B4*(1-0.04)'를 입력한다.
❷ C6에 '= B6*(1-0.04)'를 입력한다.
❸ C8은 B8의 수식을 채우기 핸들로 복사한다.

그림 3-11 할인 가격에서 적정주문량과 비용

C8 | =SQRT((2*C3*C5)/C6)

	A	B	C	D	E	F	G	H	I	J
1	할인제의									
2		표준가격	할인가격							
3	연간소요량	1000	1000							
4	단위당 가격	50	48							
5	주문비용	25	25							
6	보유비용	17.5	16.8							
7	최소주문량	0	500							
8	적정주문량	53.45	54.55							
9	실제주문량	53.00								
10	주문회수	18.87								
11	평균재고량	26.50								
12	연간주문비용	471.70								
13	연간보유비용	463.75								
14	연간구매액	50000.00								
15	총비용	50935.45								
16										

공급업체가 제안하는 할인가격을 적용받기 위해서는 최소주문량 500을 지켜야 한다. 따라서 EOQ에 의한 적정주문량이 500보다 적으면 실제주문량은 500이 되어야 한다. 이러한 조건을 표현하기 위하여 IF함수를 사용한다.

❶ C9에 함수버튼(fx)을 클릭하고, 논리값 범주를 선택한 후 함수선택에서 IF를 선택한 후 확인버튼을 누른다.
❷ Logical_test인수로 'C8>C7'을 입력한다.
❸ Value_if_true인수로 'ROUND(C8,0)'을 입력한다.
❹ Value_if_false인수로 'C7'을 입력하고 확인버튼을 클릭한다.

그림 3-12 IF함수

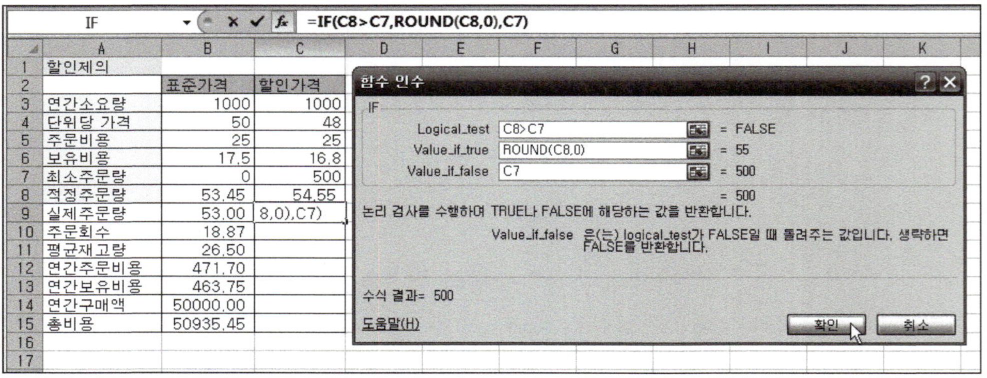

	A	B	C
1	할인제의		
2		표준가격	할인가격
3	연간소요량	1000	1000
4	단위당 가격	50	48
5	주문비용	25	25
6	보유비용	17.5	16.8
7	최소주문량	0	500
8	적정주문량	53.45	54.55
9	실제주문량	53.00	8,0),C7)
10	주문회수	18.87	
11	평균재고량	26.50	
12	연간주문비용	471.70	
13	연간보유비용	463.75	
14	연간구매액	50000.00	
15	총비용	50935.45	

아직 계산하지 않는 주문회수, 평균재고량, 연간주문비용, 연간보유비용, 연간구매액 그리고 총비용 계산을 한다.

❶ 이들을 계산하기 위한 수식은 B10:B15를 블록화 한 뒤 채우기 핸들로 수식을 복사한다.

그림 3-13 할인가격에서의 비용

C9 =IF(C8>C7,ROUND(C8,0),C7)

	A	B	C
1	할인제의		
2		표준가격	할인가격
3	연간소요량	1000	1000.00
4	단위당 가격	₩ 50	₩ 48
5	주문비용	₩ 25	₩ 25
6	보유비용	₩ 18	₩ 17
7	최소주문량	0	500.00
8	적정주문량	53.45	54.55
9	실제주문량	53.00	500.00
10	주문회수	18.87	2.00
11	평균재고량	26.50	250.00
12	연간주문비용	₩ 471.70	₩ 50.00
13	연간보유비용	₩ 463.75	₩ 4,200.00
14	연간구매액	₩ 50,000.00	₩ 48,000.00
15	총비용	₩ 50,935.45	₩ 52,250.00

이상의 분석을 통해 쉽게 할인제안을 거절하는 것으로 결정할 수 있다. 그것은 할인가격으로 구매하기 위해 적정주문량으로 주문을 할 수 없고 최소주문량으로 주문을 해야 함에 따라 총비용이 더 커졌기 때문이다.

■ What-If분석

적정주문량 스프레드시트 모델을 사용하여 할인율 또는 최소주문량과 같은 파라미터를 변화시키면서 총비용이 어떻게 변화하는지를 알아 보는 What-If 분석을 할 수 있다. 그러나 할인율이 할인가격에서의 단위당 가격 수식에 0.04로 입력되어 있으므로 수식을 직접 수정하여야 하는 불편이 있다.

따라서 다음과 같이 위의 스프레드시트 모델 밖에 할인율을 별도의 파라미터로 입력하고 할인가격의 단위당 가격 수식에서 파라미터가 있는 셀의 주소를 사용하는 것이 What-If 분석을 쉽게 한다.

❶ A17에 '할인율'을 입력한다.
❷ B17에 % 버튼을 누른 다음 4를 입력하여 4%로 만든다.
❸ C4에 '= B4*(1-$B$17)'을 입력한다.
❹ C6에 '= B6*(1-$B$17)'을 입력한다.

이제 할인율을 4%에서 7%로 변화시키면 스프레드시트 모델은 관련된 변수의 수식에 따라 자동계산하여 [그림 3-14]와 같이 총비용이 50,618.75으로 된다. 따라서 공급업체에게 할인조건을 7% 이상으로 역제의 할 수 있다.

그림 3-14 What-If 분석

C4 | =B4*(1-$B$17)

	A	B	C	D	E	F	G	H	I
1	할인제의								
2		표준가격	할인가격						
3	연간소요량	1000	1000.00						
4	단위당 가격	₩ 50	₩ 47						
5	주문비용	₩ 25	₩ 25						
6	보유비용	₩ 18	₩ 16						
7	최소주문량	0	500.00						
8	적정주문량	53.45	55.43						
9	실제주문량	53.00	500.00						
10	주문회수	18.87	2.00						
11	평균재고량	26.50	250.00						
12	연간주문비용	₩ 471.70	₩ 50.00						
13	연간보유비용	₩ 463.75	₩ 4,068.75						
14	연간구매액	₩ 50,000.00	₩ 46,500.00						
15	총비용	₩ 50,935.45	₩ 50,618.75						
16									
17	할인율	7%							
18									

Chater 03

연 습 문 제

01 논리 함수

논리 함수는 조건이 TRUE인지 FALSE인지를 확인하거나, 여러 개의 조건을 검사할 때에 사용한다. 특히 IF 함수는 함수 중에서도 여러 가지 목적으로 자주 사용된다.

함수 사용 구조	설 명
=AND(논리식1, [논리식2, 논리식3, …])	인수의 모든 논리식이 참일 때에는 TRUE를 반환하고, 하나라도 거짓이 있을 때에는 FALSE를 반환
=OR(논리식1, [논리식2, 논리식3, …])	인수의 어느 하나의 논리식이 참일 때에는 TRUE를 반환하고, 모두 거짓일 때에는 FALSE를 반환
=NOT(논리식)	인수가 참일 때는 FALSE를 반환하고, 거짓일 때는 TRUE를 반환
=IF(논리식, 참일 경우, 거짓일 경우)	논리식이 참일 때는 [참일 경우]를 반환하고, 거짓일 때는 [거짓일 경우]를 반환

다음 함수식을 지정된 셀에 입력하고 그 결과를 확인하시오. 단 워크시트에 B2:E2에 데이터가 입력되어 있는 것으로 한다.

	A	B	C	D	E	F	G
1							
2		95	73	55	45		
3							

입력할 셀 주소	키보드로 입력할 논리 함수식	함수식 결과
B4	=AND(B2>80,C2<80)	
B5	=AND(E2>20,30=20+10)	
B6	=OR(B2>80,C2>80)	
B7	=OR(B2<C2, 20=10+30, B2=D2+15)	
B8	=NOT(B2<D2)	
B9	=NOT(40=10+30)	
B10	=IF(50<=100,"바름","틀림")	
B11	=IF(AND(50<=100,10>=5),"바름","틀림")	
B12	=IF(AND(50<=100,10<=5),"바름","틀림")	
B13	=IF(OR(50<=100,10<=5),"바름","틀림")	
B14	=IF(B1=" "," ",B2/B1)	

입력할 셀 주소	키보드로 입력할 논리 함수식	함수식 결과
B15	=IF(NOT(B1=" ")," ",B2/C2)	
B16	=IF(B2>=80,"A",IF(B2>=60,"B",IF(B2>=50,"C","불합격")))	

위의 문제에서 B16에 입력되는 함수는 IF가 여러 번 사용하고 있는 데, 이러한 IF 함수를 다중 IF 함수라고도 한다. 다음 워크시트는 재고관리를 위한 것이다.

A1

	A	B	C	D	E	F	G
1							
2							
3		품종	전월재고	금월구입	금월재고	금월 판매	조치
4		A	100	0	80	20	
5		B	100	30	80	50	
6		C	100	50	150	0	
7		D	100	0	100	0	
8		E	100	0	50	50	
9							

G4:G8에는 "OK", "요대책", "요구입" 중 하나를 입력하는데, 그 내용은 다음과 같다.

이번 달 구입이 0인 경우, 이번 달 나머지가 지난 달 나머지의 60% 이하이면 "요구입"이라고 하고 그렇지 않으면 "OK"를 입력한다.

만일 이번 달의 구입이 0이 아닌 경우, 이번 달의 재고가 지난 달의 재고의 140% 이상으로 늘어나면 "요대책", 60% 이하이면 "요구입"을 입력한다.

그 이외의 경우는 "OK"라고 입력한다.

IF 함수를 사용하여 위의 워크시트와 같이 나타나게 하시오.

입력할 셀 주소	키보드로 입력할 IF 함수식	함수식 결과
G4		
G5		
G6		
G7		
G8		

02 찾기/참조 함수

찾기/참조영역 함수는 목록이나 테이블 값, 셀의 참조 장소 등을 검색하는 경우에 사용한다. CHOOSE, VLOOKUP, HLOOKUP, LOOKUP, INDEX, MATCH 등이 있다.

함수 사용 구조	설 명
=CHOOSE(인덱스, 값1 [,값2]…])	인덱스를 사용해 인수 목록 중에서 특정 값을 반환 인덱스: 목록의 몇 번째 값을 선택할 지를 지정 값1, 값2…: 인덱스에 지정한 값 또는 조작을 지정
=VLOOKUP(검사값, 범위, 열번호 [,옵션])	참조표에서 하나의 값(검사값)에 대응하는값을 찾아 반환 검사값: 범위의 맨 왼쪽 열에서 검사값을 지정 범위: 원하는 데이터가 포함되어 있는 참조표 열번호: 범위 내에서 가장 왼쪽 열에서 1, 2, …으로 센 값을 지정 옵션: 검사값과 완전 일치하면 FASLE 또는 0으로 지정, 일치하는 값이 없을 때는 TRUE 또는 1로 하며 이때는 가장 가까운 코드의 작은 값을 반환
=HLOOKUP(검사값, 범위, 행번호 [,옵션])	=HLOOKUP 함수는 =VLOOKUP 함수의 열과 행을 바꾼 함수 검사값: 범위의 가장의 행에서 검사값을 지정 범위: =VLOOKUP 함수와 같다. 열번호: 범위내에서 가장 윗쪽 행에서 1, 2, …으로 센 값을 지정 옵션: =VLOOKUP 함수와 같다.
=LOOKUP(검사값, 검사범위 [,대응범위])	검사 범위의 검사값에 대응하는 값을 대응 범위의 대응 위치에서 찾아 반환
=INDEX(범위, 행번호, 열번호)	범위: 하나 또는 복수의 셀 참조를 지정 행번호: 범위 내에서 행 위치를 숫자로 지정 열이름: 범위 내에서 열 위치를 숫자로 지정
=MATCH(검사값, 검사범위 [,옵션])	검사 범위를 검사값으로 검색하고, 검사값과 일치하는값의 상태 위치를 나타내는 숫자를 반환 검사값: 검색하는 검사값을 지정 검사 범위: 검사값을 포함하는연속한 셀 범위 옵션: 검사값을 찾는 방법으로 -1, 0, 1 중 하나를 지정, 생략하면 1로 간주

① 워크시트에 다음과 같은 데이터가 입력되어 있다. 단, 셀 C3은 'NO'라는 이름으로 정의되어 있다.

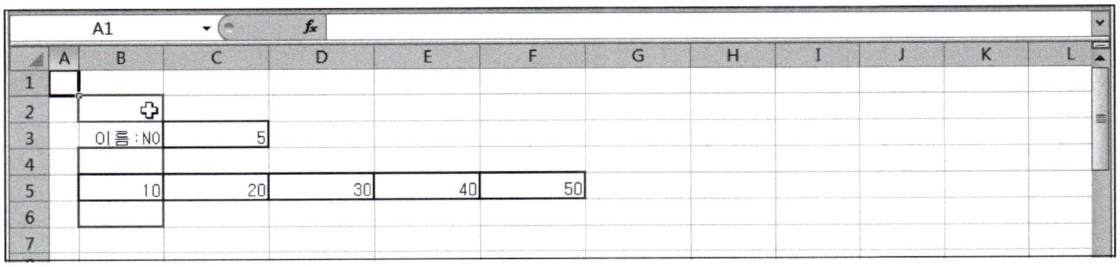

	A	B	C	D	E	F	G	H	I	J	K	L
1												
2												
3		이름 : NO	5									
4												
5		10	20	30	40	50						
6												
7												

CHOOSE 함수식을 지정된 셀에 입력하고 그 결과를 확인하시오.

입력할 셀 주소	키보드로 입력할 논리 함수식	함수식 결과
B2	=CHOOSE(2,"봄","여름","가을","겨울","춘분","하지")	
B4	=CHOOSE(NO,"봄","여름","가을","겨울","춘분","하지")	
B6	=SUM(CHOOSE(3,B5,C5,D5:E5,F5))	

② 워크시트에 다음과 같은 데이터가 입력되어 있다.

A9

	A	B	C	D	E	F	G
8							
9			품번	품명	가격	재고수량	금액
10			101	봉투	150	30	4500
11			102	편지지	250	25	6250
12			103	볼펜	500	50	25000
13			105	노트	80	50	4000

VLOOKUP 함수식을 지정된 셀에 입력하고 그 결과를 확인하시오.

입력할 셀	키보드로 입력할 논리 함수식	해 설	함수식 결과
B15	=VLOOKUP(103,C10:G13,2,TRUE)	품번103의 품명	
B16	=VLOOKUP(101,C10:G13,3)	품번101의 가격	
B17	=VLOOKUP(104,C10:G13,4,TRUE)	품번104은 없으므로 잘못 표시	
B18	=VLOOKUP(104,C10:G13,4,FALSE)	품번104의 재고수량(에러)	
B19	=VLOOKUP(102,C10:G13,5,TRUE)	품번102의 재고금액	
B20	=VLOOKUP(102,C10:G13,5,1)	TRUE대신에 1로 해도 됨	

③ 워크시트에 다음과 같은 데이터가 입력되어 있다.

A22

	A	B	C	D	E	F
22						
23		품번	101	102	103	105
24		품명	봉투	편지지	볼펜	노트
25		가격	150	250	500	80
26		재고수량	30	25	50	50
27		금액	4500	6250	25000	4000

HLOOKUP 함수식을 지정된 셀에 입력하고 그 결과를 확인하시오.

입력할 셀 주소	키보드로 입력할 HLOOKUP 함수식	함수식 결과
B29	=HLOOKUP(101,C23:F27,3,TRUE)	
B30	=HLOOKUP(102,C23:F27,2,TRUE)	

④ 워크시트에 다음과 같은 데이터가 입력되어 있다. 단, 개수로 정렬되어 있다.

	A	B	C
33		검사 범위	대응 범위
34		개수	가격인하후
35		1	100%
36		30	95%
37		50	90%
38		100	80%

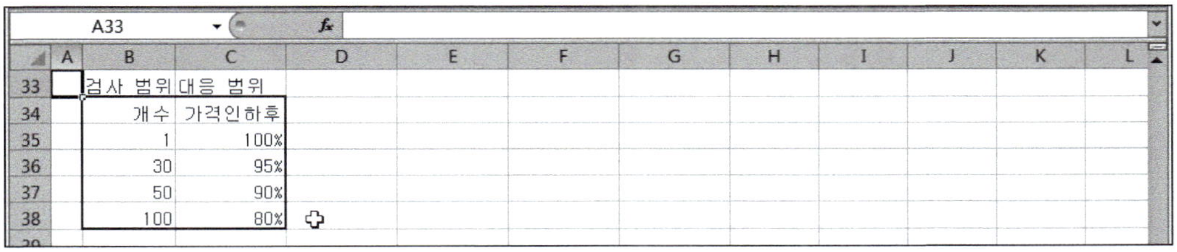

LOOKUP 함수식을 지정된 셀에 입력하고 그 결과를 확인하시오.

입력할 셀 주소	키보드로 입력할 LOOKUP 함수식	함수식 결과
B40	=LOOKUP(10,B35:B38,C35:C38)	
B41	=LOOKUP(40,B35:B38,C35:C38)	
B42	=LOOKUP(85,B35:B38,C35:C38)	
B43	=LOOKUP(100,B35:B38,C35:C38)	
B44	=LOOKUP(120,B35:B38,C35:C38)	

또 워크시트에 다음과 같은 데이터가 입력되어 있다. 단, 개수로 정렬되어 있다.

	A	B	C	D	E	F	G
45							
46		검사 범위	개수	1	30	50	100
47		대응 범위	가격인하후	100%	95%	90%	80%

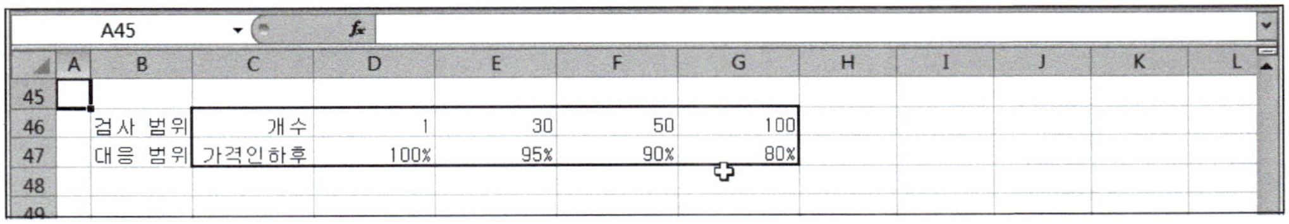

LOOKUP 함수식을 지정된 셀에 입력하고 그 결과를 확인하시오.

입력할 셀 주소	키보드로 입력할 LOOKUP 함수식	함수식 결과
B49	=LOOKUP(10,D46:G46,D47:G47)	
B50	=LOOKUP(40,D46:G46,D47:G47)	
B51	=LOOKUP(85,D46:G46,D47:G47)	
B52	=LOOKUP(100,D46:G46,D47:G47)	
B53	=LOOKUP(120,D46:G46,D47:G47)	

⑤ 워크시트에 다음과 같은 데이터가 입력되어 있다. 단 C57:G60 범위를 '문구'라는 이름으로, C61:G63 범위를 '의류'라는 이름으로 정의한다

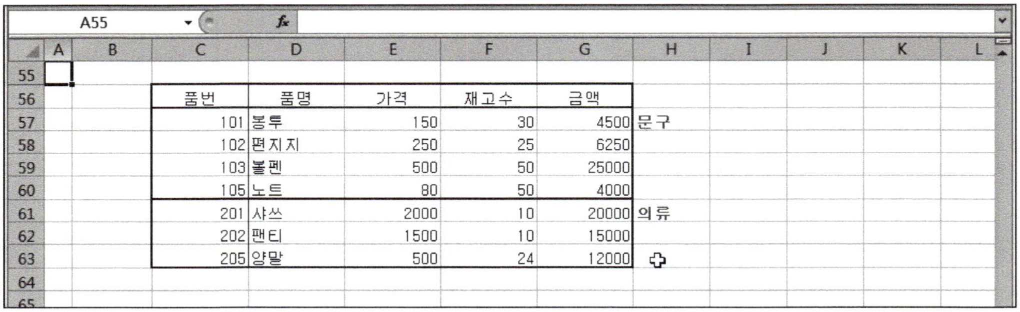

	A	B	C	D	E	F	G	H	I	J	K	L
55												
56			품번	품명	가격	재고수	금액					
57			101	봉투	150	30	4500	문구				
58			102	편지지	250	25	6250					
59			103	볼펜	500	50	25000					
60			105	노트	80	50	4000					
61			201	샤쓰	2000	10	20000	의류				
62			202	팬티	1500	10	15000					
63			205	양말	500	24	12000					
64												

INDEX 함수식을 지정된 셀에 입력하고 그 결과를 확인하시오.

입력할 셀 주소	키보드로 입력할 INDEX 함수식	함수식 결과
B65	=INDEX(문구,2,3)	
B66	=INDEX(C57:G60,2,3)	
B67	=INDEX(의류,1,3)	
B68	=INDEX(C61:G63,3,2)	

⑥ 워크시트에 다음과 같은 데이터가 입력되어 있다.

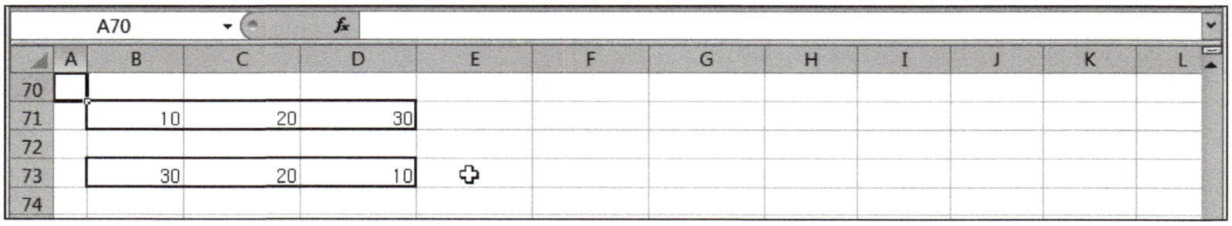

	A	B	C	D	E	F	G	H	I	J	K	L
70												
71		10	20	30								
72												
73		30	20	10								
74												

MATCH 함수식을 지정된 셀에 입력하고 그 결과를 확인하시오.

입력 셀 주소	입력할 MATCH 함수식	옵션 설명	함수식 결과
B75	=MATCH(20,B71:D71,0)	0 : 검사값과 일치하는 값의 검색	
B76	=MATCH(15,B71:D71,1)	1 : 검사값 이하의 최대값이 검색됨 데이터는 오름차순	
B77	=MATCH(15,B71:D71,-1)	−1 : 검사값 이상의 최소값이 검색됨 데이터는 내림차순	
B78	=MATCH(15,B73:D73,-1)		

03 확인란(CheckBox)과 옵션단추(OptionButton)

확인란 컨트롤은 두 개 이상의 확인란을 선택할 수 있지만, 옵션 단추 컨트롤은 같은 그룹에서 단 하나만 선택할 수 있다.

다음 워크시트와 같이 '정상 판매와 5% 할인인 경우'와 '현금과 카드 결제에서 카드 경우는 2%의 할증'이 적용될 때 청구 금액을 계산하는 워크시트를 작성하시오.

	A	B	C	D	E	F	G	H
1								
2						☞ 할인율	5%	TRUE
3		☑ 5% 할인 적용		○ 현금	◉ 카드	☞ 결 제	카드결제	2
4								
5		제품	단가	주문수량	금액	할인금액	주문금액	
6		사과	1,000	10	10,000	500	9,500	
7		딸기	1,500	20	30,000	1,500	28,500	
8		배	2,000	15	30,000	1,500	28,500	
9		수박	3,000	10	30,000	1,500	28,500	
10		메론	2,500	20	50,000	2,500	47,500	
11								
12						청구금액	145,350	

	A	B	C	D	E	F	G	H
1								
2						☞ 할인율	0%	FALSE
3		☐ 5% 할인 적용		○ 현금	◉ 카드	☞ 결 제	카드결제	2
4								
5		제품	단가	주문수량	금액	할인금액	주문금액	
6		사과	1,000	10	10,000	-	10,000	
7		딸기	1,500	20	30,000	-	30,000	
8		배	2,000	15	30,000	-	30,000	
9		수박	3,000	10	30,000	-	30,000	
10		메론	2,500	20	50,000	-	50,000	
11								
12						청구금액	153,000	

셀 H2에는 '5% 할인 적용' 확인란이 온(On) 이면 TRUE, 오프(Off)이면 FALSE가 나타나게 한다.
셀 H3는 '현금' 옵션 단추가 온(On)이면 1, '카드' 옵션 단추가 온(On)이면 2가 나타나게 한다.

힌트

확인란이나 옵션 단추 컨트롤 워크시트에 삽입하기 위해서는 리본 메뉴에 [개발 도구] 탭을 추가해야만 한다. 리본 메뉴에서 마우스 오른쪽 버튼을 클릭하여 나타난 단축 메뉴에서 [리본 메뉴 사용자화]를 클릭하여 나타난 [Excel 옵션] 대화상자에서 왼쪽에 있는 '리본 사용자 지정'을 클릭하고, 오른쪽에 있는 '기본 탭' 목록에서 '개발 도구' 체크 박스를 온(On)으로 하고 〈확인〉 버튼을 클릭한다.

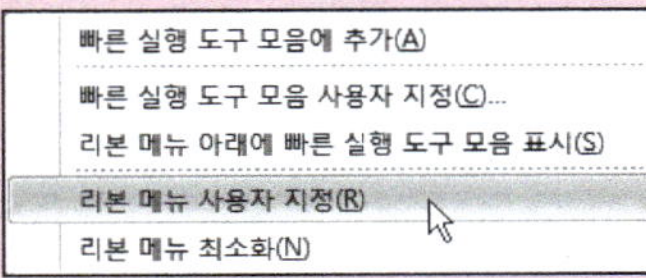

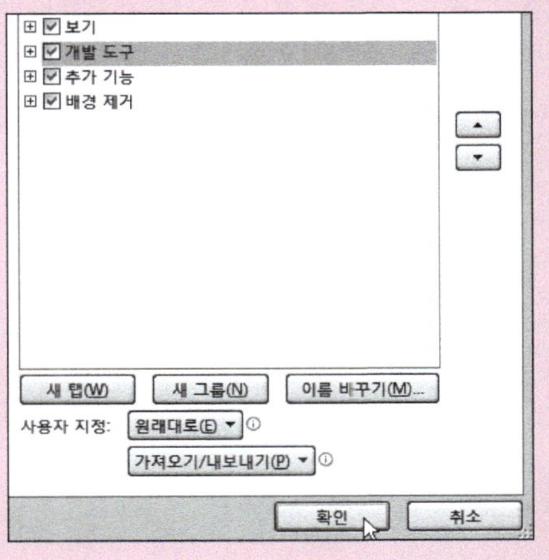

① [개발 도구] 탭 → [컨트롤] 그룹 → [삽입] 버튼 클릭 → [양식 컨트롤] → [확인란] 버튼을 클릭하여 셀 B3에 컨트롤을 그리고, 기본 텍스트를 '5% 할인 적용'으로 수정한다.
② 만들어진 확인란 컨트롤이 편집 상태(컨트롤 주위에 8개의 작은 사각형이 있는 상태)의 단축 메뉴(오른쪽 버튼을 클릭하여 나타난 단축 메뉴)에서 [컨트롤 서식] 클릭 → [셀 연결] 란에 $H$2를 지정한다.

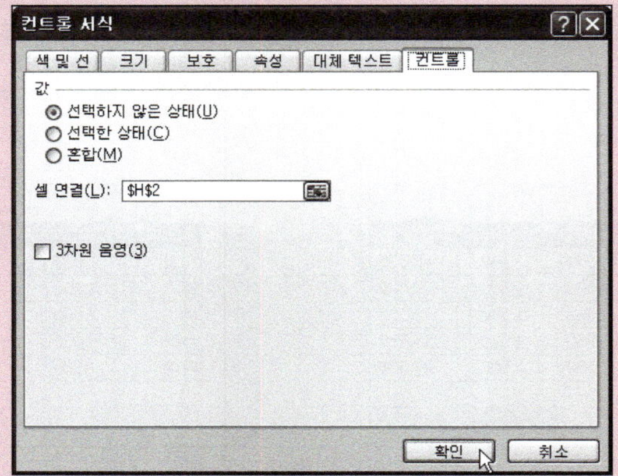

③ 임의의 셀을 클릭하여 확인란의 편집 상태를 해제하고, 온(On)으로 하면 셀 H2에 TRUE가 나타난다.
④ 셀 G2에 수식 '=IF(H2, 10%, 0%)'를 입력한다. 셀 G2의 표시 형식을 백분율 스타일로 설정한다.
⑤ [개발 도구] 탭 → [컨트롤] 그룹 → [삽입] 버튼 클릭 → [양식 컨트롤] → [옵션 단추] 버튼을 클릭하여 셀 D3와 셀 E3에 컨트롤을 그리고, 기본 텍스트를 각각 '현금', '카드'로 수정한다.
⑥ 만들어진 옵션 단추 컨트롤에서 편집 상태의 단축 메뉴에서 [컨트롤 서식] 클릭 → [셀 연결]란에 $H$3을 지정한다.
⑦ 임의의 셀을 클릭하여 옵션 단추의 편집 상태를 해제하고, '현금'을 온(On)으로 하면 셀 H3에 1이 나타나고, '카드'을 온(On)으로 하면 셀 H3에 2가 나타난다.
셀 G3에 수식 '=IF(H3=1, "현금결제, "카드결제")'를 입력한다.
⑧ 셀 F6에 '=E6*$G$2'를 입력하고, 셀 G6에 '=E6−F6'을 입력한다. 셀 F10, 셀 G10까지 자동채우기를 한다.
⑨ 셀 G12에 '=SUM(G6:G10)+IF(H3=1,0,SUM(G6:G10)*2%)'를 입력한다.

04 콤보상자(ComboBox)와 목록상자(ListBox)

목록상자 컨트롤은 포함되어 있는 데이터 항목이 목록 상자의 높이만큼 표시되고, 콤보상자 컨트롤은 목록 버튼을 눌렀을 때만 데이터 항목이 표시되어 이 중에서 선택한 데이터 항목이 입력란에 나타난다. 다음 워크시트와 같이 셀 F4에 있는 콤보상자의 드롭 다운 버튼을 클릭하여 '핫도그'를 선택하면, 셀 G3에는 7(B4~B10 중에 7번째)이 나타나고, 셀 C10에 있는 800이 셀 F9에 나타나고, 셀 F11에는 주문 금액이 자동으로 계산되고, 또한 셀 범위 I3:I5에 있는 목록상자에서 '피자'를 클릭하면 셀 G3에는 2(B4~B10 중에 2번째)가 나타나고 셀 C5에 있는 3000이 셀 F9에 나타나고, 셀 F11에는 주문 금액이 자동으로 계산하는 워크시트를 작성하시오.

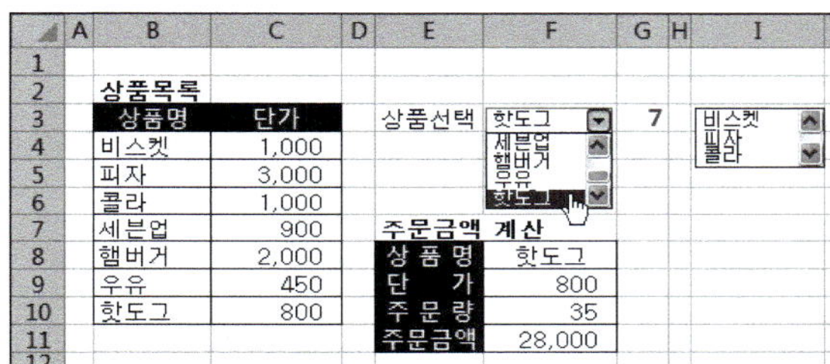

	A	B	C	D	E	F	G	H	I
1									
2		상품목록							
3		상품명	단가		상품선택	핫도그	7		비스켓
4		비스켓	1,000			세븐업			피자
5		피자	3,000			햄버거			콜라
6		콜라	1,000			우유			
7		세븐업	900		주문금액 계산	핫도그			
8		햄버거	2,000		상 품 명	핫도그			
9		우유	450		단 가	800			
10		핫도그	800		주 문 량	35			
11					주문금액	28,000			
12									

	A	B	C	D	E	F	G	H	I
1									
2		상품목록							
3		상품명	단가		상품선택	피자	2		비스켓
4		비스켓	1,000						피자
5		피자	3,000						콜라
6		콜라	1,000						
7		세븐업	900		주문금액 계산				
8		햄버거	2,000		상 품 명	피자			
9		우유	450		단 가	3,000			
10		핫도그	800		주 문 량	35			
11					주문금액	105,000			
12									

① [개발 도구] 탭 → [컨트롤] 그룹 → [삽입] 버튼 클릭 → [양식 컨트롤] → [콤보상자] 버튼을 클릭하여 셀 F3에 컨트롤을 드래그하여 그린다.

② 만들어진 콤보상자 컨트롤이 편집 상태로 단축 메뉴에서 [컨트롤 서식] 클릭으로 나타난 대화상자에서 [입력 범위] 란에 $B$4:$B$10을 설정하고, [셀 연결]란에 $G$3을 지정하고, '목록 표시 줄 수'를 4로 지정하고 〈확인〉 버튼을 클릭한다.

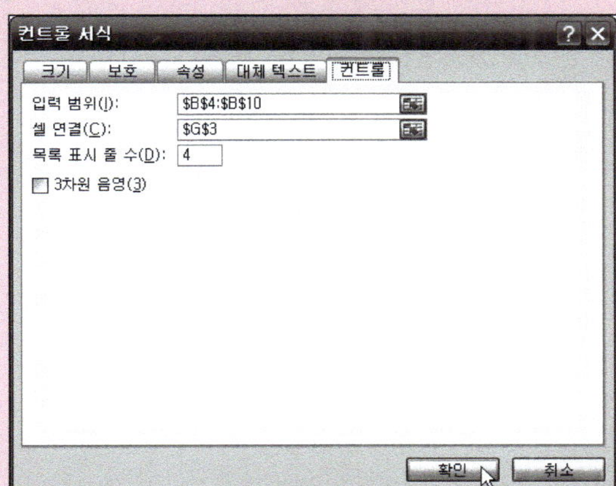

③ 임의의 셀을 클릭하여 콤보상자의 편집 상태를 해제하고, 콤보상자의 드롭 다운 버튼을 클릭하여 임의의 셀을 클릭하면 입력 범위($B$4:$B$10)에서 몇 번째에 있는지가 셀 연결로 지정한 셀 $G$3에

번호로 나타난다.

④ 셀 F8에 수식 '=INDEX(B4:B10,G3)'를 입력한다. 셀 G3의 값이 7이면 셀 범위 B4:B10에서 7번째인 핫도그가 나타난다. 또 셀 F9에 수식 '=INDEX(C4:C10,G3)'를 입력한다. 셀 G3의 값이 7이면 셀 범위 C4:C10에서 7번째인 800이 나타난다.

⑤ [개발 도구] 탭 → [컨트롤] 그룹 → [삽입] 버튼 클릭 → [양식 컨트롤] → [목록 상자] 버튼을 클릭하여 셀 I3~ I4에 컨트롤을 드래그하여 그린다.

⑥ 만들어진 목록 상자 컨트롤에서 편집 상태의 단축 메뉴에서 [컨트롤 서식] 클릭으로 나타난 대화상자를 다음과 같이 조작한다.

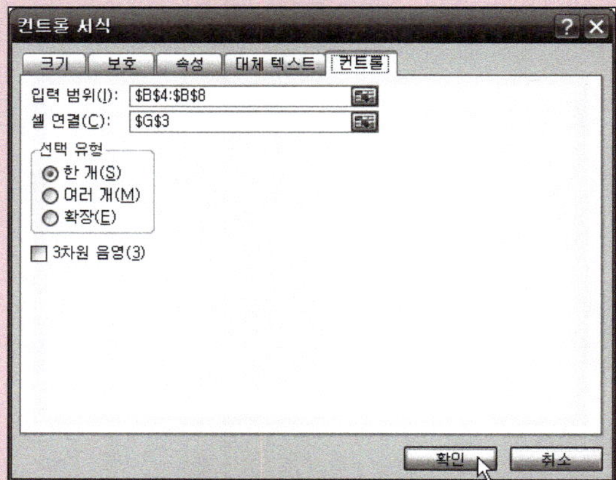

⑦ 임의의 셀을 클릭하여 목록 상자의 편집 상태를 해제하고, 목록 상자의 임의의 셀을 클릭하면 입력 범위($B$4:$B$10)에서 몇 번째에 있는지가 셀 연결로 지정한 셀 $G$3에 번호로 나타난다.

⑧ 셀 $G$3의 값에 따라 셀 F8과 셀F9에 입력된 수식에 셀 G3이 포함되어 있으므로, 연계되어 값이 변하게 된다.

04

CHAPTER

마케팅 – 판매예측

예측이란 과거의 자료를 근거로 미래에 예상되는 현상을 파악하는 것을 의미한다. 기업은 과학적인 방법을 통한 합리적인 예측을 함으로써 생산능력을 효율적으로 활용하고, 생산 소요시간을 단축하며, 재고 감축을 가능하게 하는 등 미래를 대비할 수 있는 능력을 갖추게 된다.
본 장에서는 판매예측에 사용되는 대표적인 방법인 이동평균법의 원리를 이해하고 엑셀을 통하여 실제 사례에 적용할 수 있도록 도와준다.

배경이론-이동평균법

경영에서의 예측활동은 불확실하고 경쟁적인 시장환경에서 미래에 대한 계획을 수립하는데 필수적인 데이터를 제공해 준다. 예측의 방법은 예측대상이나 목적에 따라서 크게 예측자의 주관적 판단에 의한 정성적(qualitative)방법과 계량적인 모델과 데이터를 사용하는 정량적(quantitative)방법으로 구분될 수 있다. 정량적 방법은 다시 시계열분석과 인과형 기법으로 나누어진다.

이 장에서 다루어지는 판매예측 사례는 시계열분석의 일종으로서 과거의 자료를 분석하여 그 자료의 패턴을 발견하고 이를 바탕으로 예측을 하는 방법에 관한 것이다.

시계열분석은 환경이나 수요조건에 큰 변동을 포함하는 장기적이거나 단기적인 예측에는 적절하지 않고 변화의 패턴이 비교적 안정적인 중기예측에는 적합하다.

인과형 기법의 대표적인 예가 다음 장에서 다루어지는 회기분석 기법이다. 인과형 예측방법은 수요와 관련된 환경 변수를 파악하고 수요와 이들 변수들 간의 인과관계를 나타내는 모형을 만들어 수요를 예측하는 방법이다. 인과형 기법에 관한 자세한 내용은 다음 단원에서 다루어질 것이다.

시계열 데이터는 크게 다음의 네 가지 구성요소로 이루어져 있다.

그림 4-1 시계열 데이터의 구성요소

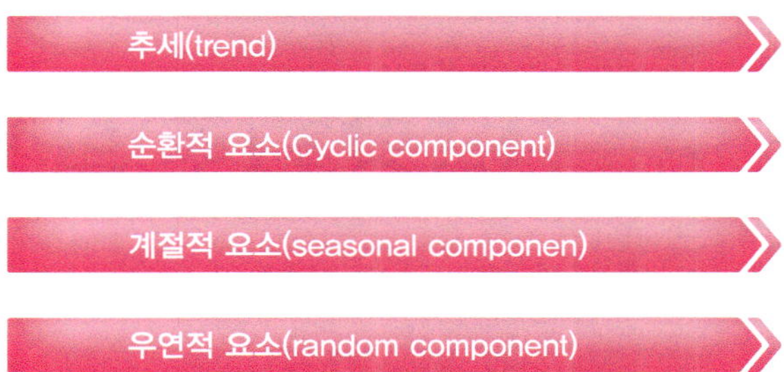

- **추세** : 장기적이고 점진적인 변동을 말한다. 예를 들어, 인구, 물가, 소득 등은 단기적으로는 작은 폭의 상하변동을 나타내지만 장기적으로는 꾸준한 상승, 하강, 혹은 수평화의 경향을 나타낸다. 위의 판매량에 대한 사례는 증가의 추세를 보여준다.
- **순환적 요소** : 1년 이상의 주기로 수요나 판매 등이 상하 교차해 가는 것을 의미한다. 몇 년마다 반복되는 경기변동 등이 이에 속한다. 이 경우에 경영의 예측은 현시점이 순환사이클에서 어느 국면에 있는 가를 판단하는 것인데 비교적 예측이 용이하다.
- **계절적 요소** : 추세와 순환적 요소가 1년 이상의 시계열 데이터와 관련이 있는데 비하여 계절적 요소는 1년 내의 주기적 변동을 말한다. 에어컨의 판매량은 일년 중 봄에서 여름까지 급증하는 것은 계절적 변동요인을 반영하는 것이다. 계절적 요소는 시계열 데이터에서 순환변동에 비하여 예측하기가 용이하다.
- **우연적 요소** : 자연발생적으로 생겨나는 불규칙적이고 우연에 의한 변동적 요소를 의미한다. 시계열데이터에서 위의 세 가지 요소를 잘 분석하였다 하더라도 예측이 완전하지 못하는 원인이 바로 이러한 우연적 요소 때문인 것이다.

사례 프로젝트

단국양조(주)의 판매예측

20년 전통의 단국양조(주)는 각종 한약재와 약수를 혼합 숙성하여 만든 전통 민속주를 생산하는 회사이다.

4년 전에는 전통적 향과 색이 가미된 맥주를 새롭게 개발하여 시장에 출시하였다. 이 회사의 전통 퓨전맥주의 판매량은 계속적으로 증가하여 최근 달에는 553상자를 판매하였다. 〈표 4-1〉은 최근 2년 8개월간의 이 회사의 월별 판매량을 정리한 것이다.

〈표 4-1〉 월별 판매량 (상자)

	2009년	2010년	2011년
1월	258	267	295
2월	218	223	264
3월	232	229	257
4월	243	259	308
5월	259	293	365
6월	408	415	450
7월	443	478	512
8월	497	522	553
9월	408	436	
10월	332	367	
11월	301	345	
12월	407	432	

〈표 4–1〉에서 나타난 것과 같이 맥주의 월별 판매량은 계절적인 특성을 가지고 있다. 즉, 더운 여름과 연말에 판매량이 증가하는 경향이 있다.

시계열 분석기법을 통하여 이와 같은 자료의 계절적 요인을 고려하여 향후 판매량을 예측할 수 있다. 또한 계절적 요인 외에도 위에서 언급한 추세와 순환적 요인, 그리고 우연적 요소와 관련된 판매량이 변화에 대한 여러 성분을 분석함으로써 합리적인 마케팅 계획을 세울 수 있다.

1 이동평균의 계산

이동평균법(moving average method)은 시계열 데이터에서 가장 최근의 데이터의 평균값을 구하여 이를 바로 다음 기간의 예측치로 사용하는 것이다. 이동평균법은 각 기간별 계절요인을 분해하기 위하여 사용된다. 이동평균의 계산식은 다음과 같다.

$$\text{이동평균} = \frac{\sum(\text{가장 최근의 } n\text{의 데이터 값})}{n}$$

이동평균을 계산할 때 n의 값은 의사결정자가 정할 수 있는데, n값이 클수록 시계열 데이터는 안정적이 될 수 있다. 반면 시계열 데이터의 평균치가 계속 변동할 수 있는 상황에서는 n값을 작게 하여야 한다. 위의 공식에 〈표 4–1〉의 데이터를 대입하여 2010년 1월부터 12월까지의 이동평균을 구하면 다음과 같다.

$$\text{첫 번째 이동평균} = \frac{258 + 218 + \cdots\cdots 301 + 407}{12}$$

위의 이동평균값은 맥주 판매량에 대한 시계열 데이터에서 2010년의 월별 평균판매량을 의미한다. 같은 방법으로 2010년 2월에서 2011년 1월까지의 이동평균과 2010년 3월에서 2011년 2월까지의 이동평균을 계산하면 다음과 같다.

$$\text{두 번째 이동평균} = \frac{218 + 232 + \cdots\cdots 407 + 267}{12}$$

$$\text{세 번째 이동평균} = \frac{232 + 243 + \cdots\cdots 267 + 223}{12}$$

이와 같은 방법으로 엑셀을 이용하여 이동평균값을 계산하여 각 달의 판매 예상치를 구할 수 있다.

■ 워크시트에 데이터 입력

❶ 엑셀을 실행한 다음 〈표 4-1〉에 나타난 데이터를 [그림 4-2]와 같이 입력한다.

그림 4-2 데이터 시트

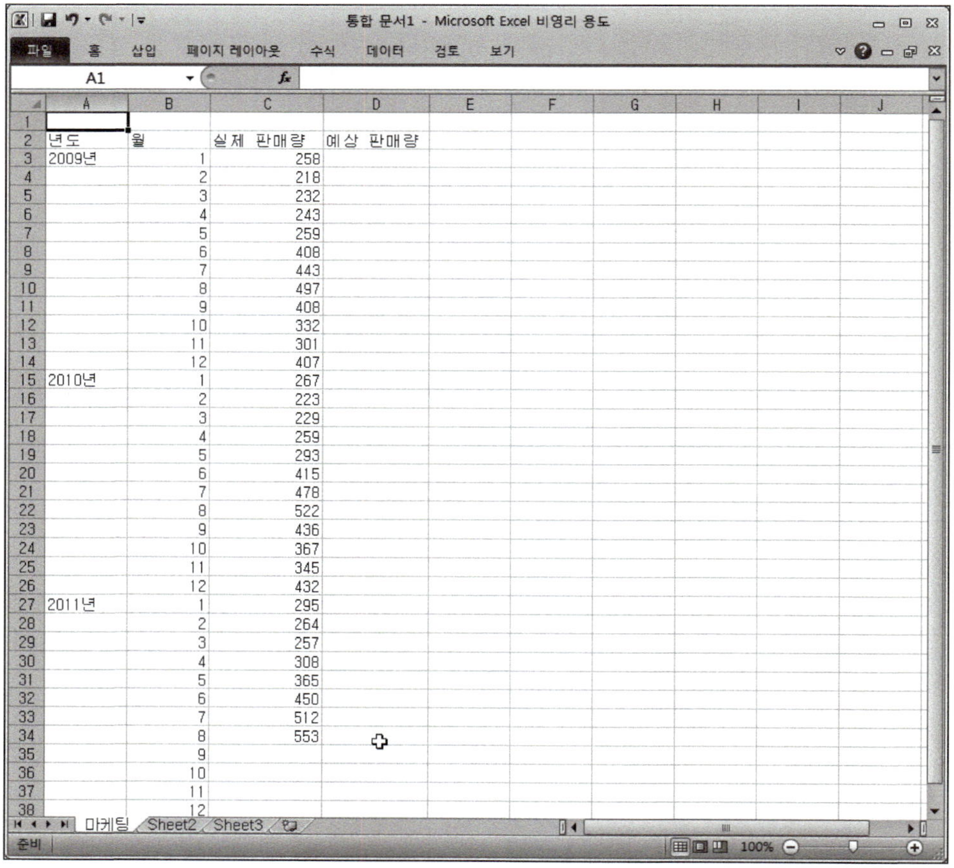

통합 문서1 - Microsoft Excel 비영리 용도

파일 홈 삽입 페이지 레이아웃 수식 데이터 검토 보기

A1

	A	B	C	D	E	F	G	H	I	J
1										
2	년도	월	실제 판매량	예상 판매량						
3	2009년	1	258							
4		2	218							
5		3	232							
6		4	243							
7		5	259							
8		6	408							
9		7	443							
10		8	497							
11		9	408							
12		10	332							
13		11	301							
14		12	407							
15	2010년	1	267							
16		2	223							
17		3	229							
18		4	259							
19		5	293							
20		6	415							
21		7	478							
22		8	522							
23		9	436							
24		10	367							
25		11	345							
26		12	432							
27	2011년	1	295							
28		2	264							
29		3	257							
30		4	308							
31		5	365							
32		6	450							
33		7	512							
34		8	553							
35		9								
36		10								
37		11								
38		12								

마케팅 Sheet2 Sheet3

준비 100%

■ 함수식의 활용

❶ D15셀에 포인터를 두고 수식 입력줄에 있는 〈함수 삽입〉 버튼을 클릭한다.

❷ [그림 4-3]과 같이 함수 마법사의 대화상자 왼쪽의 '통계'를 선택하고 대화상자 오른쪽에서 'AVERAGE'를 선택한 후 〈확인〉 단추를 누른다.

그림 4-3 함수마법사의 대화상자

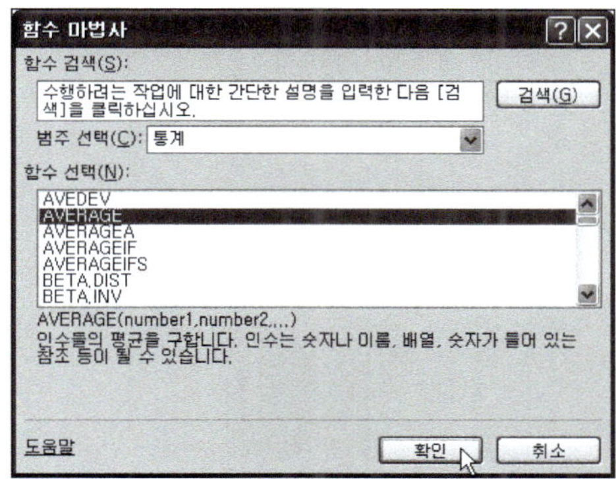

❸ [그림 4-4]와 같이 AVERAGE 대화상자가 나타나면 마우스를 이용하여 C3에서 C14까지의 범위를 지정하고 〈확인〉 버튼을 클릭한다.

그림 4-4 AVERAGE 함수 대화상자

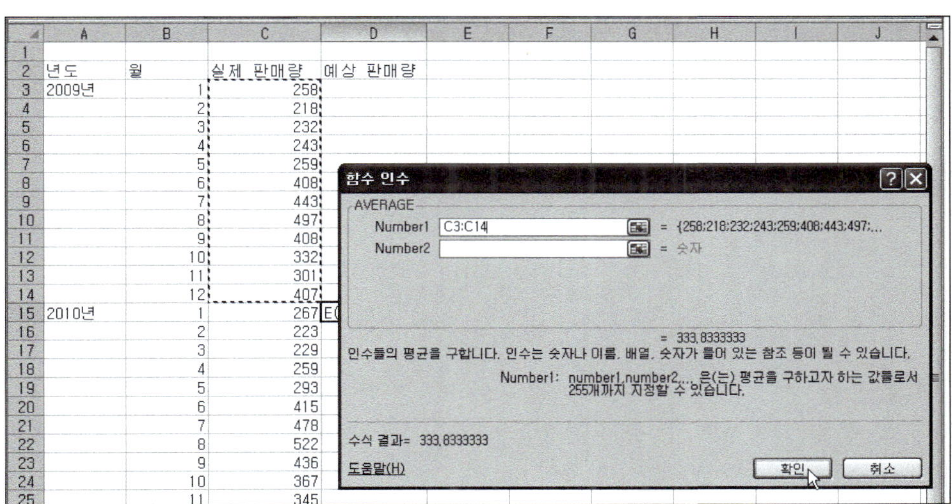

❹ D15에 셀 포인터가 위치했을 때 마우스 포인터를 셀 포인터 오른쪽 아래 모서리 부분(핸들러라 함)에 가져가면 〈+〉모양이 생긴다. 이 때 마우스 왼쪽 버튼을 클릭한 상태에서 드래그하여 D38까지 가져간다. 그러면 [그림 4-5]와 같이 2011년 12월까지의 이동평균이 자동적으로 계산이 된다.

그림 4-5 이동평균의 계산

D15 =AVERAGE(C3:C14)

	A	B	C	D
2	년도	월	실제 판매량	예상 판매량
3	2009년	1	258	
4		2	218	
5		3	232	
6		4	243	
7		5	259	
8		6	408	
9		7	443	
10		8	497	
11		9	408	
12		10	332	
13		11	301	
14		12	407	
15	2010년	1	[illegible]	333.83
16		2	223	334.58
17		3	229	335.00
18		4	259	334.75
19		5	293	336.08
20		6	415	338.92
21		7	478	339.50
22		8	522	342.42
23		9	436	344.50
24		10	367	346.83
25		11	345	349.75
26		12	432	353.42
27	2011년	1	295	355.50
28		2	264	357.83
29		3	257	361.25
30		4	308	363.58
31		5	365	367.67
32		6	450	373.67
33		7	512	376.58
34		8	553	379.42
35		9		382.00
36		10		377.09
37		11		378.10
38		12		381.78
39				

마케팅 / Sheet2 / Sheet3

■ 분석도구의 이용

엑셀에서는 추이변동을 시각적으로 확인할 수 있는 분석도구를 제공하고 있으며 이를 사용하여 이동평균법을 실시할 수 있다.

최초로 엑셀을 설치하면 분석도구를 사용할 수 없는 경우가 있다. 이때는 분석도구를 추가로 설치해 주어야 한다. 설치 방법은 [파일] 탭 → [옵션] 메뉴로 나타난 [그림 4-6]과 같은 대화상자에서 [추가 기능] → [분석 도구] → 〈이동〉 버튼을 클릭하여 나타난 대화상자에서 [분석 도구]를 체크한 후, 〈확인〉 버튼을 클릭한다.

그림 4-6 분석도구 설치

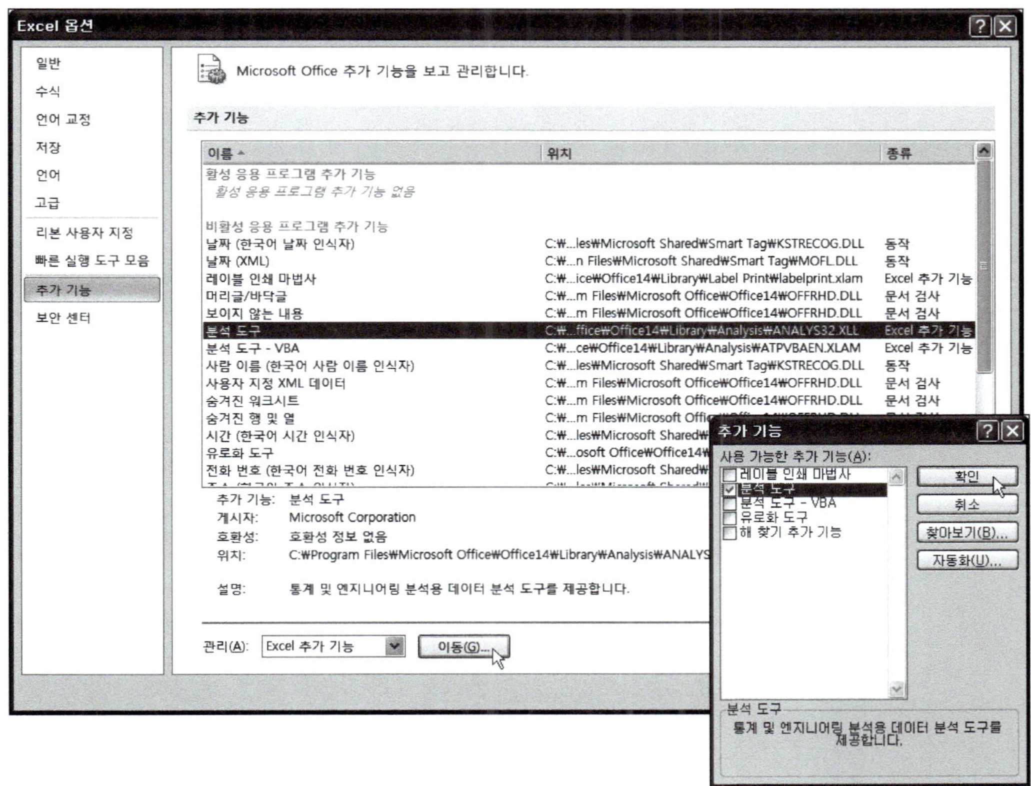

분석도구가 설치되면 [데이터] 탭 → [분석] 그룹 → 〈데이터 분석〉 버튼이 나타난 것을 확인할 수 있다.

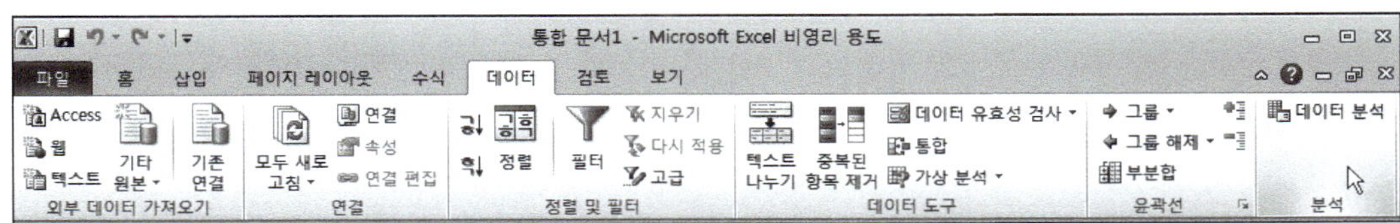

분석도구가 설치되었으면, 이동평균법을 사용할 수 있다.

❶ [데이터] 탭 → [분석] 그룹 → 〈데이터 분석〉 버튼을 클릭하면 [그림 4-7]과 같은 '통계데이터 분석'창이 나타난다.

그림 4-7 통계데이터 분석 대화상자

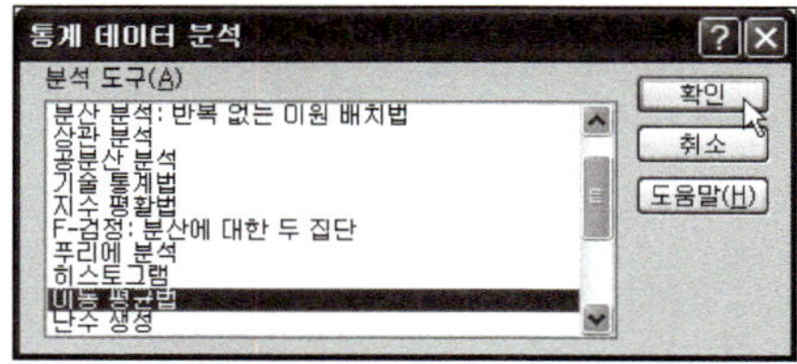

❷ 통계데이터 분석도구에서 '이동 평균법'을 찾아 지정한 후, [확인] 단추를 클릭하면 [그림 4-8]과 같은 대화상자가 나타난다.

그림 4-8 이동평균법 대화상자

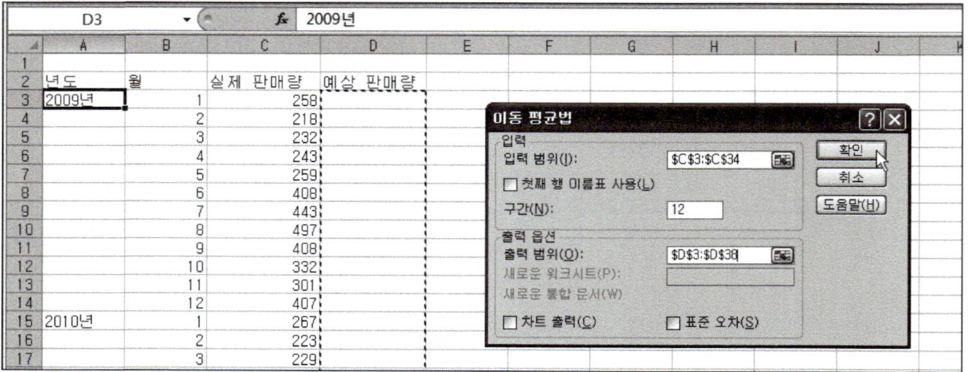

❸ 이동평균법 대화상자에서 '입력범위'란에 마우스를 이용하여 원본 데이터의 범위를 지정해 주고, 구간을 12로 입력하고, '차트 출력'을 체크해 준다. 다음으로 '출력범위'란에 같은 방식으로 출력할 범위를 지정해주고 〈확인〉 버튼을 클릭하면 [그림 4-9]와 같은 이동평균 결과가 나타난다.

그림 4-9 이동 평균결과

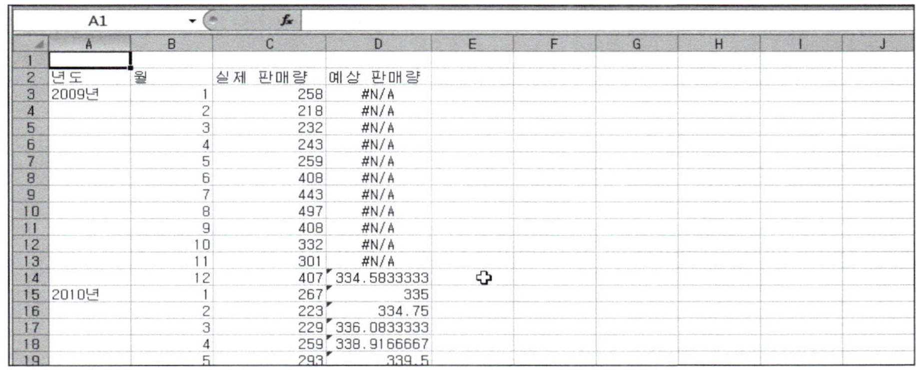

	A	B	C	D
1				
2	년도	월	실제 판매량	예상 판매량
3	2009년	1	258	#N/A
4		2	218	#N/A
5		3	232	#N/A
6		4	243	#N/A
7		5	259	#N/A
8		6	408	#N/A
9		7	443	#N/A
10		8	497	#N/A
11		9	408	#N/A
12		10	332	#N/A
13		11	301	#N/A
14		12	407	334.5833333
15	2010년	1	267	335
16		2	223	334.75
17		3	229	336.0833333
18		4	259	338.9166667
19		5	293	339.5

2 판매 추세선

이동 평균값을 구하였으므로, 이 데이터를 기초로 하여 차트를 작성하여 판매 추세를 알아보자.

❶ 마우스로 차트 대상인 C2에서 D38까지를 드래그하거나 C2를 클릭한 후, Shift키를 눌러 C2:D38을 블록으로 만든다.

❷ 마우스 포인터를 [삽입] 탭 → [차트] 그룹 → 〈꺾은선형〉 → 〈표식이 있는 꺾은선형〉 버튼을 클릭한다.

그림 4-10 차트 작업 데이터 선택과 차트 종류

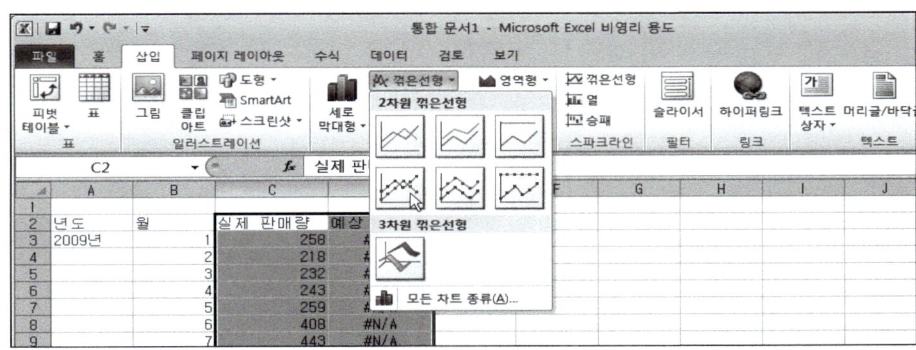

❸ 위의 조작으로 작성된 차트에서 '가로(항목) 축 레이블'을 마우스 왼쪽 버튼을 클릭하여 나타난 단축 메뉴에서 [데이터 선택]을 클릭하여 나타난 [그림 4-11]의 '데이터 원본 선택'에서 [가로(항목)축 레이블] 아래에 있는 〈편집〉 버튼을 클릭한다. 나타난 대화상자에서 A4에서 B38까지 드래그하여 블록으로 설정한 후, 〈확인〉 버튼을 클릭한다.

그림 4-11 가로축 레이블 편집

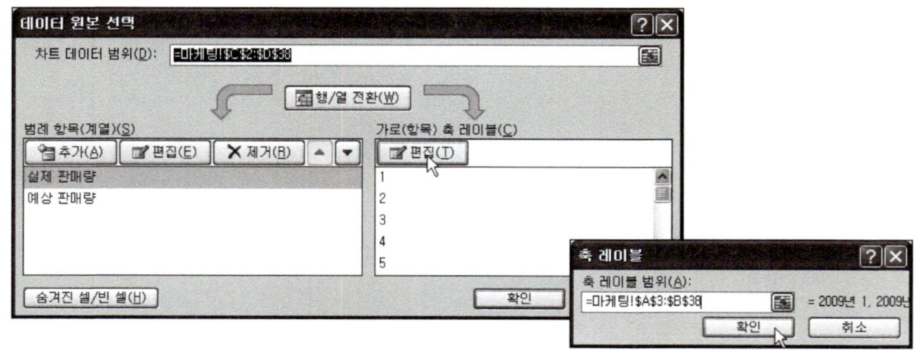

❹ [차트 도구] 정황 탭 → [레이아웃] 탭 → [레이블] 그룹의 [차트 제목] 버튼을 클릭하여 차트 제목을 "이동평균법"이라 표시하고, [축 제목] 버튼을 클릭하여 가로축은 "날짜"로, 세로축은 "판매량"으로 표시한다.

그림 4-12 차트 제목과 축 제목의 편집

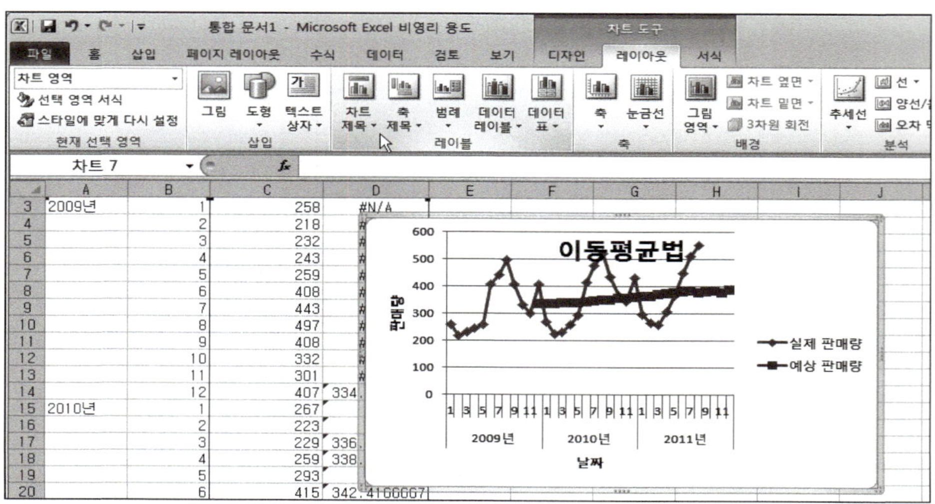

❺ [차트 도구] 정황 탭 → [디자인] 탭 → [차트이동 위치] 그룹의 버튼을 클릭하여 나타난 대화상자에서 〈새 시트〉 옵션을 선택하고 〈확인〉 버튼을 클릭한다.

그림 4-13 새로운 시트에 삽입

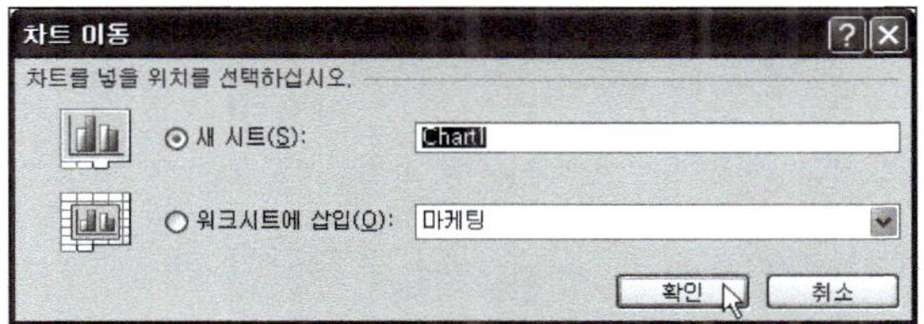

그러면 [그림4–14]와 같이 새 시트에 차트만 있는 워크시트가 만들어진다.

그림 4-14 차트 시트

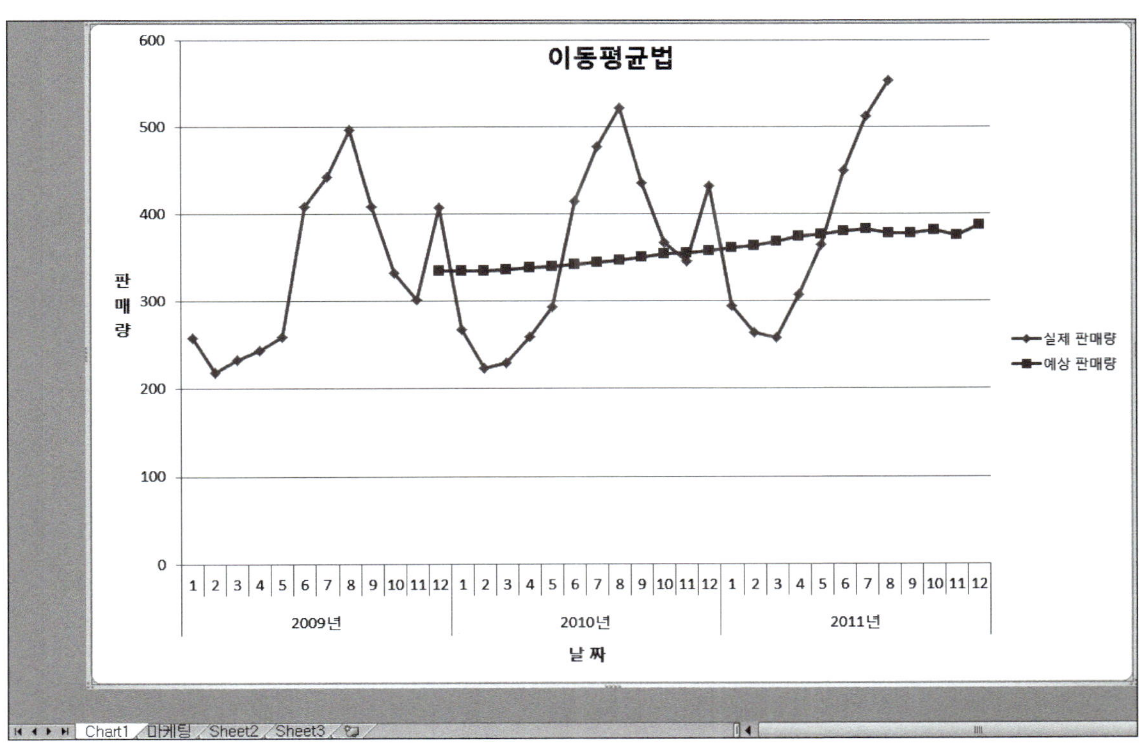

3 이동평균값의 의미 추세선의 해석

[그림 4-14]는 단국양조의 맥주판매량에 대한 이동평균 계산의 결과와 실제의 판매량에 대한 시계열 데이터를 보여준다. 여기서 이동평균이 의미하는 바는 실제 판매량에 대한 시계열의 변동폭을 줄여주는 것이다.

즉, 이 예에서 이동평균은 12개월의 판매량에 대한 평균값이기 때문에 이 단원의 앞에서 설명하였던 시계열 데이터의 요소들 중에서 계절적 요소와 우연적 요소가 제거된 것이다. 계절적 요소와 우연에 의한 불규칙적 요소가 평균에 의하여 없어지게 되면 시계열 데이터의 네 가지 요소들 중 추세와 순환적 요소만이 남게 된다. 따라서 [그림 4-14]의 이동평균값은 추세-순환의 복합적 변동 요인들을 나타내고 있다.

시계열 데이터에서의 관측값과 위에서 언급한 네 가지 요소들 사이의 관계를 식으로 나타내면 다음과 같다.

[식 4-1] $$Y_t = T_t \times C_t \times S_t \times R_t$$

관측값 Y_t는 시점 t에서 시계열 데이터의 실제값을 의미하는 것으로 이 예에서는 특정달의 실제 판매량을 말한다. T_t(trend: T)는 시점 t에서 추세선에 의한 시계열 데이터의 예측치를 의미하고, C_t(cyclic: C)는 시점 t에서의 순환적 요소를 의미하고, S_t(seasonal: S)는 시점 t에서의 계절적 요소를 의미하며, R_t(random: R)는 시점 t에서의 우연적 요소를 의미한다.

■ 계절적 요소의 계산

위에서 언급하였듯이 이동평균은 $T_t \times C_t$로 표시될 수 있는데 이로부터 계절적 요인을 파악할 수 있다. 우선 계절적 요소와 우연적 요소의 복합적 요소인 $S_t \times R_t$를 계산에 의하여 분리할 수 있다.

[식 4-2] $$S_t R_t = Y_t / T_t C_t$$

이와 같이 관측된 실제 판매량을 이동평균값으로 나누어 줌으로써 계절적 요소와 불규칙적인 우연적 요소를 분리할 수 있다. 이를 엑셀을 이용하여 계산하여 보자.

❶ [그림 4–15]와 같이 E15셀을 활성화하고 수식 "=C15/D15"를 입력한다.

그림 4-15 계절적·우연적 요소의 계산

AVERAGE =C15/D15

	A	B	C	D	E	F	G	H	I
1									
2	년도	월	실제 판매량 (Yt)	예상 판매량 (Tt*Ct)	계절적-우연적 요소 (St*Rt)				
3	2009년	1	258						
4		2	218						
5		3	232						
6		4	243						
7		5	259						
8		6	408						
9		7	443						
10		8	497						
11		9	408						
12		10	332						
13		11	301						
14		12	407	334.58					
15	2010년	1	267	335.00	=C15/D15				
16		2	223	334.75					
17		3	229	336.08					

❷ D15에 셀 포인터가 위치했을 때 마우스 포인터를 셀 포인터 오른쪽 아래 모서리 부분에 가져가면 〈+〉모양이 생긴다. 이 때 마우스 왼쪽 버튼을 클릭한 상태에서 드래그하여 D38까지 가져간다. 그러면 [그림 4–16]과 같이 2011년 12월까지의 계절적 · 우연적 요소의 값이 자동적으로 계산이 된다.

그림 4-16 계절적·우연적 요소의 계산결과

E15 =C15/D15

	A	B	C	D	E	F	G	H	I
1									
2	년도	월	실제 판매량 (Yt)	예상 판매량 (Tt*Ct)	계절적-우연적 요소 (St*Rt)				
3	2009년	1	258						
4		2	218						
5		3	232						
6		4	243						
7		5	259						
8		6	408						
9		7	443						
10		8	497						
11		9	408						
12		10	332						
13		11	301						
14		12	407	334.58					
15	2010년	1	267	335.00	0.797014925				
16		2	223	334.75	0.666168783				
17		3	229	336.08	0.681378626				
18		4	259	338.92	0.764199656				
19		5	293	339.50	0.863033873				
20		6	415	342.42	1.211973716				
21		7	478	344.50	1.387518142				
22		8	522	346.83	1.505045651				
23		9	436	349.75	1.246604718				
24		10	367	353.42	1.038434332				
25		11	345	355.50	0.970464135				
26		12	432	357.83	1.207265952				
27	2011년	1	295	361.25	0.816608997				
28		2	264	363.58	0.72610589				
29		3	257	367.67	0.69900272				
30		4	308	373.67	0.82426405				
31		5	365	376.58	0.969240983				
32		6	450	379.42	1.186031188				
33		7	512	382.00	1.340314136				
34		8	553	377.09	1.466489875				

맥주의 판매량에 대한 계절적 요소를 살펴보면, 불규칙적인 우연적 요소를 포함하고는 있지만 2010년도와 2011년도에 있어서 모두 8월이 가장 높고 2월이 가장 낮다는 것을 알 수 있다. 즉, 8월에 맥주의 판매량이 가장 높고 2월에 판매량이 가장 낮다는 것을 의미한다.

그렇다면 우연적 요소인 R_t을 제거하고 순수하게 계절적 요소인 S_t만을 남게 하는 방법은 무엇인가? 계절적인 요소의 의미는 년도와 상관없이 각 달의 판매량에 있어서 계절적 요소만을 추출하는 것이다. 이를 위하여 S_t R_t의 평균을 구하기만 하면 된다. 예를 들어, 2010년과 2011년의 7월에 대한 우연적 요소를 제거한 계절적 요소는 (1.4080+1.3596)/2이다.

이 예는 2년에 대한 계절적 요소만을 계산해 주지만 여러 해에 걸친 분기별 판매량에 대한 계절적 요소도 이러한 방법으로 쉽게 계산할 수 있다.

연 습 문 제

Chater 04

01 데이터베이스 함수

엑셀에서 데이터베이스란 가장 위에 있는 행이 필드로 몇 개의 항목으로 나열하고, 그 아래에 1행을 1개 레코드로서 필드의 항목마다 데이터를 나열해 만들어진 표를 말한다.

자주 사용하는 데이터베이스 함수로는 DSUM, DAVERAGE, DCOUNTA, DCOUNT, DMIN, DMAX, DGET 등이 있다.

함수 사용 구조	설 명
=DSUM(범위, 열번호, 조건 범위)	범위에서 조건에 맞는 자료를 대상으로 지정된 열의 합계를 구함
=DAVERAGE(범위, 열번호, 조건 범위)	범위에서 조건에 맞는 자료를 대상으로 지정된 열의 평균을 구함
=DCOUNTA(범위, 열번호, 조건 범위)	범위에서 조건에 맞는 자료를 대상으로 지정된 열의 비어 있지 않는 셀의 개수를 구함. 열번호 대신 필드명을 입력해도 됨
=COUNT(범위, 열번호, 조건 범위)	범위에서 조건에 맞는 자료를 대상으로 지정된 열의 숫자가 있는 셀의 개수를 구함
=DGET(범위, 열번호, 조건 범위)	범위에서 조건에 맞는 자료를 대상으로 지정된 열의 값을 구함

위의 함수를 사용하여 아래 워크시트를 완성하시오. 단 A3:G11은 "매상"이라는 이름으로 정의하고, I2:J5는 "점포명"이라는 이름으로 정의 되어 있다.

C3 =IF(B3="","",VLOOKUP(B3,점포명,2))

	A	B	C	D	E	F	G	H	I	J	K	L
1												
2		번호	지점명	쟈킷	팬티	와이샤쓰	넥타이		1	명동		
3		1	명동	12	10	26	18		2	방배		
4		4	잠실	14	15	17	16		3	신촌		
5		3	신촌	22	19	21	18		4	잠실		
6		1	명동	28	25	31	29					
7		2	방배	16	22	26	21					
8		3	신촌	17	14	28	23					
9		2	방배	24	22	31	24					
10		1	명동	25	26	34	28					
11		4	잠실	21	20	26	21					
12												
13			지점명									
14			명동									
15												
16												
17			지점명									
18			방배									
19					쟈킷	팬티	넥타이					
20					>=25	>=25	>=29					
21												

함수식을 지정된 셀에 입력하고 그 결과를 확인하시오.

입력할 셀 주소	키보드로 입력할 함수식	함수식의 결과
D13	=DSUM(매상,"쟈킷",$C$13:$C$14)	
D14	=DCOUNTA(매상,"쟈킷",$C$13:$C$14)	
D15	=DAVERAGE(매상,"쟈킷",$C$13:$C$14)	
D16	=DMAX(매상,"쟈킷",$C$13:$C$14)	
D17	=DMIN(매상,"쟈킷",$C$17:$C$18)	
D18	=DGET(매상,"쟈킷",$C$17:$C$18)	데이터가 복수로 에러
C20	=DGET(매상,"지점명",E19:G20)	

02 재무 함수

재무 함수에는 대부금의 변제, 투자의 장래가치, 채권이나 증권의 가격 산정 등 재무업무에 사용되는 계산을 해 주는 함수이다.

◆함수의 기능

· PMT : 정기적으로 지불하고 일정한 이율(복리)이 적용되는 대출금의 일정한 상환액(Payment)을 계산해 준다

· PPMT : 대출금액, 기간, 연이율(복리)로 일정 금액을 납입하는 경우, 원금(Principal) 부분을 계산해 준다.

· IPMT : 대출금액, 기간, 연이율(복리)로 일정 금액을 납입하는 경우, 이자(Interest) 부분을 계산해 준다.

· FV : 현재 금액, 매월 예금액, 예금 기간, 연이율(복라)로 투자하였을 때의 장래가치(Future Value) 만기액)를 계산해 준다.

· PV : 연금 보험이나 투자나 예금에 대해 일정 이율로 할인한 현재 가치(Present Value)를 계산해 준다.

· NPV : 장래 얻어지는 현금흐름(Cash Flow)을 정해진 이율로 운용한 경우, 순수 현재가치(Net Present Value)를 구한다.

· SLN : 정액법(straight Line Method)에서는 취득원가에서 잔존 가격을 뺀 차액을 내구 년수로 나누어 기마다의 감가 상각액을 계산해 준다.

◆함수의 사용 구조

=PMT(이율, 기간, 현재 가치, [장래 가치], [지불기일])

=PPMT(이율, 회수, 기간, 현재 가치, [장래 가치], [지불기일])

=IPMT(이율, 회수, 기간, 현재 가치, [장래 가치], [지불기일])

=FV(이율, 기간, [장래 가치], 현재 가치, [지불기일])

=PV(이율, 기간, 현재 가치, [장래 가치], [지불기일])

· 이율 : 투자 기간을 통해 적용되는 일정한 이율을 지정

· 기간 : 투자 기간 내의 지불 회수를 지정

· 회수 : 지불액을 알고 싶은 특정한 회수를 지정

· 현재 가치 : 현재의 투자액 또는 장래에 실시될 일련의 지불을 할인한 현재 가치를 지정

· 장래 가치 : 투자의 장래 가치 또는 마지막 지불을 끝낸 다음에 남는 금액을 지정

· 지불 기일 : 0을 기말, 1은 기초, 생략할 경우는 0으로 처리

=NPV(할인율, 값1, 값2,…)

· 할인율 : 투자 기간을 통해 일정한 할인율을 지정

· 값1, 값2,… : 현금흐름에서 투자액은 마이너스, 수익금액은 플러스로 지정

=SLN(취득원가, 잔존가격, 내구 년수)

· 취득가격 : 자산을 구입한 때의 가격

· 잔존가격 : 자산의 내구 년수가 종료한 때의 가격

· 내구년수 : 자산의 상각 년수

① 아래 워크시트를 완성하시오.

A1 | fx

	A	B	C	D	E	F	G	H	I	J	K
1											
2	PMT	월상환액 계산									
3		대출금	3,000,000	년이율	8%						
4				기간(년)	0.5						
5		월상환액									
6											
7	PPMT	월상환액(원금부분) 계산									
8		기초상환									
9		기말상환									
10	IPMT	월상환액(이자부분) 계산									
11		기초상환									
12		기말상환									
13						기말 상환					
14		회수	원금상환액	지불이자	월상환액	잔액					
15		1									
16		2									
17		3									
18		4									
19		5									
20		6									
21		합계									
22											

함수식을 지정된 셀에 입력하고 그 결과를 확인하시오.

입력할 셀 주소	키보드로 입력할 함수식	함수식의 결과
F3	=E3/12 (월 이율로 계산)	
F4	=12*E4 (상환 회수 계산)	
C5	=PMT(F3,F4,C3)	
C8	=PPMT(F3,1,F4,C3)	
C9	=PPMT(F3,1,F4,C3,0,1)	
C11	=IPMT(F3,1,F4,C3)	
C12	=IPMT(F3,2,F4,C3,0,1)	
C15	=PPMT($F$3,B15,$F$4,$C$3)	자동 채우기
D15	=IPMT($F$3,B15,$F$4,$C$3)	자동 채우기
E15	=C15+D15	자동 채우기
F15	=C3+C15	
F16	=F15+C16	자동 채우기

② 아래 워크시트는 10,000,000원 적금을 연 5%(복리)로 10년을 매월 적립하였을 때에 도달할 금액을 계산하기 위한 것이다.

	A	B	C	D	E	F	G	H	I	J
23										
24	PMT (적금계획)									
25			목표액	10,000,000	년리	5%				
26					기간	5	년			
27										
28				기초 적립						
29				기말 적립						
30										

함수식을 지정된 셀에 입력하고 그 결과를 확인하시오.

입력할 셀 주소	키보드로 입력할 함수식	함수식의 결과
C28	=PMT(F25/12,F26*12,0,D25,1)	
C29	=PMT(F25/12,F26*12,0,D25,0)	

③ FV 함수의 사용

지금 1,000원이 있다고 하자, 이 1,000원을 연이율 5%로 맡기면 1년 후에는 1,050원을 받을 수 있다. 이와 같이 연이율 5%로 운용하는 경우, 지금의 1,000원은 1년 후의 1,050원과 같고, 1년 후에 얻어지는 1,050원이 지금의 1,000원과 같다고 할 수 있다. 이 경우 지금의 1,000원을 현재가치, 1,050원을 1

년후의 장래가치, 이율 5%를 할인금리라 한다.

현금흐름(Cash Flow)이란 투자한 돈과 투자에 의해 그 다음에 얻어지는 돈의 흐름을 말한다. 현재 투자하는 금액보다 현금 흐름의 현재가치가 크면 이 투자는 유리하다고 판단할 수 있다.

예1 현재액(원금)이 1,000,000원일 때 매년 적립액 50,000원을 연이율 5%로 10년간 적립한 경우 10년 후의 만기액을 FV 함수으로 구하면 다음과 같다.

= FV(5%, 10, −50,000, −1,000,000 0) → 2,257,789 기말 적립

= FV(5%, 10, −50,000, −1,000,000 1) → 2,289,234 기초 적립

투자액은 마이너스, 수익금액은 플러스로 지정.

예2 원금이 0이고 매년 200,000원씩 연이율 5%로 10년간 적립한 경우 10년 후의 만기액을 FV 함수로 구하면 다음과 같다.

= FV(5%, 10, −200,000 0, 0) → 2,515,579 기말 적립

= FV(5%, 10, −200,000 0, 1) → 2,641,357 기초 적립

④ PV 함수의 사용

예1 매년 1,000,000원씩 10년에 걸쳐 연금을 받는 경우와 7,600,000원을 일시금으로 받는 경우 중 어느 쪽이 이득인가를 비교하라(연리 6%).

= PV(6%, 10, 1,000,000) → −7,360,087

위의 결과로 10년간에 받는 연급의 현재가치는 7,360,087원이 되어 일시금으로 7,600,000원을 받는 편이 유리한 것을 알 수 있다.

예2 매월 50,000원씩 찾아 10년 후에 모두 소비한다면, 이때 현재 예금액은 다음과 같다(연리 5%).

= PV(5%/12, 10*12, −50,000 0, 0) → 4,714,068

예3 매월 50,000원씩 찾아 10년 후에 1,000,000원을 남게 한다. 이때 현재 예금액은 다음과 같다(연리 5%).

= PV(5%/12, 10*12, −50,000, −1,000,000 0) → 5,321,229

예4 월 14,000원, 연리 9%의 3년간 대출금(A안)과 월 12,500원 연리 9%의 4년간 대출금(B안)인 경우 각각 지금 차입할 수 있는 금액은 얼마인가 또 어느 쪽이 유리한가 조사하시오.

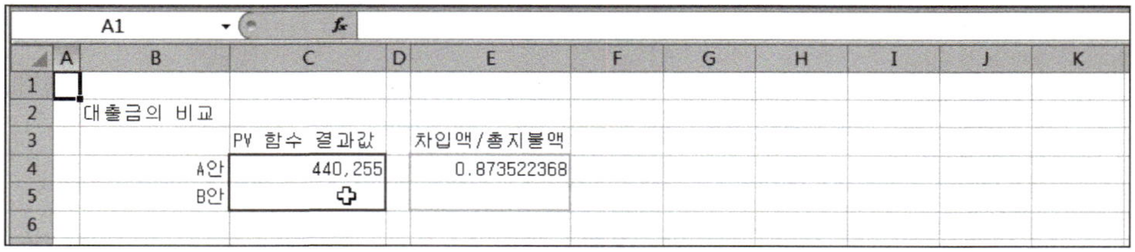

A1

	A	B	C	D	E	F	G	H	I	J	K
1											
2		대출금의 비교									
3			PV 함수 결과값		차입액/총지불액						
4		A안	440,255		0.873522368						
5		B안									
6											

함수식을 지정된 셀에 입력하고 그 결과를 확인하시오.

입력할 셀 주소	키보드로 입력할 함수식	함수식의 결과
C4	= PV(0.09/12,3*12,-14000)	
E4	= C3/(14000*3*12)	

나머지 C5, E5도 완성시키고, E4와 E5를 비교하면 된다.

⑤ NPV 함수의 사용

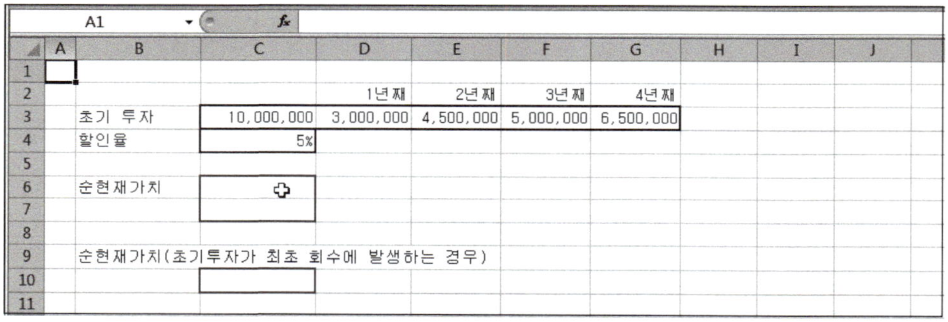

A1

	A	B	C	D	E	F	G	H	I	J
1										
2				1년째	2년째	3년째	4년째			
3		초기 투자	10,000,000	3,000,000	4,500,000	5,000,000	6,500,000			
4		할인율	5%							
5										
6		순현재가치								
7										
8										
9		순현재가치(초기투자가 최초 회수에 발생하는 경우)								
10										
11										

위의 워크시트에서 초기 투자 1,000만원(셀 C3)에 대해서 1년차에 300만원, 2년차에 450만원, 3년차에 500만원, 4년차에 650만원을 현금으로 투자하고, 할인율 5%로 하는 상황이다.
순수 현재가치와 초기 투자가 최초 회수에 발생한 경우의 순수 현재가치를 구하려고 한 것이다. 할인율이 5%, 6%, 8%를 비교한 표를 작성하시오.
함수식을 지정된 셀에 입력하고 그 결과를 확인하시오.

입력할 셀 주소	키보드로 입력할 함수식	함수식의 결과
C6	= NPV(C4,C3,D3,E3,F3,G3)	
C7	= NPV(C4,C3:G3) *C6의 값과 동일함	
C10	= NPV(C4,D3:G3)+C3	

⑥ SLN 함수의 사용

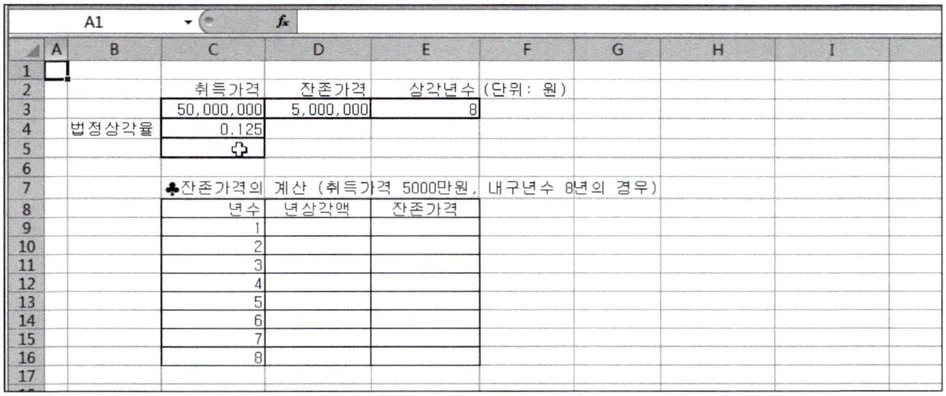

A1

	A	B	C	D	E	F	G	H	I
1									
2			취득가격	잔존가격	상각년수	(단위: 원)			
3			50,000,000	5,000,000	8				
4		법정상각율	0.125						
5									
6									
7			♣잔존가격의 계산 (취득가격 5000만원, 내구년수 8년의 경우)						
8			년수	년상각액	잔존가격				
9			1						
10			2						
11			3						
12			4						
13			5						
14			6						
15			7						
16			8						
17									

상각자산 50,000,000원, 잔존 가격은 상각 자산의 10%, 상각 연수 8년인 경우 감가상각율은 0.125로 한 경우 잔존 가격의 시뮬레이션이다.

함수식을 지정된 셀에 입력하고 그 결과를 확인하시오.

입력할 셀 주소	키보드로 입력할 함수식	함수식의 결과
C5	= SLN(C3,D3,E3)	
D9	= SLN($C$3,$D$3,$E$3)	자동 채우기
E9	= C3-D9	
E10	= E9-D10	자동 채우기

05

CHAPTER

통계학 – 회귀분석

본 장에서는 판매나 수요예측과 같은 경영의 예측을 위한 방법으로 널리 쓰이고 있는 회귀분석에 대하여 살펴본다. 통계적 추론의 방법인 회귀분석은 둘 또는 그 이상의 변수들이 서로 어떤 관계를 가지고 변화하는가를 규명해 주는 방법으로서 기업활동과 관련된 여러 현상들을 설명하는데 유용하게 쓰이고 있다.
엑셀을 이용하여 회귀분석의 사례를 연습함으로써 경영예측에 대한 통계적 추론기법을 보다 쉽게 이해할 수 있게 한다.

배경이론 – 회귀분석

경영예측을 위한 정량적 분석방법 중 회귀분석은 둘 혹은 그 이상의 변수들 사이에서의 인과적인 관계를 파악하여 예측하는 것을 의미한다. 예를 들어 어떤 회사제품의 판매량과 가격과의 관계, 기업의 주가와 순이익간의 관계, 개인소득과 자동차 판매량 사이의 관계 등은 모두 변수들 사이에 원인과 결과의 관계가 있다는 것을 가정하고 이를 확률적 통계량으로 측정하려는 것이다.

서로 관계를 가지고 있는 변수들 중에서 관심의 대상이 되며 다른 변수에 영향을 받는 변수를 종속변수(dependent variable)라고 하고, 종속변수에 영향을 주는 변수를 독립변수(independent variable)라고 한다.

회귀분석은 종속변수를 예측할 때 하나의 독립변수만을 고려하는 단순회귀분석(simple regression analysis)과 둘 이상의 독립변수를 고려할 필요가 있는 경우에 사용되는 다중회귀분석(multiple regression analysis)으로 구별된다.

예를 들어, 상품 A의 판매량에 영향을 미치는 변수로 가격만을 고려하는 경우에는 단순회귀분석을 사용할 수 있으며, 반면 상품의 가격 외에 광고비, 고객의 소득수준, 물가 등을 함께 고려하는 경우에는 다중회귀분석이 쓰일 수 있다.

단순회귀분석에서의 독립변수와 종속변수와의 관계를 일차함수로 표현하면 다음의 식과 같다.

[식 5–1] $$Y_t = \alpha + \beta$$

(식 5−1)에서 종속변수 Y는 독립변수 X를 알고 절편 α와 기울기 β를 알면 정확히 예측 가능하다는 의미에서 종속변수와 독립변수의 관계를 함수적 의존관계(functional dependence)라고 한다. 이를 다른 말로 확정적 모형(deterministic model)이라고도 한다. 반면에 실제 세계의 대부분의 경우에 있어서는 독립변수의 값에 대한 종속변수의 값이 오직 하나만 대응되는 것이 아니라 독립변수의 값이 종속변수의 값의 확률분포에 관계되어 있다.

이러한 두 변수간의 관계를 확률적 의존관계(probabilistic dependence)라고 한다. 이 경우에는 두 변수간의 관계를 이용하여 종속변수를 예측하는 경우 발생하는 오차를 고려하여 다음 식과 같은 확률적 모형(probabilistic model)을 사용한다.

[식 5−2] $$Y_t = \alpha + \beta X_i + \varepsilon_i$$

(식 5−2)에서 $\alpha + \beta X_i$는 통계적 관련성을 표현하는 직선이고 ε_i는 오차항을 나타낸다. 다시 말하자면, 종속변수는 확정적 부분인 "$\alpha + \beta X_i$"과 확률적 오차부분인 "ε_i"의 합이다.

회귀식 $Y_t = \alpha + \beta X_i + \varepsilon_i$에서 α와 β는 모수로서 알지 못하므로 표본자료를 이용하여 추정하여야 한다. 표본자료를 이용하여 추정한 절편과 기울기를 a와 b라고 하고, 이를 이용하여 계산된 종속변수의 값을 $\hat{Y}$이라고 하면, 표본에 의한 회귀식 즉 표본회귀식은 (식 5−3)과 같다.

[식 5−3] $$\hat{Y}_i = a + bX_i \text{ (표본회귀식)}$$

이때, 추정값인 a와 b의 계수를 구하는 방법은 실제 관측치와 모형에 의한 예측치와의 거리인 잔차(residual)를 극소화하는 방법을 이용하는 것이다. [그림 5−1]과 같이 잔차 e_i는 실제의 관측값 Y_i와 표본회귀식에 의한 종속변수의 추정값 $\hat{Y}_i$의 차이를 의미한다.

그림 5-1 잔차의 의미

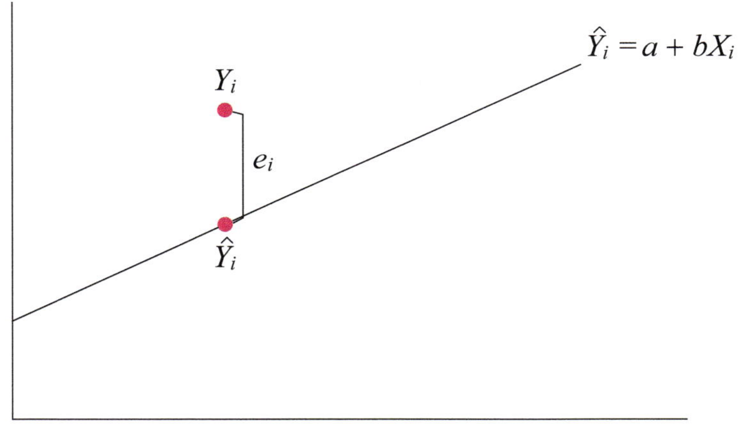

[그림 5-1]의 잔차를 식으로 표현하면 (식 5-4)와 같다.

[식 5-4] $$e_i = Y_i + \hat{Y}_i = Y_i + bX_i$$

회귀계수를 추정하는 방법들 중에서 가장 널리 쓰이는 방법으로 최소제곱법(least square method)이 있는데, 이는 잔차의 제곱의 합을 최소화하는 것이다. 이를 식으로 표현하면 (식 5-5)와 같다.

[식 5-5] $$min\Sigma(Y_i - \hat{Y}_i)^2 = min\Sigma(Y_i + bX_i)^2$$

위의 [식 5-3]의 표본회귀식에서 a와 b의 계수를 찾아내기 위해서는 [식 5-5]를 만족시켜야 한다. 이를 통하여 a와 b의 계수에 대한 식이 유도가 되는데 자세한 내용은 이 책의 범위를 넘어서는 것이므로 기초통계학 교과서를 참조하기 바란다.

[식 5-6] $$b = \frac{n\Sigma X_i Y_i - \Sigma X_i \Sigma Y_i}{n\Sigma X_i^2 Y_i - (\Sigma X_i)^2} = \frac{n\Sigma X_i Y_i - n\bar{X}\bar{Y}}{\Sigma X_i^2 Y_i - \bar{X}^2}$$

[식 5-7] $$a = \bar{Y}\ b\bar{X}$$

사례 프로젝트

(주)한국자동차의 영업실적에 대한 단순회귀분석

(주)한국자동차 천안 영업소에서는 딜러 10명에게 영업실적을 높이기 위하여 한 분기 동안 판매전략과 고객대응에 관한 교육을 실시하였다. 〈표 5-1〉은 교육을 받은 딜러들의 영업실적이 받은 교육시간에 따라서 증가함을 보여준다. 영업실적은 한 분기동안 판매한 자동차 대수로서 측정한다.

〈표 5-1〉 교육시간과 영업실적과의 관계

딜 러	1	2	3	4	5	6	7	8	9	10
교육시간	2	4	6	8	10	12	14	16	18	20
영업실적	10	14	17	19	21	22	24	26	24	23

교육시간의 정도에 따른 영업실적의 변화정도를 예측하기 위하여 회귀식을 구하고자 한다. 이 사례에서 교육시간은 독립변수이며 그에 따른 자동차 판매량에 대한 영업실적이 종속변수라고 할 수 있다. 교육시간은 유일한 독립변수이기 때문에 이 사례에서는 단순회귀분석을 실시한다.

표본회귀식을 구한다는 것은 실제 관측한 종속변수의 값과 예측값과의 차이를 최소화할 수 있는 통계량인 회귀계수를 구함으로써 독립변수의 변화에 따른 종속변수의 변화에 대한 예측력을 높이기 위한 것이다.

즉, 〈표 5-1〉에 나타나지 않은 교육시간에 대하여 보다 정확한 영업실적을 예측하고, 이것은 결국 교육시간과 영업실적 사이의 상관관계를 알아내고자 하는 것이다. 〈표 5-2〉는 회귀식을 구하는 과정을 나타내고 있다.

〈표 5-2〉 회귀식 계산을 위한 과정

딜 러								
1	2	10	4	100	20	13.25	-3.25	10.5625
2	4	14	16	196	56	14.75	-0.75	0.5625
3	6	17	36	289	102	16.25	0.75	0.5625
4	8	19	64	361	152	17.75	1.25	1.5625
5	10	21	100	441	210	19.25	1.75	3.0625
6	12	22	144	484	264	20.75	1.25	1.5625
7	14	24	196	576	336	22.25	1.75	3.0625
8	16	26	256	676	416	23.75	2.25	5.0625
9	18	24	324	576	432	25.25	-1.25	1.5625
10	20	23	400	529	460	26.75	-3.75	14.0625
합계	110	200	1,540	4,228	2,448			41.0250

[식 5-3]의 표본회귀식을 구하기 위하여 표본의 회귀계수인 a와 b를 먼저 구하면 다음과 같다.

$$b = \frac{n\Sigma X_i Y_i - \Sigma X_i \Sigma Y_i}{n\Sigma X_i^2 - (\Sigma X_i)^2} = \frac{10 \times 2,248 - 110 \times 200}{10 \times 1,540 - 110^2}$$

$$a = \overline{Y} - b\overline{X} = 20 - 0.75 \times 11 = 11.75$$

회귀 계수 a와 b를 대입하면 다음과 같은 표본회귀식을 얻을 수 있다.

$$\hat{Y} = a + bX_i = 11.75 + 0.75X_i$$

위의 표본회귀식이 의미하는 것은 기울기가 0.75이므로 1시간 교육을 받으면 자동차 판매량이 영업사원 당 한 분기에 0.75대 만큼 증가한다는 것이다. 만일 어느 영업사원이 15시간의 교육을 받는다면 그 사람의 자동차 판매량은 다음과 같을 것이라는 것을 예측할 수 있다.

$$\hat{Y}_i = 11.75 + 0.75 \times 15 = 23$$

이 예에서 표본회귀식을 통하여 구한 결과가 23이라는 의미는 15시간 교육을 받았을 때 반드시 한 분기에 23대의 자동차를 팔 수 있다는 것이 아니라 대체로 23대를 중심으로 흩어진 분포를 이루고 있으므로 예측치와 관측치 사이의 잔차를 최소화한 예측이라는 뜻이다. 또한 표본회귀식 $\hat{Y}_i = a + bX_i$ 에서 기울기 b는 독립변수인 X가 변함에 따라 종속변수인 Y가 어느 정도 변화하는 가를 나타내는 지수이므로 독립변수와 종속변수 사이의 상관계수와 같은 역할을 한다.

차트마법사를 이용한 단순회귀분석

❶ 엑셀을 실행시키고 [그림 5-1]의 데이터를 입력한다.

그림 5-1 데이터 시트

달러	교육시간	영업실적
1	2	10
2	4	14
3	6	17
4	8	19
5	10	21
6	12	22
7	14	24
8	16	26
9	18	24
10	20	23

❷ 마우스로 차트 대상으로 B1:C11까지를 드래그하여 블록으로 만든다.

❸ 마우스 포인터를 [삽입] 탭 → [차트] 그룹 → 〈분산형〉 → 〈표식만 있는 분산형〉 버튼을 클릭한다.

그림 5-2 차트 종류 선택

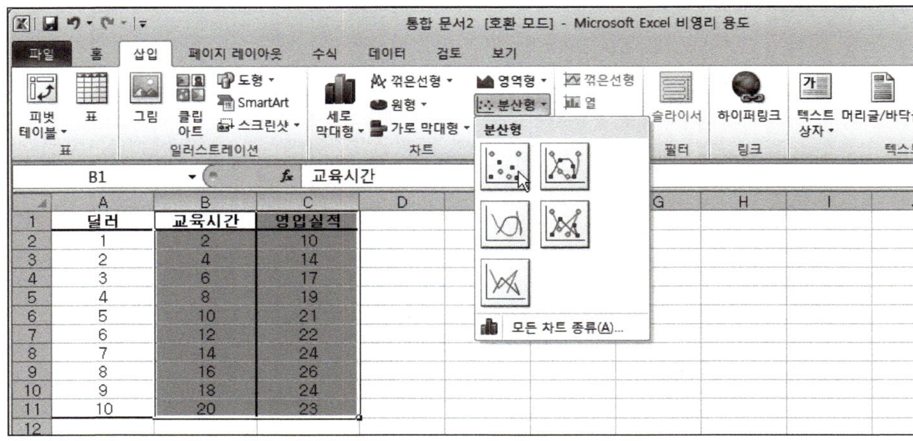

❹ [차트 도구] 정황 탭 → [레이아웃] 탭 → [레이블] 그룹 → [축 제목] 버튼을 클릭하여 가로축은 "교육시간"으로, 세로축은 "영업실적"으로 표시한다. 차트 제목은 "교육시간과 영업실적"이라고 수정한다.

그림 5-3 축 제목 삽입 및 차트 제목의 수정

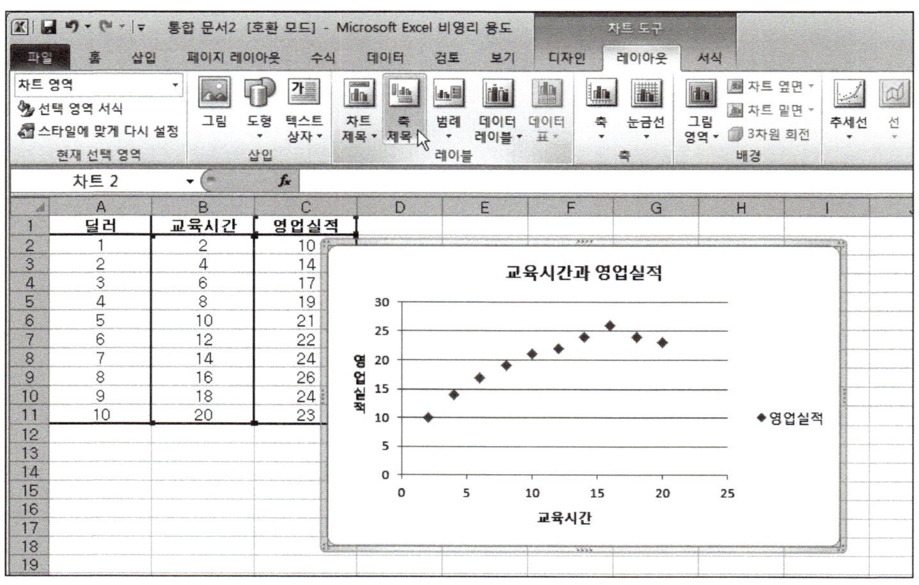

❺ 결과시트가 나타나면 영업실적 그래프 점에서 마우스의 왼쪽 버튼을 한번 클릭한 뒤 오른쪽 마우스 버튼을 클릭한 후, 추세선 추가 버튼을 클릭한다.

그림 5-4 분산형 차트에 추세선 추가

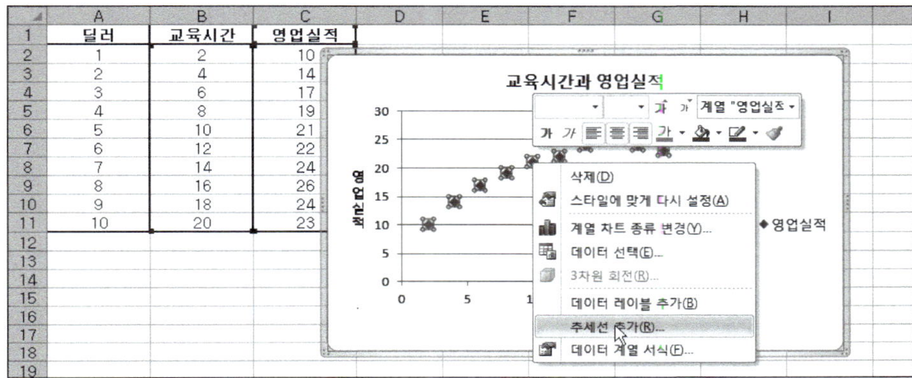

딜러	교육시간	영업실적
1	2	10
2	4	14
3	6	17
4	8	19
5	10	21
6	12	22
7	14	24
8	16	26
9	18	24
10	20	23

❻ [그림5-5]와 같은 대화상자가 나타나는데, 〈선형〉 옵션 버튼을 체크하고, 〈수식을 차트에 표시〉와 〈R-제곱 값을 차트에 표시〉 체크박스도 체크한 후 〈닫기〉 버튼을 클릭한다.

그림 5-5 추세선 대화상자

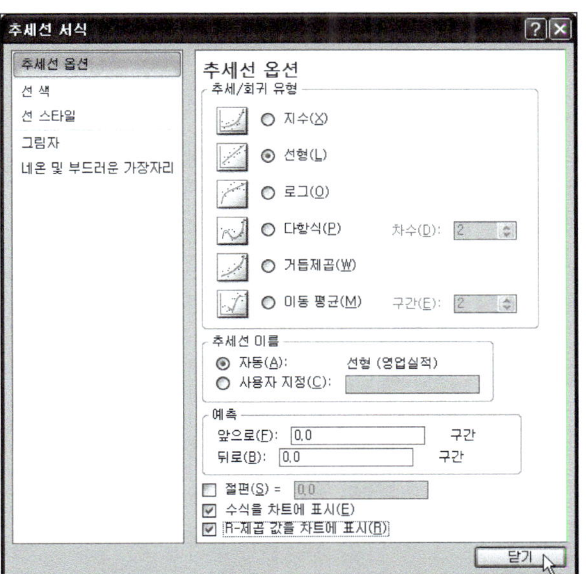

이상의 조작으로 [그림 5-6]과 같은 결과시트가 나타나게 된다.

그림 5-6 결과시트

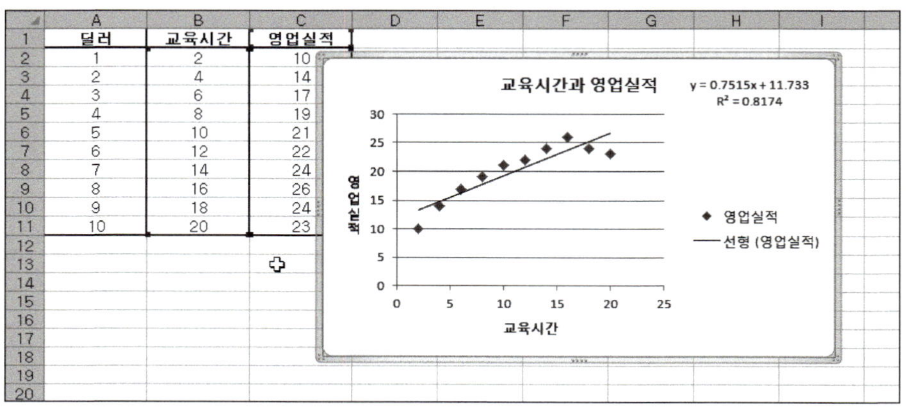

	A	B	C
1	달러	교육시간	영업실적
2	1	2	10
3	2	4	14
4	3	6	17
5	4	8	19
6	5	10	21
7	6	12	22
8	7	14	24
9	8	16	26
10	9	18	24
11	10	20	23

[그림 5-6]의 결과시트에서 보여주는 표본회귀식의 회귀계수 a와 b는 각각 11.733과 0.7515로 위에서 수동으로 계산한 결과와 거의 일치함을 알 수 있다.

여기서 R^2는 '결정계수(coefficient of determination)'라고 하는 것인데 적합도의 판정기준으로 사용되는 통계적 측정치이다. 적합도란 도출된 표본회귀선이 데이터를 얼마나 잘 나타내고 있는가의 정도를 의미하는 것이므로 R^2의 값이 클수록 표본회귀선이 종속변수 값의 변화를 잘 설명해준다.

즉, R^2의 값은 0에서 1 사이의 값이므로 1에 가까울수록 표본회귀선이 측정치에 가깝다는 말이다. [그림 5-6]에서 R^2의 값이 0.8174란 말은 독립변수가 종속변수변동의 약 82%를 설명하고 있음을 의미한다.

결정계수 R^2는 종속변수의 총변동 중에서 독립변수에 의해 설명된 변동의 비율을 의미하며, 잔차 제곱합이 작으면 R^2의 값은 커지고, 잔차제곱합이 크면 작아진다는 것을 알 수 있다. 결정계수 R^2의 공식은 (식 5-8)과 같다.

[식 5-8]

$$R^2 = \frac{SSR}{SST} = \frac{SST - SSE}{SST} = 1 - \frac{SSE}{SST}$$

여기서 총변동 SST(Sum of Square Total)란 각각의 데이터인 Y_i와 대표값인 평균 사이의 편차제곱합 $\Sigma(Y - \bar{Y})^2$을 의미하고, 회귀제곱합 *SSR*(Sum of Square Regression)은 회귀식에 의해 설명된 변동인 $\Sigma(\bar{Y}_i - \bar{Y})^2$을 의미한다. 총변동 *SST*는 다시 〈식 5-9〉와 같이 회귀제곱합 *SSR*과 잔차제곱합 *SSE*(Sum of Square Error)인 $\Sigma(Y - \bar{Y})^2$로 분할될 수 있다.

[식 5-9] $$SST = SSE + SSR$$

여기서 잔차제곱합 *SSE*는 [식 5-4]에서 하였다.

2 분석도구를 이용한 단순회귀분석

제4장 마케팅 : 판매예측에서 분석도구 설치 방법에 대하여 설명하였다. 이 분석도구를 이용하여 단순회귀 분석을 할 수 있다.

❶ [데이터] 탭 → [분석] 그룹 → 〈데이터 분석〉 버튼을 클릭하면 [그림 5-7]과 같은 '통계데이터 분석'창이 나타난다.

그림 5-7 통계데이터 분석 대화상자

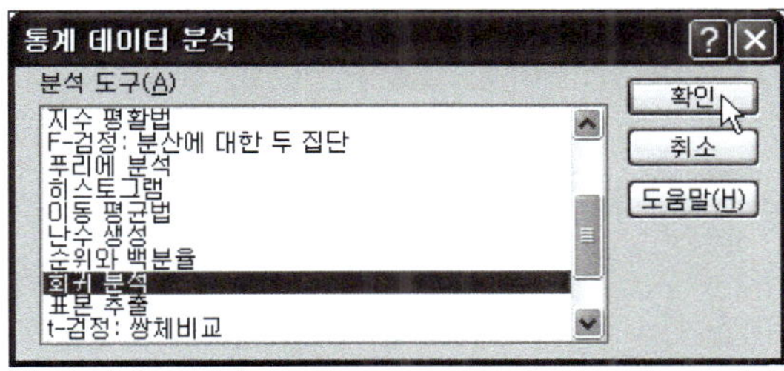

❷ 통계 데이터 분석에서 '회귀분석'을 찾아 지정한 후, [확인] 단추를 클릭하면 [그림 5-8]과 같은 대화상자가 나타난다.

그림 5-8 회귀분석 대화상자

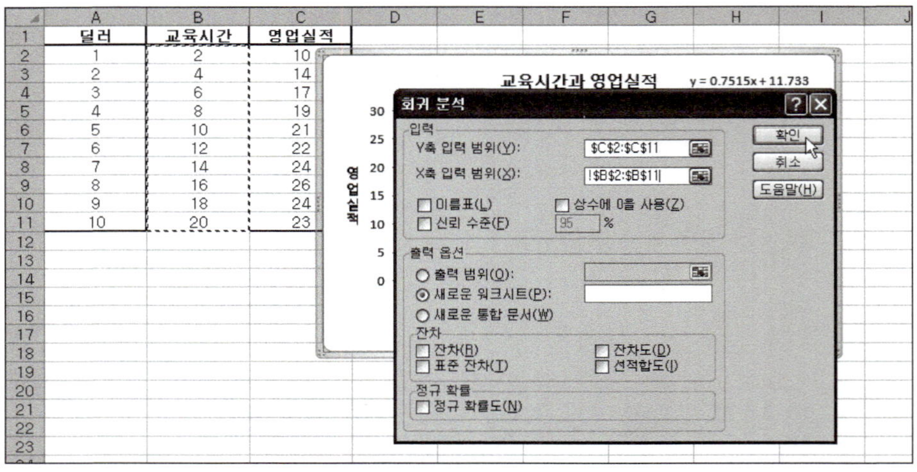

❸ 회귀분석 대화상자에서 'Y축 입력범위'에 "$C$2:$C$11"을 'X축 입력범위'에 "$B$2:$B$11"을 입력하고 [확인]을 클릭하면 다음의 결과시트가 나타난다.

그림 5-9 결과시트

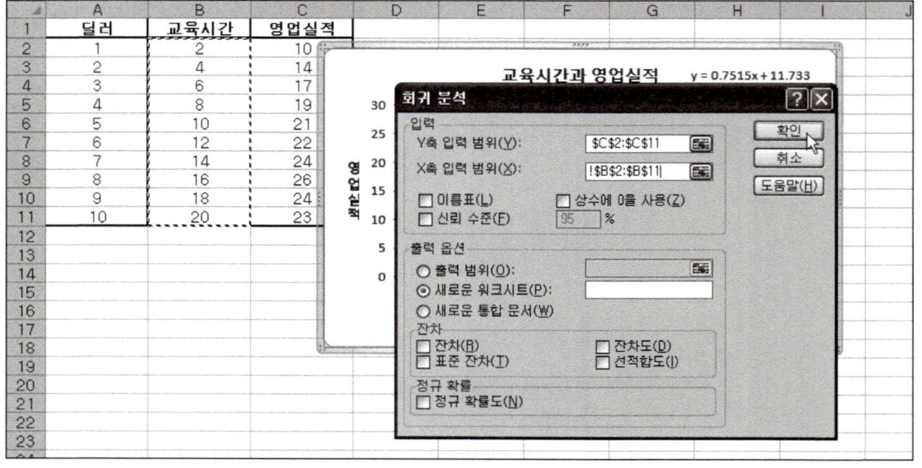

[그림 5-9]의 결과를 보면 표본회귀식의 절편 a와 기울기 b는 각각 B17과 B18에 나타나 있다. [식 5-8]과 [식 5-9]에서 언급되었던 회귀제곱합 SSR은 C12, 잔차제곱합 SSE는 C13, 총변동 SST는 C14에 나타나 있고, 결정계수 R^2는 B5에 있다.

사례 프로젝트

(주)단국전자의 매출액에 대한 다중회귀분석

(주)단국전자는 매출액에 영향을 미치는 주요 변수들로 광고시간과 판매원의 수의 변화에 따른 매출액의 변화를 파악하기 위하여 조사를 실시하였다. 〈표 5-3〉은 조사한 결과를 나타내고 있다. 매출액이 광고의 양이나 판매원의 수에 의해 어느 정도 영향을 받을 것인가를 관찰하고 이들의 관계의 정도에 대하여 다중회귀분석 기법을 사용하여 연구하기로 하였다.

〈표 5-3〉 광고시간과 판매원에 따른 매출액

케이스	광고시간 (분)	판매원의 수	매출액 (억원)
1	45	130	97
2	47	128	95
3	40	135	94
4	36	119	92
5	35	124	90
6	37	120	85
7	32	117	83
8	30	112	76
9	25	115	73
10	27	108	71

분석도구를 이용한 다중회귀분석

❶ 엑셀을 실행시키고 〈표 5-3〉의 데이터를 입력한다.

그림 5-10 데이터 시트

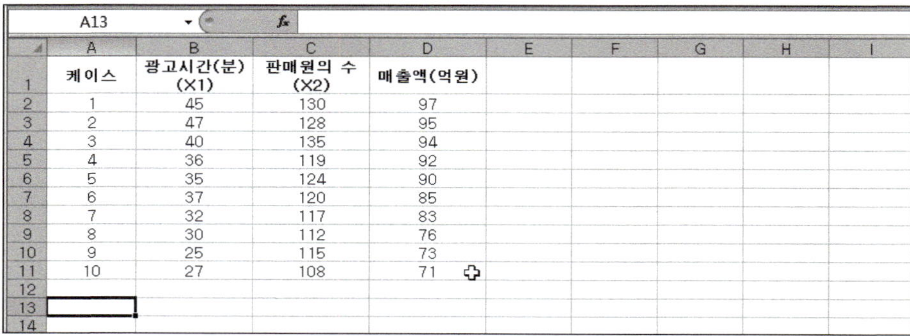

케이스	광고시간(분)(X1)	판매원의 수(X2)	매출액(억원)
1	45	130	97
2	47	128	95
3	40	135	94
4	36	119	92
5	35	124	90
6	37	120	85
7	32	117	83
8	30	112	76
9	25	115	73
10	27	108	71

❷ 통계데이터 분석 대화상자에서 '회귀분석'을 선택 후 [확인]을 클릭하면 다음과 같은 회귀분석 대화상자가 나타난다.

그림 5-11 회귀분석 대화상자

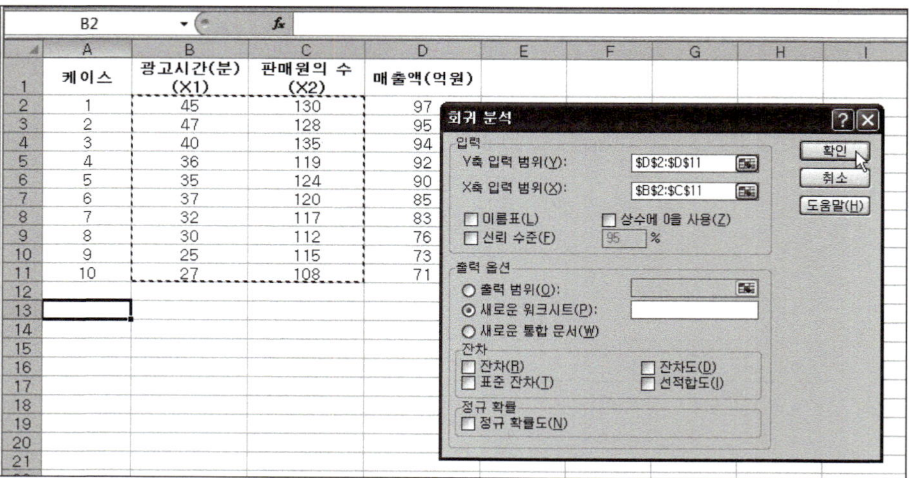

❸ 회귀분석 대화상자에서 'Y축 입력범위'에 종속변수에 해당하는 매출액의 내용인 "$D$2:$C$11"을 마우스로 지정한다. 다음으로 'X축 입력범위'에 독립변수에 해당되는 광고시간과 판매원의 수의 내용을 포함하는 범위인 "$B$2:$C$11"을 마우스로 지정하고 [확인]을 클릭하면 [그림 5-12]와 같은 결과시트가 나타난다.

그림 5-12 결과시트

A1 fx 요약 출력

	A	B	C	D	E	F	G	H	I
1	요약 출력								
2									
3	회귀분석 통계량								
4	다중 상관계수	0.947987							
5	결정계수	0.898679							
6	조정된 결정계수	0.86973							
7	표준 오차	3.445988							
8	관측수	10							
9									
10	분산 분석								
11		자유도	제곱합	제곱 평균	F 비	유의한 F			
12	회귀	2	737.2762	368.6381	31.04365	0.000331			
13	잔차	7	83.12382	11.87483					
14	계	9	820.4						
15									
16		계수	표준 오차	t 통계량	P-값	하위 95%	상위 95%	하위 95.0%	상위 95.0%
17	Y 절편	2.709281	22.35829	0.121176	0.906957	-50.1597	55.57823	-50.1597	55.57823
18	X 1	0.763185	0.293328	2.601818	0.035332	0.069575	1.456795	0.069575	1.456795
19	X 2	0.462533	0.251162	1.841569	0.108096	-0.13137	1.056437	-0.13137	1.056437
20									
21									
22									

단순회귀분석 / 단순회귀_분석도구 / Sheet4 / 다중회귀분석

위의 결과에 의하면 결정계수 R^2는 0.899로 전체 분산 중 89.9%가 설명되어졌음을 보여주고 있으며, 표본회귀식의 회귀계수인 Y축에 대한 절편은 2.7이고, 광고시간에 대한 기울기와 판매원 수에 대한 기울기는 각각 0.76과 0.46이라는 것을 알 수 있다. [그림 5-12]와 같은 모형을 이용하여 42시간의 광고를 하고 110명의 판매원을 고용하였을 경우의 매출액을 예측하면 다음과 같다.

매출액 = 2.7+0.76(광고시간)+0.46(판매원의 수)=2.7+31.92+50.6=85.22

즉, 85.22억원의 매출액을 얻을 수 있다는 것을 예측할 수 있다.

연 습 문 제

01 오류값

수식이나 함수의 인수에 잘못이 있을 때, #DIV/0!, #N/A와 같은 에러값을 나타나게 된다. 이런 에러값을 엑셀에서는 오류값이라고 한다. 이들 오류값의 발생 주요 원인을 알아보자 .

오류 값	원 인
#DIV/0!	0으로 숫자를 나눈다.
#N/A	함수의 인수 값이 잘못되었을 때
#NAME	함수명을 잘못 입력하였거나, 텍스트를 "(큰 따옴표) 없이 사용
#NULL!	참조할 대상 범위가 없을 때
#NUM	함수의 계산 결과를 구하지 못하였거나, 결과값이 너무 크거나, 작을 때
#VALUE!	함수의 인수를 잘못된 데이터 형식을 사용할 때
#REF!	참조할 셀이 없거나, 참조한 셀이 삭제될 때
########	수식이나 함수의 결과 값을 표시하기에 열 너비가 좁거나, 결과 값이 음수로 된 날짜, 시간일 때

위와 같은 오류값이 나타나지 않게 하기 위해 사용하는 함수가 IFERROR 함수이다.

◆IFERROR 함수의 사용 구조

= IFERROR(조건식, 처리)

· 조건식 : 식의 결과가 오류 메시지를 나타나게 되면 TRUE, 정상적이면 FALSE

· 처리 : 조건식의 결과가 TRUE(즉 오류 값을 나타내면)이면 실행된다.

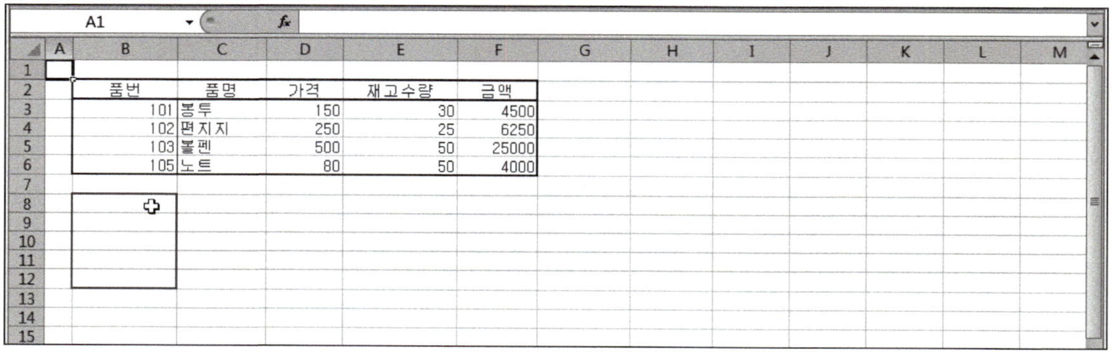

품번	품명	가격	재고수량	금액
101	봉투	150	30	4500
102	편지지	250	25	6250
103	볼펜	500	50	25000
105	노트	80	50	4000

위의 워크시트에는 B3:F6을 "재고량"이라는 이름 정의를 하였다. 함수식을 지정된 셀에 입력하고 그 결과를 확인하시오.

입력할 셀 주소	키보드로 입력할 함수식	함수식의 결과
B8	=VLOOKUP(103,재고량,2,TRUE)	
B9	=VLOOKUP(101,재고량,3)	
B10	=VLOOKUP(104,재고량,4,TRUE)	
B11	=VLOOKUP(104,재고량,4,FALSE)	#N/A에러 표시
B12	=IFERROR(VLOOKUP(104,재고량,4,FALSE),"해당 데이터 없음")	

02 작업 일수의 계산

NETWORKDAYS나 NETWORKDAYS.INTL 함수를 사용하면 두 날짜 사이에서 주말과 휴일을 제외한 전체 작업 일수를 구할 수 있다. WORKDAY나 WORKDAY.INTL 함수를 사용하면 주말과 휴일을 제외한 지정한 작업 일의 이전 또는 이후의 날짜를 구해준다.

◆ 함수의 사용 구조

= NETWORKDAYS(시작일, 종료일, 휴일 목록)

= NETWORKDAYS.INTL(시작일, 종료일, 주말지정 옵션, 휴일 목록) (엑셀 2010 이후)

= WORKDAY(시작일, 작업일수, 휴일 목록)

= WORKDAY.INTL(시작일, 작업일수, 주말 지정 옵션, 휴일 목록) (엑셀 2010 이후)

옵션값	설 명	옵션값	설 명
1	주말은 토, 일요일	11	주말은 일요일
2	주말은 일, 월요일	12	주말은 월요일
3	주말은 월, 화요일	13	주말은 화요일
4	주말은 화, 수요일	14	주말은 수요일
5	주말은 수, 목요일	15	주말은 목요일
6	주말은 목, 금요일	16	주말은 금요일
7	주말은 금, 토요일	17	주말은 토요일

다음 워크시트에서 작업 일수와 작업 일수의 이후 날짜를 구하는 것이다.

단, 작업일수_2는 일요일만을 주말로 처리한 것이며, 종료일_2도 일요일만 주말로 처리하도록 한다.

NETWORKDAYS

시작일	종료일	작업일수_1	작업일수_2
2012-05-02	2012-05-15		
2012-05-03	2012-06-10		
2012-05-10	2012-05-27		
2012-05-12	2012-08-29		

공휴일	날짜
어린이날	2012-05-05
회사창립일	2012-05-15
석가 탄신일	2012-05-28

WORKDAY

시작일	작업일수	종료일_1	종료일_2
2012-05-02	23		
2012-05-03	10		
2012-05-10	16		
2012-05-12	15		

함수식을 지정된 셀에 입력하고 그 결과를 확인하시오.

입력할 셀 주소	키보드로 입력할 함수식	함수식의 결과
D4	= NETWORKDAYS(B4,C4,$H$4:$H$6)	자동 채우기
E4	= NETWORKDAYS.INTL(B4,C4,11,$H$4:$H$6)	자동 채우기
D11	= WORKDAY(B11,C11,$H$4:$H$6)	자동 채우기
E11	= WORKDAY.INTL(B11,C11,11,$H$4:$H$6)	자동 채우기

03 행렬 함수

함수 사용 구조	설 명
= MMULT(배열 1, 배열 2)	행렬의 곱을 계산. 배열에는 공백이나 텍스트가 없어야 함
= MDETERM(배열)	배열의 행렬식을 계산
= MINVERSE(배열)	배열의 역행렬을 계산

엑셀에서 배열처리를 지금까지의 처리와 약간 다르므로 주의해야 한다. 다음 워크시트에는 배열 1과 배열 2의 곱(Multiple)을 계산하려고 한다.

행렬1

1	2	1

행렬2

1	1	0
1	1	2
0	1	0

행렬1과 행렬2의 곱

배열 1의 열 개수와 배열 2의 행 개수가 같은 때만 곱이 가능하고, 각각의 대응 요소끼리 곱한 후 합계하여 요소를 구한다. 이때 사용하는 함수가 MMULT(배열 1, 배열 2) 함수이다. 조작 순서는 다음과 같다.

㉠ 임의 셀(여기서는 B6)을 클릭한 후, 수식 입력 줄에 "=MMULT(B3:D3, F3:H5)"를 입력하면 결과값(여기서는 3)이 계산된다.

㉡ 구하는 답이 나오는 셀을 기준으로 전개될 행과 열의 개수만큼 마우스로 드래그하여 선택한다(여기서는 B6:D6) .

㉢ 수식줄 입력줄에 나타난 수식을 클릭하여 액티브로 한다.

㉣ Shift키와 Ctrl키를 누르면서 Enter키를 누른다. 그러면 [3 4 4]가 나타난다. 이때 수식 입력 줄에는 "{=MMULT(B3:D3,F3:H5)}"와 같이 중괄호{ }로 둘러싸인 것에 주목해야 한다.
행렬 함수로 계산된 곳을 삭제하려면 삭제가 되지 않는다는 메시지가 뜨면서 삭제가 불가능하게 된다.

이 때는 삭제할 데이터를 클릭하여 선택한 후, [홈] 탭 → [편집] 그룹 → 〈찾기 및 선택〉 버튼 클릭 → [이동 옵션] 클릭 → 나타난 대화상자에서 [현재 셀이 있는 배열] 옵션을 클릭 → 〈확인〉 버튼 클릭 → Delete 키를 눌러주면 된다.

행렬 함수를 사용하여 다음 워크시트를 완성하시오.

A1

	A	B	C	D	E	F	G	H	I	J	K	L	M	N	O	P
1																
2		행렬1과 행렬2의 곱				행렬1										
3						1	7									
4						3	2									
5						행렬2										
6		「B3:C4의 행렬식」의 계산값				2	0									
7						0	2									
8																
9																
10		행렬3의 역행렬				행렬3										
11						1	3	0								
12						2	4	2								
13						1	-1	0								
14																
15		행렬3과 행렬3의 역행렬의 곱(단위 행렬로 됨)														
16																
17																
18																
19																

먼저 함수식을 지정된 셀에 입력하고 그 결과를 확인하시오.

입력할 셀 주소	키보드로 입력할 함수식	함수식의 결과
B3	= MMULT(F3:G4,F6:G7)	
B7	= MDETERM(B3:C4)	
B11	= MINVERSE(F11:H13)	
B16	= MMULT(B11:D13,F11:H13)	

04 히스토그램 작성

엑셀에 입력된 데이터를 기초로 히스토그램을 작성하여 보자. 히스토그램에서 가장 중요한 데이터가 나타나는 빈도수를 구하는 것이 핵심인데, 빈도수를 구하는 함수가 FREQUENCY 함수이다.

FREQUENCY 함수 사용 구조	설 명
= FREQUENCY(DATA_ARRAY, BINS_ARRAY)	영문 표기
= FREQUENCY(데이터 범위, 구간 범위)	구간 범위에서 데이터 범위에 있는 갓의 발생 빈도 수를 반환

다음 워크시트를 완성시키고, 완성된 데이터에서 그림과 같은 히스토그램을 작성하시오. 일반적으로 데이터의 개수(n)에 따라 구간 수(K)를 정하며, [식 5-10]과 같은 Sturges의 근사공식을 이용한다.

[식 5-10] $k = 1 + 3.322(\log n)$

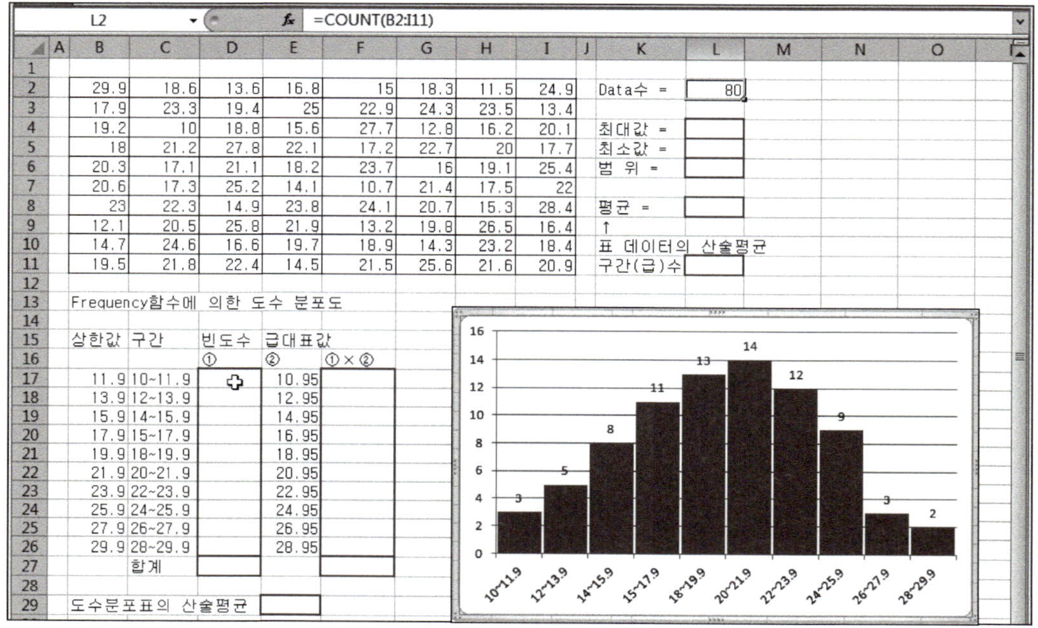

L2 =COUNT(B2:I11)

	B	C	D	E	F	G	H	I	K	L
2	29.9	18.6	13.6	16.8	15	18.3	11.5	24.9	Data수 =	80
3	17.9	23.3	19.4	25	22.9	24.3	23.5	13.4		
4	19.2	10	18.8	15.6	27.7	12.8	16.2	20.1	최대값 =	
5	18	21.2	27.8	22.1	17.2	22.7	20	17.7	최소값 =	
6	20.3	17.1	21.1	18.2	23.7	16	19.1	25.4	범 위 =	
7	20.6	17.3	25.2	14.1	10.7	21.4	17.5	22		
8	23	22.3	14.9	23.8	24.1	20.7	15.3	28.4	평균 =	
9	12.1	20.5	25.8	21.9	13.2	19.8	26.5	16.4	↑	
10	14.7	24.6	16.6	19.7	18.9	14.3	23.2	18.4	표 데이터의 산술평균	
11	19.5	21.8	22.4	14.5	21.5	25.6	21.6	20.9	구간(급)수	

Frequency함수에 의한 도수 분포도

상한값	구간	빈도수 ①	급대표값 ②	①×②
11.9	10~11.9		10.95	
13.9	12~13.9		12.95	
15.9	14~15.9		14.95	
17.9	15~17.9		16.95	
19.9	18~19.9		18.95	
21.9	20~21.9		20.95	
23.9	22~23.9		22.95	
25.9	24~25.9		24.95	
27.9	26~27.9		26.95	
29.9	28~29.9		28.95	
	합계			

도수분포표의 산술평균

먼저 함수식을 지정된 셀에 입력하고 그 결과를 확인하시오.

입력할 셀 주소	키보드로 입력할 함수식	함수식의 결과
L4	= MAX(B2:I11)	
L5	= MIN(B2:I11)	
L6	= L4-L5	
L8	= AVERAGE(B2:I11)	
L11	= ROUND(1+3.322*LOG(L2), 0)	
D17	= FREQUENCY(B2:I11, B17:B26)	행렬(배열) 처리해야 함
F17	= D17*E17	자동 채우기
D27	= SUM(D17:D26)	
F27	= SUM(F17:F26)	
E29	= F27/D27	

완성된 데이터를 기초로 하여 아래 조작을 참조하여 히스토그램을 완성시킨다.

㉠ 세로 막대형 → 2차원 세로 막대형 → 묶은 세로 막대형
㉡ 세로 막대의 단축 메뉴 → 데이터 레이블 추가
㉢ 세로 막대의 단축 메뉴 → 데이터 계열 서식 → 계열 옵션 → 간격 너비 → 5%로 변경

05 데이터 관리_레코드 관리

다음 워크시트는 엑셀을 데이터베이스로 사용하는 예이다. 여기서 '공급가액', '부과세', '합계'는 수식을 사용하여 입력된 것이다.

	A	B	C	D	E	F	G	H	I	J
1				거래처별 판매현황						
2										
3		거래일자	거래처명	제품명	수량	단가	공급가액	부가세	합계	
4		2012-01-02	거명전자	LED TV	10	1,830,000	18,300,000	1,830,000	20,130,000	
5		2012-01-05	나라전자	i-phone 5	15	369,000	5,535,000	553,500	6,088,500	
6		2012-01-12	나라전자	MP3	20	95,000	1,900,000	190,000	2,090,000	
7		2012-01-15	거명전자	Galaxy Tab	25	856,000	21,400,000	2,140,000	23,540,000	
8		2012-01-20	다원전자	i-phone 5	15	369,000	5,535,000	553,500	6,088,500	
9		2012-01-25	한국전자	Galaxy s3	10	139,000	1,390,000	139,000	1,529,000	
10		2012-01-26	다원전자	LED TV	10	1,830,000	18,300,000	1,830,000	20,130,000	
11		2012-02-03	한국전자	i-phone 5	30	369,000	11,070,000	1,107,000	12,177,000	
12										
13										
14										

위의 워크시트의 데이터 목록에서 입력/수정/삭제/검색을 위해 다음과 같은 '레코드 관리'라는 대화상자를 사용할 수 있다.

그림 5-13 '레코드 관리' 대화상자

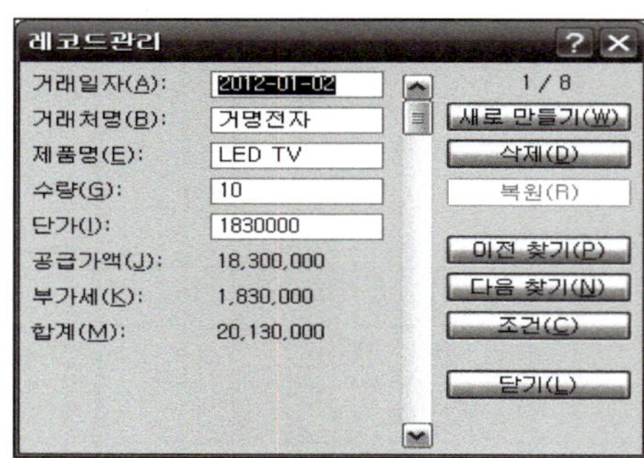

① "레코드 관리"를 이용하여 다음 데이터를 입력하시오.

거래일자	거래처명	제품명	수량	단가
2012-02-06	거명전자	DSLR카메라	25	265,000
2012-02-12	나라전자	MP3	45	95,000
2012-02-15	다원전자	Galaxy Tab	15	856,000

② 두 번째의 레코드를 다음과 같이 수정하시오.

거래일자	거래처명	제품명	수량	단가
2012-01-07	나라전자	i-phone 6	20	469,000

③ 수량이 20인 레코드의 개수가 몇 개인지 확인하시오.

④ 거래처가 '거명전자'인 레코드를 모두 삭제하시오.

데이터베이스란 방대한 데이터를 효율적으로 관리할 수 있도록 체계적으로 정리해 놓은 것이다. 엑셀에서는 일정한 형식에 맞추어 입력된 자료를 "데이터 목록"이라고 하는데, 이러한 데이터 목록을 데이터베이스로 취급한다.

데이터베이스는 필드명, 필드, 레코드로 구성된다.

데이터베이스 구조에 대해서는 "제2부 액세스" 편에서 자세하게 다룬다. 엑셀에서의 '데이터 목록'을 작성할 때의 주의 사항은 다음과 같다.

- 데이터 목록의 첫 행에는 반드시 필드명을 입력해야만 한다.
- 동일한 필드에 입력된 데이터 형식은 같아야 한다(텍스트, 숫자, 날짜 등).
- 필드명이 중복되지 않아야 한다.
- 공백 행이나 공백 열이 없이 연속적으로 입력해야만 한다.

이름	국어	영어	수학	과학	사회
홍길동	95	65	67	89	56
이순신	89	98	78	67	78
장길산	78	90	98	89	98
윤아	90	97	76	80	98
온유	89	87	90	78	78

필드 명
레코드
필드

① '레코드 관리' 추가하기

'레코드 관리'는 리본 메뉴에 포함되어 있지 않으므로, "빠른 실행 도구 모음"에 추가하여 사용하기로 한다.

㉠ [빠른 실행 도구 모음] → [빠른 실행 도구 모음 사용자 지정] → [기타 명령] 선택

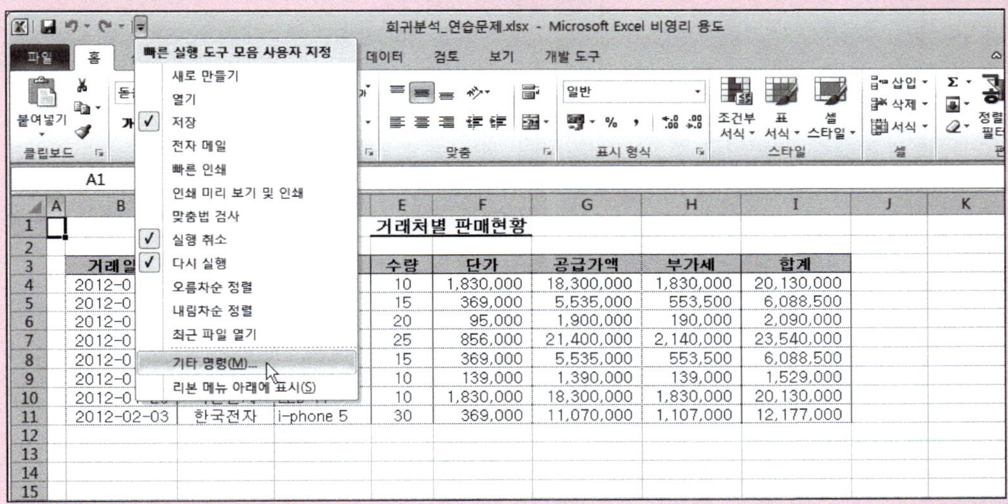

㉡ 나타난 대화상자에서 [다음에서 명령 선택]의 드롭 다운 버튼을 클릭하여 나타난 항목 중에 [모든 명령]을 선택한다.

㉢ 스크롤 바를 아래로 내려서 [레코드 관리]를 클릭하여 선택한 후, ⟨추가⟩ 버튼을 클릭한다.

㉣ 다음과 같이 "레코드 관리" 명령 버튼이 나타난다.

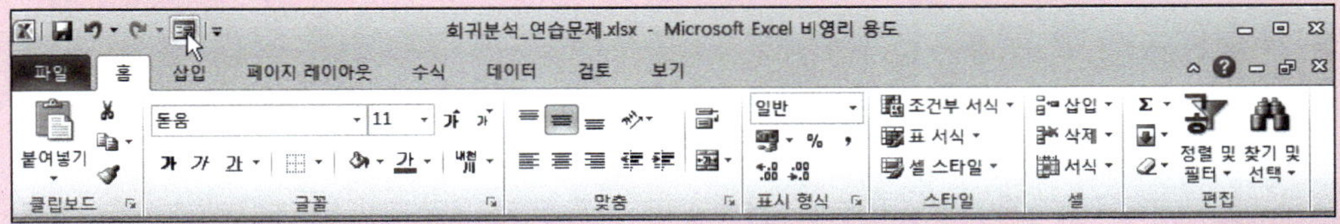

② "데이터 관리 폼'으로 데이터 입력/수정/삭제/검색하기

데이터 목록으로 작성한 워크시트 안의 임의 셀을 클릭한 후, ⟨빠른 실행 도구 모음⟩ 버튼을 클릭하면 "데이터 관리' 대화상자가 나타난다.

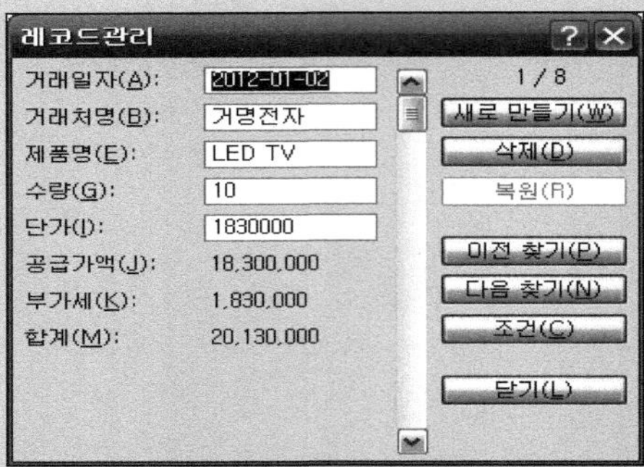

공급가액, 부가세, 합계 필드는 수식이 입력된 데이터이므로 일부러 입력하지 않아도 되므로 입력 박스가 나타나 있지 않는다. 새로운 데이터를 입력하려면 〈새로 만들기〉 버튼을 클릭하여 새로운 데이터를 텍스트 박스에 입력하고 〈닫기〉 버튼을 클릭한다.

데이터를 수정하려면 "레코드 관리'에 있는 스크롤 바를 아래로 드래그하면 1/8로 나타나 있는 것이 변화한다. 원하는 해당 레코드를 찾아서 데이터를 수정한 후, 〈닫기〉 버튼을 클릭하면 데이터는 수정된다.

데이터를 삭제하려면 수정할 때와 마찬가지로 해당 레코드를 찾은 후 〈삭제〉 버튼을 클릭하면 된다. 레코드를 찾으려면 〈조건〉 버튼을 클릭하여 나타난 대화상자에 찾는 조건을 입력하고, 〈다음 찾기〉 버튼이나 〈이전 찾기〉 버튼을 클릭하면 된다.

조건에 맞는 레코드를 삭제하려면 조건을 입력한 후, 〈지우기〉 버튼을 클릭하면 해당 레코드는 삭제된다.

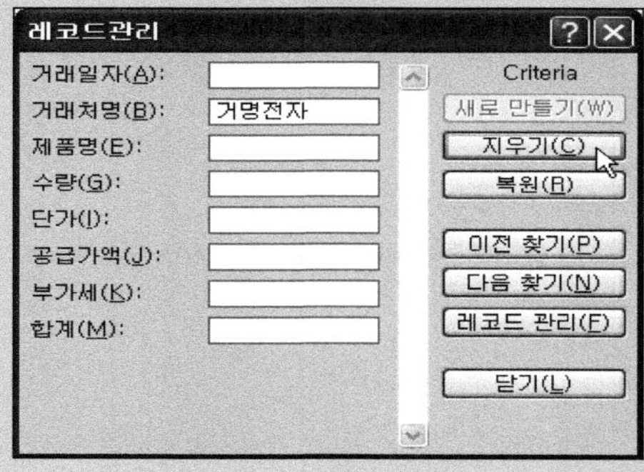

엑셀 2010부터는 셀에 정확한 입력을 한국어 사전, 영어 사전, 영문 동의어, 검색어 제한하기, 영문 번역하기, 한글 문장을 일본어로 번역하기 등이 추가 되었다. 이들 모두 [검토] 탭 →[언어 교정] 그룹을 이용하면 된다. 자주 사용해서 정확한 데이터를 입력하는 것이 아주 중요하다.

06 데이터 관리_정렬

정렬이란 불규칙하게 입력된 데이터 목록을 특정 필드를 기준으로 순서대로 재배열하는 것이다.

① 1차 정렬과 2차 정렬

다음 워크시트와 같이 '판매원'으로 먼저 오름 차순으로 정렬하고, 동일한 이름일 경우는 다시 '상품명'으로 내림차순으로 정렬하시오. 이러한 정렬에서 '판매원' 오름차순을 1차 정렬, '상품명' 내림차순을 2차 정렬이라고 한다.

영업 실적 (정렬 전)

날짜	판매원	상품명	수량	판매액
2012-03-01	임꺽정	고기류	87	₩20,010
2012-03-02	장길산	빙과류	23	₩5,290
2012-03-04	장길산	음료	35	₩8,050
2012-03-09	임꺽정	어류	51	₩11,730
2012-03-10	임꺽정	음료	25	₩5,750
2012-03-14	춘향이	음료	36	₩8,280
2012-03-15	홍길동	어류	51	₩11,730
2012-03-17	임꺽정	음료	65	₩14,950
2012-03-18	춘향이	음료	53	₩12,190
2012-03-19	홍길동	빙과류	95	₩21,850
2012-03-21	임꺽정	어류	95	₩21,850
2012-03-23	홍길동	음료	65	₩14,950
2012-03-28	장길산	빙과류	85	₩19,550
2012-03-31	춘향이	고기류	35	₩8,050

→

영업 실적 (정렬 후)

날짜	판매원	상품명	수량	판매액
2012-03-10	임꺽정	음료	25	₩5,750
2012-03-17	임꺽정	음료	65	₩14,950
2012-03-09	임꺽정	어류	51	₩11,730
2012-03-21	임꺽정	어류	95	₩21,850
2012-03-01	임꺽정	고기류	87	₩20,010
2012-03-04	장길산	음료	35	₩8,050
2012-03-02	장길산	빙과류	23	₩5,290
2012-03-28	장길산	빙과류	85	₩19,550
2012-03-14	춘향이	음료	36	₩8,280
2012-03-18	춘향이	음료	53	₩12,190
2012-03-31	춘향이	고기류	35	₩8,050
2012-03-23	홍길동	음료	65	₩14,950
2012-03-15	홍길동	어류	51	₩11,730
2012-03-19	홍길동	빙과류	95	₩21,850

데이터 목록 안의 아무 셀이나 클릭한 후, [홈] 탭 → [편집] 그룹 → [정렬 및 필터] → [사용자 지정 정렬]을 선택하거나, [데이터] → [정렬 및 필터] 그룹 → 〈정렬〉 버튼 클릭하여 나타난 대화상자에서 조작한다.

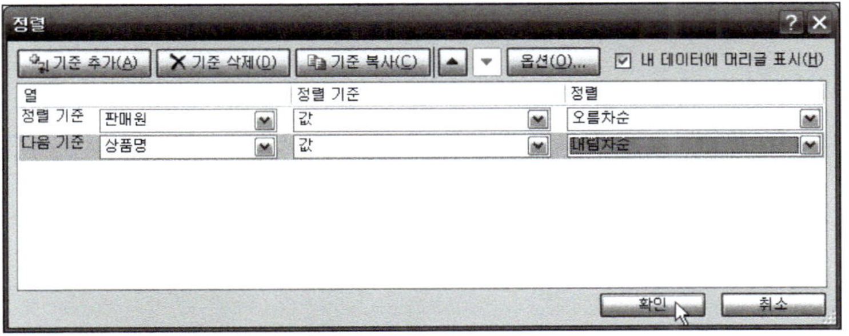

② 정렬의 사용자화

데이터 정렬은 ㄱ ㄴ ㄷ … 순으로 되나, 필요한 경우 사용자 직접 정렬되는 순서를 정할 수 있다.

다음 워크시트에서 직위에 있는 데이터에서 '부장, 과장, 대리, 사원'으로 기준을 정하여 정렬할 수 있다.

비상 연락망

성명	소속	직위	전화번호
홍길동	교육부	부장	010-3798-8801
김경배	총무부	과장	010-7739-3911
남현덕	개발부	부장	010-3234-6547
박진덕	편집부	대리	010-7435-7658
김경미	총무부	사원	010-8269-6971
박기준	개발부	대리	010-7564-7654
김광한	기획부	과장	010-4780-4545
서재철	교육부	부장	010-3546-6785
박명수	총무부	사원	010-5844-0511
박인희	개발부	사원	010-5847-6295

비상 연락망

성명	소속	직위	전화번호
홍길동	교육부	부장	010-3798-8801
남현덕	개발부	부장	010-3234-6547
서재철	교육부	부장	010-3546-6785
김경배	총무부	과장	010-7739-3911
김광한	기획부	과장	010-4780-4545
박진덕	편집부	대리	010-7435-7658
박기준	개발부	대리	010-7564-7654
김경미	총무부	사원	010-8269-6971
박명수	총무부	사원	010-5844-0511
박인희	개발부	사원	010-5847-6295

앞의 문제에서 조작하여 나타난 [정렬] 대화상자에서 오른쪽에 있는 [정렬] 드롭 다운 버튼을 클릭하여 [사용자 지정 목록]을 선택한다. 나타난 대화상자에서 [목록 항목]의 텍스트 박스에 '부장, 과장, 대리, 사원'이라고 입력한 후 〈추가〉 버튼을 클릭한다.

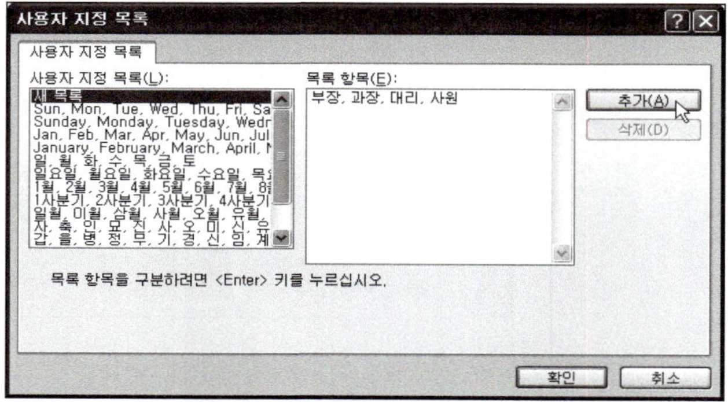

[사용자 지정 목록]에 추가한 '부장, 과장, 대리, 사원'을 선택한 후 〈확인〉 버튼을 클릭한다. 그리면 [정렬] 대화상자는 다음과 같이 되고, 여기서 〈확인〉 버튼을 클릭하면 사용자가 지정한 순서대로 정렬이 된다.

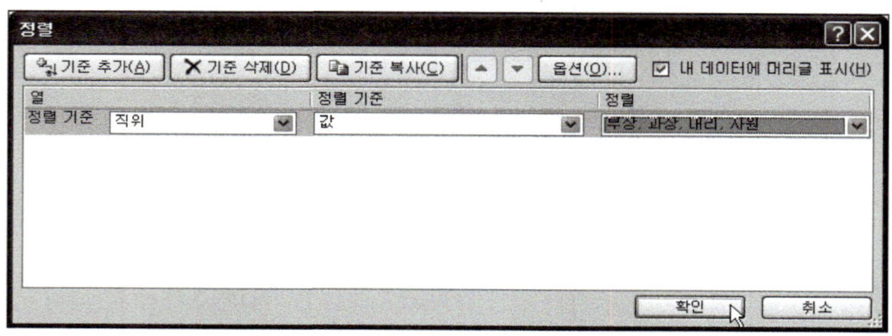

06

CHAPTER

투자론 – 포트폴리오

본 장에서는 투자위험을 최소화하고 최대수익을 올리기 위한 투자분석 및 투자의사결정 이론의 핵심을 이루는 포트폴리오(Portfolio)에 대한 이해를 바탕으로 다양한 투자유형과 예상 이자율에 따른 최대수익을 산정하는 사례 프로젝트를 엑셀을 이용하여 해결함으로써 투자분석 및 투자의사결정에서의 엑셀 실무 활용 방법을 습득하는데 있다.

배경이론-포트폴리오

포트폴리오 이론은 1952년 발간된 마코위츠(H. Markowitz)의 "포트폴리오 선택(Portfolio Selection)"이란 논문에서 시작된 투자분석이론으로 포트폴리오란 명칭은 주어진 위험수준 하에서 가능한 한 가장 높은 수익률을 얻기 위해서 또는 주어진 기대수익 하에서 가능한 한 위험부담을 최소화하기 위해서 하나의 자산에만 투자하지 않고 둘 이상의 자산에 분산 투자할 경우의 투자대상을 일컫는 개념으로 사용하고 있으며, 수익성이 같을 때는 위험이 작은 포트폴리오를 선택하고 위험이 같을 경우에는 수익성이 가장 높은 포트폴리오를 선택한다는 투자분석 및 투자의사결정의 근간을 이루는 핵심 이론이다.

사례 프로젝트

(주)단국투자금융의 투자 의사결정

(주)단국투자금융은 가용자금 500억원을 주식, 회사채, 국공채, 양도성 예금에 투자하기로 결정하고, 〈표 6-1〉과 같은 기초자료를 수집하였다.

〈표 6-1〉 투자유형별 예상 이자율

투자유형	예상 이자율	최대투자금액(단위: 억원)
주식	8%	250
회사채	5%	100
국공채	6%	250
양도성예금	4.5%	200

(주)단국투자금융은 투자유형과 투자금액을 결정하기 위해서 1년간의 자금운용을 통해서 얻을 수 있는 최대수익과 투자금액 그리고 투자의 안전성을 확보하기 위해서 각 투자대상에 대해서 투자 가능한 최대금액 내에서 의무적으로 10% 이상을 투자해야 하는 경우의 최대수익과 투자금액을 계산하고자 한다.

최대이익

1.1 의사결정표

단국투자금융의 목적은 〈표 6-1〉에 나타난 투자대상과 예상 이자율 그리고 각 투자대상의 최대 투자금액의 범위 내의 자금을 운용하여 최대의 수익을 발생시키는 투자금액을 결정하는 것이다. 이를 위해서 먼저 파악해야 할 것은 투자금액을 결정하는데 영향을 미치는 요인을 찾아내어 워크시트로 작성하는 것이다. 〈표 6-1〉에 나타난 것처럼, 투자의사결정에 영향을 미치는 요인은 투자대상과 예상 이자율 그리고 투자규모이기 때문에, 단국투자금융의 투자 대상인 주식, 회사채, 국공채, 양도성예금을 변수 a, b, c, d로 놓고, 각각의 대상에 투자할 수 있는 최대투자금액과 예상 이자율을 근거로 다음과 같은 의사결정표가 작성된다.

〈표 6-2〉 의사결정표

	주 식	회사채	국공채	양도성예금	부등호	최대투자 금액
의사결정변수	a	b	c	d		
전체투자금액	1	1	1	1	〈=	500
주식	1				〈=	250
회사채		1			〈=	100
국공채			1		〈=	250
양도성예금				1	〈=	200
예상이자율	8%	5%	6%	4.5%		

〈표 6-2〉에 요약된 의사결정표 상의 의사결정변수는 임의로 설정한 것이며, 의사결정표 내부의 부등호 "〈="의 의미는 각 투자대상에 대한 최대투자금액의 제한이 있기 때문에, 최대투자금액을 초과해서 투자할 수 없음을 나타내며, 숫자 "1"의 의미는 견본숫자이며, 이는 최적해를 찾은 후 실제 투자금액으로 변경된다. 위와 같은 의사결정표를 워크시트 모델로 전환하는 과정은 다음과 같다.

■ 워크시트의 제목과 열제목, 행제목 입력하기

워크시트의 기본 구성은, 〈표 6-2〉의 의사결정표의 의사결정 변수열을 제외하고 모든 열제목과 행제목을 그대로 사용하며, 위의 의사결정표와 같은 형태로 작성하거나 또는 열제목과 행제목을 바꾸어 워크시트를 구성하여도 무방하다. 다음과 같은 단계의 작업을 거쳐 [그림 6-1]과 같은 의사결정표 워크시트의 기본 모형이 완성된다.

그림 6-1 의사결정표 워크시트 기본모형

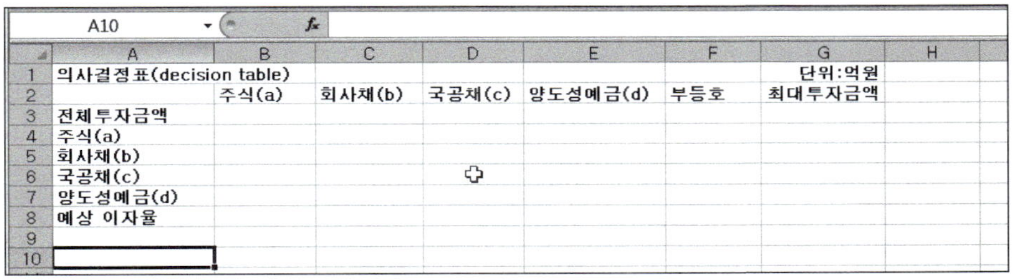

A10

	A	B	C	D	E	F	G	H
1	의사결정표(decision table)						단위:억원	
2		주식(a)	회사채(b)	국공채(c)	양도성예금(d)	부등호	최대투자금액	
3	전체투자금액							
4	주식(a)							
5	회사채(b)							
6	국공채(c)							
7	양도성예금(d)							
8	예상 이자율							
9								
10								

❶ 워크시트를 작성하기 위한 준비작업으로 스프레드시트 프로그램을 실행하여 워크시트의 모든 내용이 강조되어 표시되도록 전체 워크시트의 글꼴을 굵게 지정한다. 전체 워크시트의 글꼴을 굵게 지정하려면, 1행 머리글 위쪽에 있는 (또는 A열 머리글 왼쪽에 있는) 전체 선택 버튼을 클릭하여 표준도구모음의 굵게 버튼을 클릭한다.

❷ 셀 A1을 선택하고 워크시트의 제목 "의사결정표(decision table)"를 입력한다.

❸ 셀 B2~G2를 각각 선택하고 열제목 "주식", "회사채", "국공채", "양도성예금", "부등호", "단위:억원최대투자금액"을 입력한다[하나의 셀에서 줄바꿈을 하기 위해서는 Alt키를 누르면서 Enter키를 누른다].

❹ 셀 A3~A8을 각각 선택하고 행제목 "전체투자금액", "주식", "회사채", "국공채", "양도성예금", "예상이자율"을 입력한다. 또 셀 G1에 "단위:억원"을 입력한다.

❺ 행제목과 열제목의 길이에 따라 열 너비와 행 높이를 조절한다.

■ 데이터 입력하기

의사결정표의 핵심 데이터는 각 투자대상의 최대 투자금액과 각 투자대상별 예상이자율, 그리고 각 투자대상에 대한 투자여부이다. 최대 투자금액과 투자대상에 대한 투자여부는 표시형식-숫자로 입력하며, 예상이자율은 표시형식-백분율로 입력한다.

❶ 셀 B3~E3을 각각 선택하고 데이터를 입력한다.

❷ 셀 B4, 셀 C5, 셀 D6, 셀 E7을 각각 선택하고 1을 입력한다.

❸ 셀 B8~E8을 각각 선택하고 각 투자대상의 예상이자율을 입력한다. 예상이자율은 백분율 유형으로 표시하며, 소수 둘째 자리까지만 표시되도록 한다.

❹ 셀 F3~F7을 각각 선택하고 부등호 "<="를 입력한다.

F7 fx <=

	A	B	C	D	E	F	G	H
1	의사결정표(decision table)						단위:억원	
2		주식(a)	회사채(b)	국공채(c)	양도성예금(d)	부등호	최대투자금액	
3	전체투자금액	1	1	1	1			
4	주식(a)	1				<=		
5	회사채(b)		1			<=		
6	국공채(c)			1		<=		
7	양도성예금(d)				1	<=		
8	예상 이자율	8%	5%	6%	4.50%			
9								
10								

❺ 셀 G4~G7을 각각 선택하고 최대투자금액을 입력한다.

G7 fx 200

	A	B	C	D	E	F	G	H
1	의사결정표(decision table)						단위:억원	
2		주식(a)	회사채(b)	국공채(c)	양도성예금(d)	부등호	최대투자금액	
3	전체투자금액	1	1	1	1			
4	주식(a)	1				<=	250	
5	회사채(b)		1			<=	100	
6	국공채(c)			1		<=	250	
7	양도성예금(d)				1	<=	200	
8	예상 이자율	8%	5%	6%	4.50%			
9								
10								

❻ 셀 G3의 데이터는 전체 투자금액이 500억원이므로 500을 직접 입력한다. 엑셀의 자동합계 기능을 이용하여 입력하는 경우, [[수식] 탭 → [함수 라이브러리] 그룹 → 〈자동 합계〉 버튼을 클릭하고 합계영역(G4~G7)을 선택한 후, 다시 〈자동합계〉 버튼을 클릭하여 자동 입력되도록 한다. 엑셀의 〈자동합계〉 버튼을 이용하는 경우, 〈자동합계〉 버튼을 클릭하면 자동으로 설정되는 합계영역이 언제나 올바른 것이 아니기 때문에, 합계 영역이 올바른지 확인하여야 한다.

그림 6-2 자동합계기능을 이용한 데이터 입력

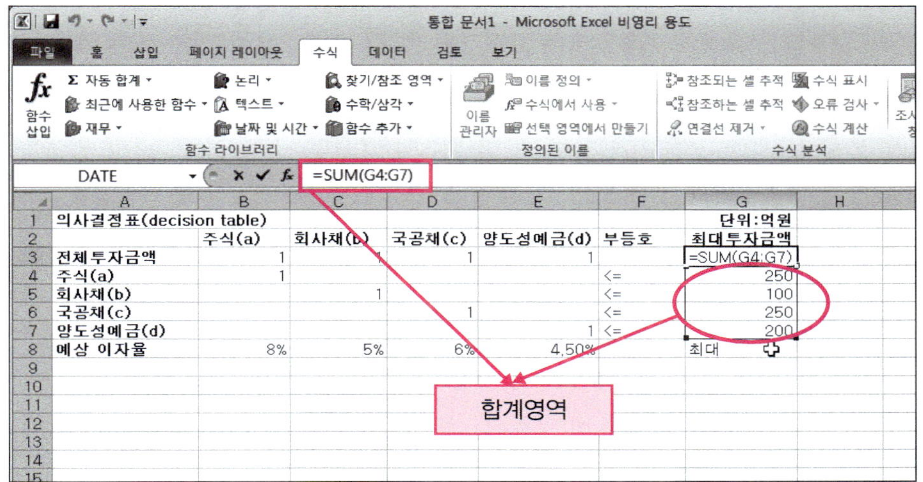

데이터를 입력한 후, 셀서식-테두리 기능을 이용하여 전체 의사결정표에 외곽선을 그어 [그림 6-3]과 같이 의사결정표 워크시트를 완성한다.

그림 6-3 의사결정표 워크시트

	A	B	C	D	E	F	G	H
1	의사결정표(decision table)						단위:억원	
2		주식(a)	회사채(b)	국공채(c)	양도성예금(d)	부등호	최대투자금액	
3	전체투자금액	1	1	1	1		500	
4	주식(a)	1				<=	250	
5	회사채(b)		1			<=	100	
6	국공채(c)			1		<=	250	
7	양도성예금(d)				1	<=	200	
8	예상 이자율	8%	5%	6%	4.50%		최대	
9								
10								

1.2 투자이익과 투자제한

단국투자금융의 목적은 최대의 투자수익을 얻는 것이며, 이는 각 투자대상에 대한 투자금액과 투자대상에 대한 이자율에 따라 결정된다. 단국투자금융이 각 투자대상에 투자할 수 있는 최대금액이 제한되어 있기 때문에, 단국투자금융이 얻을 수 있는 최대이익과 투자제한

은 다음과 같은 수식으로 정리될 수 있다. 투자이익을 Z라 하면,

투자이익 : $Z = 0.08a + 0.05b + 0.06c + 0.045d$

투자제한 : (1) 주식(a)+회사채(b)+국공채(c)+양도성예금(d) 〈=500

(2) 주식(a) 〈= 250

(3) 회사채(b) 〈= 100

(4) 국공채(c) 〈= 250

(5) 양도성예금(d) 〈= 200

(6) 주식, 회사채, 국공채, 양도성예금 〉= 0

제한조건식을 고려하여 목적함수의 최대값을 구하는 위와 같은 문제는 선형계획법(그래프해법, 심플렉스법)을 이용하여 최적값을 찾을 수 있는데, 그래프해법의 경우에는 의사결정변수가 3개 이상인 경우에는 3차원 그래프로 나타낼 수는 있지만, 제한조건식을 이동하면서 최적해를 찾는 과정이 복잡하며, 결정변수가 4개 이상인 경우에는 최적해를 찾는 것이 불가능 하기 때문에, 결정변수의 수를 2개 이하로 하여야 한다는 제한이 있으며, 심플렉스법의 경우에도 목적함수의 값이 더 이상 개선되지 않을 때까지 계산과정을 반복해야 하기 때문에, 최적해를 찾아가는 과정이 복잡하다.

특히, 위의 프로젝트와 같이 결정변수가 4개인 경우에는 그래프해법을 이용하거나 심플렉스법을 이용하여 최적해를 찾는 것은 쉽지 않은 일이다. 이러한 경우 스프레드시트는 그래프해법이나 심플렉스법이 가지는 문제점을 해결하고 최적해를 찾을 수 있는 방법을 제시한다.

스프레드시트를 이용하여 최적해를 찾는 모형을 개발하기 위해서 우선 투자이익식과 투자제한식을 [그림 6-3]에서 작성한 의사결정표 워크시트에 추가하여 모델을 확장해야 하며, 그 과정은 다음과 같다.

■ 투자이익식 입력하기

단국투자금융의 투자이익에 영향을 미치는 주식, 회사채, 국공채, 양도성예금을 변수 a, b, c, d 로 놓았으며, 이들에 대한 투자이자율은 각각 8%, 5%, 6%, 4.5% 이므로 최대이익을 발생시킬 수 있는 투자이율은 0.235에 상응한다. 그러나 각각의 투자대상에 얼마를 투자할 것인지는 미지수이기 때문에, 각 투자대상에 따른 최대이익을 [그림 6-2]의 셀 G8에서

보는 것처럼, "최대"로 입력한다. 투자이익식은 다음과 같은 단계로 입력된다

❶ 셀 B11~E11까지에 투자대상 "주식", "회사채", "국공채", "양도성예금"을 입력한다.

❷ 셀 A12~A13에 "변수", "최적해"를 입력한다.

❸ 셀 B12~E12에 투자이익식에서 각 투자대상을 대체할 변수명(a, b, c, d)을 입력한다.

❹ 셀 B13~E13에 각 투자대상에 견본숫자 "1"을 입력한다.

E13 | fx 1

	A	B	C	D	E	F	G	H
1	의사결정표(decision table)						단위:억원	
2		주식(a)	회사채(b)	국공채(c)	양도성예금(d)	부등호	최대투자금액	
3	전체투자금액	1	1	1	1		500	
4	주식(a)	1				<=	250	
5	회사채(b)		1			<=	100	
6	국공채(c)			1		<=	250	
7	양도성예금(d)				1	<=	200	
8	예상 이자율	8%	5%	6%	4.50%		최대	
9								
10								
11		주식	회사채	국공채	양도성예금			
12	변수	a	b	c	d			
13	최적해	1	1	1	1			
14								

❺ 셀 B12~E13의 영역을 [수식] 탭 → [정의된 이름] 그룹 → 〈선택 영역에서 만들기〉 버튼 클릭으로 나타난 대화상자에서 〈첫 행〉 옵션을 선택하고 〈확인〉 버튼을 클릭한다 [그림 6-4a]).

그림 6-4a 이름 만들기

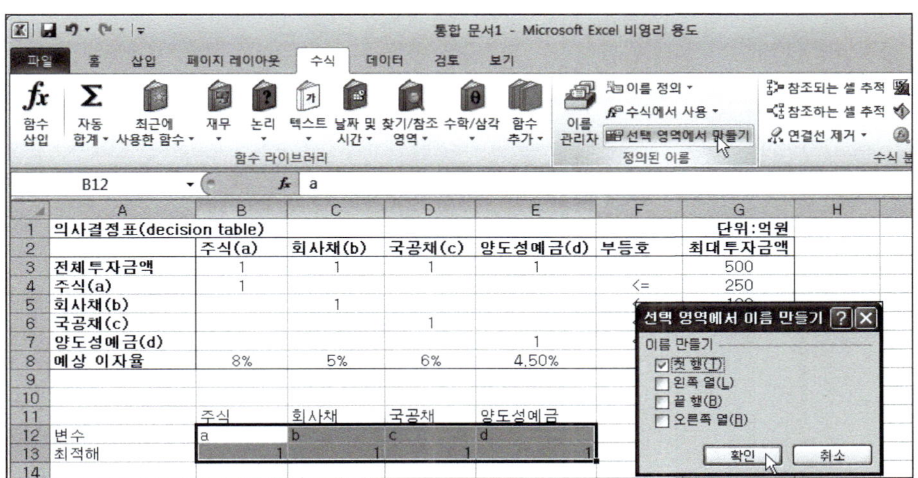

이름 만들기 기능을 이용하여 선택영역의 이름을 만들면, 셀 B13을 선택하면 이름상자에 셀 주소 대신 변수 a의 이름이 나타난다([그림 6-4b]). 마찬가지로 셀 B13~E13까지를 선택하면, 셀 주소 대신 변수명 a, b, c, d가 나타난다.

그림 6-4b 이름 만들기

a | f_x 1

	A	B	C	D	E	F	G	H
1	의사결정표(decision table)						단위:억원	
2		주식(a)	회사채(b)	국공채(c)	양도성예금(d)	부등호	최대투자금액	
3	전체투자금액	1	1	1	1		500	
4	주식(a)	1				<=	250	
5	회사채(b)		1			<=	100	
6	국공채(c)			1		<=	250	
7	양도성예금(d)				1	<=	200	
8	예상 이자율	8%	5%	6%	4.50%		최대	
9								
10								
11		주식	회사채	국공채	양도성예금			
12	변수	a	b	c	d			
13	최적해	1	1	1	1			

❻ 셀 A16~C16에 투자이익식을 입력한다. 셀 C16의 값은 SUMPRODUCT( )를 이용하여 입력한다. SUMPRODUCT(B8:E8, B13:E13)은 0.08a+0.05b+0.06c+0.045d를 의미하기 때문에, B8*B13+C8*C14+D8*D13+E8*E13과 같이 입력하여도 무방하다. 단 B8*B13+C8*C14+D8*D13+E8*E13과 같이 입력하는 경우, 백분율 표시형식을 숫자형식으로 전환하여야 한다.

데이터와 함수를 입력한 후, 셀서식-테두리 기능을 이용하여 외곽선을 그어 [그림 6-5]와 같이 투자이익식이 입력된 모습으로 완성한다.

그림 6-5 투자이익식 입력

C16 | f_x =SUMPRODUCT(B8:E8, B13:E13)

	A	B	C	D	E	F	G	H
1	의사결정표(decision table)						단위:억원	
2		주식(a)	회사채(b)	국공채(c)	양도성예금(d)	부등호	최대투자금액	
3	전체투자금액	1	1	1	1		500	
4	주식(a)	1				<=	250	
5	회사채(b)		1			<=	100	
6	국공채(c)			1		<=	250	
7	양도성예금(d)				1	<=	200	
8	예상 이자율	8%	5%	6%	4.50%		최대	
9								
10								
11		주식	회사채	국공채	양도성예금			
12	변수	a	b	c	d			
13	최적해	1	1	1	1			
14								
15								
16	투자이익	최대이익	0.235					
17								
18								

0.08a+0.05b+0.06c+0.045d

■ 투자제한식 입력하기

단국투자금융의 투자제한을 정리하면 다음과 같다.

- 전체투자금액은 가용자금 500억원을 초과할 수 없다.
- 주식은 250억원, 회사채는 100억원, 국공채는 250억원, 양도성예금은 200억원을 초과할 수 없다.
- 각 투자대상에 마이너스금액을 투자할 수 없다.

이와 같은 투자제한은 다음과 같은 단계의 작업으로 워크시트에 포함시킨다. [그림 6-6]은 투자제한식을 입력한 결과이다.

❶ 셀 A18, B18에 "제한조건", "전체투자액"을 입력한다.

❷ 셀 B19~B22에 투자대상 "주식", "회사채", "국공채", "양도성예금"을 입력한다. 이는 두 번째 제한조건을 입력하기 위한 것이다.

❸ 셀 B23~B26에 투자대상에 "주식" "회사채", "국공채", "양도성예금"을 반복해서 입력한다. 셀 B23~B26에 입력한 투자대상은 세 번째의 제한조건식을 작성하기 위한 것이다.

❹ 셀 C18~C22에 투자비율을 입력한다. 먼저 셀 C18의 값은 모든 대상에 투자하는 경우이며, [그림 6-6]에서 보는 것처럼 SUMPRODUCT( )를 이용하여 값을 입력한다. 나머지 셀 C19~C22까지의 값도 동일하게 SUMPRODUCT( )를 이용하여 입력한다

- 셀 C18 → = SUMPRODUCT(B3:E3, B13:E13)
- 셀 C19 → = SUMPRODUCT(B4:E4, B13:E13)
- 셀 C20 → = SUMPRODUCT(B5:E5, B13:E13)
- 셀 C21 → = SUMPRODUCT(B6:E6, B13:E13)
- 셀 C22 → = SUMPRODUCT(B7:E7, B13:E13)

그림 6-6 전체투자액 입력

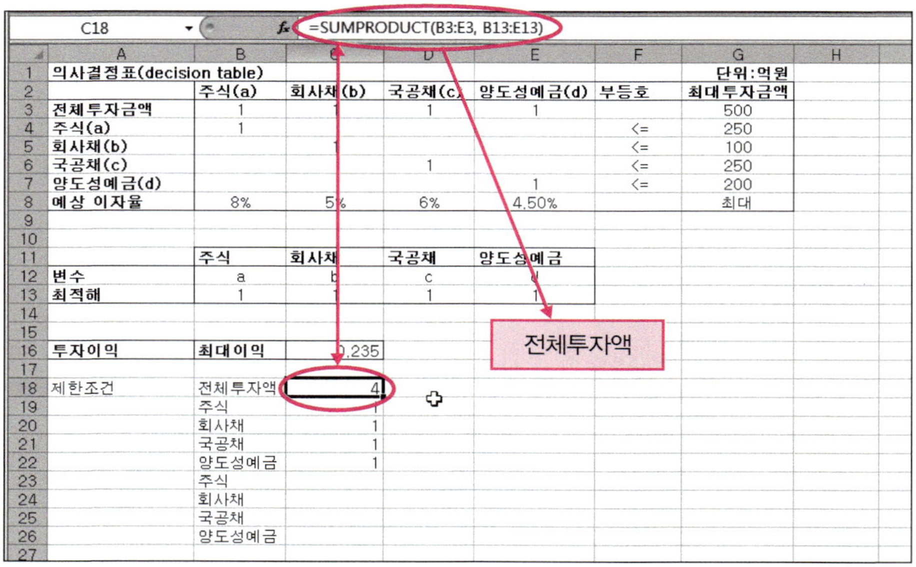

C18 | f_x =SUMPRODUCT(B3:E3, B13:E13)

	A	B	C	D	E	F	G	H
1	의사결정표(decision table)						단위:억원	
2		주식(a)	회사채(b)	국공채(c)	양도성예금(d)	부등호	최대투자금액	
3	전체투자금액	1	1	1	1		500	
4	주식(a)	1				<=	250	
5	회사채(b)		1			<=	100	
6	국공채(c)			1		<=	250	
7	양도성예금(d)				1	<=	200	
8	예상 이자율	8%	5%	6%	4.50%		최대	
9								
10								
11		주식	회사채	국공채	양도성예금			
12	변수	a	b	c	d			
13	최적해	1	1	1	1			
14								
15								
16	투자이익	최대이익	0.235					
17								
18	제한조건	전체투자액	4					
19		주식	1					
20		회사채	1					
21		국공채	1					
22		양도성예금	1					
23		주식						
24		회사채						
25		국공채						
26		양도성예금						
27								

전체투자액

❺ 셀 C23~C26까지의 값은 다음과 같이 입력한다.

- 셀 C23 → = B13
- 셀 C24 → = C13
- 셀 C25 → = D13
- 셀 C26 → = E13

❻ 셀 E18에 전체투자금액을 셀 G3의 값과 동일하게 입력한다(E18=G3). 셀 E19~ E22까지는 각 대상에 투자할 수 있는 최고투자액을 입력한다. 각 대상에 대한 최고투자액 또한 의사결정표를 토대로 셀 G4~G7까지의 값을 다음과 같이 입력한다.

- 셀 E19 → = G4
- 셀 E20 → = G5
- 셀 E21 → = G6
- 셀 E22 → = G7

E22 | =G7

	A	B	C	D	E	F	G	H
1	의사결정표(decision table)						단위:억원	
2		주식(a)	회사채(b)	국공채(c)	양도성예금(d)	부등호	최대투자금액	
3	전체투자금액	1	1	1	1		500	
4	주식(a)	1				<=	250	
5	회사채(b)		1			<=	100	
6	국공채(c)			1		<=	250	
7	양도성예금(d)				1	<=	200	
8	예상 이자율	8%	5%	6%	4.50%		최대	
9								
10								
11		주식	회사채	국공채	양도성예금			
12	변수	a	b	c	d			
13	최적해	1	1	1	1			
14								
15								
16	투자이익	최대이익	0.235					
17								
18	제한조건	전체투자액	4		500			
19		주식	1		250			
20		회사채	1		100			
21		국공채	1		250			
22		양도성예금	1		200			
23		주식	1					
24		회사채	1					
25		국공채	1					
26		양도성예금	1					
27								

❼ 셀 E23~E26까지는 각 투자대상에 대한 최저투자금액 “0”을 입력한다.

❽ 셀 D18~D26에 각 투자대상에 대한 최고 또는 최저투자금액 조건을 제시하는 부등호를 입력한다. 셀 D18~D22까지는 최고투자액 조건을 표시하는 “<=”를 입력하고, 셀 D23~D26에는 최저투자액 조건을 나타내는 “ >=”를 입력한다. 셀 서식을 사용하여 [그림 6-7]과 같이 완성한다.

그림 6-7 제한조건식 입력결과

E26 | 0

	A	B	C	D	E	F	G	H
1	의사결정표(decision table)						단위:억원	
2		주식(a)	회사채(b)	국공채(c)	양도성예금(d)	부등호	최대투자금액	
3	전체투자금액	1	1	1	1		500	
4	주식(a)	1				<=	250	
5	회사채(b)		1			<=	100	
6	국공채(c)			1		<=	250	
7	양도성예금(d)				1	<=	200	
8	예상 이자율	8%	5%	6%	4.50%		최대	
9								
10								
11		주식	회사채	국공채	양도성예금			
12	변수	a	b	c	d			
13	최적해	1	1	1	1			
14								
15								
16	투자이익	최대이익	0.235					
17								
18	제한조건	전체투자액	4	<=	500			
19		주식	1	<=	250			
20		회사채	1	<=	100			
21		국공채	1	<=	250			
22		양도성예금	1	<=	200			
23		주식	1	>=	0			
24		회사채	1	>=	0			
25		국공채	1	>=	0			
26		양도성예금	1	>=	0			
27								

1.3 최적해 찾기

투자제한조건을 고려한 최적해를 찾기 위해서는 엑셀의 '해찾기 기능'이 설치되어 있어야 하며, 설치되어 있지 않을 경우에는 앞의 '4.2 사례 프로젝트'에서 설명한 '분석 도구'의 설치 방법과 같다. [파일] 탭 → [옵션] 메뉴로 나타난 대화상자에서 [추가 기능] → [해찾기 추가 기능] → 〈이동〉 버튼을 클릭하여 나타난 대화상자에서 [해찾기 추가 기능]을 체크한 후, 〈확인〉 버튼을 클릭한다.

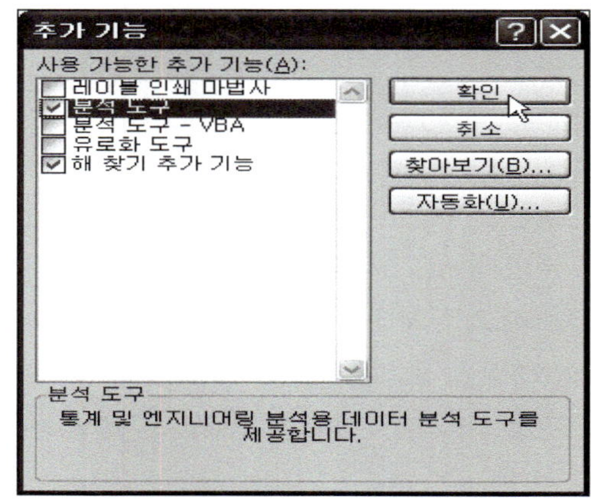

1년간의 자금운용을 통해서 단국투자금융이 얻을 수 있는 최대수익과 최대수익을 얻기 위해서 각 투자대상에 얼마를 투자해야 하는가가 찾으려는 최적해이며, 최적해를 찾기 위해서 고려해야 할 제한조건은 각 대상에 대한 최대투자액과 최저투자액이다. 최적해와 제한조건식을 정리하면 다음과 같다.

- 최대이익 = 셀 C16
- 최대투자금액 = 셀 B13~E13
- 제한조건 = 셀 C18~C22 〈= 셀 E18~E22 ; 셀 C23~C26 〉= 셀 E23~E26

■ 목표 셀 및 변경 셀 설정하기

엑셀의 도구-해찾기 기능을 이용하여 최대이익과 투자금액 그리고 투자제한조건을 다음과 같은 방법으로 입력하며, [그림 6-8]은 목표 셀 및 변경 셀 입력 결과를 나타낸다.

❶ [데이터] 탭 → [분석] 그룹 → 〈해 찾기〉 버튼을 클릭하여 해찾기 모델설정 창을 연다.

❷ 해찾기 모델설정 창에서 목표 셀을 입력한다. 목표 셀은 찾으려는 이익을 나타내는 셀 C16을 선택한다. 찾으려는 목표값이 최대이익이기 때문에, 해의 조건은 '최대값(M)'으로 설정한다.

❸ 변경할 셀은 각 대상에 대한 투자액을 표시해야 하기 때문에, 셀 B13~E13을 선택하여 입력한다.

그림 6-8 목표 셀 및 변경 셀 입력결과

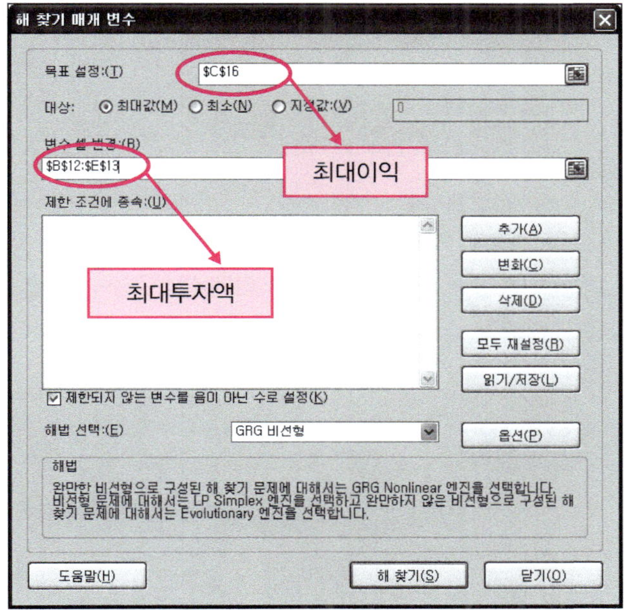

■ 제한조건 설정하기

최대이익을 얻기 위한 투자제한조건은 각 대상에 대한 최대투자액과 최저투자액이며, 다음과 같이 투자제한조건을 설정하며, [그림 6-10]은 투자제한조건 설정 결과이다.

❶ 해찾기 모델설정 창에서 제한조건 추가버튼을 클릭한다.

❷ 제한조건 추가 창이 나타나면([그림 6-9a] 참조), 셀 참조영역에 셀 C18~C22를 선택하여 입력하고, 제한조건은 셀 E18~E22를 선택하여 입력한다. 부등호는 최대투자액을 표시해야 하므로 '〈='를 선택한다.

그림 6-9a 제한조건 설정

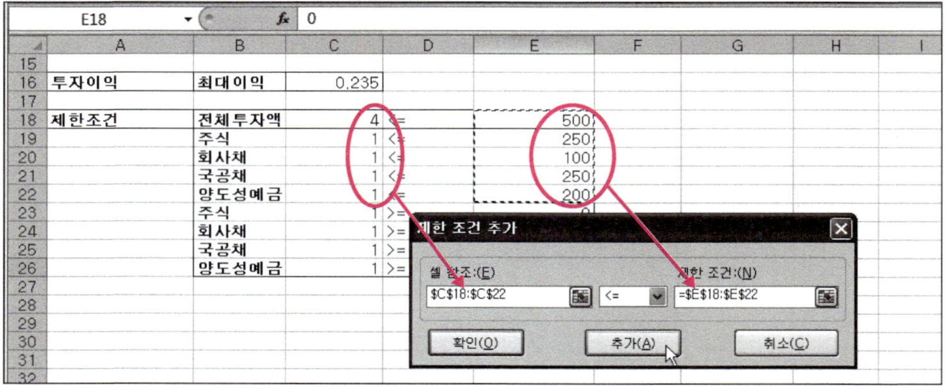

❸ 두 번째 제한조건을 입력하기 위해서 제한조건 〈추가〉 버튼을 다시 클릭하여 셀 참조영역에 셀 C23~C26을 선택하여 입력하고, 제한조건에 셀 E23~E26을 선택하여 입력한다. 부등호는 최저투자액을 표시해야 하기 때문에 ' >='를 선택하고 〈확인〉 버튼을 클릭한다.

그림 6-9b 두 번째 제한조건 설정

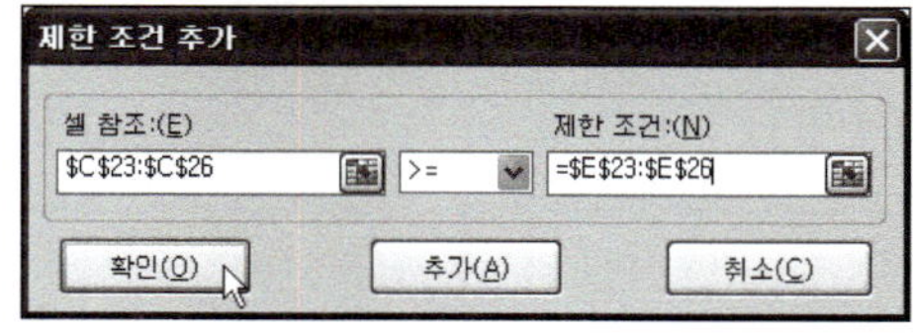

위의 조작으로 워크시트는 [그림 6-10]과 같이 해찾기 모델 설정의 결과로 된다.

그림 6-10 해찾기 모델설정 결과

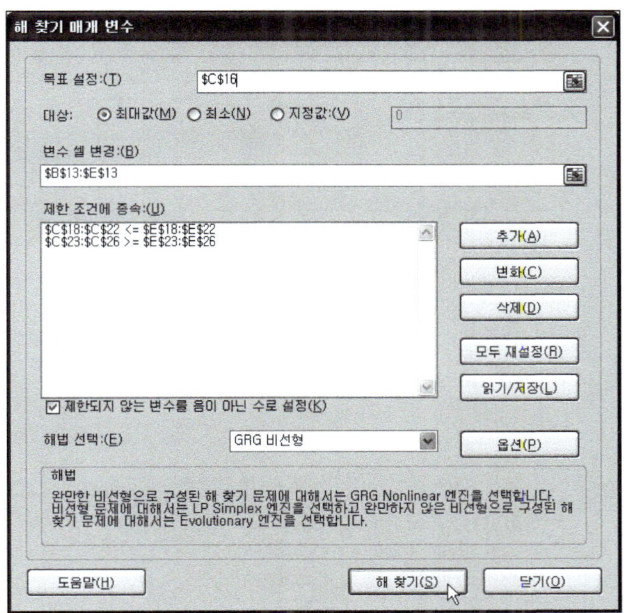

1.4 해찾기 결과 – 최대 이익과 최대 투자금액

목표 셀과 변경 셀 그리고 제한조건식을 입력한 후, 〈해찾기〉 버튼을 클릭하면, 목표 셀과 변경 셀로 지정했던 셀 C16 과 셀 B13:E13의 값이 최적해로 변경되고 [그림 6-11]에서 보는 바와 같이 해찾기 결과 창이 나타난다.

해 찾기 결과 창에서 '구한 해로 바꾸기'를 선택하고 확인하면, 목표 셀과 변경 셀의 값이 최적해로 변경된다. 그러나 해찾기 창에서 '초기값 유지'를 선택하고 확인하는 경우에는 최적해를 확인하고 원래의 목표 셀과 변경 셀 값을 그대로 유지하게 된다. 해찾기 실행 결과에 의하면, 단국투자금융은 가용자금 500원을 회사채와 양도성예금에는 투자하지 않고, 주식과 국공채에만 각각 250억원씩 투자하는 경우 최대이익 35억원을 얻게 된다.

그림 6-11 실행결과

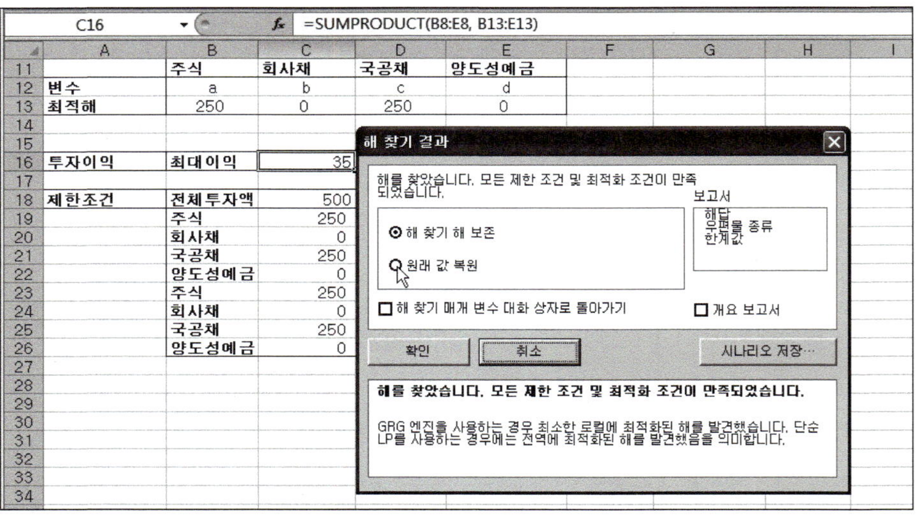

해 찾기 실행결과:
대상별 최대 투자금액은 (250, 0, 250, 0) 이며,
최대 이익은 35억원이다.

2 10% 투자 의무규정 적용 시의 최대이익과 투자금액

2.1 의사결정표

주식, 회사채, 국공채, 양도성예금에 각각 최소 10% 이상을 투자해야 한다는 조건은, 최적해(최대이익과 대상별 투자금액)를 찾는 제한조건의 변경을 의미한다. 따라서 앞 절에서 작성한 의사결정표 워크시트를 변경 없이 사용할 수 있기 때문에, 워크시트의 제목, 행제목과 열제목 입력 및 데이터 입력은 의무규정없이 투자하는 경우와 동일하게 작성된다([그림 6-12] 참조).

그림 6-12 의사결정표 워크시트

G3 | f_x 500

	A	B	C	D	E	F	G	H
1	의사결정표(decision table)						단위:억원	
2		주식(a)	회사채(b)	국공채(c)	양도성예금(d)	부등호	최대투자금액	
3	전체투자금액	1	1	1	1		500	
4	주식(a)	1				<=	250	
5	회사채(b)		1			<=	100	
6	국공채(c)			1		<=	250	
7	양도성예금(d)				1	<=	200	
8	예상 이자율	8%	5%	6%	4.50%		최대	
9								
10								

2.2 투자이익과 투자제한

투자대상에 대한 10% 이상의 투자 의무규정이 적용되더라도 투자이익식은 의무규정이 없는 경우와 동일하지만, 10% 이상의 투자 의무규정 자체가 투자조건을 의미하기 때문에, 단국투자금융이 얻을 수 있는 최대이익과 투자제한은 다음과 같은 수식으로 정리된다.

투자이익 : $0.08a + 0.05b + 0.06c + 0.045d$

투자제한 : (1) 전체투자금액 〈= 500

(2) 주식(a) 〈= 250

(3) 회사채(b) 〈= 100

(4) 국공채(c) 〈= 250

(5) 양도성예금(d) 〈=200

(6) 주식, 회사채, 국공채, 양도성예금 〉= 500*0.1 (=50)

■ 투자이익식 입력하기

10% 투자 의무규정이 적용되더라도 투자이익식에는 변함이 없기 때문에, 2.1에서와 동일하게 투자이익식을 입력한다([그림 6-3] 참조).

■ 투자제한식 입력하기

10% 투자 의무규정의 도입으로 인한 단국투자금융의 투자조건은 다음과 같이 변경된다.

- 전체투자금액은 500억원을 초과할 수 없다.
- 주식은 250억원, 회사채는 100억원, 국공채는 250억원, 양도성예금은 200억원을 초과해서 투자할 수 없다.
- 각 투자대상에 전체투자금액의 10%를 최소한 투자해야 한다.

이와 같은 투자제한조건을 워크시트에 입력하는 방법은 다음과 같으며, [그림 6-15]는 투자이익과 투자제한 조건식의 입력결과를 나타낸다.

❶ 셀 C18:C22의 값은 문제1과 동일하게 SUMPRODUCT( )를 이용하여 입력한다.

❷ 셀 C23:C26의 값은 다음과 같이 입력한다([그림 6-13] 참조).

- 셀 C23 → = SUMPRODUCT(B4:E4, $B$13:$E$13)
- 셀 C24 → = SUMPRODUCT(B5:E5, $B$13:$E$13)
- 셀 C25 → = SUMPRODUCT(B6:E6, $B$13:$E$13)
- 셀 C26 → = SUMPRODUCT(B7:E7, $B$13:$E$13)

그림 6-13 투자제한식 입력

C23 =SUMPRODUCT(B4:E4, $B$13:$E$13)

	A	B	C	D	E	F	G	H
1	의사결정표(decision table)						단위:억원	
2		주식(a)	회사채(b)	국공채(c)	양도성예금(d)	부등호	최대투자금액	
3	전체투자금액	1	1	1	1		500	
4	주식(a)	1				<=	250	
5	회사채(b)		1			<=	100	
6	국공채(c)			1		<=	250	
7	양도성예금(d)				1	<=	200	
8	예상 이자율	8%	5%	6%	4.50%		최대	
9								
10								
11		주식	회사채	국공채	양도성예금			
12	변수	a	b	c	d			
13	최적해	1	1	1	1			
14								
15								
16	투자이익	최대이익	0.235					
17								
18	제한조건	전체투자액	4	<=	500			
19		주식	1	<=	250			
20		회사채	1	<=	100			
21		국공채	1	<=	250			
22		양도성예금	1	<=	200			
23		주식	1	>=				
24		회사채	1	>=				
25		국공채	1	>=				
26		양도성예금	1	>=				
27								

투자제한조건식

❸ 셀 D18:26에는 최고투자금액과 최저투자금액을 나타내기 위한 부등호를 입력한다. 먼저 셀 D18:22까지는 최고투자금액을 나타내기 때문에 ‘<=’를 입력하고, 셀 D23:D26까지는 최저투자금액을 나타내므로 ‘>=’를 입력한다.

그림 6-14 10% 투자 의무규정에 의한 조건 입력

E26 =500*0.1

	A	B	C	D	E	F	G	H
1	의사결정표(decision table)						단위:억원	
2		주식(a)	회사채(b)	국공채(c)	양도성예금(d)	부등호	최대투자금액	
3	전체투자금액	1	1	1	1		500	
4	주식(a)	1				<=	250	
5	회사채(b)		1			<=	100	
6	국공채(c)			1		<=	250	
7	양도성예금(d)				1	<=	200	
8	예상 이자율	8%	5%	6%	4.50%		최대	
9								
10								
11		주식	회사채	국공채	양도성예금			
12	변수	a	b	c	d			
13	최적해	1	1	1	1			
14								
15								
16	투자이익	최대이익	0.235					
17								
18	제한조건	전체투자액	4	<=	500			
19		주식	1	<=	250			
20		회사채	1	<=	100			
21		국공채	1	<=	250			
22		양도성예금	1	<=	200			
23		주식	1	>=	50			
24		회사채	1	>=	50			
25		국공채	1	>=	50			
26		양도성예금	1	>=	50			
27								

최저 또는 최고투자 금액에 따른 부등호

500 * 0.1=50

2.3 최적해 찾기

10% 투자 의무규정 적용에 따라 변화된 최적해와 제한조건식을 정리하면 다음과 같다.

- 최대이익 = 셀 C16
- 최대투자금액 = 셀 B13~E13
- 제한조건 = 셀 C18~C22 < = 셀 E18~E22, 셀 C23~C26 > = 셀 E23~E26

정리된 최적해와 제한조건식의 형식은 이미 작성했던 것과 동일하지만, 제한조건을 나타내는 셀 C18~C26에는 이미 10% 투자 의무규정이 삽입되어 있기 때문에, 이미 설정한 해찾기 모델을 그대로 사용할 수 있다([그림 6-15]).

2.4 해 찾기 결과 – 최대 이익과 최대 투자금액

[그림 6–15]와 같이 목표 셀과 변경 셀 그리고 제한조건식을 입력한다.

그림 6-15 해 찾기 모델 설정

〈해찾기〉 버튼을 클릭하면, 목표 셀과 변경 셀로 지정했던 셀 C16과 셀 B13:E13의 값이 최적해로 변경되고 [그림 6–16]과 같이 최적해가 표시된다.

그림 6-16 해 찾기 실행결과

C16 =SUMPRODUCT(B8:E8, B13:E13)

	A	B	C	D	E	F	G	H
1	의사결정표(decision table)						단위:억원	
2		주식(a)	회사채(b)	국공채(c)	양도성예금(d)	부등호	최대투자금액	
3	전체투자금액	1	1	1	1		500	
4	주식(a)	1				<=	250	
5	회사채(b)		1			<=	100	
6	국공채(c)			1		<=	250	
7	양도성예금(d)				1	<=	200	
8	예상 이자율	8%	5%	6%	4.50%		최대	
9								
10								
11		주식	회사채	국공채	양도성예금			
12	변수	a	b	c	d			
13	최적해	250	50	150	50			
14								
15								
16	투자이익	최대이익	33.75					
17								
18	제한조건	전체투자액	500	<=	500			
19		주식	250	<=	250			
20		회사채	50	<=	100			
21		국공채	150	<=	250			
22		양도성예금	50	<=	200			
23		주식	250	>=	50			
24		회사채	50	>=	50			
25		국공채	150	>=	50			
26		양도성예금	50	>=	50			
27								

해찾기 실행 결과에 의하면, 단국투자금융은 가용자금 500원을 주식에 최고 상한금액인 250억원과 국공채에 150억원을 투자하고, 회사채와 양도성예금에는 의무적으로 투자해야 하는 전체 가용자금의 10%인 50억원씩을 투자한다면 최대이익을 얻을 수 있다.

해 찾기 실행결과 :
대상별 최대 투자금액은 (250, 50, 150, 50)이며,
최대 이익은 33.75억원이다.

연 습 문 제

01 데이터 관리_자동 필터

데이터 목록(엑셀의 데이터베이스)에서 조건에 맞는 데이터를 추출하는 기능을 필터라고 하는데, 엑셀의 필터 기능에는 자동 필터와 고급 필터가 있다. 자동 필터는 데이터 목록에 나타나는 목록 버튼을 이용하여 쉽게 빠르게 데이터를 추출할 수 있다.

다음과 같이 입력된 데이터 목록으로 된 워크시트가 있다.

	A	B	C	D	E	F	G	H	I	J	K	L	M	N
1				대리점별 공급 현황										
2														
3		제품코드	제품명	등급	수량	단가	공급가액	판매요일	대리점					
4		CAMERA-A	DSLR 카메라	고급형	3	1,200	3,600	월요일	강남지점					
5		CAMERA-B	DSLR 카메라	중급형	5	1,000	5,000	금요일	서초지점					
6		CAMERA-C	DSLR 카메라	보급형	4	800	3,200	일요일	강동지점					
7		SMART-A	Smart Phone	고급형	6	900	5,400	수요일	강남지점					
8		SMART-B	Smart Phone	중급형	3	700	2,100	월요일	동작지점					
9		SMART-C	Smart Phone	보급형	6	500	3,000	목요일	송파지점					
10		SMART-D	Smart Phone	저가형	7	400	2,800	일요일	서초지점					
11		TV-A	LED TV	고급형	6	2,500	15,000	월요일	양천지점					
12		TV-B	LED TV	중급형	3	1,800	5,400	목요일	강남지점					
13		TV-C	LED TV	보급형	5	1,000	5,000	토요일	강남지점					
14		TV-D	LED TV	저가형	4	700	2,800	월요일	서초지점					
15														

위의 데이터 목록에서 다음 요구 조건에 맞는 데이터를 추출하시오.

① 등급이 "중급형"이고, 판매요일이 "목요일"에 공급된 데이터

B12   TV-B

	A	B	C	D	E	F	G	H	I	J	K	L	M	N
1				대리점별 공급 현황										
2														
3		제품코드	제품명	등급	수량	단가	공급가	판매요	대리점					
12		TV-B	LED TV	중급형	3	1,800	5,400	목요일	강남지점					
15														

모든 조건을 해제하려면 [데이터] 탭 → [정렬 및 필터] 그룹 → 〈지우기〉 버튼을 클릭한다. 일부 조건만을 해제하려면 해당 필드의 〈자동 필터〉 목록 버튼을 클릭하여 나타난 메뉴에서 [모두 선택]을 클릭하면 된다.

② 판매 요일이 "토요일"이거나 "일요일"에 공급된 데이터

B12 | fx | TV-B

	A	B	C	D	E	F	G	H	I	J	K	L	M	N
1				대리점별 공급 현황										
2														
3		제품코드	제품명	등급	수량	단가	공급가	판매요	대리점					
6		CAMERA-C	DSLR 카메라	보급형	4	800	3,200	일요일	강동지점					
10		SMART-D	Smart Phone	저가형	7	400	2,800	일요일	서초지점					
13		TV-C	LED TV	보급형	5	1,000	5,000	토요일	강남지점					
15														

③ 단가가 가장 큰 값을 갖는 데이터

④ 대리점에 "초"가 포함된 데이터

⑤ 공급 가격이 5,000보다 큰 데이터

⑥ 수량이 6이 아닌 데이터

⑦ 등급에서 "고"로 시작하는 데이터

⑧ 공급 가격이 상위 50% 안에 드는 데이터

힌트 데이터 목록의 안에 있는 아무 셀이나 클릭한 후, [데이터] 탭 → [정렬 및 필터] 그룹 → 〈필터〉 버튼을 클릭한다.

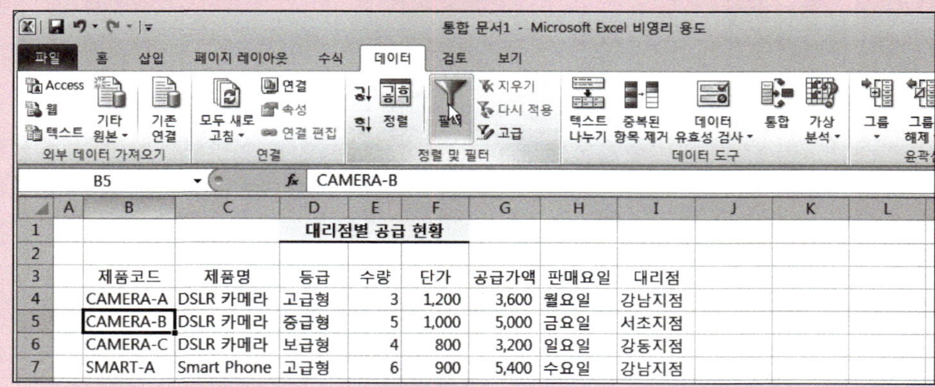

	A	B	C	D	E	F	G	H	I
1				대리점별 공급 현황					
2									
3		제품코드	제품명	등급	수량	단가	공급가액	판매요일	대리점
4		CAMERA-A	DSLR 카메라	고급형	3	1,200	3,600	월요일	강남지점
5		CAMERA-B	DSLR 카메라	중급형	5	1,000	5,000	금요일	서초지점
6		CAMERA-C	DSLR 카메라	보급형	4	800	3,200	일요일	강동지점
7		SMART-A	Smart Phone	고급형	6	900	5,400	수요일	강남지점

B4 CAMERA-A

	A	B	C	D	E	F	G	H	I
1				대리점별 공급 현황					
2									
3		제품코드 ▼	제품명 ▼	등급 ▼	수량 ▼	단가 ▼	공급가 ▼	판매요 ▼	대리점 ▼
4		CAMERA-A	DSLR 카메라	고급형	3	1,200	3,600	월요일	강남지점
5		CAMERA-B	DSLR 카메라	중급형	5	1,000	5,000	금요일	서초지점
6		CAMERA-C	DSLR 카메라	보급형	4	800	3,200	일요일	강동지점
7		SMART-A	Smart Phone	고급형	6	900	5,400	수요일	강남지점

위와 같이 목록에 〈자동 필터〉 목록 버튼 ▼이 나타나게 된다. 이 버튼을 이용하여 조건에 맞는 데이터를 추출한다.

① [등급]의 〈자동 필터〉 목록 버튼을 클릭하여 나타난 메뉴를 조작하고, 계속해서 [판매요일]의 〈자동 필터〉 목록 버튼을 클릭하여 나타난 메뉴를 조작한다.

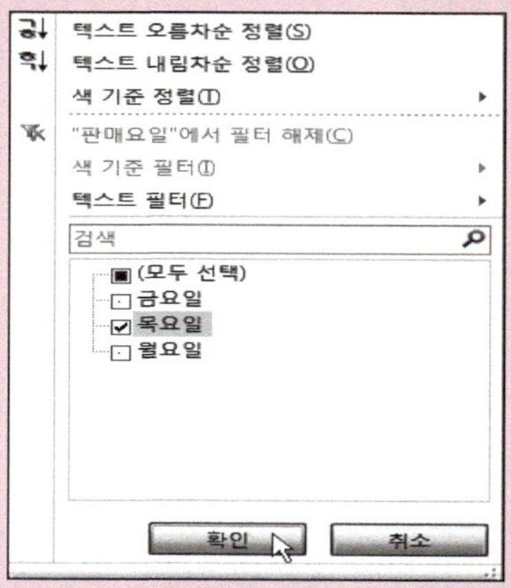

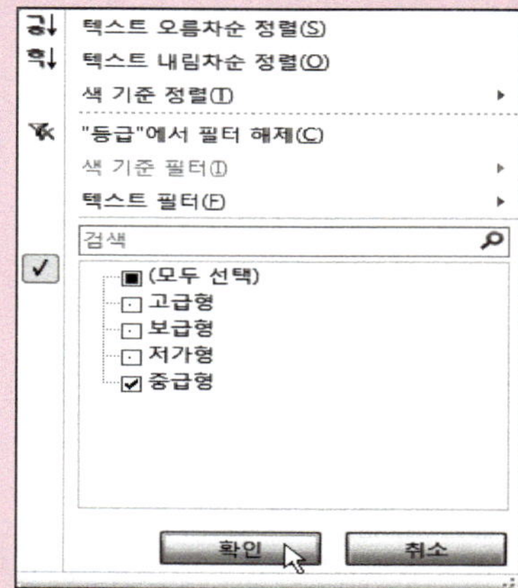

② 판매 요일의 〈자동 필터〉 목록 버튼을 클릭하여 나타난 메뉴에서 [일요일]과 [토요일] 의 체크 박스만 온(On) 상태로 조작한다.

③ 단가의 〈자동 필터〉 목록 버튼을 클릭하여 [숫자 필터] 메뉴 → [상위 10] 클릭하여 나타난 대화상자에서 필터 조건을 설정한다.

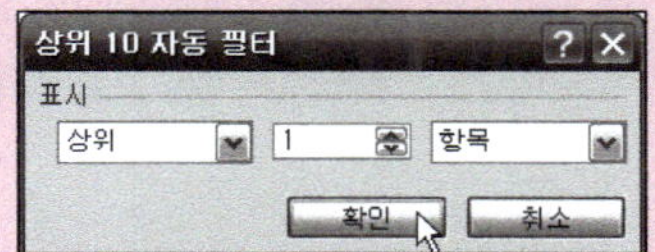

④ 대리점의 〈자동 필터〉 목록 버튼을 클릭하여 [텍스트 필터] 메뉴 → [포함]을 선택하여 나타난 대화상자에서 필터 조건을 설정한다.

⑤ 공급가격의 〈자동 필터〉 목록 버튼을 클릭하여 [숫자 필터] 메뉴 → [보다 큼]을 선택하여 나타난 대화상자에서 필터 조건을 설정한다.

⑥ 공급가격의 〈자동 필터〉 목록 버튼을 클릭하여 [숫자 필터] 메뉴 → [같지 않음]을 선택하여 나타난 대화상자에서 필터 조건을 설정한다.

⑦ 등급의 〈자동 필터〉 목록 버튼을 클릭하여 [텍스트 필터] 메뉴 → [시작 문자]를 선택하여 나타난 대화상자에서 필터 조건을 설정한다.

⑧ 단가의 〈자동 필터〉 목록 버튼을 클릭하여 [숫자 필터] 메뉴 → [상위 10] 클릭하여 나타난 대화상자에서 필터 조건을 한다.

02 데이터 관리_표(Table) 사용하기

다음 워크시트는 최초로 데이터를 데이터 목록의 형태로 입력한 것이다. 이 표에서는 간단한 금액을 계산하는 것 이외에는 특별히 처리할 것이 없는 단순한 데이터 목록이다.

A1 fx

	A	B	C	D	E	F	G	H	I	J	K	L
1			거래 대장									
2												
3		년월일	거래처	상품명	단가	수량	금액					
4		2012-01-01	동부	비스켓	300	50	15000					
5		2012-01-01	서부	피자	1200	43	51600					
6		2012-01-01	동부	콜라	500	35	17500					
7		2012-01-02	동부	세븐업	600	25	15000					
8		2012-01-02	동부	햄버거	1100	64	70400					
9		2012-01-02	남부	우유	400	26	10400					
10		2012-01-02	남부	핫도그	450	12	5400					
11		2012-01-03	서부	비스켓	300	12	3600					
12												
13												

① 위의 데이터 목록을 [표]로 변환하여, 필드명 오른쪽에 〈자동 필터〉 목록 버튼 ▼이 나타나게 하시오.

표로 변환되면 리본 메뉴에 [표 도구] 상황 탭 → [디자인] 탭이 추가된 것에 주목한다.
표를 원래의 셀 범위로 변환하려면 [표 도구] 상황 탭 → [디자인] 탭 → [도구] 그룹 → 〈범위로 변환〉 버튼을 클릭한다. 이때 적용된 서식은 그대로 남는다.

② 작성 표에 새로운 표 서식을 적용하여 표의 모양을 변경하시오.

③ 표에 다음 데이터를 입력하고, 지금까지 입력할 때와 비교하여 편리한 점은 무엇인가?

입력 셀	B12	C12	D12	E12	F12	G12
입력 데이터	2012-01-02	북부	핫도그	450	15	

④ 날짜를 오름차순으로 1차 정렬을 하고, 금액을 내림차순으로 2차 정렬을 하시오.

⑤ 표에 다음 데이터를 입력하시오. 이 데이터는 앞의 ④의 정렬과는 관계없이 입력되는 것에 주목한다.

입력 셀	B13	C13	D13	E13	F13	G13
입력 데이터	2012-01-02	서부	우유	400	10	

⑥ [데이터] 탭 → [정렬 및 필터] 그룹 → 〈다시 적용〉 버튼을 클릭해 보세요. 어떤 조작이 발생하는가?

⑦ [표 도구] 상황 탭 → [디자인] 탭 → [표 스타일 옵션] 그룹 → 〈요약 행〉 체크 박스를 온(On)으로 하면 표에 어떤 변화가 있는가? 또 수량의 요약 셀을 클릭하여 어떤 종류의 요약이 가능한가를 조사하시오.

⑧ "단가" 필드의 〈자동 필터〉 목록 버튼을 클릭하여 단가가 500이상인 레코드를 추출하시오.

⑨ 콜라 단가를 450, 파자 단가를 450으로 수정하고, [데이터] 탭 → [정렬 및 필터] 그룹 → 〈다시 적

용〉 버튼을 클릭하면 어떤 일이 일어나는가?

① 데이터 목록의 안에 있는 아무 셀이나 클릭한 후 [삽입] 탭 → [표] 그룹 → [표] 버튼을 선택하여 나타난 대화상자에서 표를 설정한다.

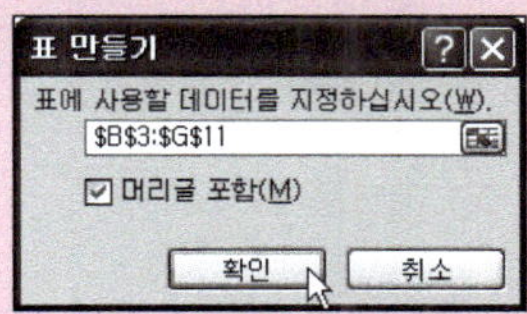

② 작성된 표의 임의 셀을 클릭한 후, [표 도구] 상황 탭 → [디자인] 탭 → [표 스타일] 그룹에서 원하는 표 스타일을 클릭한다.

엑셀에서 표에서는 '구조적 참조'라는 참조 방법을 사용할 수 있다. 이것은 셀 주소 대신에 표의 이름과 열 머리글을 이용해 원하는 데이터를 참조하는 방법을 말한다.

03 데이터 분석_AGGREGATE 함수 사용

다음 워크시트는 자동 필터가 적용되는 것으로 금액의 1, 2, 3순위를 구하기 위한 표를 작성한 것이다.

A1 fx

	A	B	C	D	E	F	G
1			거래 대장				
2							
3					1	2	3
4							
5							
6		년월일	거래처	상품명	단가	수량	금액
7		2012-01-01	동부	비스켓	300	50	15000
8		2012-01-01	서부	피자	1200	43	51600
9		2012-01-01	동부	콜라	500	35	17500
10		2012-01-02	동부	세븐업	600	25	15000
11		2012-01-02	동부	햄버거	1100	64	70400
12		2012-01-02	남부	우유	400	26	10400
13		2012-01-02	남부	핫도그	450	12	5400
14		2012-01-02	북부	핫도그	450	15	6750
15		2012-01-02	서부	우유	400	10	4000
16		2012-01-03	서부	비스켓	300	12	3600
17							

① 셀 범위 G7:G16에 "금액"이라는 이름을 정의하시오.

② 셀 E4에 AGGREGATE 함수식을 입력하고 값을 확인하시오.

= AGGREGATE(14,7,금액,E3)

AGGREGATE(집합시키다는 뜻임) 함수는 엑셀 2010에 새로 추가된 함수이며, 데이터 목록에서 합계, 평균, 최대, 최소, 개수 등을 구할 때 사용하는 함수로 기존의 SUBTOTAL 함수 보다 훨씬 유연하고 다양한 옵션을 제공한다.

◆AGGREGATE 함수의 사용 구조

영문 표시 =AGGREGATE(function_num, options, array, [k])

풀어 쓰기 =AGGREGATE(함수번호, 옵션, 참조범위, [k])

함수번호 : 1~19 (아래 그림 참조)

옵션 : 1~7 (아래 그림 참조)

[k] : 선택된 함수에 따라 필요한 경우에 지정

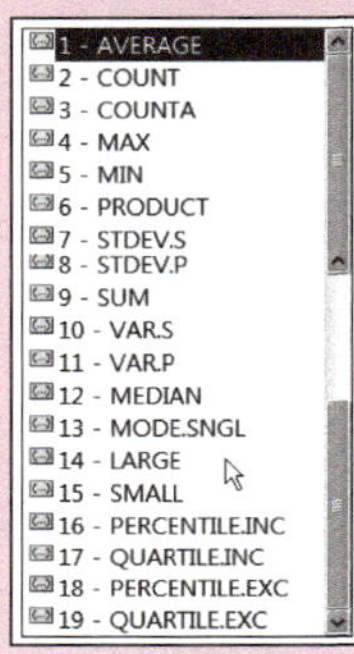

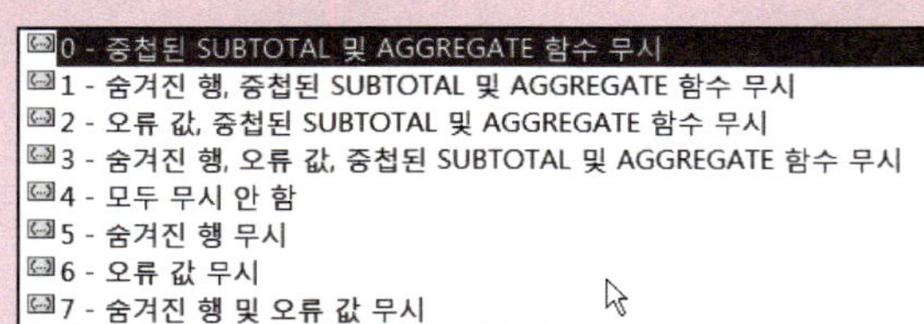

③ F4에 다음 함수식을 입력하고 값을 확인하시오.

= IFERROR(AGGREGATE(14,7,금액,F3)," ")

④ F4을 G4에 자동채우기를 하고 결과를 확인하시오.

⑤ '거래처'의 〈자동 필터〉 목록 버튼을 사용하여 '동부', '서부' '북부' 각각의 레코드만을 추출할 때, 셀 E4:G4의 값을 확인하시오.

04 데이터 분석_중복된 데이터 제거

다음과 같은 워크시트가 있다.

	A	B	C	D	E	F	G	H	I	J
1			문방구 유통 업체 현황							
2						(단위:만원)				
3		회사명	설립일	본사위치	전년매출액	전년순이익				
4		알파	2004-12-24	인천	36572	726				
5		우리	1999-12-29	성남	24564	412				
6		잉꼬	2001-09-06	서울	12457	243				
7		평화	2007-05-09	부평	35426	691				
8		하나	2001-09-06	서울	12453	139				
9		한솔	2004-12-24	인천	24516	415				
10		가나안	2007-05-09	부평	95648	925				
11		가야	2004-12-24	인천	23568	412				
12		낙원	2001-09-06	서울	97842	925				
13		에덴	1999-12-29	성남	45781	754				
14		가든	2007-05-09	부평	56436	512				
15										

- 본사 위치를 기준으로 중복된 데이터를 찾아 행 전체를 삭제
- 설립일이 2001년 1월 1일 ~2009년 12월 31 사이인 문방구 유동업체를 자동 필터로 추출
- 추출된 데이터 행/열 바꿈으로 하여 다음과 같이 셀 H3부터 나타나게 하시오.

	G	H	I	J	K	L	M	N	O	P	Q
1											
2											
3		회사명	알파	잉꼬	평화						
4		설립일	2004-12-24	2001-09-06	2007-05-09						
6		전년매출액	₩ 36,572	₩ 12,457	₩ 35,426						
7		전년순이익	₩ 726	₩ 243	₩ 691						
8											

데이터 목록 안의 한 셀을 클릭 한 후, [데이터] 탭 → [데이터 도구] 그룹 → [중복된 항목 제거] 클릭하여 나타난 대화상자 조작.

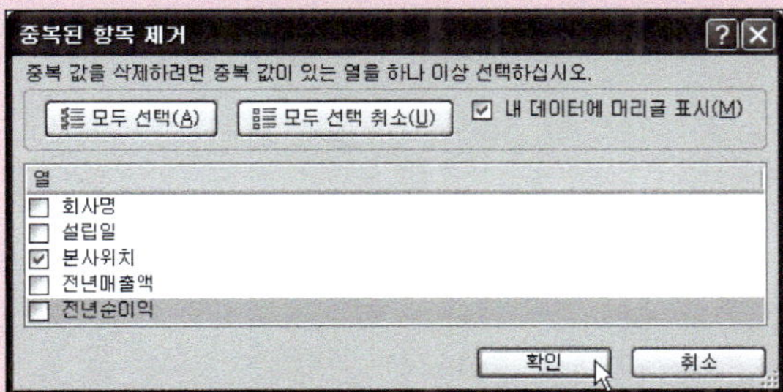

필터 대상인 셀 범위을 드래그하여 선택, [데이터] 탭 → [정렬 및 필터] 그룹 → 〈필터〉 버튼 클릭. [설립일] 필드의 〈자동 필터〉 버튼을 클릭하여 나타난 메뉴에서 [날짜 필터] → [해당 범위] 또는 [사용자 지정 필터]를 선택하여 나타난 대화상자 조작.

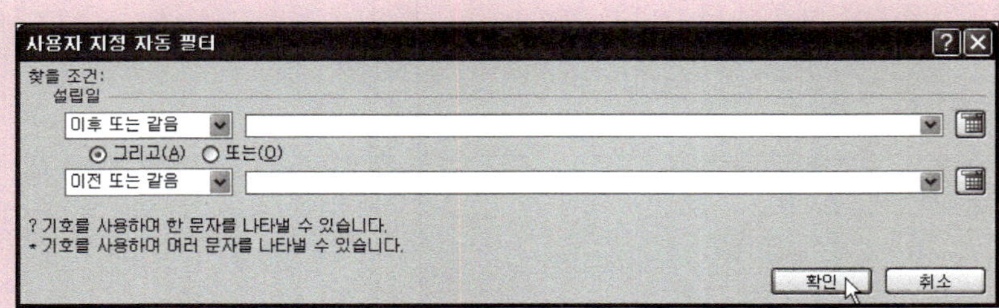

추출 결과를 복사 → H3를 클릭하여 액티브로 함.

[홈] 탭 → [클립보드] 그룹 → [붙여넣기] 클릭 → [선택하여 붙여넣기] 클릭으로 나타난 대화상자에서 [행/열 바꿈]을 체크 온(On)

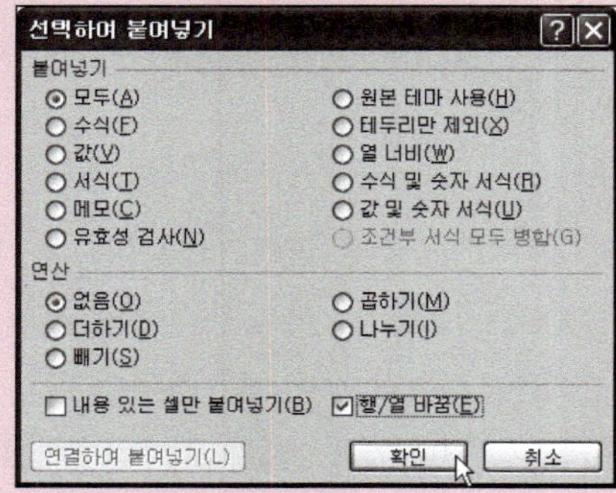

붙혀진 데이터를 적절하게 서식을 넣고 정리한다.

07

CHAPTER

생산운영관리 –최적 생산계획

본 장에서는 제품의 재고와 매회 생산량 그리고 이미 접수된 고객주문을 바탕으로, 고객이 원하는 제품을 고객이 원하는 시간에 납품할 수 있는 합리적인 최적 생산계획을 수립하고, 또한 수락 가능한 고객주문을 산정하는 이론과 방법을 이해하고 이를 이용한 실제 사례를 액셀을 이용하여 해결하는 방법을 습득하는데 있다.

배경이론 – 최적 생산계획

정해진 기간 동안의 최적 생산량을 계획하기 위한 기초 자료는 총괄 생산계획이다. 이는 구체적으로 접수된 고객의 주문과 시계열분석 또는 회귀분석을 이용하여 산출한 예상수요를 근거로 한다. 그러나 총괄생산계획을 실제 생산량으로 보기는 어렵기 때문에, 총괄생산계획을 근거로 고객의 문의, 과거의 자료, 경험, 시장의 추이에 따라 판매 가능한 양을 결정하게 된다.

또한 판매 가능한 양이라 하더라도 원자재 조달을 위한 자금조달 상태 또는 자체 영업 능력 등과 같은 기업의 상황을 고려하여 생산량이 결정된다. 이렇게 결정된 생산량을 가용재고를 고려하여 실제 생산량(최적 생산량)으로 결정한다.

사례 프로젝트

최적 생산계획과 수락 가능한 고객주문

Housetronics사에서 생산되는 완제품 A에 대한 월별 예상수요는 〈표 7-1〉과 같으며, 월 예상수요는 4주에 걸쳐서 균등하게 발생된다. 자체 생산계획에 의하면, 제품 A의 경우, 첫째 주부터 생산라인이 가동되며, 매회 생산량(생산로트)은 300개인 반면, 제품 B의 경우에는 두 번째 주부터 생산라인이 가동되며, 매회 생산량(생산로트)은 600개이다. 또한 생산라인이 가동되기 전, 각 제품의 재고량은 A제품의 경우 50개, B제품의 경우 350개가 남아 있는 것으로 파악되었다. Housetronics사에 접수된 주별 고객주문의 현황은 〈표 7-2〉와 같다.

〈표 7-1〉 제품 A에 대한 수요예측

제 품	월			
	1월	2월	3월	4월
A	400	500	600	500

〈표 7-2〉 주별 고객주문 현황

제 품	주											
	1	2	3	4	5	6	7	8	9	10	11	12
A	--	120	150	140	--	--	200	300	200	--	400	--

제품 A의 주별 생산계획과 수락 가능한 주문량

Housetronics사는 생산계획과 수락 가능한 고객주문량은 예상수요와 이미 접수된 고객의 실제 주문량 그리고 각 제품에 대한 가용재고에 의해서 결정된다.

제품에 대한 예상수요와 고객의 실제 주문량은 〈표 7-1〉과 〈표 7-2〉에서 정리한 것처럼, 이미 확정되어 있기 때문에, 예상수요와 실제 주문량을 고려하여 각 제품에 대한 생산라인을 가동하게 된다. 매회 생산라인을 가동하여 생산할 수 있는 양이 A제품의 경우 300개로 정해져 있기 때문에, 고객 주문량이 부족할 경우 생산라인을 가동하여 제품을 생산할 것이다. 그러나 언제 생산라인을 가동하느냐는 가용재고에 의해서 결정되기 때문에, 가용재고를 매주 파악하여 생산계획에 반영하고 이에 따라 수락 가능한 주문량이 결정된다.

1.1 제품 A의 주별 생산계획, 가용재고 및 수락 가능한 고객주문

〈표 7-1〉에서 보는 것처럼, 제품 A에 대한 예상수요는 1월에 400개, 2월에 500개, 3월에 300개 그리고 4월에 500개이며, 이들 월별 예상수요는 4주에 걸쳐서 균등하게 발생하기 때문에, 1~4주까지는 100개, 5~8주까지는 125개, 9~12주까지는 150개 그리고 13~16주까지는 125개이다. 또한 〈표 7-2〉에서 정리한 것처럼, 제품 A에 대한 실제 주문이 발생하였으며, 초기 재고는 50개로 파악되었다. 제품 A에 대한 주별 생산계획과 가용재고, 수락 가능한 주문량에 영향을 미치는 요인을 근거로 〈표 7-3〉과 같은 표가 작성된다.

〈표7-3〉 제품 A 에 대한 주별 생산계획과 수락 가능한 고객주문량

주	예상수요	고객주문량	생산계획	가용재고	수락 가능한 고객주문량
0				50	
1	400/4=100				
2	400/4=100	120			
3	400/4=100	150			
4	400/4=100	140			
…	…	…	…	…	…

■ 워크시트 제목과 행제목, 열제목 입력하기

제품 A에 대한 주별 생산계획과 수락 가능한 고객주문량에 대한 기본 워크시트 모형은 작업자에 따라 달리 작성할 수 있으나, 〈표 7-3〉의 기본 모형을 이용하여 작성하는 경우 다음과 과정으로 워크시트 모형이 작성된다. [그림 7-1]은 제품 A에 대한 주별 생산계획과 수락 가능한 고객주문량 워크시트 모형의 완성된 모습이다.

❶ 워크시트를 작성하기 위한 준비작업으로 엑셀 프로그램을 실행한 후, 워크시트의 모든 내용이 강조되어 표시되도록 전체 워크시트의 글꼴을 굵게 지정한다.

❷ 셀 A1에 워크시트의 제목 "제품 A에 대한 최적생산계획과 수락 가능한 고객주문량"을 입력한다.

❸ 셀 A2~F2까지를 각각 선택하고 열제목 "주", "예상수요", "고객주문량", "생산계획", "가용재고", "수락 가능한 고객주문량"을 입력한다. 한 개의 셀 안에서 줄바꿈을 하기 위해서는 Alt + Enter키를 누르면 된다.

A3 ▾ fx

	A	B	C	D	E	F	G	H	I
1	제품 A에 대한 주별 생산 계획과 수락 가능한 주문량								
2	주	예상 수요	고객 주문	생산 계획	가용재고	수락가능한 고객주문량			
3									
4									
5									

❹ 셀 A3~A19까지를 각각 선택하고 행제목 0, 1, 2, 3, ... , 16을 입력한다. 행제목으로 0, 1, 2, ... 를 입력하는 것은, 생산계획과 수락 가능한 고객주문량이 주 단위로 작성되기 때문이며, 셀 A3에 ‚0'을 입력한 것은 실제 고객주문 발생이나 생산라인은 첫 주부터 가동되지만, 초기 재고량을 입력하기 위한 것이다.

❺ 행제목과 열제목의 길이에 따라 행 높이와 열 너비를 조정한다.

❻ 워크시트의 제목이 입력된 셀 A1~F1를 선택한 후, 서식도구 모음을 '병합하고 가운데 맞춤' 버튼을 이용하여 워크시트의 제목을 정렬한다.

❼ 생산계획과 수락 가능한 고객주문이 주 단위로 이루어지지만, 예측수요는 월 단위로 이루어지기 때문에, 월 4주를 기준으로 쉽게 구별할 수 있도록 테두리선을 지정한다.

그림 7-1 제품 A에 대한 워크시트 기본모형

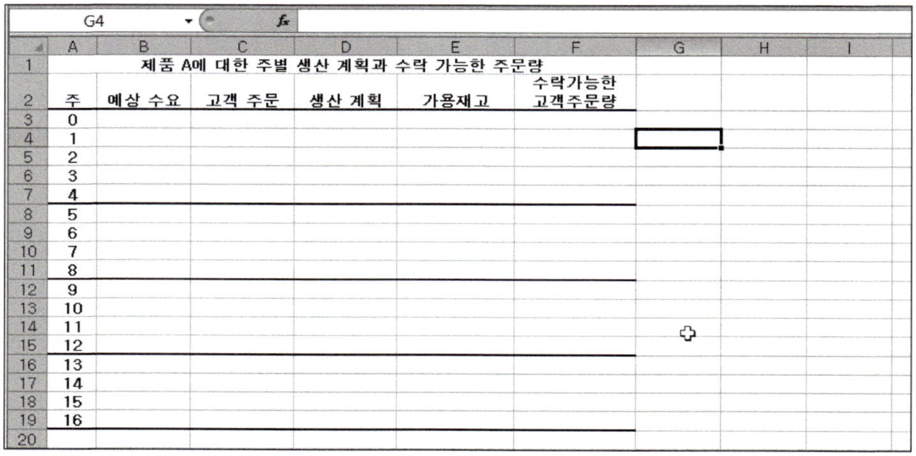

G4

	A	B	C	D	E	F	G	H	I
1		제품 A에 대한 주별 생산 계획과 수락 가능한 주문량							
2	주	예상 수요	고객 주문	생산 계획	가용재고	수락가능한 고객주문량			
3	0								
4	1								
5	2								
6	3								
7	4								
8	5								
9	6								
10	7								
11	8								
12	9								
13	10								
14	11								
15	12								
16	13								
17	14								
18	15								
19	16								
20									

■ 기본 데이터 (예상수요, 고객주문, 초기재고) 입력하기

[그림 7-1] 워크시트 기본모형의 B열 데이터는 예상 수요이므로, 〈표 7-1〉의 제품 A에 대한 예상수요 데이터를 이용하여 입력한다. 예상수요는 월 4주를 기준으로 매주 균등하게 발생하기 때문에, 4주 단위로 다음과 같이 데이터를 입력한다.

- 1월(1주~4주): 400/4=100
- 2월(5주~8주): 500/4=125
- 3월(9주~12주): 600/4=150
- 4월(13주~16주): 500/4=125

C열 데이터는 실제 고객주문량 데이터이므로 〈표 7-2〉에서 정리한 것처럼, 고객주문이 실제로 발생한 주의 주문현황을 그대로 입력한다. 또한 생산라인이 가동되기 전 초기재고가 50개로 파악되었기 때문에, 가용재고 50을 입력한다. 예상수요와 실제 고객주문 데이터 그리고 가용재고를 입력하는 과정은 다음과 같으며, [그림 7-2]는 예측수요, 실제 고객주문, 초기 가용재고 데이터를 입력한 결과이다.

❶ A 21~B 25까지를 선택하여 [그림 7-2]에서 보는 것처럼, 월별 예상수요를 입력한다. 입력데이터는 〈표 7-1〉을 기준으로 한다.

❷ 셀 B4에 수식 '=$B$22/4'를 입력 확인한 후, 이를 선택하여 셀 B7까지 채우기 기능을 이용하

여 입력한다.

B4 | =$B$22/4

	A	B	C	D	E	F
2	주	예상 수요	고객 주문	생산 계획	가용재고	수락가능한 고객주문량
3	0					
4	1	100				
5	2					
6	3					
7	4					
8	5					
9	6					
10	7					
11	8					
12	9					
13	10					
14	11					
15	12					
16	13					
17	14					
18	15					
19	16					
20						
21	월	예상 수요				
22	1월	400				
23	2월	500				
24	3월	600				
25	4월	500				
26						

❸ 셀 B8에 수식 '=$B$23/4'를 입력 확인한 후, 이를 선택하여 셀 B11까지 채우기 기능을 이용하여 입력한다.

❹ 셀 B12에 수식 '=$B$24/4'를 입력 확인한 후, 이를 선택하여 셀 B15까지 채우기 기능을 이용하여 입력한다.

❺ 셀 B16에 수식 '=$B$25/4'를 입력 확인한 후, 이를 선택하여 셀 B19까지 채우기 기능을 이용하여 입력한다.

B16 | =$B$25/4

	A	B	C	D	E	F
1		제품 A에 대한 주별 생산 계획과 수락 가능한 주문량				
2	주	예상 수요	고객 주문	생산 계획	가용재고	수락가능한 고객주문량
3	0					
4	1	100				
5	2	100				
6	3	100				
7	4	100				
8	5	125				
9	6	125				
10	7	125				
11	8	125				
12	9	150				
13	10	150				
14	11	150				
15	12	150				
16	13	125				
17	14					
18	15					
19	16					
20						
21	월	예상 수요				
22	1월	400				
23	2월	500				
24	3월	600				
25	4월	500				

❻ C열에 〈표 7–2〉의 실제 고객주문 현황을 이용하여 실제 고객주문을 입력한다.

❼ 셀 E3을 선택하여 초기 가용재고 50을 입력한다.

그림 7–2 제품 A에 대한 주별 예측수요, 고객주문, 가용재고

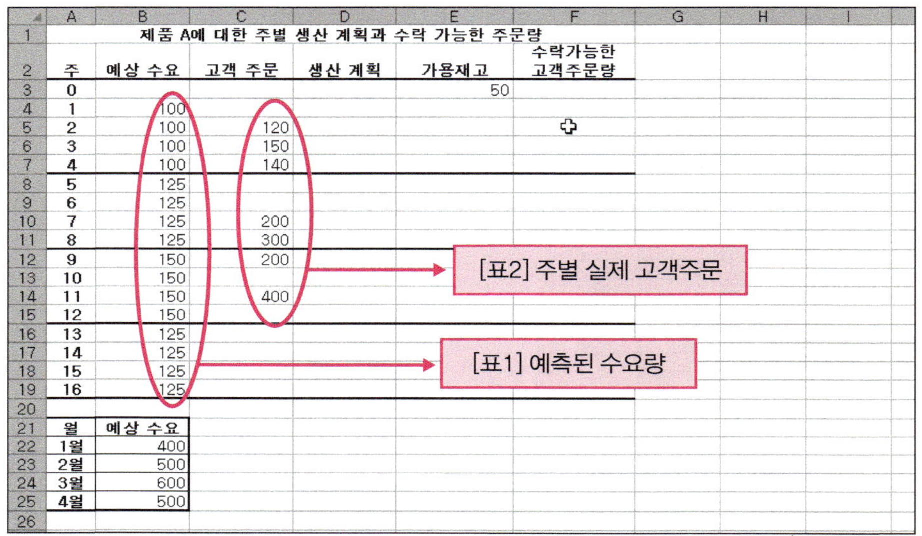
제품 A에 대한 주별 생산 계획과 수락 가능한 주문량

주	예상 수요	고객 주문	생산 계획	가용재고	수락가능한 고객주문량
0				50	
1	100				
2	100	120			
3	100	150			
4	100	140			
5	125				
6	125				
7	125	200			
8	125	300			
9	150	200			
10	150				
11	150	400			
12	150				
13	125				
14	125				
15	125				
16	125				

월	예상 수요
1월	400
2월	500
3월	600
4월	500

■ 주별 최적 생산계획과 가용재고, 수락 가능한 고객주문량

주별 최적 생산계획은 해당 주의 실제 고객주문과 가용재고 그리고 예측된 수요량에 의해서 결정되는데, 첫 번째 주의 경우 초기 재고 50개만이 존재한다. 그리고 첫 번째 주에 예상되는 수요는 100개이므로 첫 번째 주에 생산라인을 가동하여 제품 A의 생산에 들어간다.

생산라인을 가동하여 제품을 생산할 것인지는 가용재고를 통해서 실제로 접수된 고객주문 또는 예상수요를 충당할 수 있는지의 여부에 의해서 결정된다.

예를 들어, 가용재고가 예상수요 또는 실제 접수된 고객주문 보다 작은 경우에는 생산라인이 가동되어 제품이 생산된다.

프로젝트 사례에서 설명했듯이, 제품 A의 경우 생산라인이 가동되면 일회 생산량(생산로트) 300개가 생산되며, 이는 가용재고의 증가로 반영되어 최종 가용재고가 결정된다. 최종 가용재고와 수락 가능한 주문량은 다음 공식에 의해 계산된다.

[공식1] 가용재고$_t$

가용재고$_{t-1}$ - max { 예상수요$_t$; 실제 고객주문$_t$ } + 생산량$_t$ = 가용재고$_t$

[공식2–1] 수락 가능한 주문량$_t$ (t=1)

초기 재고 - 실제 고객주문$_t$ = 수락 가능한 주문량t

[공식2–2] 수락 가능한 주문량$_t$ (t>=2)

생산량$_t$ - 실제 고객주문$_{t+1,\, t+2,}$ ... = 수락 가능한 주문량$_t$

■ 제1주의 생산계획, 가용재고, 수락 가능한 고객주문량

❶ **생산계획** : 제1주에는 초기 재고량 50개 만으로 제1주에 예상되는 수요(100개)를 충당할 수 없기 때문에, 생산라인을 가동하여 제품 A를 생산해야 된다. 생산량은 매회 생산라인이 가동될 때마다 일정량(300개)이 생산되기 때문에, 다음과 같이 입력한다: 셀 D4를 선택한 후, 일회 생산량 300을 숫자로 입력한다.

❷ **가용재고** : 제1주의 가용재고는 위의 [공식1]에 의해서 초기 재고량 50에 제1주에 생산되는 생산량 300을 더한 후, 예상수요와 실제 고객주문량에 따라서 다음과 같은 논리 연산 수식을 입력함으로써 계산된다. 즉, 예상수요(B4)와 고객주문량(C4)를 비교하여 가용재고를 계산하는 것이다.

= E3–MAX(B4,C4)+D4

(a) 예상수요〉고객주문량: E3–B4+D4

(b) 예상수요〈고객주문량: E3–C4+D4

그림 7-3 제1주의 생산계획과 가용재고

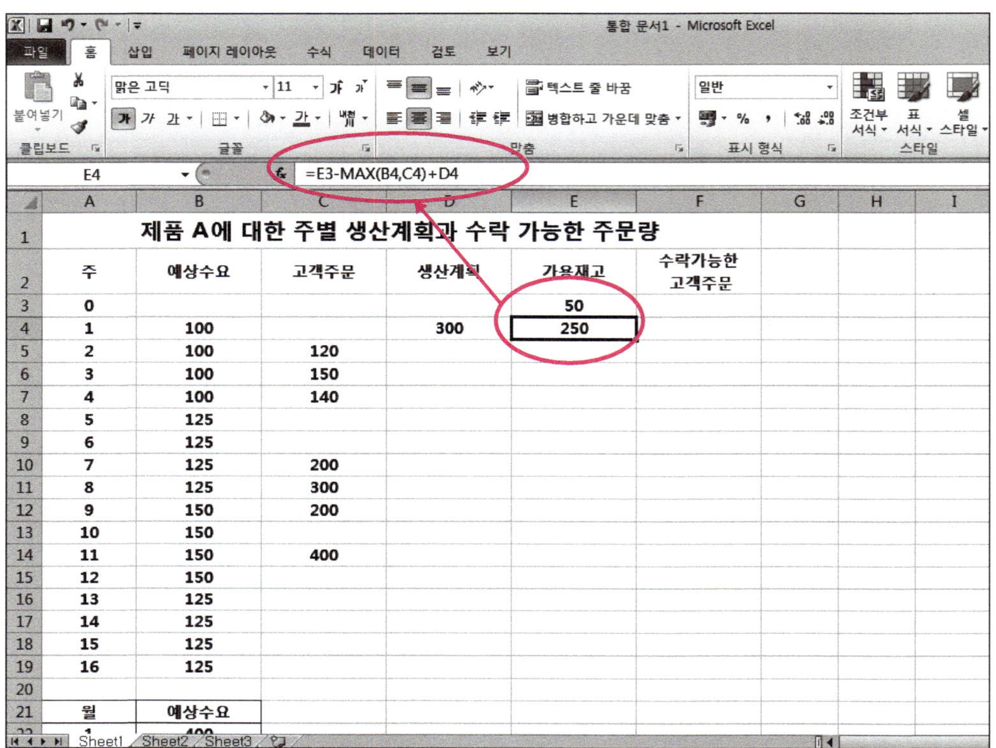

제품 A에 대한 주별 생산계획과 수락 가능한 주문량

주	예상수요	고객주문	생산계획	가용재고	수락가능한 고객주문
0				50	
1	100		300	250	
2	100	120			
3	100	150			
4	100	140			
5	125				
6	125				
7	125	200			
8	125	300			
9	150	200			
10	150				
11	150	400			
12	150				
13	125				
14	125				
15	125				
16	125				

월	예상수요
1	400

❸ **수락 가능한 주문량** : 제1주에 300개를 생산하였으며, 초기 재고 50개를 합하면, 전체 재고는 350개이다. 제1주에 수요를 100개 예상하였으나, 실제로 고객주문은 제2주에 120개가 접수되었기 때문에, 제2주에 출고될 120개를 제외한 나머지 재고 230에 대해서는 언제든지 출고 가능하다.

따라서 전체 재고(350)에서 다음 주의 주문을 제외한 나머지 재고가 수락 가능한 주문이 된다. 제1주의 수락 가능한 고객주문량은 다음과 같이 입력한다: 셀 F4를 선택한 후, 수식 D4+E3−C5를 입력한다.

그림 7-4 제1주의 수락 가능한 고객주문

F4 | =D4+E3-C5

	A	B	C	D	E	F
1	제품 A에 대한 주별 생산 계획과 수락 가능한 주문량					
2	주	예상 수요	고객 주문	생산 계획	가용재고	수락가능한 고객주문량
3	0				50	
4	1	100		300	250	230
5	2	100	120			
6	3	100	150			
7	4	100	140			

전 주의 가용재고 + 금주의 생산량
– 다음 주이 고객주문
→ 금주의 수락 가능한 고객주문

■ 제2주의 생산계획, 가용재고, 수락 가능한 고객주문량

❶ **생산계획** : 제2주에 예상되는 수요 100개 또는 실제로 접수된 고객주문 120개는 제1주의 가용재고 250개로 처리할 수 있기 때문에, 제2주에는 생산라인을 가동하지 않는다. 이를 위해서 D5 셀에 다음과 같이 수식을 입력한다.

=IF(E4>B5+C5,0,300)

❷ **가용재고** : 제1주의 가용재고 250개 중에서 실제로 접수된 고객주문 120개를 처리하고 나면, 가용재고는 130개가 된다. 가용재고를 계산하기 위한 수식은 E4의 논리 연산식과 동일하기 때문에, 채우기 핸들을 이용하여 복사하면 된다.

그림 7-5 제2주 가용재고 수식입력

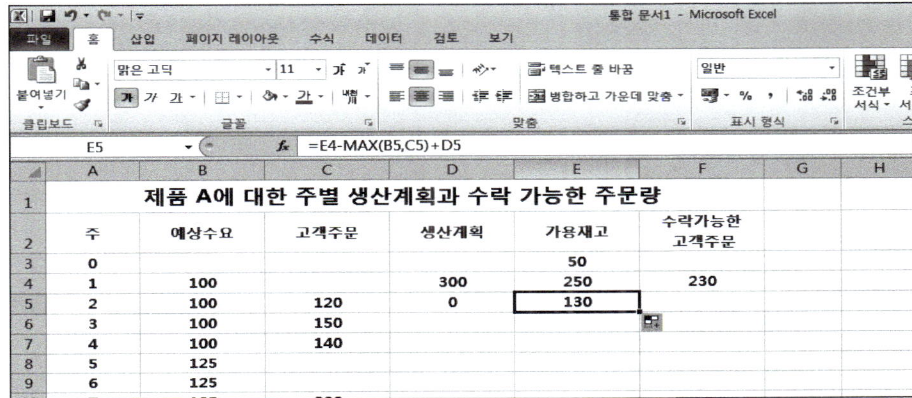

E5 | =E4-MAX(B5,C5)+D5

	A	B	C	D	E	F
1	제품 A에 대한 주별 생산계획과 수락 가능한 주문량					
2	주	예상수요	고객주문	생산계획	가용재고	수락가능한 고객주문
3	0				50	
4	1	100		300	250	230
5	2	100	120	0	130	
6	3	100	150			
7	4	100	140			
8	5	125				
9	6	125				

❸ **수락 가능한 고객주문** : 가용재고가 130개이며, 추가 생산계획도 없기 때문에, 제3주에 실제 접수된 주문이 150개를 감안할 때, 어떠한 고객주문도 받아 들일 수가 없다. 따라서 제2주의 수락

가능한 고객주문은 없다. 2주차의 수락 가능한 고객주문을 입력하는 수식은 다음과 같으며, 수식입력 결과는 다음과 같다.

수식입력(셀 F2) = =IF(E4+D5>SUM(C5:C6), E4+D5−SUM(C5:C6),0)

그림 7-6 제2주 수락 가능한 고객주문 입력식

F5 | =IF(E4+D5>SUM(C5:C6),E4+D5-SUM(C5:C6),0)

	A	B	C	D	E	F
1	제품 A에 대한 주별 생산계획과 수락 가능한 주문량					
2	주	예상수요	고객주문	생산계획	가용재고	수락가능한 고객주문
3	0				50	
4	1	100		300	250	230
5	2	100	120	0	130	0
6	3	100	150			
7	4	100	140			
8	5	125				
9	6	125				
10	7	125	200			
11	8	125	300			
12	9	150	200			
13	10	150				
14	11	150	400			
15	12	150				
16	13	125				
17	14	125				
18	15	125				
19	16	125				
20						
21	월	예상수요				

■ 제3주의 생산계획, 가용재고, 수락 가능한 고객주문량

❶ **생산계획** : 제2주의 고객주문을 처리하고 난 후의 가용재고는 130개이며, 제3주에 접수된 고객주문 150개를 처리하기 위해서는 생산라인을 가동하여 제품을 추가로 생산해야 하기 때문에, 제3주의 생산계획을 다음과 같이 입력한다: 셀 D5를 선택한 후 채우기 핸들로 자동으로 채운다.

❷ **가용재고** : 제2주로부터 이월된 재고 130개와 제3주에 추가로 생산된 300개를 더하여 전체 재고는 430개로 늘었으나, 제3주에 접수된 고객주문 150개를 처리하고 난 후의 가용재고는 430−150=280개가 된다. 가용재고의 입력 또한 제2주의 입력방식과 동일한 입력식을 이용한

다(=E5-MAX(B6,C6)+D6). 입력방법은 셀 E5 를 선택한 후, 채우기 핸들을 이용하여 자동으로 채운다.

❸ **수락 가능한 고객주문량** : [공식2-2]에 제4주의 예상수요 또는 접수된 고객주문은 이전 주의 가용재고 130개와 계획중인 생산량 300개를 합한 430개는 제4주와 제5주의 예상수량(290개)을 감안한 후 140개의 고객주문량은 수락 가능하다. 이는 이전 주의 수락 가능한 고객주문량 셀을 선택한 후, 채우기 핸들로 자동으로 채운다. 다음은 제3주의 수락 가능한 고객주문량 입력결과이다.

그림 7-7 제3주의 수락 가능한 고객주문량

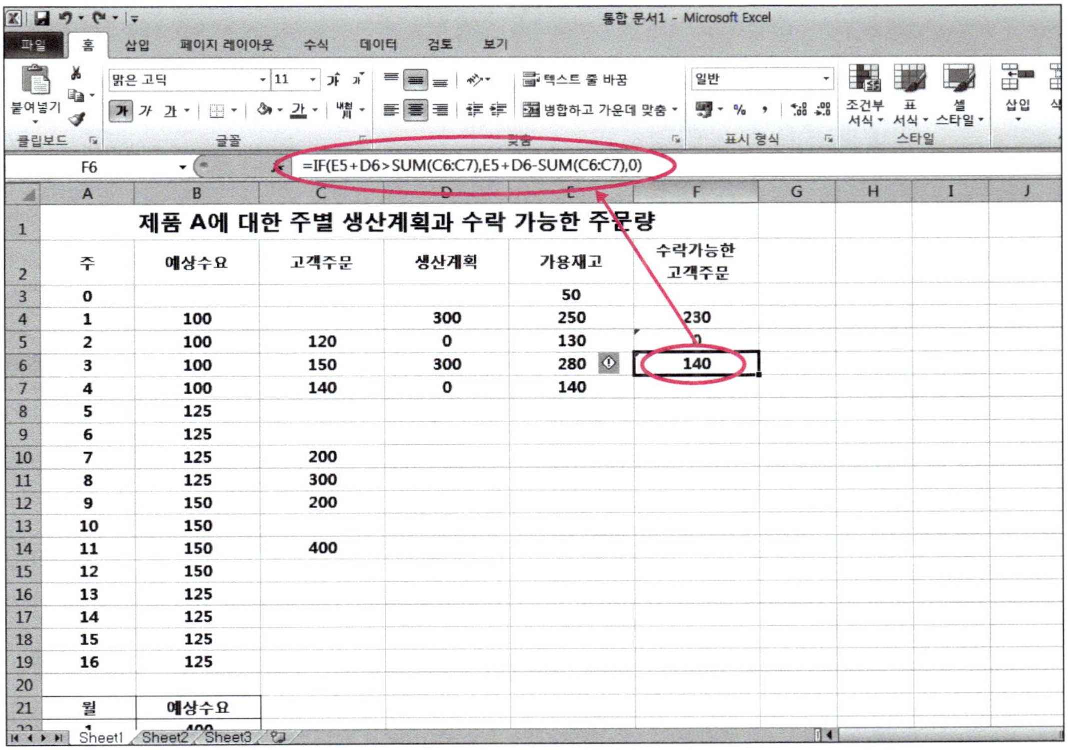
통합 문서1 - Microsoft Excel
F6
=IF(E5+D6>SUM(C6:C7),E5+D6-SUM(C6:C7),0)
Sheet1
Sheet2
Sheet3

제품 A에 대한 주별 생산계획과 수락 가능한 주문량

주	예상수요	고객주문	생산계획	가용재고	수락가능한 고객주문
0				50	
1	100		300	250	230
2	100	120	0	130	0
3	100	150	300	280	140
4	100	140	0	140	
5	125				
6	125				
7	125	200			
8	125	300			
9	150	200			
10	150				
11	150	400			
12	150				
13	125				
14	125				
15	125				
16	125				

월	예상수요
1	400

■ 제4주의 생산계획, 가용재고, 수락 가능한 고객주문량

❶ **생산계획** : 제4주의 예상수요 또는 접수된 고객주문 그리고 이전 주의 가용재고를 고려할 때 생산계획을 수립하지 않아도 되기 때문에, 제4주 생산계획 수량은 0이다. 수식입력식은 다음과 같다.

수식입력식: =IF(E6〉B7+C7,0,300)

❷ **가용재고** : 가용재고 280개에서 접수된 고객주문 140개를 처리하고 난 나머지가 가용재고이다. 이 또한 셀 E4, E5와 동일한 논리 연산이므로 복사하여 입력하거나, 채우기 핸들로 복사하면 된다.

❸ **수락 가능한 고객주문량** : 제4주의 수락 가능한 고객주문량 역시 생산계획이 없기 때문에, 존재하지 않는다.

[그림 7-8]은 지금까지 설명한 제1~4주까지의 생산계획, 가용재고, 수락 가능한 고객주문량을 나타낸 것이다.

그림 7-8 제1~4주까지의 생산계획, 가용재고, 수락 가능한 고객주문

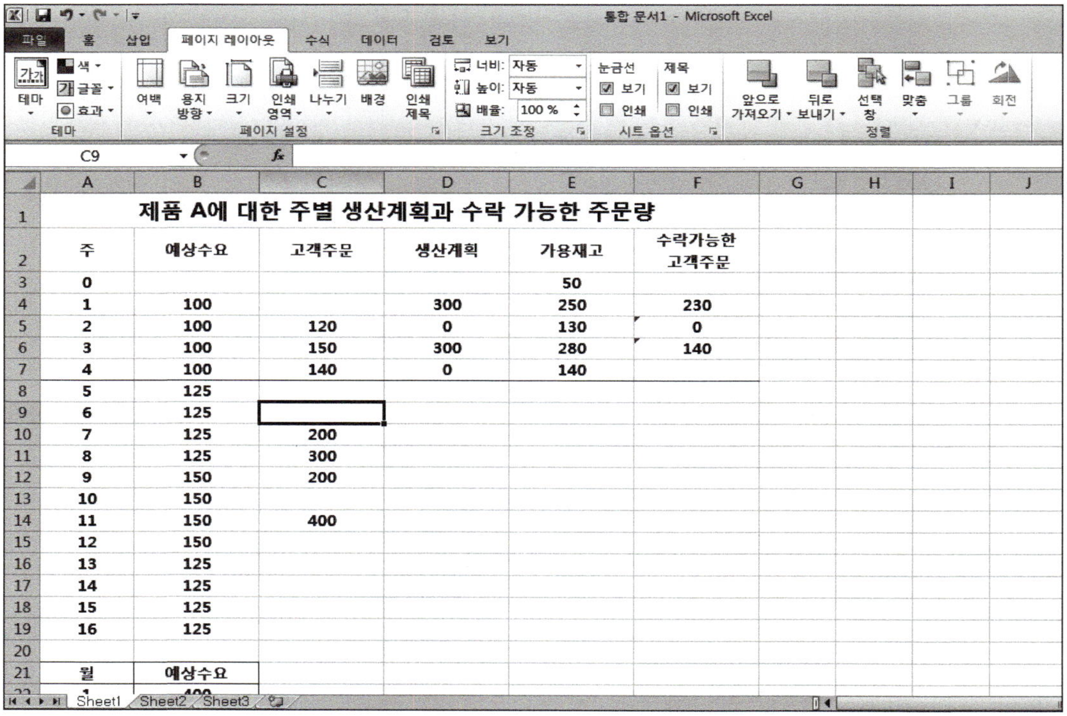

통합 문서1 - Microsoft Excel

제품 A에 대한 주별 생산계획과 수락 가능한 주문량

주	예상수요	고객주문	생산계획	가용재고	수락가능한 고객주문
0				50	
1	100		300	250	230
2	100	120	0	130	0
3	100	150	300	280	140
4	100	140	0	140	
5	125				
6	125				
7	125	200			
8	125	300			
9	150	200			
10	150				
11	150	400			
12	150				
13	125				
14	125				
15	125				
16	125				

월	예상수요
1	400

Sheet1 Sheet2 Sheet3

동일한 계산방식으로 주별 생산계획과 가용재고 그리고 수락 가능한 고객주문량을 계산하여 워크시트에 입력하면, [그림 7-9]와 같다.

그림 7-9 제품 A에 대한 주별 생산계획, 가용재고, 수락 가능한 고객주문

제품 A에 대한 주별 생산계획과 수락 가능한 주문량

주	예상수요	고객주문	생산계획	가용재고	수락가능한고객주문
0				50	
1	100		300	250	230
2	100	120	0	130	0
3	100	150	300	280	140
4	100	140	0	140	140
5	125		0	15	140
6	125		300	190	115
7	125	200	300	290	0
8	125	300	300	290	90
9	150	200	300	390	390
10	150		0	240	0
11	150	400	300	140	140
12	150		300	290	440
13	125		0	165	290
14	125		0	40	165
15	125		300	215	340
16	125		0	90	215

월	예상수요
1	400
2	500
3	600
4	500

1.2 수락 가능한 고객주문과 제품 납품

생산계획과 가용재고를 감안하여 수락 가능한 고객주문은 [그림 7-9]에서 정리된 바와 같다. 만일 첫 주에 제품 A에 대해서 400개의 주문이 접수되었다고 가정해 보자. 만일 400개의 주문제품을 분할해서 납품할 수 없다면, 이는 4주차에 이르러서야 일괄 납품이 가능할 것이다. 그러나 주문제품을 분할해서 납품 가능하다면 1주차에 230개, 3주차에 140개, 그리고 4주차에 나머지 30개를 납품할 수 있을 것이다.

2 복수제품에 대한 생산계획 및 수락 가능한 고객주문

만일 단일 제품이 아닌, 복수제품을 생산하는 기업이라고 가정할 때, 다름 제품 B에 대한 생산계획 및 수락 가능한 고객주문을 계산하는 방식은 동일하다.

그러나 제품 납품의 경우에 있어서는 동일 고객이 복수제품을 주문하는 경우와, 개별 제품 별로 납품 받기를 원하는지? 혹은 복수 제품 모두를 일괄 납품 받기를 원하느냐에 따라서 수락 가능한 고객주문량은 달라질 것이다.

연 습 문 제

01 데이터 관리_고급 필터 ①

고급 필터는 자동 필터보다 훨씬 복잡한 조건을 사용하여 데이터를 검색할 수 있다. 고급 필터를 실행하려면 반드시 조건 범위를 먼저 작성해야 한다. 조건에 만족하는 데이터를 찾아 다른 장소에 복사할 수도 있다.

다음 데이터 목록의 범위 B2:G12에서 '거래처'가 '동'으로 시작하고, 금액이 15000원을 초과한 데이터(레코드)를 추출하여 셀 B14부터 복사하시오.

A1

	A	B	C	D	E	F	G	H	I	J	K	L
1												
2		년월일	거래처	상품명	단가	수량	금액					
3		2012-01-01	동부	비스켓	300	50	15,000					
4		2012-01-01	서부	피자	1,200	43	51,600		거래처	금액		
5		2012-01-01	동부	콜라	500	35	17,500		동	>15000		
6		2012-01-02	동부	세븐업	600	25	15,000					
7		2012-01-02	동부	햄버거	1,100	64	70,400					
8		2012-01-02	남부	우유	400	26	10,400					
9		2012-01-02	남부	핫도그	450	12	5,400					
10		2012-01-02	북부	핫도그	450	15	6,750					
11		2012-01-02	서부	우유	400	10	4,000					
12		2012-01-03	서부	비스켓	300	12	3,600					
13												

주어진 조건으로 데이터를 추출하기 위해서는 위 그림과 같이 검색의 조건 범위 I4:J5(AND 조건)를 입력한 후, 필터 작업을 한다.

데이터의 목록 범위 B2:G12 안의 임의 셀을 클릭한 후, [데이터] 탭 → [정렬 및 필터] 그룹 → 〈고급〉 버튼을 클릭하여 나타난 대화상자에서 조작한다.

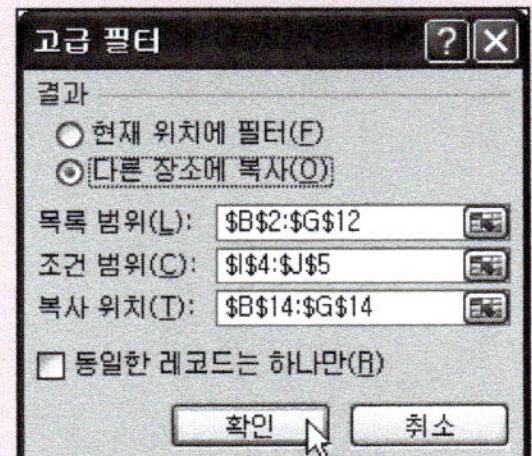

특히 조건 범위에서 필드명을 입력하게 되는 I4와 J4는 데이터 목록의 필드명과 일치해야만 한다. 그래서 셀 C2의 데이터를 복사해서 I4에 붙여 넣기를 하고, 셀 G2의 데이터를 복사해서 J4에 붙여 넣기를 하는 것이 좋다.

02 데이터 관리_고급 필터 ②

다음 데이터 목록의 범위 B2:G12에서 '거래처'가 '동'으로 시작하거나 또는 금액이 15000원을 초과한 데이터(레코드)를 추출하여 셀 B14부터 '거래처', '상품명', '금액'만의 데이터를 출력하시오.

	A	B	C	D	E	F	G	H	I	J	K	L
1												
2		년월일	거래처	상품명	단가	수량	금액					
3		2012-01-01	동부	비스켓	300	50	15,000					
4		2012-01-01	서부	피자	1,200	43	51,600		거래처	금액		
5		2012-01-01	동부	콜라	500	35	17,500		동			
6		2012-01-02	동부	세븐업	600	25	15,000			>15000		
7		2012-01-02	동부	햄버거	1,100	64	70,400					
8		2012-01-02	남부	우유	400	26	10,400					
9		2012-01-02	남부	핫도그	450	12	5,400					
10		2012-01-02	북부	핫도그	450	15	6,750					
11		2012-01-02	서부	우유	400	10	4,000					
12		2012-01-03	서부	비스켓	300	12	3,600					
13												
14		거래처	상품명	수량	금액							
15												
16												

주어진 조건으로 데이터를 추출하기 위해서는 위 그림과 같이 검색의 조건 범위 I4:J6(OR 조건)을 입력하고, 복사 위치에 요구한 필드명을 입력한 후에 필터 작업을 한다.

데이터의 목록 범위 B2:G12 안의 임의 셀을 클릭한 후, [데이터] 탭 → [정렬 및 필터] 그룹 → 〈고급〉 버튼을 클릭하여 나타난 대화상자에서 조작한다.

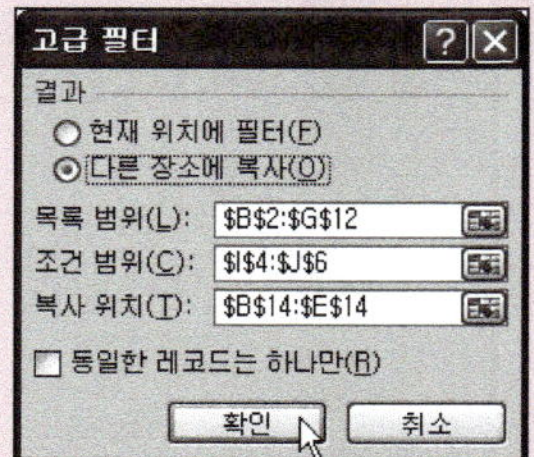

'조건 범위'나 '복사위치'는 해당 범위를 마우스로 드래그하여 입력하는 것이 편리하다.

03 데이터 관리_고급 필터 ③

현재 작업 중인 워크시트 명은 Sheet2이며, 데이터 목록의 범위 B2:G12에서 ['거래처'가 '부'로 끝나고, 그리고 금액 평균을 초과]한 데이터(레코드)를 추출하여, 다른 워크시트(여기서는 Sheet3)의 셀 B2부터 추출된 데이터를 출력하시오.

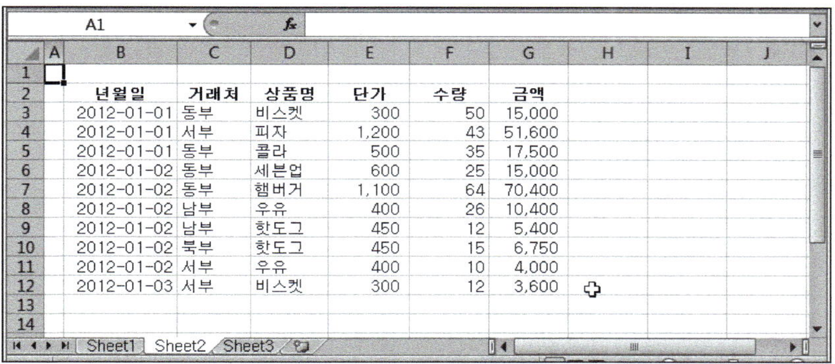

년월일	거래처	상품명	단가	수량	금액
2012-01-01	동부	비스켓	300	50	15,000
2012-01-01	서부	피자	1,200	43	51,600
2012-01-01	동부	콜라	500	35	17,500
2012-01-02	동부	세븐업	600	25	15,000
2012-01-02	동부	햄버거	1,100	64	70,400
2012-01-02	남부	우유	400	26	10,400
2012-01-02	남부	핫도그	450	12	5,400
2012-01-02	북부	핫도그	450	15	6,750
2012-01-02	서부	우유	400	10	4,000
2012-01-03	서부	비스켓	300	12	3,600

먼저 필터 결과를 복사할 워크시트에 필터의 조건 범위을 만들고, 추출한 데이터를 복사 위치(여기서는 셀 B2)에 마우스 포인트를 클릭하여 액티브로 한다.

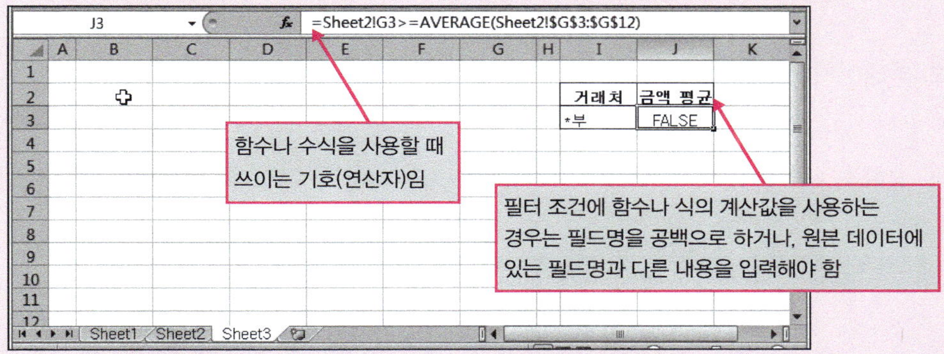

'거래처' 조건인 "*부"는 "부"라는 글자로 끝나는 모든 데이터로 "동부", "총무부" 등과 같은 데이터를 의미한다. 이러한 "*"을 와일드카드 문자라고 하는데, 이것은 임의의 여러 글자를 의미한다. "이*"라고 하면 시작이 "이"로 시작되는 "이도령", "이순신 장군" 등과 같은 데이터를 뜻한다.

와일드카드 문자 중에는 ?(물음표)도 있는데, 이것은 임의의 한 글자를 의미한다. 즉 ? 자리에는 아무 글자나 한 글자가 올 수 있다는 의미이다. "보?탕"은 보양탕, 보신탕 등과 같은 데이터를 뜻한다.

위의 워크시트에서 J3에 입력된 필터 조건은 함수를 사용하고 있는 것으로 약간 특이한 형태로 되어 있다. 맨 앞에 있는 "="는 함수를 사용한다는 의미이다. "Sheet2!G3"은 "Sheet2라는 워크시트의 G3을 참조한다"는 의미이다. 이와 같이 필터 조건에 함수를 사용하는 경우는 필드명을 공백으로 하거나 위와 같이 원본 데이터에 있는 필드명과 다른 내용을 입력해야만 한다.

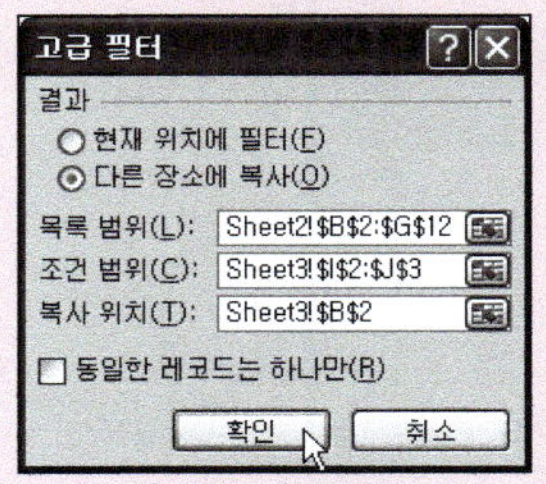

조작 순서는 먼저 추출된 데이터를 복사할 Sheet3의 B2를 액티브로 한 후, [데이터] 탭 → [정렬 및 필터] 그룹 → 〈고급〉 버튼을 클릭하여 대화상자가 나타나게 한다. 〈Sheet2〉의 시트 탭을 클릭한 후, 목록 범위 B2:G12를 드래그하여 선택한다. 이후 〈Sheet3〉 시트 탭을 클릭하여 조작하면 된다.

04 데이터 관리_고급필터 조건

다음 필터 조건을 해석하시오.

①

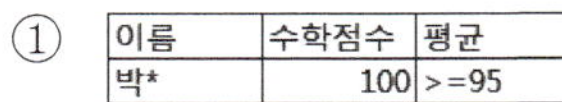

이름	수학점수	평균
박*	100	>=95

이름	수학점수	평균
박*		
	100	
		>= 95

②

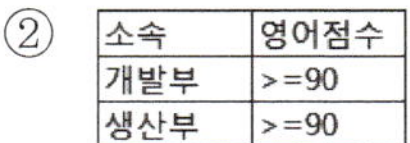

소속	영어점수
개발부	>=90
생산부	>=90

소속	영어점수	컴퓨터점수
개발부	100	
		>=95

③

금액순위
FALSE

05 데이터 관리_외부 데이터 가져오기

웹 브라우저를 열고, 네이버(www.naver.com) → 증권 → 국내 증시 → 주요 시세 정보 → 〈거래 상위〉를 차례로 클릭하면 다음과 같이 거래정보가 나타난다. 여기서 '코스피'에 나타나고 있는 데이터를 엑셀로 가져오시오.

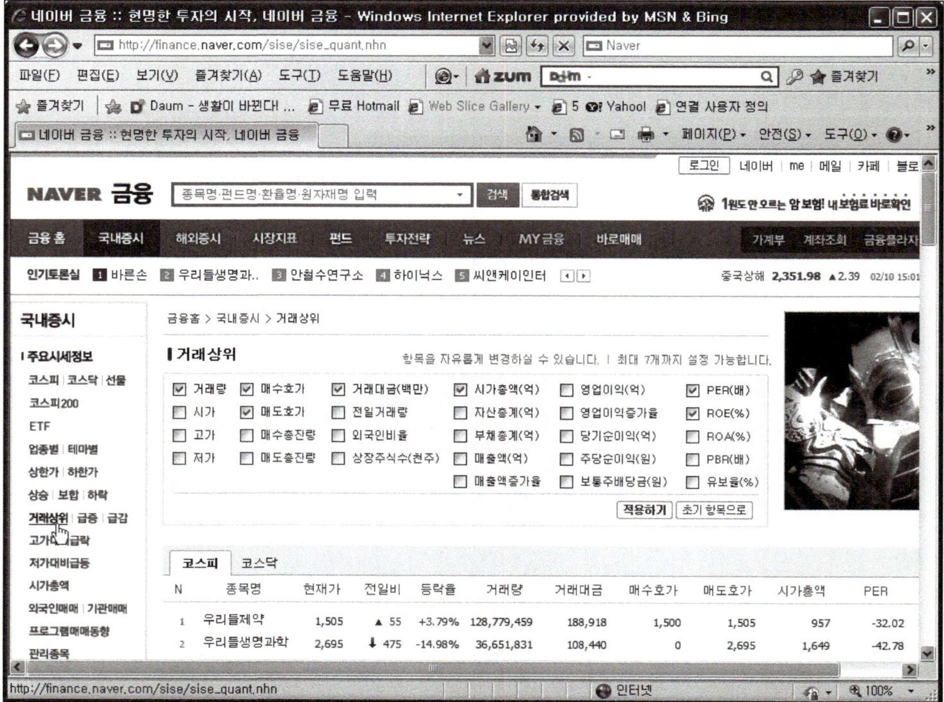

먼저 웹의 주소창에 나타난 주소(http://finance.naver.com/sise/sise_quant.nhn)를 복사하고, 가져온 데이터를 입력할 시작 셀(예로 셀 B2)을 클릭한다.

[데이터] → [외부 데이터 가져오기] → 〈웹〉 버튼을 클릭하여 나타난 [새 웹 쿼리] 대화 상자의 주소 창에 주소를 붙여 넣고 〈이동〉 버튼을 클릭한다.
그러면 위의 화면에서 [코스피] 탭 버튼의 왼쪽 아래에 →라는 아이콘이 나타나는 데, 이 아이콘을 클릭한 후, 대화상자의 맨 아래 오른쪽에 있는 〈가져오기〉 버튼을 클릭하여 나타난 대화상자에서 조작한다.

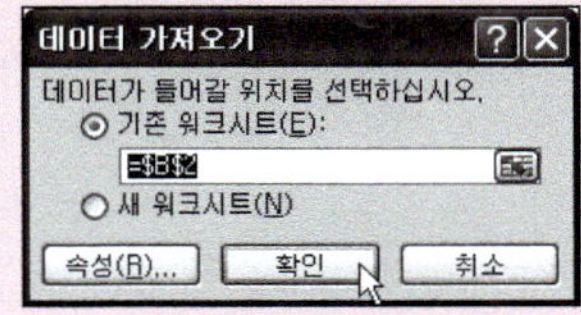

이외에도 Access 데이터, 텍스트 데이터 등 여러 종류의 데이터를 가져올 수 있다.

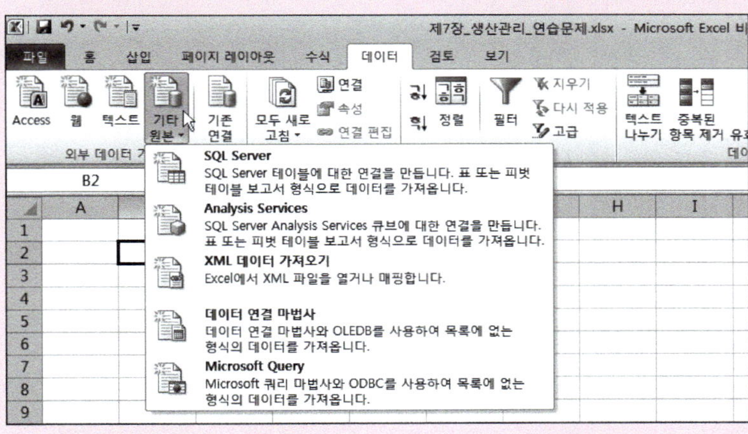

08 CHAPTER

경영과학 – 마아코프 분석

본 장에서는 현재나 과거의 사상을 근거로 미래의 상태를 예측하는 경영과학 분야의 대표적인 기법인 마아코프 분석과 활용 방법에 대해서 학습한다.

SECTION 01에서는 마아코프 분석을 위한 기본 개념과, 현재나 과거로부터 미래의 상태에 도달하는 과정을 설명하는 전이행렬 및 미래상태 예측에 대한 배경이론에 대해서 학습하며, SECTION 02에서는 구체적인 사례를 통해서 마아코프 분석기법의 활용사례에 대해서 학습한다.

배경이론

마아코프 분석(Markov analysis)이란, 1907년 러시아의 수학자 마아코프(Andrei A. Markov)에 의해서 소개된 이론으로 현재나 과거의 사상을 통해서 미래사상을 예측하기 위한 기법이다.

마아코프 분석기법은 의사결정론자로 하여금 합리적인 의사결정을 내릴 수 있도록 확률적 정보를 제공하기 위한 기법이기 때문에, 최적화 기법(optimization technique)이 아니라, 일종의 확률적 정보에 기인한 기술적 기법(descriptive technique)으로 알려져 있다.

마아코프 분석기법은 과거에는 소비자의 상표에 대한 충성도 또는 한 상표로부터 다른 상표로의 상표전환 형태의 예측 및 검토에 주로 사용되어 왔으나, 현재는 판매계획, 재고관리, 고객관리, 노무관리 등의 분야로 적용범위가 확대되어 가고 있다.

■ 마아코프 과정

마아코프 과정(Markov Process)은 확률적 과정이며, 확률적 과정이란 확률이 적용되는 불확실한 환경에서 현재나 과거의 상태로부터 미래의 상태로 전환되어 가는 과정을 의미한다.

이 경우 현재 어떤 상태가 알려져 있다면, 다음 상태가 발생할 조건확률은 현재 이전의 상태와는 무관하다는 것을 의미하는데, 어떤 상태에서 다른 상태로 전환되는 가능성을 측정하는 변환확률이 시간이 경과하더라도 일정한 경우 즉, 현재나 과거의 상태가 변화되는 확률이 시간이 지남에 따라서 특정 확률로 수렴하게 되는 경우에 마아코프 과정을 마아코프 체인(Markov Chain)이라 한다.

■ 전이행렬

전이행렬(Matrix of Transition)은 현재나 과거의 상태(예를 들어, 올해의 도시, 농촌간 인구분포)에서 미래 상태(내년의 도시, 농촌간 인구분포)로 도달하는 과정을 전이행렬이라 하고, 이는 현재나 과거의 상태를 전제로 한 미래 상태에 있을 확률을 조건부 확률행렬(Matrix of conditional probability)이라고 한다. 전이행렬을 수학적으로 표현하면 다음과 같다.

특정 상태에서 다른 상태로 전환될 조건부 확률 즉, 상태 i에 있다가 상태 j에 도달할 확률을

$$P_{ij} = \text{현재 상태 } i\text{를 전제로 미래 상태 } j\text{에 도달할 확률}$$

라 할 때, 상태와 확률을 다음과 같은 하나의 행렬로 표현할 때, 이를 전이행렬이라 한다.

$$P = \begin{pmatrix} P_{11} & P_{12} & \cdots & P_{1n} \\ P_{21} & P_{22} & \cdots & P_{2n} \\ P_{31} & P_{32} & \cdots & P_{3n} \\ \cdot & \cdots & \cdots & \cdot \\ P_{m1} & P_{m2} & \cdots & P_{mn} \end{pmatrix}$$

예를 들어, A, B, C사의 제품사용자가 다른 회사의 제품을 구매할 확률을 전이행렬을 표로 나타내면 〈표 8-1〉과 같다.

〈표 8-1〉 A, B, C 사의 전이행렬

	A	B	C	합 계
A	0.6	0.3	0.1	1.0
B	0.2	0.7	0.1	1.0
C	0.1	0.0	0.9	1.0

$$P_{11} = 0.6 = \text{A사 제품사용자가 미래에 A사 제품을 구매할 확률}$$
$$P_{1}2 = 0.3 = \text{A사 제품사용자가 미래에 B사 제품을 구매할 확률}$$
$$P_{13} = 0.1 = \text{A사 제품사용자가 미래에 C사 제품을 구매할 확률}$$
$$\cdots$$
$$P_{31} = 0.1 = \text{C사 제품사용자가 미래에 A사 제품을 구매할 확률}$$
$$P_{32} = 0.3 = \text{C사 제품사용자가 미래에 B사 제품을 구매할 확률}$$
$$P_{33} = 0.9 = \text{C사 제품사용자가 미래에 C사 제품을 구매할 확률}$$

■ 상태벡터

상태벡터(Vector of States)는 특정 시점의 상태를 나타낸다. 위의 전이행렬이 현재나 과거로부터 미래로 변화하는 성향을 나타낸다면, 상태벡터는 변화하는 성향에 따른 결과를 나타낸다. 따라서 상태벡터는 특정 시점의 상황을 나타내는 것이기 때문에, 전이행렬과는 다른 개념이다. n개의 상태가 존재할 때, 상태벡터는 다음과 같이 정의된다:

$$\pi(i) = \text{기간 } i \text{의 상태벡터}$$
$$= [\pi(1)\ \pi(2)\ \pi(3) \cdots \pi(\mathrm{n})]$$

■ 미래상태의 예측

위에서 설명한 전이행렬과 상태벡터로부터 미래상태는 상태벡터를 전이행렬로 곱하여 얻어진다. 예를 들어, 2011년의 A, B, C사의 시장점유율을 다음과 같이 가정하고,

A사 = 0.35
B사 = 0.4
C사 = 0.25

A, B, C사의 전이행렬은 〈표 8-1〉로 가정할 때, 2012년도 시장점유율은 전이행렬 * 상태벡터로 계산된다.

$$\text{미래의 사상이나 상태} = \pi(i) * P_{ij}$$

$$[0.35\ 0.4\ 0.25] * \begin{pmatrix} 0.6 & 0.3 & 0.1 \\ 0.2 & 0.7 & 0.1 \\ 0.1 & 0.0 & 0.9 \end{pmatrix}$$

➡ A, B, C사의 2012년도 시장점유율 = 0.315　0.385　0.30

이와 같이 특정 시점에서 다른 시점으로 변화될 확률(전이행렬)과 특정 시점의 상태(상태벡터)를 통해서 구하고자 하는 미래의 특정 시점에 대한 상태를 예측할 수가 있다. 그러나 이와 같은 마아코프 분석기법은 다음과 같은 전제조건이 충족될 때 활용 가능하다.

① 시스템은 유한한 수의 상태를 가져야 한다.
② 주어진 초기 상태의 변환확률의 합계는 1이여야 한다.
(예를 들어, A, B, C사의 전이행렬표에서 A사의 경우 0.6 + 0.3 + 0.1 = 1.0)
③ 특정 시점의 상태는 이전 상태와 변환확률에 의존한다.
④ 상태변화는 각 시기에 한 번만 발생한다.
⑤ 상태는 변화하는 시간과 독립적이고, 변환확률은 시간이 경과하더라도 일정하다.
⑥ 특정 시점의 상황인 상태벡터는 측정 가능해야 한다.

사례 프로젝트

마아코프 분석 활용프로젝트 –인구이동

2010년 11월 1일부터 15일까지 실시된 인구통계조사결과 우리나라의 총 인구는 2000년의 인구통계조사결과 집계된 4727만 8951명보다 2.8% 늘어난 4858만 293명으로 집계되었다.

지역별 인구분포 현황에 의하면, 수도권(서울, 인천, 경기)의 인구는 2383만 6272명으로 전체 인구의 49.1%로 집계되어 전체 인구 가운데 절반 가량이 서울, 인천, 경기 등 수도권에 거주하고 있는 것으로 나타났다.

2010년의 인구통계조사를 토대로 수도권 과밀화 현상을 해소하기 위한 대책을 마련하기 위해서 20년 동안의 수도권과 비 수도권의 인구집중 과정을 파악하여 향 후 어느 정도의 인구가 수도권에 집중하는 현상을 보이게 될 것인지 분석해 보려고 한다. 이를 위해서 파악한 자료는 다음과 같다.

① 2010년 조사 당시 수도권의 인구비율은 49%로 조사되었으며, 비 수도권의 인구비율은 51%로 파악되었다.

② 수도권과 비 수도권의 인구이동은 〈표 8-2〉와 같다고 가정한다.

〈표 8-2〉 수도권-비 수도권 인구이동

	수도권	비 수도권	합 계
수도권	0.62	0.38	1.00
비 수도권	0.54	0.46	1.00

(수도권, 수도권) + (수도권, 비 수도권) = 1.0
(비 수도권, 수도권) + (비 수도권, 비 수도권) = 1.0

전이행렬과 초기의 상태벡터 입력

2010년 인구분포율이 〈표 8-2〉와 같으며, 인구비율은 수도권 49%, 비 수도권 51%에 해당되기 때문에, 이를 각각 (2*2) 전이행렬과 (1*2) 행렬의 상태벡터로 나타내면 다음과 같다.

$$\text{인구이동률 행렬} \begin{bmatrix} 0.62 & 0.38 \\ 0.54 & 0.46 \end{bmatrix}$$

$$\text{인구분포율 행렬} \begin{bmatrix} 0.49 & 0.51 \end{bmatrix}$$

■ 워크시트의 제목과 열제목, 행제목 입력하기

워크시트의 기본 구성은 〈표 8-2〉의 인구이동표의 행과 열제목과, 2010년도 인구분포율을 그대로 사용하며, 다음과 같은 단계의 작업을 통해서 [그림 8-1]과 같은 워크시트의 기본 모형을 완성한다.

❶ 셀 A1을 선택하여 워크시트의 제목 "수도권과 비 수도권의 인구ㅣ동 추이"를 입력한다.
❷ 셀 B2를 선택하여 "인구이동률"을 입력한다.
❸ 셀 B3~B4를 차례로 선택하여 열제목 "수도권", "비 수도권"을 각각 입력한다.
❹ 셀 B4~B5를 차례로 선택하여 행제목 "수도권", "비 수도권"을 각각 입력한다.
❺ 셀 A7~B7까지를 차례로 선택하여 "인구분포율", "2010년"을 입력한다.

그림 8-1 워크시트 기본모형

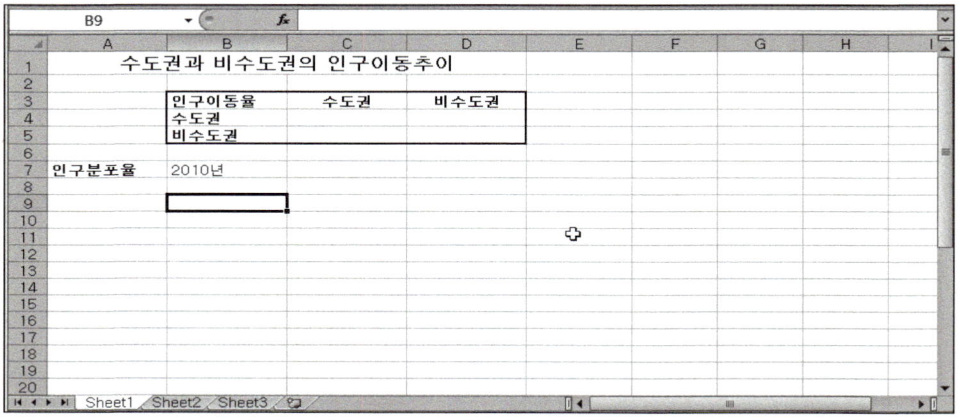

	A	B	C	D
1	수도권과 비수도권의 인구이동추이			
2				
3		인구이동율	수도권	비수도권
4		수도권		
5		비수도권		
6				
7	인구분포율	2010년		

■ 데이터 입력하기

[그림 8-1]은 워크시트의 제목과 행 및 열제목을 입력한 후, 워크시트의 제목을 셀 A1~D1까지를 선택하여 [셀 통합 후 가운데 맞춤] 한 것이며, 인구이동률 부분을 선택하여 [셀서식]-[테두리] 윤곽선 서식을 지정하여 표시한 것이다.

이제 초기 상태의 전이행렬과 상태벡터를 2010년도 인구이동률과 인구분포율을 나타내는 〈표 8-1〉을 근거로 입력하면, [그림 8-2]와 같은 워크시트 모델이 완성된다.

그림 8-2 전이행렬 및 초기 상태벡터 데이터 입력

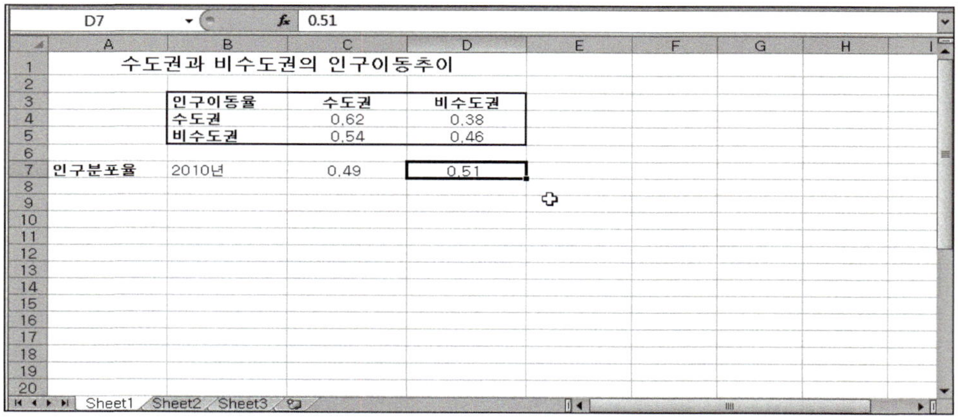

	A	B	C	D
1	수도권과 비수도권의 인구이동추이			
2				
3		인구이동율	수도권	비수도권
4		수도권	0.62	0.38
5		비수도권	0.54	0.46
6				
7	인구분포율	2010년	0.49	0.51

2 년도별 인구분포(2011, 2012년도)

Section 01의 배경이론에서 설명한 것처럼, 미래의 상태(2011년도 인구분포)는 2010년도의 상태벡터와 2010년에서 2011으로 변환될 전이행렬을 근거로 다음과 같은 수식을 통해서 예측된다.

> 미래의 상태 = 초기 상태벡터 * 초기 전이행렬
> 2011년도 인구분포 = 2010년도 인구분포율 * 2010년도 인구이동률

2011년도의 인구분포를 계산하는 과정은 다음과 같다.

❶ 워크시트 모형에서 전이행렬과 상태벡터의 곱이 삽입될 영역을 선택한 후, [수식] 탭 → [함수 라이브러리] 그룹 → 〈함수 삽입〉 버튼을 클릭하거나 입력 표시줄 왼쪽에 있는 〈함수 삽입〉 버튼을 클릭하여 함수 마법사를 실행시킨다.

그림 8-3 영역선택 및 〈함수 삽입〉 버튼 클릭

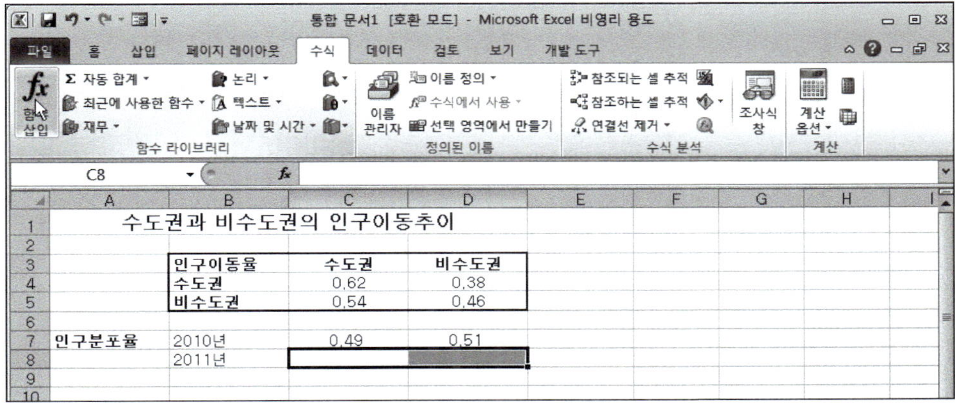

❷ 함수마법사에서 [수학/삼각]–[MMULT] (행렬의 곱 함수)를 선택하고 확인한다.

그림 8-4 함수마법사 대화상자

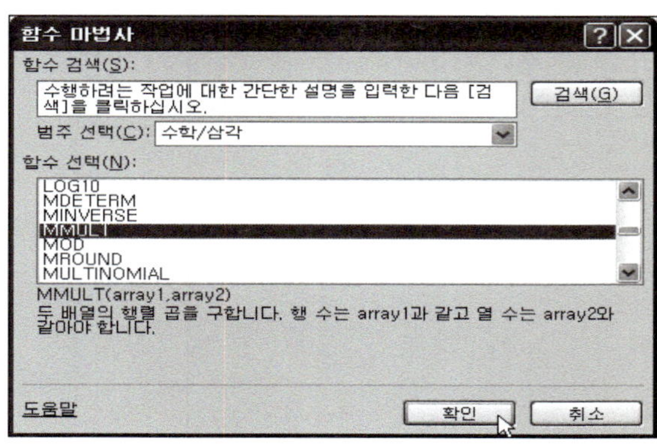

❸ 함수마법사에서 행렬의 곱 함수를 선택하면, 함수인수를 입력하는 대화상자가 나타난다. 함수의 첫 번째 인수는 상태벡터이며, 두 번째 인수는 전이행렬에 해당된다. 따라서 첫 번째 인수로 셀 C8~D8을 선택하여 입력하고, 두 번째 인수로 셀 C4~D5 영역을 드래그하여 입력한다.

그림 8-5 함수의 인수 입력

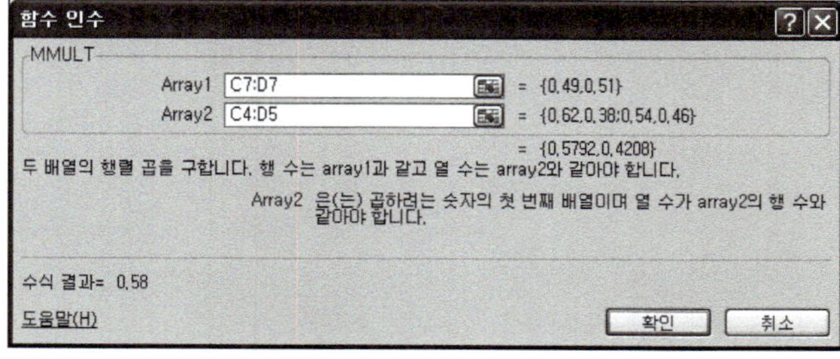

❹ 함수의 인수를 입력하고 [그림 8–5]에서 〈확인〉 버튼을 클릭하지 않고 대신에, Ctrl+Shift+Enter 키를 누르면, [그림 8–6]과 같이 셀 C8~D8에 두 행렬의 곱이 표시되며, 이는 2011년도에 예상되는 인구분포율이다.

그림 8-6 2013년도 인구분포율

	A	B	C	D	E	F	G	H
1		수도권과 비수도권의 인구이동추이						
2								
3		인구이동율	수도권	비수도권				
4		수도권	0.62	0.38				
5		비수도권	0.54	0.46				
6								
7	인구분포율	2010년	0.49	0.51				
8		2011년	0.58	0.42				
9								
10								
11								

C8 {=MMULT(C7:D7,C4:D5)}

두 행렬을 곱한 결과인 [0.58 0.43]은 2011년 인구이동이 끝난 결과이며, 2011년에는 수도권에 전체 인구의 58%가, 비 수도권에는 전체의 42%에 해당되는 인구가 거주하게 된다는 것을 의미한다.

2011년도 인구분포율을 구하기 위해서 지금까지는 함수마법사를 이용하였다. 마찬가지 방법으로 2012년 이후의 인구분포율을 구할 수 있으나, 직접 입력하는 방법으로 2012년도의 인구분포율을 구하는 방법을 살펴보기로 하자.

❶ 2012년도의 인구분포율을 구하기 위해서 먼저 셀 C9~D9 영역을 지정한다.
❷ 입력란에 다음과 같이 함수와 함수의 인수를 직접 입력한다.

"=MMULT(C8:D8, C4:D5)"

그림 8-7 MMULT( ) 함수의 입력

	A	B	C	D	E	F	G	H
1		수도권과 비수도권의 인구이동추이						
2								
3		인구이동율	수도권	비수도권				
4		수도권	0.62	0.38				
5		비수도권	0.54	0.46				
6								
7	인구분포율	2010년	0.49	0.51				
8		2011년	0.58	0.42				
9		2012년	8:D8,C4:D5)					
10								
11								

MMULT =MMULT(C8:D8,C4:D5)

❸ Ctrl+Shift+Enter 키를 누르면 [그림 8-8]과 같이 두 행렬을 곱한 결과가 표시된다. 이는 2012년의 수도권과 비 수도권의 인구분포율을 나타난다. 2012년도의 수도권 거주자가 차지하는 비율은 증가하였지만, 2011년의 증가율에 비해서 현저하게 둔화되는 추세를 보이고 있음을 알 수 있다.

그림 8-8 2012년도의 인구분포율

B11

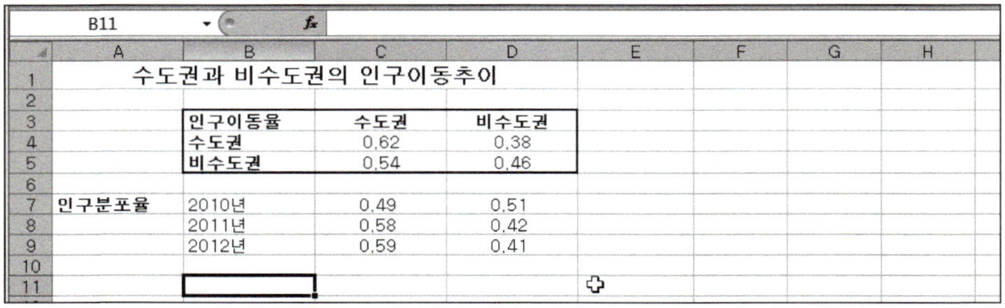

	A	B	C	D	E	F	G	H
1	수도권과 비수도권의 인구이동추이							
2								
3		인구이동율	수도권	비수도권				
4		수도권	0.62	0.38				
5		비수도권	0.54	0.46				
6								
7	인구분포율	2010년	0.49	0.51				
8		2011년	0.58	0.42				
9		2012년	0.59	0.41				
10								
11								

3 향 후 20년 간의 인구분포

2010년도의 인구이동률과 인구분포율을 근거로 2011년과 2012년도의 인구분포율을 예측하여 보았다. 이제 향후 20년 동안 인구분포율이 어떤 변화를 보일 것인지를 알아보기 위해서 향후 20년 동안의 인구분포율을 같은 방법으로 예측해 보기로 하자.

2012년부터 향후 20년 동안의 인구분포율을 예측하는 방법은 사실 2012년의 인구분포율을 예측하는 방법과 동일하다. 따라서 함수마법사를 클릭하여 곱할 두 행렬의 영역을 선택하고 확인하는 방법으로 순차적으로 미래의 인구분포율을 계산할 수가 있다. 그러나 이러한 번거로운 작업을 통하지 않고서도 여러분들이 알고 있는 엑셀의 [채우기] 기능을 이용하면 쉽게 예측 값을 찾을 수가 있을 것이다.

그러나 [그림 8-8]과 같은 화면에서 셀 C9~D9 영역을 선택하여 드래그하여도 상태벡터의 행렬을 상대참조하여 입력하였기 때문에, 2013년도의 인구분포율을 찾을 수가 없다. 따라서 함수의 인수로 입력했던 전이행렬인 셀 C4~D5 영역을 절대참조 형식으로 바꾸어 입력하여야 한다. 절대참조 형식으로 바꾸는 방법은 행번호와 열이름 앞에 $ 기호를 붙이기만 하면 된다([그림 8-9]).

그림 8-9 전이행렬의 절대참조

MMULT | =MMULT(C8:D8,$C$4:$D$5)

MMULT(array1, **array2**)

	A	B	C	D
1		수도권과 비수도권의 인구이동추이		
2				
3		인구이동율	수도권	비수도권
4		수도권	0.62	0.38
5		비수도권	0.54	0.46
6				
7	인구분포율	2010년	0.49	0.51
8		2011년	0.58	0.42
9		2012년	$C$4:$D$5)	0.41

절대 참조

이제 셀 B7을 2030년이 될 때까지 아래로 드래그하고, 셀 C9~D9을 2030년까지 아래로 드래그하면 2030년까지의 인구분포율이 [그림 8-10]과 같이 표시된다.

그림 8-10 향후 20년 간의 인구분포율

B29

	A	B	C	D
1		수도권과 비수도권의 인구이동추이		
2				
3		인구이동율	수도권	비수도권
4		수도권	0.62	0.38
5		비수도권	0.54	0.46
6				
7	인구분포율	2010년	0.49	0.51
8		2011년	0.58	0.42
9		2012년	0.59	0.41
10		2013년	0.59	0.41
11		2014년	0.59	0.41
12		2015년	0.59	0.41
13		2016년	0.59	0.41
14		2017년	0.59	0.41
15		2018년	0.59	0.41
16		2019년	0.59	0.41
17		2020년	0.59	0.41
18		2021년	0.59	0.41
19		2022년	0.59	0.41
20		2023년	0.59	0.41
21		2024년	0.59	0.41
22		2025년	0.59	0.41
23		2026년	0.59	0.41
24		2027년	0.59	0.41
25		2028년	0.59	0.41
26		2029년	0.59	0.41
27		2030년	0.59	0.41
28				
29				

2010년도의 수도권과 비 수도권의 인구분포율은 49:51였으며, 2011년도에는 더 큰 폭으로 상승하여 수도권과 비 수도권의 인구분포율이 58:43가 되었으나, 2012년부터는 상승폭이 둔화되기 시작하여 2020년경부터는 변화율이 거의 정체상태를 보이는 것을 확인할 수가 있다.

이는 초기에 49:51에서 시작하여 수도권으로 인구가 이동하는 추세이기 때문에, 시간이 지나면 거의 모든 인구가 수도권으로 이동하게 될 것이라고 생각할 수 있으나, 인구 전체가 수도권으로 이동하는 것이 아니라, 일정 기간이 지나면 수도권과 비 수도권 사이의 인구비율이 일정하게 유지됨을 알 수 있다.

단순히 생각하면, 수도권으로 모든 인구가 몰리는 것으로 생각되지만, 실제로는 수도권과 비 수도권 사이의 인구비율이 일정 비율로 수렴함을 알 수 있다(인구분포율이 표시되는 영역의 소수 이하 자리수를 늘려서 확인하면 좀 더 정확한 비율을 확인할 수가 있다). 이러한 현상을 그래프를 통해서 확인하면 쉽게 구별할 수가 있을 것이다.

그림 8-11 향후 20년 간의 인구분포 추이

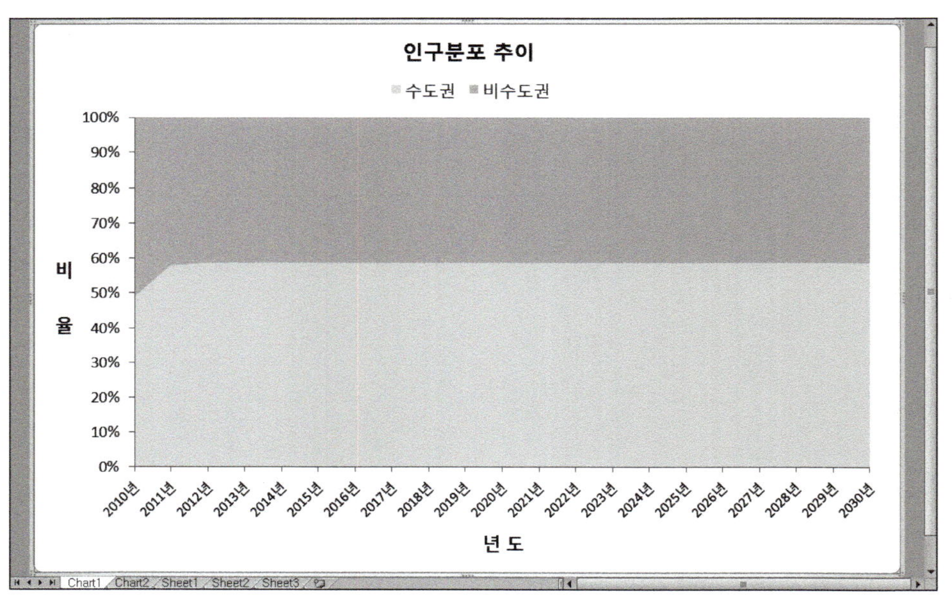

[그림 8-11]의 향후 20년 간의 인구분포 및 인구이동 추이를 나타내는 그래프에서 보듯이, 2010년부터 2013년까지 수도권과 비 수도권의 인구분포가 상당부분 변화되지만, 2013년부터는 거의 일정 비율을 유지함을 알 수 있다.

이와 같은 인구분포 및 인구이동 추이를 [그림 8-12]와 같은 꺾은선 그래프로 나타나면 훨씬 더 이해하기 쉬울 것이다.

그림 8-12 향후 20년 간의 인구이동 변화추이

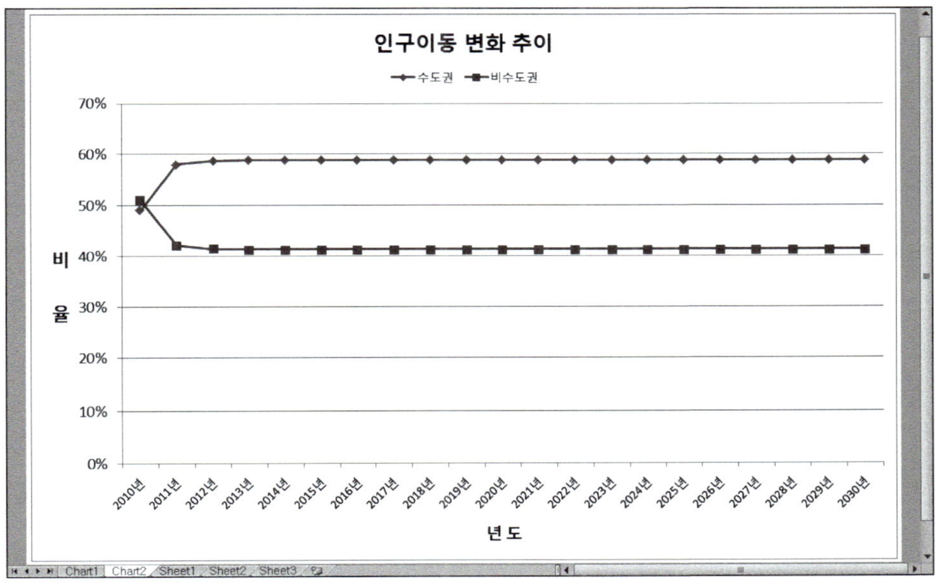

사례 프로젝트

인구증가를 고려한 인구분포

앞 절에서 설명한 2010년부터 2030년까지의 수도권과 비 수도권의 인구분포율은 2010년도의 인구이동률과 2010년도의 인구분포율을 근거로 예측한 것이다. 따라서 수도권과 비 수도권의 순수 인구증가율을 반영하지 않을 것이다. 만일 수도권과 비 수도권의 인구가 인구이동이 아닌, 자체적인 증가에 따라서 늘어나는 경우 혹은 인구가 감소되는 경우를 감안하여 향후 예상되는 인구분포율을 예측해 보기로 하자.

비 수도권의 인구가 매년 2%씩 증가한다고 가정해 보자(단, 2010년도의 수도권과 비 수도권의 인구분포율을 동일하다). 비 수도권의 인구가 매년 2%씩 증가한다는 것은 전이행렬의 (비 수도권, 비 수도권) 값이 0.48(=0.46+0.02)로 변경됨을 의미한다.

2011년도의 인구분포율을 구하는 과정은 다음과 같다.

❶ 인구이동률을 나타내는 전이행렬의 (비 수도권, 비 수도권)의 값을 [그림 8-13]과 같이 0.46에서 0.48로 수정하고, 인구이동률 합계를 삽입한다.

그림 8-13 인구증가율을 반영한 전이행렬

B9

	A	B	C	D	E	F	G	H
1		수도권과 비수도권의 인구이동추이						
2								
3		인구이동율	수도권	비수도권	합계			
4		수도권	0.62	0.38	1			
5		비수도권	0.54	0.48	1.02			
6								
7	인구분포율	2010년	0.49	0.51				
8								
9								
10								

❷ 셀 C8~D8 영역을 선택하고, "=MMULT(C7:D7, $D$4:$D$5)" 입력한 후, Ctrl+Shift+Enter 키를 누르면 [그림 8-14]와 같이 2011년도 인구분포율이 표시된다

그림 8-14 2011년도 인구분포율

C8 | {=MMULT(C7:D7,$C$4:$D$5)}

	A	B	C	D	E	F	G	H
1	수도권과 비수도권의 인구이동추이							
2								
3		인구이동율	수도권	비수도권	합계			
4		수도권	0.62	0.38	1			
5		비수도권	0.54	0.48	1.02			
6								
7	인구분포율	2010년	0.49	0.51				
8		2011년	0.58	0.43				
9								
10								
11								

❸ 인구분포 비율합계를 구한다. 인구분포 비율합계를 구하기 위해서 먼저 셀 C4~E5 영역과, 셀 C8~E8 영역을 선택하고 자동합계를 구하여 표시한다. [그림 8-15]는 인구분포 비율합계를 표시한 화면이다.

그림 8-15 인구분포 비율합계

E8 | =SUM(C8:D8)

	A	B	C	D	E	F	G	H
1	수도권과 비수도권의 인구이동추이							
2								
3		인구이동율	수도권	비수도권	합계			
4		수도권	0.62	0.38	1			
5		비수도권	0.54	0.48	1.02			
6								
7	인구분포율	2010년	0.49	0.51				
8		2011년	0.58	0.43	1.01			
9								
10								
11								

[그림 8-15]에서 보는 바와 같이 인구분포 비율합계가 1보다 커짐을 알 수 있는데, 이는 마아코프 분석기법을 사용하기 위한 전제 조건 중의 하나인 '주어진 초기 상태의 변환확률의 합계는 1 이여야 한다' 는 조건에 위배된다. 따라서 인구분포의 상대비율을 구하여야 한다. 인구분포 상대비율은 다음과 같이 구한다.

❶ 셀 F8~G8 영역을 선택하고, "=C8/$E8"을 입력한다.

❷ 수식을 입력한 후, Ctrl+Enter키를 누르면, [그림 8-16]과 같이 인구분포의 상대비율이 표시된다.

그림 8-16 인구분포 상대비율

F8 =C8/$E8

	A	B	C	D	E	F	G	H
1		수도권과 비수도권의 인구이동추이						
2								
3		인구이동율	수도권	비수도권	합계			
4		수도권	0.62	0.38	1			
5		비수도권	0.54	0.48	1.02			
6								
7	인구분포율	2010년	0.49	0.51				
8		2011년	0.58	0.43	1.01	0.573352	0.426648	
9								
10								

❸ 셀 B8~G8 영역을 선택한 후, 자동 채우기 기능을 이용하여 아래로 2030년이 될 때까지 드래그하여 자동채우기를 한다.

B8 2011년

	A	B	C	D	E	F	G	H
1		수도권과 비수도권의 인구이동추이						
2								
3		인구이동율	수도권	비수도권	합계			
4		수도권	0.62	0.38	1			
5		비수도권	0.54	0.48	1.02			
6								
7	인구분포율	2010년	0.49	0.51				
8		2011년	0.58	0.43	1.01	0.573352	0.426648	
9								

❹ [그림 8-17]과 같이 2030년까지의 인구분포율이 표시된다.

그림 8-17 인구증가를 고려한 2030년까지의 인구분포율

B28

	A	B	C	D	E	F	G	H
1		수도권과 비수도권의 인구이동추이						
2								
3		인구이동율	수도권	비수도권	합계			
4		수도권	0.62	0.38	1			
5		비수도권	0.54	0.48	1.02			
6								
7	인구분포율	2010년	0.49	0.51				
8		2011년	0.58	0.43	1.01	0.573352	0.426648	
9		2012년	0.59	0.43	1.02	0.580911	0.419089	
10		2013년	0.60	0.43	1.03	0.581598	0.418402	
11		2014년	0.60	0.43	1.04	0.58166	0.41834	
12		2015년	0.61	0.44	1.04	0.581666	0.418334	
13		2016년	0.61	0.44	1.05	0.581667	0.418333	
14		2017년	0.62	0.44	1.06	0.581667	0.418333	
15		2018년	0.62	0.45	1.07	0.581667	0.418333	
16		2019년	0.63	0.45	1.08	0.581667	0.418333	
17		2020년	0.63	0.46	1.09	0.581667	0.418333	
18		2021년	0.64	0.46	1.10	0.581667	0.418333	
19		2022년	0.64	0.46	1.11	0.581667	0.418333	
20		2023년	0.65	0.47	1.12	0.581667	0.418333	
21		2024년	0.65	0.47	1.13	0.581667	0.418333	
22		2025년	0.66	0.47	1.14	0.581667	0.418333	
23		2026년	0.67	0.48	1.14	0.581667	0.418333	
24		2027년	0.67	0.48	1.15	0.581667	0.418333	
25		2028년	0.68	0.49	1.16	0.581667	0.418333	
26		2029년	0.68	0.49	1.17	0.581667	0.418333	
27		2030년	0.69	0.50	1.18	0.581667	0.418333	
28								

위의 경우에는 비 수도권의 인구가 매년 2%씩 증가할 것이라는 전제하에 향후 20년 동안 예상되는 수도권과 비 수도권의 인구이동과 인구분포를 계산한 것이다. 그러나 요즘 선진국들의 사회적 문제가 되고 있는 인구감소의 현상을 반영하여 수도권과 비 수도권의 인구가 실지로 감소한다는 전제하에 향후의 인구이동과 인구분포를 계산하여 보는 것도 흥미로울 것이다.

이처럼 특정한 변수에 대한 현재 상태의 현상을 분석하여 미래의 추세나 미래의 형태를 예측하는 확률적 방법을 마아코프 분석(Markov Analysis)이라고 하며, 이러한 마아코프 분석기법은 인구분포분석 이외에 도시-농촌간 인구이동 문제분석, 특정 제품의 시장점유율 분석, TV 시청률 분석, 기계 가동률 분석 등 다양한 분야에서 다양하게 활용되고 있다.

Chater 08

연 습 문 제

01 데이터 분석_부분합

부분합이란 데이터 목록에서 특정 필드로 정렬해서 같은 부분(그룹)끼리 그룹으로 만든 다음 그룹별로 하며, 평균, 최대, 최소, 개수 등의 함수를 사용하여 소계를 구하는 것이다.
다음 워크시트에서 대리점별로 매출액에 대한 부분합을 구하시오.

A1

	A	B	C	D	E	F	G
1				매출 데이터 목록			
2							
3		날짜	대리점	상품명	단가	수량	매출
4		2012-01-02	동부	세븐업	400	25	10,000
5		2012-01-03	서부	세븐업	400	14	5,600
6		2012-01-06	서부	세븐업	400	24	9,600
7		2012-01-08	남부	우유	150	26	3,900
8		2012-01-08	남부	우유	150	26	3,900
9		2012-01-09	동부	우유	150	42	6,300
10		2012-01-10	남부	콜라	250	12	3,000
11		2012-01-10	동부	콜라	250	35	8,750
12		2012-01-11	남부	세븐업	400	21	8,400
13		2012-01-11	서부	콜라	250	65	16,250
14		2012-01-12	남부	세븐업	400	58	23,200
15		2012-01-13	남부	우유	150	42	6,300
16		2012-01-14	남부	콜라	250	62	15,500
17		2012-01-14	서부	우유	150	56	8,400
18		2012-01-19	동부	콜라	250	96	24,000
19		2012-01-22	동부	세븐업	400	53	21,200
20		2012-01-25	서부	우유	150	96	14,400
21		2012-01-27	남부	콜라	250	63	15,750
22		2012-01-30	남부	콜라	250	62	15,500
23		2012-01-31	동부	콜라	250	36	9,000
24							
25							
26							
27							

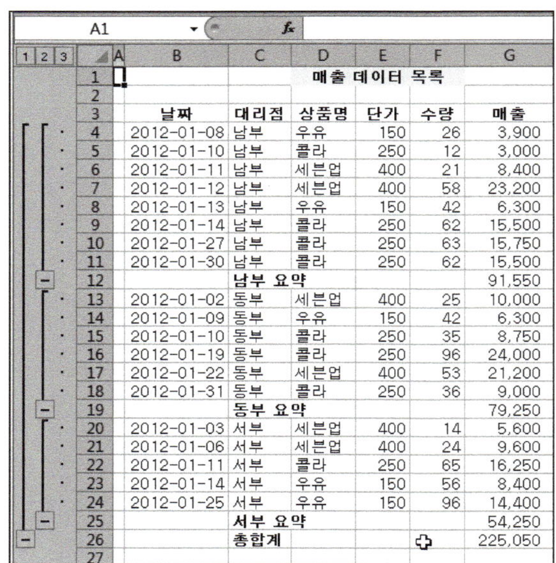

A1

	A	B	C	D	E	F	G
1				매출 데이터 목록			
2							
3		날짜	대리점	상품명	단가	수량	매출
4		2012-01-08	남부	우유	150	26	3,900
5		2012-01-10	남부	콜라	250	12	3,000
6		2012-01-11	남부	세븐업	400	21	8,400
7		2012-01-12	남부	세븐업	400	58	23,200
8		2012-01-13	남부	우유	150	42	6,300
9		2012-01-14	남부	콜라	250	62	15,500
10		2012-01-27	남부	콜라	250	63	15,750
11		2012-01-30	남부	콜라	250	62	15,500
12			남부 요약				91,550
13		2012-01-02	동부	세븐업	400	25	10,000
14		2012-01-09	동부	우유	150	42	6,300
15		2012-01-10	동부	콜라	250	35	8,750
16		2012-01-19	동부	콜라	250	96	24,000
17		2012-01-22	동부	세븐업	400	53	21,200
18		2012-01-31	동부	콜라	250	36	9,000
19			동부 요약				79,250
20		2012-01-03	서부	세븐업	400	14	5,600
21		2012-01-06	서부	세븐업	400	24	9,600
22		2012-01-11	서부	콜라	250	65	16,250
23		2012-01-14	서부	우유	150	56	8,400
24		2012-01-25	서부	우유	150	96	14,400
25			서부 요약				54,250
26			총합계				225,050
27							

힌트

① 중복된 항목을 제거한다.

입력된 데이터가 부분합을 계산하는 데, 정확한지를 먼저 확인해 보는 것이 좋다. 위의 워크시트에서 7행과 8행의 데이터가 동일하게 입력되었으므로, 부분합을 계산할 때에 잘못된 값을 얻게 된다. 그래서 먼저 [중복된 항목 제거]를 한 후, 부분합을 계산해야 한다.
이 처리를 하기 위해 데이터 목록 안의 임의의 셀을 클릭한 후, [데이터] 텝 → [데이터 도구] 그룹 → 〈중복된 항목 제거〉 버튼을 클릭하여 나타난 대화상자에서 조작한다.

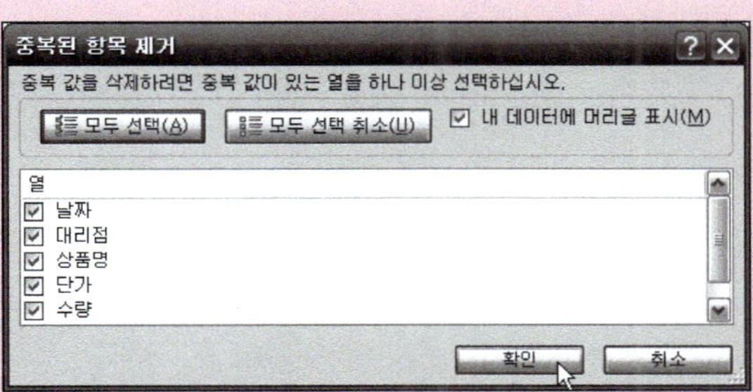

위의 경우는 모든 필드명에 체크를 하였으나, 필요에 따라 체크박스가 오프(Off)로 되는 경우도 있다.

② 필요한 필드를 기준으로 정렬한다.
여기서는 '대리점' 필드를 기준으로 정렬해야 한다. 데이터 목록의 임의 셀을 클릭한 후, [데이터] 텝 → [정렬 및 필터] 그룹 → 〈정렬〉 버튼을 클릭하여 나타난 대화상자에서 조작한다.

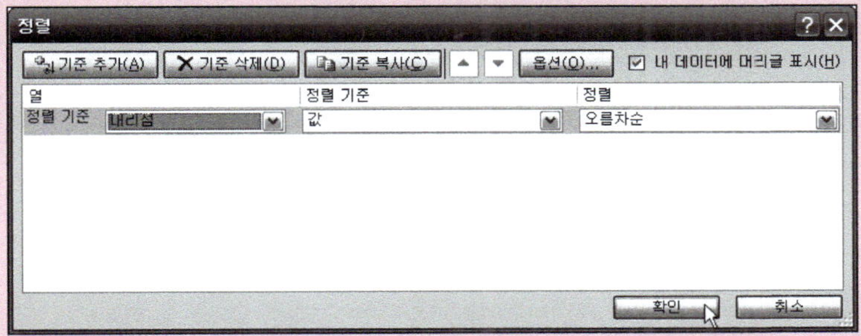

③ 정렬한 대리점을 기준으로 매출의 부분 합계를 구한다.
데이터 목록 안에 있는 임의의 셀을 클릭한 후, [데이터] 텝 → [윤곽선] 그룹 → 〈부분합〉 버튼을 클릭하여 나타난 대화상자에서 조작한다.

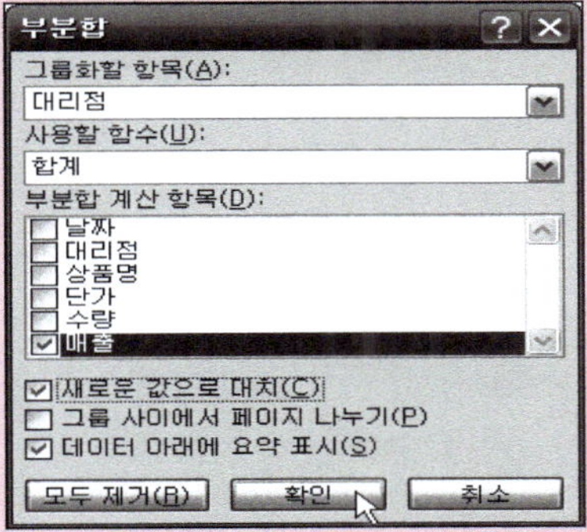

④ 부분합을 제거하려면 부분합 처리가 된 범위 안의 임의의 셀을 클릭한 후, 위의 [부분합] 대화상자에서 〈모두 제거〉 버튼을 클릭한다.

02 데이터 분석_중첩 부분합

중첩 부분합이란 기본 부분합 그룹 안에서 더 작은 그룹의 부분합을 삽입하는 것이다. 앞의 문제에서 사용한 워크시트에서 중첩 부분합을 사용하여 오른쪽과 같은 요약표를 만드시오.

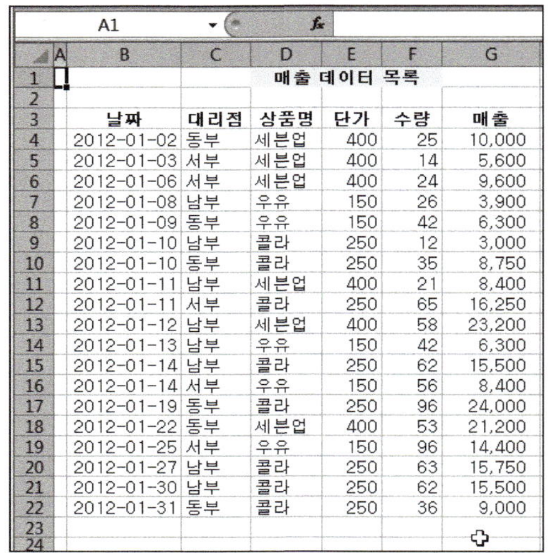

매출 데이터 목록

날짜	대리점	상품명	단가	수량	매출
2012-01-02	동부	세븐업	400	25	10,000
2012-01-03	서부	세븐업	400	14	5,600
2012-01-06	서부	세븐업	400	24	9,600
2012-01-08	남부	우유	150	26	3,900
2012-01-09	동부	우유	150	42	6,300
2012-01-10	남부	콜라	250	12	3,000
2012-01-10	동부	콜라	250	35	8,750
2012-01-11	남부	세븐업	400	21	8,400
2012-01-11	서부	콜라	250	65	16,250
2012-01-12	남부	세븐업	400	58	23,200
2012-01-13	남부	우유	150	42	6,300
2012-01-14	남부	콜라	250	62	15,500
2012-01-14	서부	우유	150	56	8,400
2012-01-19	동부	콜라	250	96	24,000
2012-01-22	동부	세븐업	400	53	21,200
2012-01-25	서부	우유	150	96	14,400
2012-01-27	남부	콜라	250	63	15,750
2012-01-30	남부	콜라	250	62	15,500
2012-01-31	동부	콜라	250	36	9,000

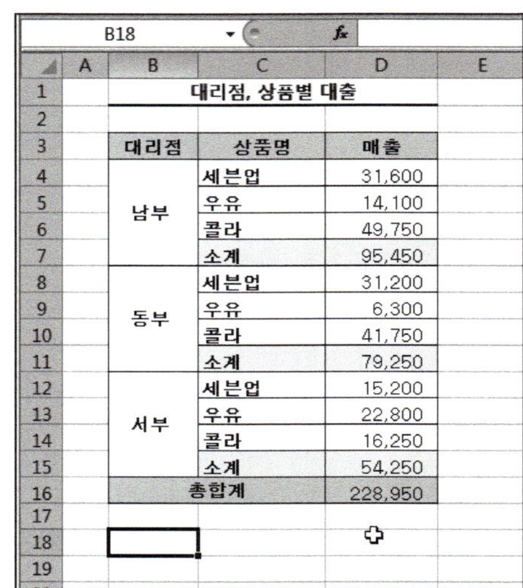

대리점, 상품별 대출

대리점	상품명	매출
남부	세븐업	31,600
	우유	14,100
	콜라	49,750
	소계	95,450
동부	세븐업	31,200
	우유	6,300
	콜라	41,750
	소계	79,250
서부	세븐업	15,200
	우유	22,800
	콜라	16,250
	소계	54,250
총합계		228,950

① 필요한 필드를 기준으로 정렬한다.
'대리점'을 오름차순으로 1차 정렬을 하고, '상품명'을 오름차순으로 2차 정렬을 한다.

② 정렬한 대리점을 기본 부분합으로 매출의 부분 합계를 구한다.

③ 정렬한 상품명을 기준으로 매출의 부분 합계를 구한다. [새로운 값으로 대체]의 체크 박스가 오프(Off)로 되는 것에 주의한다.

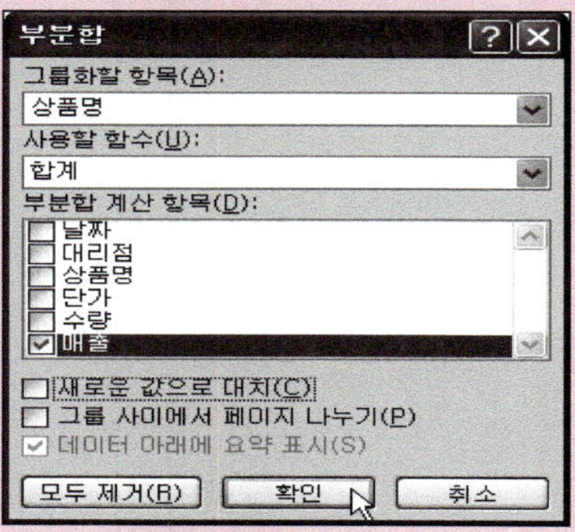

④ 윤곽선 기호 3번을 클릭하여 대리점별 요약과 상품명별 요약만 나타나게 한다.

⑤ 요약 결과를 "이동 옵션" – "화면에 보이는 셀" 형식으로 복사한다.
셀 범위 C3:D35 드래그하여 범위을 지정하고 Ctrl 키를 누르면서 셀 범위 F3:G35를 드래그하여 블록으로 지정한다.
[홈] 탭 → [편집] 그룹 → [찾기 및 선택] → [이동 옵션] 클릭으로 나타난 대화상자에서 조작한다.

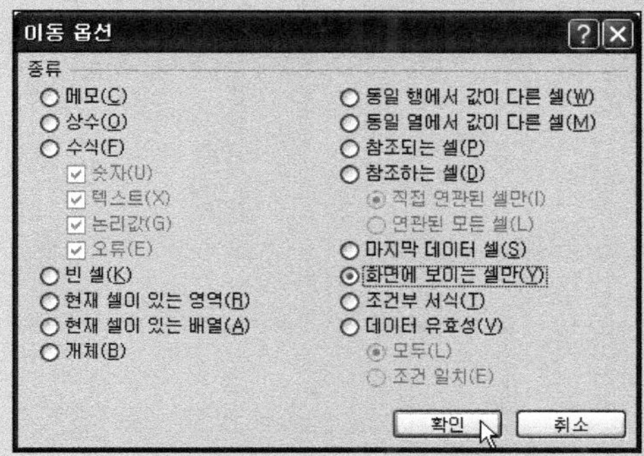

[홈] 탭 → [클립보드] 그룹 → 〈복사〉 버튼을 클릭하여 블록을 복사한다.

⑥ 요약할 다른 워크시트를 선택한다.
셀 B3을 클릭하고, [홈] 탭 → [클립보드] 그룹 → 〈붙여넣기〉 버튼을 클릭하여 붙여넣기를 한다.
복사된 범위에 대해 셀 병합, 셀 테두리, 셀 채우기 등 적절한 셀 서식을 사용하여 꾸민다.
[홈] 탭 → [편집] 그룹 → [찾기 및 선택] → [바꾸기]를 선택하여 "요약"이라는 글자를 삭제한다.

⑦ 부분합을 제거(즉 윤곽선 제거)하려면 부분합 처리가 된 범위 안의 임의 셀을 클릭한 후, 위의 [부분합] 대화상자에서 〈모두 제거〉 버튼을 클릭한다.

◆ 윤곽 기호의 비표시
윤곽 기호로 [1], [2], [3]이 나타나는 데, 중첩 부분합을 하나 증가할 때마다 윤곽 기호는 증가하게 된다. 이 윤곽 번호가 부분합을 구할 때, 처음부터 나타나지 않게 할 수 있다.
[파일] 탭 → [옵션]을 클릭하여 나타난 대화상자에서 왼쪽에 있는 [고급] 탭을 클릭한 후, 왼쪽의 〈윤곽을 설정한 경우 윤곽 기호 표시〉 체크 박스를 오프(Off)로 하고 〈확인〉 버튼을 클릭하면 된다.
윤곽 기호가 나타나지 않는 대신에 [데이터] 탭 → [윤곽선] 그룹에 [하위 수준 표시]와 [하위 수준 숨기기] 버튼이 나타나게 된다. 이들 버튼이 윤곽 기호의 역할을 하게 된다.

03 데이터 분석_데이터 통합

데이터 통합은 여러 곳에 분산되어 있는 데이터를 일정한 기준에 의해 하나로 합쳐서 요약하거나 계산을 해주는 기능이다. 다음과 같이 '서울대리점 판매현황'과 '부산대리점 판매현황'을 통합하여 '대리점 판매현황'을 만드시오.

서울대리점 판매현황

제품	단가	수량	판매금액
사과	1,000	10	10,000
딸기	1,500	20	30,000
배	2,000	15	30,000
수박	3,000	10	30,000
메론	2,500	15	37,500

서울대리점 / 부산대리점 / 대리점판매현황

부산대리점 판매현황

제품	단가	수량	판매금액
사과	1,000	6	6,000
딸기	1,500	12	18,000
배	2,000	8	16,000
수박	3,000	11	33,000
메론	2,500	10	25,000

서울대리점 / 부산대리점 / 대리점판매현황

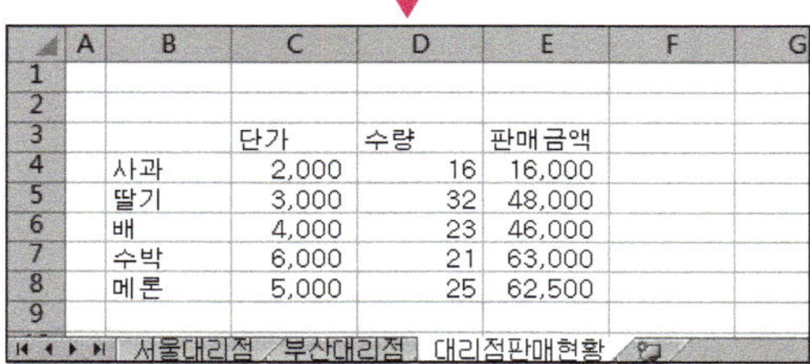

	단가	수량	판매금액
사과	2,000	16	16,000
딸기	3,000	32	48,000
배	4,000	23	46,000
수박	6,000	21	63,000
메론	5,000	25	62,500

서울대리점 / 부산대리점 / 대리점판매현황

힌트

[대리점 판매현황] 워크시트의 B3을 클릭하여 액티브
[데이터] 탭 → [데이터 도구] 그룹 → 〈통합〉 버튼 클릭으로 나타난 대화상자를 조작
[서울대리점] 시트탭 클릭 → B3:E8 범위 설정 → 〈추가〉 버튼 클릭 → [참조] 박스 클릭
[부산대리점] 시트탭 클릭 → B3:E8 범위 설정 → 〈추가〉 버튼 클릭
[첫 행]과 [왼쪽 열]의 체크박스를 온(On)으로 하고 〈확인〉 버튼 클릭

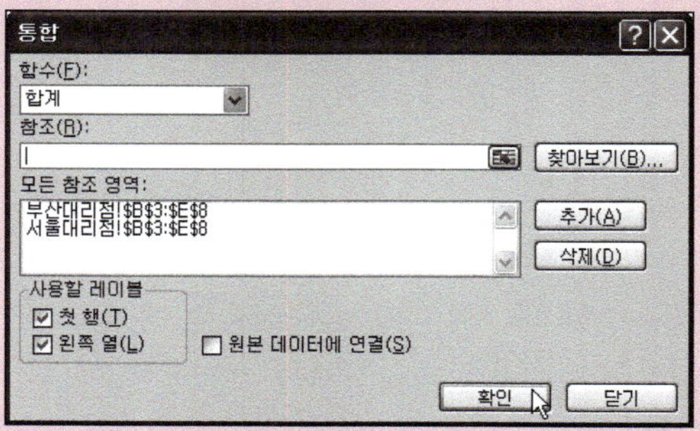

[사용할 레이블]에서 체크를 하지 않으면 숫자 데이터만 통합된다. 통합에 사용되는 함수에는 합계, 개수, 최대값, 최소값, 곱(product), 편차, 분산 등이 있다.

이러한 통합법은 통합 대상이 되는 데이터의 입력 형태가 동일하지 않아도 사용할 수 있다.

◆ 다른 통합 문서(다른 워크북)에 있는 데이터의 통합

(ㄱ) 통합 작업을 하기 전에 먼저 해당 파일을 열어 놓는다. 즉 2개의 워크북이 열린 상태로 된다.

(ㄴ) 통합할 워크시트가 있는 통합 문서(워크북)에서 참조 작업이 끝나면, 다른 통합 문서(워크북)를 화면에 나타내기 위해 [보기] 탭 → [창] 그룹 → [창 전환] 버튼 → 해당 통합 문서 파일을 선택한다.

04 데이터 분석_3차원 참조 통합

통합할 여러 워크시트의 데이터 입력 형태의 순서가 모두 동일한 경우, 3차원 수식을 이용하여 통합할 수 있다.

① 다음과 같이 1차, 2차, 3차의 시험의 평균을 [전체] 시트에 통합하시오(워크시트명과 위치에 주목).

1차 시험

이름	국어	영어	수학	과학	사회
박지성	95	65	67	89	56
김연아	89	98	78	67	78
이승기	78	90	98	89	98
유재석	90	97	76	80	98
이경규	89	87	90	78	78

1차 / 2차 / 3차 / 전체 / 추가

2차 시험

이름	국어	영어	수학	과학	사회
박지성	90	56	56	54	54
김연아	89	97	65	87	78
이승기	60	54	75	34	56
유재석	65	80	76	65	65
이경규	56	67	87	78	75

1차 / 2차 / 3차 / 전체 / 추가

3차 시험

이름	국어	영어	수학	과학	사회
박지성	67	78	54	87	67
김연아	76	65	67	67	54
이승기	87	43	45	56	78
유재석	67	87	32	56	56
이경규	98	87	87	87	78

1차 / 2차 / 3차 / 전체 / 추가

전체 모의고사 성적

이름	국어	영어	수학	과학	사회
박지성					
김연아					
이승기					
유재석					
이경규					

1차 / 2차 / 3차 / 전체 / 추가

② [추가] 워크시트를 1차와 3차의 워크시트 사이로 이동해 보시오. [추가] 워크시트에는 다음과 같은 데이터가 입력되어 있다.

추가 시험

이름	국어	영어	수학	과학	사회
박지성	56	65	65	56	67
김연아	76	87	78	87	65
이승기	54	65	89	67	78
유재석	67	89	65	98	98
이경규	54	76	87	67	56

1차 / 2차 / 3차 / 전체 / 추가

→

추가 시험

이름	국어	영어	수학	과학	사회
박지성	56	65	65	56	67
김연아	76	87	78	87	65
이승기	54	65	89	67	78
유재석	67	89	65	98	98
이경규	54	76	87	67	56

1차 / 2차 / 추가 / 3차 / 전체

① 3차원 참조 수식으로 통합

(ㄱ) 셀에 3차원 수식을 입력한다.

[전체] 시트의 C4를 클릭하여 액티브로 하고,

=AVERAGE('1차:3차'!C4)

라고 입력한다.

3차원 참조 수식은 다음과 같은 형식으로 작성해야만 한다.

='첫 번째의 워크시트명:마지막 워크시트명'!셀주소

셀 주소에서 연속된 범위를 참조할 때 A1:A7과 처럼 3차원 참조에서는 참조할 첫 번째 워크시트와 마지막 워크시트명을 ":" 연산자를 사용해 연결한다.

(ㄴ) 셀 C4에서 셀 C8까지 자동채우기를 한다.

(ㄷ) 셀 범위 C3:C8을 드래그하여 블록으로 한 상태에서 G열까지 자동채우기를 한다.

② 참조할 워크시트의 추가

이동 방법은 [추가] 시트 탭을 클릭한 후, 드래그하여 이동하면 된다.

09 CHAPTER

재무관리 – 자본예산

재무계획은 이익계획을 세우는 것과 자금계획을 마련하는 것이다. 여기서는 자금예산 프로젝트를 통하여 자본계획에 대한 소개를 한다.

재무계획

재무계획에는 이익계획과 자금계획이 있는데, 이익계획에 대하여는 이미 '제2장 손익분기점 분석 프로젝트'에서 설명하였다. 여기서는 자금계획에 대하여 알아본다.

자금계획은 자본회전분석의 결과를 구체화하는 과정이다. 재무계획의 결과는 목표가 달성되었을 때 그 기업의 재정상태와 이익발생의 원인을 밝히는 견적재무제표(Pro forma financial statements)에 나타나게 되고, 이를 목표지향적 성과평가의 기준으로 나타낸 것이 예산이다.

예산에는 경상예산과 자본예산으로 나눌 수 있다. 경상예산은 당년도의 이익계획을 구체적으로 표현한 손익계산과 자금흐름을 정리한 현금예산으로 구분된다. 자본예산에는 설비투자의 의사결정 결과에서 나타난 투자계획의 실행계획이 표시된다.

사례 프로젝트

자본예산

1 자본예산 프로젝트

2010년대에 들어서면서 반도체 장비 생산업체들은 경쟁적으로 생산과정의 자동화를 통한 원가절감을 추구하게 됨에 따라 ㈜NextCom은 매출액과 이익면에서 괄목할 만한 성장을 해왔으나 대만 기업들이 새로운 경쟁상대로 등장하였다. ㈜NextCom은 지금까지의 성장잠재력을 제고하지 않을 수 없게 되었으며, 개발부에서는 차세대반도체에 관한 기술을 이용하여 자유로운 이동이 가능한 사무실 PKG제품라인의 개발에 성공하였다. ㈜NextCom의 마케팅부서에서는 이 PKG제품라인의 목표시장을 국내 반도체 제조업체로 계획하고 있으며, 세계의 반도체 제조업자들에게도 판매할 계획이다.

PKG제품라인 투자안의 초기투자액, 기대되는 자본비용, 변동비율, 세율 등의 입력변수들에 관한 자료는 경영자나 전문가들에 의해 추정된다. 이러한 변수들에 대한 추정의 정확도에 따라 자본예산편성분석의 정확도가 결정된다. ㈜NextCom의 각 부서들은 PKG제품라인 프로젝트를 수행하기 위한 다음과 같은 추정자료를 확보하였다.

❶ PKG제품라인 공장건설기간은 2년이다.

❷ PKG제품라인의 추정 수명은 6년이다.

❸ PKG제품라인의 매출량은 연간 25,000단위이고, 단위당 판매가격은 2.2만원이다.

❹ PKG제품라인의 생산공정건설을 위한 공장부지는 3,000평이 필요하며, 부지매입비용은 1,200만원이다. 또 건물공사비용은 8,000만원이 소요된다(공사비용은 2013년 12월 31일에 4,000만원을 지불하고, 나머지 4,000만원은 다음해 말일에 지불할 것으로 계약한다.).

❺ 생산설비에 수송비를 포함하여 9,500만원이 필요하고, 설치비는 500만원이다(생산설비는 투자세액공제(Investment Tax Credit: ITC)의 대상이 되며, 투자세액공제율은 10%이고, 6년 동안 정액법으로 감가상각한다).

❻ 투자안의 수명이 끝난 뒤의 부지의 시장가치는 1,700만원, 건물의 시장가치는 1,000만원, 설비의 시장가치는 2,000만원으로 예측된다.

❼ 연구개발비로 1억원이 소요된다(현재까지 2,500만원이 지출되었고, 나머지 7,500만원은 대기자금이다).

❽ 변동비용은 매출액의 65%이고, 고정비용은 영업 첫해에 8,000만원이다.

❾ 판매가격, 고정비, 감가상각비 등에는 투자안의 수명기간 동안 연평균 6%의 인플레이션율이 반영된다.

❿ 장기성자본소득에 대해서는 28%, 정상소득에 대해서는 46%의 세율이 적용된다. 그리고 자본비용으로 10%를 적용한다.

⓫ 첫해에는 추정매출액의 12%를 순운전자본으로 투자한다. 그리고 다음해부터는 매출액 증가분의 12%가 순운전자본으로 투자된다.

2 스프레드시트 모델 개발

먼저 아래와 같은 파라미터(parameter) 자료를 입력한다.

❶ A1에 '파라미터'라는 제목을 입력한다.

❷ A2에서 A5에 항목이름 '초기설비투자', '투자세액공제율', '장기자본소득세율', 그리고 '법인세율'을 차례로 입력한다.

❸ B2에서 B5에 '10000', '10%', '28%', '46%'를 입력한다.

❹ C2에서 C4에 항목이름 ‘인플레율’, ‘가변비용%’, ‘자본비용%’을 차례로 입력한다.

❺ D2에서 D4에 ‘6%’, ‘65%’, ‘10%’를 입력한다.

그림 9-1 **파라미터 입력 ①**

D4 | fx 10%

	A	B	C	D	E	F	G	H	I	J
1	파라미터									
2	초기투자설비	10000	인플레율	6%						
3	투자세액공제율	10%	가변비용%	65%						
4	장기자본소득세율	28%	자본비용%	10%						
5	법인세율	46%								
6										

❻ E2에서 E4에 항목이름 ‘토지잔존가액’, ‘건물잔존가액’, ‘설비잔존가액’을 차례로 입력한다.

❼ F2에서 F4에 ‘1700’, ‘1000’, ‘2000’을 입력한다.

❽ G2에서 G3에 항목이름 ‘연구개발자금’, ‘첫해순운전자금비율’을 차례로 입력한다.

❾ H2에서 H3에 ‘7500’, ‘12%’를 입력한다.

그림 9-2 **파라미터 입력 ②**

H3 | fx 12%

	A	B	C	D	E	F	G	H	I	J
1	파라미터									
2	초기투자설비	10000	인플레율	6%	토지잔존가액	1700	연구개발자금	7500		
3	투자세액공제율	10%	가변비용%	65%	건물잔족가액	1000	첫해운전자금	12%		
4	장기자본소득세율	28%	자본비용%	10%	설비잔존가액	2000				
5	법인세율	46%								
6										
7										

파라미터 자료를 모델 밖에 별도로 입력하는 것은 스프레드시트 모델이 완성된 후 파라미터의 값을 변경하면서 예산이 어떻게 변화하는가를 쉽게 알아볼 수 있는 장점이 있다.

■ 영업개시전 투자

토지매입과 연구개발에 대한 비용은 이미 완료되었다고 보아 2012년에 표시하였다. 2013년과 2014년에 건물 공사비용을 계상하였다. 그리고 설비투자는 투자세액공제를 뺀 나머지만 기록한다.

건물과 설비에 대한 감가상각비를 계산하여 입력한다. 감가상각비는 6년 동안 정액법을 사용한다. 액셀에서 정액법에 의한 감가상각비 계산은 SLN함수를 사용한다. SLN함수의 인수는 취득원가, 잔존가액, 내구년수이다. 14행, 15행, 16행에서 공장부지, 공장건물, 생산설비의 세후 잔존가치를 계산하여 마지막해인 2020년에 기록한다.

영업개시전 투자, 감가상각비 및 잔존가액 제목을 다음과 같이 입력한다.

❶ A7에 '년도'를 입력한다.

❷ B7, C7에 '2012', '2013'을 입력하고 두 셀을 블록하여 채우기 핸들을 오른쪽으로 J7까지 끌어 년도를 자동입력한다.

❸ A8에서 A16까지 항목이름 '토지', '건물', '연구개발비', '설비투자', '건물감가상각비', '설비감가상각비', '세후토지잔존가액', '세후건물잔존가액', 그리고 '세후설비잔존가액'을 차례로 입력한다.

그림 9-3 영업개시전 투자, 상각비 및 잔존가액 제목입력

A16 fx 세후설비잔존가액

	A	B	C	D	E	F	G	H	I	J
1	파라미터									
2	초기투자설비	10000	인플레율	6%	토지잔존가액	1700	연구개발자금	7500		
3	투자세액공제율	10%	가변비용%	65%	건물잔족가액	1000	첫해운전자금	12%		
4	장기자본소득세율	28%	자본비용%	10%	설비잔존가액	2000				
5	법인세율	46%								
6										
7	년도	2012	2013	2014	2015	2016	2017	2018	2019	2020
8	토지									
9	건물									
10	연구개발비									
11	설비투자									
12	건물감가상각비									
13	설비감가상각비									
14	세후토지잔존가액									
15	세후건물잔존가액									
16	세후설비잔존가액									
17										

영업개시전 투자, 감가상각비 및 잔존가액의 데이터와 수식을 다음과 같이 입력한다.

❶ B8에 '1200'을 입력한다.

❷ C9, D9에 '4000'을 각각 입력한다.

❸ B10에 '2500'을 입력한다.

❹ D11에 '=B2-(B2*B3)'을 입력한다.

❺ E12에 '=SLN($C$9+$D$9,$F$3,6)'을 입력한다.

❻ E13에 '=SLN($B$2-($B$5*($B$3*$B$2)),$F$4,6)'을 입력한다.

그림 9-4 영업개시전 투자, 상각비 및 잔존가액 입력 및 계산 ①

E13 | =SLN($B$2-($B$5*($B$3*$B$2)),$F$4,6)

	A	B	C	D	E	F	G	H	I	J
1	파라미터									
2	초기투자설비	10000	인플레율	6%	토지잔존가액	1700	연구개발자금	7500		
3	투자세액공제율	10%	가변비용%	65%	건물잔족가액	1000	첫해운전자금	12%		
4	장기자본소득세율	28%	자본비용%	10%	설비잔존가액	2000				
5	법인세율	46%								
6										
7	년도	2012	2013	2014	2015	2016	2017	2018	2019	2020
8	토지	1200								
9	건물		4000	4000						
10	연구개발비	2500								
11	설비투자			9000						
12	건물감가상각비				1167					
13	설비감가상각비				1257					
14	세후토지잔존가액									
15	세후건물잔존가액									
16	세후설비잔존가액									
17										

❼ E12와 E13을 블록하여 채우기 핸들을 오른쪽으로 J13까지 당겨 수식을 복사한다.

❽ J14에 '=$F$2–(($F$2–$B$8)*$B$4)'를 입력한다.

❾ J15에 '=$F$3–($F$3+SUM(E12:J12)–$C$9–$D$9)*$B$5'를 입력한다.

❿ J16에 '=$F$4*(1–$B$5)'를 입력한다.

그림 9-5 영업개시전 투자, 상각비 및 잔존가액 입력 및 계산 ②

J16 | =$F$4*(1-$B$5)

	A	B	C	D	E	F	G	H	I	J
1	파라미터									
2	초기투자설비	10000	인플레율	6%	토지잔존가액	1700	연구개발자금	7500		
3	투자세액공제율	10%	가변비용%	65%	건물잔족가액	1000	첫해운전자금	12%		
4	장기자본소득세율	28%	자본비용%	10%	설비잔존가액	2000				
5	법인세율	46%								
6										
7	년도	2012	2013	2014	2015	2016	2017	2018	2019	2020
8	토지	1200								
9	건물		4000	4000						
10	연구개발비	2500								
11	설비투자			9000						
12	건물감가상각비				1167	1167	1167	1167	1167	1167
13	설비감가상각비				1257	1257	1257	1257	1257	1257
14	세후토지잔존가액									1560
15	세후건물잔존가액									4220
16	세후설비잔존가액									1080
17										

■ 세후이익 계산

이상의 영업개시전 투자, 감가상각비 및 잔존가액을 사용하여 세후이익을 계산할 수 있다. 세후이익을 계산하는 과정은 다음과 같이 입력된다.

❶ A18에서 A27까지 항목이름 '판매량', '판매가격', '영업이익', '변동비용', '고정비용', '연구개발비', '감가상각비', '세전이익', '법인세', 그리고 '세후이익'을 차례로 입력한다.

❷ E18에 '25000'을 입력한 뒤 J18까지 복사한다.

❸ E19에 '2.2'를 입력하고 F19에 '=E19*(1+$D$2)'를 입력한 뒤 J19까지 복사한다.

❹ E20에 '=E18*E19'를 입력한 뒤 J20까지 복사한다.

❺ E21에 '=E20*$D$3'을 입력한 뒤 J21까지 복사한다.

❻ E22에 '8000'을 입력하고 F22에 '=E22*(1+$D$2)'를 입력한 뒤 J22까지 복사한다.

그림 9-6 세후이익 계산 ①

F22 | =E22*(1+$D$2)

	A	B	C	D	E	F	G	H	I	J
15	세후건물잔존가액									4220
16	세후설비잔존가액									1080
17										
18	판매량				25000					
19	판매가격				2.2					
20	영업이익				55000					
21	변동비율				35750					
22	고정비용				8000	8480				
23	연구개발비									
24	감가상각비									
25	세전이익									
26	법인세									
27	세후이익									

❼ E23에 '=$H$2/6'을 입력한 뒤 J23까지 복사한다.

❽ E24에 '=E12+E13'을 입력한 뒤 J24까지 복사한다.

❾ E25에 '=E20−SUM(E21:E24)'를 입력한 뒤 J25까지 복사한다.

❿ E26에 '=E25*$B$5'를 입력한 뒤 J26까지 복사한다.

⓫ E27에 '=E25−E26'을 입력한 뒤 J27까지 복사한다.

그림 9-7 세후이익 계산 ②

J22 | =I22*(1+$D$2)

	A	B	C	D	E	F	G	H	I	J
15	세후건물잔존가액									4220
16	세후설비잔존가액									1080
17										
18	판매량				25000	25000	25000	25000	25000	25000
19	판매가격				2.2	2.3	2.5	2.6	2.8	2.9
20	영업이익				55000	58300	61798	65505.9	69436.23	73602.41
21	변동비율				35750	37895	40168.7	42578.8	45133.55	47841.56
22	고정비용				8000	8480	8989	9528	10100	10706
23	연구개발비									
24	감가상각비									
25	세전이익									
26	법인세									
27	세후이익									

■ 현금흐름

영업개시전 현금흐름은 년도별로 투자액을 합산한다. 또 잔존가치의 합계를 산출하여 투자안 현금흐름의 마지막 연도에 해당하는 열과 합산한다. 현금흐름의 현재가치는 순현재가치(Net Present Value; NPV) 함수를 사용하여 계산한다.

❶ A29에서 A34까지 항목이름 '비현금비용', '운영현금흐름', '순운전자본', '현금흐름', '현금흐름현재가치', 그리고 '순현재가치'를 차례로 입력한다.

❷ E29, E30에 '=E23+E24', '=E27+E29'를 각각 입력한 다음 E29와 E30을 블록하여 J30까지 수식을 복사한다.

❸ D31에 '=$H$3*E20'을 입력하고 E31에 '=$H$3*(F20-E20)'을 입력한 다음 I31까지 복사한다.

그림 9-8 현금흐름 ①

E31 =(F20-E20)*$H$3

	A	B	C	D	E	F	G	H	I	J
18	판매량				25000	25000	25000	25000	25000	25000
19	판매가격				2.2	2.3	2.5	2.6	2.8	2.9
20	영업이익				55000	58300	61798	65505.9	69436.23	73602.41
21	변동비율				35750	37895	40168.7	42578.8	45133.55	47841.56
22	고정비용				8000	8480	8989	9528	10100	10706
23	연구개발비				1250	1250	1250	1250	1250	1250
24	감가상각비				2423	2423	2423	2423	2423	2423
25	세전이익				7577	8252	8967	9726	10530	11382
26	법인세				3485	3796	4125	4474	4844	5236
27	세후이익				4091	4456	4842	5252	5686	6146
28										
29	비현금비용				3673	3673	3673	3673	3673	3673
30	운영현금흐름				7765	8129	8516	8925	9359	9819
31	순운전자금			6600	396	420	445	472	500	
32	현금흐름									
33	현금흐름현재가치									
34	순현재가치									
35										
36										

❹ B32에 '=B30-(B31+SUM(B8:B11))을 입력한 뒤 J32까지 복사한다.

❺ J33에 '=NPV(D4,C32:J32)'를 입력한다.

❻ J34에 '=J33-B32'를 입력한다.

그림 9-9 현금흐름 ②

J33 =NPV(D4,C32:J32)

	A	B	C	D	E	F	G	H	I	J
1	파라미터									
2	초기투자설비	₩ 10,000	인플레율	6%	토지잔존가액	1700	연구개발자금	₩ 7,500		
3	투자세액공제율	10%	가변비용%	65%	건물잔족가액	1000	첫해운전자금	12%		
4	장기자본소득세율	28%	자본비용%	10%	설비잔존가액	2000				
5	법인세율	46%								
6										
7	년도	2012	2013	2014	2015	2016	2017	2018	2019	2020
8	토지	₩ 1,200								
9	건물		₩ 4,000	₩ 4,000						
10	연구개발비	₩ 2,500								
11	설비투자			₩ 9,000						
12	건물감가상각비				₩ 1,167	₩ 1,167	₩ 1,167	₩ 1,167	₩ 1,167	₩ 1,167
13	설비감가상각비				₩ 1,257	₩ 1,257	₩ 1,257	₩ 1,257	₩ 1,257	₩ 1,257
14	세후토지잔존가액									₩ 1,560
15	세후건물잔존가액									₩ 1,000
16	세후설비잔존가액									₩ 1,080
17										
18	판매량				₩ 25,000	₩ 25,000	₩ 25,000	₩25,000	₩ 25,000	₩ 25,000
19	판매가격				₩ 2.2	₩ 2.3	₩ 2.5	₩ 2.6	₩ 2.8	₩ 2.9
20	영업이익				₩ 55,000	₩ 58,300	₩ 61,798	₩65,506	₩ 69,436	₩ 73,602
21	변동비율				₩ 35,750	₩ 37,895	₩ 40,169	₩42,579	₩ 45,134	₩ 47,842
22	고정비용				₩ 8,000	₩ 8,480	₩ 8,989	₩ 9,528	₩ 10,100	₩ 10,706
23	연구개발비				₩ 1,250	₩ 1,250	₩ 1,250	₩ 1,250	₩ 1,250	₩ 1,250
24	감가상각비				₩ 2,423	₩ 2,423	₩ 2,423	₩ 2,423	₩ 2,423	₩ 2,423
25	세전이익				₩ 7,577	₩ 8,252	₩ 8,967	₩ 9,726	₩ 10,530	₩ 11,382
26	법인세				₩ 3,485	₩ 3,796	₩ 4,125	₩ 4,474	₩ 4,844	₩ 5,236
27	세후이익				₩ 4,091	₩ 4,456	₩ 4,842	₩ 5,252	₩ 5,686	₩ 6,146
28										
29	비현금비용				₩ 3,673	₩ 3,673	₩ 3,673	₩ 3,673	₩ 3,673	₩ 3,673
30	운영현금흐름				₩ 7,765	₩ 8,129	₩ 8,516	₩ 8,925	₩ 9,359	₩ 9,819
31	순운전자금			₩ 6,600	₩ 396	₩ 420	₩ 445	₩ 472	₩ 500	
32	현금흐름	-₩ 3,700	-₩ 4,000	-₩ 19,600	₩ 7,369	₩ 7,709	₩ 8,071	₩ 8,454	₩ 8,859	₩ 9,819
33	현금흐름현재가치									₩ 9,877
34	순현재가치									₩ 13,577

년도에 따른 현금 흐름의 변화는 차트를 통하여 쉽게 알아 볼 수 있으므로, 셀 범위 D32:J32를 꺾은선 차트로 그리면 [그림 9-10]과 같이 된다.

그림 9-10 현금흐름 차트

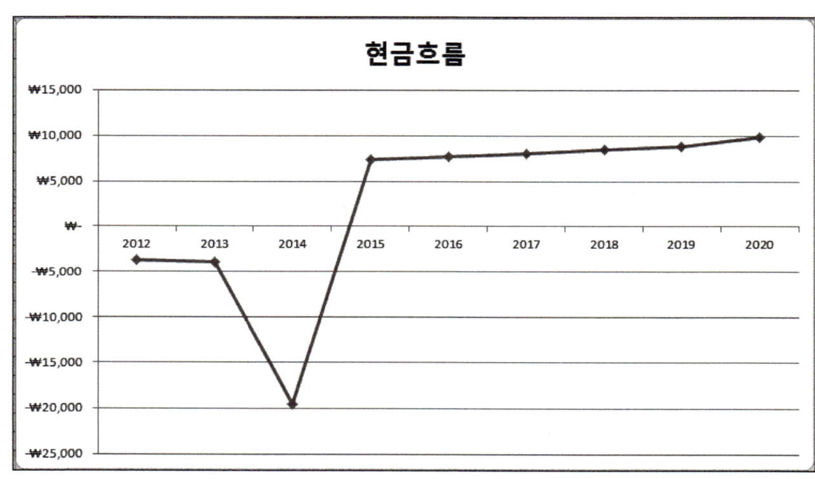

■ What-If분석

앞에서 파라미터를 스프레드시트 모델 밖에 두었다. 이것은 파라미터를 변화시키면서 현금흐름, 현금흐름현재가치, 순현재가치가 어떻게 변화하는지를 쉽게 볼 수 있게 한다. 예를 들어 인플레율을 6%에서 5%로 변화시키면 엑셀은 자동으로 다시 계산을 하여 다음과 같이 변한다.

그림 9-11 What-If 분석

D2 | fx 5%

인플레율을 6%에서 5%로 수정하면

	A	B	C	D	E					J
1	파라미터									
2	초기투자설비	₩ 10,000	인플레율	5%	토지잔존가액	1700	연구개발자금	₩ 7,500		
3	투자세액공제율	10%	가변비용%	65%	건물잔족가액	1000	첫해운전자금	12%		
4	장기자본소득세율	28%	자본비용%	10%	설비잔존가액	2000				
5	법인세율	46%								
6										
7	년도	2012	2013	2014	2015	2016	2017	2018	2019	2020
8	토지	₩ 1,200								
9	건물		₩ 4,000	₩ 4,000						
10	연구개발비	₩ 2,500								
11	설비투자			₩ 9,000						
12	건물감가상각비				₩ 1,167	₩ 1,167	₩ 1,167	₩ 1,167	₩ 1,167	₩ 1,167
13	설비감가상각비				₩ 1,257	₩ 1,257	₩ 1,257	₩ 1,257	₩ 1,257	₩ 1,257
14	세후토지잔존가액									₩ 1,560
15	세후건물잔존가액									₩ 1,000
16	세후설비잔존가액									₩ 1,080
17										
18	판매량				₩ 25,000	₩ 25,000	₩ 25,000	₩25,000	₩ 25,000	₩ 25,000
19	판매가격				₩ 2.2	₩ 2.3	₩ 2.4	₩ 2.5	₩ 2.7	₩ 2.8
20	영업이익				₩ 55,000	₩ 57,750	₩ 60,638	₩63,669	₩ 66,853	₩ 70,195
21	변동비율				₩ 35,750	₩ 37,538	₩ 39,414	₩41,385	₩ 43,454	₩ 45,627
22	고정비용				₩ 8,000	₩ 8,400	₩ 8,820	₩ 9,261	₩ 9,724	₩ 10,210
23	연구개발비				₩ 1,250	₩ 1,250	₩ 1,250	₩ 1,250	₩ 1,250	₩ 1,250
24	감가상각비				₩ 2,423	₩ 2,423	₩ 2,423	₩ 2,423	₩ 2,423	₩ 2,423
25	세전이익				₩ 7,577	₩ 8,139	₩ 8,730	₩ 9,350	₩ 10,001	₩ 10,685
26	법인세				₩ 3,485	₩ 3,744	₩ 4,016	₩ 4,301	₩ 4,601	₩ 4,915
27	세후이익				₩ 4,091	₩ 4,395	₩ 4,714	₩ 5,049	₩ 5,401	₩ 5,770
28										
29	비현금비용				₩ 3,673	₩ 3,673	₩ 3,673	₩ 3,673	₩ 3,673	₩ 3,673
30	운영현금흐름				₩ 7,765	₩ 8,068	₩ 8,387	₩ 8,722	₩ 9,074	₩ 9,443
31	순운전자금			₩ 6,600	₩ 330	₩ 346	₩ 364	₩ 382	₩ 401	
32	현금흐름	-₩ 3,700	-₩ 4,000	-₩ 19,600	₩ 7,435	₩ 7,722	₩ 8,024	₩ 8,340	₩ 8,673	₩ 9,443
33	현금흐름현재가치									₩ 9,571
34	순현재가치									₩ 13,271
35										

이들 값이 자동으로 다시 계산된다.

스프레드시트 모델은 관련된 변수의 수식에 따라 자동계산하여 새로운 현금흐름 현재가치와 순현재가치가 각각 9,877에서 9,571로 변경되고 13,577에서 13,271로 변경되는 것을 알 수 있다.

스프레드시트 모델은 이렇게 하나 또는 몇 개의 파라미터를 변화시키며 What-If 분석을 할 수 있게 하여 적합한 의사결정을 하게 한다.

연 습 문 제

01 데이터 분석_목표값 찾기

목표값 찾기는 수식으로 계산된 결과는 알고 있지만, 그 결과값을 계산하기 위해 수식에 사용되는 입력값을 모르는 경우에 사용하는 것이다.

다음 워크시트에서 메론의 올해목표매출액을 변경하여 '올해목표매출액'을 500,000,000으로 변경하고 싶다. 이때 메론을 몇개 팔아야 하는가?

단. 이 워크시트에는 셀 범위 E6:E10, G6:G10, D11:G11에는 모두 수식이나 함수식이 들어 있다.

올해 목표 매출액

제품명	판매가	전년도 매출액		올해 목표 매출액	
		수량	금액	수량	금액
사과	1,000	23,489	23,489,000	52,000	52,000,000
딸기	1,500	16,486	24,729,000	21,000	31,500,000
배	2,000	32,187	64,374,000	35,000	70,000,000
수박	3,000	21,386	64,158,000	32,000	96,000,000
메론	2,500	56,876	142,190,000	65,000	162,500,000
합계		150,424	318,940,000	205,000	412,000,000

목표값을 설정할 G11을 클릭하여 액티브로 한 후, [데이터] 탭 → [데이터 도구] 그룹 → [가상 분석] 버튼 → [목표값 찾기]를 선택으로 나타난 대화상자를 조작한다.

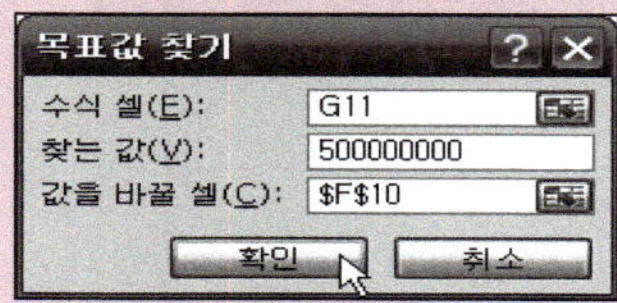

위와 같이 조작하면 올해목표달성을 위해 팔아야 할 메론의 수량이 나타나게 된다.

02 데이터 분석_시나리오

시나리오는 다양한 상황과 변수에 따른 여러 가지 결과값의 변화를, 가상의 상황을 통해 예측하여 분석하는 것이다. 시나리오로 여러 가지 값의 그룹을 만들어 저장해 놓은 다음 필요에 따라 시나리오를 선택하여 워크시트 셀의 값을 바꾸어 표시할 수 있다.

다음 워크시트에 '판매가'를 변경하였을 때의 '올해 목표 매출액'의 금액을 시나리오로 작성하려고 한다.

	A	B	C	D	E	F	G	H	I	J
1										
2				올해 목표 매출액						
3										
4		제품명	판매가	전년도 매출액		올해 목표 매출액				
5				수량	금액	수량	금액			
6		Galaxy s3	450,000	234	105,300,000	520	234,000,000			
7		i-Phone 5	470,000	164	77,080,000	210	98,700,000			
8		MP3	150,000	321	48,150,000	350	52,500,000			
9		Galaxy Tab	1,200,000	213	255,600,000	320	384,000,000			
10		LED TV	1,830,000	56	102,480,000	65	118,950,000			
11		합계		988	588,610,000	1,465	888,150,000			
12										

① 시나리오 이름을 정상판매, 할인판매_1, 할일판매_2라고 하고, 각각 판매가는 다음과 같이 하였을 때, '올해 목표 매출액'에 대한 시나리오를 작성하시오.

시나리오 이름	정상판매	할인판매_1	할인판매_2
Galaxy s3	450,000	400,000	350,000
i-Phone 5	470,000	410,000	355,000
MP3	150,000	140,000	110,000
Galaxy Tab	1,200,000	1,050,000	850,000
LED TV	1,830,000	1,650,000	1,300,000
올해 목표 매출액	888,150,000	?	?

② 셀 C6, C7, C8, C9, C10, G11의 각각을 Galaxy s3, i-Phone 5, MP3, Galaxy Tab, LED TV, '올해목표매출액'이라고 이름을 정의하고, 시나리오를 작성하면 어떻게 되는가?

[데이터] 탭 → [가상분석] 그룹 → [시나리오 관리자] 클릭 → 〈추가〉 버튼 클릭으로 나타난 [시나리오 편집] 대화상자에서 [시나리오 이름]에 "정상판매"라고 입력하고, [변경 셀]에 $C$6:$C$10을 드래그하여 입력하고 〈확인〉 버튼을 클릭한다.

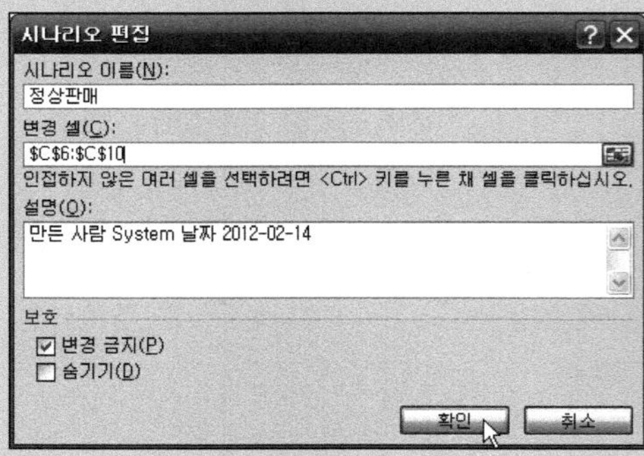

나타난 [시나리오] 대화상자에서 입력된 값이 정상 판매가로 입력된 것을 체크하고 〈확인〉 버튼을 클릭한다.

다시 나타난 [시나리오 편집] 대화상자에서 [시나리오 이름]에 "할인판매_1", [변경]에 $C$6:$C$10을 드래그하여 입력하고 〈확인〉하여 나타난 [시나리오 값] 대화상자에 "할인판매_1"일 때의 값을 입력하고 〈추가〉 버튼을 클릭한다.
이러한 과정을 "할인판매_2"까지 반복한다. 이 과정이 완료되면 다음과 같은 대화상자가 나타난다.

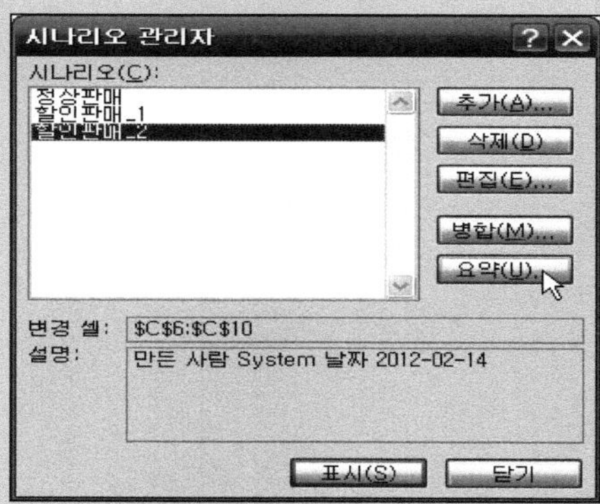

나타난 대화상자에서 [결과 셀]의 범위에 '올해 목표 매출액'이 입력된 G11을 클릭하고 〈확인〉 버튼을 클릭한다.

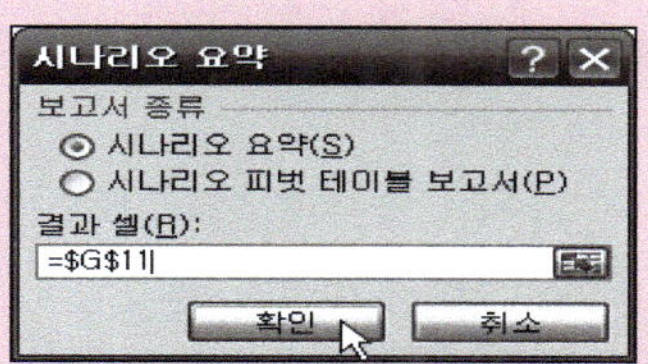

새로운 워크시트에 "시나리오 요약' 표가 나타난다.

◈ 이름 정의 방법

셀 범위 B6:C10을 드래그하여 블록으로 설정한 후, [수식] 탭 → [정의된 이름] 그룹 → [선택 영역에서 만들기] 버튼 클릭으로 나타난 대화상자에서 [왼쪽 열] 체크박스를 온(On)으로 하고 〈확인〉 버튼을 클릭하면 한꺼번에 이름 정의가 된다.

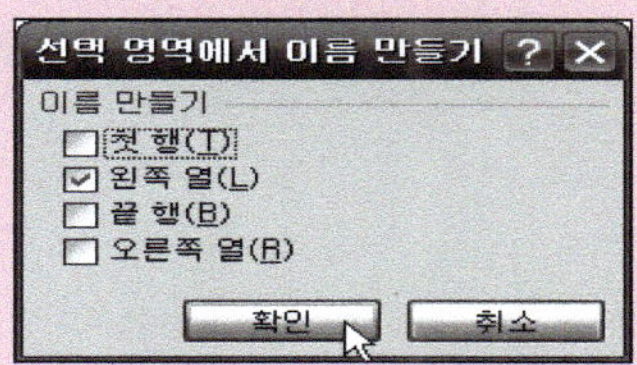

03 데이터 분석_단일 변수 데이터 표

데이터 표는 특정한 값의 변화에 따른 결과값의 변화를 표 형태로 보여주는 기능이다.

예를 들어 국어, 영어, 수학 시험을 보고, 국어 점수와 영어 점수는 알았는데 수학 점수를 모른다고 하자. 이럴 경우 수학 점수를 60점을 맞았다면 평균은 얼마인가? 70점을 닻았다면, 80점을 맞았다면… 평균은 얼마인가?를 계산하는 것이 '데이터 표' 기능이다.

다음 워크시트에 셀 범위 H3:I7에 계산 된 데이터를 기본으로 하여, 매상액에 따른 손익분기점을 검토하는 표를 작성하시오.

	A	B	C	D	E	F	G	H	I	J	K
1			손익 분기점 표								
2						단위:천원					
3			변동비	한계 이익	고정비	이익		매상액	₩ 2,200		
4		매상액						변동비	₩ 1,870		
5		₩ 2,600						한계 이익	₩ 330		
6		₩ 2,400						고정비	₩ 300		
7		₩ 2,200						이익	₩ 30		
8		₩ 2,000									
9		₩ 1,800						변동비는 매상액의 85%			
10		₩ 1,600									
11		₩ 1,400									
12											

셀 C4에 '=I4'를 입력하고(셀 I4에는 =I3*0.85라는 수식이 입력되어 있음), 셀 D4에 '=I5', 셀 E4에 '=I6', 셀 F4에 '=I7'을 입력한다.

셀 범위 B4:F11을 드래그하여 블록으로 지정하고, [데이터] 탭 → [데이터 도구] 그룹 → 〈가상 분석〉 버튼 → [데이터 표]를 선택하여 나타난 대화상자에서 조작을 한다.

단일 변수 데이터 표는 입력 셀을 하나만 지정한다. 데이터 변화값이 같은 행에 입력되어 있을 때는 '행 입력'을 선택하고, 이 문제에서와 같이 열(E열)에 입력되어 있으므로, '열 입력 셀'을 지정한다.
계산된 모든 셀에 '{=TABLE(,I3)}'과 같은 수식(행렬)이 입력된다.
데이터 표로 계산한 결과를 지우려면 같은 수식이 들어있는 셀 범위 C4:F11을 블록화 한 후, Delete 키를 눌러야 삭제된다.

04 데이터 분석_이중 변수 데이터 표

앞의 3번 문제에서 단일 변수 데이터 표는 입력 셀을 하나만 사용하지만, 이중 변수 데이터 표는 행 입력 셀과 열 입력 셀을 모두 사용한다.

다음 워크시트에서 이율과 기간의 변화에 따라 할부 주택의 매월 상환액이 어떻게 변하는가를 조사하는 테이블을 작성하시오.

	A	B	C	D	E	F	G	H	I
1		주택 할부금 계산표							
2						연이율	0.055		
3						기간(년)	10		
4						차입액	₩80,000,000		
5						상환액	₩868,210		
6		이율	기간						
7		₩868,210	5	10	15	20	15		
8		7.0%							
9		6.5%							
10		6.0%							
11		5.5%							
12		5.0%							
13		4.5%							
14		4.0%							
15									

상환액을 나타내는 셀 G5에는 함수식 =PMT(G2/12,G3*12,−G4)가 입력되어 있다.

셀 B7에 '=G5'를 입력하고
셀 범위 B7:G14를 드래그하여 블록으로 지정하고, [데이터] 탭 → [데이터 도구] 그룹 → 〈가상 분석〉 버튼 → [데이터 표]를 선택하여 나타난 대화상자에서 조작을 한다.

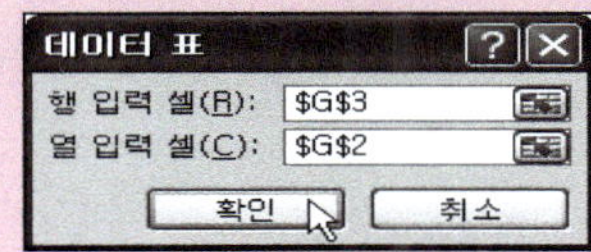

이중 변수 데이터 표는 입력 셀을 두개 지정한다. 계산된 모든 셀에 '{=TABLE(G3,G2)}'와 같은 수식(행렬)이 입력된다.

◈ 데이터 표만 수동으로 재계산하기
엑셀에서는 기본적으로 시트에 입력된 데이터가 변경되거나 새로운 데이터가 입력되면, 통합문서(워크북)에 있는 수식이나 함수식을 재계산하게 되는데, 커다란 데이터 표는 재계산하는데 시간이 오래 소요될 수 있다. 이런 경우 데이터 표만 수동으로 재계산하도록 할 수 있다.
[파일] 탭 → [옵션] 메뉴 선택으로 나타난 대화상자에서 오른쪽의 〈수식〉 탭을 클릭하고 왼쪽의 〈데이터 표만 수동〉 옵션을 온(On)으로 한 후, 〈확인〉 버튼을 클릭한다. 데이터 표를 재계산하려면 F9 키를 눌러야 한다.

10 CHAPTER

마이크로소프트 엑셀 고급 –매크로 활용

엑셀 매크로(Macro)란, 동일한 형태의 반복되는 작업을 자동화하기 위한 일련의 키 입력 작업으로 원하는 동작들을 매크로에 기록한 후, 매크로를 실행하면, 입력된 동작들이 반복적으로 자동 수행된다.
엑셀 매크로를 기록하기 위해서는 먼저 사용되는 프로그래밍 언어인 Visual Basic 문장을 이해하여야 하기 때문에, 엑셀 매크로를 이용하는 것은 쉬운 일은 아니지만, 본 장에서는 엑셀 매크로에서 제공하는 매크로 자동기록 및 편집, 실행 기능을 이용하여 엑셀 매크로 기초 사용법을 익히고, 이를 이용하여 반복작업을 자동화하는 방법을 익히고자 한다.

엑셀 매크로 사용 준비

1 [개발 도구] 탭의 표시

엑셀 매크로를 사용하려면 먼저 [개발 도구] 탭을 리본 메뉴에 표시해야만 한다. [파일] 탭 → [옵션]을 선택하여 나타난 [Excel 옵션] 대화상자(제4장의 [그림 4-6]을 의미함)에서 왼쪽에 있는 '리본 사용자 지정'을 클릭하고, 오른쪽에 있는 '기본 탭' 목록에서 '개발 도구' 체크 박스를 온(On)으로 하고 〈확인〉 버튼을 클릭한다.

그림 10-1 [Excel 옵션] 대화상자 일부

그러면 리본 메뉴에 [개발 도구] 탭이 나타나고, 그 아래에 [코드], [추가 기능], [컨트롤], [XML], [수정] 그룹이 나타난다.

그림 10-2 [개발 도구] 탭 표시

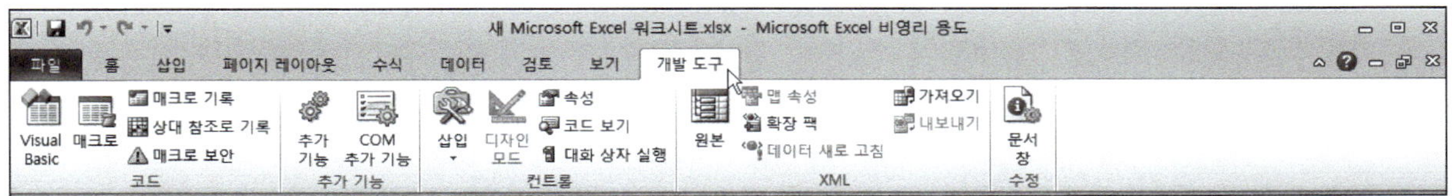

2 파일 저장 방식

지금까지 워크북(통합문서)을 저장할 때 확장자를 ".xlsx"를 사용하였다. 엑셀 2007, 2010에서는 워크북에 매크로가 포함되어 있으면 반드시 확장자를 ".xlsm"을 사용해야만 한다. 워크북을 열어서 매크로를 포함한 작업을 하고, 작업 결과를 저장할 때는 [파일] 탭 → [다른 이름으로 저장]을 선택하고, [파일 형식]이 ".xlsm"을 지정해 주어야 한다.

그림 10-3 매크로를 포함한 워크북의 저장

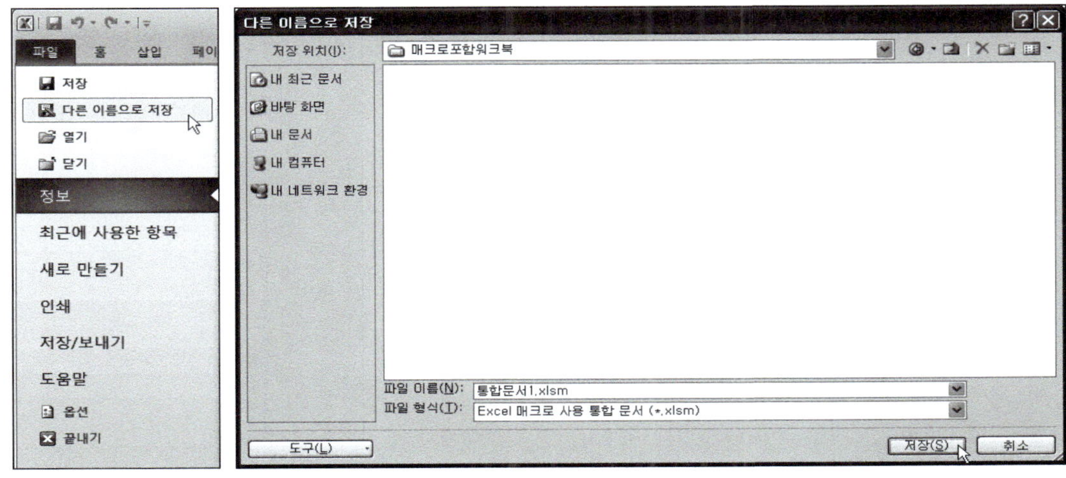

3 보안 수준

매크로에는 바이러스가 포함될 수 있으므로, 매크로가 포함된 워크북(통합문서)을 열 때는 주의해야 한다.

엑셀의 '보안 수준'을 확인하려면 [개발 도구] 탭 → [코드] 그룹 → [매크로 보안] 버튼을 클릭하여 나타난 대화상자에서 [모든 매크로 제외(알림표시)] 옵션이 온(On)으로 되어 있는지를 확인하고 〈확인〉 버튼을 클릭한다.

그림 10-4 보안 수준 확인

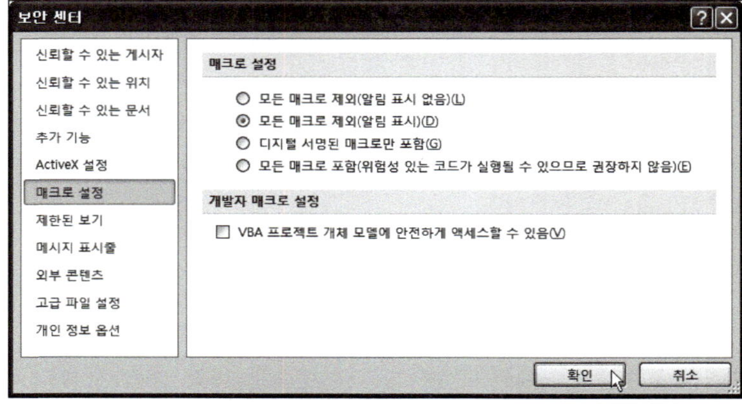

위와 같이 보안이 설정된 상태에서 매크로가 포함된 파일(확장자가 .xlsm으로 된 파일)을 열면 [수식 입력 줄] 위에 [보안 경고] 메시지 줄이 나타난다. 매크로를 사용하려면 〈콘텐츠 사용〉 버튼을 클릭한다.

그림 10-5 '보안 경고' 메시지

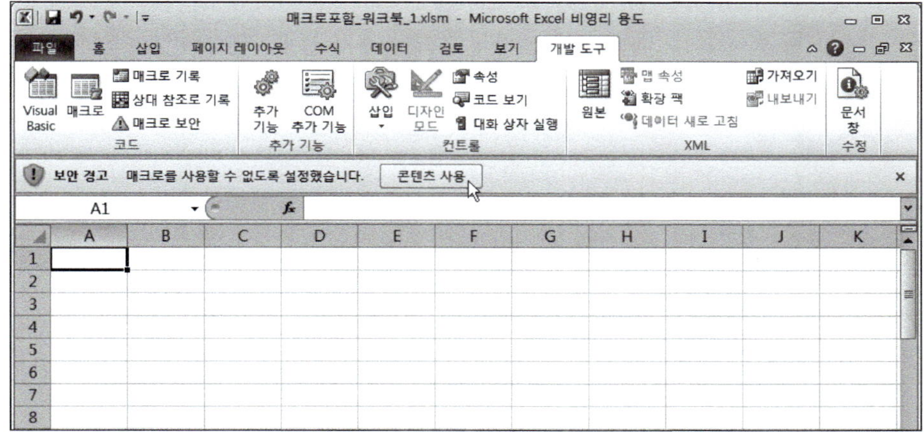

위와 같이 〈콘텐츠 사용〉 버튼을 누른 파일은 '신뢰할 수 있는 문서'로 분류되어 이후부터 파일을 열 때, 더 이상 '보안 경고' 메시지 줄이 나타나지 않는다.

SECTION 02 엑셀 매크로 사용법 익히기

1 엑셀 매크로 기록하기

매크로 기록에 의한 기록이란 [그림 10-6]과 같이 카세트 테이블에 녹음을 하는 것과 같은 원리이다.

그림 10-6 매크로 기록의 기본 원리

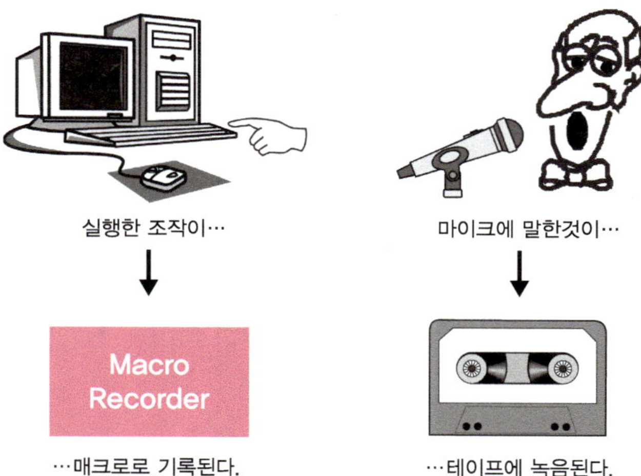

매크로를 기록하면, 반복 수행하고자 하는 동작에 대해서 Visual Basic 코드가 생성되고 만들어진 코드는 모듈시트에 저장되는데, 본 절에서는 자동기록 매크로 기능을 이용하여 반복되는 작업내용을 기록하고, 실행하며, 기록된 코드에 엑셀 Visual Basic 언어를 추가하고 편집하는 작업을 연습해 보기로 하겠다.

매크로를 기록하는 과정은 다음과 같다. 매크로의 기록 내용은 특정 셀에 입력된 글꼴→궁서체, 유형 → 굵게, 크기 → 16포인트, 글꼴 색 → 청색을 지정하는 것으로 한다.

그림 10-7 매크로에 기록할 내용

	A	B	C	D	E	F
1						
2			777			
3						
4						

→

	A	B	C	D	E	F
1						
2			**777**			
3						
4						

❶ 셀 C2에 '777'을 입력하고, [그림 10–7]과 같이 셀 C2가 액티브인 상태에서 [개발도구] 탭 → [코드] 그룹 → 〈매크로 기록〉 버튼을 클릭하면, [매크로 기록] 대화상자가 나타난다.

❷ 이 대화상자에 다음과 같이 [매크로 이름]에 '글꼴서식'이라고 입력하고, 매크로 기록 내용을 [설명]에 입력하며, 바로 가기 단축키를 'Ctrl+Shift+A'로 입력한다.

그림 10-8 매크로 기록 대화상자

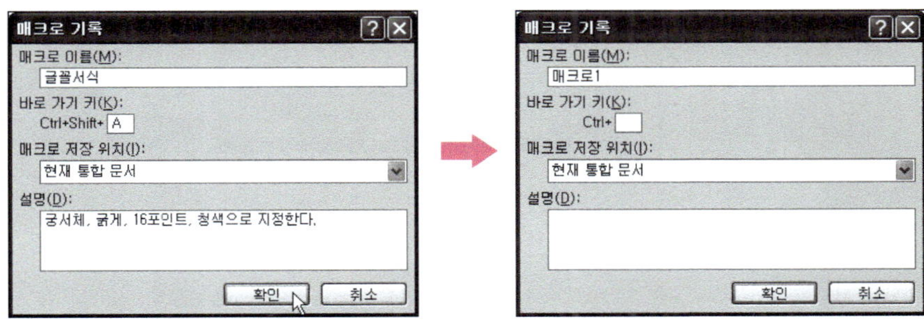

❸ 매크로 기록 대화상자의 내용을 입력한 후, 〈확인〉 버튼을 클릭하면, [개발도구] 탭 → [코드] 그룹에 있는 〈매크로 기록〉 버튼이 〈매크로 중지〉 버튼을 변경되며, [상태 표시줄]에도 〈매크로 중지〉 버튼이 나타난다.

❹ 셀 C2에 오른쪽 버튼을 클릭하여 나타난 단축 메뉴에서 [셀 서식]을 선택하거나, [홈] 탭 → [표

시형식] 그룹의 메뉴 버튼을 클릭하여 나타난 대화상자를 다음과 같이 글꼴→ 궁서체, 유형 → 굵게, 크기 → 16, 글꼴 색 → 청색로 지정하고 〈확인〉 버튼을 클릭한다.

그림 10-9 매크로 기록 대상

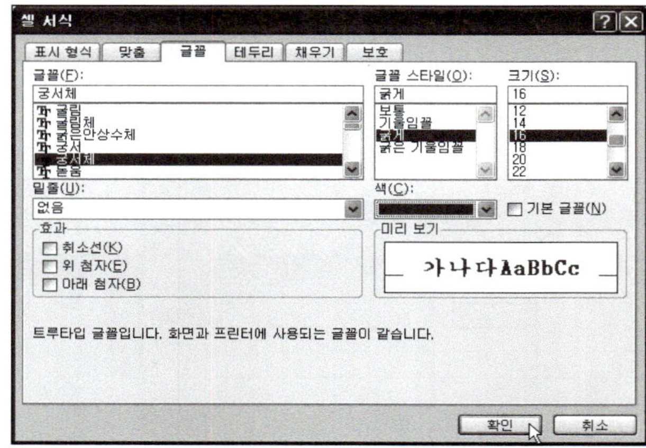

❺ [개발도구] 탭 → [코드] → 〈매크로 중지〉 버튼을 클릭한다. 그러면 〈매크로 중지〉 버튼이 〈매크로 시작〉 버튼으로 변한다.

❻ [개발도구] 탭 → [코드] → 〈매크로〉 버튼을 클릭하여 나타난 [매크로] 대화상자에서 다음과 같이 앞에서 작성한 '글꼴서식'을 클릭하여 선택한 후, 〈편집〉 버튼을 클릭한다.

그림 10-10 매크로 대화상자

그러면 [그림 10-11]과 같이 매크로 기록에 의한 매크로 내용을 확인할 수 있다.

그림 10-11 글꼴서식의 매크로 기록 모듈

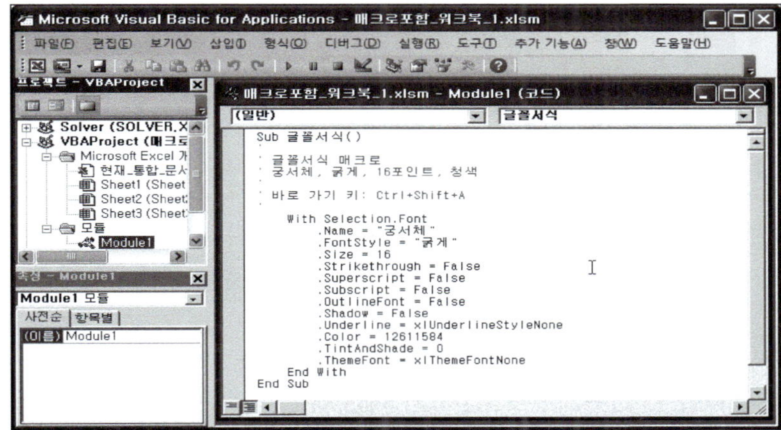

2 엑셀 매크로 실행하기

매크로를 실행한다는 것은 [그림 10-12]와 같이 녹음한 테이프를 재생하여 음을 듣는 것과 같이 매크로를 저장된 것을 재생하여 실행하는 것이다.

그림 10-12 매크로 실행 원리

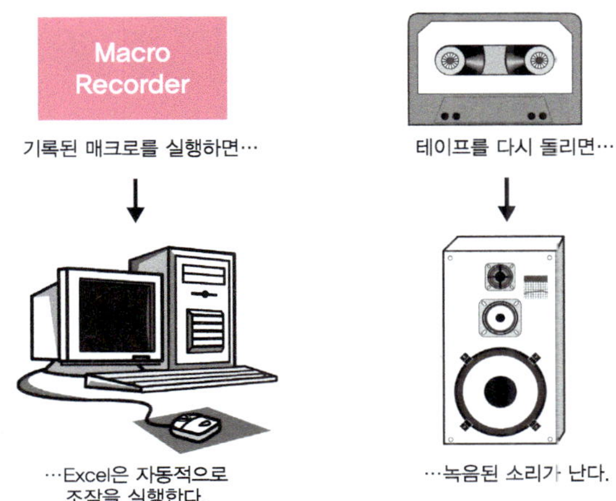

기록된 매크로를 실행하는 방법에는 다음과 같은 세 가지가 있다.

- [그림10-10]의 [매크로] 대화상자에서 실행하려는 매크로를 선택하고 〈실행〉 버튼을 클릭한다.
- 이미 지정해 놓은 매크로에 대한 바로가기 단축키를 이용한다.
- 컨트롤이나 도형을 이용하여 실행 버튼을 만든 후, 실행 버튼을 클릭한다.

매크로를 실행하는 방법 중에 위와 같이 [그림10-10] [매크로] 대화상자에서 〈실행〉 버튼을 클릭하거나, 지정된 바로가기 단축키를 이용하여 실행 방법은 다음과 같다.

❶ [그림10-13]과 같이 셀 B3에 '경영과 컴퓨터'를 입력하고, 셀 D4에 '888'을 입력한다.
❷ 셀 B3을 클릭하여 액티브로 하고 [매크로] 대화상자에서 '글꼴서식'이 선택된 상태에서 〈실행〉 버튼을 클릭한다.

그림 10-13 [매크로] 대화상자에 의한 실행

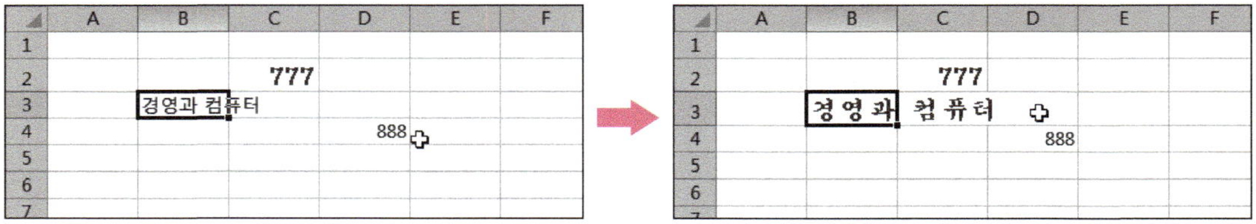

❸ 셀 D4를 클릭하여 액티브로 한 후, 바로가기 단축키인 Ctrl+Shift+A를 누른다.

그림 10-14 바로가기 단축키에 의한 실행

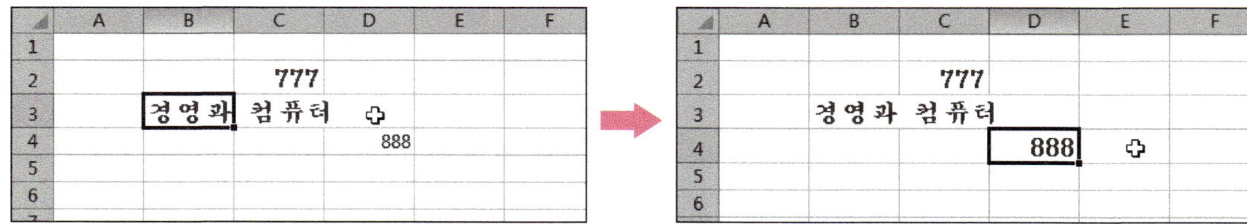

매크로를 실행하는 방법 중에 화면에 실행 버튼을 만들어 매크로를 지정한 후, 버튼을 클릭하여 자동 실행되도록 하는 방법이 가장 일반적이다.

워크시트 상에 실행 버튼을 컨트롤이나 도형으로 만들고, 실행 버튼에 매크로를 지정하는 방법은 다음과 같다.

❶ [개발 도구] 탭 → [컨트롤] 그룹 → 〈삽입〉 버튼을 클릭하면 '양식 컨트롤'과 'ActiveX 컨트롤'을 확인할 수 있는데, 워크시트에서는 주로 '양식 컨트롤'을 사용한다. 여기서는 '양식 컨트롤' 중에서 〈단추〉 버튼을 클릭한다. 'ActiveX 컨트롤'에 있는 〈명령 단추〉 사용법은 뒤에 설명한다.

그림 10-15 '양식 컨트롤'과 'ActiveX 컨트롤'

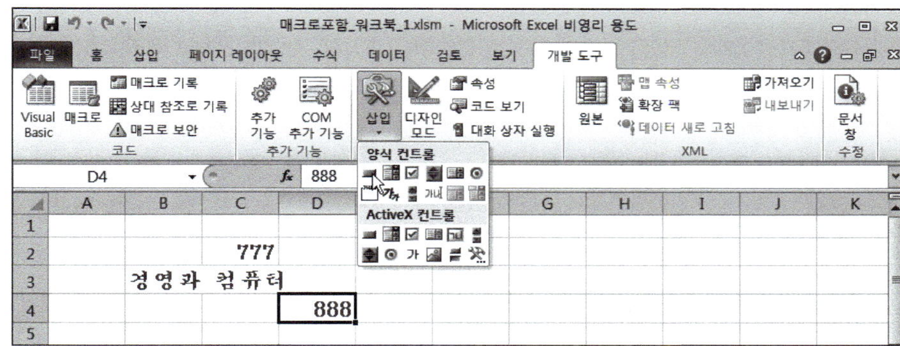

❷ 〈단추〉 버튼 작성 버튼을 클릭하면, 마우스가 십자 모양으로 바뀌는데, 마우스 포인터를 〈단추〉 버튼이 삽입될 곳으로 이동하고 마우스를 드래그하여 마우스의 왼쪽 버튼을 놓으면, '매크로 지정' 대화상자가 자동으로 열린다. 이 대화상자에서 컨트롤과 연결할 매크로 '글꼴서식'을 선택한 〈확인〉 버튼을 클릭한다.

그림 10-16 '매크로 지정' 대화상자

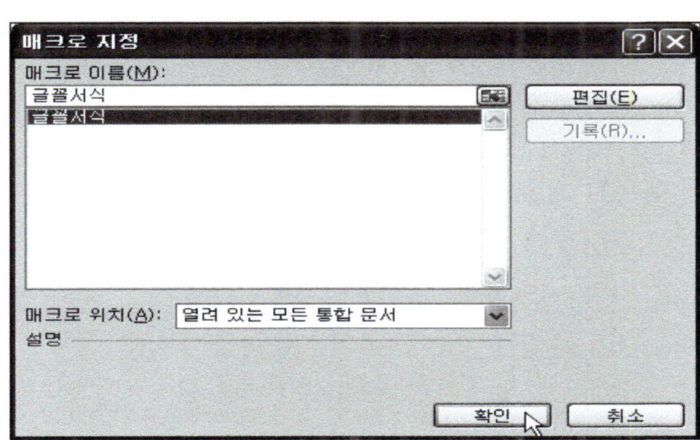

❸ 〈단추1〉이라는 명령 버튼이 만들어진다. 셀 B5에 "매크로 실행"이라고 입력한 후, 셀을 클릭하여 액티브로 한 후, 〈단추1〉을 클릭하면 매크로가 실행된다.

그림 10-17 컨트롤에 의한 매크로 실행

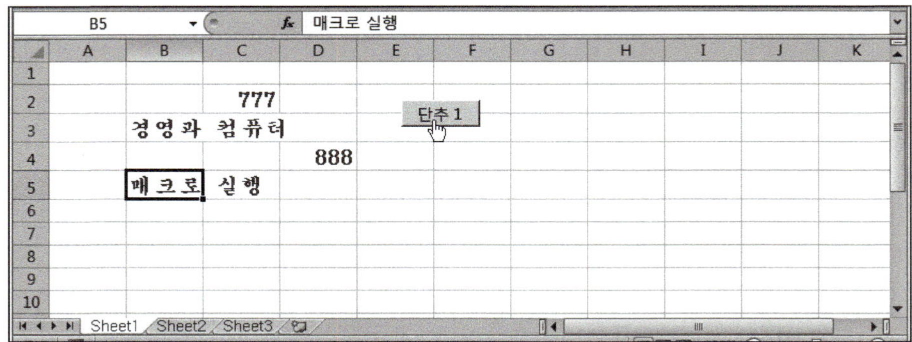

❹ 실행 버튼 〈단추 1〉이라는 이름을 변경하려면 〈단추 1〉을 오른쪽 버튼을 클릭하면, 단축 1이 편집할 수 있는 상태로 되고, 이 상태에서 변경된 이름을 입력하면 된다.

그림 10-18 명령 버튼의 레이블 편집

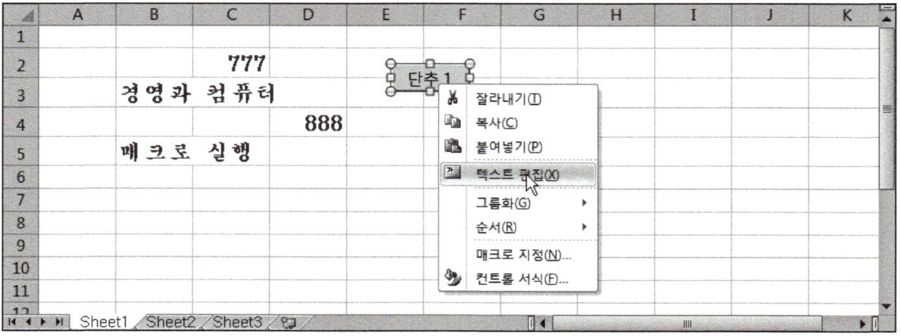

❺ 컨트롤을 이용해 매크로를 실행하는 것은 많은 장점이 있지만, 간단하게 매크로만 실행할 것이라면 '도형'을 이용하는 것이 시트 화면을 화려하게 꾸밀 수 있다. [삽입] 탭 → [일러스트레이터] 그룹 → 〈도형〉 버튼을 클릭하고 '빗면' 도형을 클릭하여 선택한 후, 워크시트 드래그하여 '빗면' 도형을 그린다.

그림 10-19 '빗면' 도형 그리기

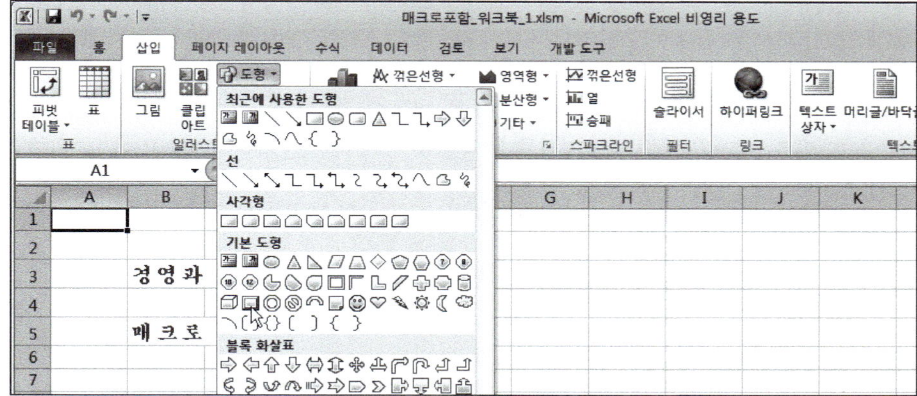

작성된 도형에 [그리기 도구] 정황 탭 → [서식] 탭 → [도형 스타일] 그룹에서 원하는 스타일을 지정하고 마우스 오른쪽 버튼을 클릭하여 나타난 단축 메뉴에서 [매크로 지정]을 클릭한다. 이후는 앞의 '양식 컨트롤'로 작성하는 과정과 동일하다.

그림 10-20 작성된 도형에 매크로 지정

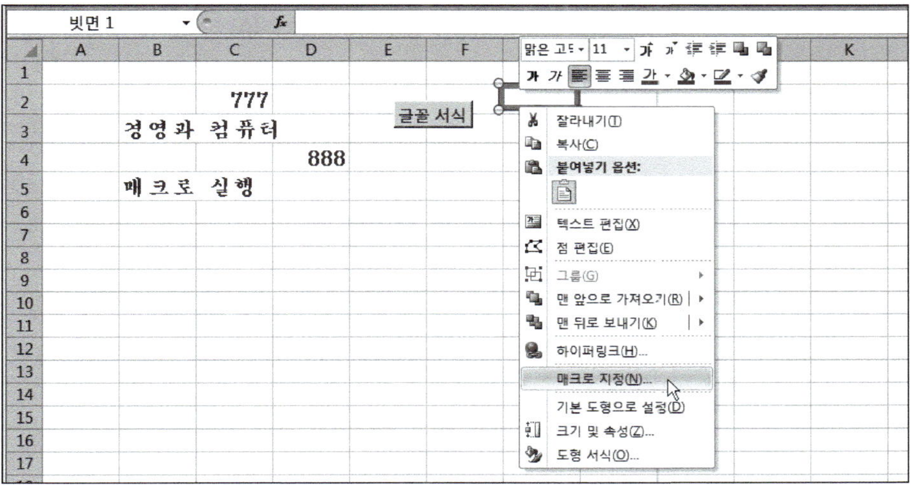

3 엑셀 매크로 편집하기

매크로를 기록할 때 대화상자를 지정하게 되면, 대화상자의 모든 옵션 설정이 기록된다. 이와 같은 부분은 그대로 놓아두어도 데이터 처리는 정확하지만 매크로를 복잡하게 하고, 매크로의 실행 속도를 느리게 한다. 그래서 필요없는 부분을 삭제한다.

[그림 10–11]에서와 같이 매크로는 모듈 시트에 기록되는데, 그 시트는 워드프로세서와 같은 성질을 갖고 있다. 그래서 모듈 시트상의 매크로는 워드프로세서와 같은 느낌으로 자유롭게 편집할 수 있다.

앞에서 작성한 'Module 1'에서 필요없는 부분을 드래그하여 선택한 후 Delete키는 눌러 삭제하여 코드 내용을 다음과 같이 되게 한다.

그림 10–21 필요없는 코드 삭제

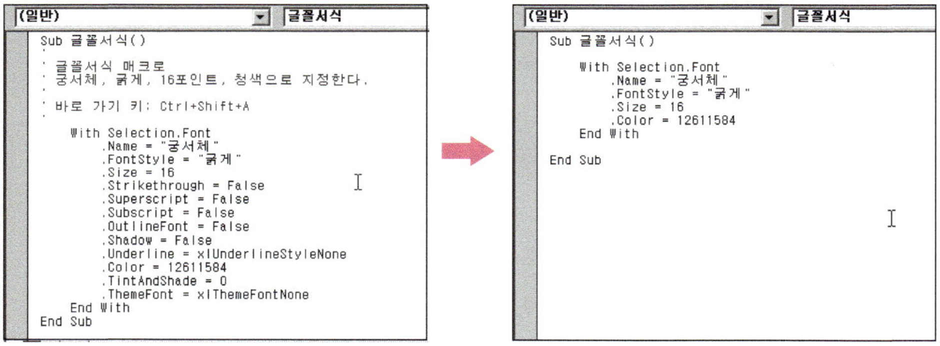

```
(일반)                              글꼴서식
Sub 글꼴서식()
'
' 글꼴서식 매크로
' 궁서체, 굵게, 16포인트, 청색으로 지정한다.
'
' 바로 가기 키: Ctrl+Shift+A
'
    With Selection.Font
        .Name = "궁서체"
        .FontStyle = "굵게"
        .Size = 16
        .Strikethrough = False
        .Superscript = False
        .Subscript = False
        .OutlineFont = False
        .Shadow = False
        .Underline = xlUnderlineStyleNone
        .Color = 12611584
        .TintAndShade = 0
        .ThemeFont = xlThemeFontNone
    End With
End Sub
```

```
(일반)                              글꼴서식
Sub 글꼴서식()

    With Selection.Font
        .Name = "궁서체"
        .FontStyle = "굵게"
        .Size = 16
        .Color = 12611584
    End With

End Sub
```

위와 같이 삭제한 매크로는 취소선, 밑선 등의 서식을 해제하는 것이다. 이것은 셀에 데이터만을 입력한 경우와 같이, 그와 같은 서식이 설정되어 있지 않는 셀에 대하여 매크로를 실행하면, 그 부분을 삭제하여도 영향을 주지 않는다.

그러나 취소선이나 밑줄 등이 설정되어 있어, 이들의 서식을 해제할 필요가 있는 경우에는 삭제한 매크로는 필요하게 된다.

대화상자에 의한 값의 입력

매크로는 가능한 범용성을 높이고, 다양한 상황에 대응할 수 있는 내용으로 작성하는 것이 매우 중요하다.

그 방법의 하나로 대화상자의 사용을 들 수 있다. 이 대화상자에 의해 1개의 매크로에서 지시한 옵션에 의한 처리를 실행할 수 있다. 단, 대화상자를 사용하기 위한 매크로는 매크로의 자동 작성에서는 작성할 수 없으므로 사용자 자신이 입력해야만 한다.

대화상자에는 엑셀 매크로에서 정의하여 사용하는 대화상자, 사용자가 독자적으로 작성하는 대화상자, 엑셀 자체에서 사용하는 대화상자로 3종류가 있다. 이 중에서 제일 간단한 것이 엑셀 매크로에서 정의하여 사용하는 대화상자이다. 이것은 한번에 1개의 값만을 입력하지만, 한 줄의 명령으로 사용할 수 있다.

그러면 앞에서 작성한 매크로에 대하여 다음과 같은 대화상자에서 글꼴 크기와 글꼴 색을 임의로 지정하기 위한 매크로를 작성하기로 한다.

그림 10-22 사용할 대화상자

위와 같은 대화상자를 만들 때 사용하는 함수가 엑셀 매크로에는 있는 InputBox입니다. 이 함수는 사용자의 입력을 받아 처리할 때에 사용한다.

[그림 10-21]과 같이 필요없는 코드를 삭제한 후, [그림 10-22]와 같이 2줄의 명령 코드를 추가한다.

그림 10-23 매크로 코드의 수정

```
(일반)                                글꼴서식
Sub 글꼴서식()

    With Selection.Font
        .Name = "궁서체"
        .FontStyle = "굵게"
        .Size = 16
        .Color = 12611584
    End With

End Sub
```

```
(일반)                                글꼴서식
Sub 글꼴서식()

    글꼴크기 = InputBox("글꼴크기(1~409)를 입력하세요.", "글꼴 서식 설정")
    글꼴색 = InputBox("글꼴색(1~57)를 입력하세요.", "글꼴 서식 설정")

    With Selection.Font
        .Name = "궁서체"
        .FontStyle = "굵게"
        .Size = 글꼴크기
        .Color = 글꼴색
    End With

End Sub
```

위의 코드에서 사용하고 있는 '='는 대입 연산자라고 하는데, 이 대입 연산자를 기준으로 오른쪽에 있는 식이나 값을 오른쪽 변수에 저장하라는 뜻이다.

수정한 매크로를 실행해 보자. 위와 같이 Module 1의 코드를 수정한 후, [파일] 메뉴의 왼쪽 아래에 있는 엑셀 아이콘을 클릭하거나, Alt+F11키를 누르면 엑셀의 워크시트로 돌아가게 된다. 여기서는 셀 B7에 "매크로 코드 수정"이라고 입력하고 다시 한번 클릭하여 액티브로 한 후, 〈단추〉 버튼이나 〈빗면〉 도형을 클릭한다.

그림 10-24 수정된 매크로 실행 준비

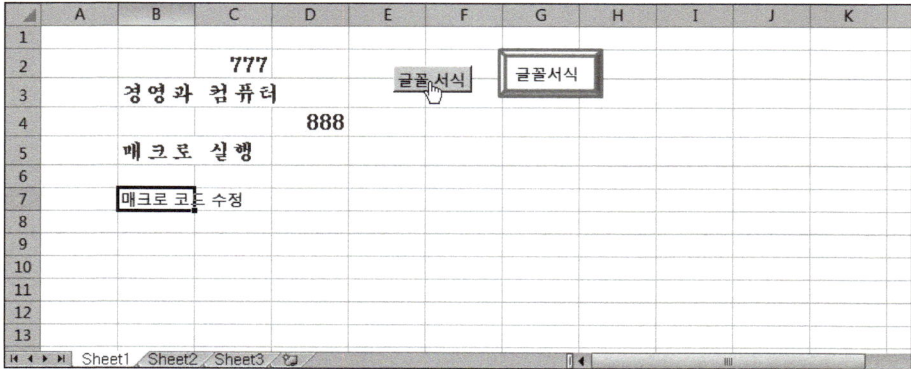

위와 같이 조작하면 InputBox 함수로 작성한 첫 번째 대화상자로 글꼴 크기를 물어보는 대화상자가 나타난다. 여기서는 24를 입력하고 〈확인〉 버튼을 클릭한다. 계속해서 글꼴 색을 물어오면 47을 입력하고 〈확인〉 버튼을 클릭한다.

그림 10-25 대화상자에서 데이터 받기

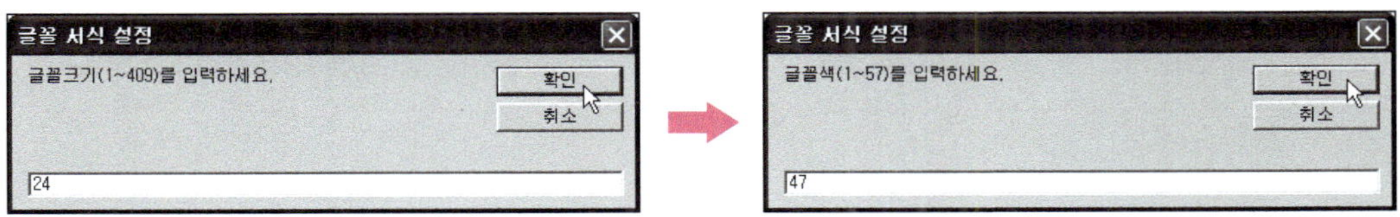

그러면 셀 B7에 입력된 글꼴은 입력된 값에 의해 다음과 같이 변할 것이다.

그림 10-26 입력 값에 따라 매크로 실행 결과가 다름

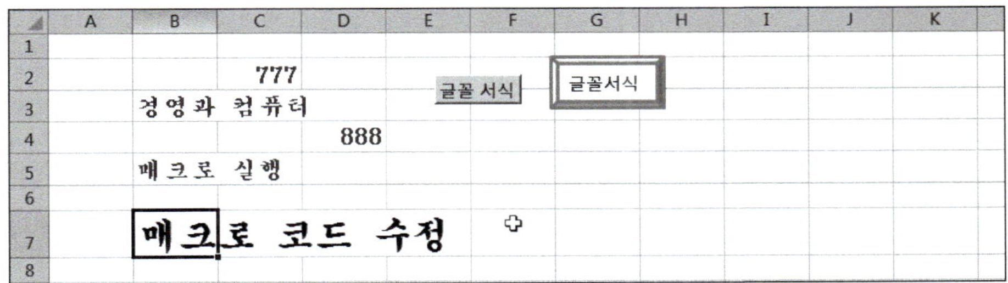

대화상자에 입력이 잘못되었을 때에 경고성 대화상자가 나타나는데, 이 때는 〈디버그〉 버튼을 클릭하고 [실행] → [재 설정] 메뉴를 클릭한다. 또 코드 맨 앞에 중단점이 나타날 때가 있는데, 이 때는 [디버그]] → [모든 중단점 지우기] 메뉴를 선택한다.

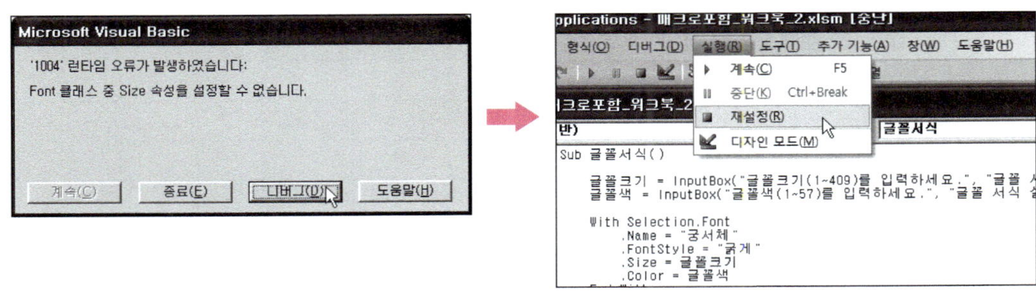

사례 프로젝트

매크로를 이용한 월 상환액 구하기

DANKOOK Automobile에 근무하는 단 대리는 입사 1년 차의 신입사원으로 고객상담 부서에 근무하고 있다.

신차를 구입하려는 대부분의 고객들은 구입가격의 일부를 계약금으로 지불하고 나머지 금액에 대해서는 월 균등분할 할부로 구입하려고 하기 때문에, 얼마를 계약금으로 지불할 것인지? 상환기간을 얼마로 할 것인지? 적용되는 이자율은 얼마로 책정되어 있는지에 따라서 고객이 부담하게 될 월 상환액, 총 이자 그리고 신차 구입에 따른 총 비용이 달라지기 때문에, 단 대리의 고민은 여러 가지 조건에 따른 월 상환액, 총 이자 및 총 비용을 신속하게 계산하여 상담하는 것이다.

대학에서 경영정보학을 전공한 단 대리는 대학에서 배웠던 엑셀 매크로를 이용하여 워크

〈표 10-1〉 상담에 필요한 정보

항 목	내 용
구입조건	구입차종
	가격
	계약금
	상환기간
	적용 이자율
상담정보	월 상환액
	총 이자
	총 구입비용

시트 모델을 개발하기로 하였다.

워크시트 모델을 개발하기 위해서 상담에 필요한 정보를 수집한 결과, 월 상환액과 총 이자 그리고 총 비용을 계산하는데 필요한 데이터를 〈표 10–1〉과 같이 정리하였다.

1 워크시트 모델

■ 워크시트 제목과 행 제목 입력하기

워크시트의 기본 구성은 〈표 10–1〉의 각 항목의 내용들로 이루어지며, 워크시트의 제목과 행 제목을 다음과 같은 단계로 입력하여 워크시트의 기본모형을 완성한다.

❶ 셀 A2를 선택하고 워크시트의 제목 "구입조건에 따른 월 상환액"을 입력한다.
❷ 셀 C3을 선택하고 작업시간을 알리는 함수 "=NOW( )"를 입력한다.
❸ 셀 B5~B13을 차례로 선택하여 행 제목 "구입차종", "가격", "계약금", "전체 상환액", "상환기간(년)", "적용이자율", "월 상환액", "총 이자", "총 비용"을 입력한다.
❹ 위와 같은 단계의 작업을 거쳐 [그림 10–27]과 같은 워크시트 모델을 완성한다.

그림 10–27 워크시트 모델

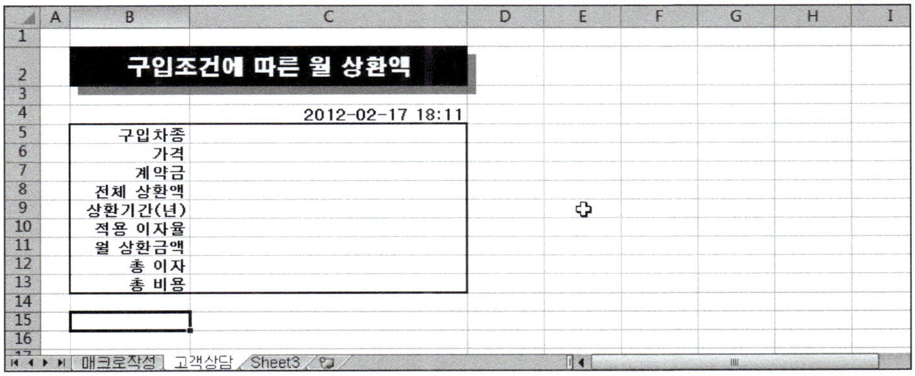

	A	B	C	D	E	F	G	H	I
1									
2		구입조건에 따른 월 상환액							
3									
4			2012-02-17 18:11						
5		구입차종							
6		가격							
7		계약금							
8		전체 상환액							
9		상환기간(년)							
10		적용 이자율							
11		월 상환금액							
12		총 이자							
13		총 비용							
14									
15									
16									

매크로작성 / 고객상담 / Sheet3

2 데이터 및 수식 입력하기

워크시트 모델에서 셀 C11~C13까지의 내용은 셀 B5~B10까지의 구입조건이 어떻게 설정되느냐에 따라서 달라지기 때문에, 먼저 셀 B5~B10까지의 구입조건에 대한 데이터를 입력한다.

데이터 입력을 위해서 "차량가격이 20,000,000원인 2012년형 New EF 쏘나타를 구입하기를 원하는 어떤 고객이 계약금으로 5,000,000원을 지불하고, 3년 동안 균등분할 할부로 구입하기를 원한다"고 가정해 보자(단, 내부 규정에 의해서 이자율은 9.5%를 적용한다). 이와 같은 가정 하에 데이터를 입력하는 과정은 다음과 같다.

❶ 셀 C5~C7까지를 선택하여 "2012년 쏘나타", "20,000,000", "5,000,000"을 입력한다.

❷ 차량 구입가격에서 계약금으로 지불한 차액을 상환해야 하기 때문에, 셀 C8을 선택한 후, 수식 "=C6−C7"을 입력한다.

❸ 셀 C9~ C10을 선택한 후, "3", "8.5%"를 입력한다.

	A	B	C
1			
2		구입조건에 따른 월 상환액	
3			
4			2012-02-17 18:52
5		구입차종	2012년 쏘나타
6		가격	₩ 20,000,000
7		계약금	₩ 5,000,000
8		전체 상환액	₩ 15,000,000
9		상환기간(년)	3
10		적용 이자율	8.50%
11		월 상환금액	₩473,513
12		총 이자	₩ 2,046,470
13		총 비용	₩ 22,046,470
14			

❹ 월 상환액은 전체 상환액, 적용이자율, 상환기간을 인수로 하는 PMT()함수를 이용하여 계산한다. PMT()함수의 인수는 일반적으로 다음과 같이 입력한다.

> PMT(월 이자율, 상환횟수, −전체 상환액)

셀 C10에 입력된 이자율은 연 이자율이기 때문에, 월 이자율은 "=C10/12"로 하며, 셀 C9에 입력된 상환기간은 년 단위로 입력된 것이기 때문에, 상환횟수는 C9*12로 입력한다. 또한 세 번째 인수는 셀 C8에 입력된 전체 상환액을 음수 값으로 입력한다.

그래서 셀 C11을 선택한 후, 수식 "=PMT(C10/12,12*C9,−C8)"을 입력한다.

❺ 셀 C12의 총 이자는 상환기간 동안 상환한 전체 금액에서 전체 상환액을 감한 금액이기 때문에, 셀 C12를 선택한 후, 수식 “=12*C9*C11−C8”을 입력한다.

❻ 셀 C13의 총 비용은 월 상환총액과 선수 지급한 계약금을 합한 금액이므로, 셀 C13을 선택한 후, 수식 “=12*C9*C11+C7”을 입력한다.

❼ 이와 같은 과정을 거치면, [그림 10-28]과 같은 워크시트 모델이 완성된다.

그림 10-28 데이터 입력 워크시트 모델

	A	B	C	D
1				
2		구입조건에 따른 월 상환액		
3				
4			=NOW()	
5		구입차종	2012년 쏘나타	
6		가격	20000000	
7		계약금	5000000	
8		전체 상환액	=C6-C7	
9		상환기간(년)	3	
10		적용 이자율	0.085	
11		월 상환금액	=PMT(C10/12,12*C9,-C8)	
12		총 이자	=12*C9*C11-C8	
13		총 비용	=12*C9*C11+C7	
14				
15				
16				
17				
18				

이와 같은 워크시트 모델을 이용하여 상담고객이 제시하는 다양한 구입조건에 맞추어 쉽고 빠르게 상담정보를 만들어 낼 수가 있다.

[그림 10-29]는 ₩3,200,000원의 2012년형 쏘나타를 계약금 ₩8,000,000을 지급하고 3년 균등분할 할부로 하고 적용이자율을 8.50%로 구입할 경우 고객이 상환하게 될 월 상환액과 3년 동안 부담하게 될 총 이자 및 총 구입비용을 나타낸 상담정보이다.

그림 10-29 구입조건에 따른 상담정보의 예

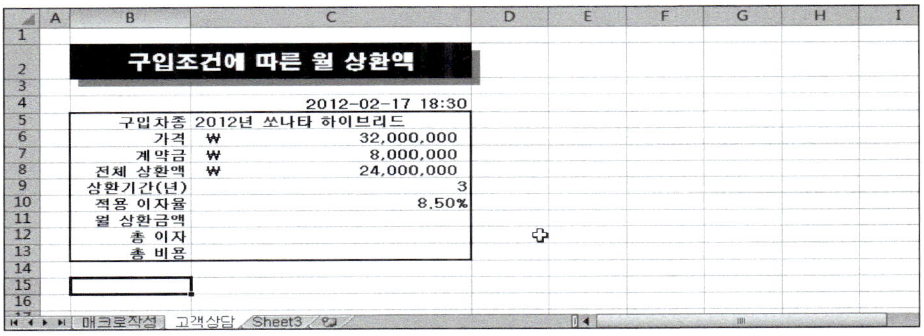

	A	B	C
1			
2		구입조건에 따른 월 상환액	
3			
4			2012-02-17 18:30
5		구입차종	2012년 쏘나타 하이브리드
6		가격	₩ 32,000,000
7		계약금	₩ 8,000,000
8		전체 상환액	₩ 24,000,000
9		상환기간(년)	3
10		적용 이자율	8.50%
11		월 상환금액	
12		총 이자	
13		총 비용	
14			
15			
16			

단 대리는 이제 구입조건을 입력하면 입력된 수식에 의해서 상담정보를 신속하게 확인할 수 있게 되었다. 고객이 제시하는 구입조건을 입력하면 원하는 상담정보는 자동으로 계산되지만, 단 대리의 고민은 고객이 다른 조건을 제시할 때마다 이미 입력해 놓은 데이터를 삭제하고 새로운 데이터를 입력해야 하는 번거로움이 있다. 이러한 문제를 해결하기 위해서 단 대리는 엑셀 매크로 기능을 이용하기로 하였다.

3 매크로를 이용한 월 상환액 구하기

3.1 매크로 기록/수정하기

앞에서 설명한 '매크로 기록'에 의해 매크로 코드를 작성하고, 이 코드를 수정하고 보완하여 쓸만한 매크로로 만들기로 한다.

❶ [그림 10-30]과 같이 구입차종, 가격, 계약금, 상환기간(년), 적용 이자율의 입력이 없는 상태로 매크로 기록을 준비한다.

그림 10-30 매크로 기록의 준비

	A	B	C	D	E	F	G	H
1								
2		구입조건에 따른 월 상환액						
3								
4			2012-02-17 19:36					
5		구입차종						
6		가격						
7		계약금						
8		전체 상환액	₩ -					
9		상환기간(년)						
10		적용 이자율						
11		월 상환금액	#NUM!					
12		총 이자	#NUM!					
13		총 비용	#NUM!					
14								
15								

❷ [개발도구] 탭 → [코드] 그룹 → 〈매크로 기록〉 버튼을 클릭하여 나타난 [매크로 기록] 대화상자에 다음과 같이 입력하고 〈확인〉 버튼을 눌러 매크로 기록을 시작한다.

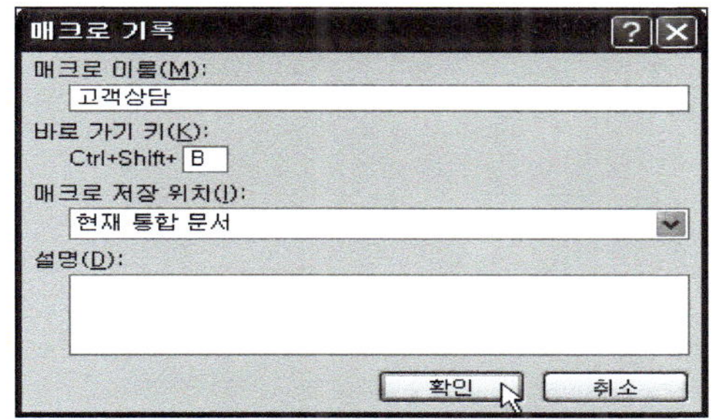

❸ 셀 C5~C7과 셀 C9~C10에 "2012년형 쏘나타 하이브리드", 20,000,000원, 5,000,000원, 3, 8.5%를 입력한다.

❹ [개발도구] 탭 → [코드] 그룹 → 〈매크로 중지〉 버튼을 클릭하여 매크로 기록을 중지시킨다.

❺ [개발도구] 탭 → [코드] → 〈매크로〉 버튼을 클릭하여 나타난 [매크로] 대화상자에서 '고객상담'을 클릭하여 선택한 후, 〈편집〉 버튼을 클릭하여 기록된 매크로를 확인한다.

그림 10-31 기록된 매크로 내용

```
(일반)                                고객상담
Sub 고객상담()
'
' 고객상담 매크로
'
' 바로 가기 키: Ctrl+Shift+B
'
    Range("C5").Select
    ActiveCell.FormulaR1C1 = "2012년 쏘나타 하이브리드"
    Range("C6").Select
    ActiveCell.FormulaR1C1 = "20000000"
    Range("C7").Select
    ActiveCell.FormulaR1C1 = "5000000"
    Range("C9").Select
    ActiveCell.FormulaR1C1 = "3"
    Range("C10").Select
    ActiveCell.FormulaR1C1 = "8.50%"
    Range("C11").Select
End Sub
```

[그림 10-31]과 같이 입력할 데이터를 삭제하고, 위의 기록 내용이 정확한지를 매크로를 실행한다.

위의 코드를 자세히 살펴보면 다음과 같은 코드가 5번 반복한다는 것을 알 수 있다.

```
Range("셀주소").Select
ActiveCell.FormulaR1C1 = "키보드로 입력한 내용"
```

여기서 키보드로 입력한 내용을 앞에서 사용하였던 InputBox 함수를 사용하여 생성하였던 대화상자를 이용하면 훨씬 범용성이 뛰어나게 된다. 즉 위의 코드는 다음과 같이 수정할 수 있다.

Range("셀주소").Value = InputBox("입력 내용의 안내문", "Enter")

여기서 사용하는 =은 '대입 연산자'로 오른쪽 결과가 왼쪽에 대입하라는 뜻이다. 이상으로 매크로 기록으로 작성한 코드를 다음과 같이 수정할 수 있다.

그림 10-32 기록된 매크로 내용의 수정

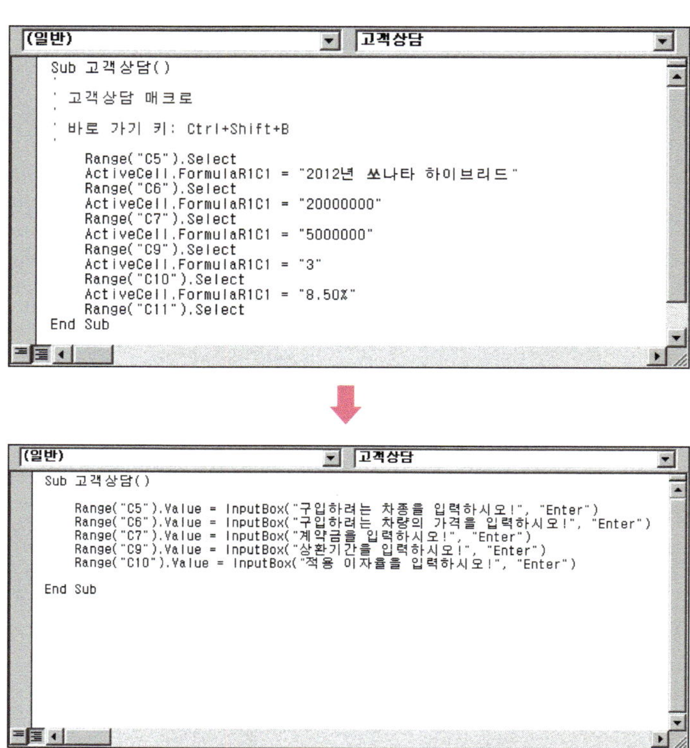

```
(일반)    고객상담
Sub 고객상담()
'
' 고객상담 매크로
'
' 바로 가기 키: Ctrl+Shift+B
'
    Range("C5").Select
    ActiveCell.FormulaR1C1 = "2012년 쏘나타 하이브리드"
    Range("C6").Select
    ActiveCell.FormulaR1C1 = "20000000"
    Range("C7").Select
    ActiveCell.FormulaR1C1 = "5000000"
    Range("C9").Select
    ActiveCell.FormulaR1C1 = "3"
    Range("C10").Select
    ActiveCell.FormulaR1C1 = "8.50%"
    Range("C11").Select
End Sub
```

```
(일반)    고객상담
Sub 고객상담()

    Range("C5").Value = InputBox("구입하려는 차종을 입력하시오!", "Enter")
    Range("C6").Value = InputBox("구입하려는 차량의 가격을 입력하시오!", "Enter")
    Range("C7").Value = InputBox("계약금을 입력하시오!", "Enter")
    Range("C9").Value = InputBox("상환기간을 입력하시오!", "Enter")
    Range("C10").Value = InputBox("적용 이자율을 입력하시오!", "Enter")

End Sub
```

워크시트를 [그림10-32]와 입력할 데이터를 삭제한 후, 위의 수정된 매크로를 실행하면 입력용 대화상자가 나타나게 된다.

그림 10-33 수정된 매크로의 실행

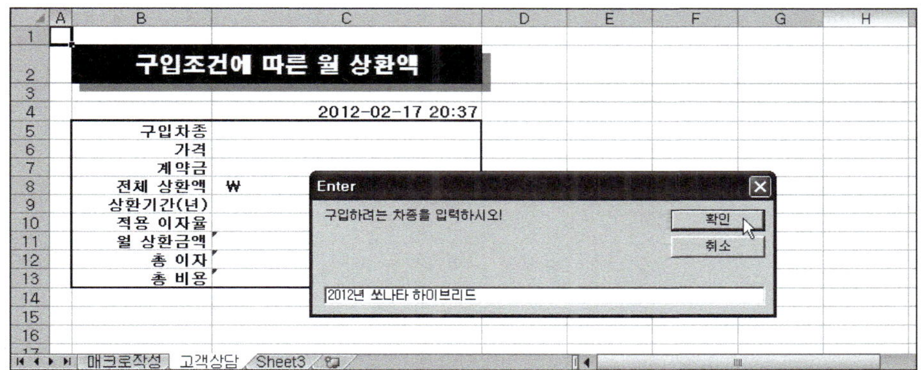

3.2 매크로의 보완

[그림 10-33]에서 매크로를 실행하면 개선할 사항이 발생한다. 그것을 매크로를 한번 입력할 때는 괜찮으나, 두 번째로 매크로를 실행하려고 하면, 첫 번째 입력하였던 데이터가 그대로 남아 있게 된다. 바람직한 것은 매크로가 새롭게 시작할 때 이미 입력된 데이터가 삭제되고, 입력 대기 상태로 되는 것이다.

이러한 처리를 하기 위해서는 앞 절에서 설명한 바와 같이 엑셀 매크로는 Visual Basic 문장으로 작성되기 때문에, Visual Basic 문장의 기초를 이해하여야 한다.

여기에서는 새로운 데이터를 입력하는데 필요한 Visual Basic 문장 위주로 설명하기로 하겠다. 명령버튼을 클릭하면 자동으로 실행될 모든 내용은 단일 Sub 프로시저에 입력되는데, Sub 프로시저는 Sub( ) 문으로 시작하여 End Sub 문으로 종료된다([그림 10-33]). 새로운 데이터를 입력하는데 필요한 문장요소를 정리하면 〈표 10-2〉와 같다.

〈표 10-2〉 새 데이터 입력에 필요한 Visual Basic 문장 요소

	Visual Basic 문장 요소	설 명
	Rem	매크로에 대한 설명
	Sub 매크로 이름 ( )	매크로 이름 정의
반복할 부분	Sheet('시트이름').Select	해당 워크시트 선택
	Range('영역').Select	워크시트의 대상범위 선택
	Selection.ClearContents	선택 범위의 내용 지우기
	Range('셀').Value	셀 값 지정
	InputBox('메시지', '대화상자 제목')	대화상자 생성
	End Sub	매크로 종료

매크로를 실행하기 위해서 명령버튼을 클릭하면, 작성된 Visual Basic 코드는 작성된 순서에 따라서 한번에 한 문장씩 순차적으로 실행되기 때에, 어떤 순서로 어떤 작업을 할 것인지를 미리 생각하고 매크로를 기록하여야 한다.

또 매크로를 기록하는 과정에서 Visual Basic을 처음 접하는 초보자들에게는 한 문장을 기록하고 매크로를 검사하는 과정을 수시로 반복하면서 작업내용을 확인하는 것이 필요하다. 또한 매크로 기록은 Visual Basic 언어의 문법에 맞추어야 하며, 오타나 부적절한 공백, 문법적 오류가 발생할 경우 매크로가 실행되지 않거나, 또는 원하지 않는 작업이 수행될 수도 있기 때문에, 특히 신중하게 생각하여야 한다.

새 데이터 입력이라는 매크로를 기록하는 과정을 단계별로 살펴보기로 하자. 먼저 전체적인 매크로의 실행내용은 다음과 같다.

- 작업을 원하는 워크시트를 연다.
- 새 데이터를 입력할 영역을 선택한다.
- 선택한 영역에 입력되어 있는 기존의 데이터를 삭제한다.
- 새로운 데이터를 입력한다.

이와 같은 실행 내용에 따라서 매크로를 기록하는 과정은 다음과 같다.

코드 상에서 워크시트를 선택한다.

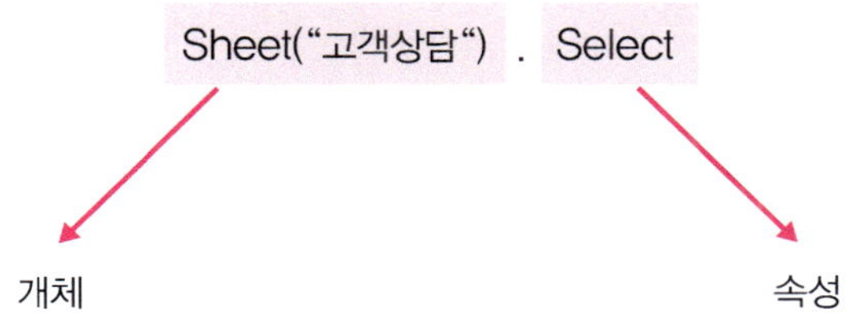

(고객상담이라는 이름을 가진 워크시트를 선택함)

위와 같이 Sub 프로시저 내부의 모든 문장은 개체부분과 속성 부분으로 나누어 표시되는데, dot(.) 왼쪽 부분은 워크시트의 대상 개체를 나타내고, 오른쪽 부분은 속성을 의미한다. 만일 워크시트의 이름이 고객상담으로 되어 있지 않다면, Sheet("Sheet1").Select로 입력하여야 한다.

새로운 데이터가 입력될 영역을 선택한다. 새로운 데이터가 입력될 부분은 C5:C10 (C8은 새로운 데이터를 직접 입력하는 부분은 아니며, 입력된 데이터에 의해서 새로운 데이터가 자동으로 입력되는 부분임).

```
Range("C5:C10").Select
```

선택한 영역에 대한 기존의 데이터를 지운다.

```
Selection.ClearContents
```

이상의 명령을 [그림 10-33]에서 수정한 매크로에 보완하면 [그림 10-34]와 같이 된다.

그림 10-34 수정된 매크로의 보완

```
(일반)                                  고객상담
Sub 고객상담()

    Range("C5").Value = InputBox("구입하려는 차종을 입력하시오!", "Enter")
    Range("C6").Value = InputBox("구입하려는 차량의 가격을 입력하시오!", "Enter")
    Range("C7").Value = InputBox("계약금을 입력하시오!", "Enter")
    Range("C9").Value = InputBox("상환기간을 입력하시오!", "Enter")
    Range("C10").Value = InputBox("적용 이자율을 입력하시오!", "Enter")

End Sub
```

```
(일반)                                   고객상담
Sub 고객상담()

    Sheets("고객상담").Select
    Range("C5:C10").Select
    Selection.ClearContents

    Range("C5").Value = InputBox("구입하려는 차종을 입력하시오!", "Enter")
    Range("C6").Value = InputBox("구입하려는 차량의 가격을 입력하시오!", "Enter")
    Range("C7").Value = InputBox("계약금을 입력하시오!", "Enter")

    Range("C8").Value = "=C6-C7"

    Range("C9").Value = InputBox("상환기간을 입력하시오!", "Enter")
    Range("C10").Value = InputBox("적용 이자율을 입력하시오!", "Enter")

End Sub
```

위의 보완된 매크로가 실행을 시작하면 [그림 10-35]와 같이 입력된 부분의 데이터가 삭제되고, 차종을 입력하라는 대화상자가 나타난다.

그림 10-35 수정된 매크로의 실행

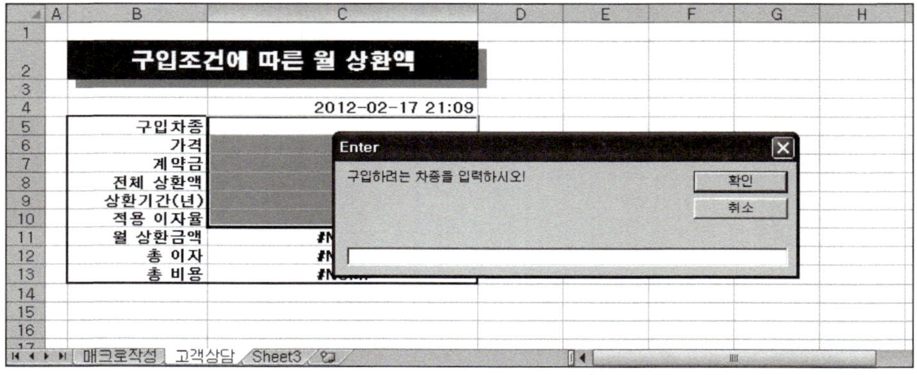

3.3 매크로 실행을 위한 명령버튼 작성

앞 절에서 설명하였듯이, 엑셀 매크로를 실행하는 여러 가지 방법 중에 명령버튼을 만들어 실행하는 것이 가장 일반적이기 때문에, 먼저 [그림 10-35]와 워크시트에 명령 버튼을 만들어 추가해 보기로 한다. 여기서는 'ActiveX 컨트롤'에 있는 〈명령 단추〉를 추가하기로 한다.

❶ [개발 도구] 탭 → [컨트롤] 그룹 → 〈삽입〉 버튼을 클릭하여 'ActiveX 컨트롤'에 있는 〈명령 단추〉 버튼을 클릭한다.

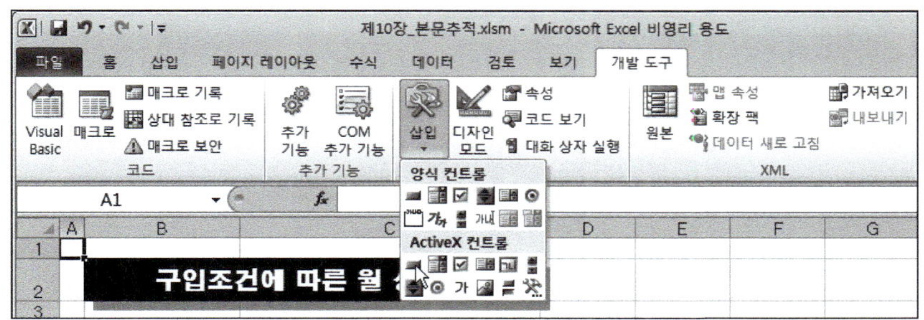

❷ 마우스가 십자 모양으로 바뀌는데, 마우스 포인터를 〈명령 단추〉 버튼이 삽입될 곳으로 이동하고, 마우스를 드래그하여 마우스의 왼쪽 버튼을 놓으면, 〈CommandButton1〉이라는 버튼이 생성된다.

그림 10-36 명령 단추의 추가

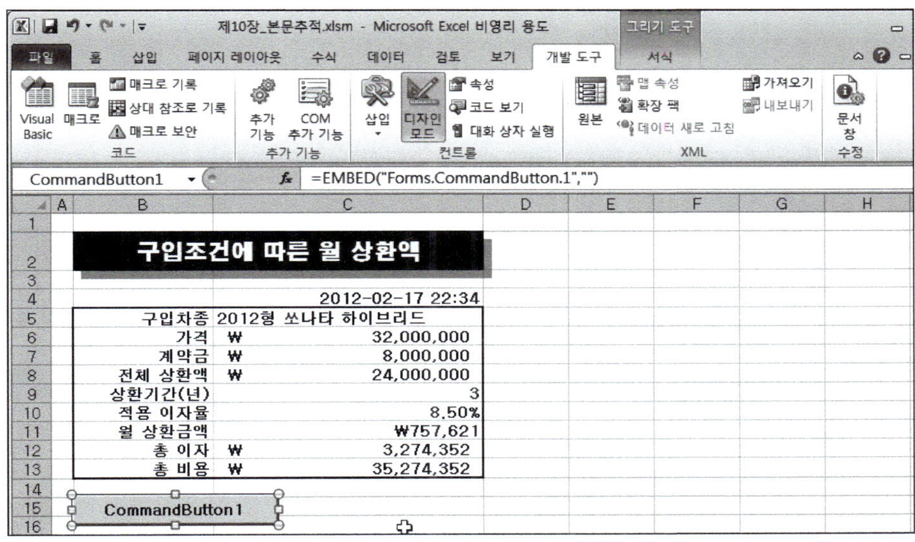

❸ 위의 그림과 같이 〈명령 단추〉가 선택된 상태에서 [개발 도구] 탭 → [컨트롤] 그룹 → 〈속성〉 버튼을 클릭하면 [속성] 대화상자가 나타나는 데, 이곳에서 〈명령 단추〉의 글꼴(Font), 전경색(ForeColor), 배경색(BackColor), 캡션(Caption) 등을 지정한다.

그림 10-37 명령 단추의 속성

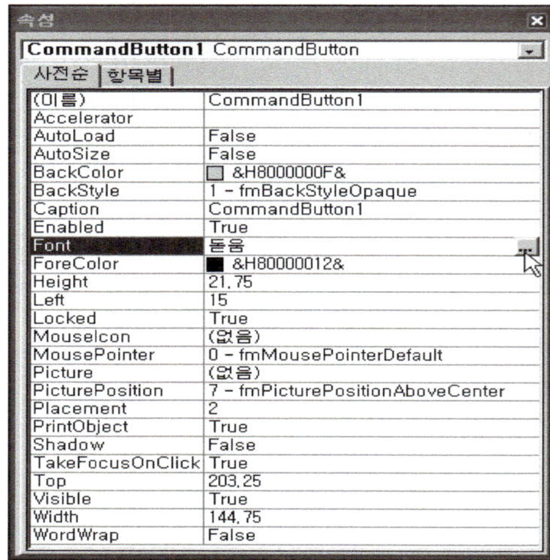

❹ 만들어진 'Command Button1'을 더블 클릭하면 화면은 화면은 "Visual Basic 편집기"로 변환되고, 기본 코드가 입력된 것을 확인한다.

그림 10-38 Visual Basic 편집기

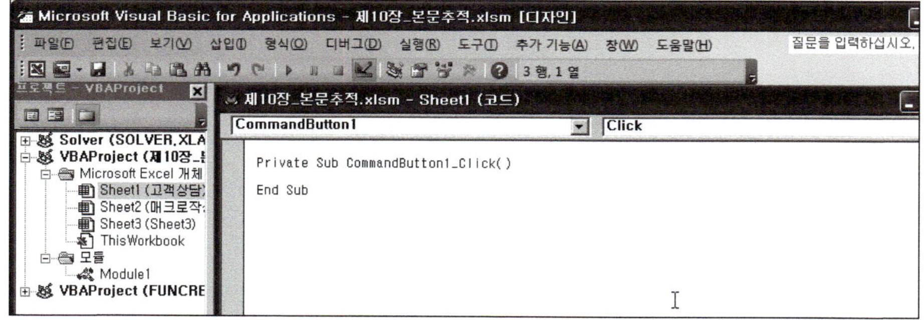

❺ 위의 [그림 10-38]의 왼쪽에 있는 '프로젝트 탐색기'에 있는 Module1을 더블 클릭하여 나타난 '고객상담' 매크로 모듈의 내용을 복사하여 Private Sub Command Button1의 아래 줄에 붙여넣기를 한다.

그림 10-38 CommandButton1의 소스 코드 작성(복사하여 붙여넣기)

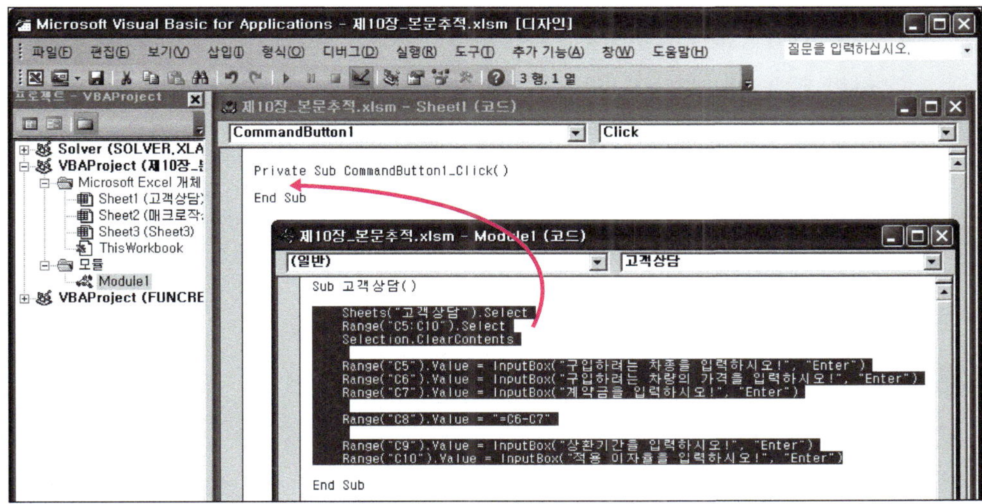

Command Button1의 소스 코드 작성가 완성되면 왼쪽 [파일] 메뉴 바로 아래에 있는 엑셀 버튼을 클릭하여 워크시트 상태로 되돌아 간다.

그림 10-39 CommandButton1의 소스 코드 완성

```
CommandButton1                    Click

Private Sub CommandButton1_Click()

    Sheets("고객상담").Select
    Range("C5:C10").Select
    Selection.ClearContents

    Range("C5").Value = InputBox("구입하려는 차종을 입력하시오!", "Enter")
    Range("C6").Value = InputBox("구입하려는 차량의 가격을 입력하시오!", "Enter")
    Range("C7").Value = InputBox("계약금을 입력하시오!", "Enter")

    Range("C8").Value = "=C6-C7"

    Range("C9").Value = InputBox("상환기간을 입력하시오!", "Enter")
    Range("C10").Value = InputBox("적용 이자율을 입력하시오!", "Enter")

End Sub
```

3.4 매크로를 이용한 데이터 입력 및 월 상환액 구하기

이제 상담 고객이 요구하는 데이터를 자동으로 입력하기 위한 매크로가 기록되어 있기 때문에, 기존의 방법처럼 일일이 해당 항목을 선택하여 값을 삭제하고 새로운 값을 입력하는

번거로움이 없어지게 된다.

새 데이터 입력 버튼을 클릭함으로써 매크로가 실행되면, 먼저 선택한 값들이 모두 지워지고 입력상자가 나타나며, 만들어진 순서에 따라서 나타나는 입력상자를 통해서 값을 입력하면 된다.

이어지는 [그림 10-40]은 2012년형 쏘나타 하이브리드(차량가격: 32,000,000원, 계약금: 8,000,000원)을 8.5% 3년 할부로 구입하는 경우의 구입조건을 입력하기 위한 입력상자 중 구입하려는 차종을 입력하는 대화상자이며, [그림 10-41]은 최종적으로 생성된 상담정보를 나타낸다.

그림 10-40 구입조건 입력

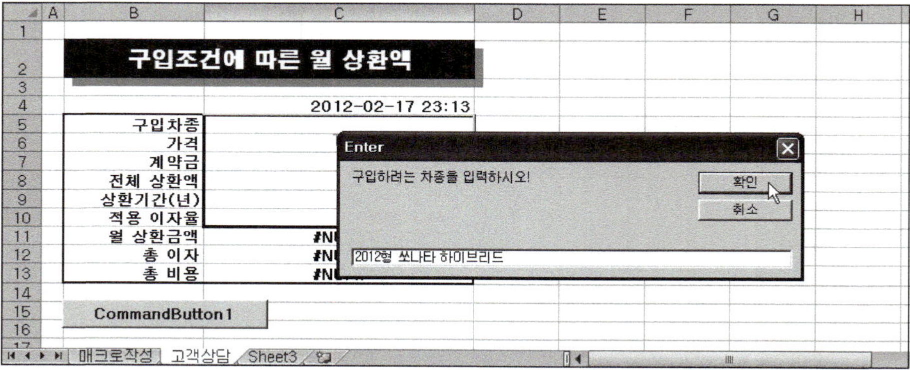

그림 10-41 최종 상담정보

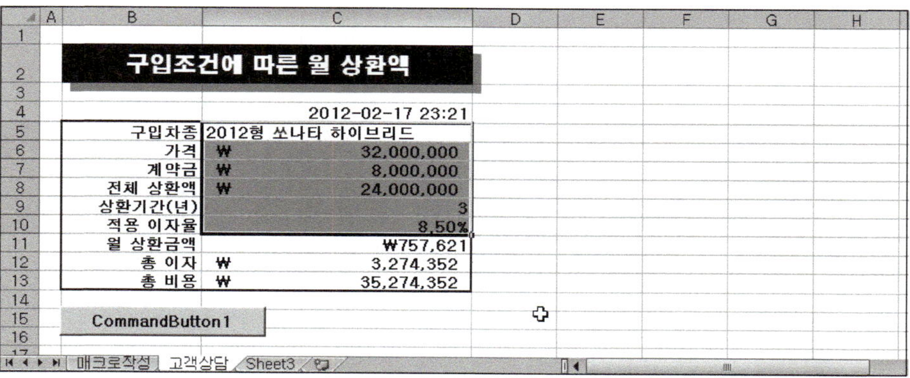

연 습 문 제

Chater 10

01 데이터 분석_피벗테이블 ①

피벗 테이블이란 작성된 데이터 목록의 필드를 재구성하고 요약/분석하여 많은 양의 데이터를 한 눈에 쉽게 파악할 수 있도록 정리된 표로 만드는 기능이다. 피벗 테이블은 엑셀 데이터는 물론 외부 데이터를 사용할 수도 있고, 필드에 다양한 조건을 지정하여 그룹별로 집계를 할 수도 있다.

다음과 같은 '매상 데이터 목록'이 입력된 워크시트가 있다.

	A	B	C	D	E	F	G	H	I	J
1				매상 데이터 목록						
2										
3		주문번호	거래처명	주문일자	상품명	단가	수량	금액	처리담당	
4		5101	알파	2012-01-02	비스켓	300	50	15000	김병만	
5		5102	하나	2012-01-15	핫도그	230	12	2760	이경규	
6		5103	잉꼬	2012-01-19	비스켓	670	43	28810	김연아	
7		5104	한솔	2012-01-19	우유	400	25	10000	이수근	
8		5105	알파	2012-01-19	콜라	250	35	8750	김병만	
9		5106	알파	2012-02-02	햄버거	530	64	33920	김연아	
10		5107	하나	2012-02-02	우유	150	26	3900	이수근	
11		5108	잉꼬	2012-02-07	비스켓	300	12	3600	탁재훈	
12		5109	잉꼬	2012-02-10	콜라	400	14	5600	김연아	
13		5110	알파	2012-02-21	비스켓	670	45	30150	이수근	
14		5111	하나	2012-02-21	콜라	250	12	3000	김병만	
15		5112	알파	2012-03-04	우유	150	42	6300	탁재훈	
16		5113	한솔	2012-03-06	햄버거	530	25	13250	김병만	
17		5114	잉꼬	2012-03-16	핫도그	230	65	14950	이경규	
18		5115	한솔	2012-03-16	콜라	300	12	3600	김병만	
19										

① 위의 워크시트를 사용하여 다음과 같은 피벗 테이블을 작성하시오.

	A	B	C	D	E	F	G	H	I
1									
2		거래처명	(모두)						
3									
4			열 레이블						
5		행 레이블	김병만	김연아	이경규	이수근	탁재훈	총합계	
6		비스켓							
7		합계 : 수량	50	43		45	12	150	
8		합계 : 금액	15000	28810		30150	3600	77560	
9		우유							
10		합계 : 수량				51	42	93	
11		합계 : 금액				13900	6300	20200	
12		콜라							
13		합계 : 수량	59	14				73	
14		합계 : 금액	15350	5600				20950	
15		핫도그							
16		합계 : 수량			77			77	
17		합계 : 금액			17710			17710	
18		햄버거							
19		합계 : 수량	25	64				89	
20		합계 : 금액	13250	33920				47170	
21		**전체 합계 : 수량**	**134**	**121**	**77**	**96**	**54**	**482**	
22		**전체 합계 : 금액**	**43600**	**68330**	**17710**	**44050**	**9900**	**183590**	
23									

② 거래처가 잉꼬와 하나에 관한 피벗 테이블로 변경하시오.

③ 행 레이블에서 비스켓과 콜라에 대한 수량과 금액의 합계의 피벗 테이블로 변경하시오.

④ 열 레이블에서 김병만과 이수근으로, 행 레이블에서는 우유와 햄버거로 하는 피벗 테이블로 변경하시오.

⑤ 보고서 필터가 '거래처명'으로 되어 있다. 이것을 '주문일자'로 변경하시오.

⑥ 수량과 금액에 대한 합계를 구하는 피벗 테이블을 평균으로 수정하시오.

⑦ 앞의 ①에서 작성한 피벗테이블에서 "수량:합계"를 삭제하면 다음과 같이 된다.

	A	B	C	D	E	F	G	H	I
1									
2		거래처명	(모두)						
3									
4		**합계 : 금액**	**열 레이블**						
5		**행 레이블**	**김병만**	**김연아**	**이경규**	**이수근**	**탁재훈**	**총합계**	
6		비스켓	15000	28810		30150	3600	77560	
7		우유				13900	6300	20200	
8		콜라	15350	5600				20950	
9		핫도그			17710			17710	
10		햄버거	13250	33920				47170	
11		**총합계**	**43600**	**68330**	**17710**	**44050**	**9900**	**183590**	
12									

위의 피벗 테이블을 기초로 다음과 같은 피벗 차트를 작성하시오.

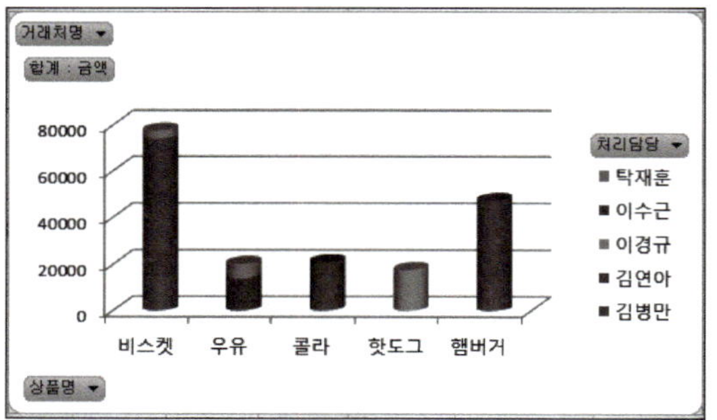

힌트

① 피벗 테이블의 작성

먼저 작성된 피벗 테이블을 저장할 새로운 워크시트(시트명:피벗 테이블1)를 만든다.

B3부터 시작하는 데이터 목록에서 임의 셀을 클릭한 후, [삽입] 탭 → [표] 그룹 → [피벗 테이블]을 클릭하여 나타난 대화상자에서 〈기존 워크시트〉 옵션을 온(On)으로 하고, 마우스 포인터를 '피벗 테이블1' 시트 탭을 클릭한 후, 워크시트의 셀 B4를 클릭한다.

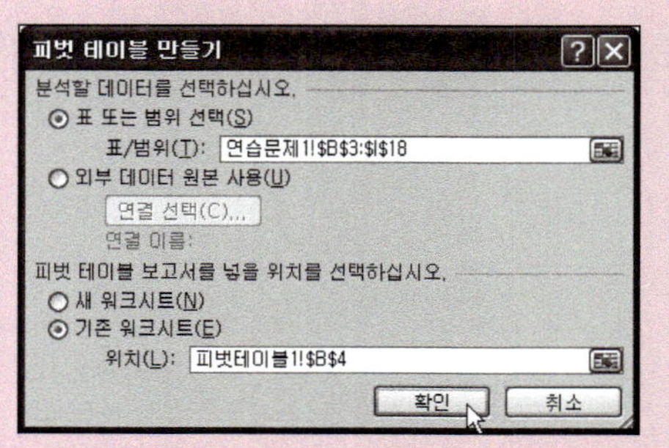

나타난 '피벗 테이블 필드 목록'에서 해당 필드를 드래그 앤 드롭(Drag & Drop)으로 아래와 같이 나타나게 한다.

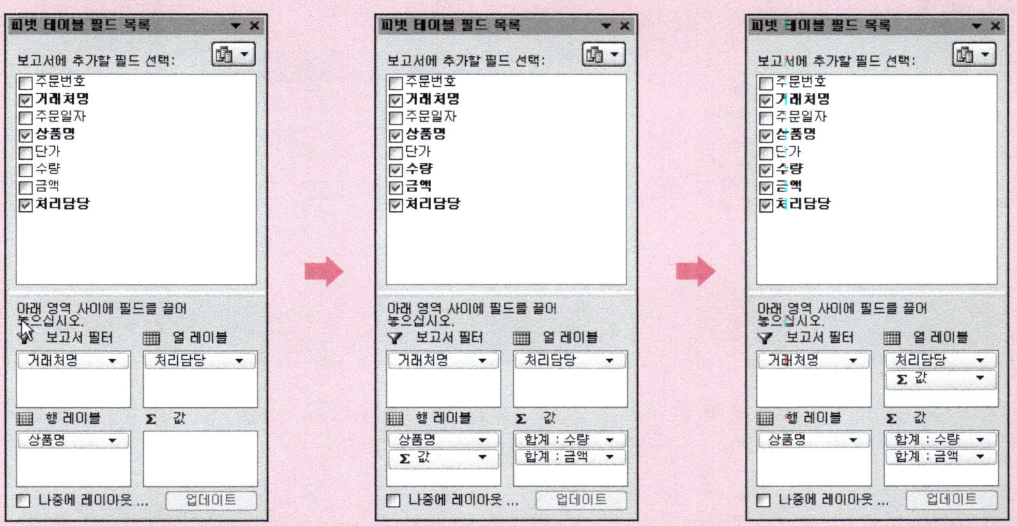

위의 [피벗 테이블 필드 목록] 창을 닫고, [피벗 테이블 도구] 정황 탭 → [디자인] 탭 → [피벗 테이블 스타일 옵션] 그룹에서 피벗 테이블에 적용한 스타일을 클릭한다.
이 때 [피벗 테이블 스타일 옵션] 그룹에서 '줄 무늬 행'과 '줄 무늬 열' 등을 사용해서 디자인은 변경할 수 있다.

② 피벗 테이블의 레이아웃 변경
피벗 테이블의 셀 C2에 있는 〈자동 필터〉 버튼을 클릭하여 거래처가 잉꼬와 하나를 체크되고 한다.

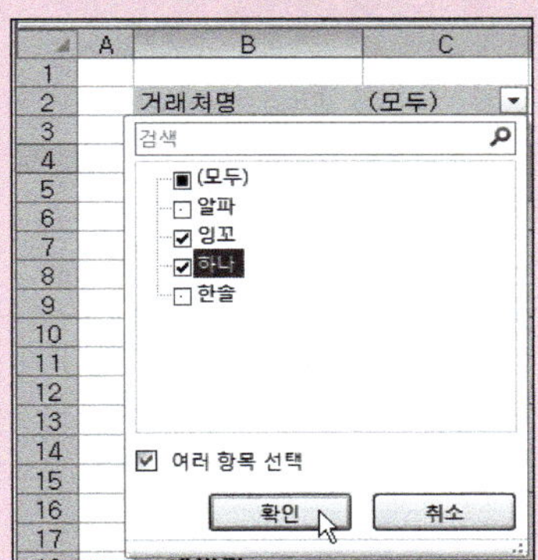

③ 피벗 테이블 안의 임의 셀을 클릭한 후, [피벗 테이블 도구] 정황 탭 → [옵션] 탭 → [표시] 그룹 → [필드 목록] 버튼을 클릭하여 나타난 [피벗 테이블 필드 목록]이 나타나게 한다. 이 대화상자에서 '거래처명'을 대화상자 밖으로 드래그하여 삭제 한 후, '주문일자'를 드래그하여 [보고서 필터] 아래에 배치한다.

④ [피벗 테이블 필드 목록] 대화상자에서 Σ값 아래에 있는 [합계: 금액] 오른쪽에 있는 ▼ 버튼을 클릭하여 나타난 메뉴에서 [값 필드 설정]을 클릭으로 나타난 대화상자에서 선택하면 된다. 또 이 대화상자의 아래에 있는 〈표시형식〉 버튼을 클릭하여 나타난 '셀 서식' 대화상자에서 서식을 설정한다.

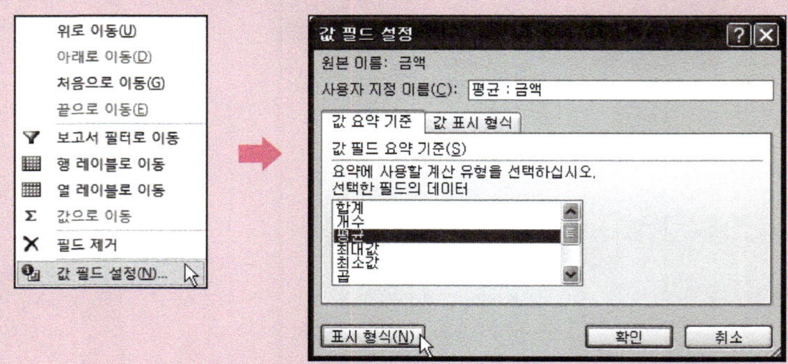

⑤ 피벗 테이블 안의 임의 셀을 클릭한 후, [피벗 테이블 도구] 정황 탭 → [옵션] 탭 → [도구] 그룹 → 〈피벗 차트〉 버튼 클릭하여 나타난 대화상자에서 '세로 막대형' → '누적 원통형'을 선택하고 〈확인〉 버튼을 클릭한다.
피벗 차트는 항상 피벗 테이블과 연결되어 있다. 둘 중에 하나의 레이아웃이 변경되면 다른 쪽도 자동으로 변경된다.

02 데이터 분석_피벗테이블 ②

다음과 같은 '매상 데이터 목록'이 입력된 워크시트가 있다.

	A	B	C	D	E	F	G	H	I	J	K
1				매상 데이터 목록							
2											
3		주문번호	거래처명	주문일자	상품명	단가	수량	금액	처리담당		
4		6101	알파	2012-01-02	비스켓	300	150	45000	김병만		
5		6102	하나	2012-01-13	핫도그	230	134	30820	이경규		
6		6103	잉꼬	2012-02-15	비스켓	670	43	28810	김연아		
7		6104	한솔	2012-03-12	우유	400	109	43600	이수근		
8		6105	알파	2012-03-19	콜라	250	342	85500	김병만		
9		6106	알파	2012-04-02	햄버거	530	64	33920	김연아		
10		6107	하나	2012-05-07	우유	150	154	23100	이수근		
11		6108	잉꼬	2012-05-13	비스켓	300	143	42900	탁재훈		
12		6109	잉꼬	2012-06-10	콜라	400	213	85200	김연아		
13		6110	알파	2012-07-21	비스켓	670	45	30150	이수근		
14		6111	하나	2012-08-21	콜라	250	321	80250	김병만		
15		6112	알파	2012-09-04	우유	150	436	65400	탁재훈		
16		6113	한솔	2012-10-06	햄버거	530	108	57240	김병만		
17		6114	잉꼬	2012-11-16	핫도그	230	321	73830	이경규		
18		6115	한솔	2012-12-16	콜라	300	234	70200	김병만		
19											

① 위의 워크시트를 사용하여 다음과 같은 피벗 테이블을 작성하시오.

	거래처명					
	한솔		하나		잉꼬	
판매금액	개수 : 상품명	평균 : 수량	개수 : 상품명	평균 : 수량	개수 : 상품명	평균 : 수량
<30000	***	***	1	154.0	1	43.0
30000-39999	***	***	1	134.0	***	***
40000-49999	1	109.0	***	***	1	143.0
50000-59999	1	108.0	***	***	***	***
70000-79999	1	234.0	***	***	1	321.0
80000-89999	***	***	1	321.0	1	213.0
총합계	**3**	**150.3**	**3**	**203.0**	**4**	**180.0**

② 위의 워크시트를 사용하여 다음과 같은 피벗 테이블을 작성하시오. 또 슬라이서로 데이터를 검색할 수 있게 하시오.

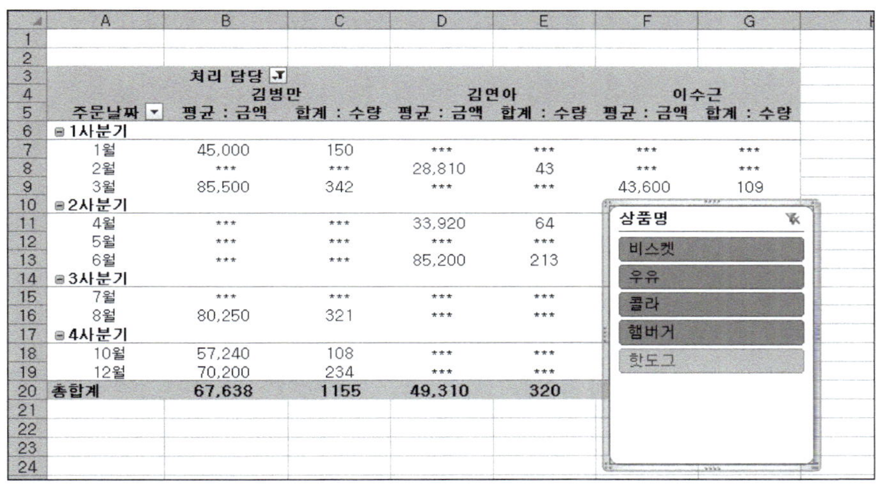

	처리 담당					
	김병만		김연아		이수근	
주문날짜	평균 : 금액	합계 : 수량	평균 : 금액	합계 : 수량	평균 : 금액	합계 : 수량
1사분기						
1월	45,000	150	***	***	***	***
2월	***	***	28,810	43	***	***
3월	85,500	342	***	***	43,600	109
2사분기						
4월	***	***	33,920	64		
5월	***	***	***	***		
6월	***	***	85,200	213		
3사분기						
7월	***	***	***	***		
8월	80,250	321	***	***		
4사분기						
10월	57,240	108	***	***		
12월	70,200	234	***	***		
총합계	**67,638**	**1155**	**49,310**	**320**		

힌트

① 그룹 설정과 행/열의 정렬

[삽입] 탭 → [표] 그룹 → [피벗 테이블]을 클릭하여 나타난 대화상자에서 〈기존 워크시트〉 옵션을 온(On)으로 하고, 마우스 포인터를 '피벗 테이블2' 시트 탭을 클릭한 후, 워크시트의 셀 B3을 클릭한 후 〈확인〉 버튼을 클릭한다.

나타난 '피벗 테이블 필드 목록'에서 해당 필드를 드래그 앤 드롭(Drag & Drop)으로 아래와 같이 나타나게 한다.

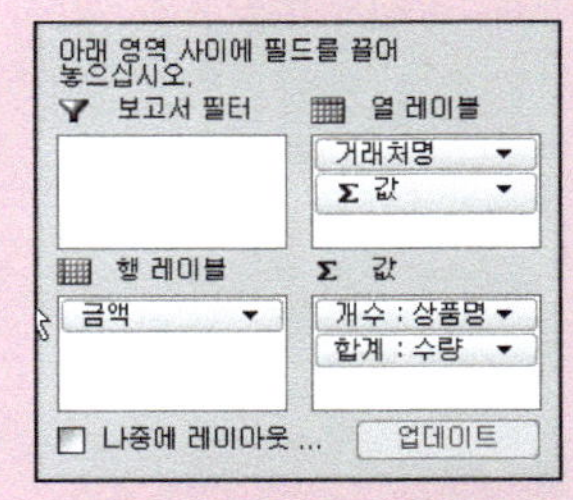

셀 C3를 클릭하여 '거래처명'으로 수정하고, 셀 B5도 '판매금액'으로 수정한다.

셀 D5을 더블 클릭하여 나타난 [값 필드 설정] 대화상자에서 '평균'을 클릭하여 선택하고 〈표시 형식〉 버튼을 클릭한다. 나타난 대화상자에서 범주는 '숫자'로 소수 자리수는 "1"로 설정하고 〈확인〉

버튼을 클릭한다(앞의 문제 1 설명 참조).
[피벗 테이블 도구] 정황 탭 → [옵션] 탭 → [피벗 테이블] 그룹 → 〈옵션〉 버튼을 클릭하여 나타난 대화상자에서 [레이아웃 및 서식] 탭에서 '레이블이 있는 셀 병합 및 가운데 맞춤'의 체크 박스를 온(On)으로 하고, '빈 셀 표시' 입력란에 '***'을 입력한다. 계속해서 [요약 및 필터] 탭에서 '행 총합계 표시'의 체크 박스를 오프(Off)로 하고 〈확인〉 버튼을 클릭한다.

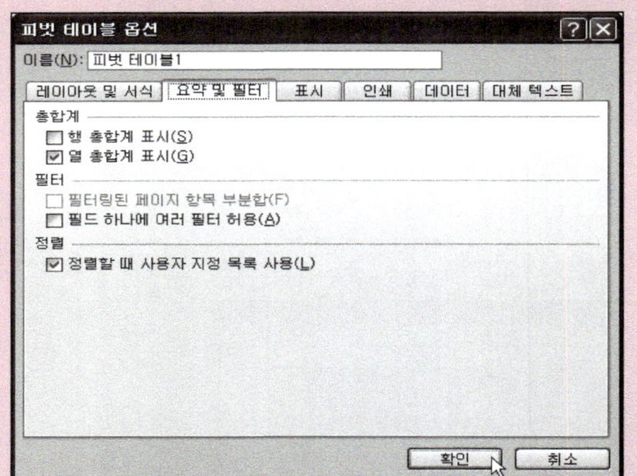

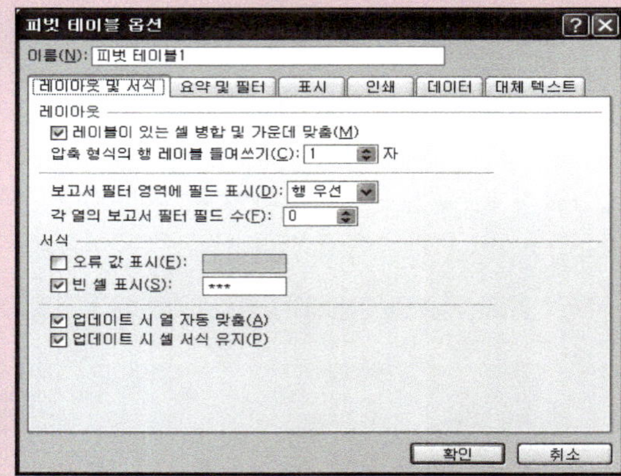

판매금액을 그룹화하기 위해 셀 B6를 클릭한 후, [피벗 테이블 도구] 정황 탭 → [옵션] 탭 → [그룹] 그룹 → 〈그룹 선택〉 버튼을 클릭하여 나타난 대화상자에서 다음과 같이 설정하고 〈확인〉 버튼을 클릭한다.

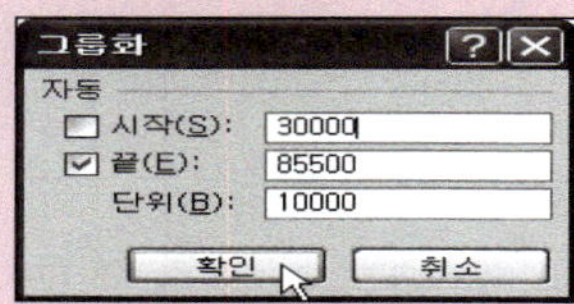

셀 C4를 클릭한 후, [피벗 테이블 도구] 정황 탭 → [옵션] 탭 → [정렬 및 필터] 그룹 → 〈텍스트 내림 차순 정렬〉 버튼을 클릭한다.
'거래처명'의 〈자동 필터〉 버튼을 클릭하여 '알파'의 체크 박스를 오프(Off)로 하고 〈확인〉 버튼을 클릭한다.

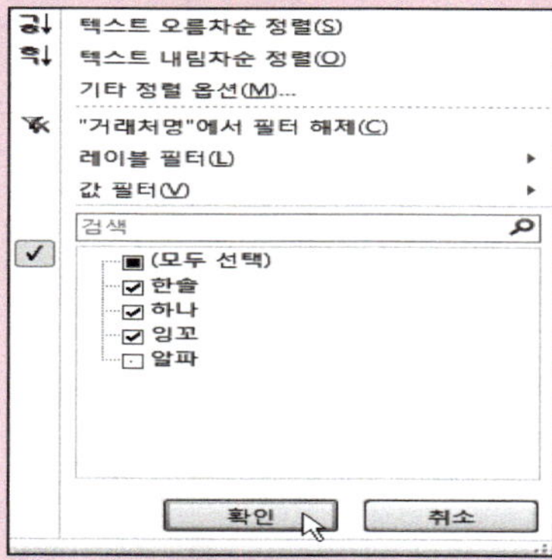

열 너비 등을 적절하게 조절한다.

♣ 여기서 다음 그림과 같이 거래처명이 시작 셀의 경계선에 마우스 포인터를 일치시키고 드래그해도 위치를 변경할 수 있다.

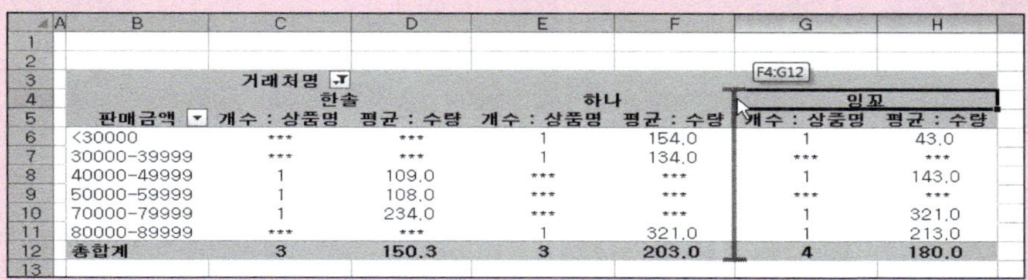

	거래처명					
	한솔		하나		잉꼬	
판매금액	개수 : 상품명	평균 : 수량	개수 : 상품명	평균 : 수량	개수 : 상품명	평균 : 수량
<30000	***	***	1	154.0	1	43.0
30000-39999	***	***	1	134.0	***	***
40000-49999	1	109.0	***	***	1	143.0
50000-59999	1	108.0	***	***	***	***
70000-79999	1	234.0	***	***	1	321.0
80000-89999	***	***	1	321.0	1	213.0
총합계	3	150.3	3	203.0	4	180.0

② 그룹 설정과 슬라이서로 데이터 검색

주문날짜를 그룹화하기 위해 셀 B6를 클릭한 후, [피벗 테이블 도구] 정황 탭 → [옵션] 탭 → [그룹] 그룹 → 〈그룹 선택〉 버튼을 클릭하여 나타난 대화상자에서 다음과 같이 설정하고 〈확인〉 버튼을 클릭한다.

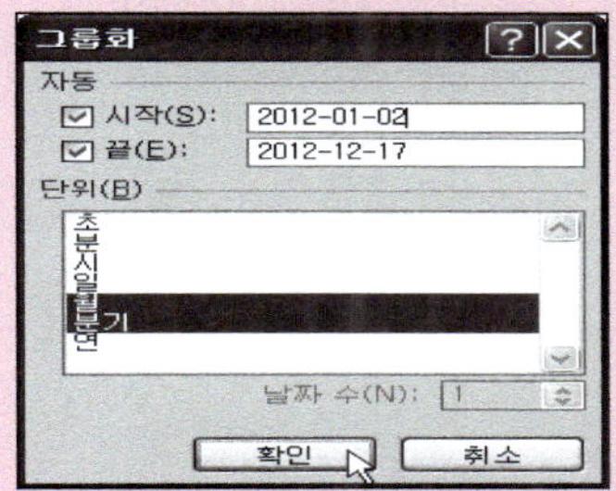

슬라이서는 엑셀 2010 버전에 추가된 기능으로 [피벗 테이블 도구] 정황 탭 → [옵션] 탭 → [정렬 및 필터] 그룹 → 〈슬라이서 삽입〉 버튼을 클릭하여 나타난 대화상자에서 [상품명]을 선택하고 〈확인〉 버튼을 클릭하면 슬라이서가 나타나는데, 이 슬라이서에서 원하는 상품명을 클릭하면 더 쉽고 빠르게 필터링할 수 있도록 도와 준다.

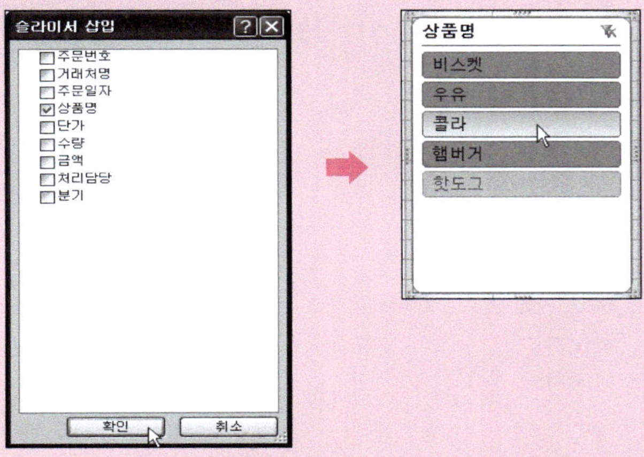

03 셀의 입력 값에 따라 셀의 바탕색이 변하는 매크로

제6장 프로젝트(최대 이익 구하기)에서 최대이익이 30억 이하면 노란색, 30억 이상 40억 이하이면 연두색, 40억 이상이면 빨간색으로 표시는 명령 버튼을 만드시오.

또 명령 버튼은

- –나타난 이름(Caption) : 투자 이익,
- –버튼 글꼴 : 돋음, 14, 굵게
- –글꼴 색 : 흰색
- –버튼 배경 : 빨강색
- –버튼 음영 : 음영처리

로 변경하시오.

	A	B	C	D	E	F	G	H
1	의사결정표(decision table)						단위:억원	
2		주식(a)	회사채(b)	국공채(c)	양도성예금(d)	부등호	최대투자금액	
3	전체투자금액	1	1	1	1		500	
4	주식(a)	1				<=	250	
5	회사채(b)		1			<=	100	
6	국공채(c)			1		<=	250	
7	양도성예금(d)				1	<=	200	
8	예상 이자율	8%	5%	6%	4.50%		최대	
9								
10								
11		주식	회사채	국공채	양도성예금			
12	변수	a	b	c	d			
13	최적해	1	1	1	1			
14								
15								
16	투자이익	최대이익	0.235			투자 이익		
17								
18	제한조건	전체투자액	4	<=	500			

투자 이익에 따른 배경색을 다르게 하는 코드는 If문을 사용하는데, 그 코드는 다음과 같다. Visaul Basic에서 사용하는 If문은 워크시트에서 사용하는 If 함수와는 처리 방법이 다르다.

```
If ActiveCell < 30 Then
    With Selection.Interior
        .ColorIndex = 6
        .Pattern = xlSolid
    End With
ElseIf ActiveCell > 40 Then
    With Selection.Interior
        .ColorIndex = 3
        .Pattern = xlSolid
    End With
Else
    With Selection.Interior
        .ColorIndex = 4
        .Pattern = xlSolid
    End With
End If
```

여기서 ActiveCell은 C16을 뜻하는데, 이것은 매크로 기록을 하면 자동으로 지정할 수 있다.
명령 버튼의 꾸밈은 명령 단추의 속성창에서 조작하면 된다.

04 사용자 정의 함수

SUM이나 AVERAGE 등과 같이 자주 사용되는 함수는 엑셀에서 기본적으로 제공하나, 모든 함수를 제공할 수는 없다. 예를 들어 지름을 주고 원둘레를 구하는 함수를 생각해 보자, 이러한 함수는 엑셀에는 없으므로, 사용자가 스스로 만들어 사용해야 한다. 이러한 함수를 사용자 정의 함수라고 한다.
다음 워크시트는 반지름에 따라 원둘레를 구하는 것으로, 셀 C4가 액티브로 되어 있고, 수식 입력 줄에 함수 형태를 갖고 있는 것에 주목해야 한다.

C4 =fn_원둘레(B4)

원둘레와 원면적 구하기

반지름	원 둘레	원 면적
5	31.41592654	
10	62.83185307	
15	94.24777961	
20	125.6637061	
25	157.0796327	
30	188.4955592	
35	219.9114858	

다음 [힌트]에서는 원둘레 함수의 작성법을 간단하게 설명한 것이다. 이 [힌트]를 기초로 원 면적을 구하는 함수를 만들어 위의 워크시트의 셀 범위 D4:D10을 채워 넣으시오.

① [개발 도구] 탭 → [코드] 그룹 → [Visual Basic] 버튼을 클릭한다.
② [모듈] 메뉴 → [모듈]을 클릭한다.
③ 코드 입력 창에 'Function fn_원둘레(반지름)'라고 입력한다. 그러면 자동으로 아래에 'End Function'이 입력된다.

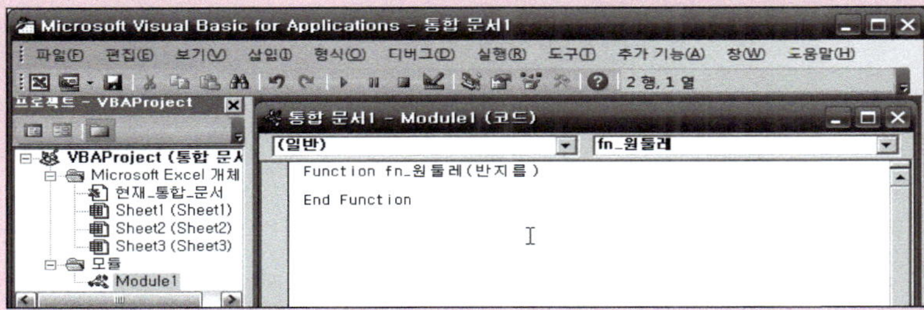

④ 'Function fn_원둘레(반지름)' 바로 아래 줄에 'fn_원둘레 = 2 * 반지름 * 3.14159265359'라고 입력하고 맨 위의 왼쪽 위에 있는 엑셀 아이콘을 클릭하여 워크시트 화면으로 이동한다.

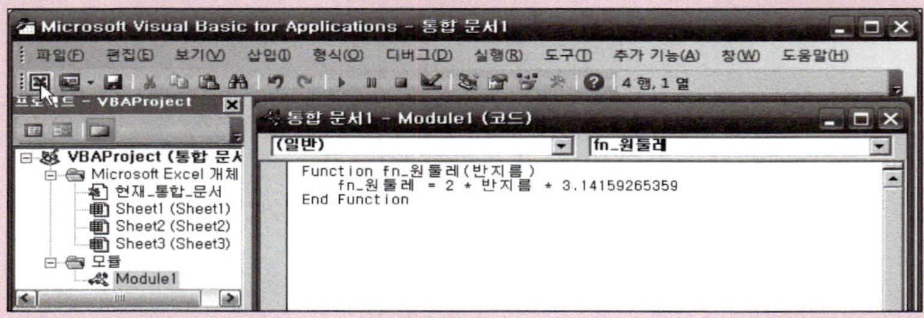

⑤ [수식] 탭 → [함수 라이브러리] 그룹 → [함수 삽입] 버튼을 클릭하여 나타난 대화상자에서 [범주 선택]에 '사용자 정의'를 클릭하면 지금 작성하였던 'fn_원둘레' 함수가 있다. 이것을 클릭하면 'fn_원둘레' 함수 마법사가 나타난다.

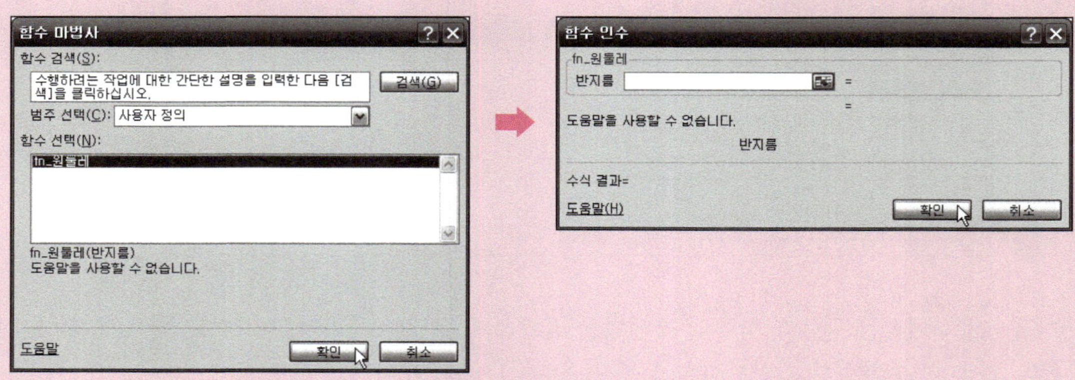

◆ 코드 해설

```
01: Function fn_원둘레(반지름)
02:     fn_원둘레 = 2 * 반지름 * 3.14159265359
03: End Function
```

01: Function은 함수를 만들겠다는 의미이다. 'fn_원둘레(반지름)'에서 'fn_원둘레'는 함수명이고, '반지름'은 인수를 나타낸다. 괄호 ( )은 함수명 뒤에 오는 인수를 둘러싸준다.
02: 여기서 사용하는 =은 대입 연산자로 오른쪽 계산 결과를 왼쪽 변수에 저장한다는 뜻이다.
03: 'End Function'는 함수가 끝났다는 뜻이다.

PART 2
액세스응용

CHAPTER 11

마이크로소프트 액세스 기초

본 장에서는 개인용 컴퓨터에서 보편적으로 사용하는 데이터베이스관리 시스템(Database Management System; DBMS)인 마이크로소프트 액세스(Microsoft Access)의 주요 구성 요소의기본적인기능에 대한 이해와 활용방법을 설명한다. 여기에서는 간단한 사례프로젝트를 통해서 데이터베이스 설계 및 데이터 관리방법을 익히는 순서로 진행된다.

마이크로소프트 액세스 개요

액세스는 앞에서 배운 액셀(Excel)과는 근본적으로 다르다. 액셀은 주로 숫자로 된 데이터를 여러 가지 목적으로 계산할 수 있는 기능을 제공하는데 비하여 액세스[1]는 숫자 보다는 다른 유형의 데이터를 효율적으로 저장하고 관리하도록 하는 기능을 제공한다.

액세스는 현재 개인용 컴퓨터에서 사용하는 대표적인 데이터베이스 관리시스템으로써 데이터를 체계적으로 저장하고, 수정, 변경 및 삭제하며, 원하는 데이터를 쉽게 추출하기 위한 목적으로 사용된다.

1 마이크로소프트 액세스의 주요 구성요소

액세스는 [그림 11-1]의 왼쪽 하단에 보는 것처럼 테이블(Table), 쿼리(Query), 폼(Form), 그리고 보고서(Report)라고 하는주요 개체로 구성되어 있다. 이외에도 페이지, 매크로, 모듈이 있으나, 액세스를 고급으로 사용할 때 사용되는 구성요소이다.

테이블은 데이터를입력, 저장, 관리하는데 사용하고, 쿼리, 폼, 보고서는 이미 테이블에 저장되어 있는 데이터를 사용하여 업무에 필요한 간단한 응용 프로그램을 개발하는데 사용

1) 여기서부터는 마이크로소프트 액세스를 액세스로 줄여서 사용하기로 한다.

그림 11-1 액세스의 구성요소

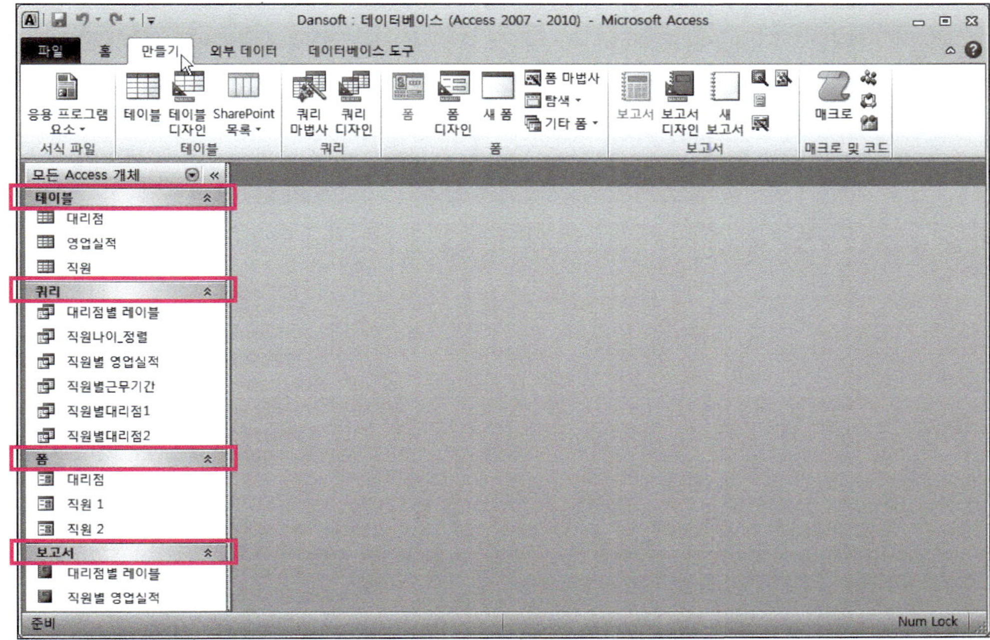

한다.

- **테이블**(Table) : 테이블은 액세스에서 가장 기본적인 부분으로서 데이터를 저장하는 장소라고 할 수 있다. 테이블은 데이터가 입력되고, 이들의 데이터를 가공하여 원하는 형태의 정보로 변경할 수 있다. 데이터 베이스는 하나 이상의 테이블로 구성된다. 엑셀에서 말하는 데이터 목록(제5장 연습 문제 05번 참조)이 바로 이 테이블을 말한다.
  - ▸ **필드**(Field) : 어떠한 항목에 대해 고유한 정보를 가지고 있으며, 열(row) 단위로 표시된다.
  - ▸ **레코드**(Record) : 관련되 필드를 모아 놓은 곳으로 행(column) 단위로 표시된다.

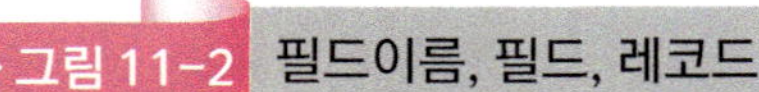

그림 11-2 필드이름, 필드, 레코드

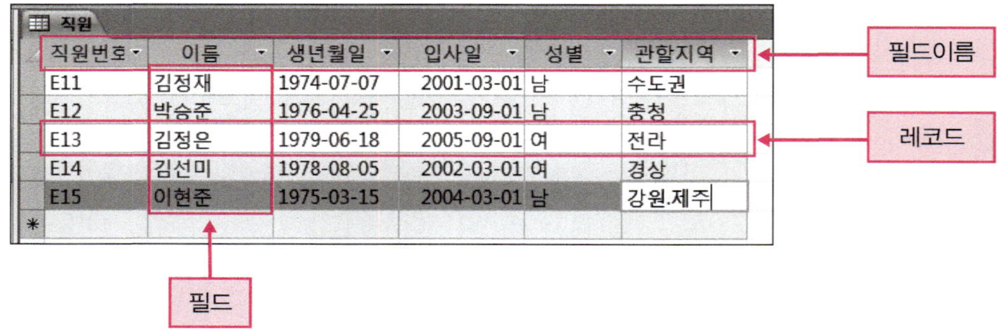

직원번호	이름	생년월일	입사일	성별	관할지역
E11	김정재	1974-07-07	2001-03-01	남	수도권
E12	박승준	1976-04-25	2003-09-01	남	충청
E13	김정은	1979-06-18	2005-09-01	여	전라
E14	김선미	1978-08-05	2002-03-01	여	경상
E15	이현준	1975-03-15	2004-03-01	남	강원.제주

- 쿼리(Query) : 쿼리는 액세스의 가장 핵심이 되는 구성요소이다. 쿼리는 하나 이상의 테이블로부터 일정한 조건에 따라 자료를 추출하는데 주로 사용되며, 데이터를 갱신하거나 삽입 또는 삭제하기 위해 사용되기도 한다. 따라서 쿼리를 얼마나 잘 활용하는냐가 액세스 실력의 기준이 된다고 할 수 있다.

그림 11-3 쿼리

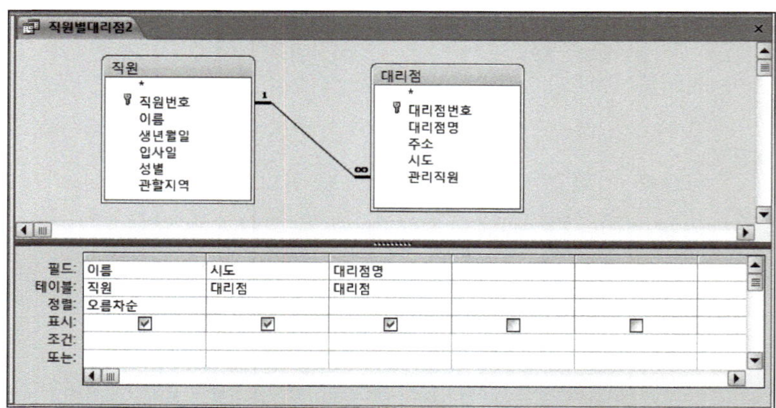

- 폼(Form) : 폼은 데이터를나타내거나 입력하기 위한 개체다. 즉 폼은 테이블의 데이터를 입력을 쉽게 하기 위한 구성요소이다. 폼은 하나의 레코드 단위로 작성할 수 있으며, 입력도 레코드 단위로 데이터를 입력한다. 폼은 사용자가 원하는 화면을 사용자가 원하는 형태로 구성하는 부분이라고 할 수 있다.

그림 11-4 폼

직원 2

직원 2

직원번호: E11 이름: 김정재

생년월일: 1974-07-07 성별: 남

입사일: 2001-03-01

관할지역: 수도권

대리점:

대리점번호	대리점명	주소	시도	관리직원
D001	강북	동대문구 종암동 102-	서울	E11
D002	강남	강남구 대치동 112-5	서울	E11
D003	송파	송파구 신천동 401-1	서울	E11
D011	운정	강릉시 운정동 34-1	강릉	E11
*				E11

레코드: 1/5 필터 없음 검색

- **보고서**(Report) : 보고서는 테이블 또는 쿼리 결과 데이터를 보기 좋게 하여 나타내거나 인쇄하기 위한 개체다. 단순한 보고서에서 통계, 그룹형태, 우편 레이블 발송 등과 같은 여러 형태의 보고서로도 인쇄할 수 있다.

그림 11-5 보고서

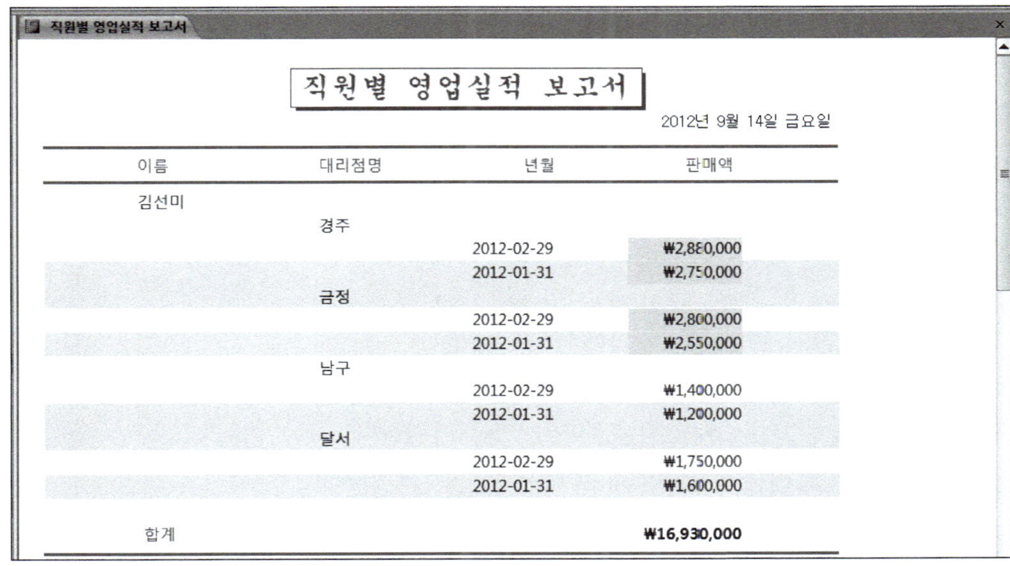

직원별 영업실적 보고서

직원별 영업실적 보고서

2012년 9월 14일 금요일

이름	대리점명	년월	판매액
김선미			
	경주		
		2012-02-29	₩2,880,000
		2012-01-31	₩2,750,000
	금정		
		2012-02-29	₩2,800,000
		2012-01-31	₩2,550,000
	남구		
		2012-02-29	₩1,400,000
		2012-01-31	₩1,200,000
	달서		
		2012-02-29	₩1,750,000
		2012-01-31	₩1,600,000
합계			₩16,930,000

- **매크로**(Macro) : 매크로는 프로그램의 한 종류로서 반복되는 명령을 매크로 함수를 사용하여 자동화할 수 있는 개체이다. 액세스에서 제공되는 함수를 선택하고, 인수를 지정만 하면 되므로 쉽게 사용할 수 있다. 이 책에서는 매크로를 연습문제에서 간단하게 다룬다.

그림 11-6 매크로

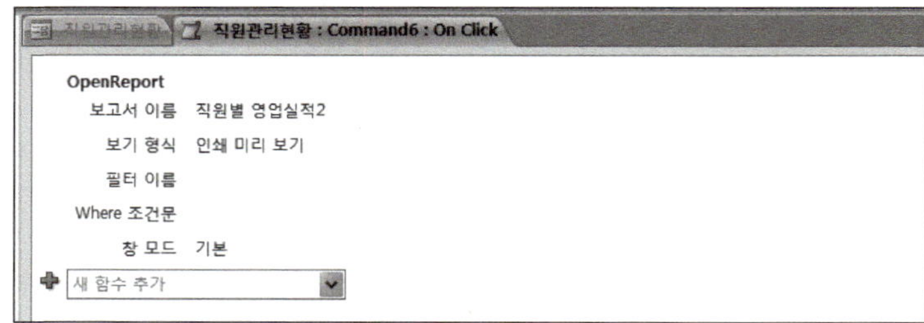

- **모듈**(Module) : 모듈은 매크로의 기능으로 할 수 없는 복잡한 작업을 해 주는 개체이다. 주로 폼이나 보고서를 코드로 연결시켜 액세스 작업을 할 수 있게 하는 개체이다. 이 책에서는 모듈을 연습문제에서 간단하게 다룬다.

그림 11-7 모듈

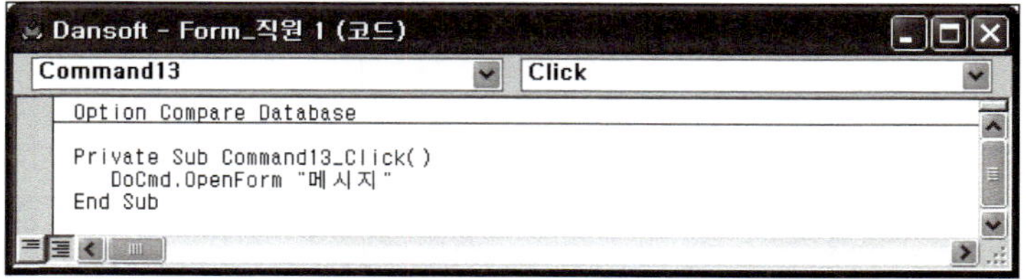

액세스는 데이터의 입력, 수정, 삭제, 추출작업을 쉽게 하기 위해서 다음과 같은 마법사를 제공하고 있다.

- **쿼리 마법사** : 쉬운 쿼리 개발을 지원한다.
- **폼 마법사** : 간단한 폼 작성 작업을 지원한다.
- **보고서 마법사** : 간단한 보고서 작성 작업을 지원한다.

이 이외에도 다양한데이터베이스 개발 및 관리를 돕는기능들이 제공되고 있다. 참고로 액세스의 기본적인 사용 방법과 데이터베이스의 기초 개념을 배울 수 있는 영문 인터넷 사이트를 소개하면 다음과 같다:

http://office.microsoft.com/en-us/access-help/CH010372755.aspx
http://www.gcflearnfree.org/access2010

2 액세스 2010의 기본 작업 화면

먼저 액세스를 실행해 보기 전에 액세스의 기본 작업 화면과 요소들을 살펴보기로 한다. 액세스 기본 작업 화면 [그림 11-8]과 같다.

그림 11-8 액세스 2010의 기본 작업 화면

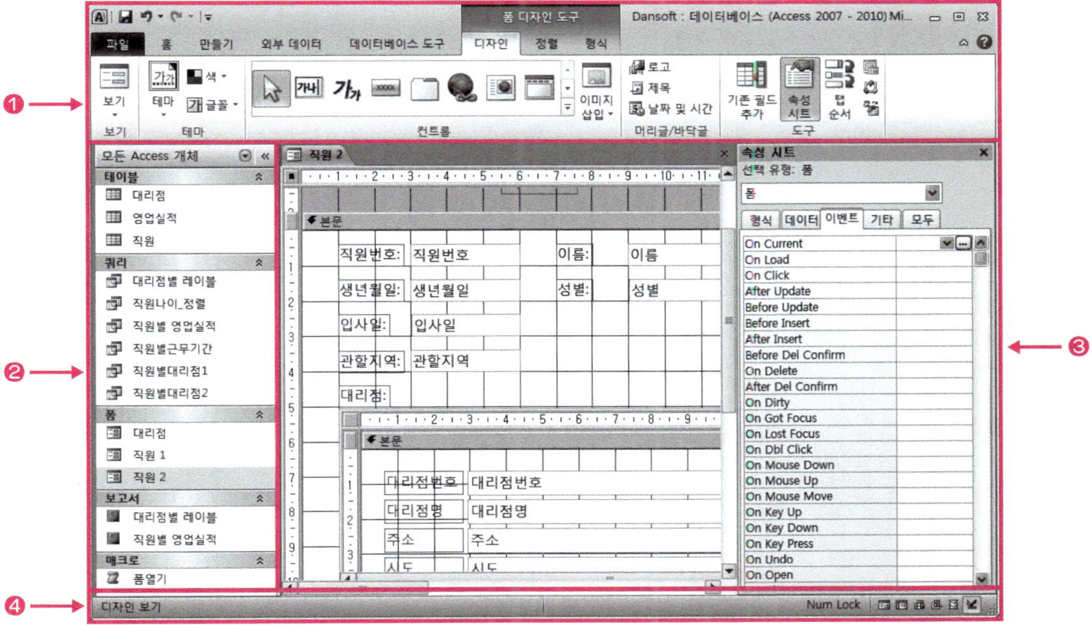

① **명령지시 부분** : 메뉴와 명령 단추와 그룹명과 대화상자 표시 단추로 통합된 리본 메뉴로 되어 있다. 엑셀의 명령 지시 부분과 같다.

② **탐색창 부분** : 모든 액세스의 구성 요소(개체)를 접근하는 공간이다. 구성요소(개체)을 열때 해당 개체를 더블 클릭한다. 또는 개체를 마우스 오른쪽 단추로 클릭하여 나타난 단축 메뉴에서 '디자인 보기'나 '레이아웃 보기' 등의 보기 메뉴를 선택한다.

③ **개체창 부분** : 개체를 열거나 편집을 할 때 사용하는 공간이다. 모니터 크면 공간을 더 효율적으로 사용할 수 있다. 새로운 개체를 만들 때는 모든 개체는 닫는다.

④ **작업 상태 표시 부분** : 현재의 작업 상태를 나타낸다. 엑셀의 작업 상태 표시 부분과 같다.

위의 화면에서 알 수 있듯이 ① 명령 지시 부분, ④작업 상태 표시 부분은 엑셀과 동일한 구조([그림 1-2] 엑셀 전체 화면의 구성)로 되어 있고, 엑셀의 워크시트 부분이 ②탐색창 부분과 ③개체창 부분으로 되어 있다.

액세스 2010부터는 엑셀 2010과 마찬가지로 리본 메뉴의 사용자화를 할 수 있다. 자세한 것은 '제1장 3.7 리본 메뉴의 사용자화'를 참조하면 된다.

■ 탐색창의 조작

탐색창의 조작은 'Windows 탐색기'와 비슷하다. 탐색창의 설정에 따라 창에 나타나는 개체의 순서가 다르게 나타날 수 있다.

그림 11-9 탐색창의 조작

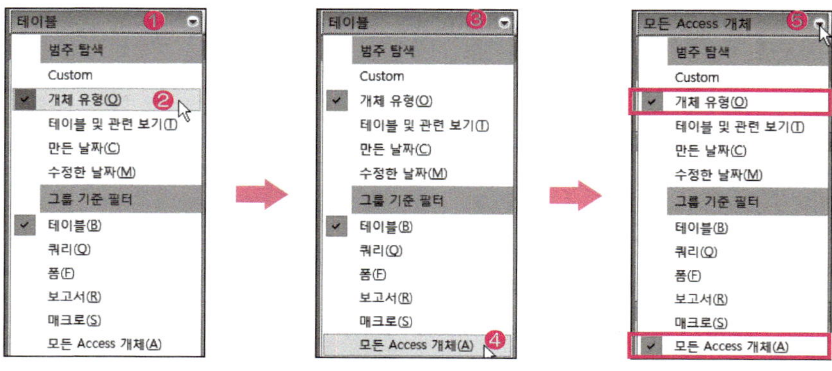

여기서는 기본적으로 탐색창은 [그림 11-9]와 같이 ① → ② → ③ → ④의 순서로 클릭하여, 오른쪽 탐색창의 상태로 설정된 것으로 한다.

[그림 11-9]와 같은 설정으로 액세스 개체가 종류별로 분류되어 이해하기 쉽게 탐색창에 나타나게 된다.

개체창의 공간을 넓게 사용하기 위해 탐색창의 오른쪽 윗부분의 '셔터 표시줄 열기/닫기' 버튼을 클릭하면 탐색 창이 최소화 된다. 다시 한번 클릭하면 탐색 창이 펼쳐진다.

탐색 창의 크기를 조절하기 위해 탐색 창의 오른쪽 경계선에 마우스 포인터를 가져가면 포인터가 화살표 모양으로 변한다. 이때 마우스를 좌우로 드래그하면 탐색 창의 크기를 조절할 수 있다.

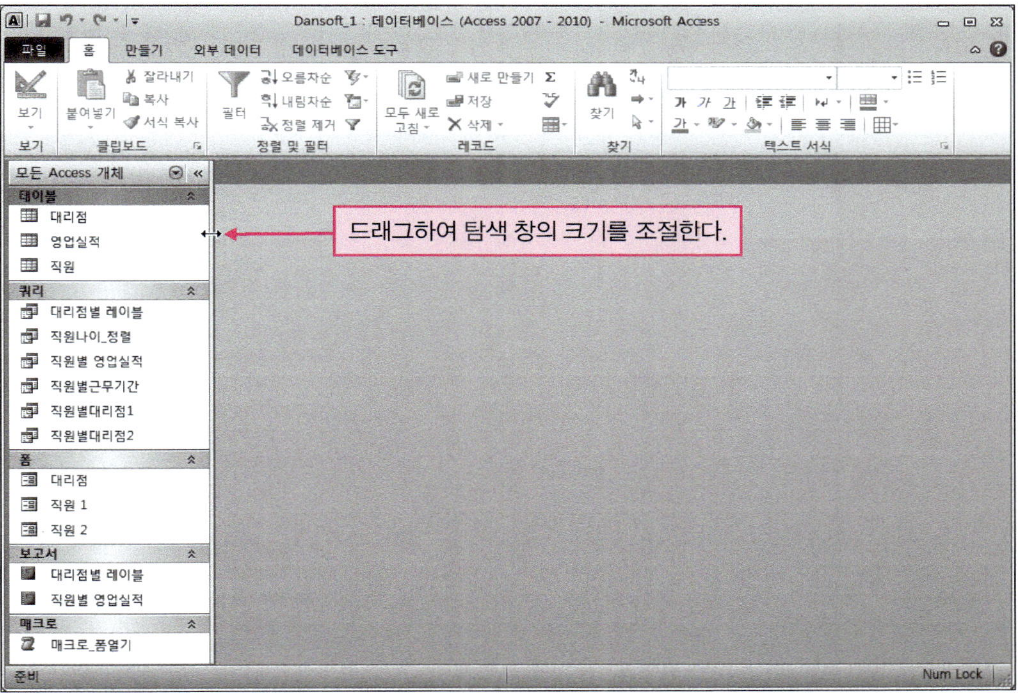

사례 프로젝트

DanSoft(주) 데이터베이스

이 장에서 사용하는 사례 기업인 DanSoft는 PC 소프트웨어를 개발 판매하는 IT전문 회사이다. 전국에 위치한 영업대리점을 총괄하는 영업부장은 사업규모가 확장됨에 따라 대리점을 관리하는 직원과 전국에 흩어진 대리점을 효율적으로 관리하고, 각 대리점의 영업실적을 분석하기 위해서 액세스를 이용하여 데이터베이스를 만들기로 하였다.

이 사례 프로젝트를 위한 DanSoft의 데이터베이스는 회사의 제품을 판매하는 대리점, 이들을 관리하는 직원, 그리고 그들의 실적을 분석하는데 필요한 업무를 지원하기 위한영업실적을 그 범위로 하고 있다.다른 업무를 위한 데이터를 저장하고 관리하는 데이터베이스 부분은 관심 밖이므로 고려하지 않기로 하였다.

그래서DanSoft의 데이터베이스에 포함되는 데이터는 직원, 대리점, 영업실적으로 제공되고 있다.

다음 〈표 11-1〉은 DanSoft의 대리점을 관리하는 직원에 대한 데이터이다.

〈표 11-1〉 직 원

직원번호	이 름	생년월일	입사일	성 별	관할지역
E11	김정재	74/07/07	01/03/01	남	수도권
E12	박승준	76/04/25	03/09/01	남	충청
E13	김정은	79/06/18	05/09/01	여	전라
E14	김선미	78/08/05	02/03/01	여	경상
E15	이현준	75/03/15	04/03/01	남	강원.제주

다음 〈표 11-2〉는 각 대리점에 대한 주요 데이터이다.

〈표 11-2〉 대리점

대리점번호	대리점명	주 소	도 시	관리직원
D001	강북	동대문구 종암동 102-1	서울	E11
D002	강남	강남구 대치동 112-5	서울	E11
D003	송파	송파구 신천동 401-1	서울	E11
D004	안서	천안시 안서동 18번지	천안	E12
D005	도일	평택시 도일동 65	평택	E11
D006	우암	청주시 상당구 우암동 21	청주	E12
D007	가야	부산시 금정구 구서동 20	부산	E14
D008	대연	부산시 남구 대연동 45	부산	E14
D009	팔복	전주시 덕진구 팔복동 20	전주	E13
D010	금호	광주시 서구 금호동 54	광주	E13
D011	운정	강릉시 운정동 34-1	강릉	E15
D012	제주	제주시 아라동 10-5	제주	E15
D013	달서	대구시 달서구 두류동 28	대구	E14
D014	구룡	대전시 유성구 구룡동 20	대전	E12
D015	삼정	대전시 대덕구 삼정동 15	대전	E12
D016	광명	경주시 광명동 60	경주	E14

〈표 11-3〉은 직원이 담당하는 대리점의 판매 실적을 월별로 나타낸 것이다. 직원이 대리점을 통해 판매한 실적은 매월말 집계하여 계속 데이터가 추가되며, 〈표 11-3〉은 2012년 1, 2월만 보여주고 있다.

〈표 11-3〉 영업실적

직원번호	대리점번호	년 월	판매액
E11	D001	2012/01/31	1,200,000
E11	D002	2012/01/31	1,870,000
E11	D003	2012/01/31	1,550,000
E11	D005	2012/01/31	980,000
E12	D004	2012/01/31	1,250,000
E12	D006	2012/01/31	2,050,000
E12	D014	2012/01/31	1,970,000
E12	D015	2012/01/31	1,010,000
E13	D009	2012/01/31	1,400,000

직원번호	대리점번호	년 월	판매액
E13	D010	2012/01/31	2,400,000
E14	D007	2012/01/31	2,550,000
E14	D008	2012/01/31	1,200,000
E14	D013	2012/01/31	1,600,000
E14	D016	2012/01/31	2,750,000
E15	D011	2012/01/31	2,800,000
E15	D012	2012/01/31	1,100,000
E11	D001	2012/02/29	1,500,000
E11	D002	2012/02/29	2,850,000
E11	D003	2012/02/29	3,400,000
E11	D005	2012/02/29	1,405,000
E12	D004	2012/02/29	1,950,000
E12	D006	2012/02/29	3,250,000
E12	D014	2012/02/29	3,900,000
E12	D015	2012/02/29	1,560,000
E13	D009	2012/02/29	1,600,000
E13	D010	2012/02/29	2,550,000
E14	D007	2012/02/29	2,800,000
E14	D008	2012/02/29	1,400,000
E14	D013	2012/02/29	1,750,000
E14	D016	2012/02/29	2,880,000
E15	D011	2012/02/29	3,100,000
E15	D012	2012/02/29	1,400,000

위와 같은 DanSoft의 영업에 관련된 3개의데이터를 원안으로 해서 액세스를 이용하여 데이터베이스를 구축하기로 한다. 대략적인 순서는 다음과 같다.

① 먼저 위의 3개의 데이터를 원안으로 테이블 디자인을 3개 작성하고, 테이블 사이의 관계를 설정한다. 이때 데이터베이스의 기본 전제인 참조 무결성도 정의한다. 테이블 디자인이 완료되면 테이블에 데이터를 입력하는 방법도 소개한다.

② 이어서 데이터가 입력된 테이블에서 원하는 조건에 맞는 데이터를 추출하는 쿼리를 개발한다. 그 다음에는 하나 이상의 테이블의 데이터 디스플레이, 입력, 또는 수정이 가능하게 하는 폼을 작성하도록 한다.

③ 마지막으로 기본 테이블과 쿼리 결과 테이블을 기반으로 보고서를 작성하는 방법을 소개한다.

데이터베이스 만들기

1.1 데이터베이스 만들기

액세스의 데이터베이스는 앞에서 설명한 테이블, 쿼리, 폼, 그리고 보고서와 같은 개체를 포함한다. 이러한 개체를 포함하게 될 DanSoft의 데이터베이스를 만드는 과정은 다음과 같다.

❶ 〈시작〉→ [모든 프로그램] → [Microsoft Access] → [Microsoft Access 2010]을 실행하면 [그림 11-10]과 같이 새 데이터베이스 만들기 위한 액세스 기동 화면이 나타난다.

그림 11-10 액세스 기동 창

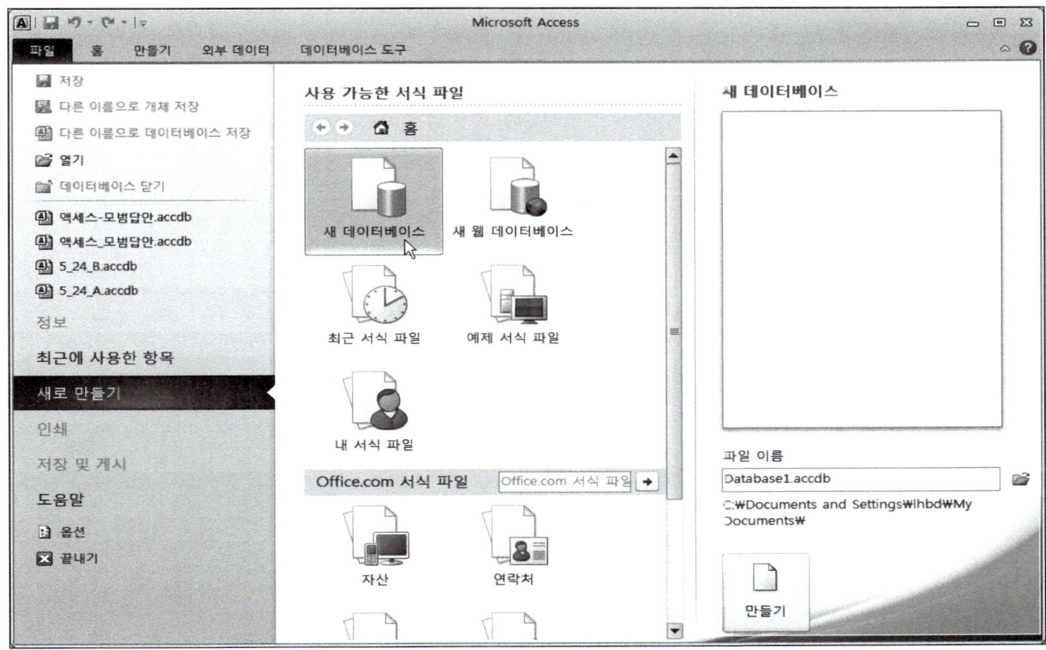

❷ 위의 화면에서 [파일] 탭→ [새로 만들기]를 선택하고, [파일 이름] 텍스트 박스에 'DanSoft'를 입력하고 〈만들기〉 버튼을 클릭한다. 저장 폴더를 변경하려면 〈열기〉 아이콘을 클릭하여 나타난

열기 창에서 변경하면 된다.

작성할 데이터베이스를 저장하는 폴더를 변경하려면, 파일명을 입력하는 텍스트 박스의 오른쪽에 있는 〈열기〉 아이콘을 클릭하여 [새 데이터베이스 파일] 대화상자에서 조작하면 된다.

그림 11-11 새 데이터베이스 파일명 입력

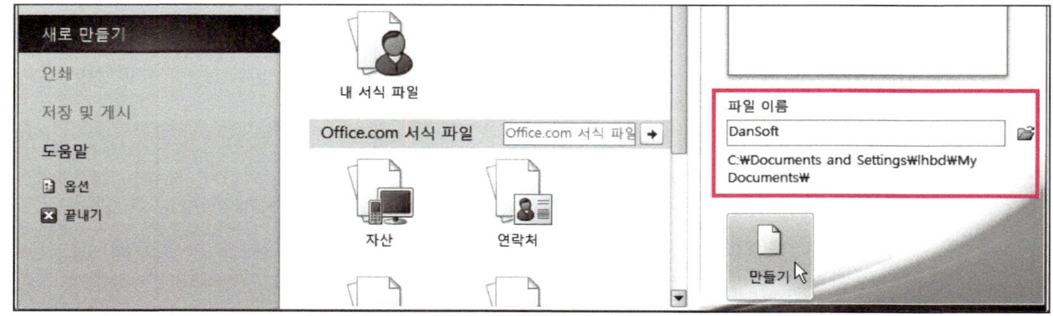

1.2 데이터베이스 창

위와 같이 조작하면 다음 [그림 11-12]와 같이 DanSoft라는 데이터베이스가 만들어진다. 현재 [그림 11-10]의 DanSoft데이터베이스에는 아무 개체도 존재하지 않으며 다음에서 테이블 개체를 처음부터 만든다. 테이블을 만들기 전에 데이터베이스 창에 대하여 알아보자.

그림 11-11 DanSoft 데이터베이스

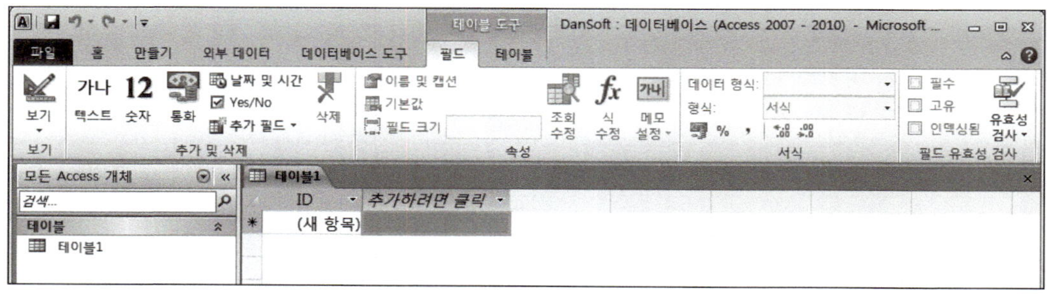

1.3 테이블 만들기

데이터베이스의 새 테이블을 만드는 것은 필드의 이름, 데이터형식, 속성 그리고 기본키 등을 정의하는 것을 말한다. 테이블 정의의 네 가지 주요 요소를 설명하면 다음과 같다.

- **필드이름** : 필드이름은 테이블의 각 레코드를 설명하는 속성이며, 예를 들면 〈표 11-1〉의 직원 테이블의 각 열 제목을 말한다(예, 직원번호, 이름, 생년월일, 입사일, 성별, 관할지역).
- **데이터형식** : 테이블을 만들 때 각 필드에 저장될 데이터의 형식을 미리 정한다. 예를 들어, 직원 테이블의 이름 필드에는 텍스트 데이터가 저장되고, 생년월일 필드에는 날짜/시간 데이터가 저장되게 하는 것이다. 액세스에서 데이터 형식은 텍스트, 메모, 숫자, 날짜/시간, 통화, 일련번호, YES/NO, OLE개체, 하이퍼링크, 첨부파일, 계산, 조회마법사 중 하나를 선택하여 지정하면 된다.
- **필드 속성** : 테이블의 각 필드는 데이터형식이 정해지더라도 추가적인 특성을 가질 수 있다. 예를 들어, 판매액이 음수(〈0)일 수 없는 것이다. 따라서 필요한 경우 추가적으로 필요한 필드의 속성을 구체적으로 정의하여야 한다.

그림 11-13 테이블 디자인 창

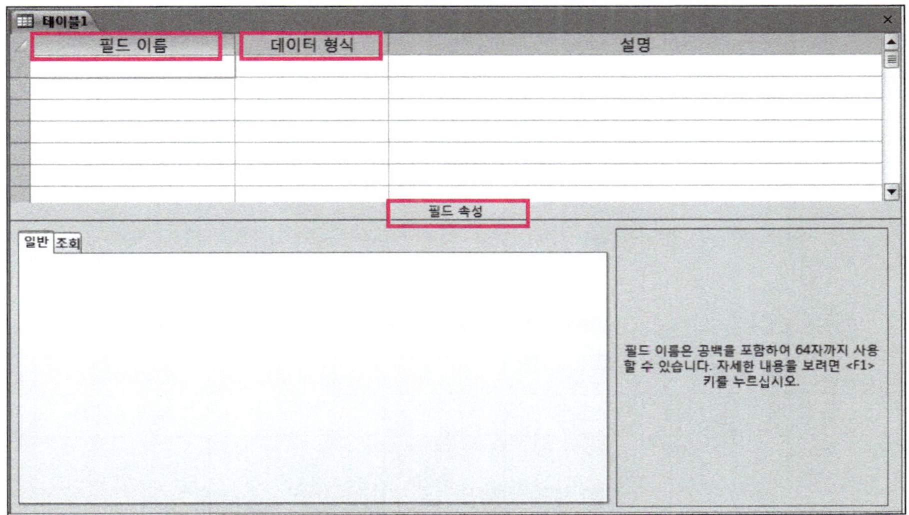

- 기본키 : 동일 테이블 내에서 각각의 레코드를 다른 레코드와 구별하기 위해서 유일한 값을 가지는 필드를 지정하여 기본키(primary key)로 설정한다.

DanSoft 데이터베이스는 직원, 대리점, 그리고 직원의 매월 판매실적을 저장하고 관리하기 위한 세 개의 테이블이 필요하다. 영업실적은 2012년 처음 두 달의 데이터만 입력하고 그 이후에도 매월 계속 데이터를 입력된다. 이들 테이블에 저장될 내용은 앞의 〈표 11-1〉, 〈표 11-2〉, 〈표 11-3〉의 데이터이다.

액세스에서 새로운 테이블 만들기는 상단의 만들기 탭을 클릭하여 테이블 도구나 테이블 디자인 도구를 사용하면 된다. 여기서는 테이블 디자인 도구로 테이블의 필드를 정의하여 테이블 구조를 설계하는 방법을 설명한다.

■ 디자인보기로 직원 테이블 만들기

액세스의 테이블 디자인 도구를 이용하여 새로운 테이블을 작성하는 방법은 각 필드에 대하여 필드 이름, 데이터 형식, 필드 속성을 정하는 순서로 모든 필드를 입력한 다음 마지막에 필드 중 하나를 기본키로 정하면 된다. 다음은 앞에서 설명한 테이블에 저장할 직원 테이터였다.

〈직원〉 테이블에 입력할 데이터

직원번호	이 름	생년월일	입사일	성 별	관할지역
E11	김정재	74/07/07	01/03/01	남	수도권
E12	박승준	76/04/25	03/09/01	남	충청
E13	김정은	79/06/18	05/09/01	여	전라
E14	김선미	78/08/05	02/03/01	여	경상
E15	이현준	75/03/15	04/03/01	남	강원.제주

위의 직원 데이터를 입력하기 위한 테이블 디자인을 표로 나타내면 다음과 같다.

〈표 11-4〉 직원 테이블의 디자인 표

필드 이름	직원번호	이 름	생년월일	입사일	성 별	관할지역
데이터형식	텍스트	텍스트	날짜/시간	날짜/시간	텍스트	텍스트
크기 (또는 형식)	3 기본키 설정	5	간단한날짜	간단한날짜	1	6

위의 표에서 알 수 있듯이 데이터 형식이 텍스트인 경우는 크기를 액세스의 초기 값은 255로 되어 있으나 여기서는 별도로 지정해 주고 있다.

예를 들어 필드 이름이 '이름'의 데이터 형식은 '텍스트'로 되어 있고, 크기가 5로 되어 있다. 이 5가 뜻하는 것은 이름이 5문자(영어/한글 구분 없음, 공백도 한 문자로 인식함) 이하만 입력되고 6번째 문자는 입력되지 않는다는 의미이다.

위의 테이블 디자인을 하기 위한 과정은 다음과 같다.

❶ 앞의 [그림 11-12]의 DanSoft 데이터베이스 창에서 '테이블1'에 마우스 오른쪽 버튼을 클릭하여 나타난 단축 메뉴에서 [닫기]를 선택하여 '테이블1'을 닫는다.

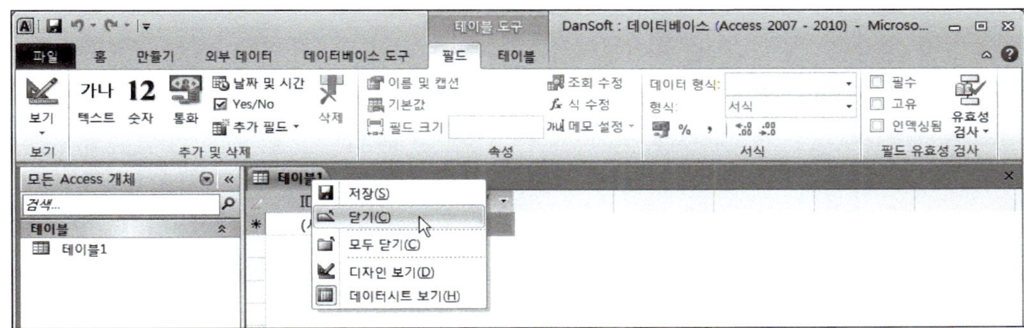

❷ [만들기] 탭 → [테이블] 그룹 →〈테이블 디자인〉 명령을클릭하면 [그림 11-14]와 같이 '개체창'에 테이블 디자인 화면이 나타난다.

그림 11-14 테이블 디자인 화면

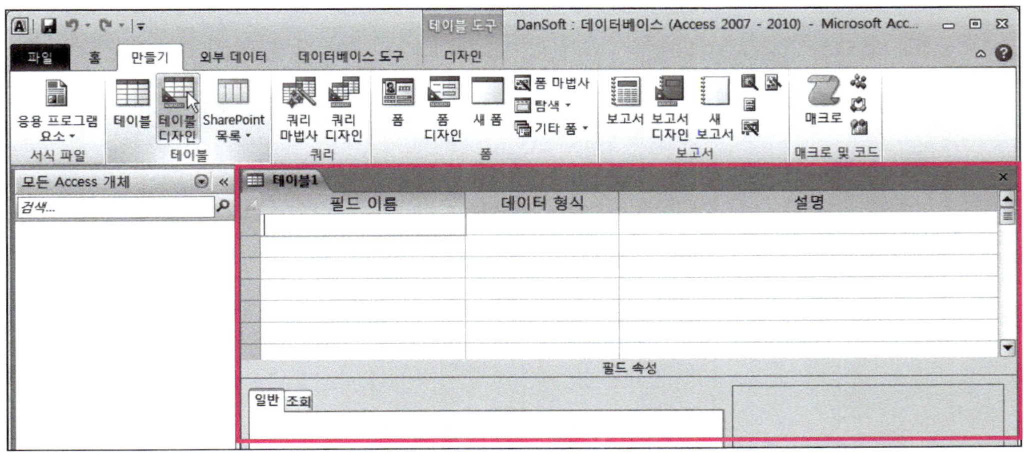

❸ (1) 앞의 〈표 11-4〉의 디자인 표에서 필드이름에 '직원번호'라고 입력하고, 직원번호의 데이터 형식을 텍스트로 정하기 위해 데이터 형식의 콤보박스를 클릭하여 텍스트를 선택한다. 그리고 아래의 필드 속성의 '필드 크기'의 초기 설정값인 255를 3으로변경한다.

그림 11-15 직원번호 필드의 설정

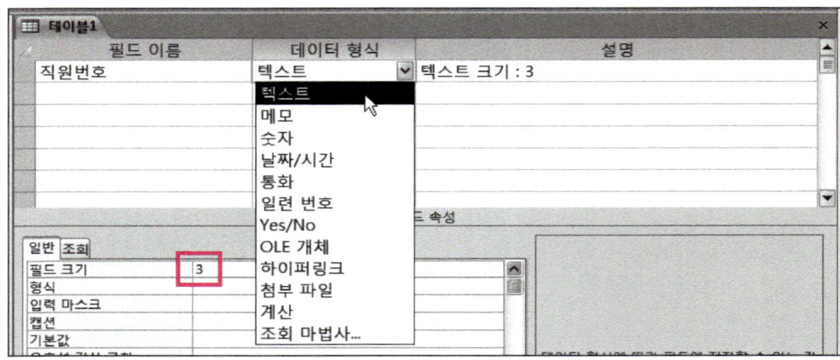

직원번호의 필드크기가3인 것은 3문자 이하의 값으로 입력되게 하기 위한 것이다. 필드의 데이터 형식이 텍스트인 것은 항상 적정한 필크 크기를 정하여야데이터베이스의 공간을 낭비하지 않는다. 마지막 열의 설명은 필드에 대한 설명으로 생략하여도 된다.

❹ 〈표 11-14〉에서 '이름' 필드는 데이터 형식이 '텍스트'이므로 '직원번호'와 같은 방법으로 입력하되 필드 크기는 5로 설정한다.

❺ 〈표 11-14〉에서 '생년월일' 필드는 데이터 형식을 '날짜/시간'으로 설정하고,필드 속성에서 형식을 '간단한 날씨'로 지정한다.

그림 11-16 액세스 필드 데이터 형식

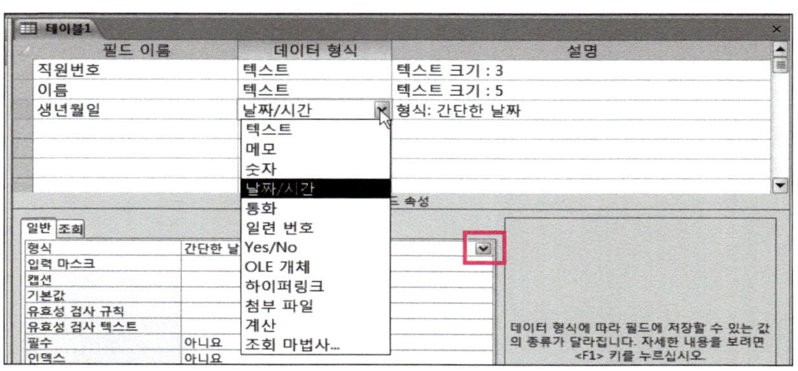

❻ 〈표 11-14〉에서 입사일 필드의 데이터 형식은 '날짜/시간'이므로 생년월일 필드와 동일한 방식으로 설정하고, 성별 필드의 데이터 형식은 '텍스트', 관할지역 필드의 데이터 형식은 '텍스트'이므로 '직원번호' 필드와 동일한 방식으로 설정하면 [그림 11-17]과 같이 된다.

그림 11-17 직원 테이블 구조

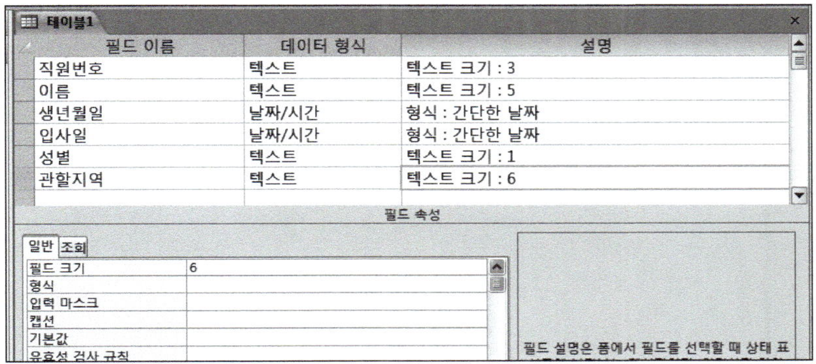

❼ 마지막으로 직원 테이블의 기본키필드를 설정하여야 한다. 이것은 직원번호 필드이름 왼쪽 박스를 클릭하여 직원번호 행이하이라이트 되게 한 후, [테이블 도구] 정황 탭 → [디자인] 탭 → [도구] 그룹 → 〈기본 키〉 명령 버튼을 클릭한다.

그림 11-18 직원 테이블의 기본키 설정

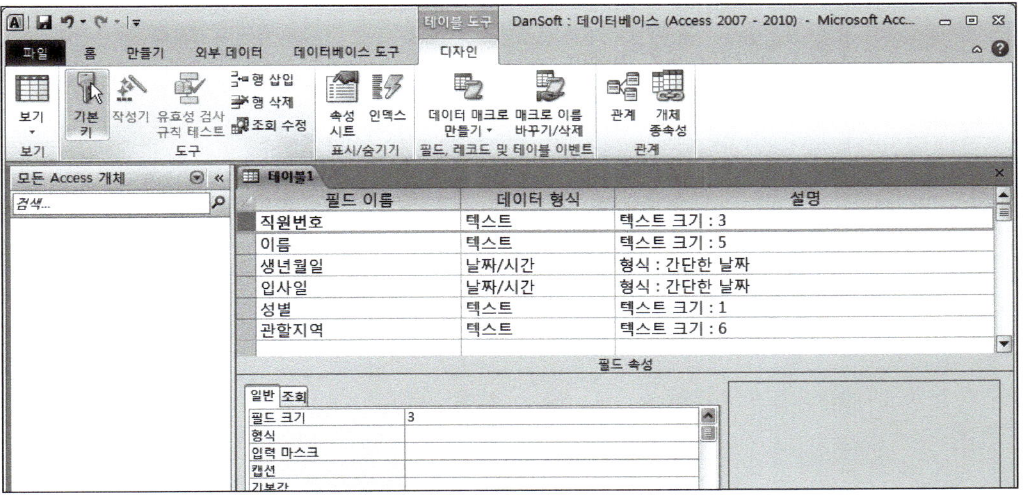

그러면 다음 그림과 같이 직원번호 필드 앞에 열쇠가 그려지면서 기본키로 설정된 것을 나타낸다.

그림 11-19 직원 테이블의 기본키 설정 표시

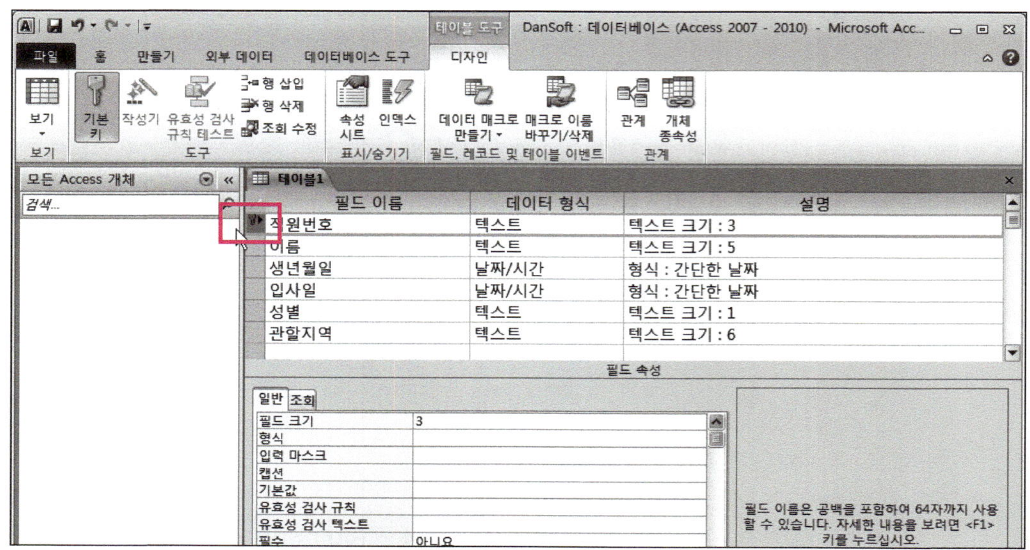

❽ 테이블 이름은 테이블 디자인을 저장하면서 입력하게 된다.테이블 디자인 화면의 '테이블1' 탭의 오른쪽에 있는 〈닫기〉 버튼 x를 클릭하면 테이블 디자인을저장할 것인가를 묻는다. 이때 예를 선택하면 아래와 같이 테이블 이름을 입력할 수 있는 대화상자가 나타나면 [그림 11-20]과 같이 직원이라고 입력하면 된다.

그림 11-20 테이블 이름 입력

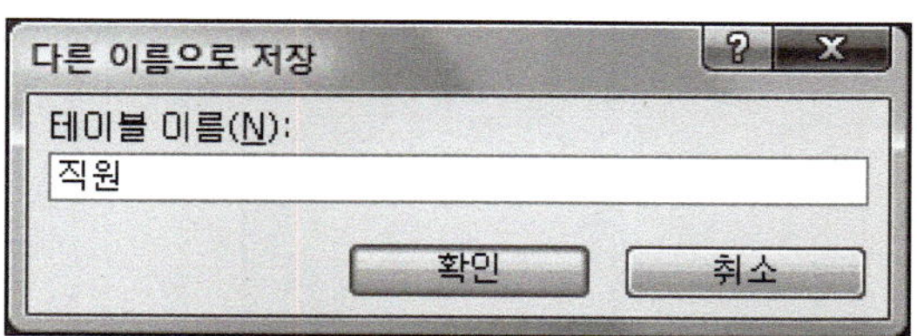

위와 같은 방법으로 테이블 디자인 끝내고 나면 데이터베이스에는 [그림 11-21]과 같이 직원 테이블 하나만 존재한다.

그림 11-21 직원 테이블 디자인 완성 후 데이터베이스 창

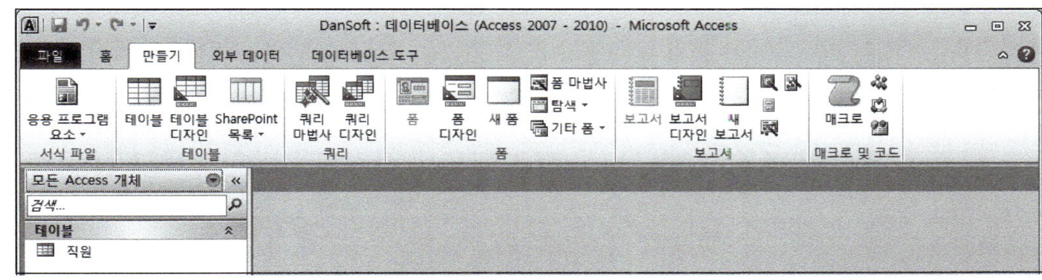

이 직원 테이블은 필드에 대한 정의만 된 것이지 아직 그 안에는 아무 데이터도 없다. 데이터 입력은 모든 테이블 디자인을 끝내고, 뒤에 설명한 테이블들 사이의 관계를 정한 다음에 입력하게 된다.

■ 대리점 및 영업실적 테이블 만들기

대리점 테이블과 영업실적 테이블을 만드는 방법은 직원 테이블을 만드는 방법과 동일하다. 다음은 앞에서 설명한 테이블에 저장할 대리점 테이터였다.

〈대리점〉 테이블에 입력할 데이터

대리점번호	대리점명	주 소	도시	관리직원
D001	강북	동대문구 종암동 102-1	서울	E11
D002	강남	강남구 대치동 112-5	서울	E11
D003	송파	송파구 신천동 401-1	서울	E11
~이하 생략~				

위의 대리점 데이터를 입력하기 위한 테이블 디자인을 표로 나타내면 다음과 같다.

〈표 11-5〉 대리점 테이블의 디자인 표

필드 이름	대리점번호	대리점명	주소	도시	관리직원
데이터형식	텍스트	텍스트	텍스트	텍스트	텍스트
크기 (또는 형식)	4 기본키 설정	6	30	8	3

위의 표를 테이블 디자인으로 설정하면 다음과 같이 된다.

그림 11-22 대리점의 테이블 디자인

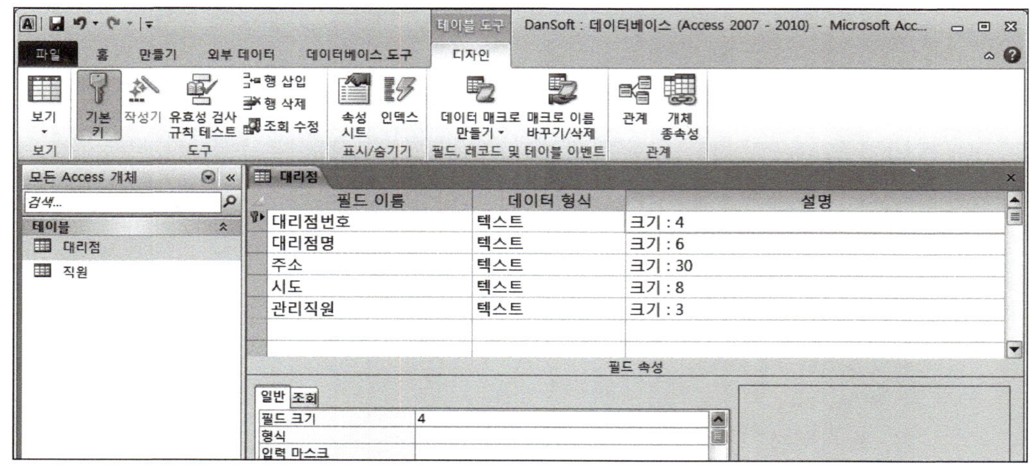

대리점의 테이블 디자인이 완료되면 〈닫기〉 X 버튼을 클릭하여 테이블 디자인 개체를 닫는다. 다음은 앞에서 설명한 테이블에 저장할 영업실적 데이터였다.

〈영업실적〉 테이블에 입력할 데이터

직원번호	대리점번호	년 월	판매액
E11	D001	2012/01/31	1,200,000
E11	D002	2012/01/31	1,870,000
E11	D003	2012/01/31	1,550,000
~이하 생략~			

위의 영영실적 데이터를 입력하기 위한 테이블 디자인을 표로 나타내면 다음과 같다.

〈표 11-6〉 영업실적 테이블의 디자인 표

필드 이름	직원번호	대리점번호	년 월	판매액
데이터형식	텍스트	텍스트	날짜/시간	통화
크기 (또는 형식)	3 기본키 설정	4 기본키 설정	간단한 날짜 기본키 설정	통화

위의 테이블 디자인에서 기본키는 직원번호, 대리점번호, 생년월일의 세 개 필드로 설정하였다. 이렇게 한 테이블의 하나 이상의 필드로 만들어진 기본키를 합성키라 한다. 한 테이블의 각 레코드가 어느 하나의 필드값으로 고유하게 구분될 수 없기 때문에 최소한의 필드들로 결합하여 기본키로 정하게 된 것이다.

합성키를 설정은 먼저 합성키에 해당하는 필드를 Ctrl 키를 누르면서 선택 한 후, [테이블 도구] 정황 탭 → [디자인] 탭 → [도구] 그룹 → 〈기본 키〉 명령 버튼을 클릭한다

그림 11-23 영업실적 테이블 디자인(합성키 설정)

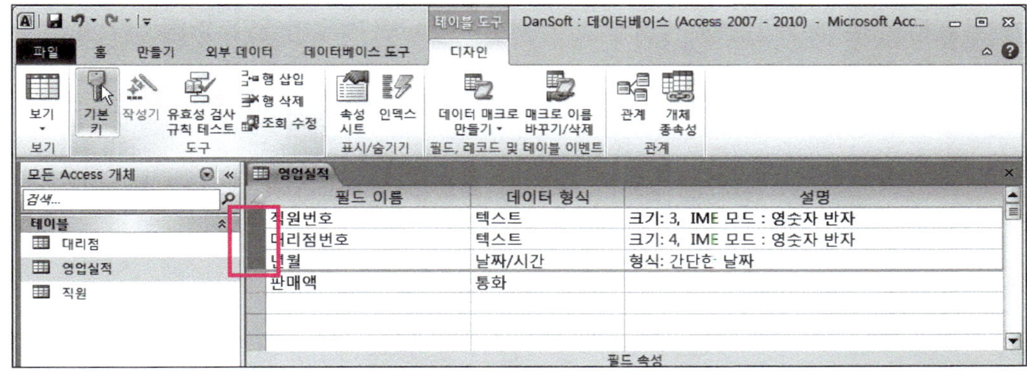

위와 같이 합성키를 설정하면 다음 [그림 11-24]와 같이 해당 필드 앞에 열쇠 아이콘이 나타나게 된다.

그림 11-24 합성키가 설정된 영업실적의 테이블 디자인

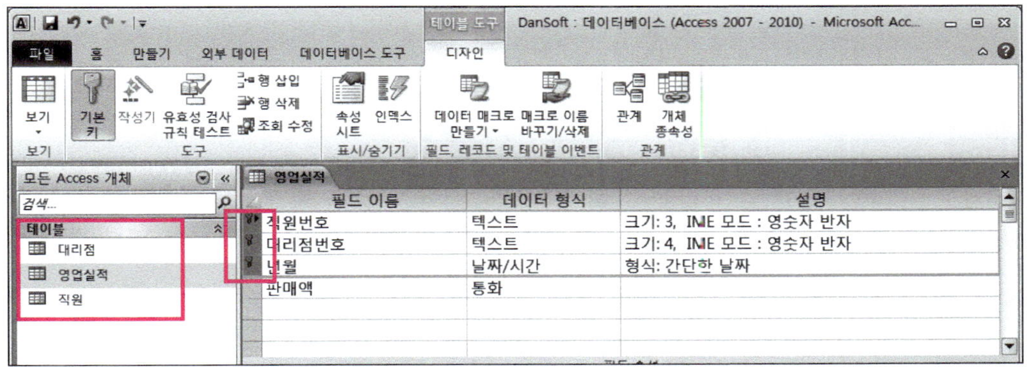

이상으로 위의 [그림 11-24]에서도 알 수 있듯이 DanSoft의 세개의 테이블 직원, 대리점, 영업실적에 대한 디자인이 완성되었다. 앞에서 설명한 것처럼 이들 테이블에는 아직 데이터가 입력되지 않았다.

2 테이블 사이의 관계 설정

앞에서 만든 세 테이블의 데이터는 서로 관계를 가진다. 다음 그림은 세개의 테이블들 사이의 관계를 보여주고 있다.

그림 11-25 세 테이블들 사이의 관계

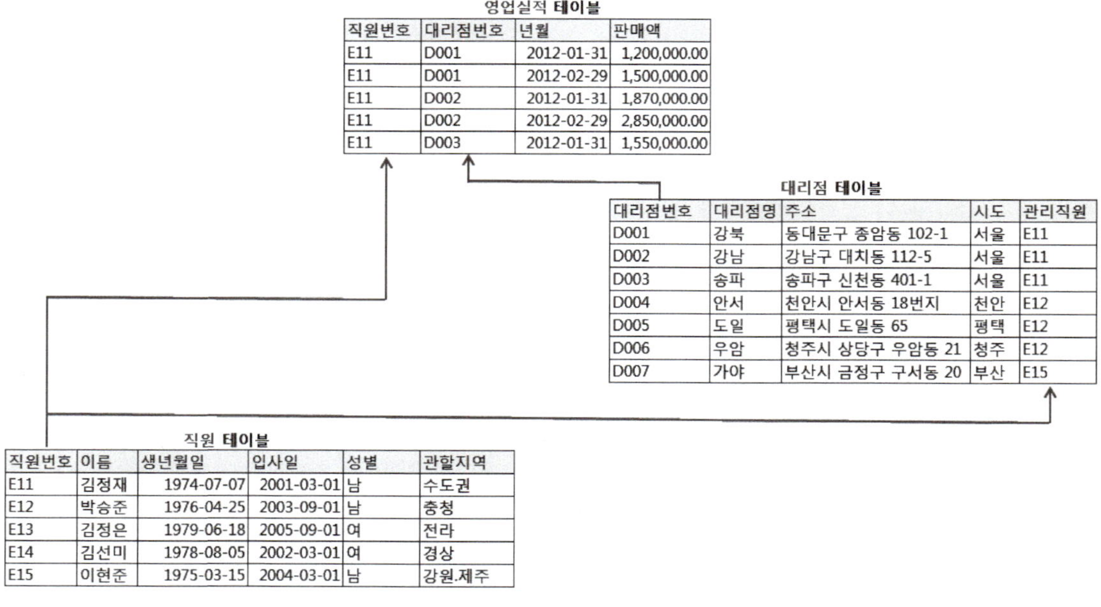

영업실적 **테이블**

직원번호	대리점번호	년월	판매액
E11	D001	2012-01-31	1,200,000.00
E11	D001	2012-02-29	1,500,000.00
E11	D002	2012-01-31	1,870,000.00
E11	D002	2012-02-29	2,850,000.00
E11	D003	2012-01-31	1,550,000.00

대리점 **테이블**

대리점번호	대리점명	주소	시도	관리직원
D001	강북	동대문구 종암동 102-1	서울	E11
D002	강남	강남구 대치동 112-5	서울	E11
D003	송파	송파구 신천동 401-1	서울	E11
D004	안서	천안시 안서동 18번지	천안	E12
D005	도일	평택시 도일동 65	평택	E12
D006	우암	청주시 상당구 우암동 21	청주	E12
D007	가야	부산시 금정구 구서동 20	부산	E15

직원 **테이블**

직원번호	이름	생년월일	입사일	성별	관할지역
E11	김정재	1974-07-07	2001-03-01	남	수도권
E12	박승준	1976-04-25	2003-09-01	남	충청
E13	김정은	1979-06-18	2005-09-01	여	전라
E14	김선미	1978-08-05	2002-03-01	여	경상
E15	이현준	1975-03-15	2004-03-01	남	강원.제주

위의 데이터에서도 알 수 있듯이 대리점 테이블의 관리직원 필드의 값이 직원 테이블의 직원번호이어야만 한다. 그렇지 않으면 직원 테이블에 존재하지 않는 직원이 대리점을 관리한다는 것을 말하는 것으로 논리적으로 성립될 수 없다.

이렇게 테이블들 사이의 데이터가 서로 올바르게 참조를 하여야 하는데 이러한 규칙을 참조무결성이라 한다.참조 무결성은 테이블 사이의 논리적인 모순을 없애기 위한 데이터베이스의 필수적인 규칙 중의 하나이다.

DanSoft 데이터베이스에서 대리점 테이블의 관리직원 필드의 값은 직원 테이블에서 기본키로 사용하고 있는 직원번호 필드의 값과 일치해야 하고, 영업실적 테이블의 직원번호와 대리점번호 필드는 각각 직원 테이블의 직원번호 필드와 대리점 테이블의 대리점번호 필드와 일치해야 한다. 이러한 테이블 사이의참조 무결성을 정하여 테이블 관계를 설정하는 방법은 다음과 같다.

❶ 데이터베이스 개체와 관련된 창이 열려 있으면 개체 창의〈닫기〉 버튼X를 클릭하여 닫는다.그 다음에 화면 상단의[데이터베이스 도구] 탭을 클릭하면 [그림 11-26]과 같은 스크린이 나타난다.

그림 11-26 데이터베이스 도구

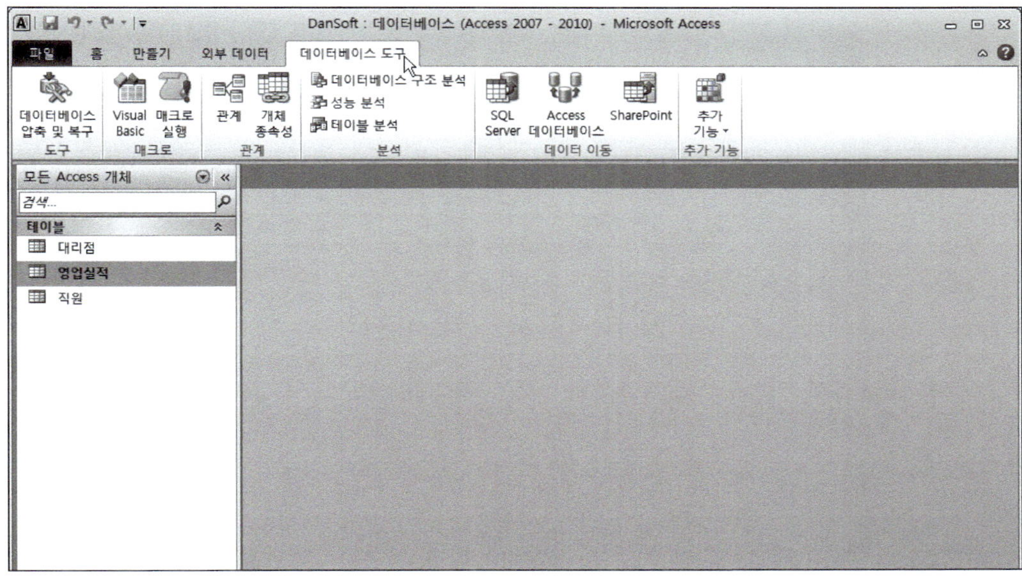

❷ [데이터베이스 도구] 탭 → [관계] 그룹 → 〈관계〉 명령 버튼을 클릭하면 [테이블 표시]대화상자가 나타난다. [테이블 표시]대화상자에서 관계를 설정할 테이블을 선택하기 위해Ctrl 키를 누르면서 세 테이블을 선택한 후 〈추가〉버튼을 누르든지 아니면 한 테이블씩 세 테이블을 모두추가 한 후〈닫기〉 버튼을 누른다.

그림 11-27 테이블 표시 대화상자

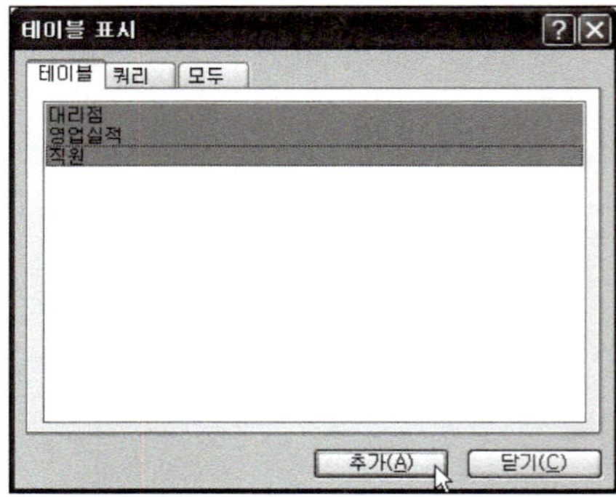

위와 같이 조작하면 다음 [그림 11-28]과 같이 개체 창에 세 테이블의 아이콘이 나타나게 된다.

그림 11-28 관계 설정 이전 화면

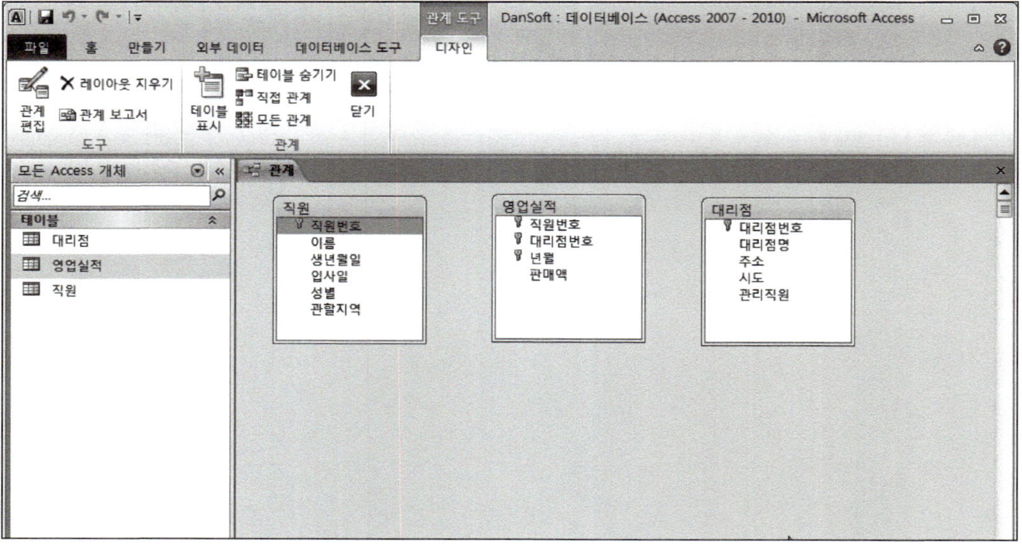

❸ [그림 11-28]에서 직원 테이블의 직원번호 필드를 마우스로 클릭한 상태에서 드래그하여 영업실적 테이블의 직원번호 필드 위로 이동하여 마우스를 놓으면 [그림 11-29]와 같은 [관계 편집] 대화상자가 나타난다. 이 대화상자의 아래 부분의 '항상 참조 무결성 유지'를 체크한 후 〈만들기〉 버튼을 클릭한다.

그림 11-29 직원과 영업실적 테이블 사이의 참조 무결성 설정

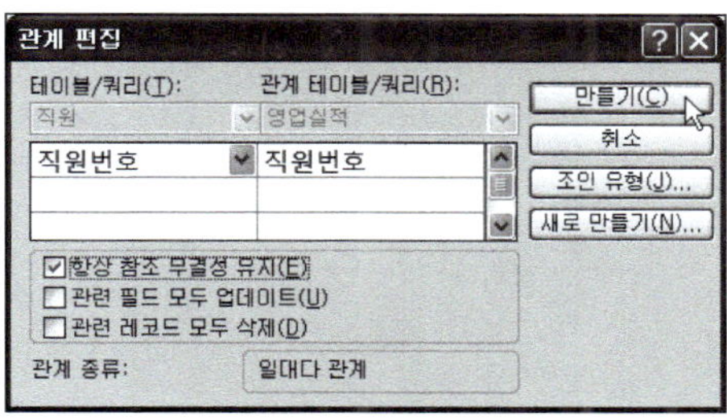

위의 조작으로 [그림 11-30]과 같이 직원 테이블과 영업실적 테이블 사이에 1 대 ∞(무한대)의 관계가 설정된다.

그림 11-30 직원과 영업실적 테이블 사이의 관계

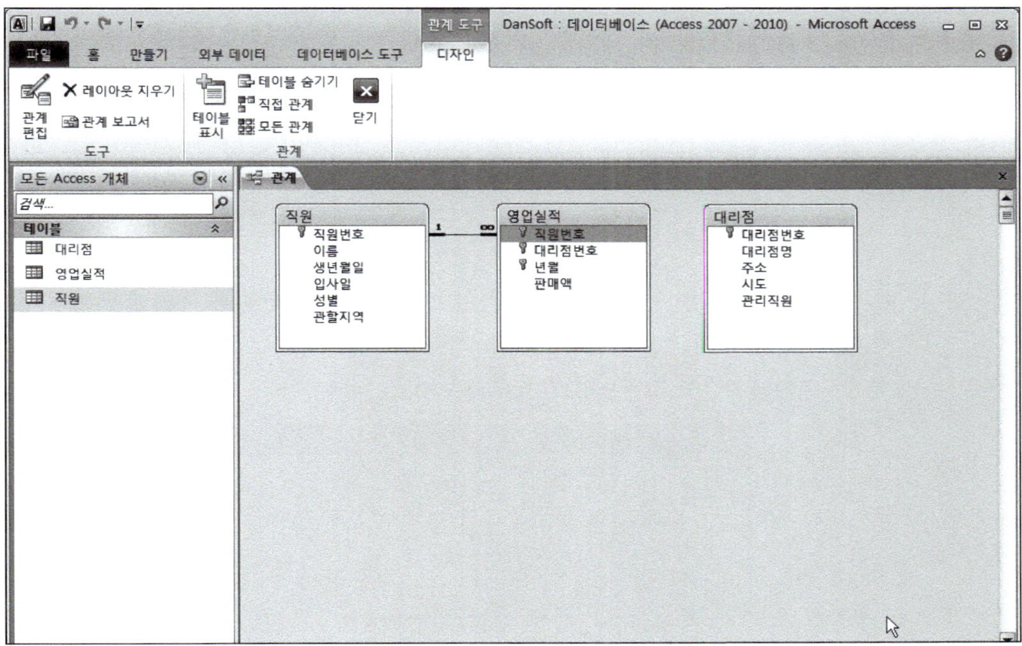

❹ 같은 방법으로 대리점 테이블의 대리점번호 필드를 마우스로 클릭한 상태에서 드래그하여 영업실적 테이블의 대리점번호 필드 위로 이동하여 놓으면 [그림 11-31]과 같은 [관계 편집]대화상자가 나타난다. 아래 부분의 항상 참조 무결성 유지를 체크한 후 만들기 버튼을 클릭한다.

그림 11-31 대리점과 영업실적 테이블 사이의 참조 무결성 지정

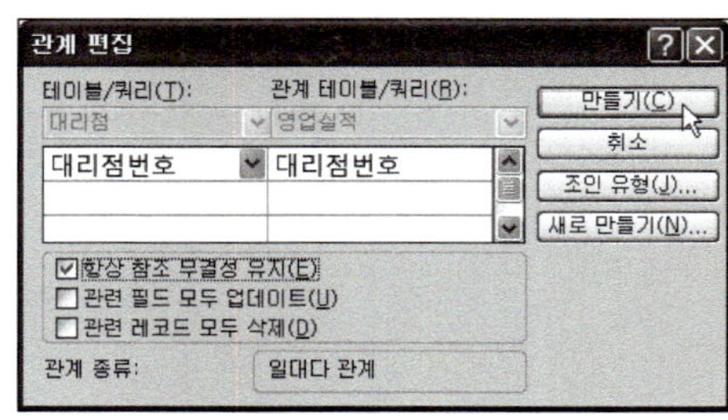

위의 조작으로 [그림 11-32]와 같이 대리점 테이블과 영업실적 테이블 사이에 1 대 ∞(무한대)의 관계가 설정된다.

그림 11-32 대리점과 영업실적 테이블 사이의 관계

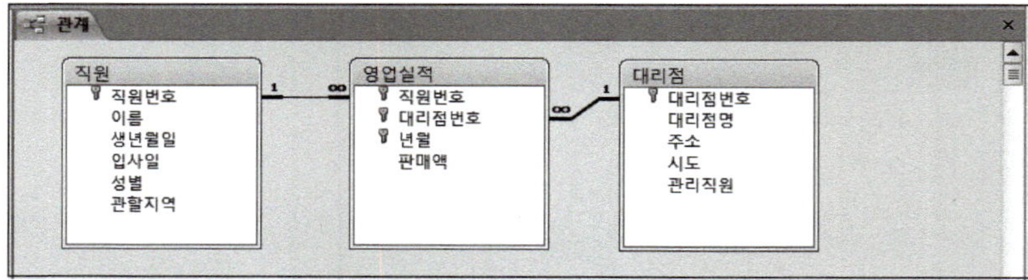

❺ 위의 테이블 아이콘에 직원과 대리점 테이블의 테이블 이름 부분을 드래그하여 아래와 같이 적절하게 배치 한 후, 직원 테이블의 직원번호 필드를 마우스로 클릭한 상태에서 드래그하여 대리점 테이블의 관리직원 필드 위로 이동하여 놓는다.

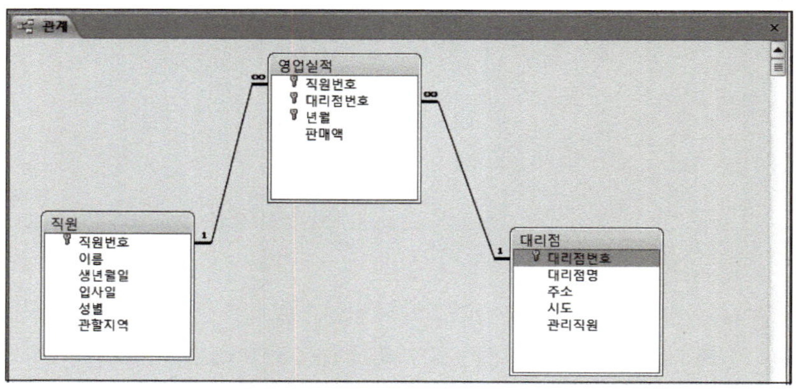

나타난 [관계 편집]대화상자에서 아래 부분의 항상 참조 무결성 유지를 체크한 후 만들기 버튼을 클릭하면 직원 테이블과 대리점 테이블 사이에 1 대 ∞(무한대)의 관계가 설정된다.

그림 11-33 직원과 대리점 테이블 사이의 참조 무결성 지정

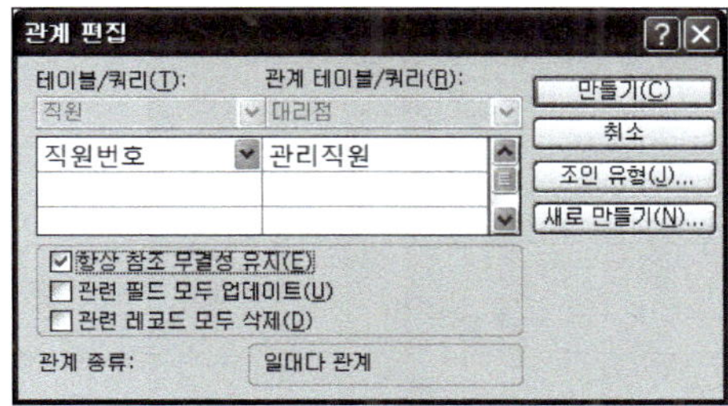

이상의 조작으로 완성된관계 화면의 각 테이블 이름을 클릭하여 적절하게 이동하여 배열한 것이 [그림 8–22]이다.

그림 11-34 DanSoft 데이터베이스의 테이블 관계

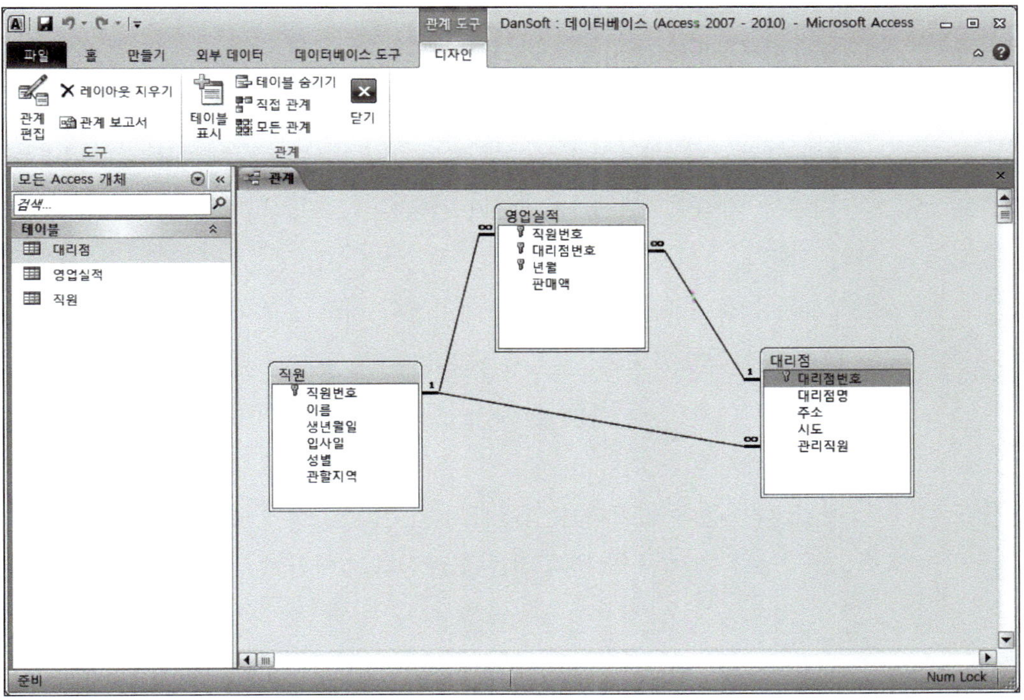

위의 관계에서 직원 테이블과 영업실적 테이블 사이가 1대 무한대(∞)로 표시되는 것은 직원 레코드 하나(1)가 하나 이상(∞)의 영업실적 레코드와 관계를 가진다는 의미이다.

즉 직원 1명에 대한 영업실적이 하나 이상의 영업실적 레코드로 저장될 수 있게설정하는 것이다. 대리점과 영업실적 테이블 사이 그리고 직원과 대리점 사이의 관계도 마찬가지로 이해될 수 있다. 이와 같이 두 테이블 사이에 참조 무결성이 지정되면, 참조 무결성에 위배되는 데이터의 입력이나 갱신이 거부된다.

영업실적과 대리점 테이블의 앞에 무한대(∞)가 표시되어 있는 필드를 외래키(Foregin key)라 한다. 외래 키의 데이터는반드시 다른 테이블의 기본 키에 입력된데이터만을 사용해야 한다.

마지막으로 〈저장〉 버튼을 눌러 지금까지의 '관계' 설정 결과를 저장하고, [관계] 개체 창을 닫는다.액세스에서는 새로운 개체를 만들 때 '개체 창'에 열려있는 모든 개체를 닫고 작업을 하는 것이 원칙이다. 이렇게 해야 액세스 조작 중에 발생하는 에러를 줄일 수 있다

3 데이터 입력

관계 설정 이후 참조무결성이 유지된 상태에서 직원 테이블의 데이터를 맨 먼저 입력하고, 다음에 대리점 테이블의 데이터 입력한 후, 마지막으로 영업실적 테이블의 데이터입력하여야 한다.

그것은 참조무결성이 영업실적 테이블의 레코드 데이터는 직원 테이블과 대리점 테이블의 데이터를 참조하도록 하기 때문이다. 다시 말하면 데이터베이스관리시스템인 액세스는 영업실적 테이블이 직원테이블에 없는 직원번호와 대리점 테이블에 없는 대리점번호의 입력을 허용하지 않는다.

'직원' 테이블에 데이터를 입력하기 위해 탐색 창에 있는 '직원' 테이블 아이콘을 더블 클릭하거나 또는 마우스 오른쪽 버튼을 클릭하여 나타난 단축 메뉴에서 [열기]를 선택한다.

그림 11-35 '직원' 테이블의 열기

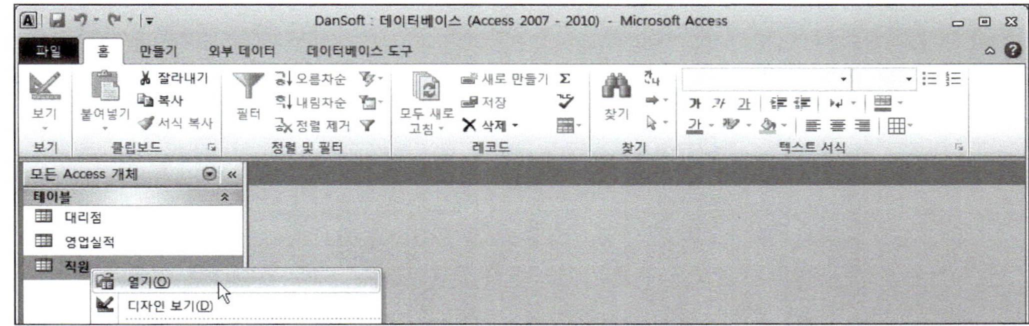

위와 같이 조작하면 '직원' 테이블에 데이터를 입력할 수 있도록 다음 [그림 11-36]과 같이 개체 창에 '직원' 테이블이 열린다.

그림 11-36 '직원' 테이블의 데이터 입력 화면

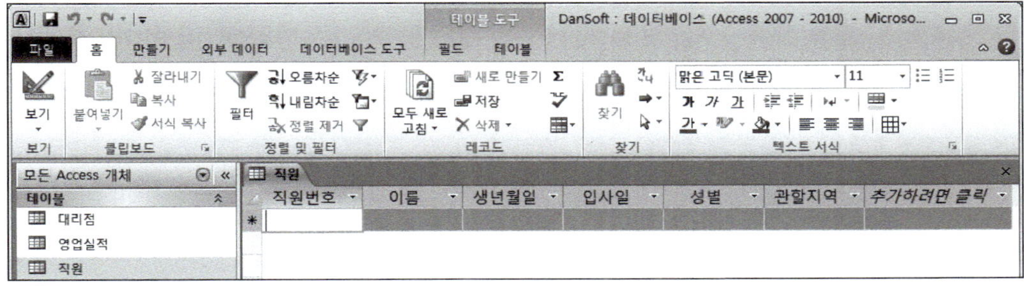

입력 화면의 빈칸에 데이터를 입력하면 된다. 한 필드에서 다른 필드로 이동할 때 탭(Tab) 키를 누르면 된다. 다음 [그림 11-37]은 '직원' 테이블의 데이터가 입력된 상태이다.

그림 11-37 직원 테이블의 데이터

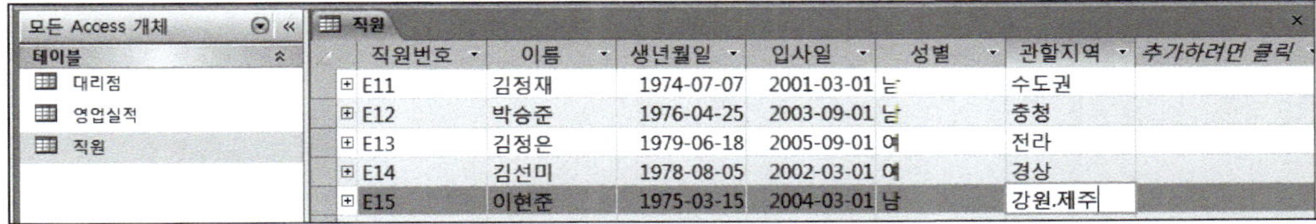

직원번호	이름	생년월일	입사일	성별	관할지역
E11	김정재	1974-07-07	2001-03-01	남	수도권
E12	박승준	1976-04-25	2003-09-01	남	충청
E13	김정은	1979-06-18	2005-09-01	여	전라
E14	김선미	1978-08-05	2002-03-01	여	경상
E15	이현준	1975-03-15	2004-03-01	남	강원.제주

개체 창에 있는 '직원' 테이블 개체를 닫고, 동일하게 '대리점' 테이블의 데이터를 입력하면 다음과 같이 된다.

그림 11-38 대리점 테이블의 데이터

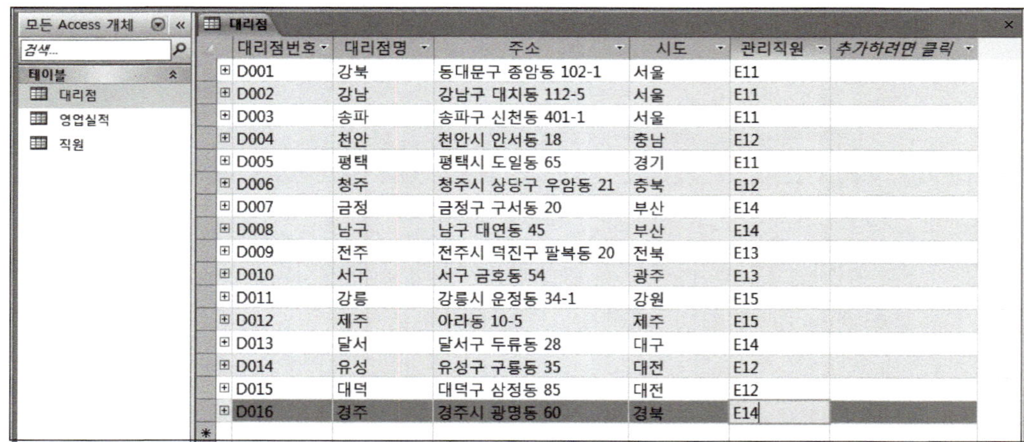

대리점번호	대리점명	주소	시도	관리직원
D001	강북	동대문구 종암동 102-1	서울	E11
D002	강남	강남구 대치동 112-5	서울	E11
D003	송파	송파구 신천동 401-1	서울	E11
D004	천안	천안시 안서동 18	충남	E12
D005	평택	평택시 도일동 65	경기	E11
D006	청주	청주시 상당구 우암동 21	충북	E12
D007	금정	금정구 구서동 20	부산	E14
D008	남구	남구 대연동 45	부산	E14
D009	전주	전주시 덕진구 팔복동 20	전북	E13
D010	서구	서구 금호동 54	광주	E13
D011	강릉	강릉시 운정동 34-1	강원	E15
D012	제주	아라동 10-5	제주	E15
D013	달서	달서구 두류동 28	대구	E14
D014	유성	유성구 구룡동 35	대전	E12
D015	대덕	대덕구 삼정동 85	대전	E12
D016	경주	경주시 광명동 60	경북	E14

개체 창에 있는 '대리점' 테이블 개체를 닫고, 동일하게 '영업실적' 테이블의 데이터를 입력하면 다음과 같이 된다.

그림 11-39 영업실적 테이블의 데이터(일부분)

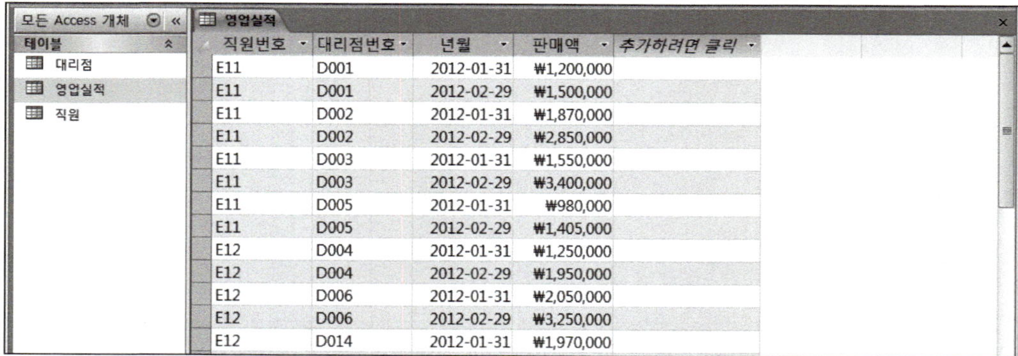

직원번호	대리점번호	년월	판매액
E11	D001	2012-01-31	₩1,200,000
E11	D001	2012-02-29	₩1,500,000
E11	D002	2012-01-31	₩1,870,000
E11	D002	2012-02-29	₩2,850,000
E11	D003	2012-01-31	₩1,550,000
E11	D003	2012-02-29	₩3,400,000
E11	D005	2012-01-31	₩980,000
E11	D005	2012-02-29	₩1,405,000
E12	D004	2012-01-31	₩1,250,000
E12	D004	2012-02-29	₩1,950,000
E12	D006	2012-01-31	₩2,050,000
E12	D006	2012-02-29	₩3,250,000
E12	D014	2012-01-31	₩1,970,000

SECTION 03 쿼리, 폼, 보고서 만들기

쿼리는 사용자가 원하는 데이터를 하나 또는 그 이상의 테이블에서 추출하여 디스플레이하는데 사용된다. 액세스는 쉬운 쿼리 디자인을 위한 쿼리마법사 도구와 복잡한 쿼리 디자인을 위한 쿼리디자인 도구를 제공한다. 다음에서는 두 가지 도구를 사용하여 간단한 쿼리를 만드는 방법을 예를 들어 설명한다.

1 쿼리 마법사 도구를 사용하는 쿼리 디자인

간단한 쿼리를 쉽게 만드는 예를 들기 위해 "직원의 성별을 표시하라"는 쿼리를 쿼리마법사 도구를 사용하여 만드는 방법을 살펴본다.

❶ '개체 창'에 열려 있는 개체가 있으면 모두 닫는다. '탐색 창'에서 '직원'을 클릭한 후, [만들기] 탭 → [쿼리] 그룹 → 〈쿼리 마법사〉 명령 버튼을 클릭하여 '새 쿼리' 대화상자가 나타나게 한다.

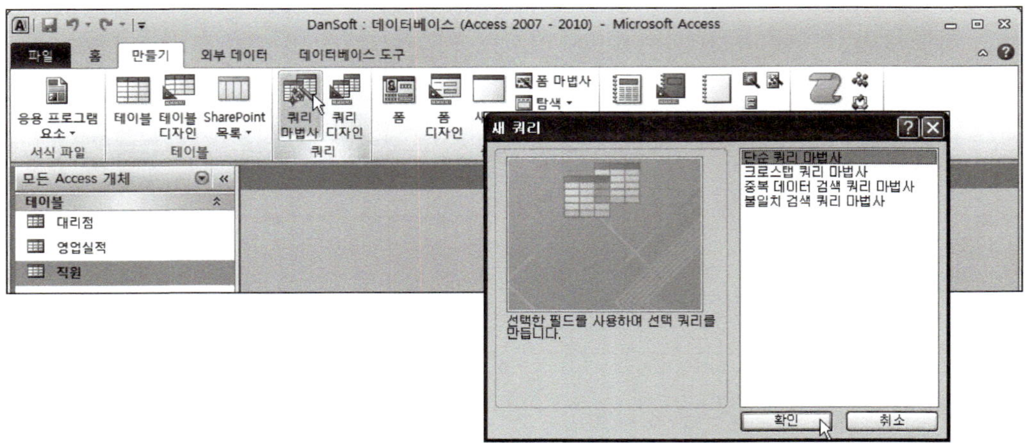

❷ '새 쿼리' 대화상자에서 '단순 쿼리 마법사'를 선택하고 〈확인〉 버튼을 누르면 '단순 쿼리 마법사' 대화상자가 나타난다. '테이블/쿼리'의 콤보 박스에 '테이블 : 직원'이 선택된 것을 확인하고, '사용 가능한 필드'에서 '이름'을 클릭하여 선택한 후, 보내기 버튼 [>] 을 클릭한다. 계속해서 '성별'을 선택하고 보내기 버튼 [>] 을 클릭한다.

그림 11-40 '단순 쿼리 마법사' 대화상자의 조작

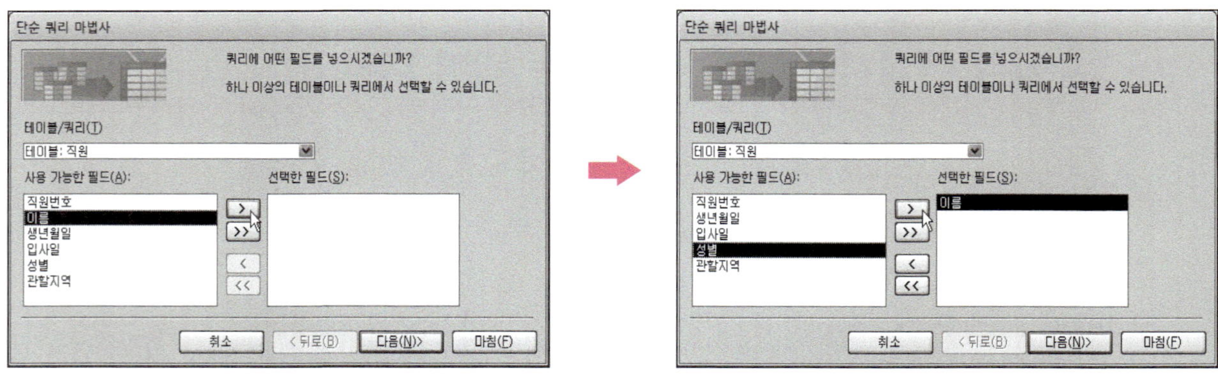

❸ '선택한 필드'에 이름과 성별이 나타난 상태에서 〈마침〉 버튼을 클릭하면 [그림 8-30]과 같은 쿼리 제목을 입력하라는 마법사 대화상자가 나타난다. 여기에서 쿼리 제목을 '직원 성별'이라고 입력하고 〈마침〉버튼을 클릭한다.

그림 11-41 단순 쿼리 마법사 대화상자(쿼리 이름 저장)

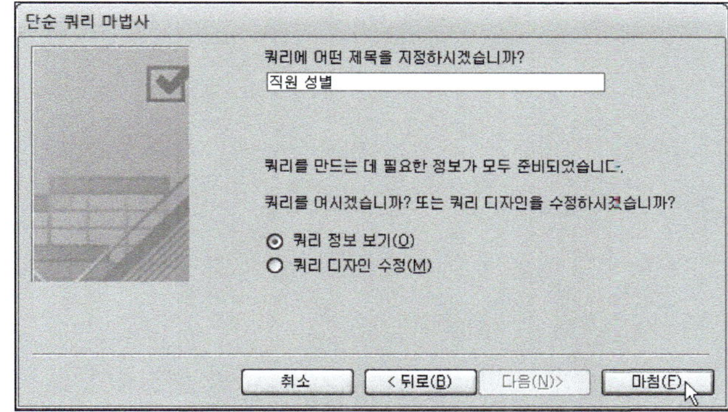

위와 같이 조작하면 [그림 8-31]과 같은 쿼리 결과가 나타나게 된다.

그림 11-42 직원 성별 쿼리 결과 테이블

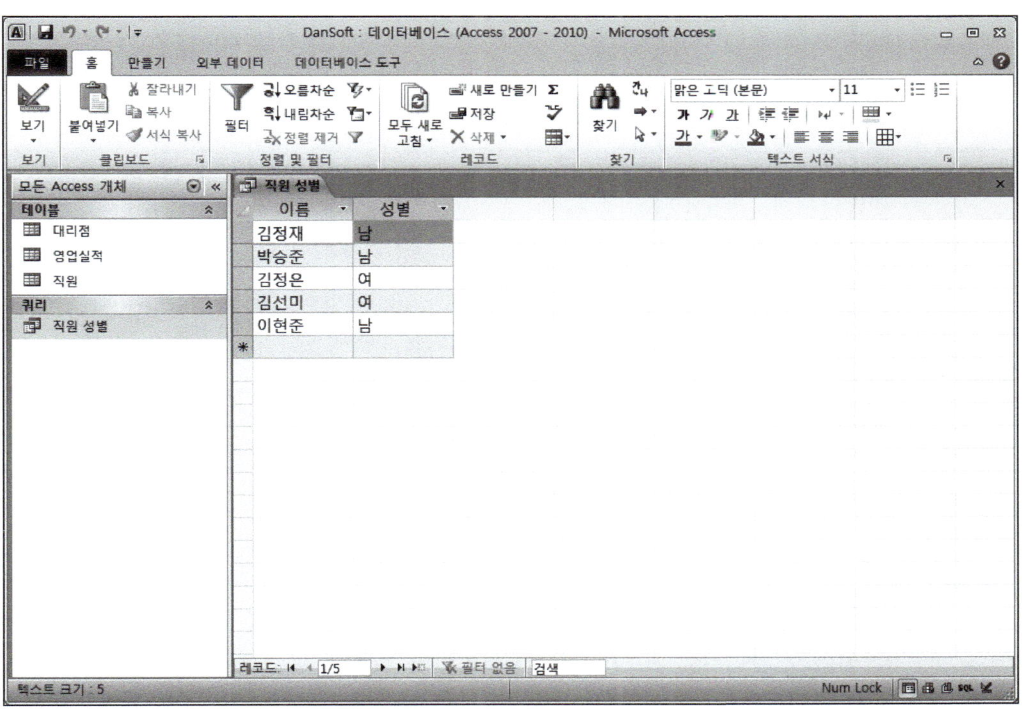

2 쿼리디자인 도구를 사용하는 쿼리디자인

앞에서 본 쿼리마법사 도구는 매우 단순한 쿼리를 만드는데 사용된다. 좀 더 일반적으로 쿼리를만들 때 사용하는 도구는 쿼리디자인이므로 이것을 사용하는 방법을 자세히 알 필요가 있다. 다음에서 어떻게 쿼리 디자인을 하여야 정확한 데이터를 얻게 되는지를 두 가지 다른 쿼리 디자인 예를 통해 살펴 본다.

사용하는 예는 DanSoft의 매니저가 직원별로 관리하는 대리점의 시도와 대리점명이나타나게하는 것이다. 작성할 쿼리의 실행 결과는 [그림 11-43]과 같이 '직원별 대리점 1'과 '직원별 대리점 2'이다.

그림 11-43 작성할 쿼리의 실행 결과

직원별 대리점 1

관리직원	시도	대리점명
E11	서울	강남
E11	서울	송파
E11	경기	평택
E11	서울	강북
E12	대전	대덕
E12	대전	유성
E12	충남	천안
E12	충북	청주
E13	전북	전주
E13	광주	서구
E14	부산	남구
E14	경북	경주
E14	대구	달서
E14	부산	금정
E15	강원	강릉
E15	제주	제주

직원별 대리점 2

이름	시도	대리점명
김선미	경북	경주
김선미	대구	달서
김선미	부산	남구
김선미	부산	금정
김정은	전북	전주
김정은	광주	서구
김정재	서울	강남
김정재	서울	송파
김정재	경기	평택
김정재	서울	강북
박승준	충남	천안
박승준	충북	청주
박승준	대전	대덕
박승준	대전	유성
이현준	제주	제주
이현준	강원	강릉

■ 직원별 대리점 1 쿼리

❶ '개체 창'에 열려있는 '직원 성별' 개체를 닫고, [만들기] 탭 → [쿼리] 그룹 → 〈쿼리 디자인〉 명령 버튼을 클릭하여 나타난 '테이블 표시' 대화상자에서 대리점을 클릭하여 선택한 후, 〈추가〉 버튼을 클릭하고, 〈닫기〉 버튼을 클릭하여 '테이블 표시' 대화상자를 닫는다.

그림 11-44 '테이블 표시' 대화상자

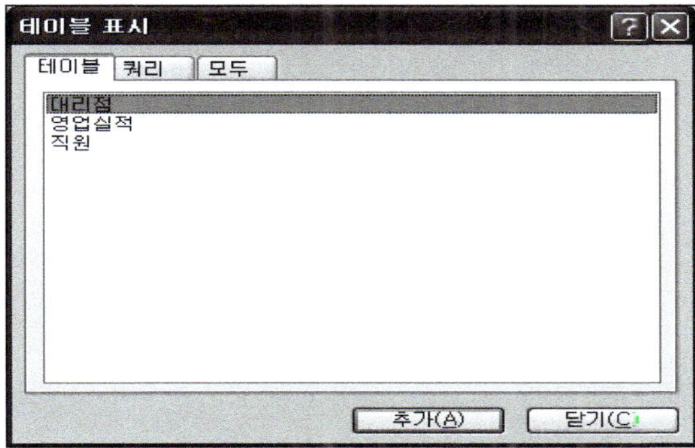

위의 조작으로 다음과 같은 '쿼리 디자인' 화면이 나타나게 된다.

그림 11-45 쿼리 디자인 화면

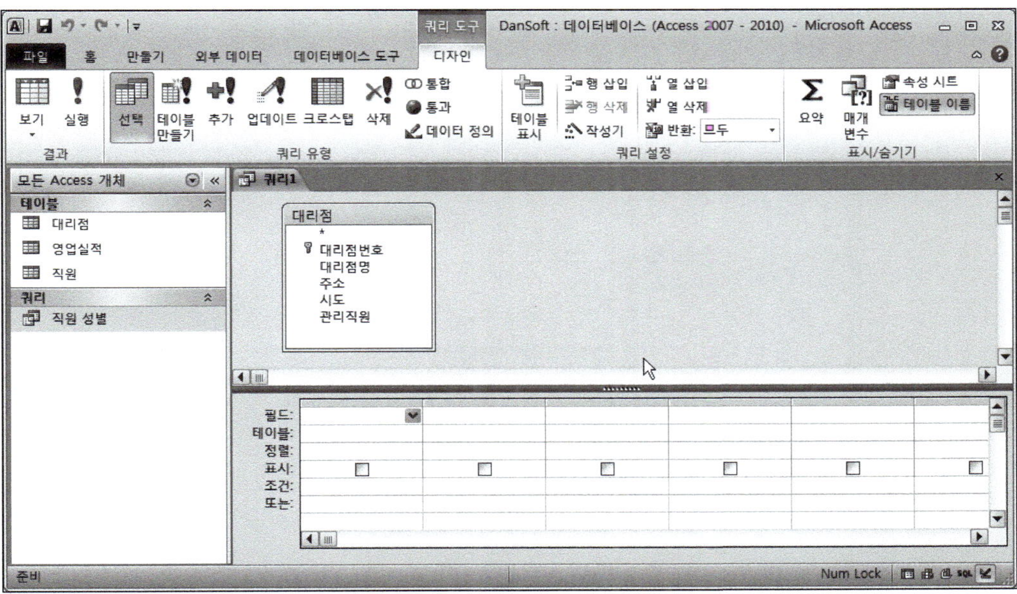

❷ [그림 11-46]와 같이 쿼리 디자인 화면의 하단에서 첫 번째 필드의 콤보박스를 클릭하여 관리직원을 선택하고 두 번째와 세 번째 필드에는 시도와 대리점명을 선택하면 이 쿼리의 쿼리 디자인이 끝난다.

그림 11-46 필드 선택 방법 1

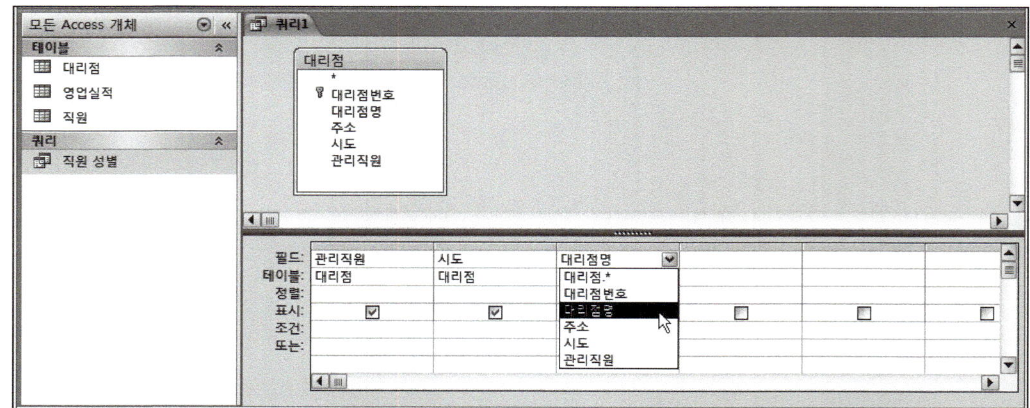

위의 디자인 방법 이외에도 쿼리 디자인 상단에 있는 '대리점' 테이블 모형에서 '관리직원', '시도', '대리점명'을 더블 클릭한다.

그림 11-47 필드 선택 방법 2

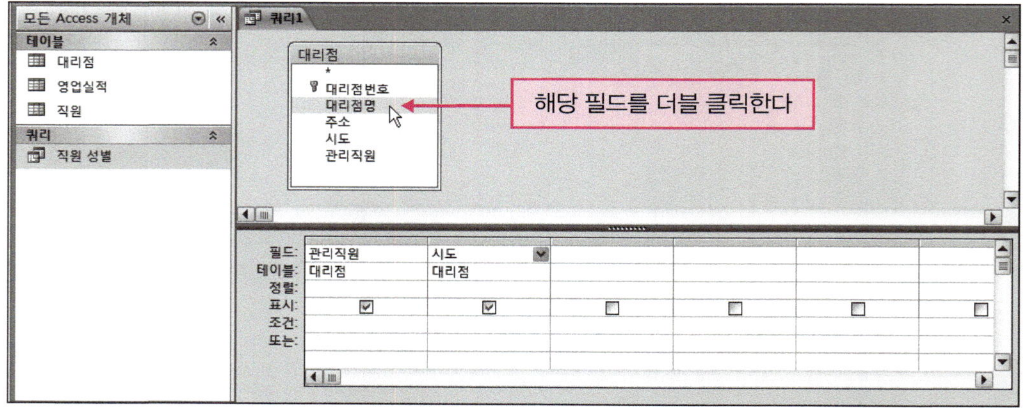

쿼리 디자인 하단에 나타난 필드명을 삭제하거나, 위치를 이동할 때는 해당 필드명 위쪽 경계선에 마우스 프인터를 이동하여 ⬇ 로 변하게 한 후, 클릭하여 필드를 선택한 다음에 Delete키를 누르거나, 드래그하여 이동시키면 된다.

그림 11-48 필드의 삭제나 이동을 위한 선택

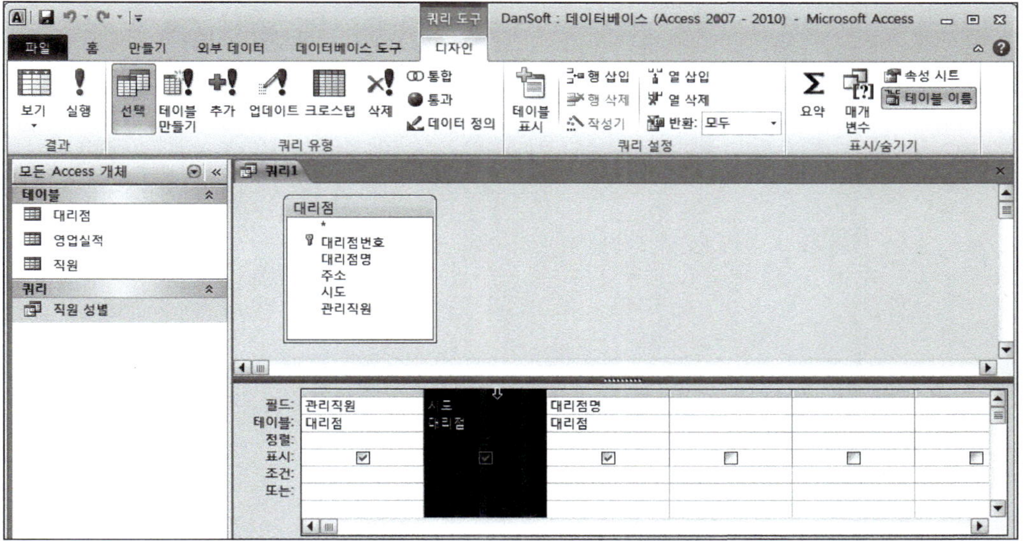

❸ (1) 쿼리 디자인이 끝나면 쿼리 도구 탭내에 있는 [쿼리 도구] 정황 탭 → [디자인] 탭 → [결과] 그룹 →〈실행〉 명령 버튼을 클릭하면 [그림 11-47]과 같이 쿼리 실행 결과가 나타난다.

그림 11-49 쿼리 실행 결과

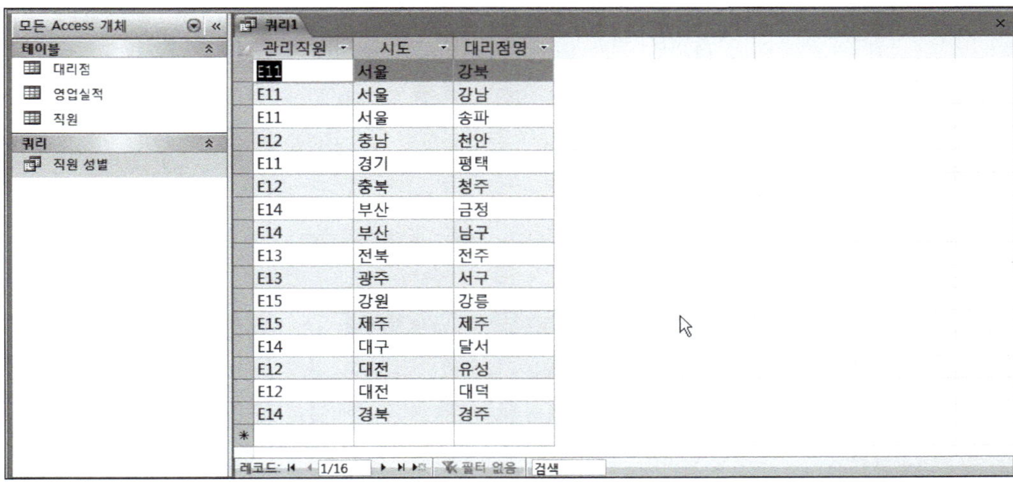

❹ 위의 결과가 직원의 인사번호별로 정렬되어 있지 않으므로 직원별 관리 대리점의 파악이 쉽지 않다. 이것은 [홈] 탭 → [정렬 및 필터] 그룹 →〈오름차순〉 명령 버튼을 클릭하면 [그림 11-48]과 같이 직원별로 정렬되어 데이터 내용 파악이 쉬워진다.

그림 11-48 오름차순 쿼리 결과

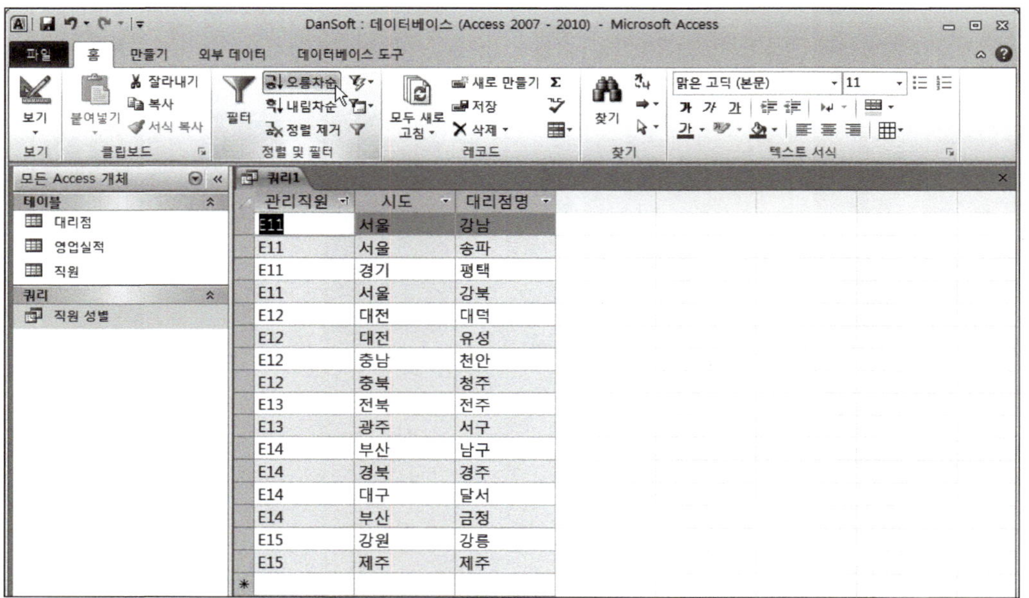

❺ 원하는 쿼리 결과를 얻게 되면 '쿼리1' 디자인 화면의 닫기 ☒ 를 클릭하여 쿼리 디자인 화면을 닫아서 나타난 대화상자에서 〈예〉 버튼을 클릭하고 쿼리 이름을 '직원별 대리점 1'로 입력하고 〈확인〉 버튼을 누르면 된다.

그림 11-48 쿼리 이름의 저장

■ 직원별 대리점 2

앞의 예는 주어진 쿼리의 답을 대리점 한 테이블에서 얻으려고 하여서 직원의 직원번호와 대리점의 시도와 대리점명이 나타나게 되어 관리직원 번호로 해당 직원의 이름을 기억하지 못하면 누구인지 알기가 어렵다. 이러한 문제는 대리점 테이블과 직원 테이블을 결합하는 쿼리를 디자인하면 해결될 수 있다. 따라서 다음에서는 두 테이블을 가지고 쿼리 디자인을 하는 방법을 설명한다.

❶ (1) [만들기] 탭 → [쿼리] 그룹 → 〈쿼리 디자인〉 명령 버튼을 클릭하여 나타난 '테이블 표시' 대화상자에서 Ctrl키를 누르면서 대리점과 직원을 클릭하여 선택한 후, 〈추가〉 버튼을 클릭하고, 〈닫기〉 버튼을 클릭하면 [그림 11-49]와 같은 쿼리 디자인 화면이 나타난다.

그림 11-49 쿼리 디자인

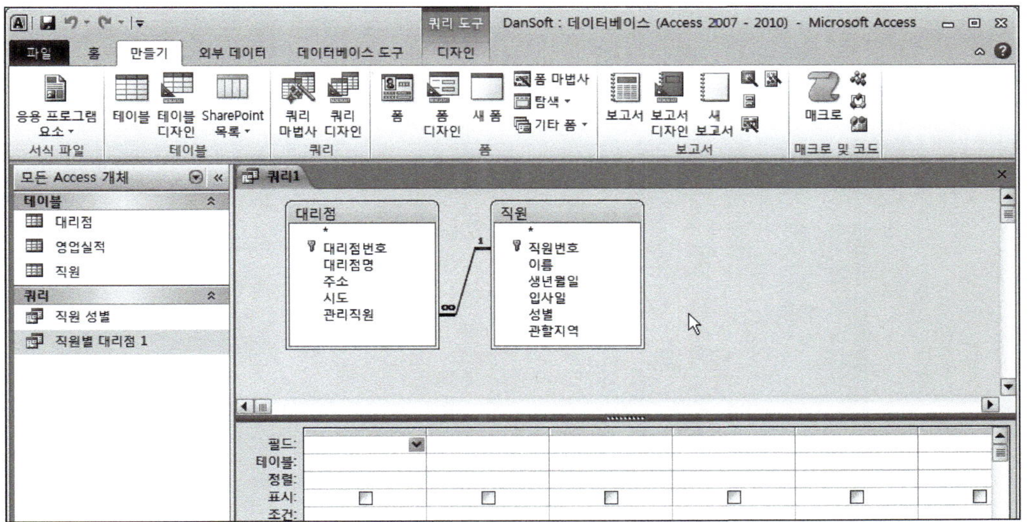

여기서 주의할 점은 앞에서 테이블 디자인을 끝낸 후 관계를 정의할 때 보았듯이 두 테이블이 서로 1 대 ∞(무한대)의 관계를 가진다는 것이 자동으로 표시되어 있다.

❷ (1) [그림 11-49]의 쿼리 디자인 화면에서 선택하는 필드는 '직원별 대리점 1'에서와 같이 하면 된다. 다만 여기서 첫 번째 필드는 직원 테이블의 이름 필드를 선택한다.
이름을 오름차순으로 정렬하기 위해 [그림 11-50]과 같이 쿼리 하단에 있는 '정렬'에 있는 콤보 박스에서 '오름차순'을 선택한다.

그림 11-49 쿼리 디자인 설정

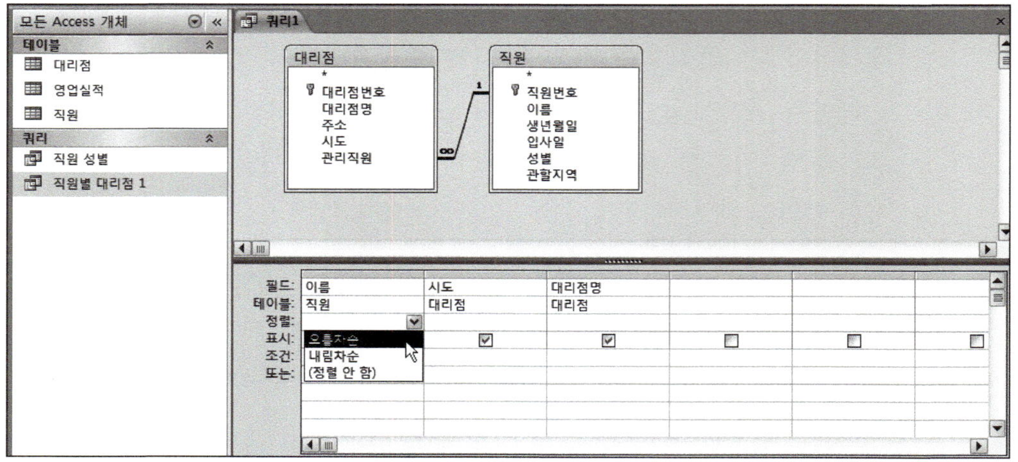

❸ 개체 창에 나타나 있는 '쿼리1'에 마우스 포인터를 이동하고 오른쪽 버튼을 클릭하여 나타난 단축 메뉴에서 [데이터시트 보기]를 선택하여 작성된 쿼리를 실행한다.

그림 11-50 작성된 쿼리의 실행

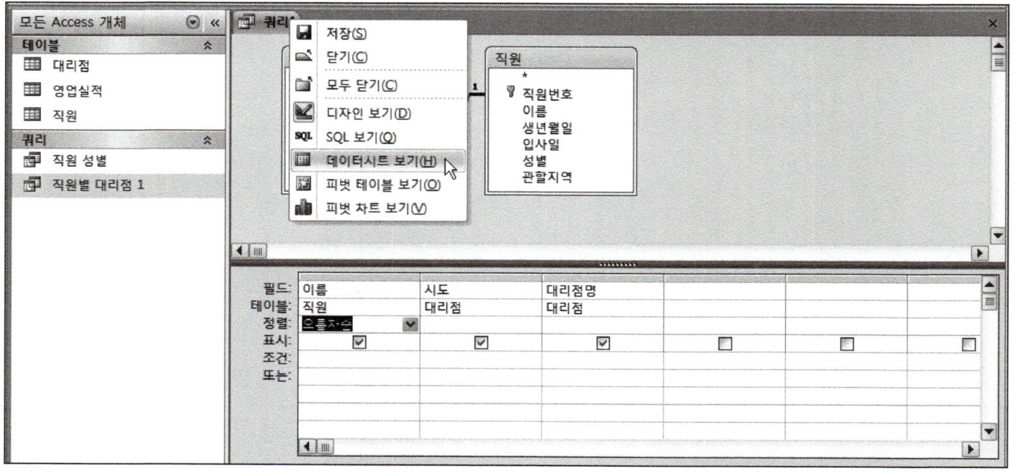

그러면 [그림 11-51]과 같이 작성된 쿼리가 실행되어 '데이터시트 보기' 상태로 된다.

그림 11-51 작성된 쿼리의 실행 결과

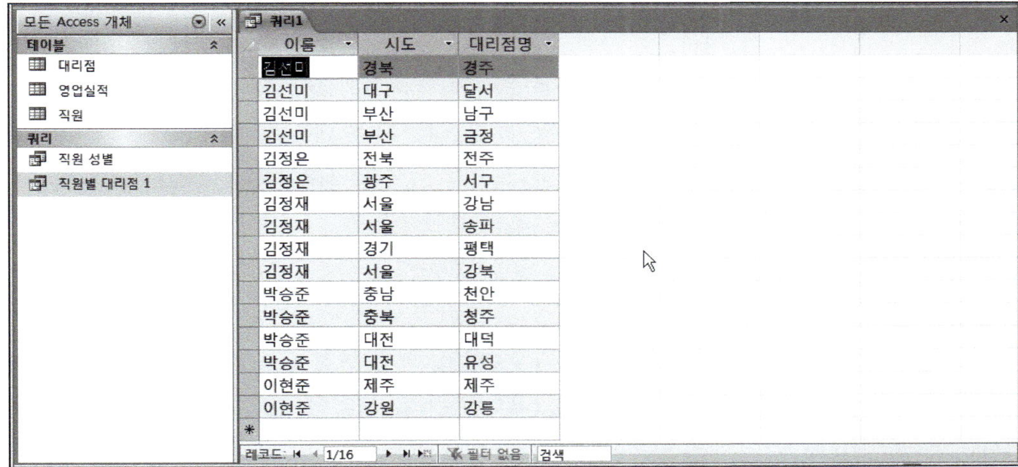

이름	시도	대리점명
김선미	경북	경주
김선미	대구	달서
김선미	부산	남구
김선미	부산	금정
김정은	전북	전주
김정은	광주	서구
김정재	서울	강남
김정재	서울	송파
김정재	경기	평택
김정재	서울	강북
박승준	충남	천안
박승준	충북	청주
박승준	대전	대덕
박승준	대전	유성
이현준	제주	제주
이현준	강원	강릉

❹ 마지막으로 쿼리 디자인 화면을 닫으면서 쿼리 이름을 '직원별 대리점 2'로 입력하면 쿼리 작성이 끝난다.

그림 11-52 쿼리 이름의 저장

3 계산 필드를 추가한 쿼리 작성

'직원' 테이블에는 생년월일과 입사일 필드가 있다. 이들 필드 값을 기준으로 [그림 11-53]과 같이 나이와 근무기간을 계산하는 필드를 추가하는 쿼리를 작성해 보기로 한다.

그림 11-53 쿼리에서 계산 필드 추가

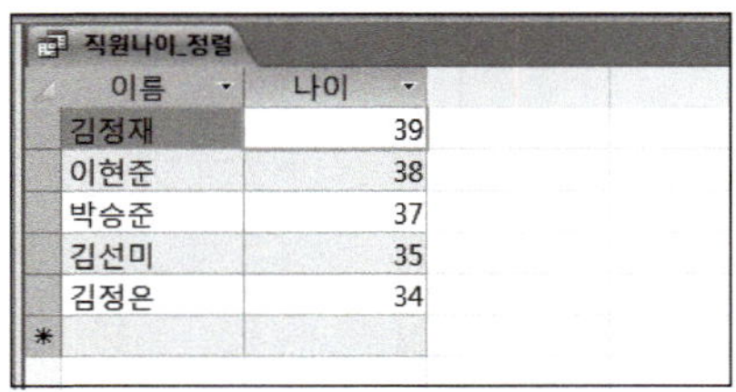

직원나이_정렬

이름	나이
김정재	39
이현준	38
박승준	37
김선미	35
김정은	34

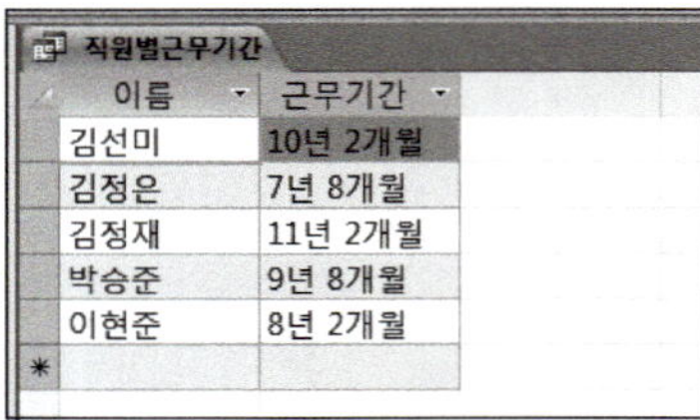

직원별근무기간

이름	근무기간
김선미	10년 2개월
김정은	7년 8개월
김정재	11년 2개월
박승준	9년 8개월
이현준	8년 2개월

■ 직원나이_정렬의 쿼리 작성

❶ [만들기] 탭 → [쿼리] 그룹 → 〈쿼리 디자인〉 명령 버튼을 클릭하여 나타난 '테이블 표시' 대화상자에서 '직원'을 클릭하고, 〈추가〉 버튼을 클릭한 후, 〈닫기〉 버튼을 클릭하고, '직원' 테이블의 '이름' 필드를 클릭하면 [그림 11-54]와 같은 쿼리 디자인 화면이 된다.

그림 11-54 직원나이_정렬 쿼리 디자인 1

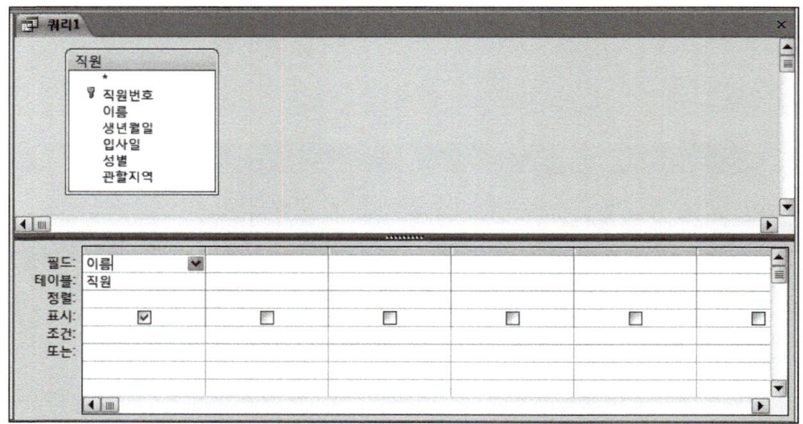

❷ 위의 쿼리 디자인 하단에서 '이름'의 오른쪽에 다음과 같은 수식을 입력한다.

나이: Year(Now())-Year([생년월일])+1

계산이 필요한 필드는 필요에 따라 쿼리나 폼이나 보고서에서 사용할 수 있다. 계산 필드는 기본적으로

필드명:계산식

의 형태로 작성한다. 필드명은 새로 만들 계산 필드의 이름으로 사용자가 임의로 지정할 수 있다. 또 액세스에서 사용하는 여러 함수가 있는데, 엑셀 함수에서 사용하는 것과 동일한 것도 있으나, 대부분 엑셀 함수와는 별개이다.
위의 Year 함수는 인수의 년도를 구해주는 함수이다. 예를 들면

Year(2012–05–28) → 2012
Year(1974–05–28) → 1974
Year(now())는 now() 함수가 작업중인 컴퓨터의 현재 시간에 대한 년도를 구해준다.

또 Year([생년월일])과 같이 인수를 필드명으로 할 때는 필드명을 반드시 [ ]로 둘러싸야 한다.나이를 내림차순으로 정렬하기 위해서 '정렬'의 콤보박스에서 '내림차순'을 선택하여 [그림 11–55]와 같은 쿼리 디자인을 끝낸다.

그림 11-54 직원나이_정렬 쿼리 디자인 2

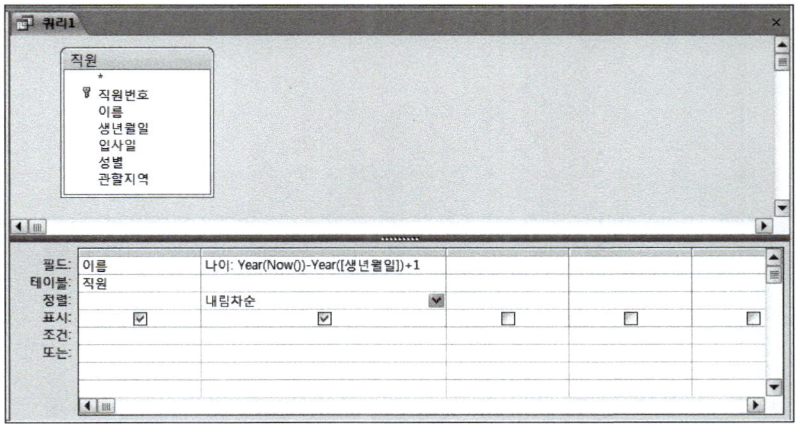

❸ 작성된 쿼리 디자인을 실행한다. 그러면 [그림 11–55]와 같이 나이가 많은 순서로 직원의 이름과 나이가 나타나게 된다(실행 년도가 2012년도 기준임)..

그림 11-55 직원나이_정렬 쿼리 디자인 2

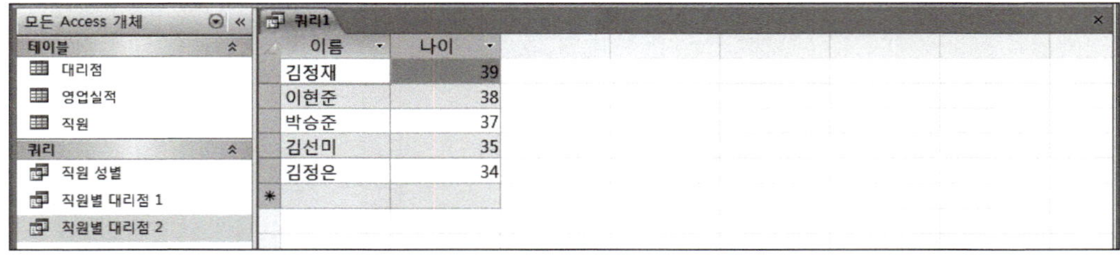

❹ 개체 창에 있는 닫기 버튼을 클릭하고 쿼리명을 '직원나이_정렬'이라고 저장한다.

그림 11-56 쿼리 이름의 저장

■ 직원근무기간의 쿼리 작성

❶ 앞에서 조작한 '직원나이_정렬' 쿼리의 작성과 동일한 방법으로 [그림 11-57]과 같은 쿼리를 디자인한다.

그림 11-57 직원근무기간 쿼리 디자인 1

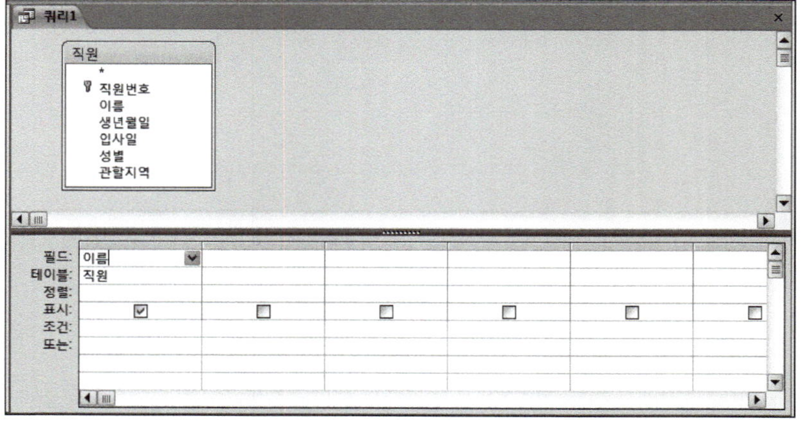

❷ 위의 쿼리 디자인 하단에서 '이름'의 오른쪽에 필드에 마우스 포인터를 이동시키고 오른쪽 버튼을 클릭하여 나타난 [그림 11-58]의 단축 메뉴에서 [확대/축소] 메뉴를 클릭한다.

그림 11-58 확대/축소 명령 실행

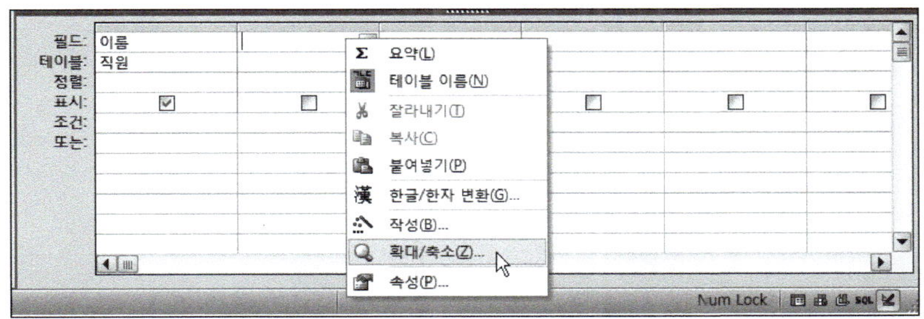

위의 조작으로 [그림 11-59]와 같은 대화상자가 나타나는데, [그림 11-59]와 같이 다음 수식을 입력하고 〈확인〉 버튼을 클릭한다.

근무기간: Int(DateDiff("yyyy",[입사일],Now())) & '년' & (DateDiff("m",[입사일],Now())) Mod 12 & '개월'

그림 11-59 확대/축소 명령 실행

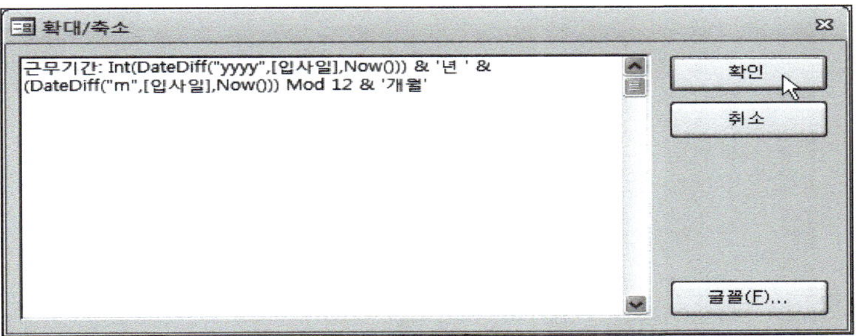

위의 int 함수는 인수의 소수점 이하는 버리고 정수를 구해주는 함수이다. 예를 들면

int(3.14) → 3
int(4.93) → 4

DateDiff 함수는 DateDiff(간격, 날짜1, 날짜2)와 같이 3개의 인수를 갖는데, 간격을 기준으로 날짜1과 날짜2의 차이를 구해주는 함수이다. 여기서 간격으로 yyyy는 년, m은 월, d는 일을 나타낸다. 예를 들면

DateDiff("yyyy", "2000-1-1", "2012-10-10") → 12 (년)
DateDiff("m", "2012-1-3", "2012-10-10") → 9 (개월)

Mod는 산술 연산자로 나머지를 계산해 준다. 예를 들면

12 mod 5 → 2 (나머지)
125 mod 12 → 5 (나머지)

위의 계산식에서 함수에서는인수를 나타내는 여는 괄호 '('가 있으면 반드시 닫는 닫는 괄호')'가 있어야 한다는 원칙을 기억하고 함수를 다시 한번 주의 깊게 보아야 한다.

[그림 11-59]에서 계산식을 입력하고 〈확인〉 버튼을 클릭하여 [그림 11-60]과 같이 쿼리 디자인을 끝낸다.

그림 11-60 직원근무기간 쿼리 디자인 2

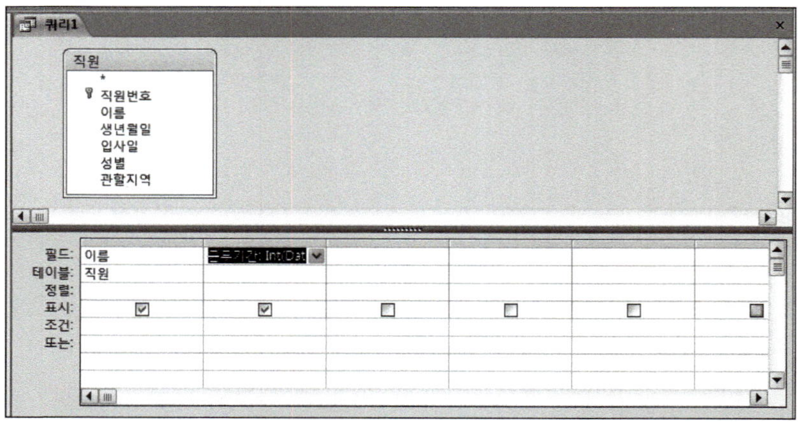

❸ 작성된 쿼리 디자인을 실행한다. 그러면 [그림 11-61]과 같이 직원별 근무기간이 나타나게 된다(실행 년도가 2012년도 기준임).

그림 11-61 직원근무기간의 쿼리 실행

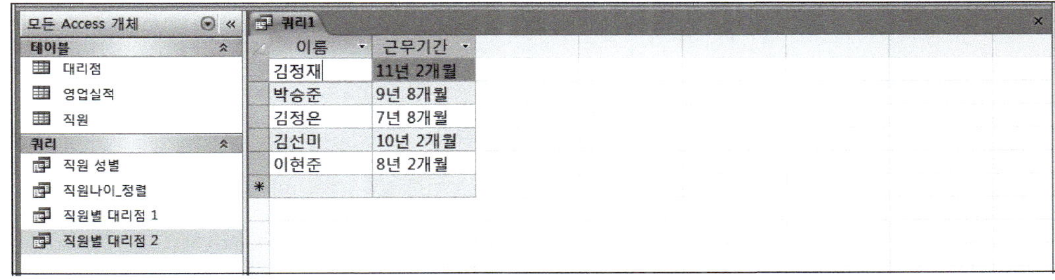

❹ 개체 창에 있는 닫기 버튼 ☒ 을 클릭하고 쿼리명을 '직원근무기간'이라고 저장한다.

4 폼 만들기

액세스의 구성 요소 중 테이블이 전체 데이터를 입력 또는 나타내기 위한 개체라면, 폼은 레코드 단위의 데이터 입력, 수정, 그리고나타내기가 가능한 화면표시를 위한개체다.

폼은 이미 작성되어 있는 기본 테이블이나 쿼리 결과를 원안(source)으로 한다. 다시 말하면 폼은 기본적으로 테이블의 필드로 만들어지는 것이며 부수적으로 형식을 변형하거나 부가적 특성을 추가하여서 하나의 응용 프로그램으로 개발되는 것이다.

액세스는 폼을 쉽게 만들게 하기 위해여러 가지 폼 만들기 도구를 제공하는데 여기에서는 폼마법사와 폼 디자인 도구를 이용하여 폼을 만드는 방법을 설명한다.

4.1 폼 마법사 도구를이용하여 폼 만들기

직원 테이블의 데이터를 나타내거나, 입력, 수정이 가능하게 하는 폼을 만들기 위하여 폼 마법사 도구를 사용하여 만드는 과정은 다음과 같다.

❶ 열려 있는 데이터베이스 개체를 닫고 만들기 탭을 누른다. 그리고 데이터베이스의 세 테이블 중 직원 테이블을 클릭하여 활성화시킨 후, [만들기] 탭 → [폼] 그룹 → [폼 마법사] 명령 버튼을 클릭

하면 [그림 11-62]의 폼 마법사 대화상자가 나타난다.

그림 11-62 폼 마법사 대화상자

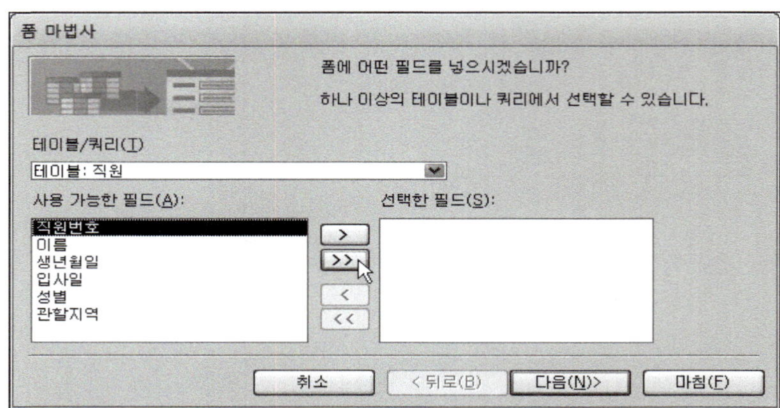

❷ [그림 11-62]에서 폼에 포함할 필드를 선택하여야 한다. 여기서는 모두 선택 버튼 [>>] 을 클릭하여 모든 필드를 선택한 후 〈다음〉 버튼을 누르면 [그림 11-63]의 대화상자가 나타난다.

그림 11-63 폼 마법사 대화상자

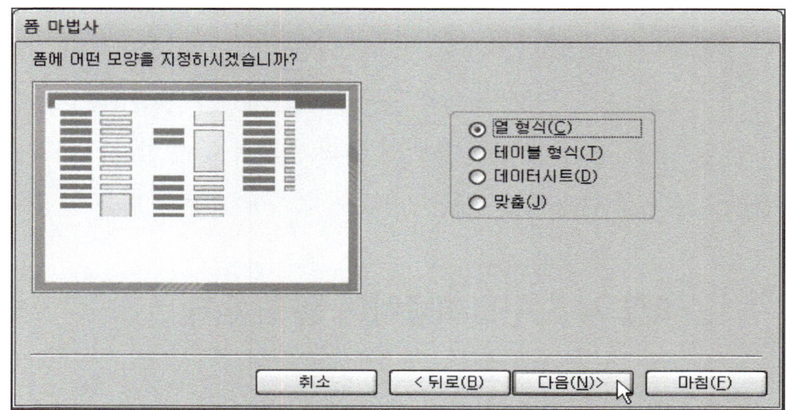

❸ [그림 11-63]에서 어떤 폼 모양을 선택할 것인가에 대하여 열 형식이 선택된 것을 그대로 두고 〈다음〉 버튼을 누르면, [그림 11-64]와 같은 마법사 대화상자가 나타나는데, 여기서폼 제목으로 '직원 1'.을 입력하고 〈마침〉 버튼을 클릭한다.

그림 11-64 폼 마법사 대화상자

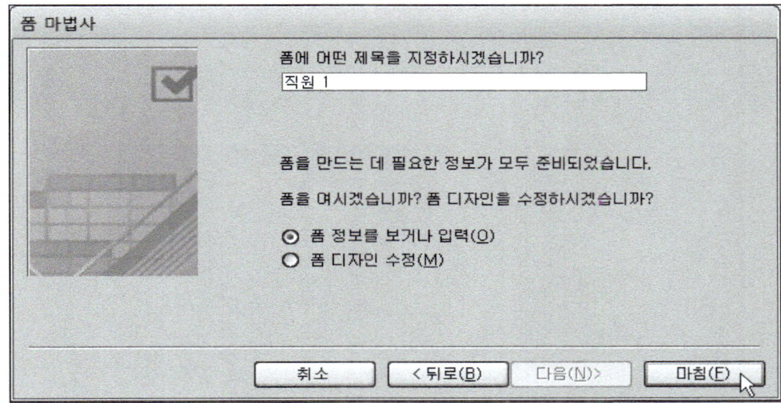

이상의 조작으로 [그림 11-65]와 같은[직원 1]폼의 보기 형태를 볼 수 있다. 폼의 왼쪽에 ▶가 있는 세로 막대를 '레코드 선택기'라 하고, 폼의 아래에 있는 '1/5'가 나타나 있는 가로 막대를 '색 단추'라 한다.

그림 11-65 '직원 1' 폼 보기

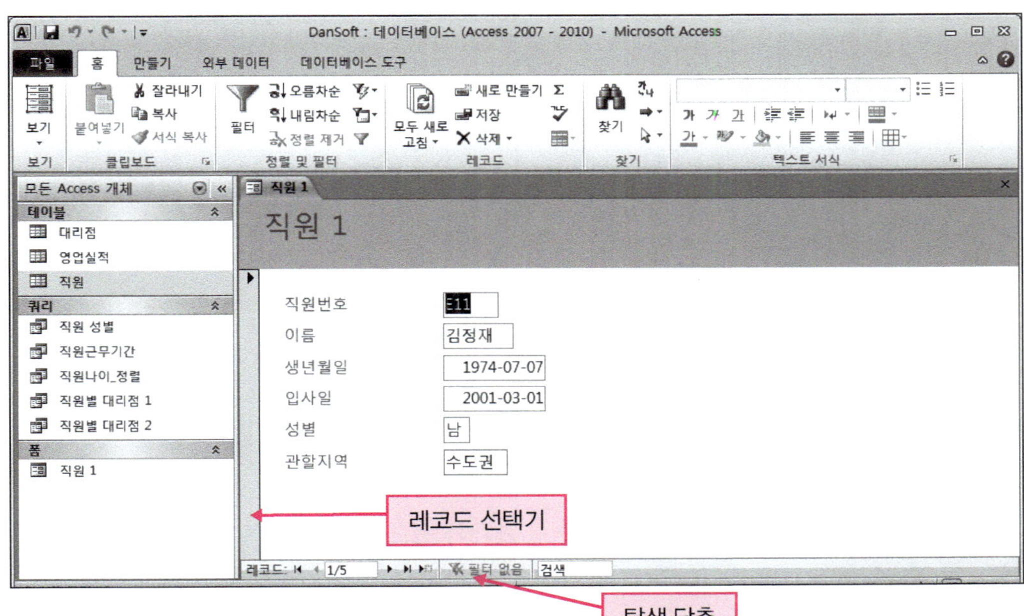

개체 창에 열려있는 '직원 1' 폼의 탭의 단축 메뉴에서 [디자인 보기]를 선택하면 [그림 11-66]과 같이 폼 마법사가 자동으로 작성해 준 폼의 디자인 상태가 나타나게 된다.

그림 11-66 단축메뉴로 디자인보기 나타내기

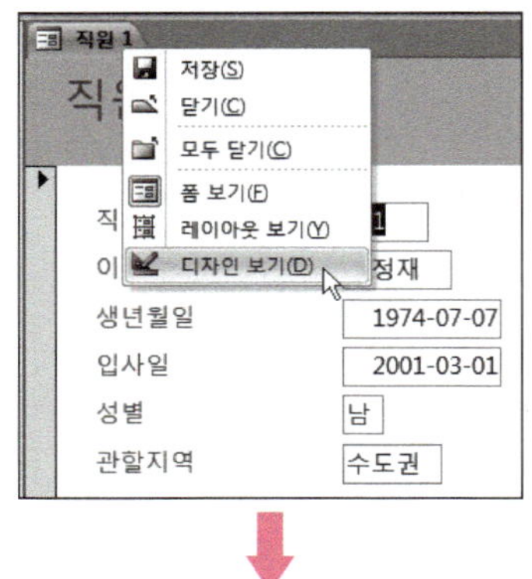

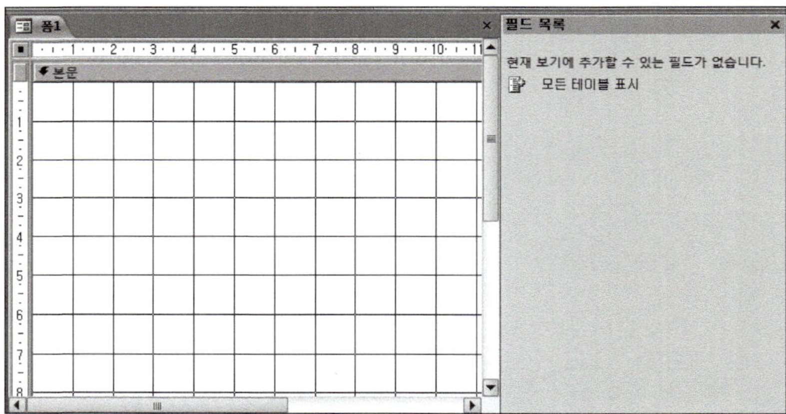

4.2 폼 디자인 도구를 이용하여 폼 만들기

이제 앞에서 만든 '직원 1' 폼과 동일한 폼을 폼 디자인 도구를 사용하여 만드는 과정을 보기로 한다.

❶ '개체 창'에 열린 데이터베이스 개체가 있으면 닫고 [만들기] 탭 → [폼] 그룹 → [폼 디자인] 명령 버튼을 클릭하면[그림 11-67]과 같이 [폼 디자인 도구]라는 정황 탭이 생기고, [디자인] 탭이 선택된 상태의 폼 디자인 화면이 나타난다.

그림 11-67 폼 디자인 화면

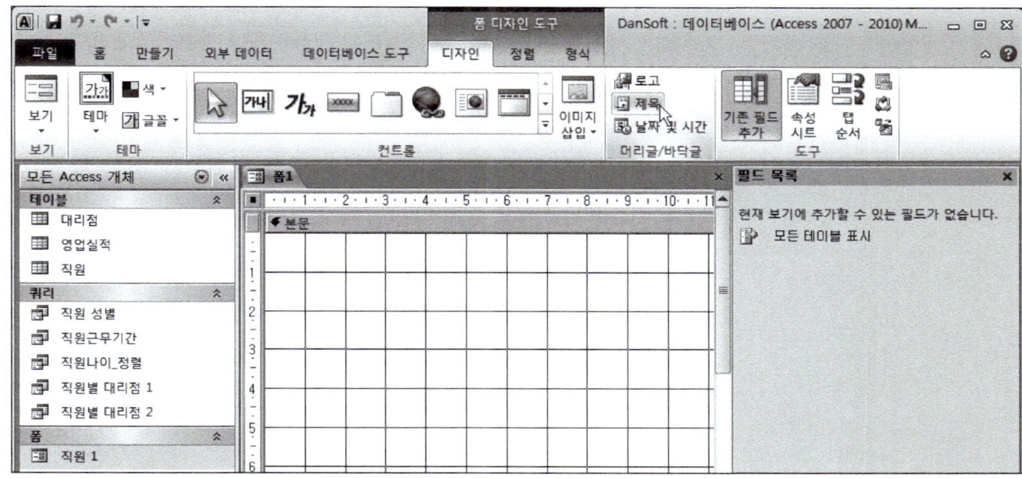

❷ [그림 11-67]에서 [폼 디자인 도구]의 정황 탭에는[디자인], [정렬], [형식]의 텝이 제공되고 있음을 볼 수 있다. [디자인] 탭 → [머리글/바닥글] 그룹 → 〈제목〉 명령 버튼을 클릭하면 [그림 11-68]과 같이 폼 디자인 화면에 제목을 넣을 수 있게 된다. [그림 11-68]의 화면에서 폼 제목으로 '직원 2'를 입력한다.

그림 11-68 폼 제목 입력

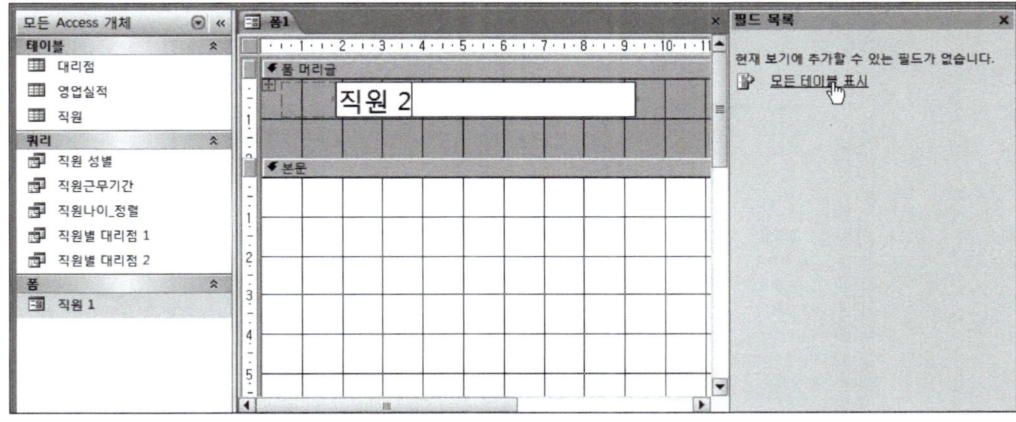

❸ [그림 11-68]의 오른쪽에 있는 [필드 목록] 안의 '모든 테이블 표시'를 클릭한 후, '직원' 테이블의 +를 클릭하여 열면 [그림 11-69]와 같이 '직원' 테이블 필드가 나타나게 한다. 만일 [필드 목록]이 나타나 있지 않으면 [디자인] 탭 → [도구] 그룹 → 〈기존 필드 추가〉 명령 버튼을 클릭하면 된다.

그림 11-69 기존 필드 추가

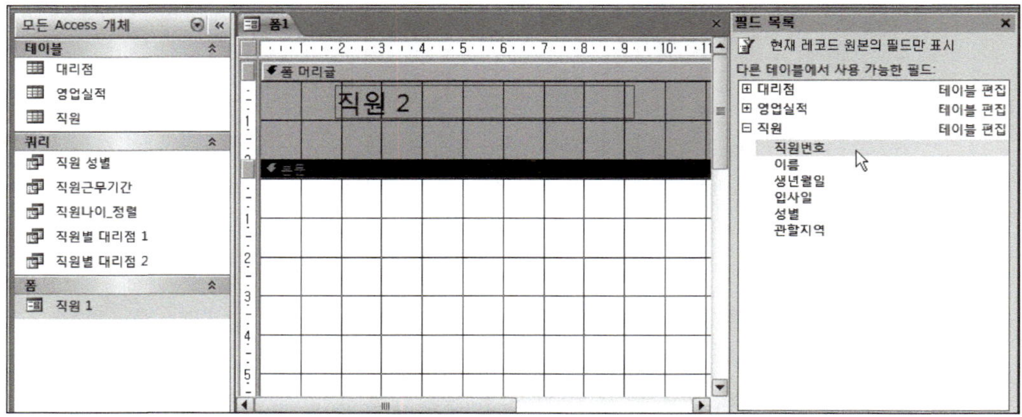

❹ 필드 목록에 있는 직원 테이블의 필드를 하나씩 클릭한 상태에서 드래그(Drag & Drop)하여 [그림 11-70]과 같이 본문 안으로 이동한다.

그림 11-70 폼의 본문 안으로 이동

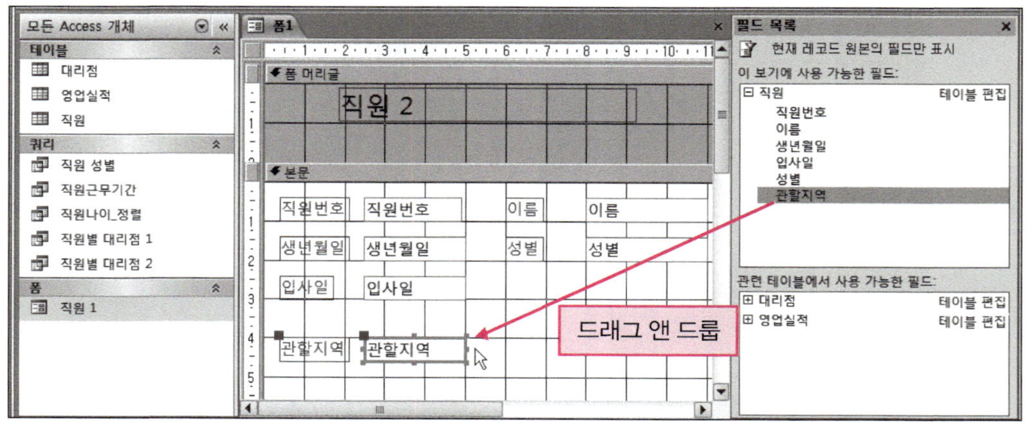

❺ [디자인] 탭 → [보기] 그룹 → 〈보기〉 명령 버튼을 클릭하여 폼 보기를 선택하거나 [그림 11-66]과 같이 [폼 1]의 단축 메뉴에서 [폼 보기]를 선택하면 [그림 11-71]과 같이 완성된 폼을 볼 수 있다. 이 폼 하단에 레코드를 하나씩 탐색할 수 있는 [탐색 단추]가 있다. 폼의 저장은 폼 화면을 닫을 때 '직원 2'라고 입력하면 된다.

그림 11-71 '직원 2'의 폼 보기

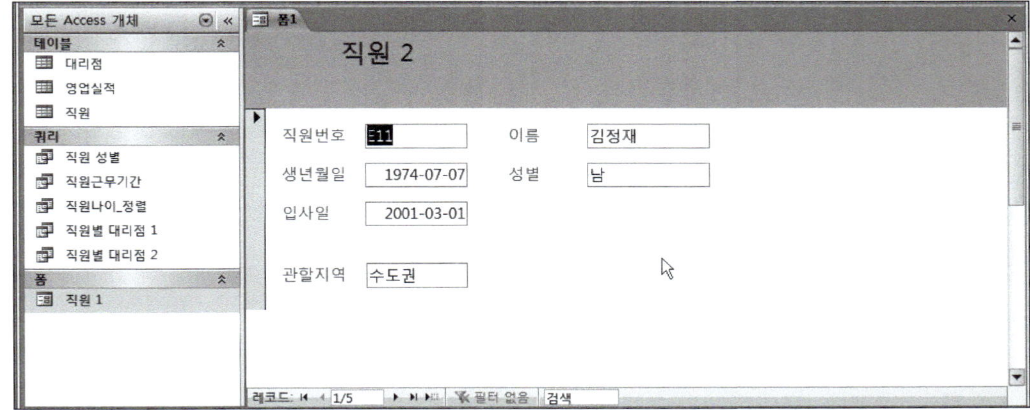

4.3 연계된 폼 만들기

[그림 11-65]와 [그림 11-71]은 각각 '직원' 테이블과 '대리점' 테이블 하나를 원본(source)으로 만든 폼이다. 그런데 한 폼이 상위폼(Parent Form)이 되어 다른 폼을 하위폼(Subform)으로 포함하여 두 개 이상의 테이블을 소스로 하는 폼을 만들 수가 있다.

예를 들면 [그림 11-72]와 같이 직원이 관리하는 대리점을 직원별로 나타나게 하고 수정 또는 입력이 가능하도록 직원 폼을 상위폼으로 하고, 대리점 폼을 하위폼으로 하는 연계된 폼을 만드는 것이다.

그림 11-72 연계된 폼(상위폼/하위폼)

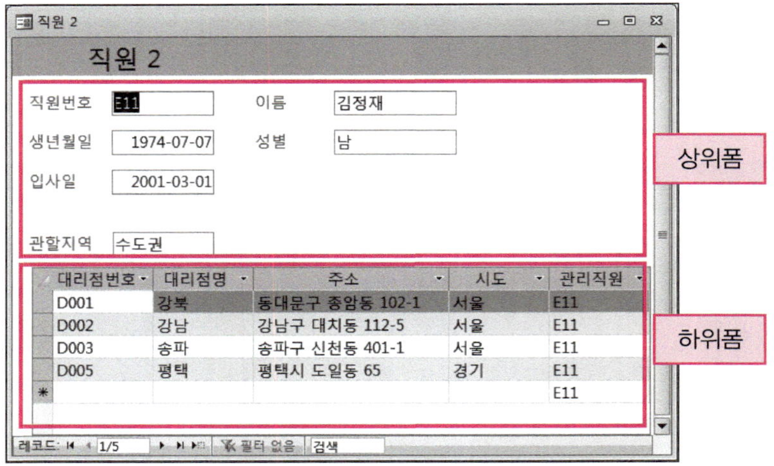

이러한 폼을 만드는 방법은 여러 가지가 있을 수 있지만 여기서는 두 개의 폼을 미리 만들어 연결하는 방법으로 연계된 폼을 만드는 방법을 살펴 본다. 구체적으로 대리점 폼을 새롭게 만들어 앞에서 만든 직원 2 폼의 하위폼으로 포함되도록 폼을 만들기로 한다.

먼저 대리점 폼을 만드는 과정을 설명한다.

❶ 개체 창에 열린 개체가 있으면 모두 닫고 대리점 테이블을 클릭하여 활성화시킨 후, [만들기] 탭 → [폼] 그룹 →〈기타 폼〉의 드롭다운 버튼 → [데이터 시트]을 선택한다.

그림 11-73 '대리점' 테이블의 데이터시트형 폼 만들기

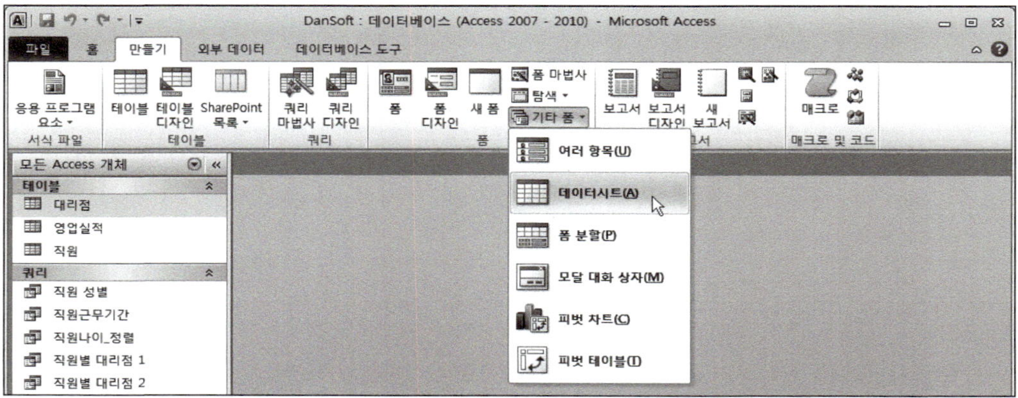

❷ 위의 조작으로 [그림 11–74]와 같은 폼 실행 결과가 나타난다.

그림 11-74 데이터시트형대리점 폼

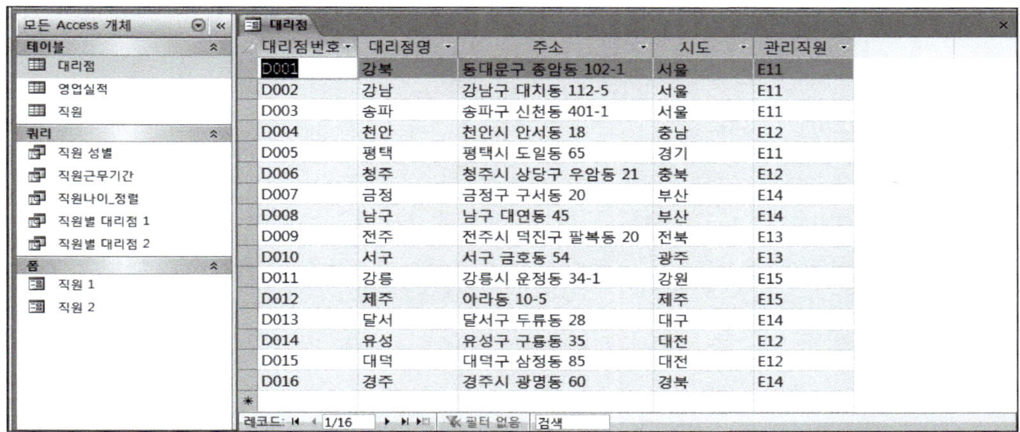

대리점번호	대리점명	주소	시도	관리직원
D001	강북	동대문구 종암동 102-1	서울	E11
D002	강남	강남구 대치동 112-5	서울	E11
D003	송파	송파구 신천동 401-1	서울	E11
D004	천안	천안시 안서동 18	충남	E12
D005	평택	평택시 도일동 65	경기	E11
D006	청주	청주시 상당구 우암동 21	충북	E12
D007	금정	금정구 구서동 20	부산	E14
D008	남구	남구 대연동 45	부산	E14
D009	전주	전주시 덕진구 팔복동 20	전북	E13
D010	서구	서구 금호동 54	광주	E13
D011	강릉	강릉시 운정동 34-1	강원	E15
D012	제주	아라동 10-5	제주	E15
D013	달서	달서구 두류동 28	대구	E14
D014	유성	유성구 구룡동 35	대전	E12
D015	대덕	대덕구 삼정동 85	대전	E12
D016	경주	경주시 광명동 60	경북	E14

❸ [그림 11–74]의 폼 보기를 닫으면서 폼 이름을 '대리점'으로 하여 저장한다.

이제 '직원 2' 폼(상위폼)과 '대리점' 폼(하위폼)을 연결하는 폼을 만드는 방법을 본다.

❶ 열린 개체가 있으면 모두 닫는다. 그리고 탐색 창에 있는 '직원 2' 폼(상위폼)에 마우스를 대고 오른쪽 마우스를 클릭하여 레이아웃 보기를 선택하면 [그림 11–75]와 같이 '직원 2' 폼의 레이아웃 보기 화면이 열린다.

그림 11-66 '직원 2' 폼의 레이아웃 보기

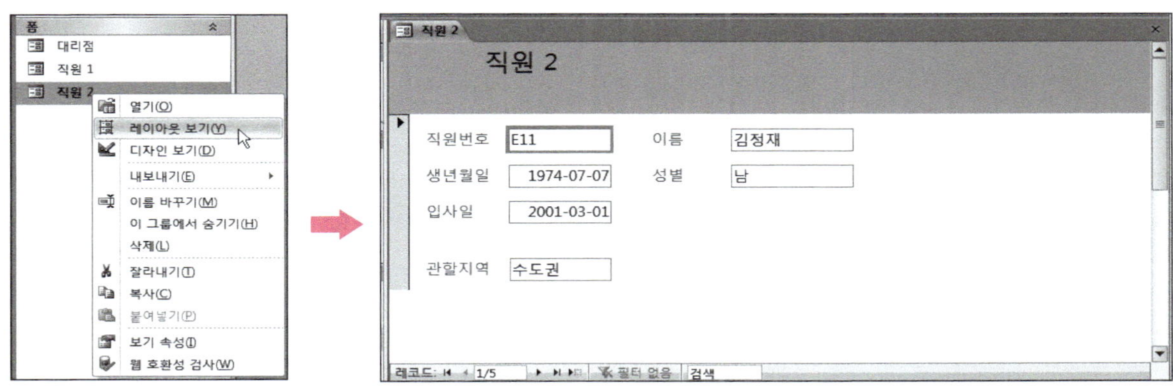

❷ '대리점' 폼(하위폼) 위에서 마우스를 클릭한 상태에서 드래그하여 '직원 2' 폼 레이아웃 보기의 하단 부분에놓고(Drag & Drop), 크기와 위치를 적절하게 조절하면 [그림 11-76]과 같이 된다.

그림 11-76 '대리점' 폼을 포함한 '직원 2' 폼 레이아웃 보기

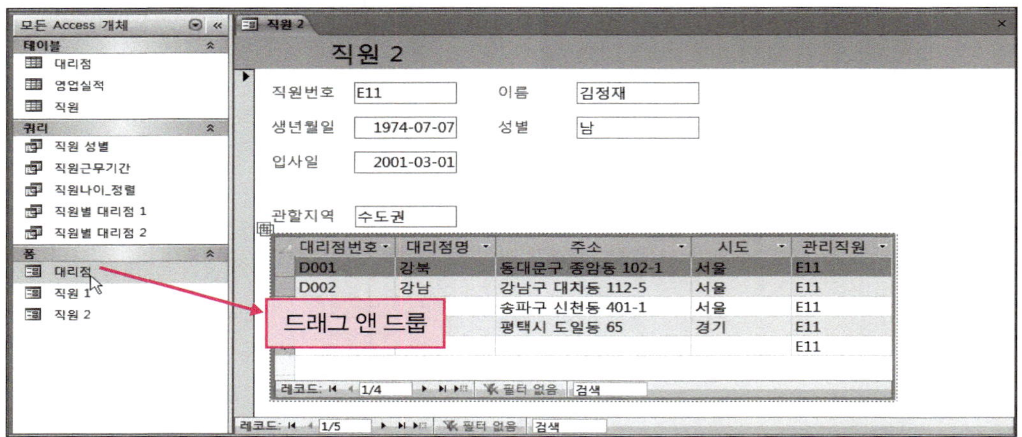

❸ [폼 레이아웃 도구] 정황 탭 → [디자인] 탭 → [도구] 그룹 →〈속성 시트〉명령 버튼을 클릭하거나 '직원 2'의 레이아웃보기에 마우스 포인터를 이동하고 오른쪽 버튼을 클릭하여 나타난 단축 메뉴에서 [속성]을 선택하면 [속성 시트]가 오른쪽 화면에 나타난다.

그림 11-77 하위폼 속성 시트

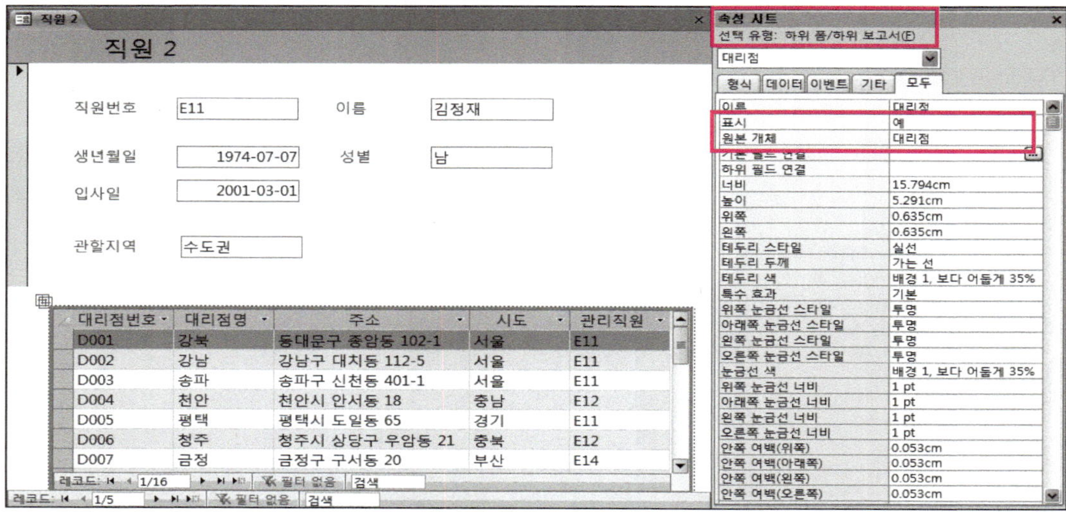

여기서 주의할 것은 속성 시트 레이블 아래의 [선택 유형: 하위폼/하위 보고서]가 '대리점'으로 되어야 한다. 이것이 아닐 경우 '대리점' 폼의 경계선을 마우스를 클릭하면 '대리점'을 변경되어 나타난다.

❹ [그림 11-77]의 속성 시트에서 네번째 속성 '기본 필드 연결'의 작성 버튼 [...] 을 클릭하면 [그림 11-78]와 같이 '하위폼 필드 연결기' 대화상자가 나타나면 그대로 〈확인〉 버튼을 클릭한다.

그림 11-78 하위폼 속성 시트

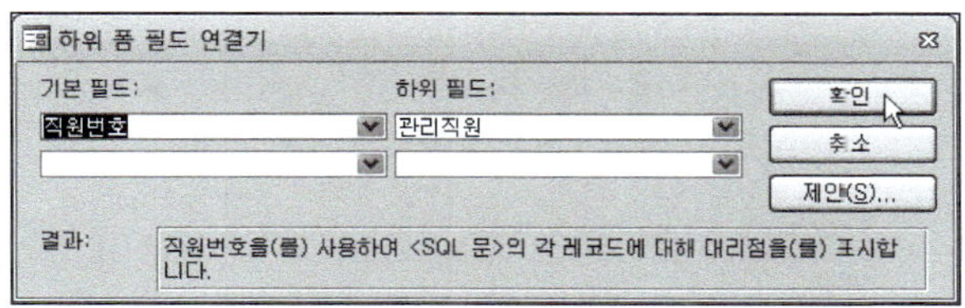

앞의 테이블 정의에서 보았듯이 '직원' 테이블과 '대리점' 테이블이 직원번호와 관리번호로 관계 설정을 했던 것을 여기에서 확인할 수 있다. 〈확인〉 버튼을 누르면 [그림 11-79]와 같이 직원 김정재가 관리하는 대리점 데이터만 아래 하위폼에 나타나는 것을 볼 수 있다.

그림 11-79 레이아웃 보기의 완성된 폼

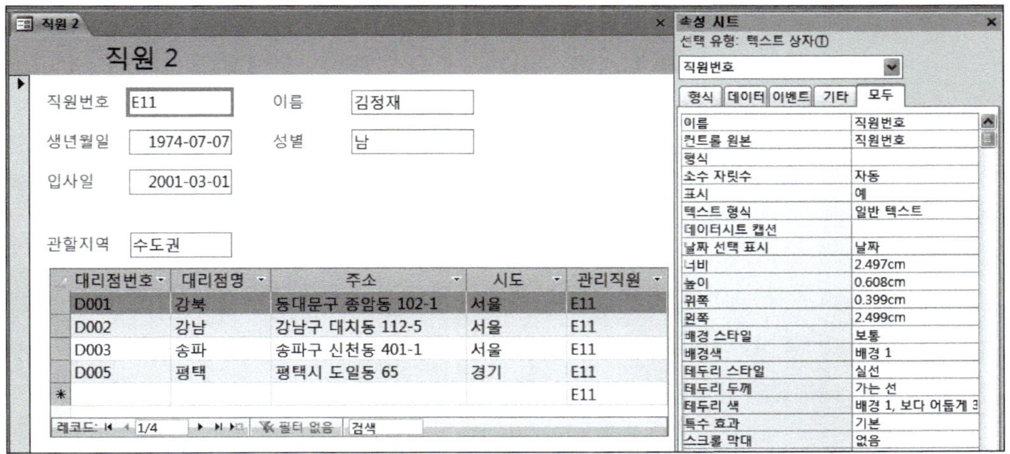

❺ '직원 2' 탭에 마우스 포인터를 이동하고 오른쪽 버튼을 클릭하여 나타난 대화상자에서 [디자인 보기]를 클릭하고, [속성 시트]가 나타나게 하면 [그림 11-80]과 같이 된다.

그림 11-80 '직원 2' 폼의 디자인 보기

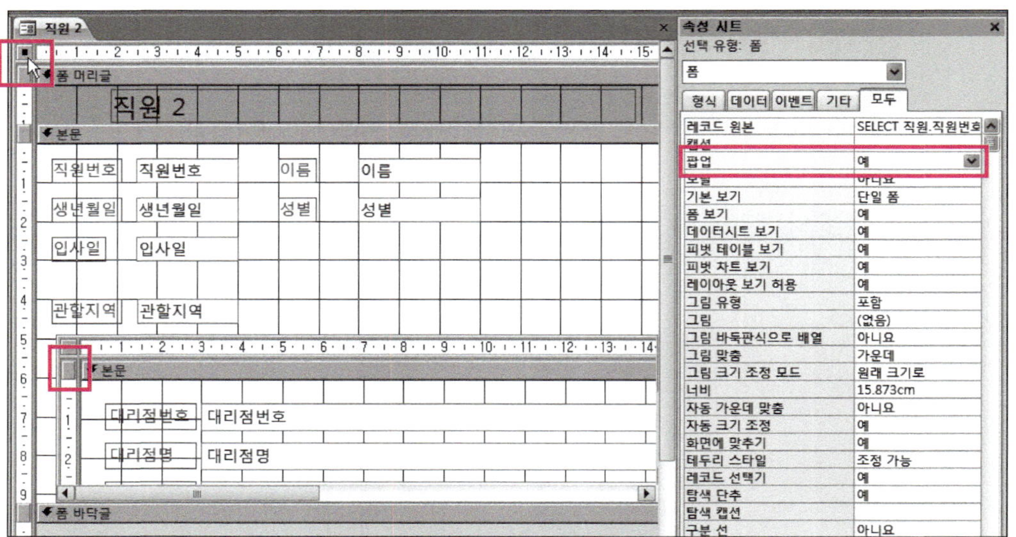

상위폼인 '직원 2' 탭 왼쪽 아래에 있는 폼 선택 셀을 선택한 후, 속성 창에서 '팝업' → '예', '레코드 선택기' → '아니오'로 지정하고, 하위폼인 '대리점' 폼 선택 셀을 클릭한 후, '레코드 선택기' → '아니오', '탐색 단추' → '아니오'로 지정한다.

⑥ 마지막으로 '직원 2' 폼 디자인 화면의 닫기 x 버튼을 누르고 변경된 폼 디자인을 저장할 것인가에 대한 대화상자에서 〈예〉 버튼을 누르면 같은 폼 이름으로 저장하면 된다. 참고로 '직원 2' 폼을 폼 보기로 하면 [그림 11–81]과 같이 팝업 창으로 실행 되는데, 폼 제일 하단에 있는 탐색 버튼을 누르면 다른 직원이 관리하는 대리점 데이터를 볼 수 있다.

이제 '직원 2' 폼은 더 이상 이전의 단일 테이블을 기반으로 하는 폼이 아니다. 그것은 '직원 2' 폼이 하위폼을 포함하는 상위폼으로 새로운 연결 폼이 되었기 때문이다. 즉, [그림 11–81]의 '직원 2' 폼은 '대리점' 테이블을 원본으로 하는 하위폼을 포함하고, '직원' 테이블을 원본으로 하는 '직원2' 상위폼이 연결된 것이다.

이처럼 하위폼을 포함하는상위폼은 두 개의 테이블이 연결되어 있으므로 직원 테이블과 대리점 테이블의 데이터를 동시에 입력하거나 수정할 수가 있다.

그림 11-81 탐색 버튼의 사용

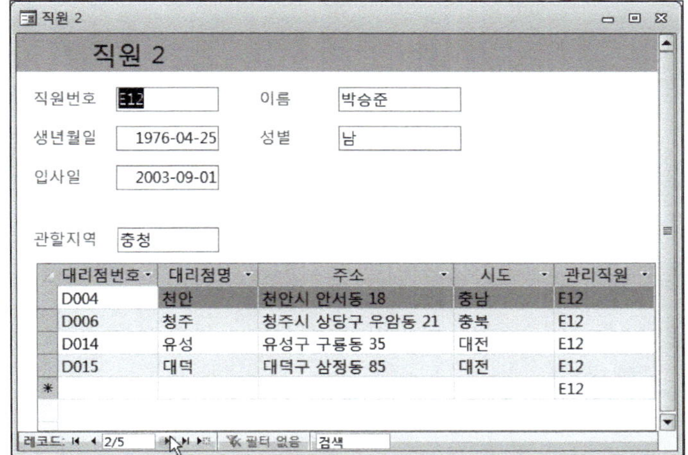

5 보고서 만들기

액세스의 구성요소 중에 폼이 화면표시를 위한 개체인 반면 보고서(Report)는 데이터를 출력하기 위한 개체다. 보고서 작성을 위한 기본 데이터는 작성된 테이블이나 쿼리 결과로 생성된 테이블이 사용된다.

여기서는 DanSoft 직원별 월별 실적을 보여 주는 보고서를 만드는 예제로 보고서 만드는 방법을 배우기로 한다. 이 예제는 보고서를 만드는데 필요한 데이터를 가진 테이블이 없으므로 먼저 직원별 영업실적 쿼리를 만들고 난 다음 보고서 만드는 순서로 진행되어야 한다. 다음에서는 그 과정을 차례대로 보기로 한다.

5.1 직원별 영업실적 쿼리 만들기

직원별 영업실적 쿼리는 DanSoft의 세 테이블을 연결하여 작성된다. 그 이유는 직원 이름이 '직원' 테이블에, 대리점명은 '대리점' 테이블에, 각 직원이 담당하는 대리점의 판매 실적은 '영업실적' 테이블에 있기 때문이다. 쿼리를 만드는 과정은 다음과 같다.

❶ 앞에서 배운 것처럼 직원, 대리점, 영업실적 세 테이블을 추가하여 직원의 이름, 대리점명, 년월, 그리고 판매액 필드를 선택하여 [그림 11-82]와 같은 쿼리 디자인을 한다.

그림 11-82 직원별 영업실적 쿼리 디자인

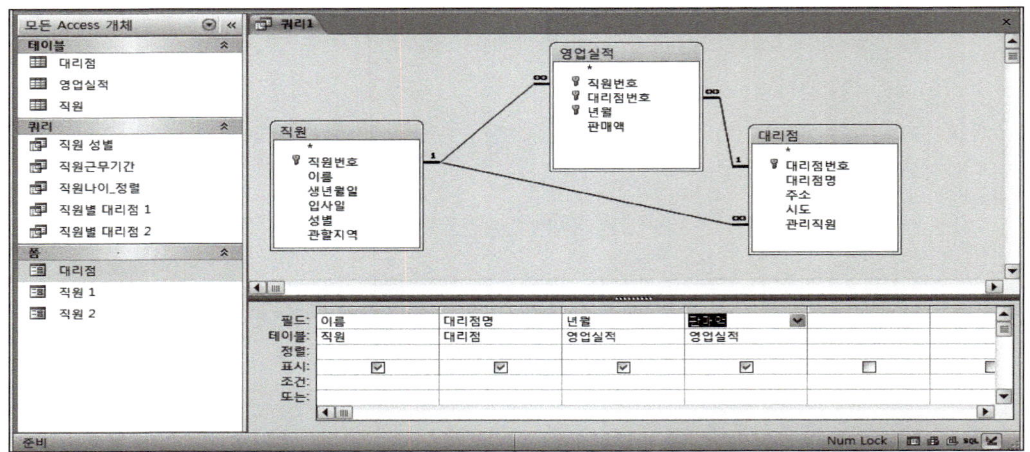

❷ [쿼리 도구] 정황 탭 → [디자인] 탭 → [결과] 그룹 →〈실행〉 버튼을 클릭하면, [그림 11-83]과 같은 쿼리 실행결과가 나타난다. 쿼리 디자인 화면을 닫을 때 '직원별 영업실적'으로 제목을 만들어 저장한다.

그림 11-83 '직원별 영업실적' 쿼리의 실행결과

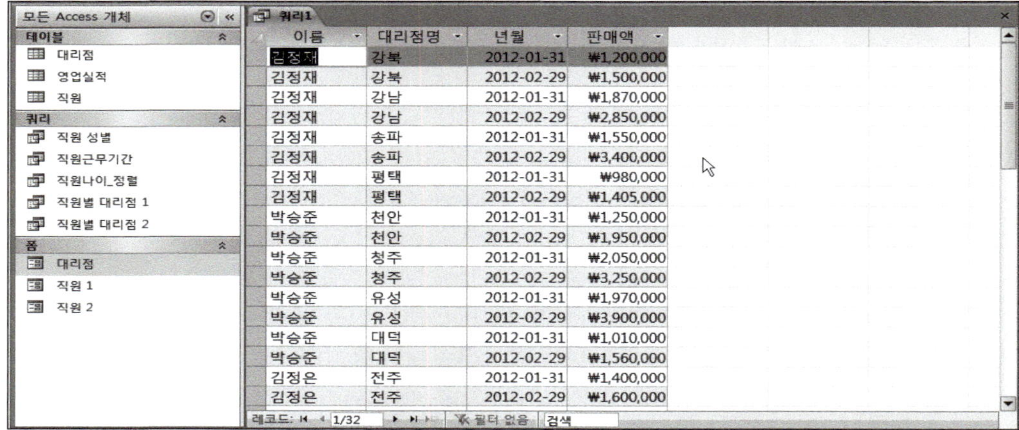

이름	대리점명	년월	판매액
김정재	강북	2012-01-31	₩1,200,000
김정재	강북	2012-02-29	₩1,500,000
김정재	강남	2012-01-31	₩1,870,000
김정재	강남	2012-02-29	₩2,850,000
김정재	송파	2012-01-31	₩1,550,000
김정재	송파	2012-02-29	₩3,400,000
김정재	평택	2012-01-31	₩980,000
김정재	평택	2012-02-29	₩1,405,000
박승준	천안	2012-01-31	₩1,250,000
박승준	천안	2012-02-29	₩1,950,000
박승준	청주	2012-01-31	₩2,050,000
박승준	청주	2012-02-29	₩3,250,000
박승준	유성	2012-01-31	₩1,970,000
박승준	유성	2012-02-29	₩3,900,000
박승준	대덕	2012-01-31	₩1,010,000
박승준	대덕	2012-02-29	₩1,560,000
김정은	전주	2012-01-31	₩1,400,000
김정은	전주	2012-02-29	₩1,600,000

5.2 직원별 영업실적 보고서 만들기

'직원별 영업실적' 보고서는 [그림 11-83]의 '직원별 영업실적' 쿼리 결과를 토대로 작성되며, 그 과정은 다음과 같다.

❶ 열린 데이터베이스 개체를 모두 닫고 만들기 탭을 누른다. '개체 창'에서 '직원별 영업실적' 쿼리를 클릭하여 활성화 한 상태에서 [만들기] 탭 → [보고서] 그룹 → 〈보고서 마법사〉 명령 버튼을 클릭하면 [그림 11-84]와 같은 '보고서 마법사' 대화상자가 나타난다.

그림 11-84 '보고서 마법사' 대화상자 1

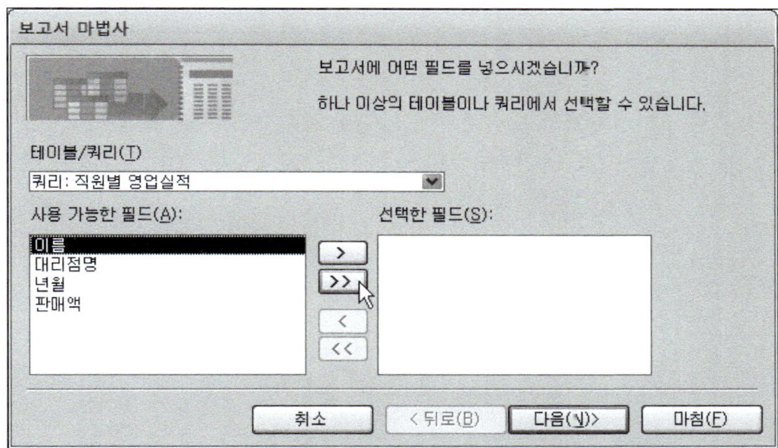

❷ [그림 11-84]에서 모두 선택 버튼 [>>] 을 클릭하여 모든 필드를 선택한 후, 〈다음〉 버튼을 누르면 [그림 11-85]의 대화상자가 나타난다. 직원별 영업실적을 나타내기 위해 기준-직원을 그대로 두고 다음 버튼을 클릭한다.

그림 11-85 '보고서 마법사' 대화상자 2

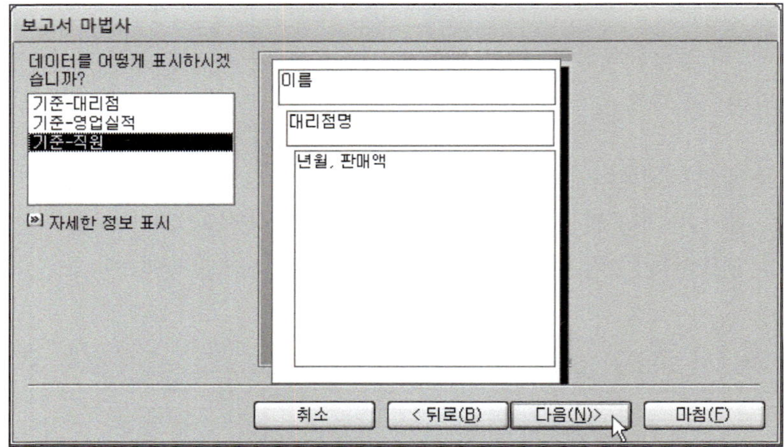

❸ [그림 11-85]에서 직원별 영업실적을 월별로 나누는 보고서를 만들기 위해 년월을 그룹 수준으로 그대로 두고 〈다음〉 버튼을 누르면 [그림 11-86]이 나타난다.

그림 11-86 '보고서 마법사' 대화상자 3

[그림 11-86]에서 세부 레코드 정렬 순서와 요약 정보에 대하여 아무런 변동없이 〈다음〉 버튼을 누른다.

그림 11-87 '보고서 마법사' 대화상자 4

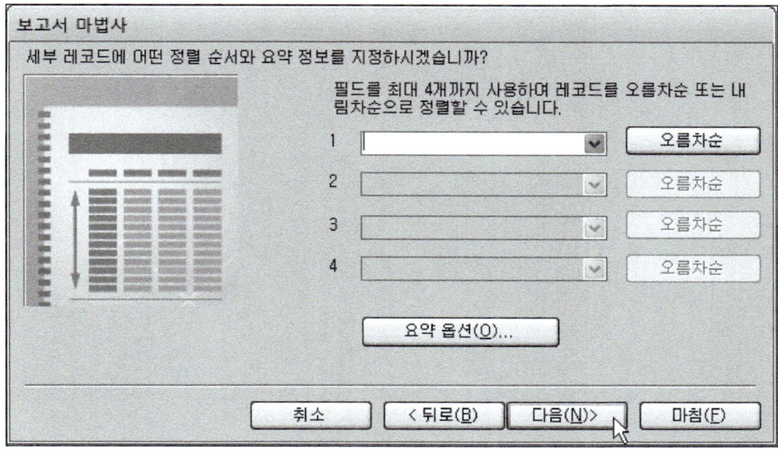

❹ [그림 11-87]에서 〈다음〉 버튼을 클릭하면, [그림11-88]의 보고서 유형을 선택하는 보고서 마법사 대화상자에서도 그대로 〈다음〉 버튼을 누른다.

그림 11-88 '보고서 마법사' 대화상자 5

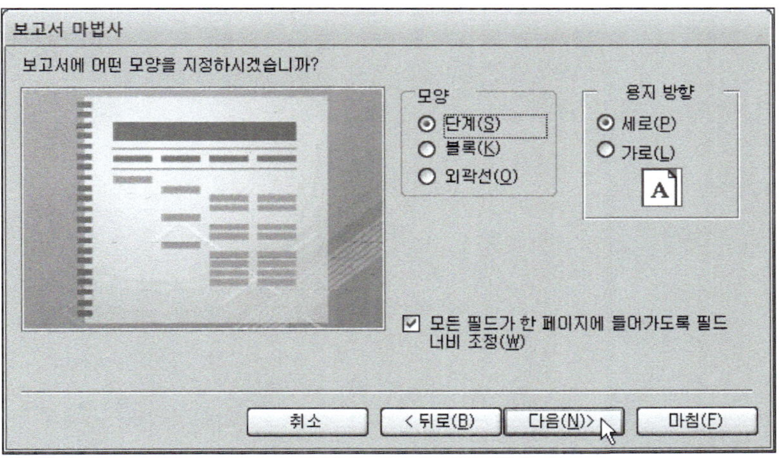

❺ 위의 조작으로 나타난 [그림 11-89]의 대화상자에서 보고서의 제목으로 '직원별 영업실적'을 입력하고 〈마침〉 버튼을 클릭한다.

그림 11-89 '보고서 마법사' 대화상자 6

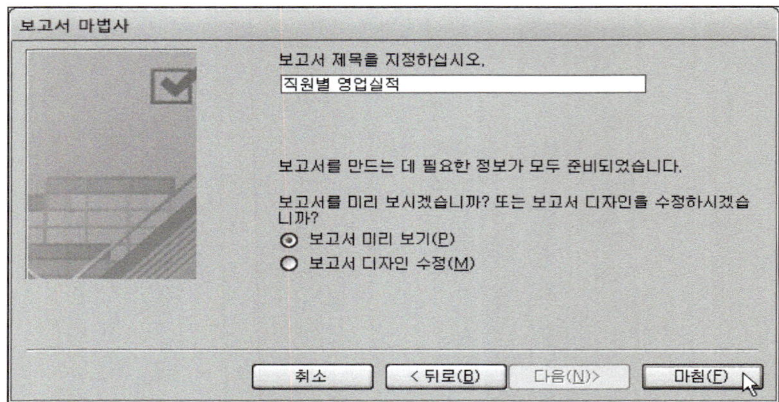

이상의 조작으로 보고서가 자동으로 작성되어 [그림 11-90]과 같이 '보고서 미리 보기'가 나타나게 된다.

그림 11-90 관리직원별 영업실적 보고서

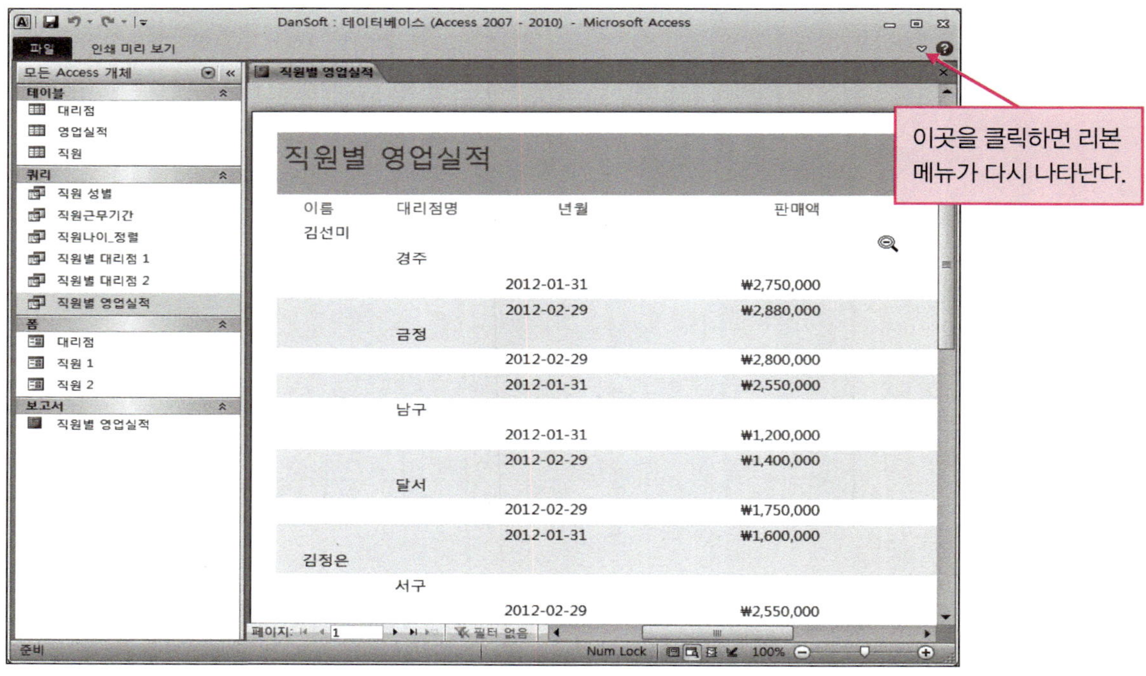

보고서가 실행되면 인쇄의미리보기 형태로 표시되는데 이것을 좀 더 보기 좋은 형식의 보고서로 만들기를 원하면 실행된 보고서를 디자인보기로 전환하여 수정할 수 있다.

보고서를 디자인 보기로 변환하면 [보고서 디자인 도구] 정황 탭이 나타나고, 여기에는 [디자인] 탭, [정렬] 탭, [형식] 탭, [페이지 설정] 탭을 이용하여 보고서의 모양을 바꿀 수 있다. 다음에서 보고서의 모양을 약간 바꾸는 작업을 간단하게 살펴본다.

❶ 열린 데이터베이스 개체를 모두 닫는다. '탐색 창'에서 '직원별 영업실적' 보고서를 오른쪽 마우스로 클릭하여 나타난 단축 메뉴에서 [디자인 보기]를 선택하면 [그림 11-91]의 보고서 디자인 화면이 나온다.

그림 11-91 '직원별 영업실적' 보고서의 디자인 화면

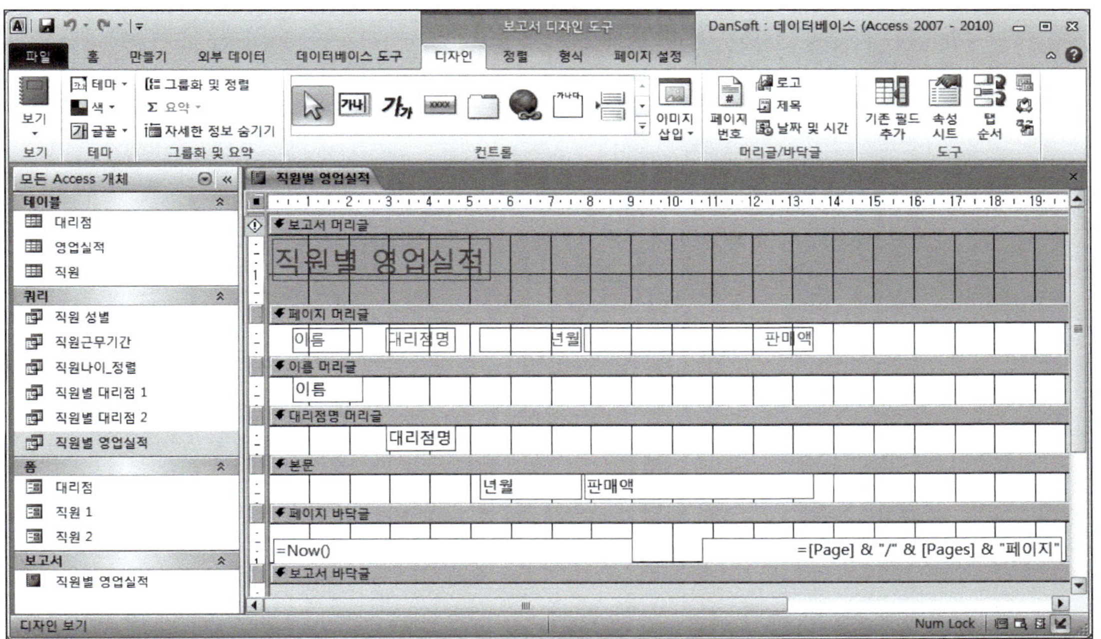

❷ 보고서 디자인 화면의 보고서 머리글에 있는 '직원별 영업실적' 제목을 선택한 다음 보고서 디자인 도구의 형식 탭에 있는가운데 맞춤을 클릭하고, 제목이 보고서 페이지의 한 가운데로 드래그하여 이동시킨다.

그림 11-92 '보고서 머리글' 내용의 편집

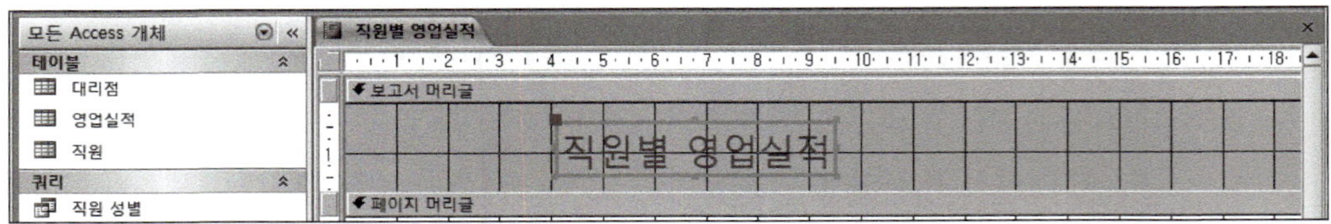

❸ 보고서 디자인 화면의 페이지 머리글에 있는 각 열의 이름을 선택한 후, '속성 시트'에 '배경색'의 작성기 버튼 [...] 을 클릭하여 분홍색으로 배경색을 바꾼다. 또 보고서에서 각 직원의 이름을 쉽게 구분하도록 보고서 디자인 화면의 이름 머리글에 있는 이름을 선택하여 배경색을 연한 초록색으로 바꾼다. 각 컨트롤의 위치도 드래그하여 적절한 위치로 이동시킨다.

그림 11-93 컨트롤에 배경색 설정과 위치 이동

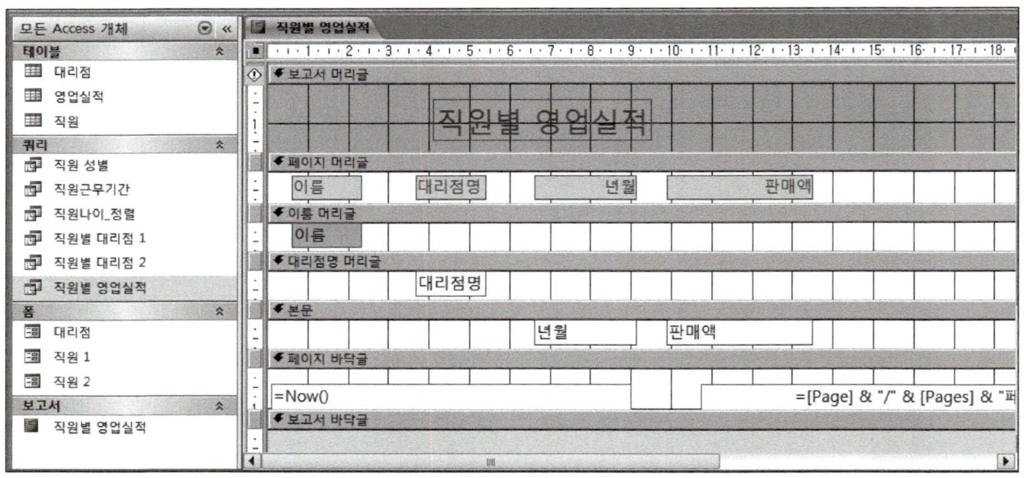

❹ 디자인 보고서 도구의 디자인, 형식, 페이지 설정 도구를 사용하여 더 많은 변화를 줄 수 있으나 지금까지 만든 형식으로 보고서를 나타내기 위해 [보고서 디자인 도구] → [디자인] 탭 → [보기] 그룹 →〈보기〉 명령 버튼을 클릭하면 [그림 11-94]와 같은 모양의 보고서가 나타난다.

그림 11-94 수정된 직원별 영업실적 보고서

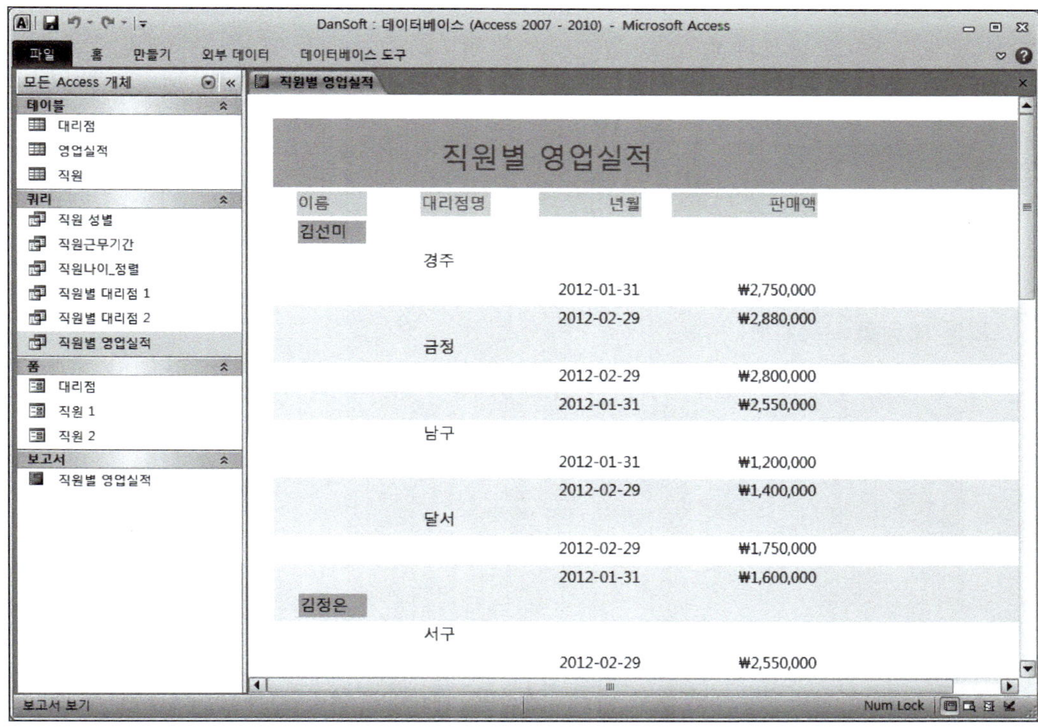

연 습 문 제

본문에서 작성한 액세스 파일 DanSoft.accdb 파일을 복사하여 파일 이름을 'DanSoft_연습.accdb' 라고 변경하고, 아래의 문제를 풀어라.

01 리본 메뉴의 사용자화

제1장의 '3.7 리본 메뉴의 사용자화'를 참조하여 다음 그림과 같이 My_Menu라는 새로운 탭을 만들고, 그 아래에 [정렬] 그룹과 [밑줄선] 그룹을 만드시오.

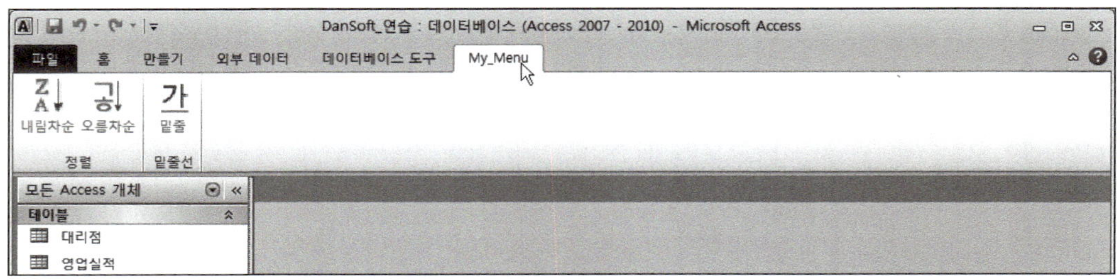

최초의 리본 메뉴로 되돌아가려면 [파일] 탭 → [옵션] 메뉴로 나타난 대화상자에서 [리본 사용자 지정]을 선택한 후, 오른쪽 아래에 있는 [원안대로] → [모든 사용자 지정 다시 설정]을 선택한다. 또 리본 메뉴를 편집한 파일을 다른 컴퓨터에 복사하면 편집한 메뉴가 표시되지 않으며, 현재 컴퓨터에서 다른 액세스 파일을 열어도 편집 메뉴가 표시된다.

02 테이블 디자인_유효성 검사, 입력 마스크, 콤보상자

본문에서 설명한 '직원' 테이블의 디자인을 다음과 같이 수정하시오.

· 생년월일의 입력값은 1970년 1월 1일 ~ 2004년 12월 31일의 데이터만 입력 받도록 유효성 검사를 이용하시오.
· 입사일의 입력값을 '19751017'라고 입력하면 자동으로 1975-10-17이 나타나도록 입력 마스크를 이용하시오. 입력 마스크란 지정된 형식에 따라 데이터를 입력 기능이다.
· 성별는 목록값(남, 여)만 허용하는 콤보 상자를 이용하시오.

[표 11-4] 직원 테이블의 디자인 표

필드 이름	직원번호	이름	생년월일	입사일	성별	관할지역
데이터형식	텍스트	텍스트	날짜/시간	날짜/시간	텍스트	텍스트
크기 (또는 형식)	3 기본키 설정	5	간단한 날짜 유효성 검사	간단한 날짜 입력마스크	1 콤보박스	6

· 유효성 검사는 필드 속성 창에서 '유효성 검사 규칙'의 텍스트 박스에 설정한다.

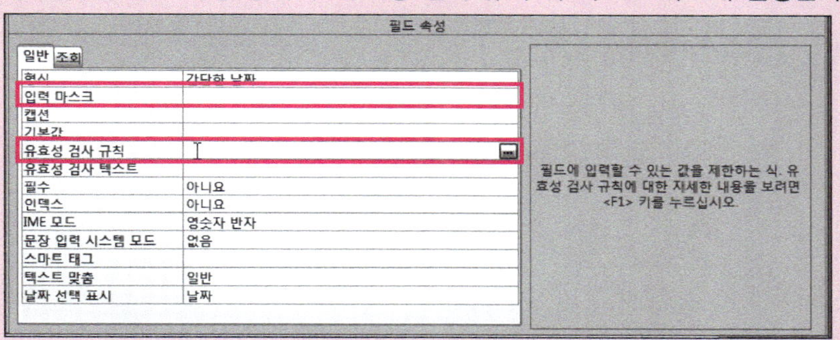

〈유효성 검사 규칙의 예〉

사용 예	설명
〈〉 0	0이 아닌 데이터단 입력
4 or 5	4 또는 5만 입력
〉=1 and 〈=5	1~5사이의 데이터만 입력
Is not null	반드시 데이터를 입력
Like "*건강*"	'건강'이 포함된 데이터만 입력
〉=#2012-01-01# and 〈=#2012-12-31#	2012년의 데이터만을 입력

· 입력 마스크는 필드 속성 창에서 '입력 마스크'의 텍스트 박스를 클릭하여 오른쪽에 나타난 〈작성〉 버튼 을 클릭하여 나타난 대화상자에서 설정한다.

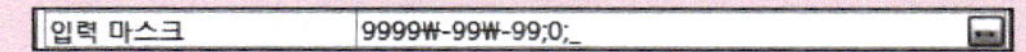

위의 9는 숫자의 입력을 의미하고, ₩ 기호 다음에 오는 문자는 화면에 나타나게 하는 것을 의미하고, 0은 기호를 함께 저장한 것을 의미하고, _은 데이터를 입력할 때 자리를 표시하는 기호로 어떤 문자를 사용할지를 지정한다. 위와 같이 _로 지정하면 데이터를 입력할 때 밑줄이 나타난다.

· 콤보 상자는 필드 속성 창에서 〈조회〉 탭을 클릭하고 나타난 '컨트롤 표시'의 텍스트 박스를 클릭하여 나타난 드롭다운 버튼을 클릭하여 [콤보 박스]를 선택한다.

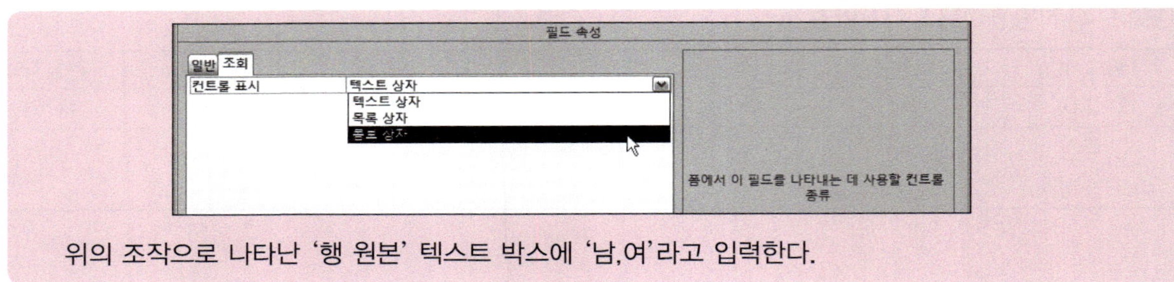

위의 조작으로 나타난 '행 원본' 텍스트 박스에 '남,여'라고 입력한다.

03 테이블 디자인_엑셀 파일 읽어들이기

다음 데이터가 입력된 엑셀의 워크시트가 있다(엑셀 파일명:chap11_ex.xslx)

	A	B	C	D	E	F	G
1	신청자번호	신청일	퇴사일	총지급횟수	신청정보	누적지급횟수	
2	100001	2012-08-25	2012-07-12	3	F0001	3	
3	100002	2012-07-20	2012-07-15	8	F0002	3	
4	100003	2012-11-12	2011-09-10	6	F0003	0	
5	100004	2012-09-15	2012-08-05	7	N0004	1	
6	100005	2012-07-10	2012-07-05	5	N0005	4	
7	100006	2012-05-10	2011-05-05	6	N0006	6	
8	100007	2012-06-10	2012-05-10	8	N0007	5	
9	100008	2012-09-10	2012-01-15	6	N0008	1	
10	100009	2012-06-01	2012-03-15	5	S0009	5	
11	100010	2012-09-01	2012-08-25	4	S0010	2	
12							

위의 엑셀데이터를가져와테이블을 작성한후, 다음디자인을적용하시오. 단, 총지급횟수에 '2 이상 10 이하'의 값만 입력받도록 유효성 검사를 이용하시오.

◆테이블이름 : 실업급여신청

필드이름	신청자번호	신청일	퇴사일	총지급횟수	누적지급횟수	신청정보
데이터형식	텍스트	날짜/시간	날짜/시간	숫자	숫자	텍스트
크기 (또는형식)	5 기본키 설정	간단한 날짜	간단한 날짜	정수 유효성 검사	정수	5

≪출력형태≫

실업급여신청

신청자번호	신청일	퇴사일	총지급횟수	신청정보	누적지급횟
100001	2012-08-25	2012-07-12	3	F0001	3
100002	2012-07-20	2012-07-15	8	F0002	3
100003	2012-11-12	2011-09-10	6	F0003	0
100004	2012-09-15	2012-08-05	7	N0004	1
100005	2012-07-10	2012-07-05	5	N0005	4
100006	2012-05-10	2011-05-05	6	N0006	6
100007	2012-06-10	2012-05-10	8	N0007	5
100008	2012-09-10	2012-01-15	6	N0008	1
100009	2012-06-01	2012-03-15	5	S0009	5
100010	2012-09-01	2012-08-25	4	S0010	2
*					

[외부 데이터] 탭 → [가져오기 및 연결] 그룹 → 〈Excel〉 명령 버튼을 클릭하여 나타난 마법사를 이용하면 된다. 기본키 설정에 주의하면 쉽게 만들 수 있다.

04 테이블 디자인_계산필드

액세스 2010의 새로운 기능으로 테이블에서 계산식을 만들 수 있다. 이 기능을 사용할 때 다른 테이블의 필드를 참조할 수 없다. 이런 제한 사항은 있으나, 쿼리를 사용하여 계산하는 것보다는 편리하다. 순수 데이터베이스의 입장에서 보면 무리가 많이 있으나, 사용자 편리성을 위해 추가된 듯하다.

거래대장

거래번호	년월일	거래처	상품명	단가	수량
10001	2012-01-01	동부	비스켓	300	50
10002	2012-01-01	서부	피자	1,200	43
10003	2012-01-01	동부	콜라	500	35
10004	2012-01-02	동부	세븐업	600	25
10005	2012-01-02	동부	햄버거	1,100	64
10006	2012-01-02	남부	우유	400	26
10007	2012-01-02	남부	핫도그	450	12
10008	2012-01-02	북부	핫도그	450	15
10009	2012-01-02	서부	우유	400	10
10010	2012-01-03	서부	비스켓	300	12

위 테이블에서 수량 뒤에 '금액' 필드를 만들고, 이 필드에는 '단가' * '수량'의 값이 나타나는 필드를 설정하시오.

[표 11-4] '거래대장' 테이블의 디자인 표

필드 이름	거래번호	년월일	거래처	상품명	단가	수량	금액
데이터형식	텍스트	날짜/시간	텍스트	텍스트	숫자	숫자	숫자
크기 (또는 형식)	5 기본키 설정	간단한 날짜	4	4	정수	정수	계산

힌트

필드 속성 창에서 '필드 이름'을 '금액'이라고 입력하고, '데이터 형식'의 드롭 다운 버튼을클릭하여 나타난 목록에서 '계산'을 선택하여 나타난 [식 작성기] 대화상자의 텍스트 박스에 "[단가] * [수량]"이라고 입력한다.

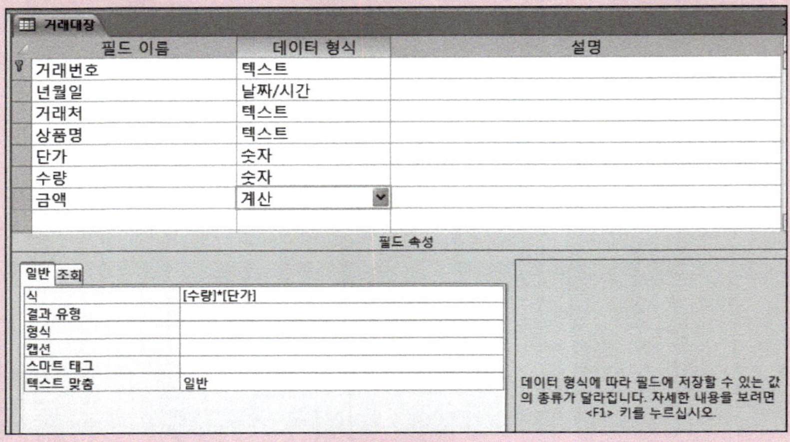

05 작성_쿼리에 의한 관계 설정

DanSoft_연습.accdb에서 세 테이블(직원, 대리점, 영업실적)의 관계를 삭제한 후 다음과 같은 쿼리를 실행한 경우의 실행 결과를 나타내시오.

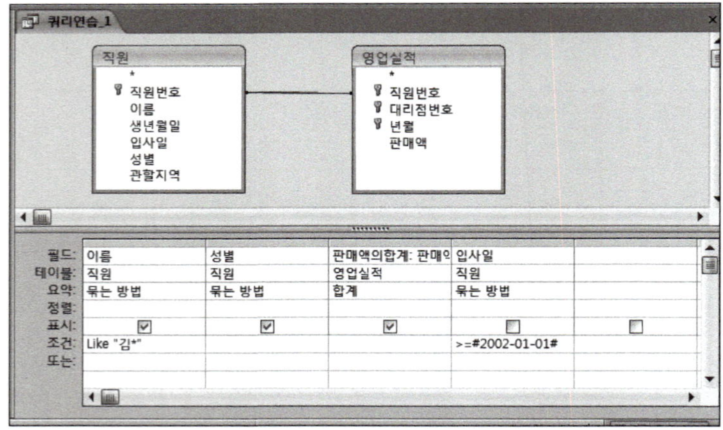

'직원번호'를 기준으로 관계 설정(조건: 두 테이블의 연결된 필드가 일치하는 레코드만 포함)을 하려면 '직원번호'를 드래그 앤 드롭(Drag & Drop)으로 두 테이블 사이를 연결시켜면 된다.

쿼리 디자인의 아래 쪽에 [요약] 행이 나타나게 하려면 [쿼리 도구] 정황 탭 → [디자인] 탭 → [표시/숨기기] 그룹 → [요약] 버튼을 클릭하면 된다.해당 필드에 [요약]에 마우스 포인트를 이동하여 나타난 드롭 다운 버튼 ▼으로 선택하면 된다.

◆ 조건 작성 예

"의류" 문자열을 포함한 데이터만 추출 → like '*의류*'
"지원"이 아닌 문자로 끝나는 데이터만 추출→notlike '*지원'
4.5%와 7.5%사이의 데이터만 추출 →〉= 0.045 and 〈= 0.075
09:00부터 17:00까지의 데이터만 추출 →〉= #09:00:00# and 〈= #17:00:00#
시간데이터를 사용할때는 반드시 시:분:초까지콜론(:)으로 구분해 주어야 함.
2012년에서 2013년의 데이터만 추출 →〉= #2012-01-01# and 〈= #2013-12-31#
[이름] 필드의 첫 글자가 '김'씨만 추출 →Left([이름],1)='김' 또는 like '김*'
[관할지역] 데이터가 '충청'이거나 '경상'인 데이터만 추출 → In("충청", "경상")
[서비스번호]의 첫세자리 값이 "010"이거나 "011"이거나 "017"인 데이터만 추출 → like '010*' or like '011*' or like '017*'
[참석횟수]의 입력값이 0보다 크고 Null이 아닌 데이터만 추출 →〉 0 and is not null

06 쿼리 작성_ 매개변수 쿼리

다음 그림과 같이 '이름' 필드의 '조건' 박스에

Like " " & [성을 입력] & "*"

라고 입력되어 있다(위 식에서 더블 퀘테이션(") 대신 싱글 퀘테이션(') 을 사용해도 됨).

이 쿼리를 실행하시오.또 앞의 5번 문제와 비교하시오

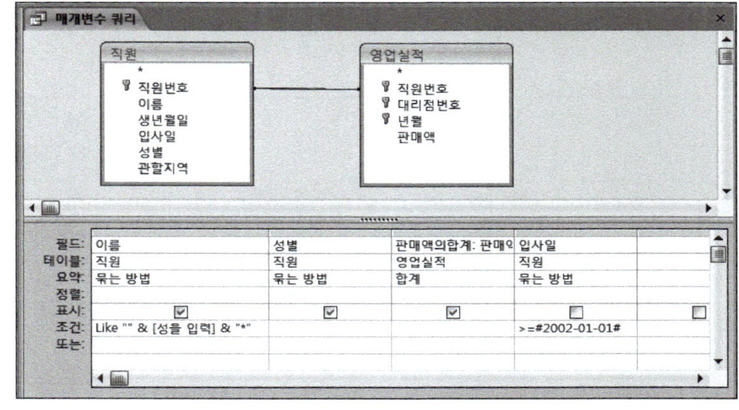

위 쿼리를 실행하면 다음과 같은 매개변수로 [성을 입력]을 입력하라는 대화상자가 나타난다. 여기서 알려고 하는 성을 입력하면, 입력된 직원의 이름에 '김'씨 해당하는 쿼리가 실행된다.

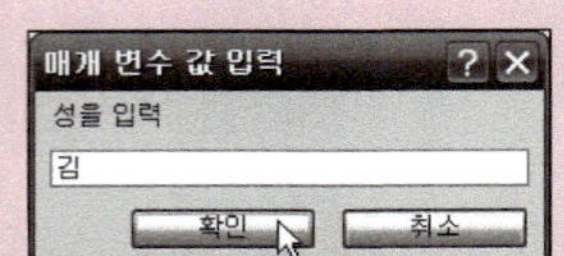

매개 변수 쿼리는 쿼리를 실행할 때 검색 조건이나 필드에 삽입할 조건를 물어 보는 대화상자를 표시하는 쿼리를 말한다.
매개변수 쿼리를 이용하면 동일한결과를 수행하는 쿼리를 중복하여 정의할 필요가 없고 쿼리가유연성을 갖게 된다.이 문제를 앞의 5번 문제와 비교하면, 앞의 5번 문제는 성이 김씨만을 한정하였으나, 매개변수 쿼리에서는 입력하는 값에 따라 어떤 성을 갖는 직원이라도 추출할 수 있다.
위에서 알 수 있듯이 [조건] 행에 매개변수 이름을 입력한다. 이때 매개변수는 [ ]로 둘러싸야 한다.

07 쿼리 작성_계산식

선택 쿼리에서 자주 사용하는 함수는 다음과 같다.

텍스트함수 / 자료 형식 변환 함수

Left([제품코드],1)	제품코드의 첫번째 글자를 표시
Mid([제품코드],2,3)	제품코드의 두번째 글자부터 세글자를 표시
Right([제품코드],1)	제품코드의 오른쪽에서 첫글자를 표시
Trim([이름])	이름의 양 옆에 입력된 공백을 제거
Len([제품코드])	제품코드의 문자 개수를 표시
Nz([할인율],0)	할인율이 Null이면 0을 표시
Space(8)	8칸의 공백을 표시
Replace([제품명], "하늘", "땅")	[제품명]에서 "하늘"을 찾아 "땅"으로 교체
Val(텍스트)	텍스트로 되어 있는 데이터를 숫자로 변환
Str(숫자)	숫자로 되어 있는 데이터를 텍스트로 변환

선택함수

Iif([사용량] 〉= 200, 2, 1)	사용량이 200이상이면 2, 그렇지 않으면 1을 표시. 엑셀의 if 함수 기능과 동일
Choose(Left([제품코드], 1), "의류", "잡화", "식품")	제품코드의 첫번째 글자가 1이면 "의류", 2이면 "잡화", 3이면 "잡화", 3이면 "식품"을 표시. 엑셀의 choose 함수의 기능과 동일
Switch (Left([주문번호],1) = "B", "육류", Left([주문번호],1) = "F", "파일류")	주문번호의 첫번째 글자가 'B'이면 "육류", 'F'이면 "과일류"를 표시, 서로 짝을 이룸

날짜 함수

Year([주문일])	주문일의 년도만 표시
Month([주문일])	주문일의 월만 표시
Day([주문일])	주문일의 일만 표시
DateAdd("d", [입사일], now())	입사일에 오늘날짜를 더하여 표시. 첫번째 인수들 yyyy: 년수, m: 월, d: 일, h: 시, n: 분, n: 초
DateDiff("m", [입사일], Now())	오늘날짜에서 입사일을 뺀 개월수를 표시
DateSerial(Year([입사일])+1. Month([입사일]), 1)	입사일의 1년 후 되는 월의 1일을 표시
Weekday([주문일])	주문일의 요일을 숫자로 표시(일요일=1)
Time()	현재시간을 시:분:초 형태로 표시
Hour([도착])	도착 시간에서 시만을 추출
Minute([도착])	도착 시간에서 분만을 추출
Second([도착]	도착 시간에서 초만을 추출
Now()	현재의 년월일을 포함한 시간 형태로 표시

다음과 같은 'AS관리' 테이블이 있다.

AS관리

접수일자	접수코드	물품코드	기본료	부품비용	수리일자	추가하려면 클릭
2012-07-04	I22342	AC7290_06	₩14,000	₩0	2012-07-10	
2012-07-05	I25439	RF5219_97	₩14,000	₩24,000	2012-07-12	
2012-07-07	I27654	RF5109_98	₩14,000	₩12,000	2012-07-13	
2012-07-03	I51234	WD1827_04	₩8,500	₩0	2012-07-03	
2012-07-03	P20398	RF5598_99	₩14,000	₩12,000	2012-07-05	
2012-07-04	P58907	AC7289_05	₩8,500	₩0	2012-07-06	
2012-07-05	P59821	RF5598_99	₩14,000	₩0	2012-07-06	
2012-07-07	P59991	WD1830_05	₩8,500	₩0	2012-07-10	
2012-07-04	V58765	AC7283_04	₩14,000	₩37,000	2012-07-05	
2012-07-06	V59987	WD1827_04	₩14,000	₩72,000	2012-07-07	
*			₩0	₩0		

위의 테이블에서 아래 조건에 맞는 쿼리를 작성하시오.

· 쿼리 이름 : AS관리현황

· 분류 : 접수코드의 첫번째 자리가 'I'이면 '인터넷접수', 'P'이면 '전화접수', 'V'이면 '방문접수'로 표시(SWITCH, LEFT 함수 사용).

· 처리 기간 : 접수 일자와 수리 일자 간의 날짜 차이 계산(DATEDIFF 함수 사용).

· 총수리비 : 기본료에 부품 비용을 더한 값으로 구하되, 접수코드의 첫번째 자리가 '1'이면 기본료에 10%를 할인하여 계산(IIF, LEFT 함수 사용).

· 총수리비는 통화형식.

≪출력 형태≫

AS관리현황

접수일자	접수코드	분류	물품코드	처리기간	기본료	부품비용	총수리비	수리일자
2012-07-03	P20398	전화접수	RF5598_99	2	₩14,000	₩12,000	₩26,000	2012-07-05
2012-07-03	I51234	인터넷접수	WD1827_04	0	₩8,500	₩0	₩7,650	2012-07-03
2012-07-04	I22342	인터넷접수	AC7290_06	6	₩14,000	₩0	₩12,600	2012-07-10
2012-07-04	V58765	방문접수	AC7283_04	1	₩14,000	₩37,000	₩51,000	2012-07-05
2012-07-04	P58907	전화접수	AC7289_05	2	₩8,500	₩0	₩8,500	2012-07-06
2012-07-05	I25439	인터넷접수	RF5219_97	7	₩14,000	₩24,000	₩36,600	2012-07-12
2012-07-05	P59821	전화접수	RF5598_99	1	₩14,000	₩0	₩14,000	2012-07-06
2012-07-06	V59987	방문접수	WD1827_04	1	₩14,000	₩72,000	₩86,000	2012-07-07
2012-07-07	I27654	인터넷접수	RF5109_98	6	₩14,000	₩12,000	₩24,600	2012-07-13
2012-07-07	P59991	전화접수	WD1830_05	3	₩8,500	₩0	₩8,500	2012-07-10
*					₩0	₩0		

◆ 계산식의 작성 예

- 나이 : 현재의 년도에서 생년월일의 년도를 뺀 값에 1을 더함 →
  나이 : Year(Now())-Year([생년월일])+1
- 판매액 : 수량에단가를곱한값으로계산하여표시 → 판매액: [수량]*[단가]
- 할인가격 : 단가에 20% 할인된가격으로표시 → 할인가격: [단가]*0.8
- 주문방법 : 주문번호의앞자리가 'E'이면 '인터넷', 'T'이면 '전화', 'F'이면 '기타'로 표시(LEFT, SWITCH 함수사용) →
  주문방법 : Switch(Left([주문번호],1)='E', '인터넷', Left([주문번호],1)='T','전화', Left([주문번호],1)='F','기타')
- 도착시간 : 주문시간에 30분을더하여표시(DATEADD 함수사용). →
  도착시간 : DateAdd('n',30,[주문시간])
- 주문총액 : 가격에개수를곱한값을계산한후, 만일주문번호의앞자리가 'E'이면 10%를 할인하여 계산하시오. 단, 개수는주문번호의맨끝자리로표시(RIGHT, LEFT, IIF 함수사용)→
  주문총액 : [가격]*Right([주문번호],1)*IIf(Left([주문번호],1)='E',0.9,1)
- 위치 : 관리코드맨앞글자가 'B'이면 '지하'와 두번째글자에 '층'을 연결한 후, 세번째와 네번째 글자에 '호'를 연결, 그렇지 않으면 첫번째와 두번째 글자에 '층'을 연결한 후, 세번째와 네번째 글자에 '호'를 연결하여 표시(IIF, LEFT, MID 함수, &사용)→
  위치 : IIf(Left([관리코드],1)='B',('지하' & Mid([관리코드],2,1)),Left([관리코드],2)) & '층' & Mid([관리코드],3,2) & '호'
- 계약만료일 : 입주일자에관리코드의맨뒤두자리를년수로계산한값을더하여표시(DATEADD, RIGHT 함수사용)→
  계약만료일 : DateAdd("yyyy",Right([관리코드],2),[입주일자])
- 관리비 : 평형에 5000을곱하고관리비율을곱하여표시(단, 관리비율은관리코드의맨앞두글자)가'01'이면 14, 맨앞글자가 'B'이면 0.8, 그렇지않으면 1로계산)(IIF, LEFT 함수사용)→
  관리비 : [평형]*5000*IIf(Left([관리코드],2)='01',1.4,IIf(Left([관리코드],1)='B',0.8,1))

08 폼 작성_ 개체추가(이미지), 모듈 사용

다음과 같이 이미지가 추가되고, '직원번호'를 클릭하면 '메시지' 폼이 나타나는 '직원3' 폼을 작성하시오.

≪출력 형태≫

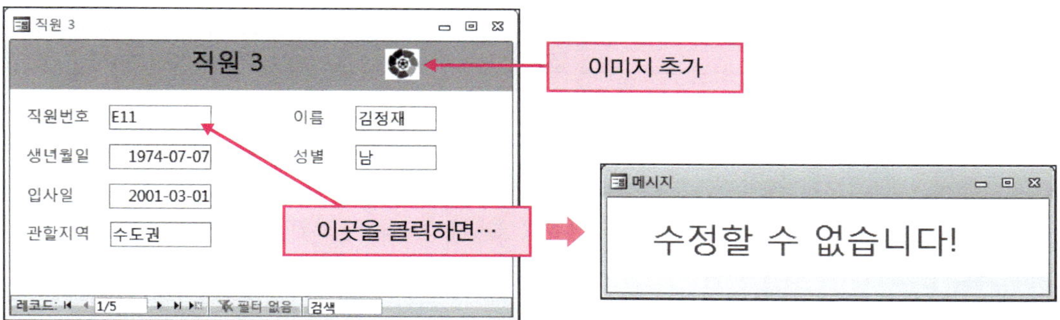

힌트

▶'직원 3' 폼의 작성

'탐색 창'에서 이미 작성된 '직원 2' 폼에 마우스 오른쪽 버튼을 클릭하여 나타난 단축 메뉴에서 [복사]를 선택한 후, 탐색 창에 있는 '폼'이라는 세로 막대의 단축 메뉴에서 [붙여넣기]를 선택하고, 폼 이름을 '직원 3'이라고 입력하고 저장한다.

▶'이미지' 컨트롤의 추가

[폼 다자인 도구] 정황 탭 → [디자인] 탭 → [컨트롤] 그룹 →〈이미지 삽입〉 명령의 드롭 다운 버튼을 클릭 → [찾아보기]를 선택 → 해당 이미지를 선택 → 이미지의 위치에 드래그하여 삽입

▶'메시지' 폼의 작성

[만들기] 탭 → [폼] 그룹 → 〈새 폼〉 명령 버튼을 클릭하고, 나타난 디자인 보기에서본문 영역 크기를 오른쪽 아래의 모서리를 드래그하여 줄인다.

[폼 다자인 도구] 정황 탭 → [디자인] 탭 → [컨트롤] 그룹 → 〈레이블〉 버튼 클릭 → 디자인의 본문 영역을 드래그하여 글자들이 입력할 크기를 그린다. '수정할 수 없습니다!'를 타이핑 한다. 속성을 다음과 같이 변경한다.

글꼴 크기 → 24포인트, 문자 색 → 빨강, 팝업 → 예, 레코드 선택기 → 아니오, 탐색 단추 → 아니오

▶모듈 작성

[직원 번호] 텍스트 박스에 오른쪽 버튼을 클릭하여 나타난 단축 메뉴에서 [이벤트 작성] 메뉴를 선택으로 나타난 '작성기 선택' 대화상자에서 '코드 작성기'를 선택하고 〈확인〉 버튼을 클릭하면 다음 코드가 나타난다.

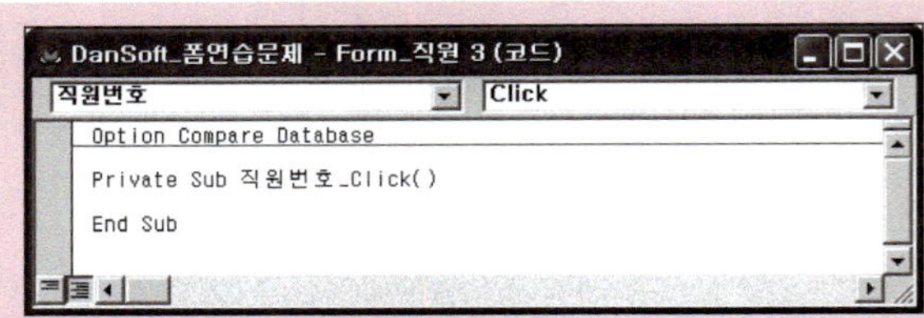

위의 코드 다음과 같이 DoCmd.OpenForm '메시지'라는 코드를 삽입한다.

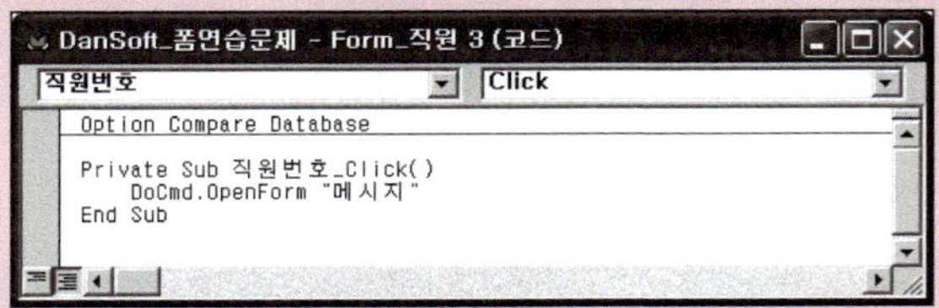

모듈 창의 맨 왼쪽 위에 있는 액세스 명령 단추를 클릭하여 디자인 화면으로 돌아간다.
위와 같은 메시지 박스가 나타나게 하는 폼은 하위폼으로 사용하는 것은 에러가 발생할 가능성이 있다.

09 폼 작성_매크로 사용

'직원' 테이블로 '직원관리' 쿼리를 만들고, 이것을 이용하여 다음과 같은 폼을 작성하시오.

① 근무기간 :근무기간이 '10년'이상이면 "장기근속", 그렇지 않으면 근무한 개월 수를 표시하시오(IIF 함수 사용).

② '직원관리현황'의 머리글 영역에 제목과 직원번호, 보고서 버튼을 만들고, 본문에 '직원번호' 필드를 기준으로 연결하여 '직원관리' 폼을 하위폼으로 추가하시오.

③ 직원번호 : 입력란을 '콤보 상자'로 변경하시오.

④ 〈보고서〉 버튼을 클릭하면 본문에서 작성한 '직원별 영업실적' 보고서로 이동하도록 작성하시오(크기 : 가로-2cm,세로-0.8cm).

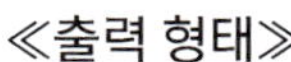
≪출력 형태≫

직원관리 현황

직원 관리 현황

직원번호 E11 보고서

직원관리

이름	김정재	성별	남
생년월일	1974-07-07	관할지역	수도권
입사일	2001-03-01	근무기간	장기근속

레코드: 1/5 필터 없음 검색

▶ '직원관리' 폼의 작성(하위폼)

개체 창에 열린 모든 개체를 닫고, '직원 성별' 쿼리를 작성한 방법으로 [만들기] 탭 → [쿼리] 그룹 →〈쿼리 마법사〉 버튼 클릭하여 '직원' 테이블의 모든 필드가 나타나게 하는 '직원관리'라는 쿼리를 만든다. 이 쿼리를 원안으로 다음과 같은 '직원관리' 폼을 작성한다('직원번호' 컨트롤은 없음에 주목).

▶ 텍스트 박스 컨트롤 추가와 함수식을 입력

[폼 디자인 도구] 정황 탭 → [컨트롤] 그룹 →〈텍스트 상자〉 버튼을 클릭한 후, 디자인 본문 영역에 드래그하여 텍스트 상자를 그린다. 나타난 마법사에서 〈마침〉 버튼을 클릭한다.나타난 레이블 상자에 '근무 기간'이라 입력하고, '언바운드'라고 된 텍스트 상자에

=IIf(DateDiff("m",[입사일],Now())>=120,'장기근속',DateDiff("m",[입사일],Now()) & "개월")

라는 IIF 함수식을 입력한다.

속성을 레코드 선택기 → 아니오, 탐색 단추 → 아니오로 설정한다.

▶ '직원관리 현황' 폼의 작성(상위폼)

개체 창에 열린 모든 개체를 닫고, 개체 창에 있는 '직원관리' 쿼리를 클릭하여 액티브로 한 후, [만들기] 탭 → [폼] 그룹 →〈폼 마법사〉 버튼을 클릭하여 나타난 마법사에서 '직원번호'만으로 된 '직원관리 현황'이라는 폼을 만든다. 폼 제목을 '직원관리 현황'이라고 입력하고 속성을 궁서, 24pt, 가운데 맞춤, 특수 효과 : 그림자로 설정한다.

본문에 있는 '직원번호' 컨트롤의 단축 메뉴에서 [잘라내기]를 선택하고, '폼 머리글' 세로 막대의 단축 메뉴에서 [붙여넣기]를 하여 위치와 크기를 적절하게 조절한다. 또는 '폼 머리글' 영역을 넓히고 '직원번호' 컨트롤을 드래그 앤 드롭으로 '폼 머리글' 영역으로 이동시킨다. 마지막으로 '레코드 선택기'의 속성을 '아니오'로 설정하고, 팝업의 속성은 '예'로 설정한다.

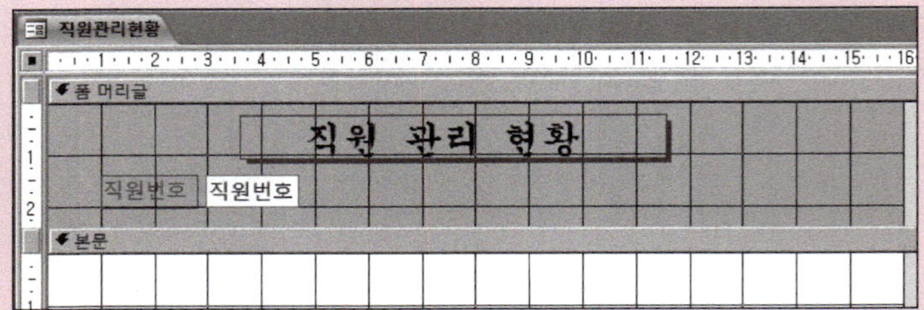

▶ '콤보 상자로 변환, 〈보고서〉 버튼 추가

'직원번호' 텍스트 박스의 단축 메뉴에서 [변경] → [콤보 상자]를 선택한 후, '속성시트'의 〈데이터〉 탭에 있는 '행 원본'을 '직원관리'로 설정한다.

〈보고서〉 명령 버튼을 추가하기 위해 [폼 디자인 도구] 정황 탭 → [컨트롤] 그룹 → 〈명령 단추〉 버튼을 클릭한 후, '폼 머리글' 영역의 오른쪽 아래에 드래그하여 명령 버튼을 그린다.

나타난 '명령 단추 마법사'에서 [종류]에서 '보고서 작업'을 선택하고, [매크로 함수]에서 '보고서 미리보기'를 선택한다. 이후 나타난 마법사 대화상자에서 '직원별 영업실적' 보고서를 선택한다. 마지막 마법사 대화상자에서 '텍스트' 옵션을 클릭한 후, '보고서'라고 수정하고 〈마침〉 버튼을 클릭한다.

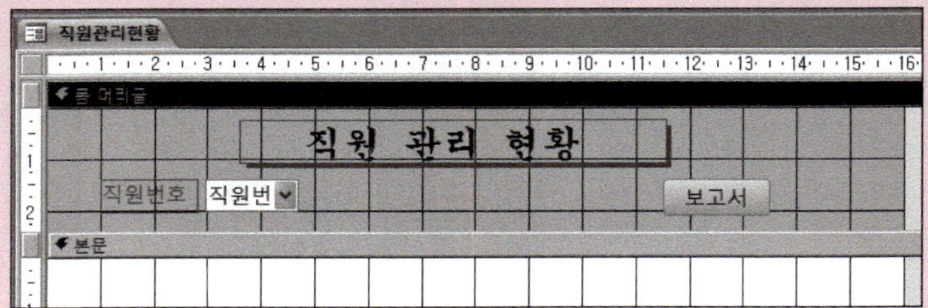

▶ 하위폼을 상위폼의 본문 영역에 삽입

개체 창에 있는 하위폼인 '직원관리' 폼을 상위폼인 '직원관리현황' 폼의 본문 영역으로 드래그 앤 드롭으로 배치한다. 배치된 하위폼의 경계선을 클릭한 후, '속성 시트'의 [데이터] 탭에 있는 '하위 필드 연결'의 작성기 버튼을 클릭하여 나타난 대화상자에서 '직원번호'로 설정한다. '상위 필드 연결'도 확인한다.

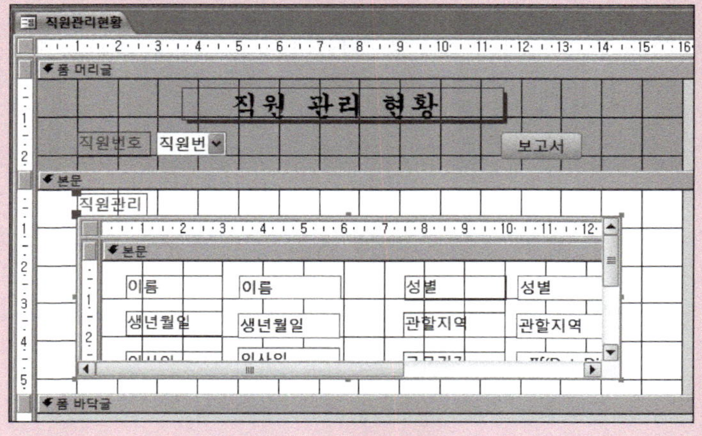

▶ 〈보고서〉 버튼에 작성된 매크로 보기

〈보고서〉 버튼의 단축 메뉴에서 [이벤트 작성]을 선택하면 다음과 같이 마법사에서 작성된 매크로가 나타난다.

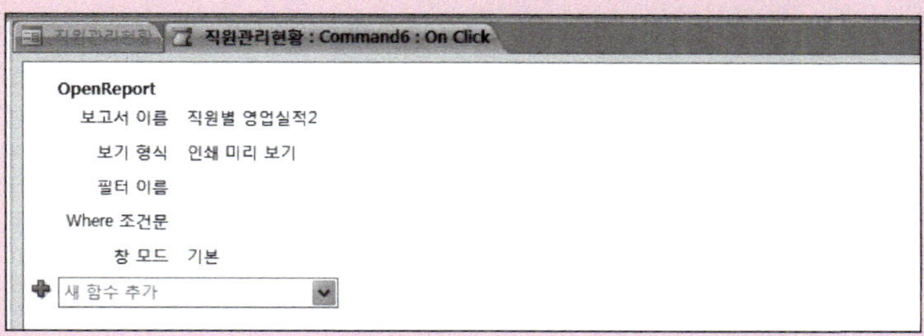

상위폼에 있는 '직원번호'와 임의 번호를 선택하고 닫으면 에러 메시지가 나타나는 경우가 있으므로, ESC 키를 누른 후에 '폼 보기'를 닫는다.

10 보고서 작성_요약, 조건부 서식

다음 조건에 맞는 보고서를 작성하시오.

① 보고서 머리글 부분의 날짜는 DATESERIAL 함수를 이용하여 표시

② 이름에 대해 그룹화하고, 오름차순으로 정렬, 년월을 오름차순으로 정렬

③ 판매액의 합계와 총합계는 함수를 이용하여 계산(굵게, SUM 함수 사용)

④ 조건부 서식을 이용하여 판매액이 2,000,000 이상인 경우 바탕색을 노랑색으로 하시오.

≪출력 형태≫

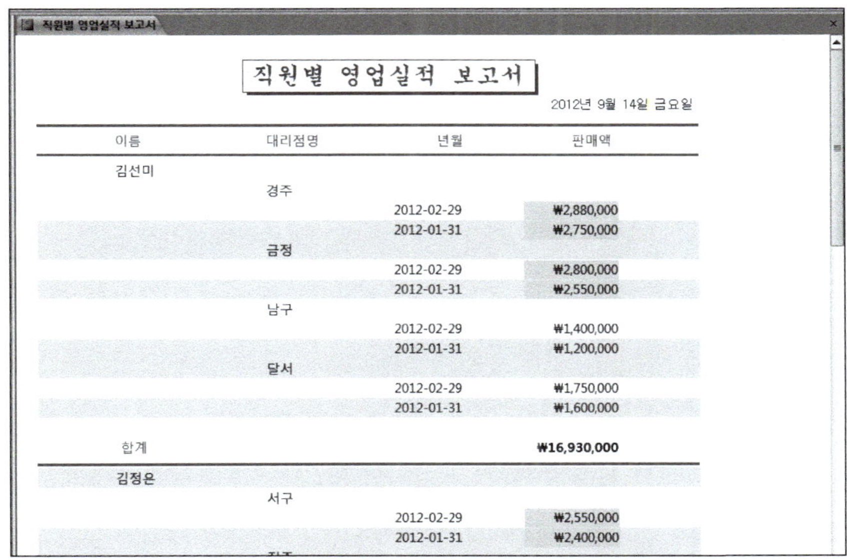

▶보고서 작성용 쿼리 수정
본문에서 작성한 '직원별 영업실적' 쿼리에서 '이름' 필드를 오름차순으로 수정한다.

▶보고서 마법사로 '직원별 영업실적 합계' 보고서 작성
'직원별 영업실적' 보고서와 동일한 순서로 보고서 마법사를 사용하는데, 보고서 마법사의 4번째 대화상자를 다음과 '년월'을 '오름차순'으로 설정하고, 〈요약 옵션〉 버튼을 클릭하여 '판매액'에 '합계'를 체크하고, '요약' 옵션을 온(On)으로 한 후, 〈확인〉 버튼을 클릭한다.
이후 보고서 이름을 '직원별 영업실적 합계'로 저장한다.

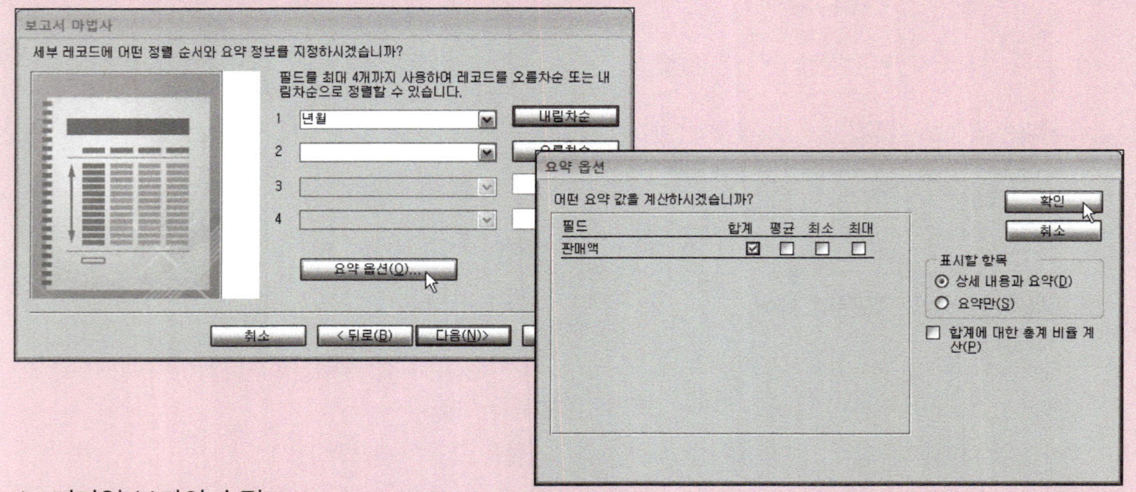

▶ 디자인 보기의 수정
작성된 보고서를 디자인 보기로 변환한 후, [보고서 디자인 도구] 정황 탭을 이용하여 필요없는 컨트롤은 삭제한다. 컨트롤을 이동은 '디자인 보기' 상태에서 '레이아웃 보기'로 변환한 후에 하는 것이 좋다. 같은 종류의 컨트롤이 그룹화되어 있으므로, 원하는 컨트를을 클릭하여 액티브로 하고, 화살표 키(→ ←↓ ↑)를 눌러 이동시키면 된다.

직원별 영업실적 보고서

직원별 영업실적 보고서

이름	대리점명	년월	판매액
김선미			
	경주		
		2012-02-29	₩2,880,000
		2012-01-31	₩2,750,000
	금정		
		2012-02-29	₩2,800,000
		2012-01-31	₩2,550,000
	남구		
		2012-02-29	₩1,400,000
		2012-01-31	₩1,200,000
	달서		
		2012-02-29	₩1,750,000
		2012-01-31	₩1,600,000
합계			₩16,930,000
김정은			
	서구		
		2012-02-29	₩2,550,000
		2012-01-31	₩2,400,000

위의 '레이아웃 보기' 상태를 '디자인 보기' 상태로 변환한 후, 선을 긋거나 영역을 넓히는 등의 세세한 작업을 하면 된다.
선 긋기를 하려면 [보고서 디자인 도구] 정황 탭 → [디자인] 탭 → [컨트롤] 그룹 →〈컨트롤〉 버튼의 드롭 다운 버튼 클릭하여〈선〉 명령 버튼을 클릭한 후,원하는 크기로 드래그하면 된다.

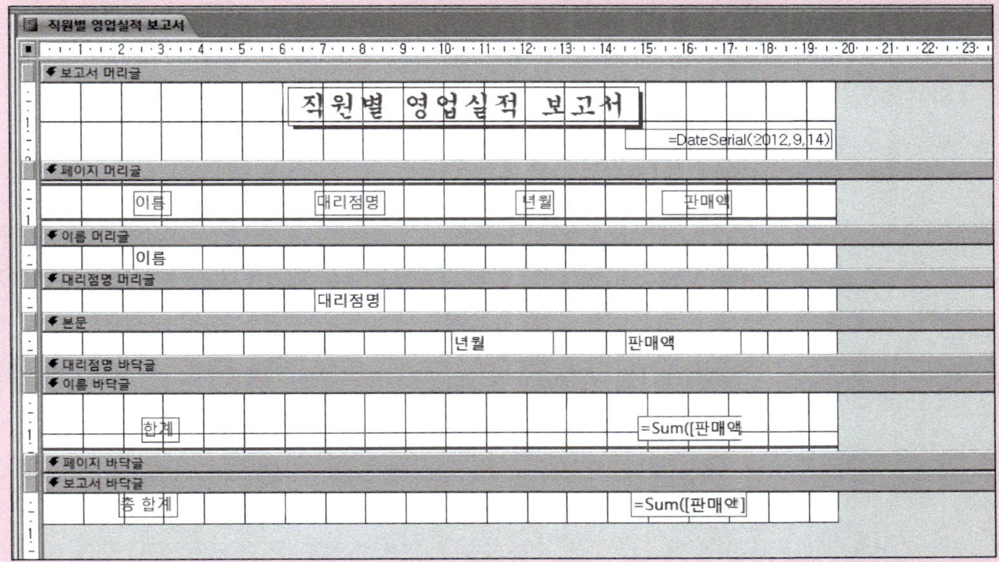

▶ 조건부 서식

엑셀에서 사용하는 조건부 서식과 거의 같다. 먼저 '본문' 영역에 있는 '판매액'를 나타내는텍스트 박스를 클릭하고, [보고서 디자인 도구] 정황 탭 → [형식] 그룹 →[컨트롤 서식] 그룹 → 〈조건부 서식〉 명령 버튼을 클릭하여 나타난 대화상자에서 다음과 같이 설정한다.

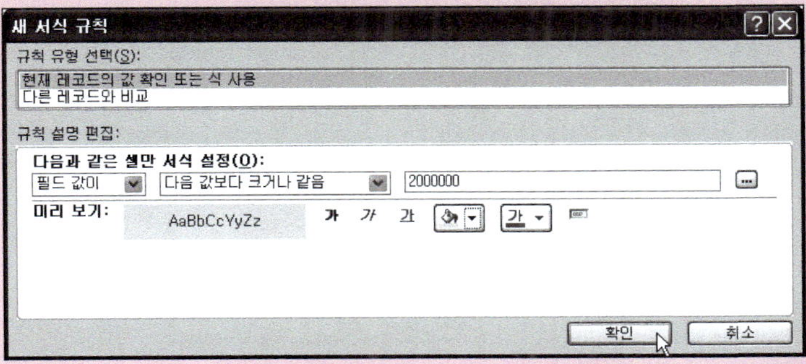

11 보고서 작성_레이블 사용

다음 조건에 맞는 우편레이블을 작성하시오..

① 표준레이블: 제조업체 A-ONE, 제품번호 28315(세로*가로 : 34mm × 64mm/개수 : 3)

② 레이블의 필드 순서 :대리점명, 주소, 담당자명

③ 레이블 출력 순서 :대리점명에 대해 오름차순으로 정렬

④ 필드 표현방법 :대리점명 ≪출력형태≫와 같이 적용(굵게, & 연산자 사용)

담당자명 – ≪출력형태≫와 같이 적용(& 연산자 사용)

≪출력 형태≫

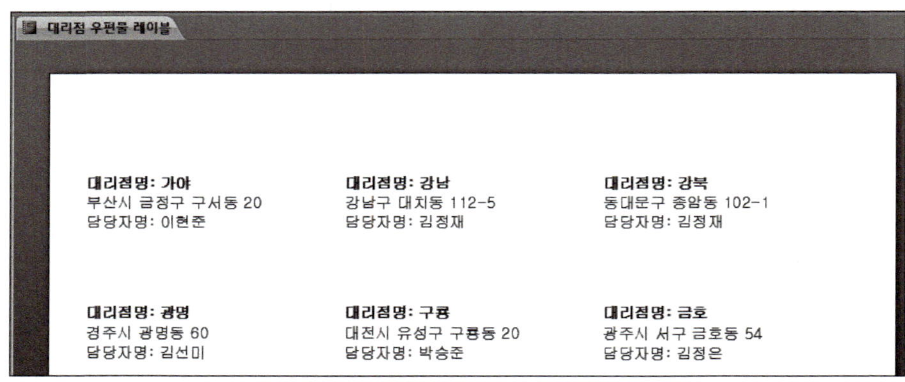

힌트 ▶ 우편 레이블용 쿼리를 작성(쿼리명: 대리점 레이블)

'직원'과 '대리점' 테이블을 사용하여 대리점명, 주소, 이름이 나타나게 하는 '대리점 레이블'이라는 쿼리를 작성한다.

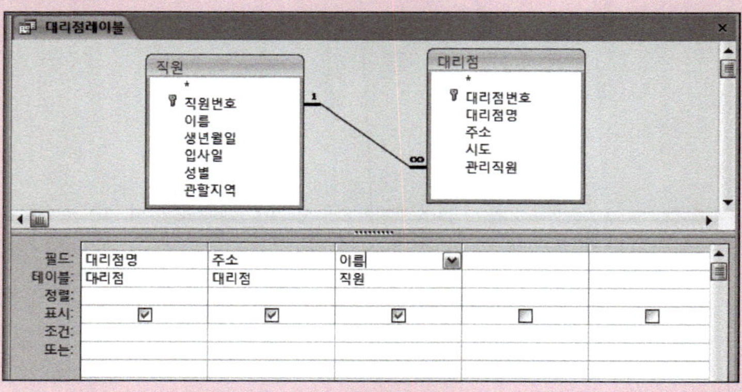

▶ 사용 프린터의 선택

작성된 '대리점 레이블' 쿼리를 닫고, 개체 창에 있는 '대리점 레이블' 쿼리를 클릭하고, [만들기] 탭 → [보고서] 그룹 → 〈레이블〉 버튼을 클릭하여 나타난 대화상자에서 '제조업체로 필터링'로 A-ONE, '제품번호'로 28315를 설정한다

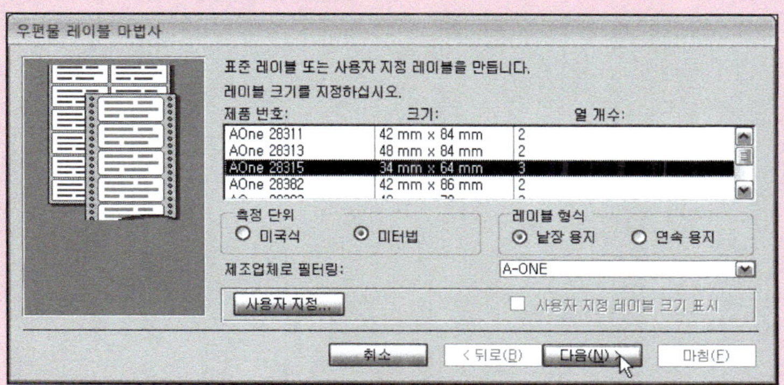

▶ 텍스트의 글꼴과 색 지정과 우편물 레이블 지정

텍스트의 글꼴과 색을 지정하고,우편물 레이블의 지정은 다음과 같이 처리한다.

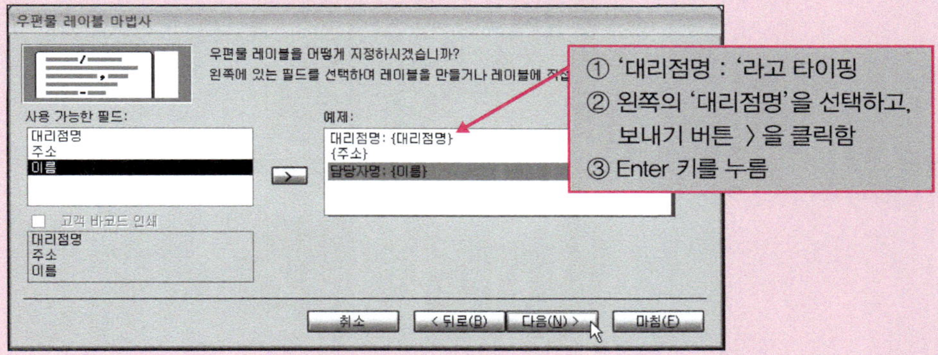

다음에 레이블 정렬 순서를 정하고, '대리점 우편물 레이블'라는 이름으로 저장한다

▶ 작성된 우편물 레이블를 디자인보기로 변경하여 필요한 속성을 설정

속성 지정이 끝나면 '인쇄미리보기'로 변환하여 결과물을 확인한다.

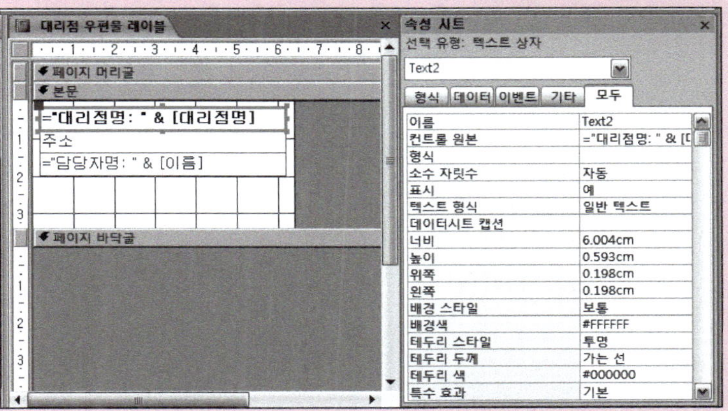

12 CHAPTER

주문관리

본 장에서는 기업에서 일상적이고 반복적으로 진행되는 주문관리업무를 효과적으로 처리하기 위하여 데이터베이스 관리 소프트웨어인 엑세스를 이용하여 데이터베이스를 구축하고, 고객, 제품, 주문 데이터를 관리하는 다양하고 실제적인 작업들을 연습해본다.

주문관리업무

주문관리업무는 한 기업이 생존해 나가는데 핵심이 되는 업무이다. 주문관리업무는 영업 관련 부서에 한정된 활동이 아닌 생산, 회계 및 경리, 물류, 마케팅 등 기업 전반의 경영활동과 연계되어 있다. 특별히 최근에는 공급사슬관리(Supply Chain Management: SCM)의 중요성이 부각되면서 공급업체와 물류부문까지를 포함하는 기업 간 거래관계에서 주문관리와 관련된 정보가 실시간으로 공유되어야 한다는 인식이 확산되고 있다.

이에 본 장에서는 주문관리업무를 수행하면서 산출되고 저장되는 정보를 보다 효율적으로 관리하고 공유하기 위하여 마이크로소프트 엑세스를 이용한 데이터베이스를 구축하고자 한다.

사례 프로젝트

취눈이콩 식품

2005년에 설립한 쥐눈이콩 식품은 우리나라에서 고래(古來)로부터 약콩으로 알려진 쥐눈이콩을 이용한 된장, 고추장, 간장 등을 자체적으로 생산하고, 그 외의 다양한 전통 건강보조 식품들을 전문 제조사로부터 공급받아 판매하는 업체이다. 쥐눈이콩 식품은 아이들 및 젊은이들의 식성이 서양식과 인스턴트식으로 변함에 따라 건강상의 많은 문제들이 이른 연령부터 나타나고 성인병이 증가하는 것을 우려하여, 적극적으로 생식 및 전통식의 이점을 알리고, 다양한 우리나라 전통 식품 및 영양보조 제품 등을 개발하여 보급하려는 경영이념과 목표를 수립하였다. 최근에는 대학교의 연구소와 공동으로 새로운 제품들이 개발되면서 고객들도 증가하고 공급업체들의 수도 증가하는 추세이다. 이에, 공급업체들과 실시간으로 고객 및 주문정보를 공유하고, 고객들의 주문 및 서비스 요구에 효율적으로 대응하고자 주문관리 데이트베이스를 구축하려는 계획을 수립하게 되었다.

담당자들은 새로운 주문이 발생할 때 주문관리시스템을 통해서 초기데이터들을 입력하고, 입력된 데이터들을 다양한 목적에 맞게 질의하고, 보고서를 만들고, 매크로 기능을 이용하여 편리하게 사용한다. 이와 같이 생성되고 저장된 주문정보는 실시간으로 각 부서 및 공급업체들과 공유함으로써, 신속하게 고객의 주문관리업무와 생산업무, 그리고 다양한 채널을 통한 판매 업무 및 고객관계 관리를 적극적으로 수행하는데 도움을 주게 된다.

다음은 쥐눈이콩 식품의 주문관리시스템에 요구되는 데이터베이스의 구축 예이다. 마이크로소프트 엑세스를 이용하여 쥐눈이콩 식품의 주문관리 데이터베이스를 구축하기 위하여 먼저 세 개의 테이블을 작성한다. 각 테이블의 구성은 다음과 같다.

❶ 새로운 고객이 방문하여 회원신청을 하거나, 구매를 할 때 고객에 대한 데이터가 생성되는 고객테이블

❷ 새로운 제품이 개발되거나, 회사의 컨셉에 맞는 제품을 소싱하였을 때 제품에 대한 관련 자료를 저장하는 제품테이블

❸ 고객으로부터 주문을 받을 때 생성되는 주문 관련 데이터를 저장하는 주문테이블

본 프로젝트에서 수행될 작업내용들은 다음과 같다.

❶ 3개 테이블의 디자인 명세를 계획하여 테이블을 작성하고 데이터를 입력한다.

❷ 관계형 데이터베이스 구축을 위한 필수사항으로 3개 테이블 간의 관계를 설정한다.

❸ 3개 테이블에 새로운 데이터를 입력할 수 있는 입력폼을 작성한다.

❹ 업무를 신속하게 처리하고 의사결정에 반영할 수 있는 주문관련 정보를 조회할 수 있는 다양한 쿼리 테이블을 작성하고, 필요한 경우 쿼리 폼을 만든다.

❺ 주기적으로 작성되어야 하는 주문관리업무 관련 보고서를 만든다. 본 장에서는 보고서 내용을 한 눈에 파악할 수 있는 차트 보고서도 작성한다.

❻ 테이블, 폼, 기타 보고서에서 사용될 수 있는 매크로를 작성한다.

❼ 주문관리시스템을 용이하게 사용할 수 있는 메뉴화면을 구성한다.

1 테이블 작성

11장에서 학습한 바와 같이, 새 데이터베이스를 만들고 파일 이름을 주문관리로 저장한다. 본 장에서는 테이블을 만들 때, 필드에 대한 이해와 적절한 옵션 선택을 하기 위하여 디자인보기 메뉴를 이용하여 만든다. 사용되는 고객, 제품, 주문테이블의 디자인 명세는 다음과 같다.

1.1 고객테이블 디자인 명세

❶ 테이블을 생성하기 위해서는 상단의 테이블 디자인 메뉴를 클릭하여 테이블의 기본적인 속성에 대해 정의하여야 한다. 기본적인 속성은 고객번호부터 고객등급까지 하단과 같이 입력한 뒤, 기본 키(Primary Key)를 고객번호로 설정하고 테이블의 이름을 '고객'으로 저장한다.

❷ 기본 키를 설정하는 방법은 고객번호 탭에서 오른쪽 클릭하면 나오는 메뉴의 '기본 키'메뉴를 클릭하면 된다.

❸ 테이블의 이름을 저장하는 방법은 상단 메뉴에서 디스크 모양의 아이콘을 누르거나 '테이블1'이라 쓰여 있는 탭을 오른쪽 클릭하고 이름을 '고객'으로 변경하여 입력한 후 저장한다. 또한 테이블의 필드속성을 보다 구체적으로 설정하기 위해서는 화면 하단의 필드속성에서 수정하여준다. 예를 들어, 고객번호의 필드크기는 10 byte로 충분할 것이므로, 255에서 10으로 변경하여 주고, 그 밖의 필드속성은 필요에 의해 수정한다.

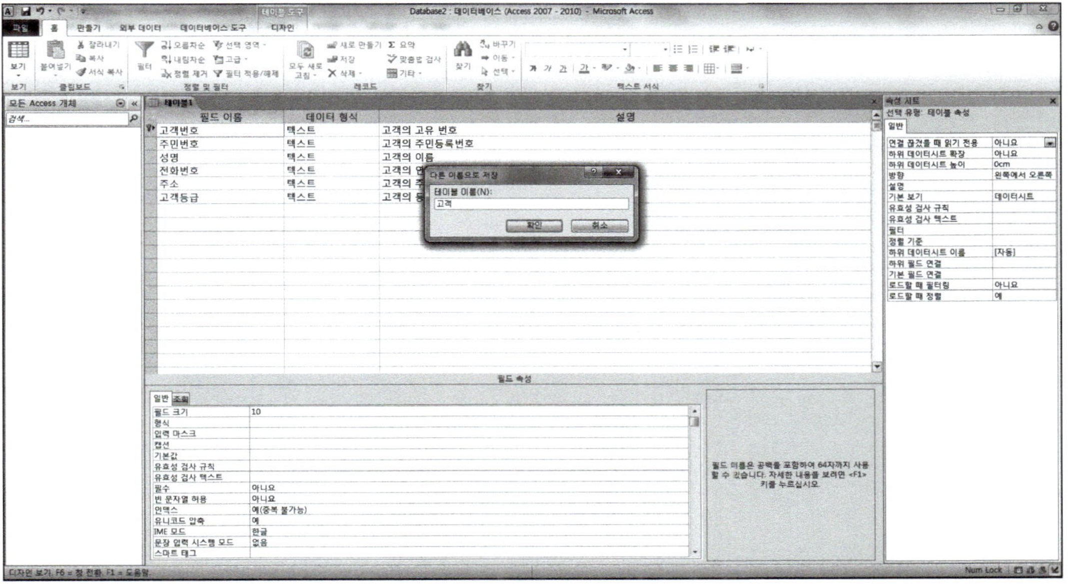

❹ '고객' 테이블이 완성되게 되면 '고객' 테이블을 오른쪽 클릭하여 '데이터시트 보기'를 클릭하고 고객정보를 입력한다.

1.2 제품테이블 디자인 명세

제품테이블을 생성하는 것은 '고객' 테이블을 만드는 방법과 동일하다. '제품테이블의 기본키는 제품번호로 설정한다. 제품테이블의 이름은 제품으로 입력하고 저장한다.

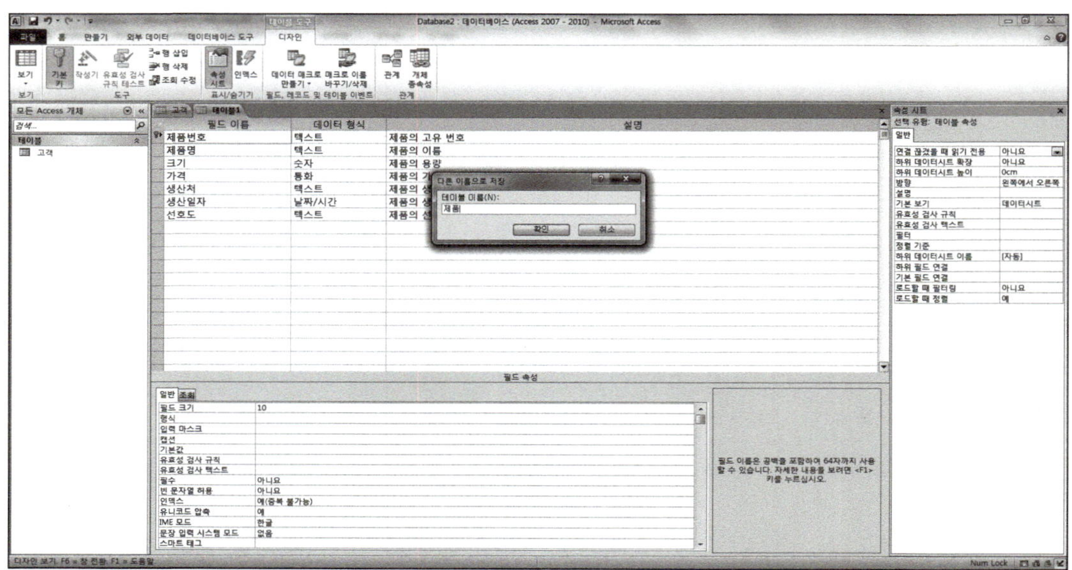

1.3 주문테이블 디자인 명세

다음으로 주문테이블을 작성한다. 테이블 작성방법은 고객 및 제품테이블과 동일하다.

❶ 주문번호로 기본 키를 정의하고 테이블의 이름은 '주문'으로 저장한다.

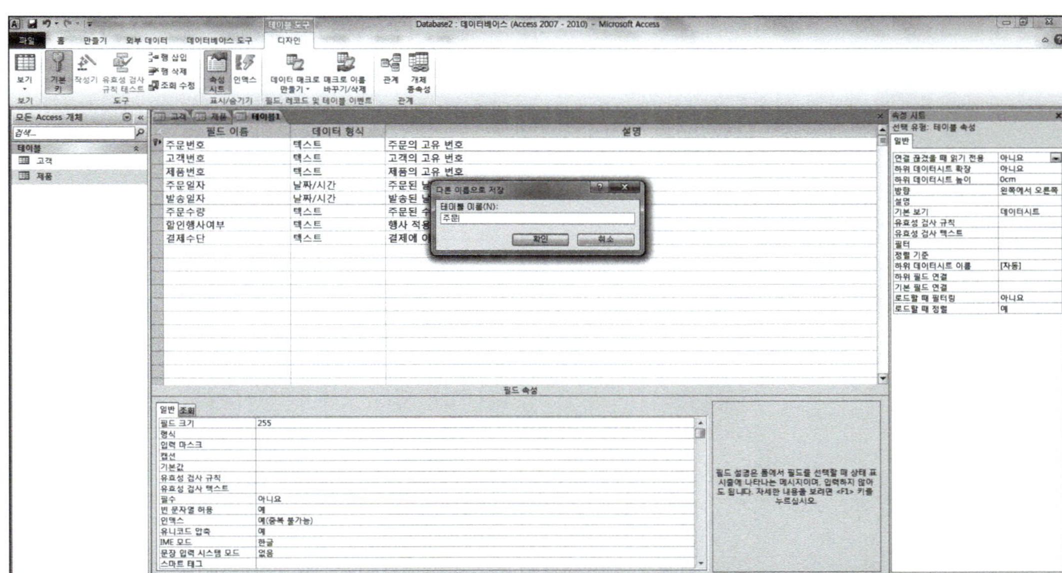

❷ 테이블 디자인이 모두 완성되면 저장을 한 뒤, 상단의 탭을 모두 닫아준다. 닫는 방법은 오른쪽 클릭 후 '닫기'를 누르면 된다.

2 테이블 사이의 관계 설정

앞에서 작성한 3개 테이블의 관계를 형성한다. 3개 테이블의 관계는 주문테이블을 중심으로 하여, 주문테이블의 고객번호와 고객테이블의 고객번호, 주문테이블의 제품번호와 제품테이블의 제품번호를 관계로 이어준다. 이렇게 형성된 테이블간의 관계에 의하여, 데이터베이스의 질의와 하위폼의 작성, 하위 보고서의 작성 등이 가능하게 된다.

❶ 우선 가장 상단 메뉴 중의 ‘데이터베이스 도구’를 클릭하여 ‘관계’ 메뉴를 클릭하면 아래와 같은 화면이 나타나게 된다.

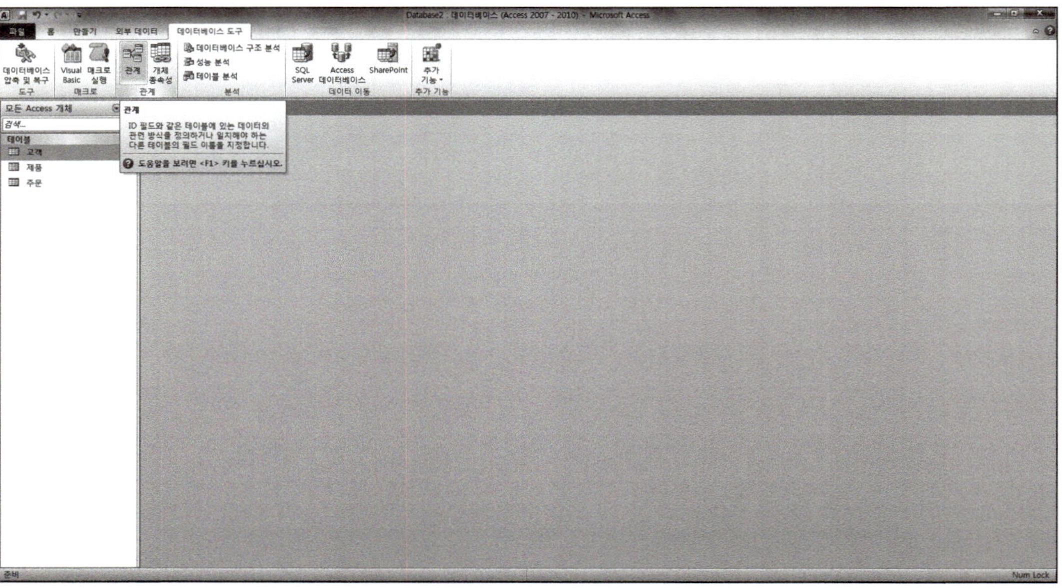

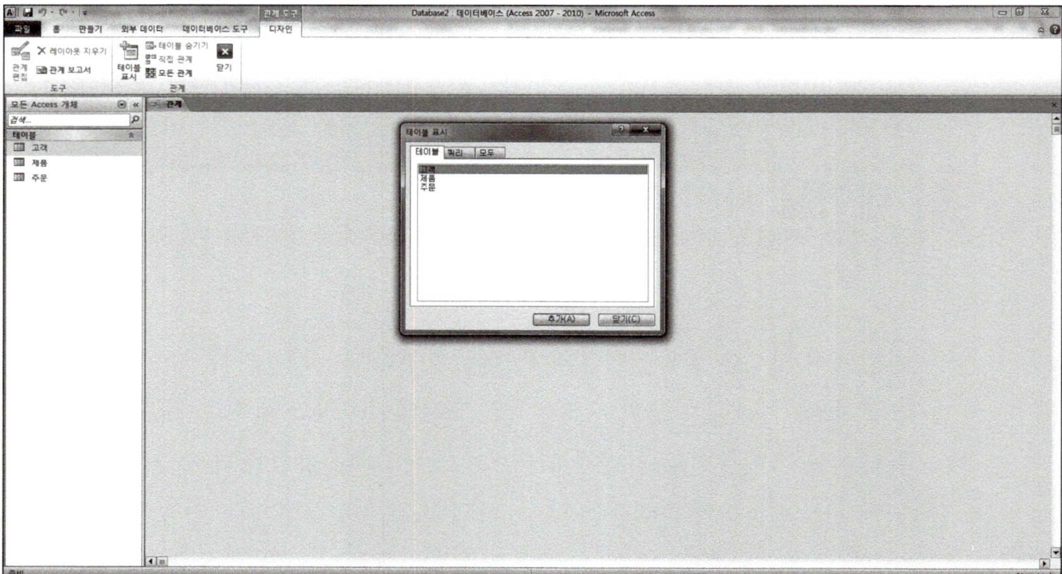

❷ 화면의 테이블 표시 상자에 ‘고객’, ‘제품’, ‘주문’이 보이는데, 이 세 가지를 차례대로 모두 선택하여 화면에 끌어내도록 한다.

❸ 화면에 생성된 테이블들은 고객, 제품, 주문 순서로 배열되어 있으나 ‘주문’의 상단을 드래그해

서 가운데로 끌어오고, '제품'을 드래그해서 우측으로 놓게 되면 관계 설정을 하기가 용이해진다.

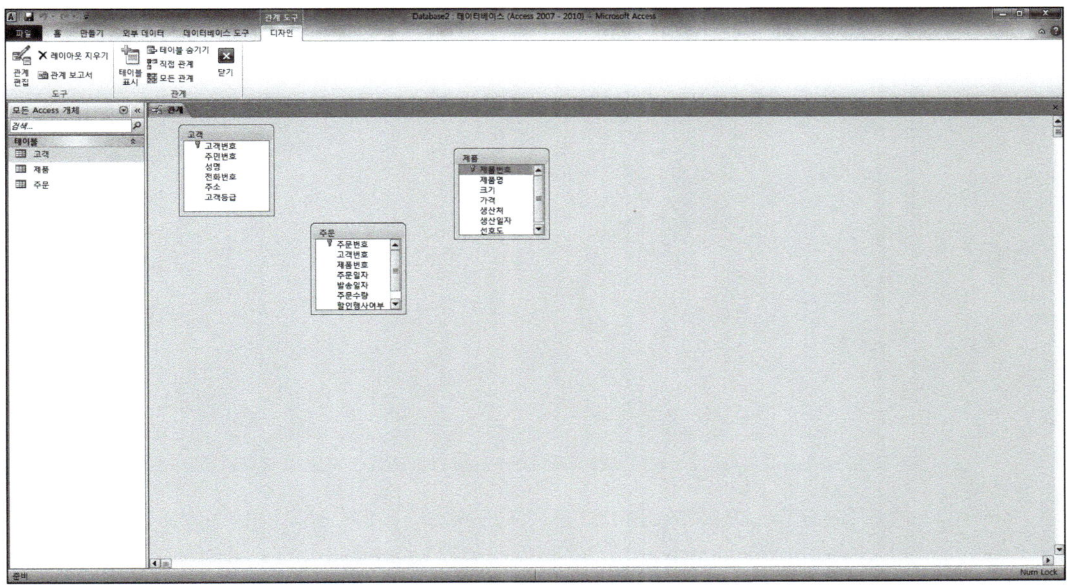

❹ 우선 '고객'테이블과 '주문'테이블의 관계를 설정하기 위하여 '고객'테이블의 '고객번호'와 '주문'테이블의 '고객번호'를 연결한다.

❺ 고객번호로 두 개의 테이블을 연결하면 관계 편집 상자가 나타나는데, 항상 참조 무결성 유지로 체크박스에 클릭하고, 관계 종류가 일대다 관계가 맞는지 확인하고 만들기 버튼을 누른다.

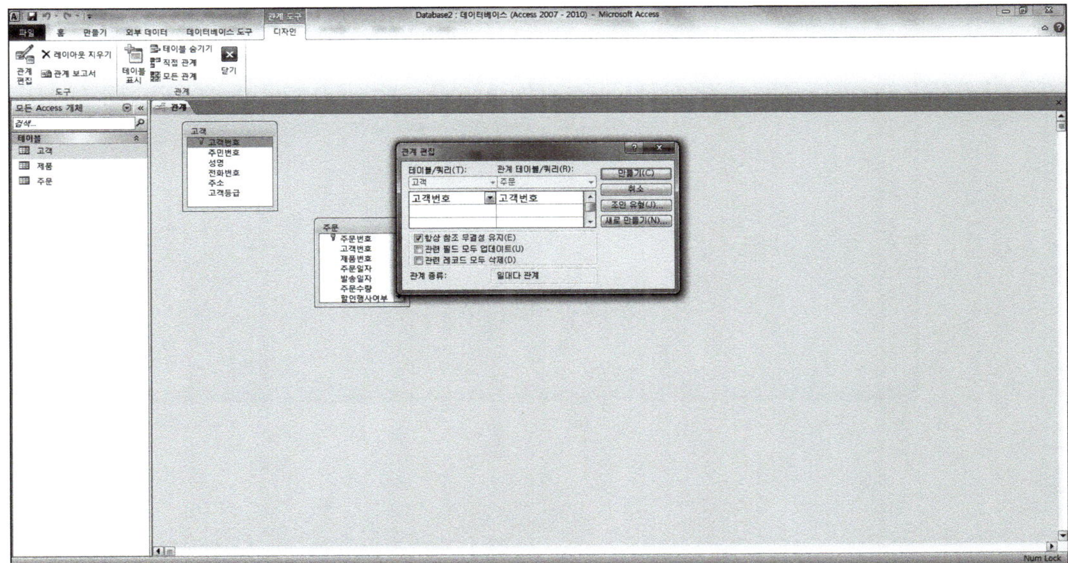

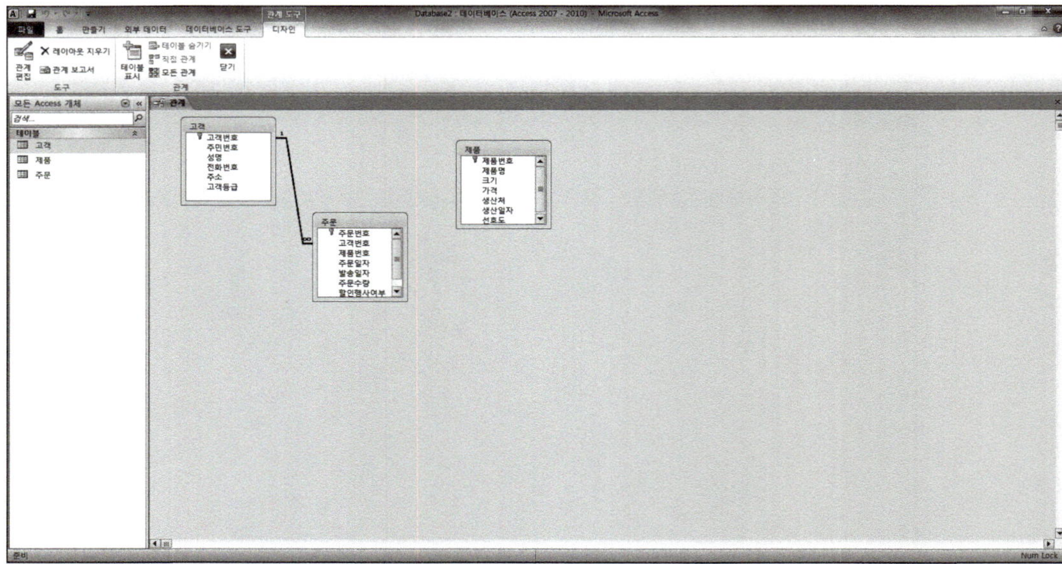

❻ 다음으로는 '제품' 테이블과 '주문' 테이블의 관계를 설정한다. 방법은 위의 방법과 동일한데, '제품' 테이블의 '제품번호'와 '주문' 테이블의 '제품번호'를 연결한다. 관계를 정의한 후에는 저장하는 것을 잊지 않도록 한다.

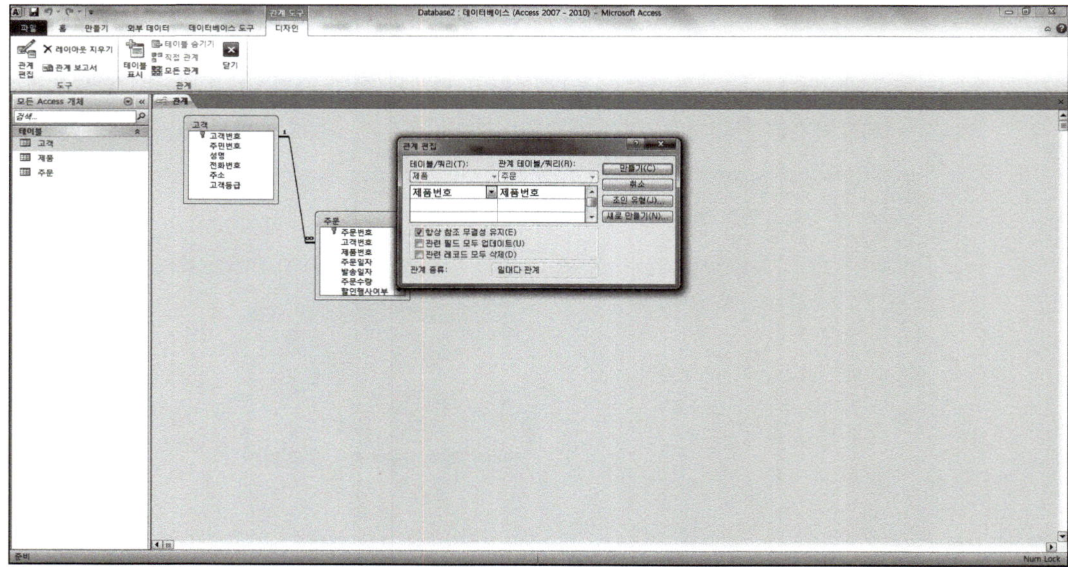

❼ 이제 관계가 설정되었으므로, 쿼리, 폼, 보고서 등의 다양한 작업을 할 수 있는 조건을 완성하였다.

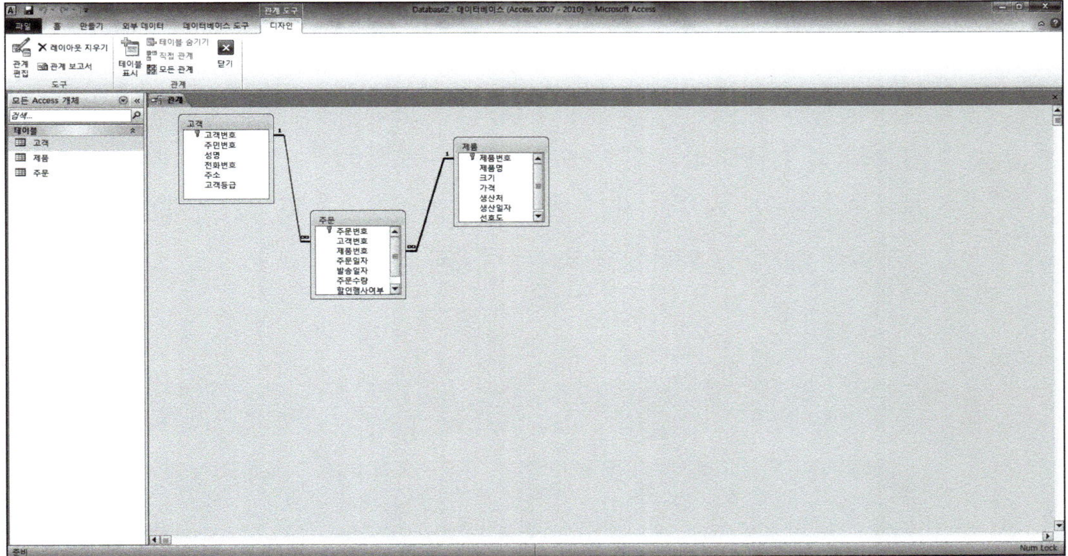

3 테이블의 데이터 입력

3개 테이블의 디자인 명세가 완성되었다면, 각 테이블에 들어가 데이터를 입력한다. 해당 테이블의 이름을 더블 클릭하면 테이블 구조가 열리므로 해당 열에 적합한 데이터를 입력한다. 데이터는 디자인에서 설정한 필드의 속성에 맞게 정확하게 입력하여야 한다. 고객, 제품, 주문테이블에 입력할 데이터는 다음과 같다.

그림 12-1 고객데이터

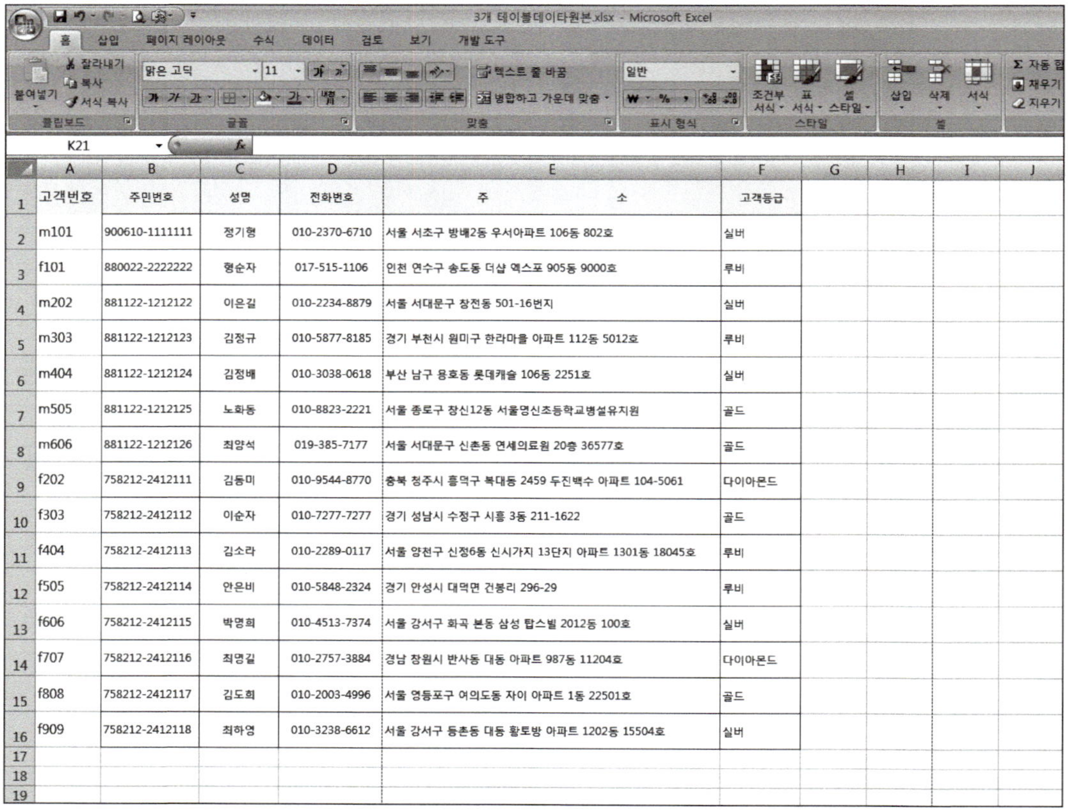

고객번호	주민번호	성명	전화번호	주소	고객등급
m101	900610-1111111	정기형	010-2370-6710	서울 서초구 방배2동 우서아파트 106동 802호	실버
f101	880022-2222222	형순자	017-515-1106	인천 연수구 송도동 더샵 엑스포 905동 9000호	루비
m202	881122-1212122	이은길	010-2234-8879	서울 서대문구 창전동 501-16번지	실버
m303	881122-1212123	김정규	010-5877-8185	경기 부천시 원미구 한라마을 아파트 112동 5012호	루비
m404	881122-1212124	김정배	010-3038-0618	부산 남구 용호동 롯데캐슬 106동 2251호	실버
m505	881122-1212125	노화동	010-8823-2221	서울 종로구 창신12동 서울명신초등학교병설유치원	골드
m606	881122-1212126	최양석	019-385-7177	서울 서대문구 신촌동 연세의료원 20층 36577호	골드
f202	758212-2412111	김동미	010-9544-8770	충북 청주시 흥덕구 복대동 2459 두진백수 아파트 104-5061	다이아몬드
f303	758212-2412112	이순자	010-7277-7277	경기 성남시 수정구 시흥 3동 211-1622	골드
f404	758212-2412113	김소라	010-2289-0117	서울 양천구 신정6동 신시가지 13단지 아파트 1301동 18045호	루비
f505	758212-2412114	안은비	010-5848-2324	경기 안성시 대덕면 건봉리 296-29	루비
f606	758212-2412115	박명희	010-4513-7374	서울 강서구 화곡 본동 삼성 탑스빌 2012동 100호	실버
f707	758212-2412116	최명길	010-2757-3884	경남 창원시 반사동 대동 아파트 987동 11204호	다이아몬드
f808	758212-2412117	김도희	010-2003-4996	서울 영등포구 여의도동 자이 아파트 1동 22501호	골드
f909	758212-2412118	최하영	010-3238-6612	서울 강서구 등촌동 대동 황토방 아파트 1202동 15504호	실버

그림 12-2 제품데이터

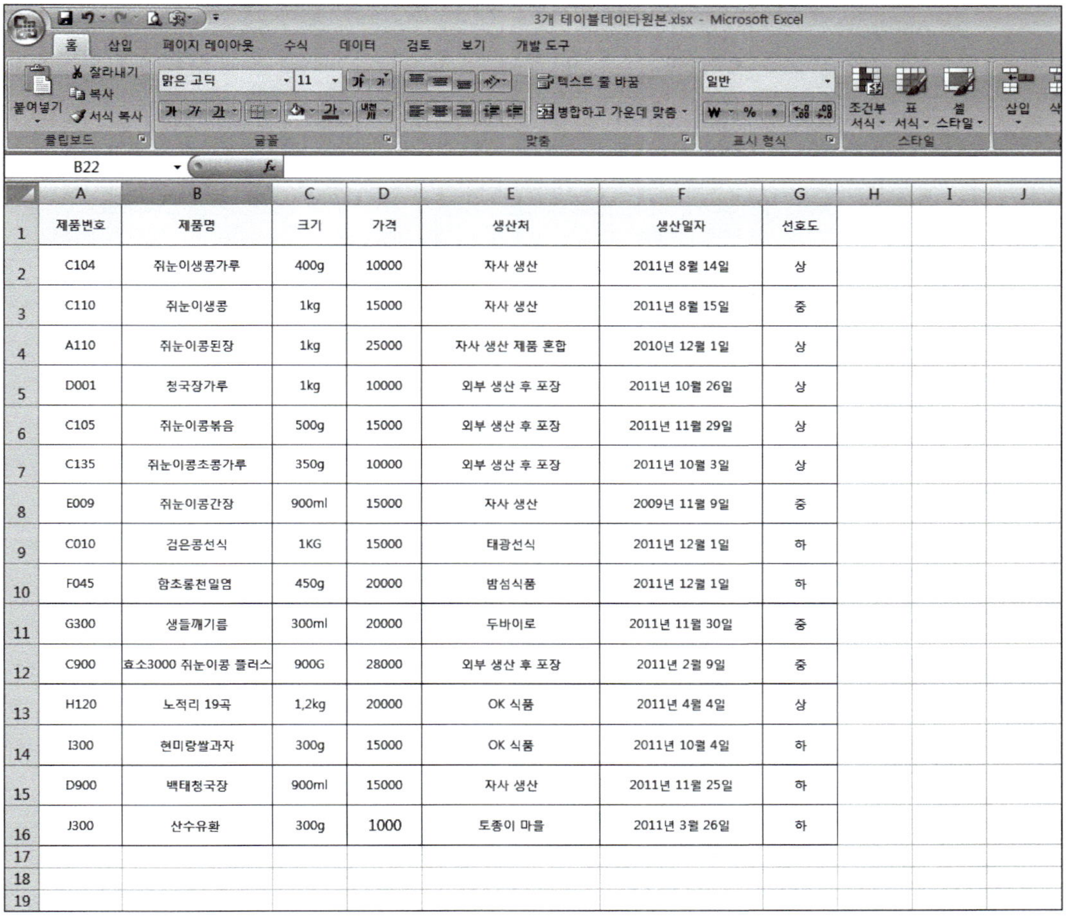

제품번호	제품명	크기	가격	생산처	생산일자	선호도
C104	쥐눈이생콩가루	400g	10000	자사 생산	2011년 8월 14일	상
C110	쥐눈이생콩	1kg	15000	자사 생산	2011년 8월 15일	중
A110	쥐눈이콩된장	1kg	25000	자사 생산 제품 혼합	2010년 12월 1일	상
D001	청국장가루	1kg	10000	외부 생산 후 포장	2011년 10월 26일	상
C105	쥐눈이콩볶음	500g	15000	외부 생산 후 포장	2011년 11월 29일	상
C135	쥐눈이콩초콩가루	350g	10000	외부 생산 후 포장	2011년 10월 3일	상
E009	쥐눈이콩간장	900ml	15000	자사 생산	2009년 11월 9일	중
C010	검은콩선식	1KG	15000	태광선식	2011년 12월 1일	하
F045	함초롱천일염	450g	20000	밤섬식품	2011년 12월 1일	하
G300	생들깨기름	300ml	20000	두바이로	2011년 11월 30일	중
C900	효소3000 쥐눈이콩 플러스	900G	28000	외부 생산 후 포장	2011년 2월 9일	중
H120	노적리 19곡	1,2kg	20000	OK 식품	2011년 4월 4일	상
I300	현미랑쌀과자	300g	15000	OK 식품	2011년 10월 4일	하
D900	백태청국장	900ml	15000	자사 생산	2011년 11월 25일	하
J300	산수유환	300g	1000	토종이 마을	2011년 3월 26일	하

그림 12-3 주문데이터

주문번호	고객번호	제품번호	주문일자	발송일자	주문수량	할인행사여부	결제수단
201101	m101	C104	2011년 12월 1일	2011년 12월 4일	3	예	현금
201102	f101	C110	2011년 12월 2일	2011년 12월 7일	3	아니오	상품권
201103	m202	C110	2011년 12월 2일	2011년 12월 5일	6	아니오	신용카드
201104	m404	A110	2011년 12월 3일	2011년 12월 5일	1	아니오	현금
201105	m404	D001	2011년 12월 3일	2011년 12월 8일	1	예	현금
201106	m505	C105	2011년 12월 3일	2011년 12월 5일	10	아니오	직불카드
201107	m606	D001	2011년 12월 4일	2011년 12월 6일	1	예	신용카드
201108	f202	C105	2011년 12월 5일	2011년 12월 8일	2	아니오	신용카드
201109	f303	C135	2011년 12월 5일	2011년 12월 8일	1	예	신용카드
201110	f202	D001	2011년 12월 5일	2011년 12월 10일	1	예	현금
201111	f505	C104	2011년 12월 6일	2011년 12월 9일	1	예	상품권
201112	f606	E009	2011년 12월 7일	2011년 12월 10일	1	아니오	신용카드
201113	f707	C110	2011년 12월 8일	2011년 12월 11일	1	아니오	직불카드
201114	f808	C105	2011년 12월 9일	2011년 12월 12일	1	아니오	현금
201115	f909	D001	2011년 12월 9일	2011년 12월 12일	2	예	현금
201116	f909	C105	2011년 12월 9일	2011년 12월 12일	1	아니오	현금
201117	f707	C135	2011년 12월 9일	2011년 12월 15일	2	예	직불카드
201118	m606	D001	2011년 12월 10일	2011년 12월 13일	1	예	신용카드
201119	m606	C010	2011년 12월 10일	2011년 12월 13일	2	아니오	신용카드
201120	f909	E009	2011년 12월 10일	2011년 12월 15일	1	아니오	현금

모든 데이터의 입력이 완료되면, 에러가 없는지 반드시 확인하도록 한다. 사소한 데이터 입력 실수가 이후 쿼리 실행에 오류를 가져오기 때문에 신중을 기하도록 한다. 입력이 종료되면 탭을 오른쪽 클릭하여 닫고 완성한다.

그림 12-4 고객테이블 입력 데이터

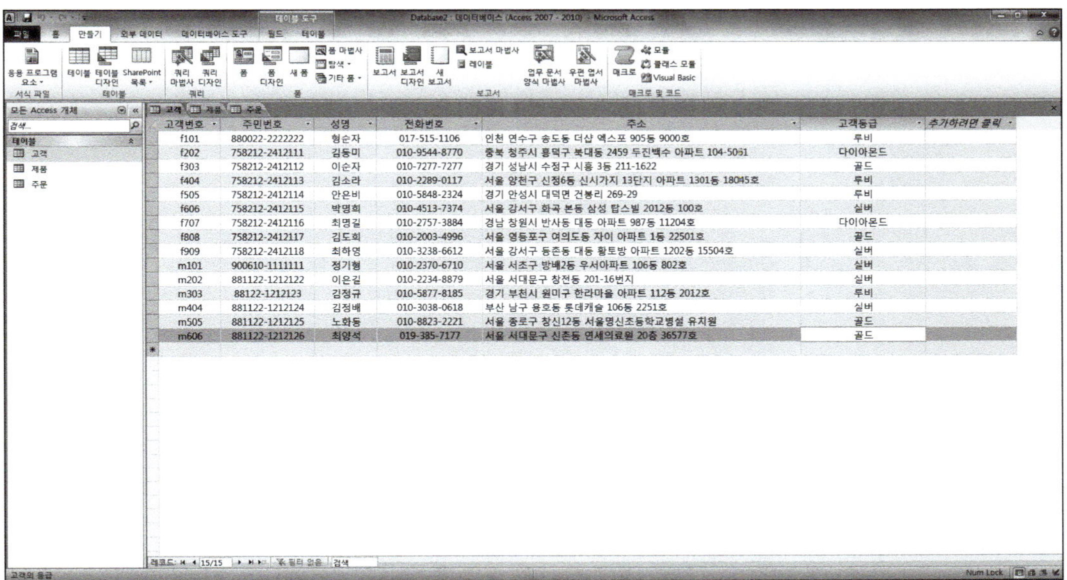

고객번호	주민번호	성명	전화번호	주소	고객등급
f101	880022-2222222	형순자	017-515-1106	인천 연수구 송도동 더샵 엑스포 905동 9000호	루비
f202	758212-2412111	김동미	010-9544-8770	충북 청주시 흥덕구 복대동 2459 두진백수 아파트 104-5061	다이아몬드
f303	758212-2412112	이순자	010-7277-7277	경기 성남시 수정구 시흥 3동 211-1622	골드
f404	758212-2412113	김소라	010-2289-0117	서울 양천구 신정6동 신시가지 13단지 아파트 1301동 18045호	루비
f505	758212-2412114	안은비	010-5848-2324	경기 안성시 대덕면 건봉리 269-29	루비
f606	758212-2412115	박명희	010-4513-7374	서울 강서구 화곡 본동 삼성 탑스빌 2012동 100호	실버
f707	758212-2412116	최명길	010-2757-3884	경남 창원시 반사동 대동 아파트 987동 11204호	다이아몬드
f808	758212-2412117	김도희	010-2003-4996	서울 영등포구 여의도동 자이 아파트 1동 22501호	골드
f909	758212-2412118	최하영	010-3238-6612	서울 강서구 등촌동 대동 황토방 아파트 1202동 15504호	실버
m101	900610-1111111	정기형	010-2370-6710	서울 서초구 방배2동 우서아파트 106동 802호	실버
m202	881122-1212122	이은길	010-2234-8879	서울 서대문구 창전동 201-16번지	실버
m303	88122-1212123	김정규	010-5877-8185	경기 부천시 원미구 한라마을 아파트 112동 2012호	루비
m404	881122-1212124	김정배	010-3038-0618	부산 남구 용호동 롯데캐슬 106동 2251호	실버
m505	881122-1212125	노화동	010-8823-2221	서울 종로구 창신12동 서울명신초등학교병설 유치원	골드
m606	881122-1212126	최양석	019-385-7177	서울 서대문구 신촌동 연세의료원 20층 36577호	골드

그림 12-5 제품테이블 입력 데이터

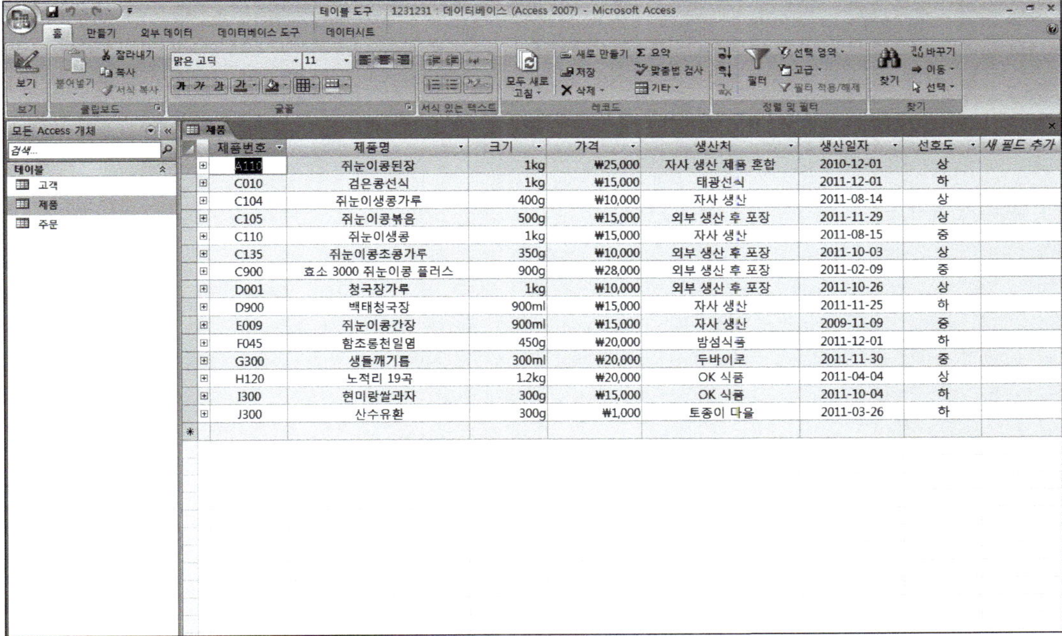

제품번호	제품명	크기	가격	생산처	생산일자	선호도
A110	쥐눈이콩된장	1kg	₩25,000	자사 생산 제품 혼합	2010-12-01	상
C010	검은콩선식	1kg	₩15,000	태광선식	2011-12-01	하
C104	쥐눈이생콩가루	400g	₩10,000	자사 생산	2011-08-14	상
C105	쥐눈이콩볶음	500g	₩15,000	외부 생산 후 포장	2011-11-29	상
C110	쥐눈이생콩	1kg	₩15,000	자사 생산	2011-08-15	중
C135	쥐눈이콩초콩가루	350g	₩10,000	외부 생산 후 포장	2011-10-03	상
C900	효소 3000 쥐눈이콩 플러스	900g	₩28,000	외부 생산 후 포장	2011-02-09	중
D001	청국장가루	1kg	₩10,000	외부 생산 후 포장	2011-10-26	상
D900	백태청국장	900ml	₩15,000	자사 생산	2011-11-25	하
E009	쥐눈이콩간장	900ml	₩15,000	자사 생산	2009-11-09	중
F045	함초롱천일염	450g	₩20,000	밤섬식품	2011-12-01	하
G300	생들깨기름	300ml	₩20,000	두바이로	2011-11-30	중
H120	노적리 19곡	1.2kg	₩20,000	OK 식품	2011-04-04	상
I300	현미랑쌀과자	300g	₩15,000	OK 식품	2011-10-04	하
J300	산수유환	300g	₩1,000	토종이 다올	2011-03-26	하

그림 12-5 주문테이블 입력 데이터

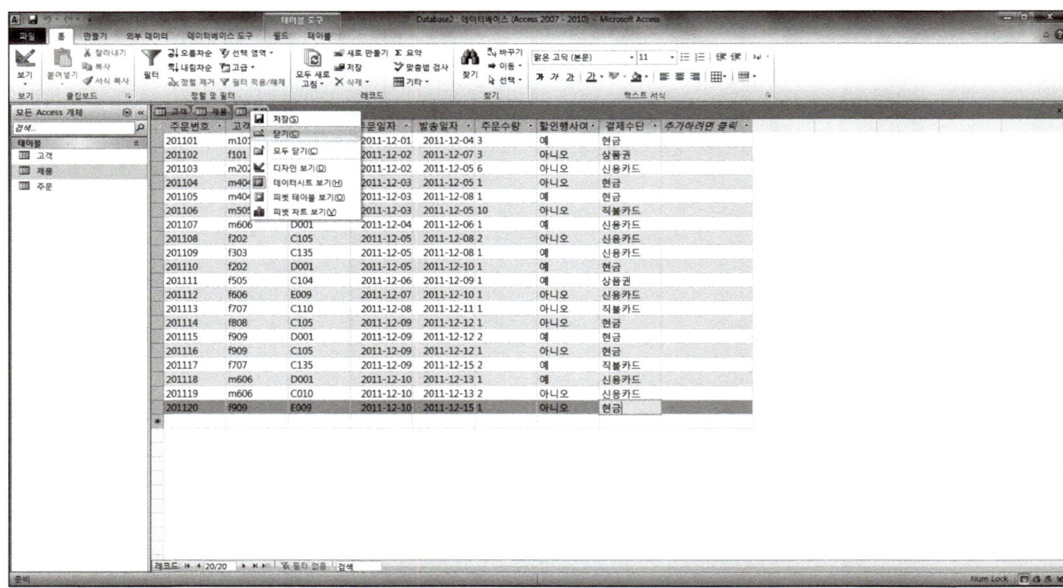

쿼리, 폼, 보고서 만들기

1 다양한 쿼리의 연습

판매부서 및 마케팅 부서의 담당자는 고객관계 관리업무를 수행함에 있어 보다 효율적인 정보를 통해 정확한 판단과 전략적인 의사결정을 수행하기 위하여 질의를 사용할 수 있다. 본 장에서는 쿼리 작성을 함에 있어 쿼리 디자인 도구를 이용하여 직접 디자인하는 방법으로 연습을 수행한다.

■ 발송일이 주문일 3일 이상을 넘긴 경우를 확인

쥐눈이콩 식품은 고객의 주문이 이루어지면, 발송일을 3일 이상 넘기지 않는다는 원칙을 가지고 있다. 12월에 이루어진 주문일과 발송일을 확인하여 문제점을 발견하고 시정하고자 어떤 제품, 어떤 생산처의 경우 발송일이 3일 이상 지체되었는지를 확인하고자 한다.

❶ 우선 위의 내용이 파악될 수 있는 테이블을 확인해보면, '주문'과 '제품' 테이블이다. '제품' 테이블에는 파악하고자 하는 '생산처', '제품명'이 나와 있고, '주문' 테이블에는 '주문일'과 '발송일'이 나와 있다. 즉, 하나의 테이블을 이용해서는 원하는 질의를 할 수 없으므로 주문테이블과 제품테이블을 열고, 발송일−주문일이 3일 이상인 제품과 생산처를 확인한다.

❷ 쿼리 디자인 메뉴는 가장 상단의 '만들기' 메뉴를 클릭하면 찾을 수 있다. '관계'를 설정하였던 화면과 유사하게, 3개의 테이블을 선택할 수 있는 화면이 나오면, 쿼리에 필요한 내용이 있는 '제

품' 테이블과 '주문' 테이블을 선택하고 닫는다.

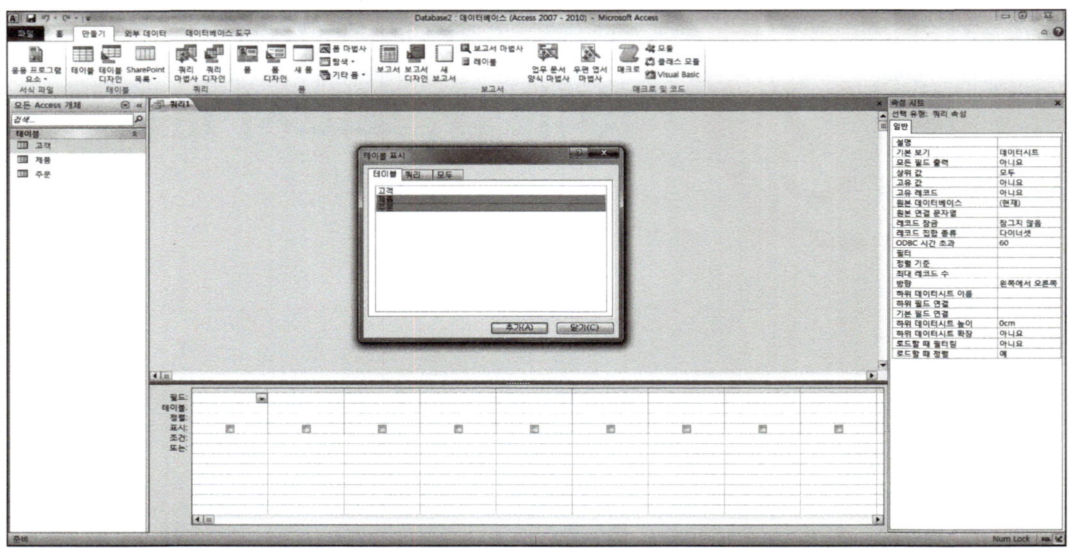

❸ 우선 파악하고자 하는 '주문일', '발송일', '제품명', '생산처'를 아래의 '필드' 공란에 차례로 드래그 하여 위치시킨다. 상단의 '실행' 메뉴를 눌러보면 쿼리의 결과값이 제시되는데, 이 결과값 중 쿼리에서 원하는 것은 발송일과 주문일의 차이가 3일 초과인 값을 찾는 것이다. 따라서 조건과 함수 기능을 이용하도록 한다. 다시 '쿼리1'이라 정의된 탭을 오른쪽 클릭하여 '디자인 보기' 메뉴로 이동한다. 조건함수를 입력하기 위하여 생산처가 입력된 필드 옆 칸에 다음과 같은 'Datediff' 함수를 입력한다.

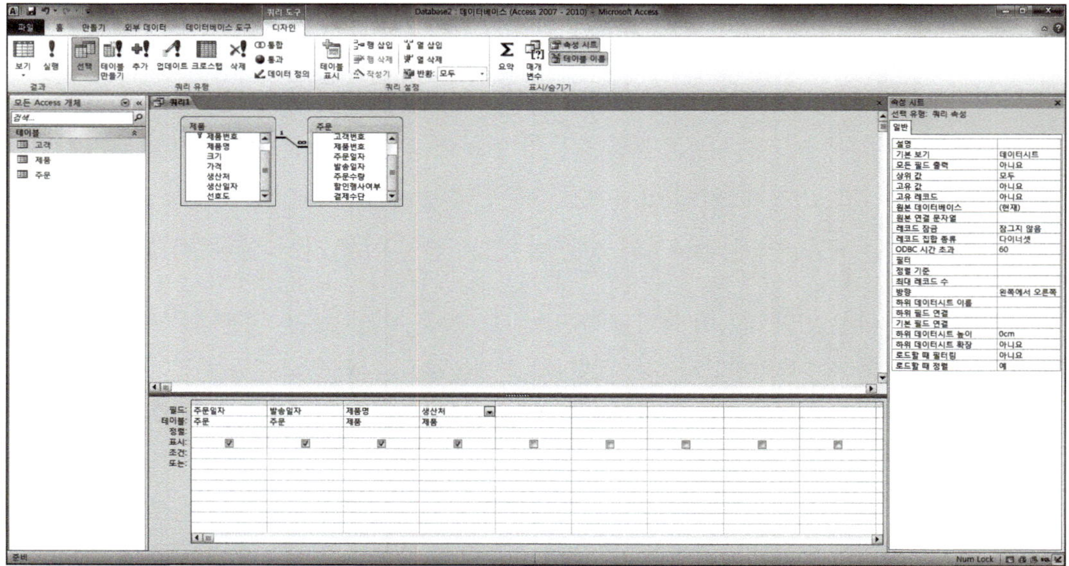

Datediff함수의 원리는 다음과 같다.

❶ Datediff(시간단위, 시작시간, 종료시간) : 시간단위는 영문으로 하며, day, week, month 등을 이용하고, 시작시간과 종료시간의 차이를 사용자가 입력한 시간단위로 환산하는 기능을 한다.

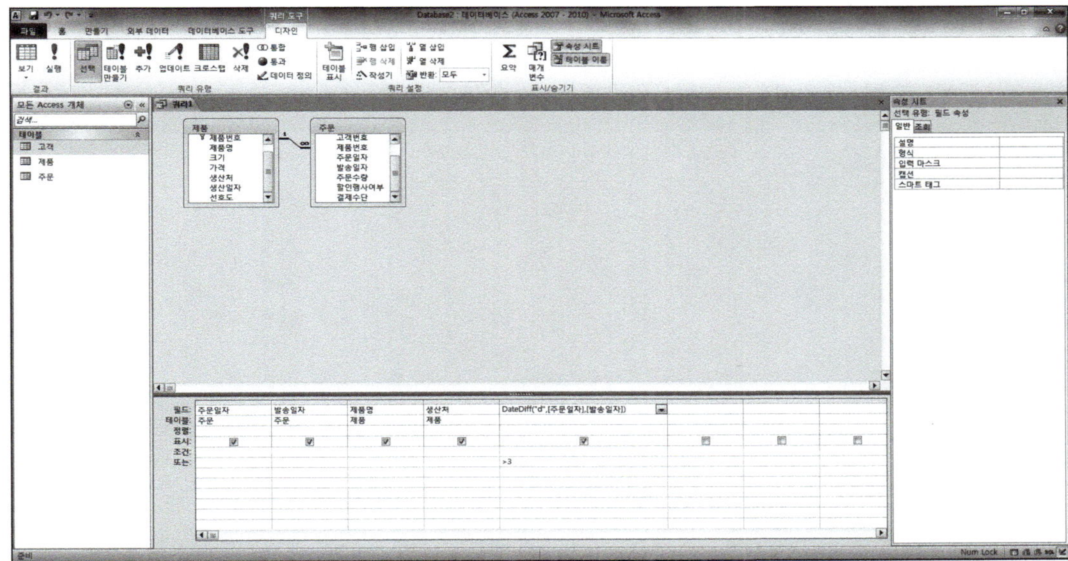

❷ 쿼리에서 도출하고자 하는 값은 3일이 초과된 결과값이므로 입력한 함수의 하단 '조건'칸에 3일의 조건값을 입력하도록 한다. 상단의 '실행'버튼을 클릭하여 결과값을 보면 의도한 쿼리의 결과가 도출된다.

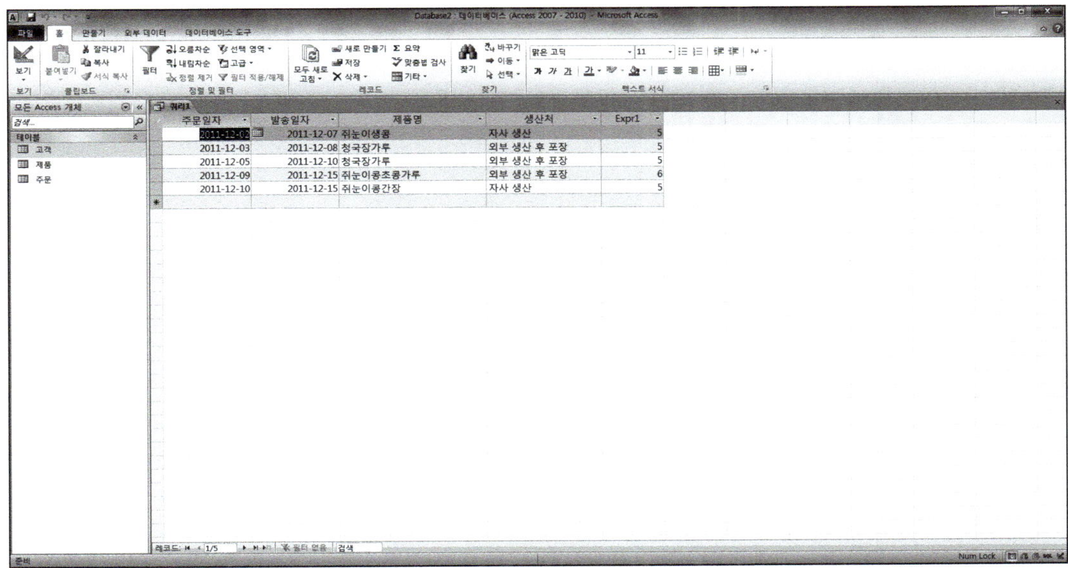

❸ 결과값에서 생성된 3일 초과 발송일자를 보여주는 새로운 열의 제목은 'Expr1'이라는 이름으로 나타난다. 이것은 입력한 수식의 이름이 정의되지 않아 시스템이 임의로 정의한 이름이다. 이름을 수정하기 위하여 디자인 보기 메뉴로 이동하여 입력한 함수식 앞에 이름을 '지연일자'로 바꾸어준다.

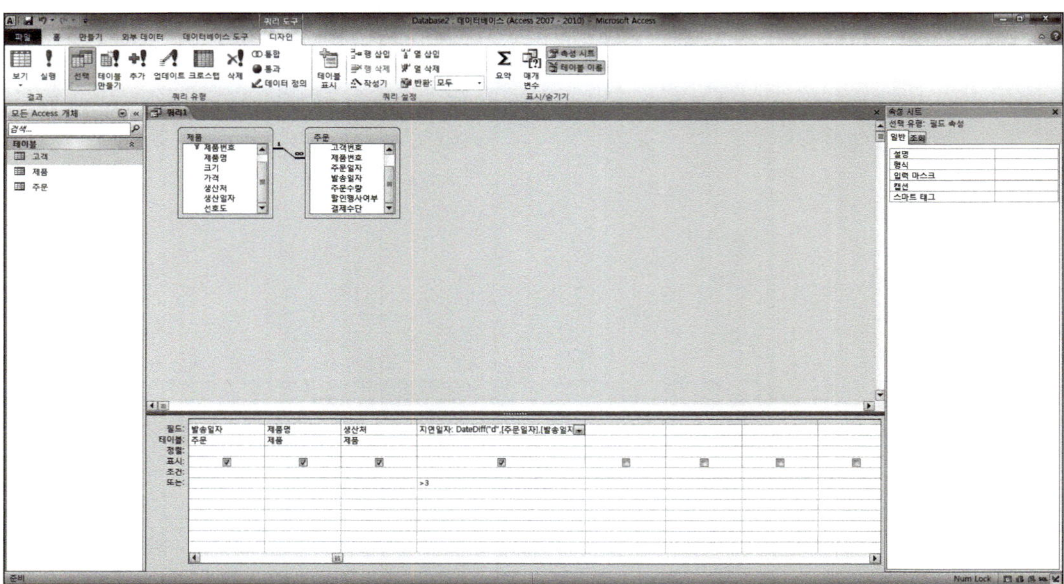

❹ 다시 실행버튼을 누르면 변경된 열의 이름을 확인할 수 있다.

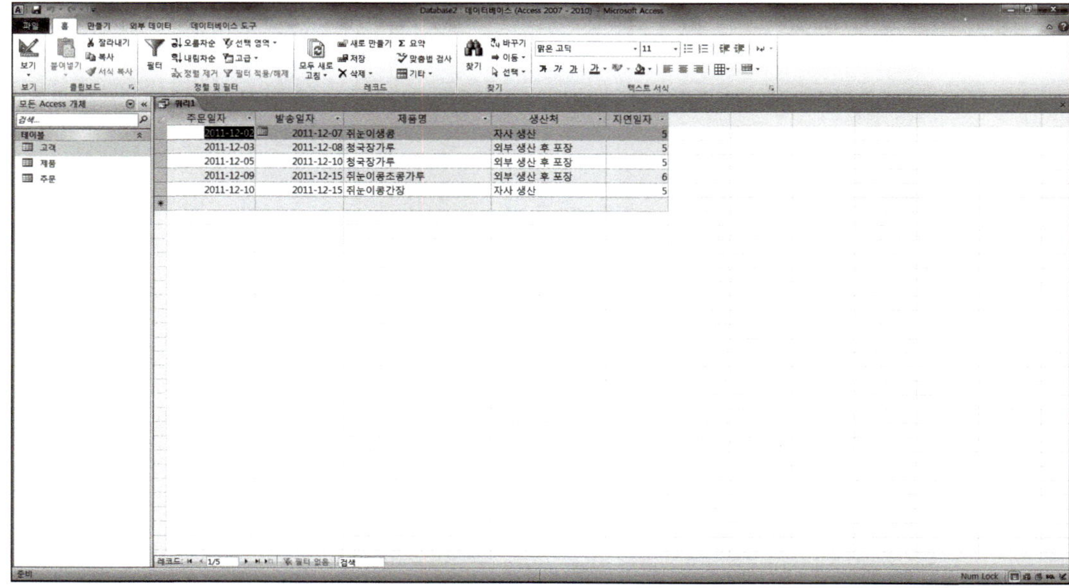

❺ 쿼리를 저장하기 위해서는 '쿼리1'탭을 오른쪽 클릭하여 구체적인 이름으로 변경하여 준 후 저장한다. 쿼리 이름은 한 눈에 쿼리의 내용을 파악할 수 있게끔 만든다.

❻ 따라서 '3일이 초과된 제품' 등의 이름으로 저장한다.

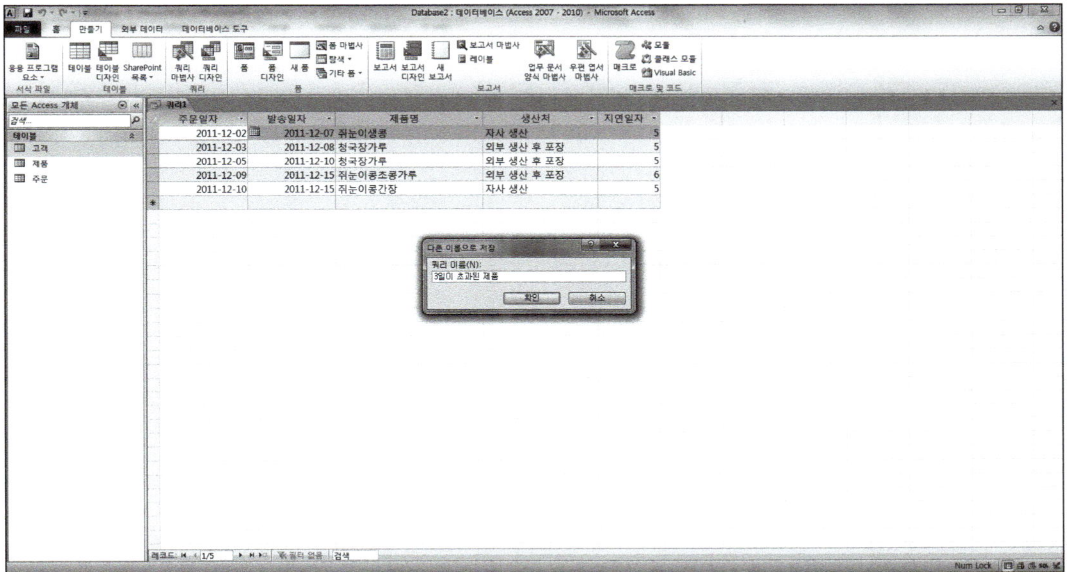

■ 상품권으로 구매한 고객 확인

❶ 상품권을 이용하여 구매한 고객을 확인함으로써 상품권 발행의 지속여부를 판단하기 위한 의사결정을 하고자 한다.

❷ 쿼리에서 원하는 것은 상품권을 이용한 구매고객이다. 따라서 디자인 보기 화면에서 고객명과 결제수단 필드를 선택한 후 결제수단의 조건을 상품권이라 입력한 후, 상단의 실행버튼을 클릭하여 결과값을 확인하여 본다. 구체적인 이름으로 저장한다.

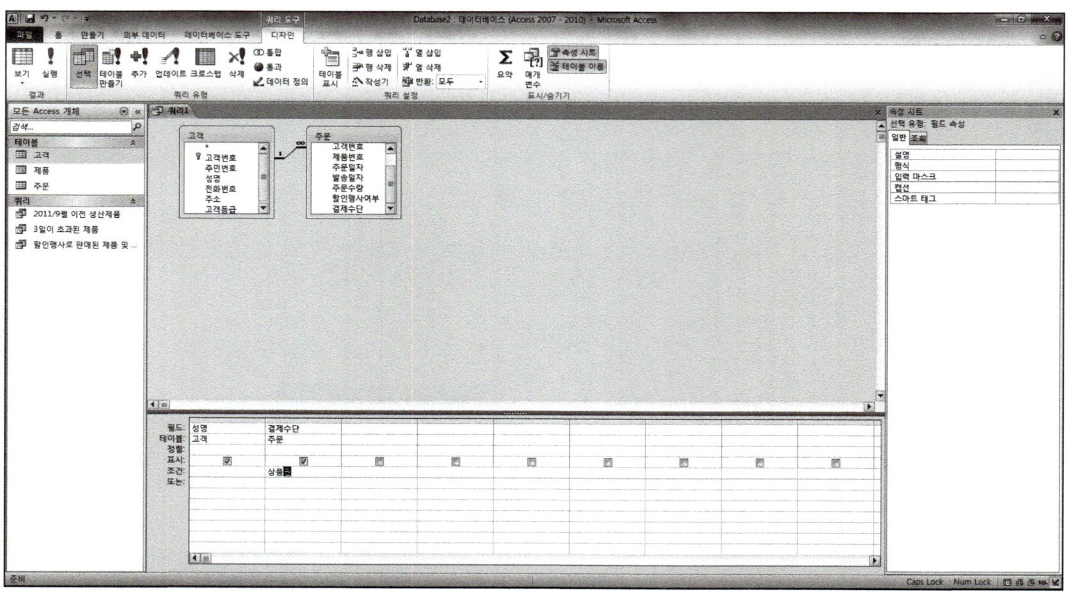

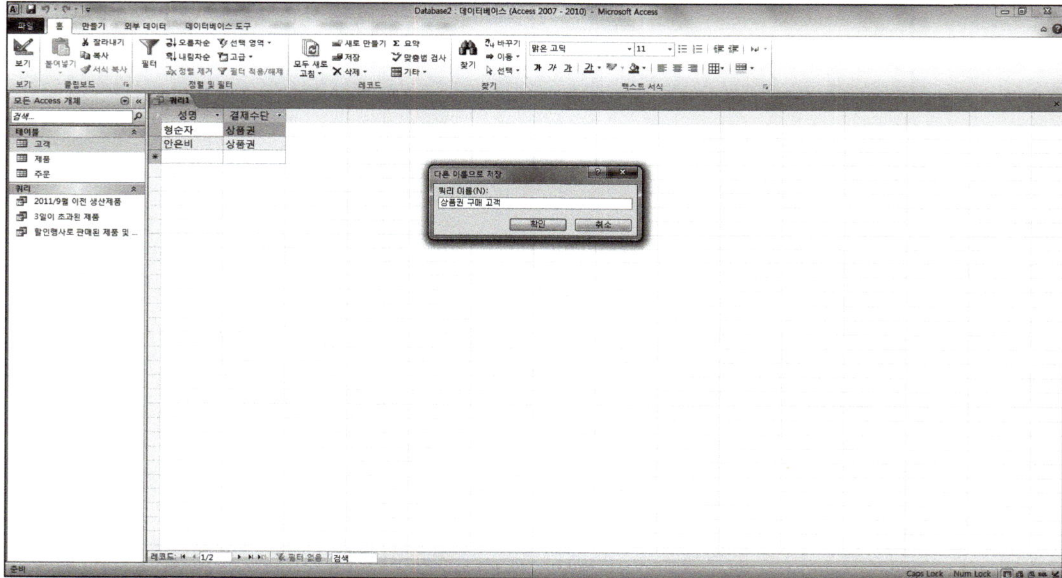

■ 생산일자가 2011년 9월 이전인 제품의 확인

제품테이블을 열어 생산일자의 조건을 2011년 9월 이전으로 지정하여야 한다. 본 쿼리의 연습을 위해 간략하게 SQL 연습을 해본다. 우선 상단의 만들기 메뉴의 쿼리 디자인 메뉴를 선택한다. 3개의 테이블을 보여주는 화면이 나오면 닫기' 버튼을 누른다. 상단의 '쿼리1' 이라 정해진 탭을 오른쪽 클릭하여 'SQL 보기' 메뉴로 들어간다.

마이크로소프트의 엑세스는 대표적인 데이터베이스관리 프로그램 중의 하나로서, 데이터베이스관리 소프트웨어는 구조적 질의어인 SQL(Structured Query Language), 즉 컴퓨터와 소통할 수 있는 언어로 명령한다. 엑세스는 GUI(Graphic User Interface)를 통해 사용자가 쉽게 SQL을 사용하도록 하는 것인데, 본 문제에서는 SQL 성성화면에서 다음과 같이 입력하여 직접 질의명령을 내리고 결과를 본다.

```
SELECT 제품명, 생산처, 생산일자
FROM 제품
WHERE 생산일자 < #2011-09-01#;
```

이 문장의 의미는 SELECT, 우리가 얻고자 하는 결과값을 정의하는 것이다. 즉, 쿼리로부터 생산일자와 제품명을 알아야 한다.

❶ FROM, 어디로부터 이 값을 가져와야 하는가를 지정하는 것이다. 쿼리로부터 제품명과 생산일자, 생산처는 모두 '제품' 테이블에 있다.

❷ WHERE, 특정 조건을 둔다는 의미이다. 2011년 9월 이전의 제품을 찾는 것이므로 위와 같은 조건을 붙이도록 한다.

❸ 그리고 세미콜론은 문장을 끝낸다는 의미를 가지고 있으므로 모든 SQL 구문의 끝에는 반드시 붙이도록 한다.

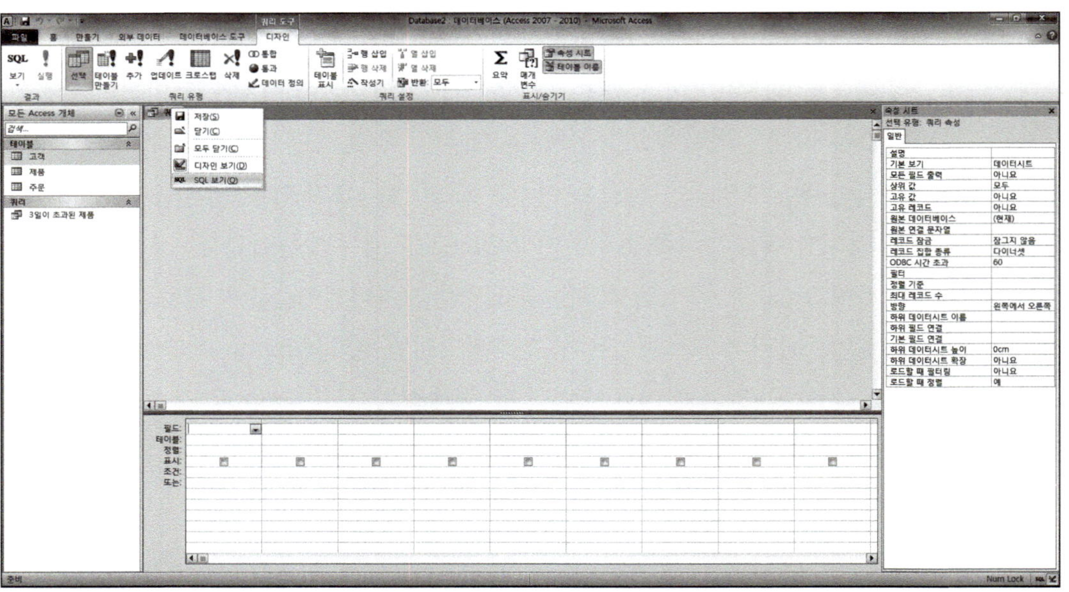
저장(S)
닫기(C)
모두 닫기(E)
디자인 보기(D)
SQL 보기(Q)

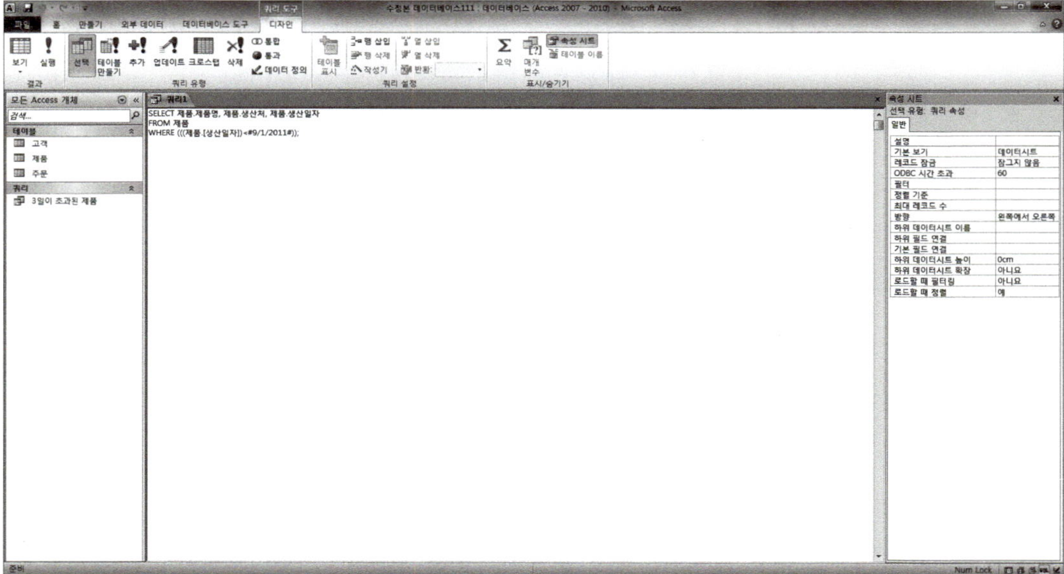
쿼리1
SELECT 제품.제품명, 제품.생산처, 제품.생산일자
FROM 제품
WHERE (((제품.[생산일자])<#9/1/2011#));

❹ 아래의 결과값을 확인하도록 한다.

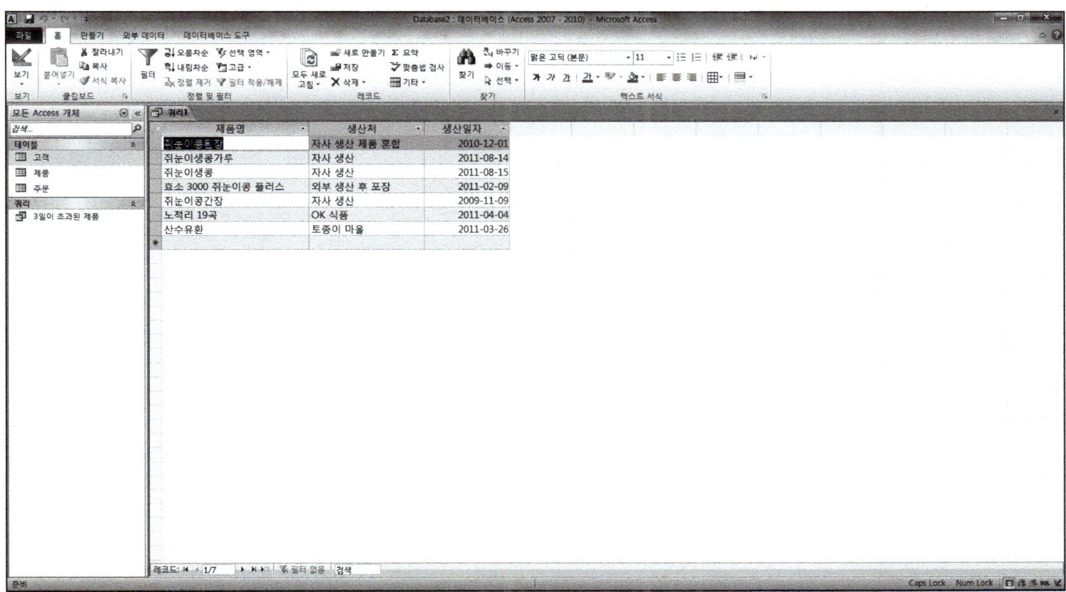

❺ 방금 작성한 '쿼리1'이라 적혀 있는 탭을 오른쪽 클릭하여 '디자인 보기'로 전환한다.

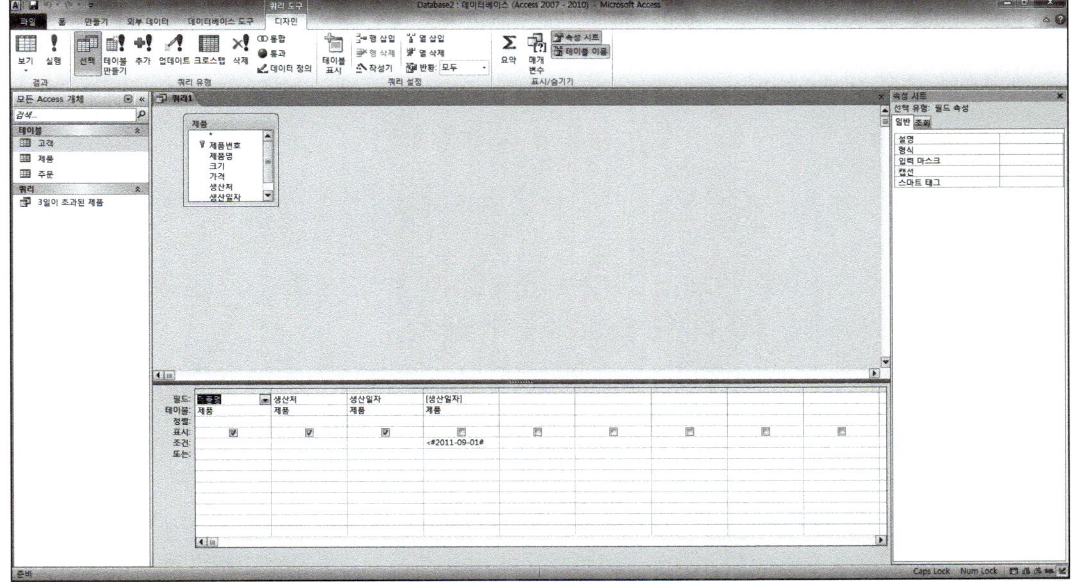

❻ 디자인 보기에서 조건으로 설정하였던 내용을 확인 할 수 있다. 따라서 디자인 보기 화면과 SQL 직접 명령을 이용하여 동일한 결과를 얻을 수 있다. 이때 '생산일자'열이 두 번 나타나게 되는데 결과값에 내용만 나타나게 하려면 세 번째의 생산일자 '표시'부분의 선택을 풀어줌으로써 결과

값에는 2011년 9월 1일 이전의 생산일자만 나오게 된다. '실행' 버튼을 클릭하여 결과값을 확인하도록 한다.

❼ 작성된 쿼리의 이름은 구체적으로 지정한다. 이와 같이 SQL을 이용한 방법은 '데이터베이스 관리' 강의를 통하여 보다 구체적으로 학습하도록 한다.

■ 할인행사로 판매한 제품과 판매액 확인

12월 판매 제품 중 할인행사로 판매한 제품과 수량, 판매액을 확인하고자 한다.

❶ 주문과 제품테이블을 열어놓는다. 조건식에 할인행사를 넣고 해당 제품과 판매액을 확인하기 위하여 해당 열을 디자인 화면으로 끌어 놓는다.

❷ 그러나 우리가 찾고자 하는 판매액은 테이블 내용에서 찾을 수 없다. 따라서 판매액을 구하는 방법을 찾고 만들어 주어야 한다. 판매액은 주문수량*가격을 통해서 구할 수 있으므로 함수식을 적용한다.

❸ 입력화면에서 판매액 열의 '표시' 체크박스에 체크를 하게 되면 'Expr1' 제목으로 결과값이 나오게 됨으로 열의 이름을 '판매액'으로 바꾸어 준다. '할인행사여부'의 조건을 '예'로 입력한다.

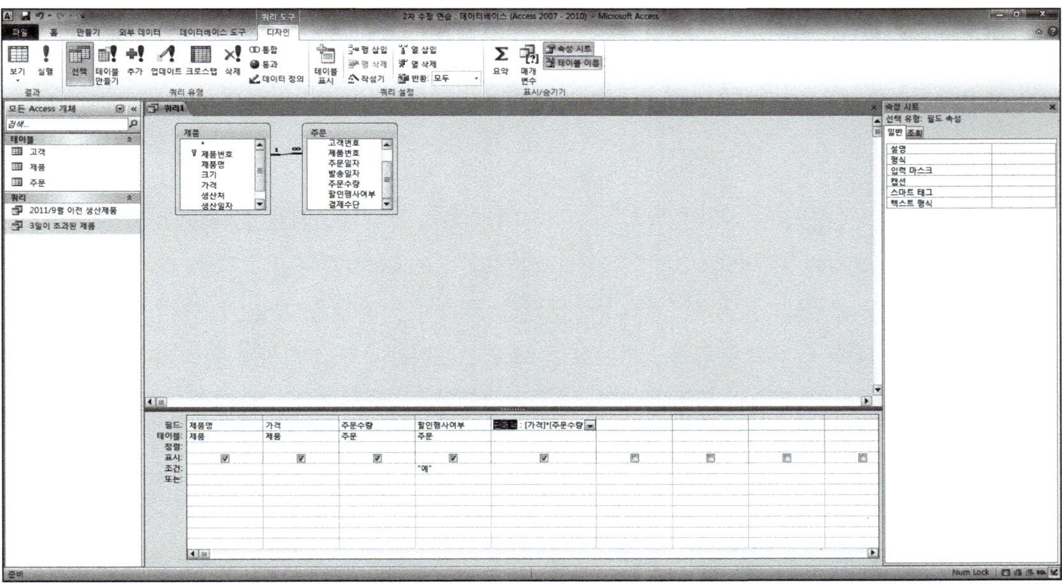

❹ 실행버튼을 눌러 결과값을 확인하고 질의의 내용을 쉽게 파악할 수 있는 구체적인 이름으로 저장한다.

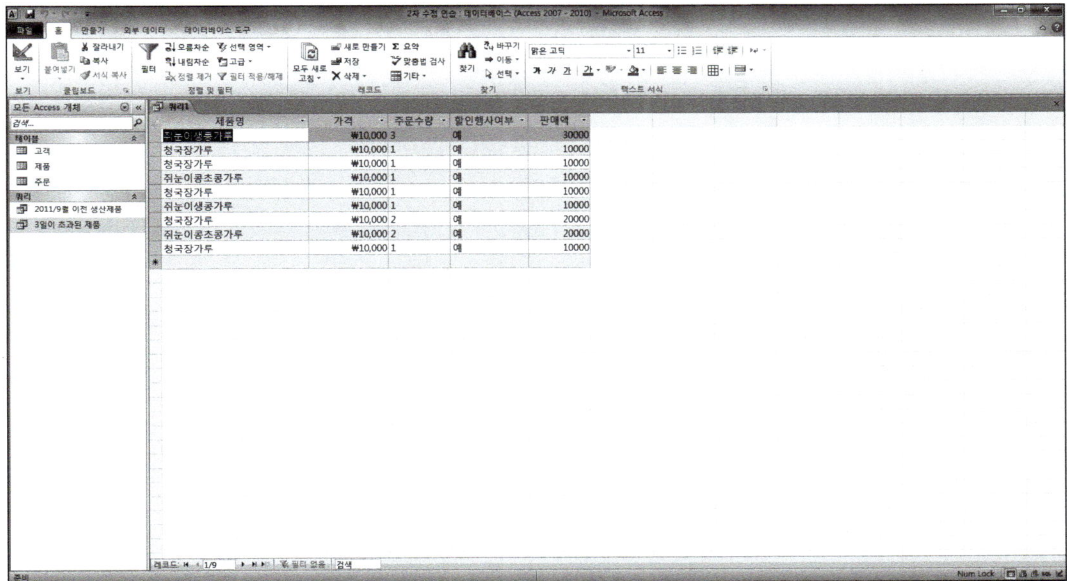

■ 12월에 3번 이상 구매한 고객을 확인하여 등급 올리기

조건식을 이용하여, 같은 고객번호가 3번 이상 나오는 경우, 해당 고객의 등급을 하나씩, 즉, 실버는 골드로, 골드는 루비로, 루비는 다이아몬드로 업그레이드 시키도록 한다.

❶ 우선 '쿼리 디자인' 메뉴를 클릭하여 주문과 고객테이블을 선택한다.

❷ 고객번호, 성명, 고객등급을 나타낸다. 3회 이상 주문한 고객을 찾기 위하여 COUNT(*)함수를 사용한다. 중앙 상단의 요약 버튼을 클릭하면 아래 정보 창에 '요약'이라는 줄이 생성된다. 여기에서 함수의 종류를 '식'으로 선택하고 조건에서 3회 이상을 입력한다.

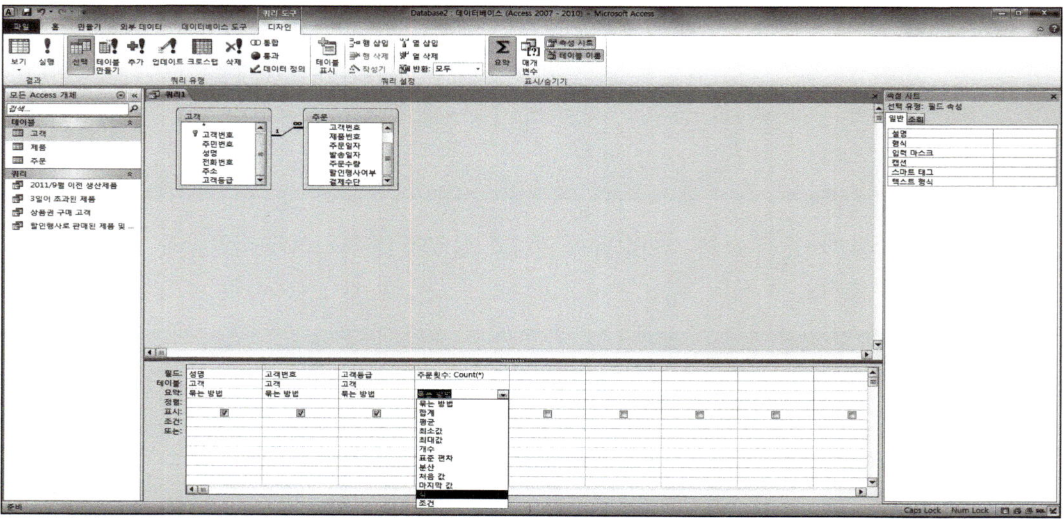

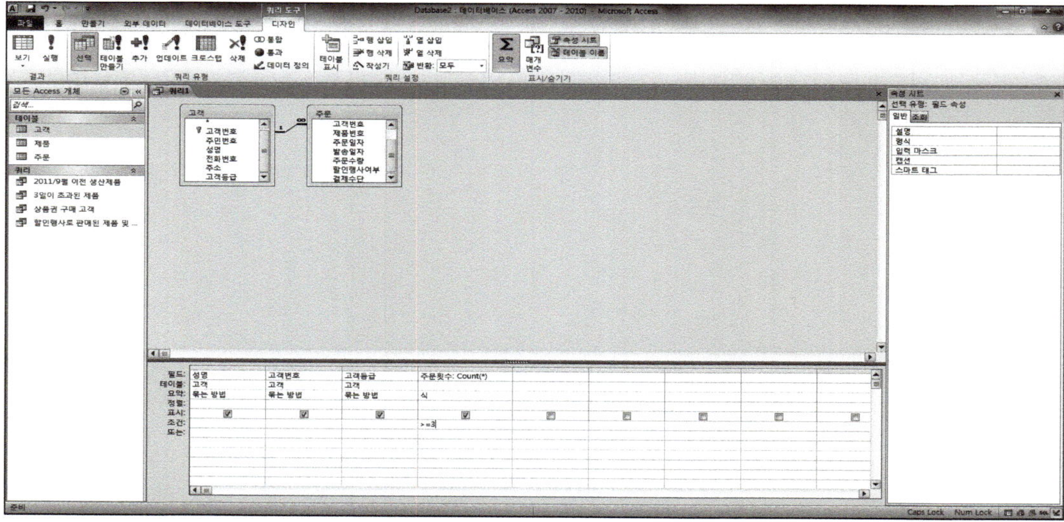

❸ 상단의 '실행'버튼을 클릭하여 결과값을 확인하면 3회 이상의 고객이 파악된다. 수행하고자 하는 쿼리는 결과값으로 나온 고객의 등급을 한 단계씩 올려야 한다. 그러므로 '쿼리1'탭을 오른쪽 클릭하여 '디자인 보기'로 다시 이동한 후, 고객의 등급을 올려본다. SWITCH 함수와 LEFT 함수를 사용하게 되는데 우선 SWITCH 함수를 알아보도록 한다.

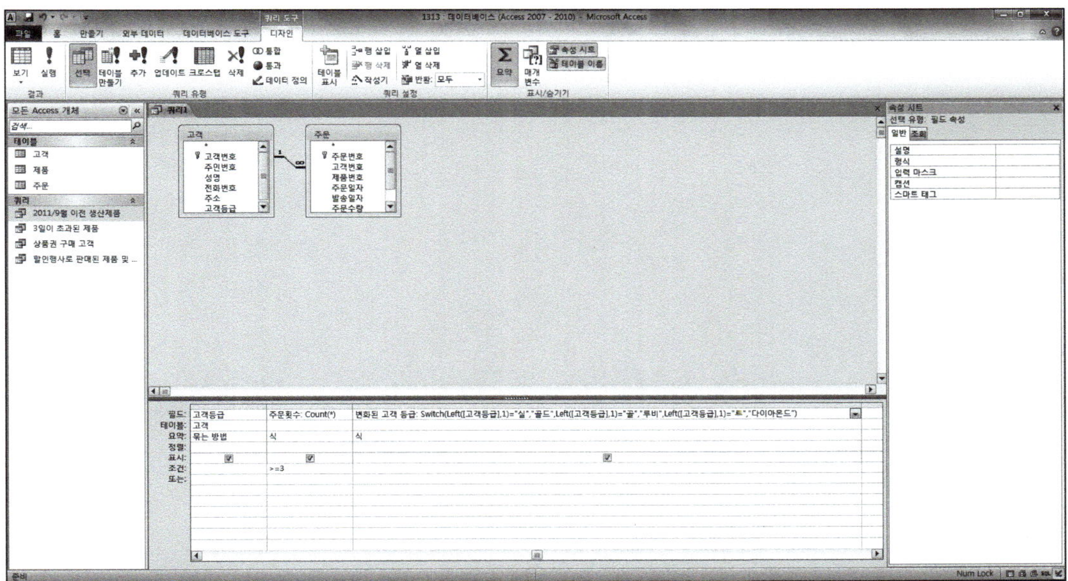

❹ SWITCH(조건1, 결과1, 조건2, 결과2 ....) 함수는 변환함수로서 조건에 맞는 내용을 찾아 바꾸는데 사용되는 함수이다.

❺ LEFT(텍스트, 수치) 텍스트의 순서를 반환하는 함수이다.

❻ 두 가지의 함수식을 입력하는데, 함수식의 의미는 고객등급에서 수치 1, 즉 첫 번째 텍스트가 '실'로 시작되는 고객등급은 '골드'로, '골'로 시작되는 고객등급은 '루비'로, '루'로 시작되는 고객등급은 '다이아몬드'로 전환시켜주라는 명령이다. 이후 '요약'에 나온 '묶는 방법'을 '식'으로 바꾸어 주며, '표시' 체크박스에 체크를 하도록 한다. 상단의 실행버튼을 클릭하고 결과값을 확인하면 전환된 고객등급을 볼 수 있다. 구체적인 이름으로 쿼리를 저장한다.

즉, 수식은

변화된 고객등급 : Switch(Left([고객등급],1) = "실", "골드",
Left([고객등급],1) = "골", "루비",
Left([고객등급],1) = "루", "다이아몬드")

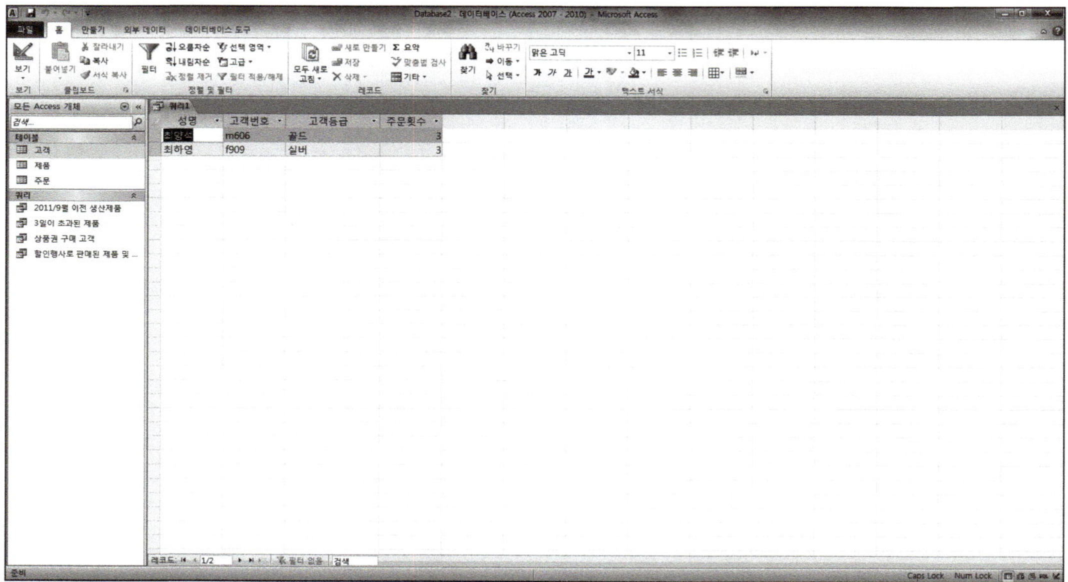

■ 고객의 등급에 따른 구매금액의 합계를 확인하는 조회

이번 쿼리를 디자 인하기 위해서는 고객의 등급, 제품의 가격과 주문, 수량 등을 알아야 하므로 세 개의 테이블이 모두 사용된다는 것을 알 수 있다.

❶ 상단의 '쿼리 디자인'메뉴를 클릭하고 주문과 고객, 제품테이블을 연다. 우선 고객등급이 필요하므로 고객등급을 드래그 하여 하단의 필드에 위치시킨다.

❷ 제품별 판매액은 수량*제품의 값이며, 이것을 고객의 등급별로 합한 후 정리한 것이 고객등급별 구매액 합계이다. 여기에서는 SUM함수를 이용하도록 한다. '표시'체크박스에 체크를 하여 새로운 열을 생성하여 결과값에 보여주도록 한다.

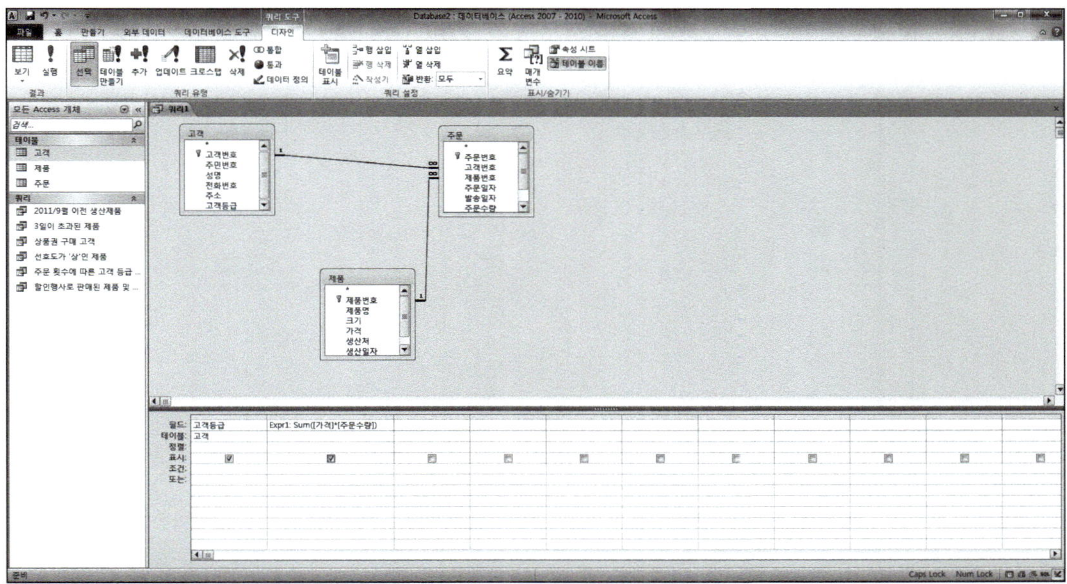

❸ 그러나 상단의 '실행' 버튼을 클릭하여 결과값을 확인하면 오류 화면이 나타난다. 위와 같은 오류는 함수를 사용하겠다는 정의를 올바르게 내리지 못하여 나오는 오류이다. '확인' 버튼을 누르고 상단의 '요약'버튼을 누른다.

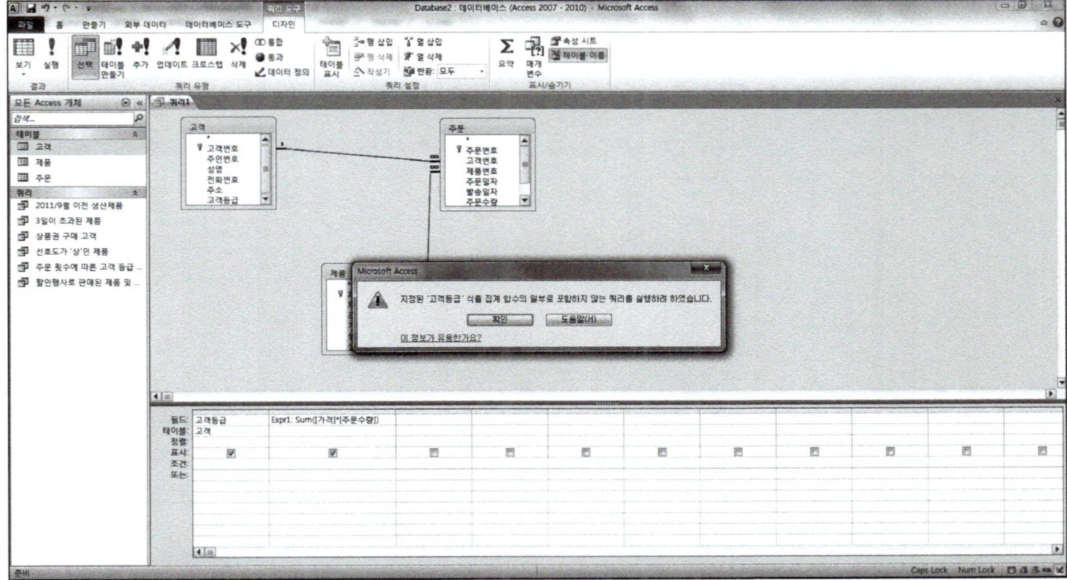

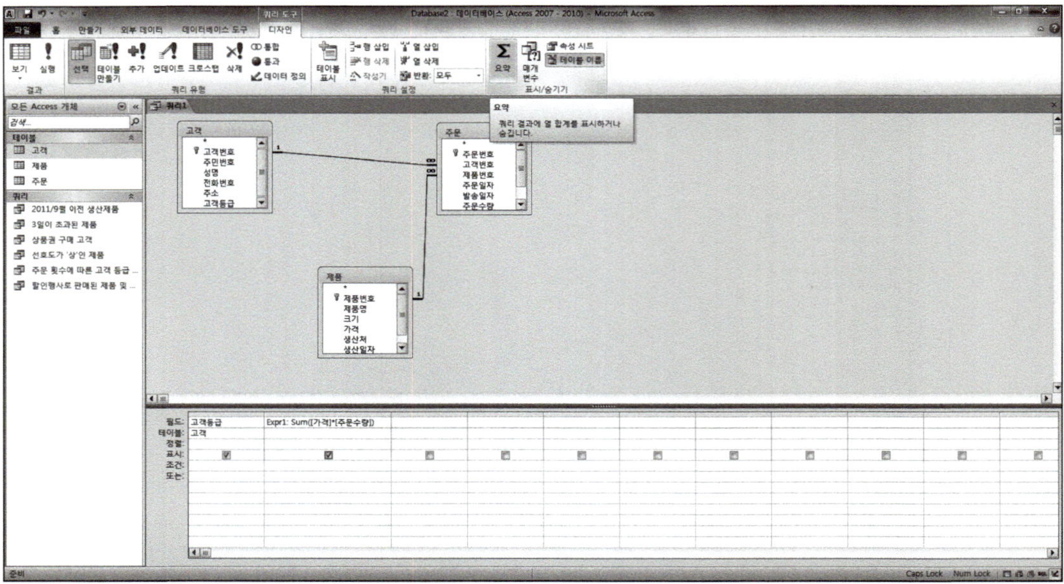

❹ 조건으로 지정한 곳의 '요약'에 '묶는 방법'이라는 항목으로 지정된 것을 함수를 인식할 수 있도록 '식'으로 바꾸어 준다. '식'항목으로 수정한 후 'Expr1'이라는 열의 이름을 주문금액으로 바꾸어준다. 상단의 '실행'버튼을 클릭하면 결과값을 확인 할 수 있다. 쿼리 이름은 고객등급별 주문금액으로 저장한다.

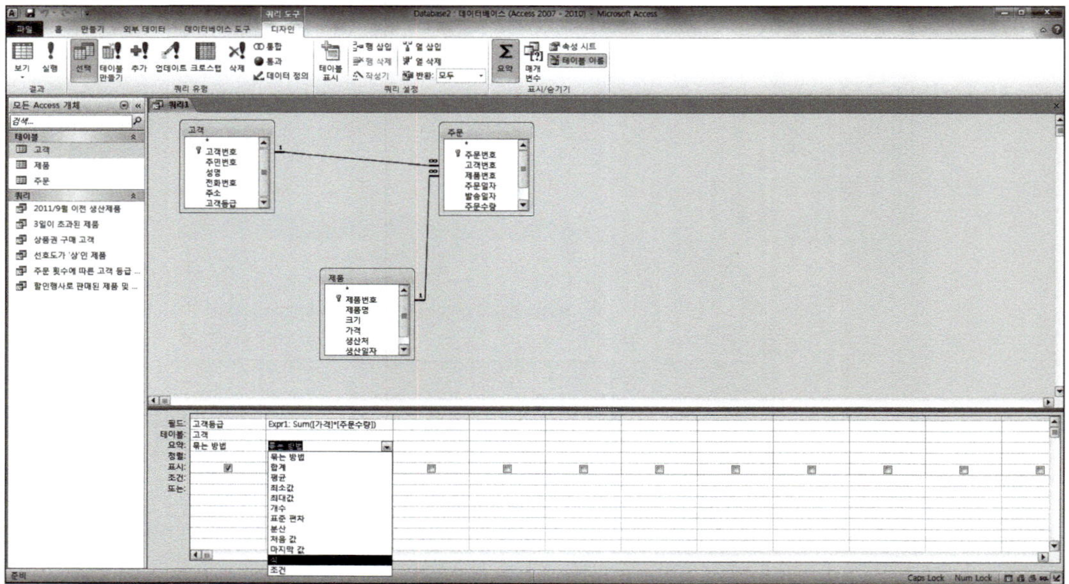

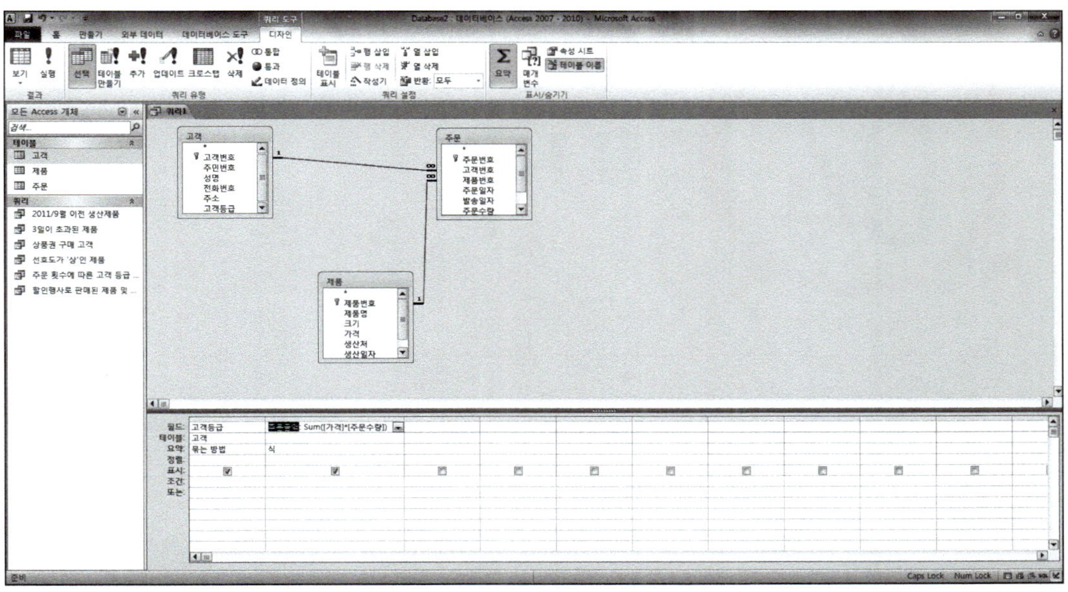

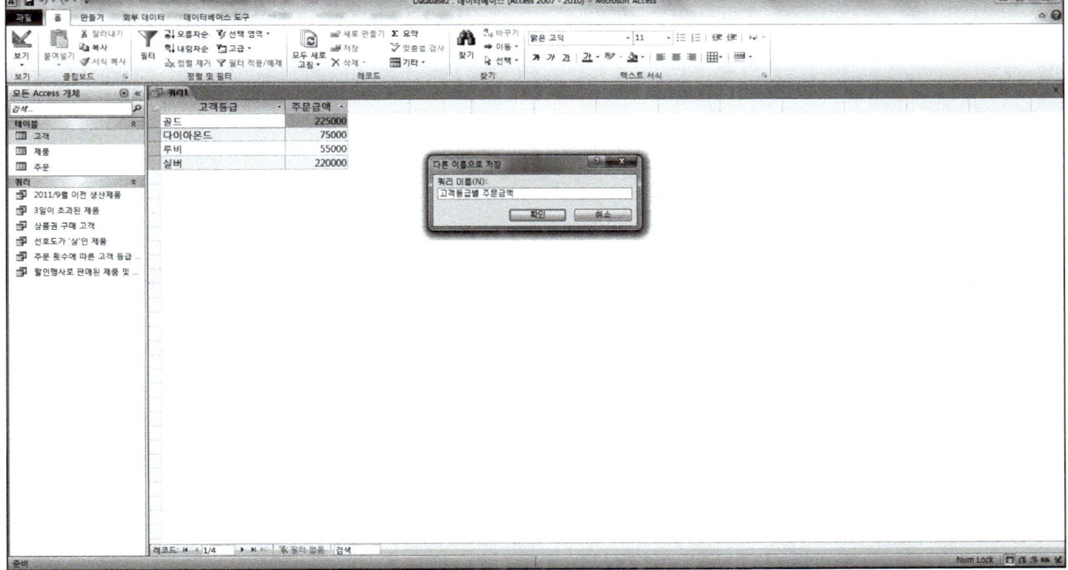

폼 작성

본 프로젝트에서는 각 테이블에 새로운 데이터가 추가될 때 이를 쉽게 입력할 수 있는 입력폼과, 주문테이블에 고객테이블을 포함시켜 한 화면에서 주문 내용과 주문한 고객의 세부사항들을 확인해볼 수 있는 하위폼을 작성해보기로 한다. 기본폼과 하위폼을 연결하기 위해서는 연결할 기본 테이블이나 쿼리 테이블간에 관계가 설정되어 있어야 하는데, 주문테이블과 고객테이블 간에는 일대다로 관계가 형성되어 있다.

1 제품 데이터 입력폼

먼저 새로운 제품을 개발하거나 공급받게 됨으로써 생성되는 제품 데이터를 빠르고 편리하게 입력하는 제품 입력폼을 작성한다. 폼의 작성은 새폼 만들기에서 제품폼 테이블을 선택하여 만들거나 폼 마법사를 이용하여 간편하게 생성한 후, 폼의 모양을 폼 디자인으로 수정한다.

폼 마법사를 불러낸 후, 제품테이블을 선택한다. 제품테이블의 모든 필드를 선택하여 폼 화면에 나타날 수 있도록 한다. 제품 폼이 생성되면 디자인 보기 메뉴로 이동하여 화면을 수정하여 완성한다. 또한 여러 가지 콘트롤 버튼을 만들어줌으로써 보다 편리하게 데이터를 관리할 수 있다.

■ 우선 상단의 '폼 마법사' 메뉴를 클릭한다.

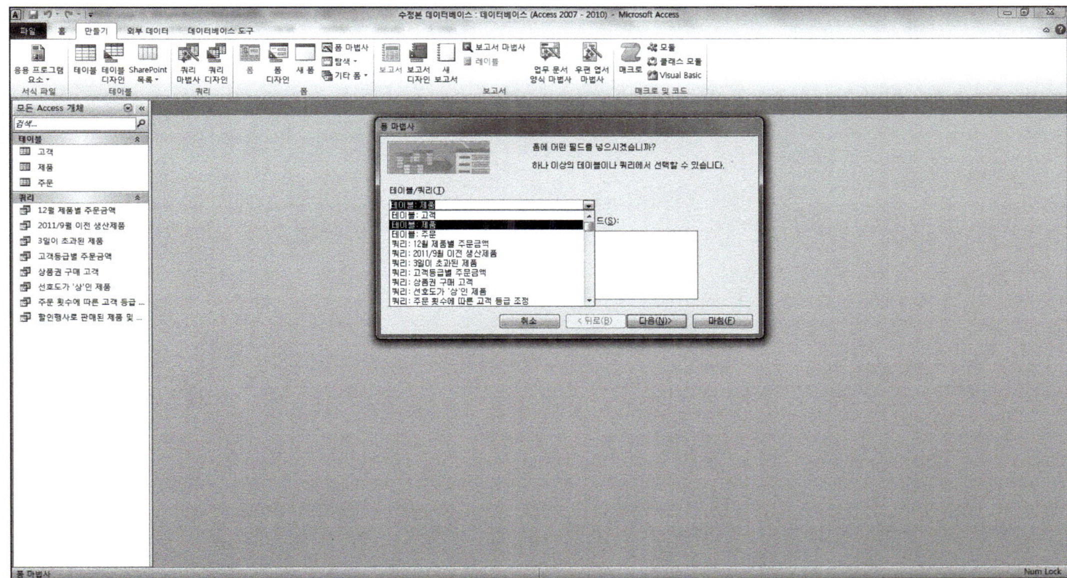

❶ '테이블/쿼리'에서 제품테이블을 선택하고 모든 필드를 선택하여 이동시킨다.

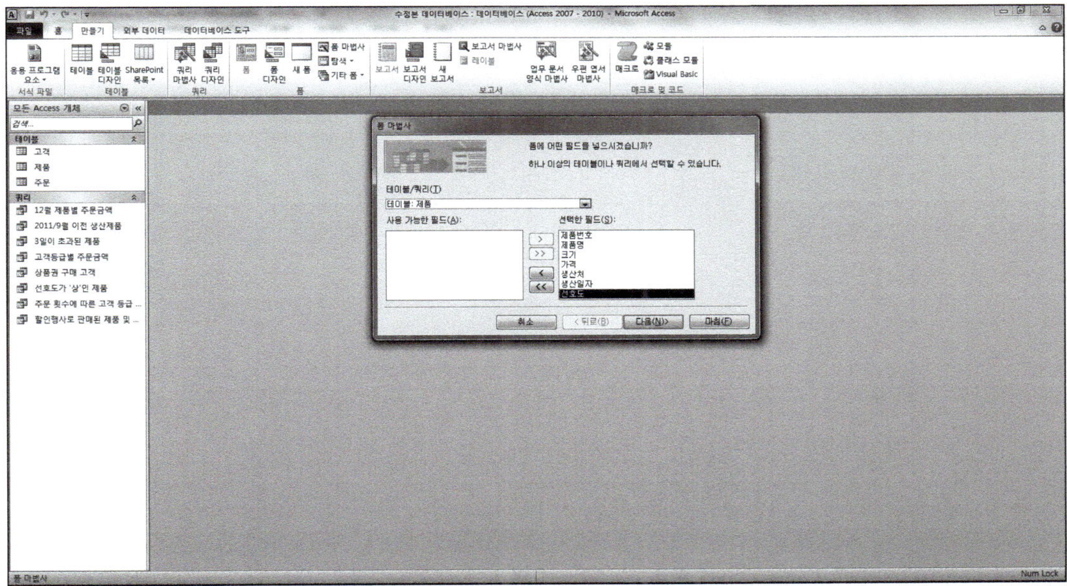

❷ 형식을 '열 형식'으로 지정하고 다음 단계로 넘어가면 이름을 지정할 수 있는데 폼의 이름은 '제품'으로 한다.

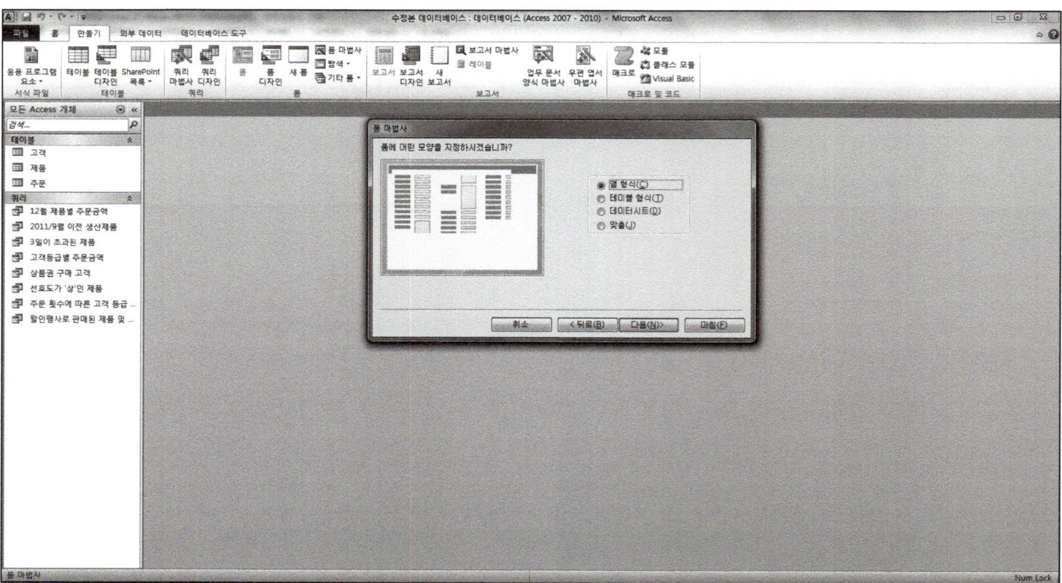

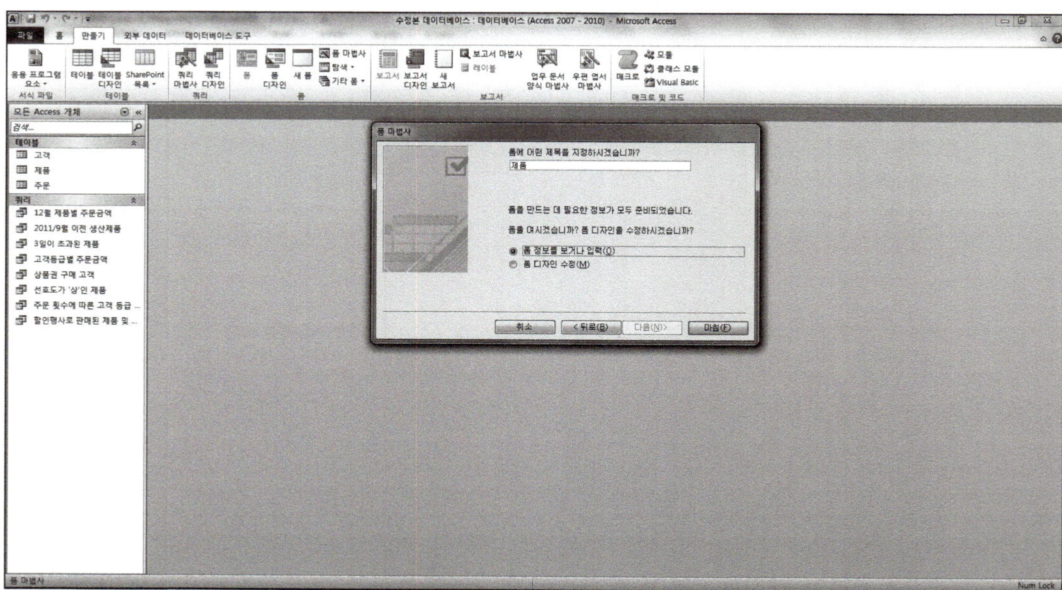

❸ 폼 마법사를 통해 완성된 화면은 다음과 같이 매우 단순하다. 따라서 제품을 오른쪽 클릭하여 '디자인 보기'화면으로 이동한다.

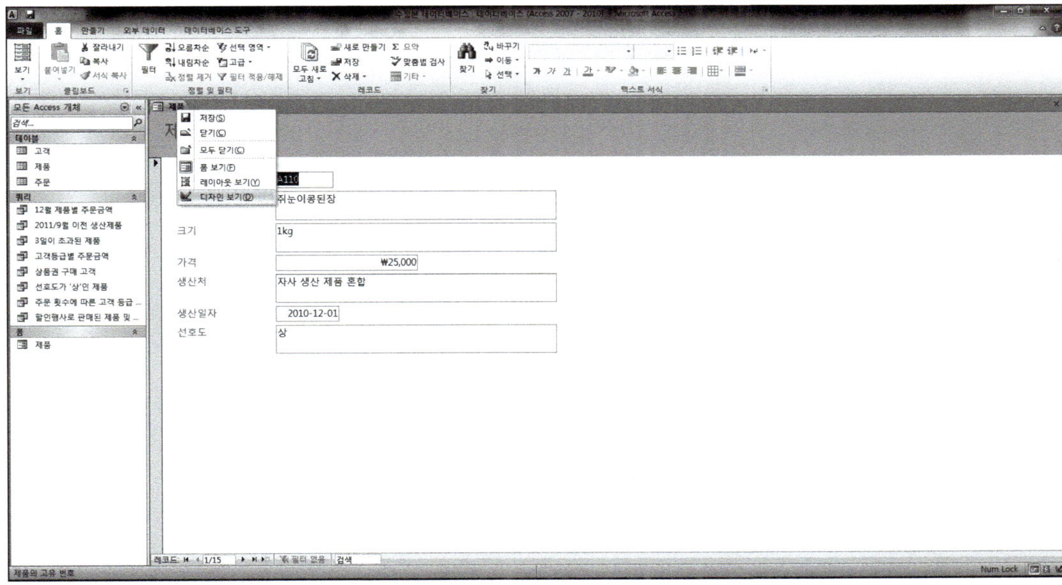

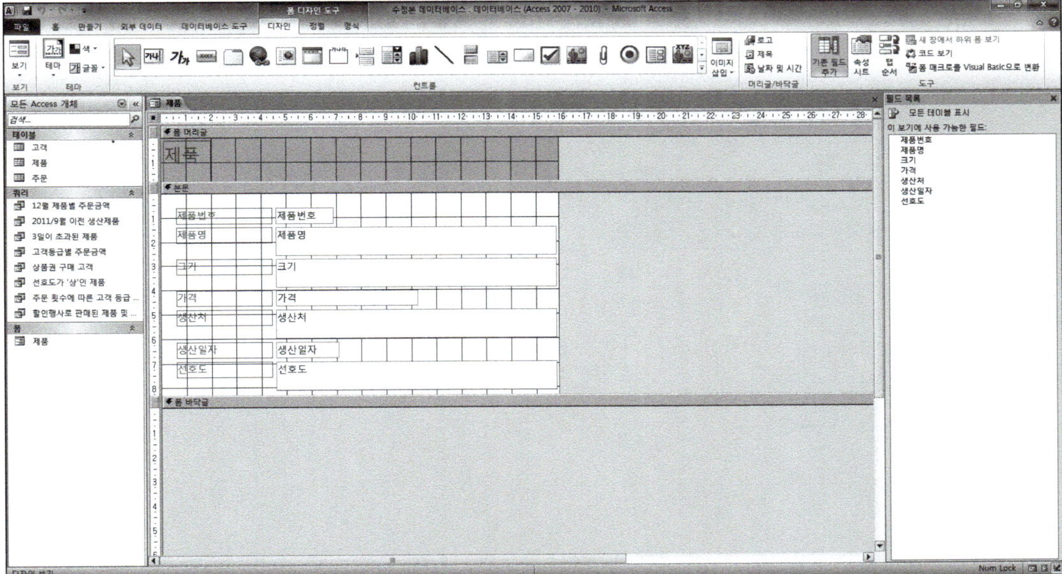

❹ 디자인 보기 화면에서는 폼을 보기 좋게 수정할 수 있는데, 마우스로 클릭하고 드래그 하는 형식으로 폼의 머리글과 본문, 폼 바닥글의 모양새를 수정하게 된다.

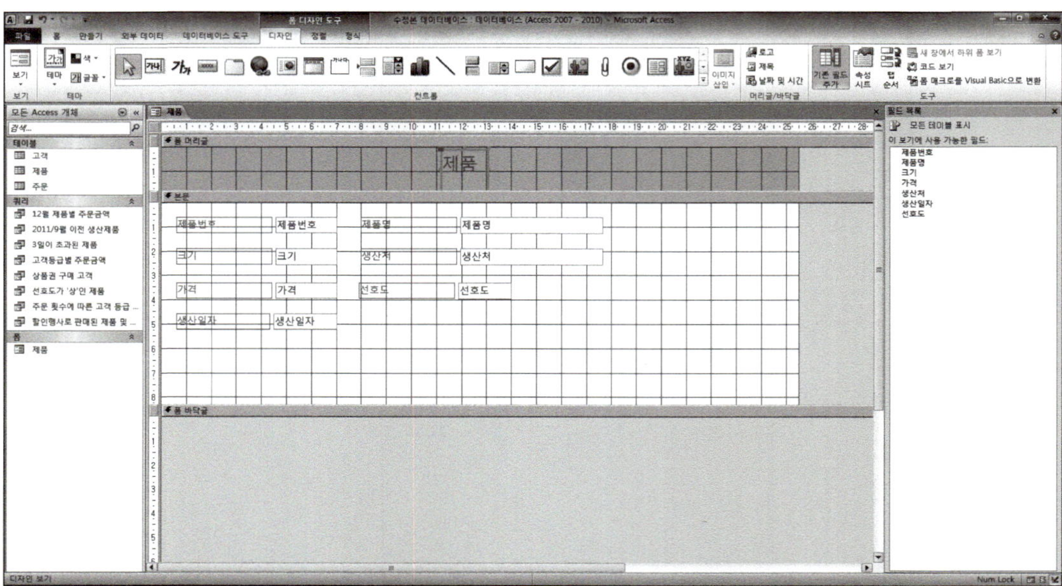

❺ 폼 보기 화면으로 다시 이동하여 의도한 데로 수정이 잘 되었는지 확인 한 후 필요에 따라 디자인 보기로 재 이동하여 수정 작업을 계속한다.

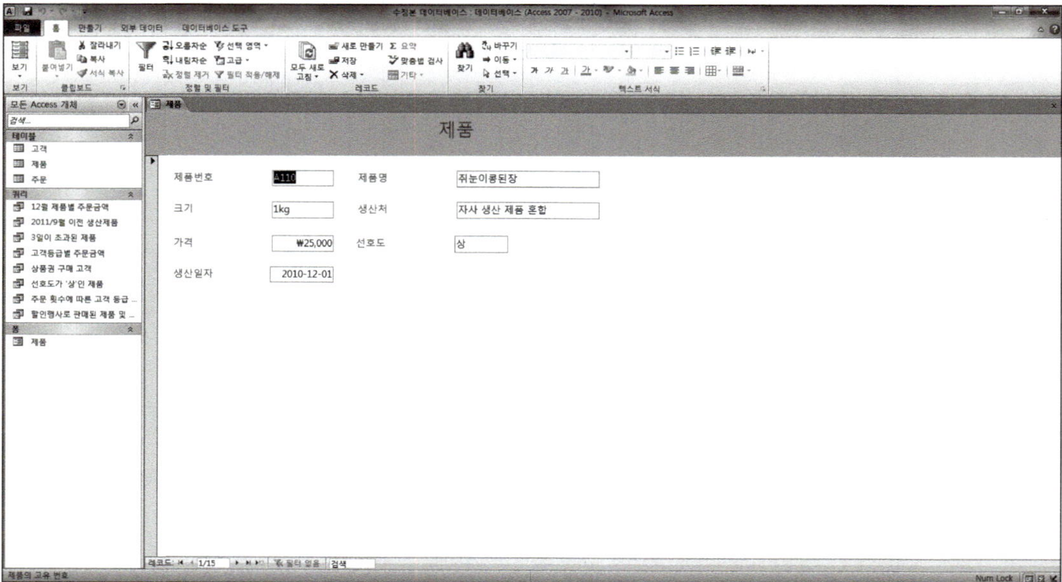

❻ 명령단추 마법사를 이용하여 명령단추를 만들면, 보다 쉽게 제품폼의 데이터를 다룰 수 있다. 우선, 다음이나 전 레코드로 이동 할 수 있는 명령단추를 만든다. 명령단추 마법사를 열어 레코드 탐색 가운데 '다음 레코드로 이동'과 '이전 레코드로 이동'을 선택한 후 단추에 넣을 텍스트, 혹은 그림을 클릭하여 자신이 원하는 자리에 드래그 하여 위치시킨다.

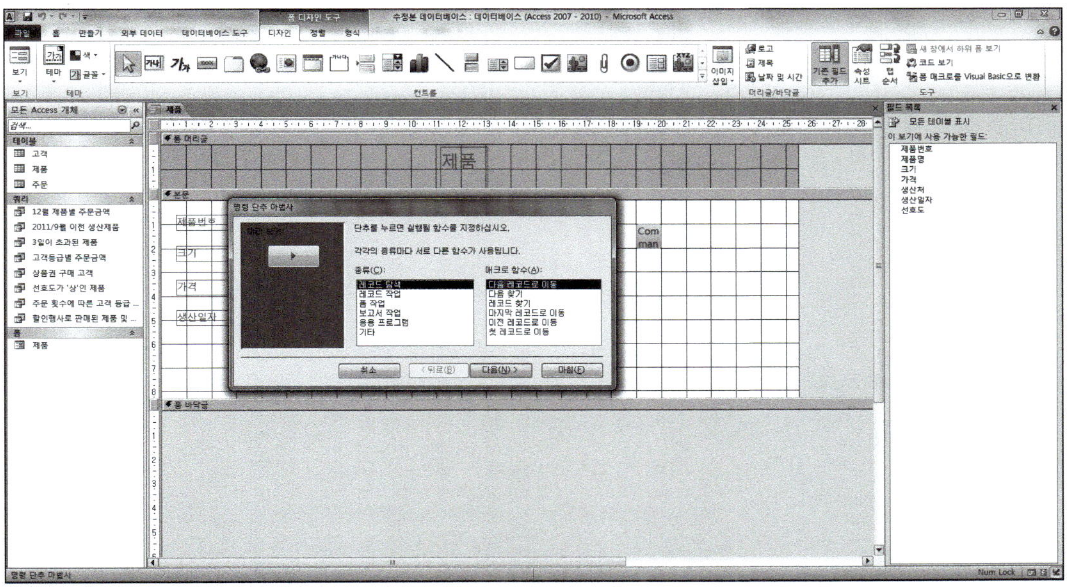

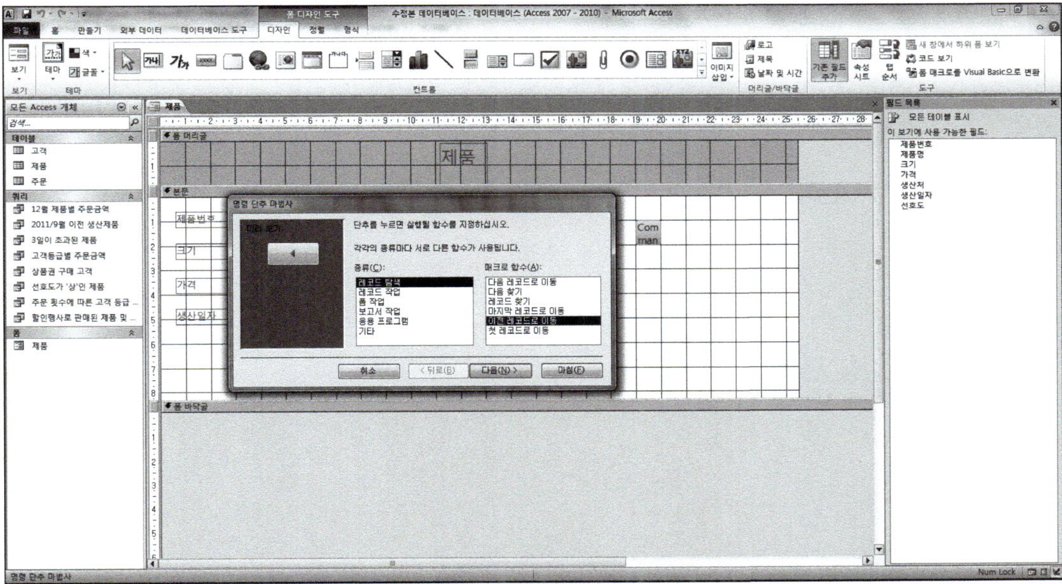

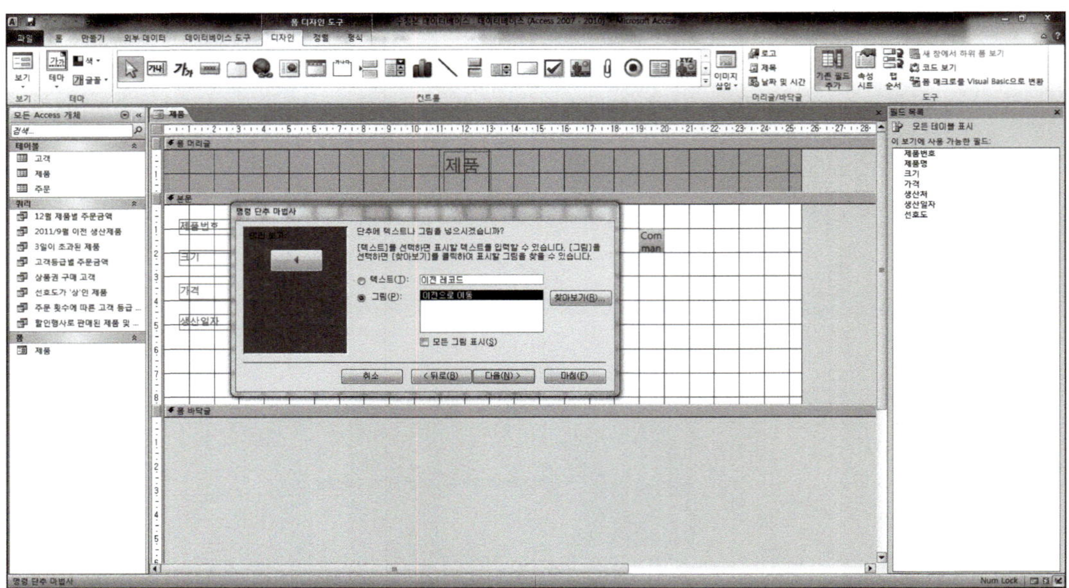
명령 단추 마법사
단추에 텍스트나 그림을 넣으시겠습니까?
[텍스트]를 선택하면 표시할 텍스트를 입력할 수 있습니다. [그림]을 선택하면 [찾아보기]를 클릭하여 표시할 그림을 찾을 수 있습니다.
텍스트(T): 이전 레코드
그림(P): 이전으로 이동
찾아보기(B)...
모든 그림 표시(S)
취소
< 뒤로(B)
다음(N) >
마침(F)

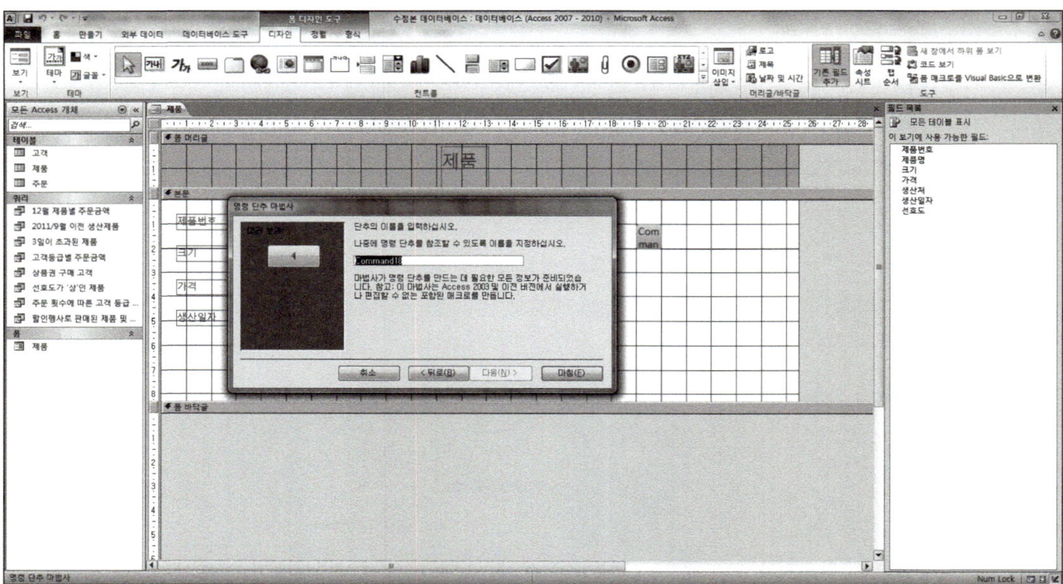
명령 단추 마법사
단추의 이름을 입력하십시오.
나중에 명령 단추를 참조할 수 있도록 이름을 지정하십시오.
Command18
마법사가 명령 단추를 만드는 데 필요한 모든 정보가 준비되었습니다. 참고: 이 마법사는 Access 2003 및 이전 버전에서 실행하거나 편집할 수 없는 포함된 매크로를 만듭니다.
취소
< 뒤로(B)
다음(N) >
마침(F)

❼ 이전 레코드나 다음 레코드로 쉽게 이동할 수 있는 명령버튼이 생성되었다.

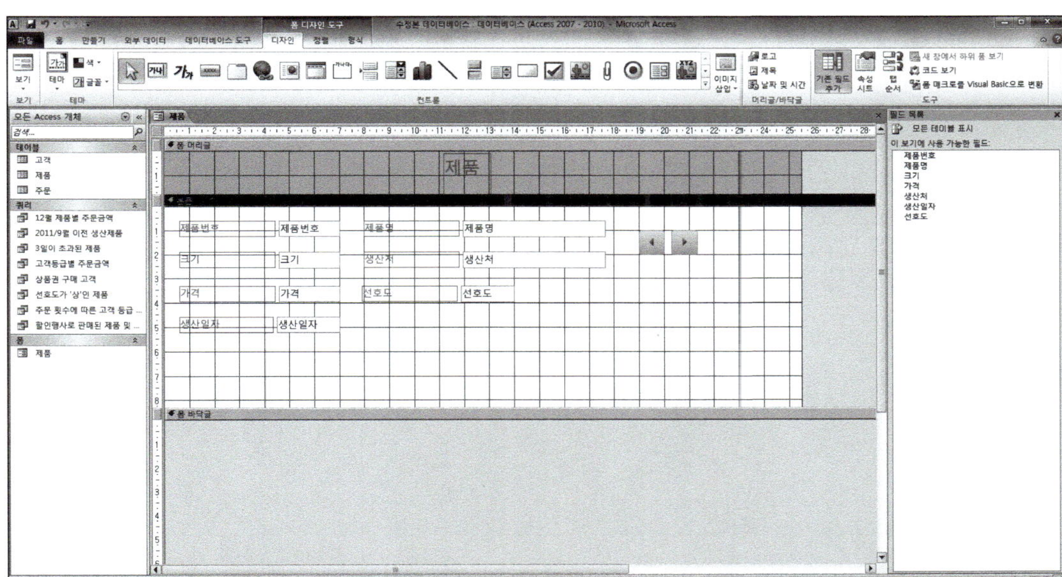

❽ 다음으로는 폼을 인쇄하는 단추와 작업이 완료되었을 때 폼을 종료하는 단추를 생성해본다. 이전과 동일한 방법으로 단추의 위치를 지정한다.

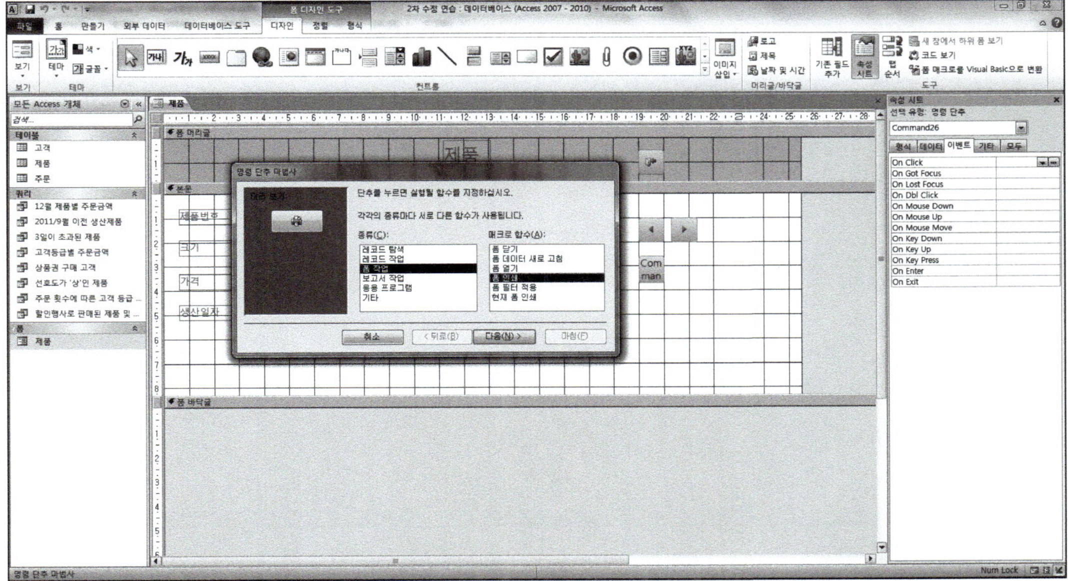

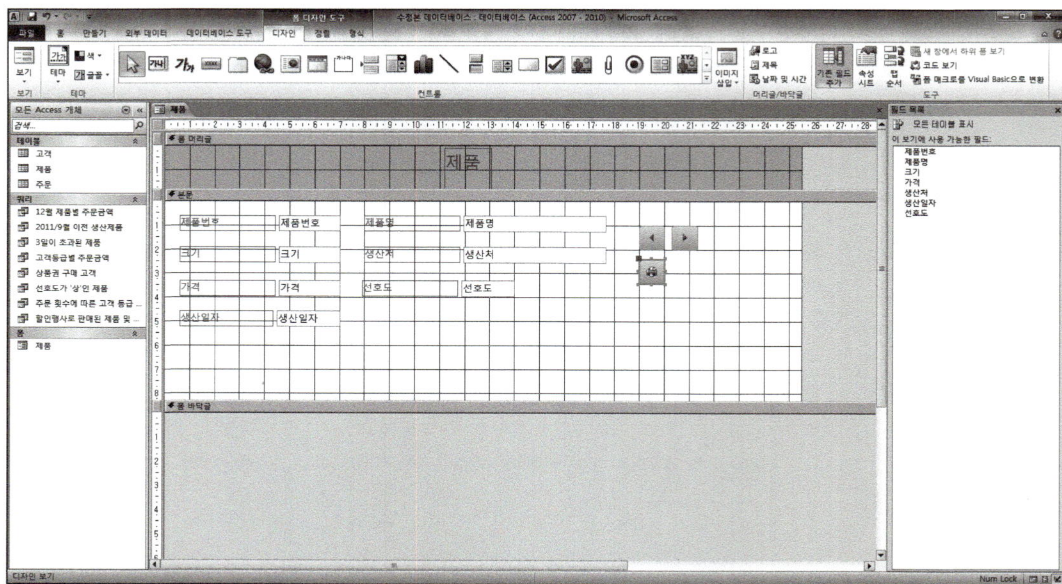

❾ 명령단추 작업을 완료하게 되면 폼 보기로 이동한 후 만들어진 메크로 명령단추들이 정상적으로 작동하는지 확인해본다.

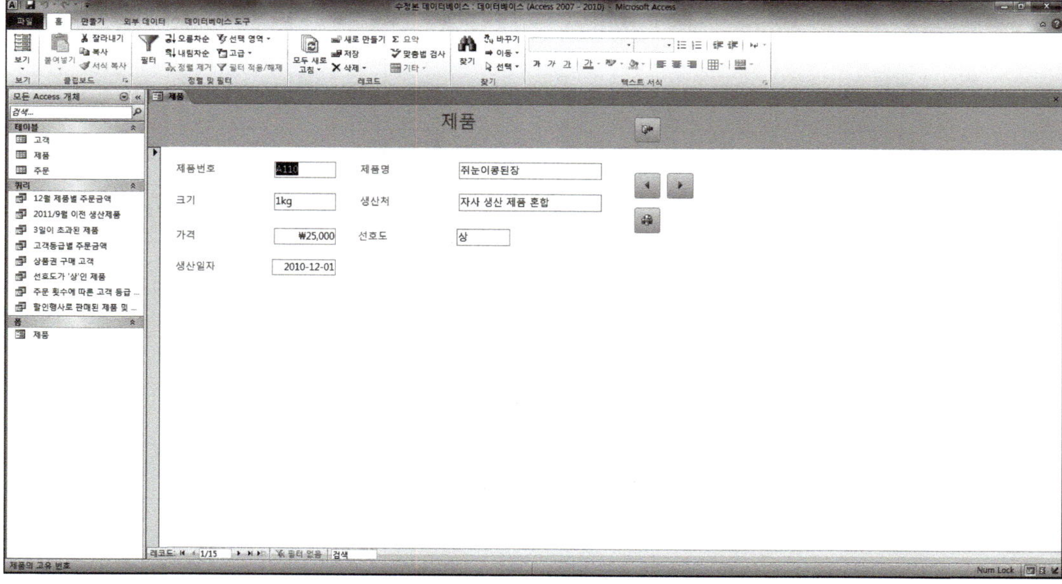

2 고객테이블을 하위폼으로 하는 주문 입력폼

주문테이블을 기본 폼으로 하고, 고객테이블을 하위폼으로 구성하는 과정 또한 폼 마법사를 이용하여 간편하게 수행할 수 있다. 폼 마법사에서 먼저 주문테이블을 선택하여 모든 필드를 오른쪽으로 이동시키고 열 형식으로 모양을 지정하고 폼의 이름을 주문으로 한다. 다음으로 같은 방식으로 고객테이블을 선택하여 고객폼을 만드는데, 하위폼으로서의 모양은 데이터시트 형식으로 지정한다.

제품폼도 동일한 방법으로 작성한다. 단, 폼의 모양은 데이터시트 형태로 지정한다.

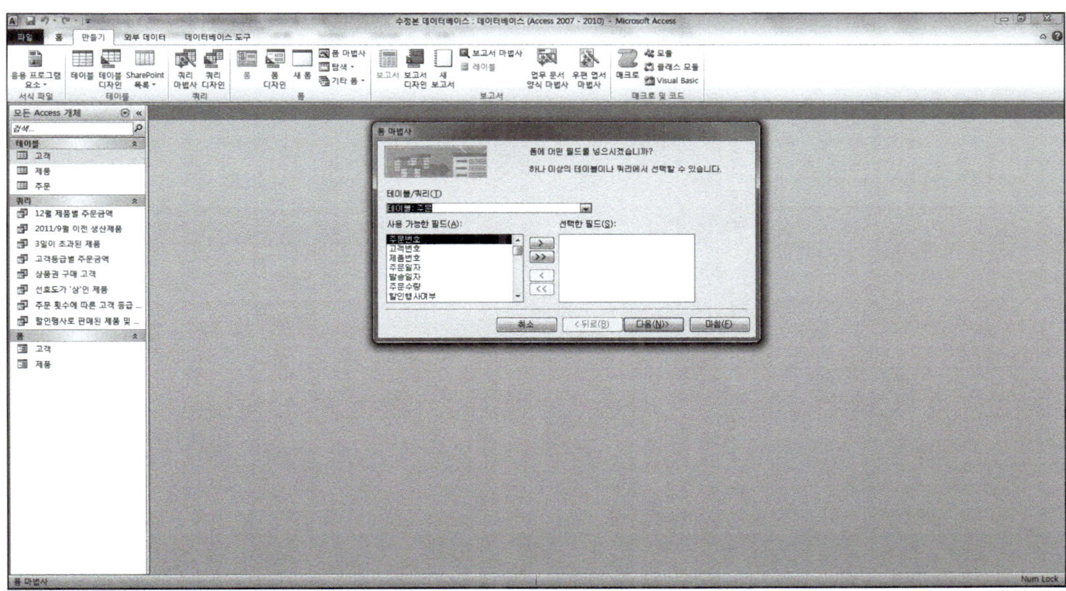

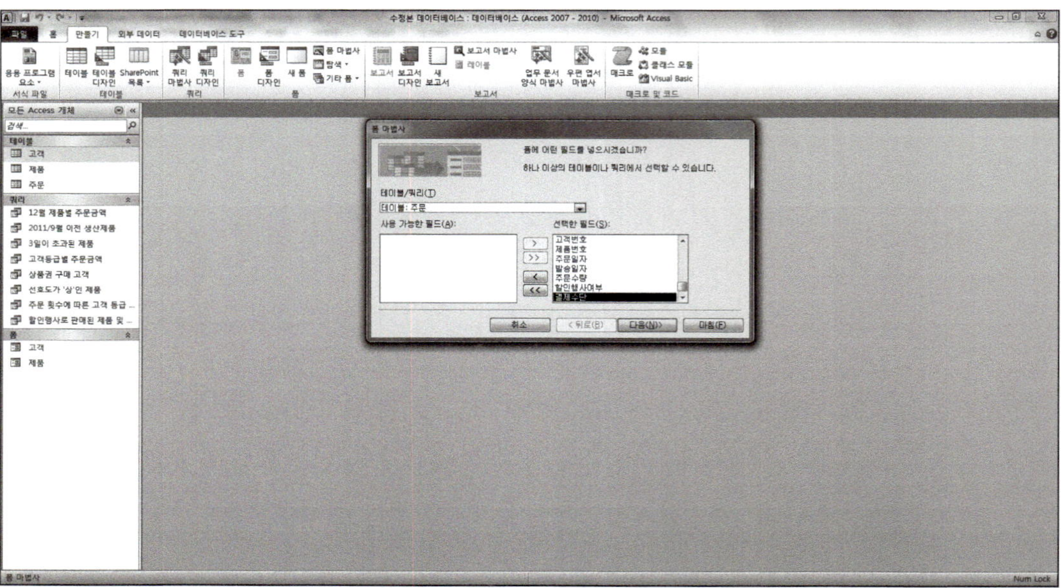

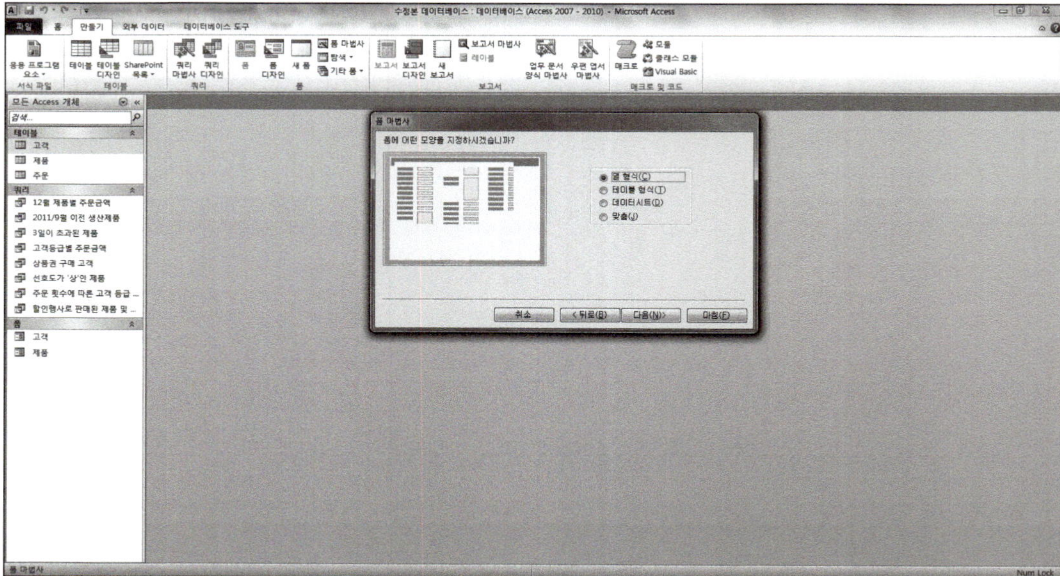

❶ 두 가지의 폼이 완성되면 '주문'폼을 열어 '디자인 보기'를 실행한다. 앞에서 작업한 바와 같이, '디자인 보기'에서는 텍스트 상자의 크기, 폼의 넓이 등을 사용자의 편의와 의도에 맞게 수정한다.

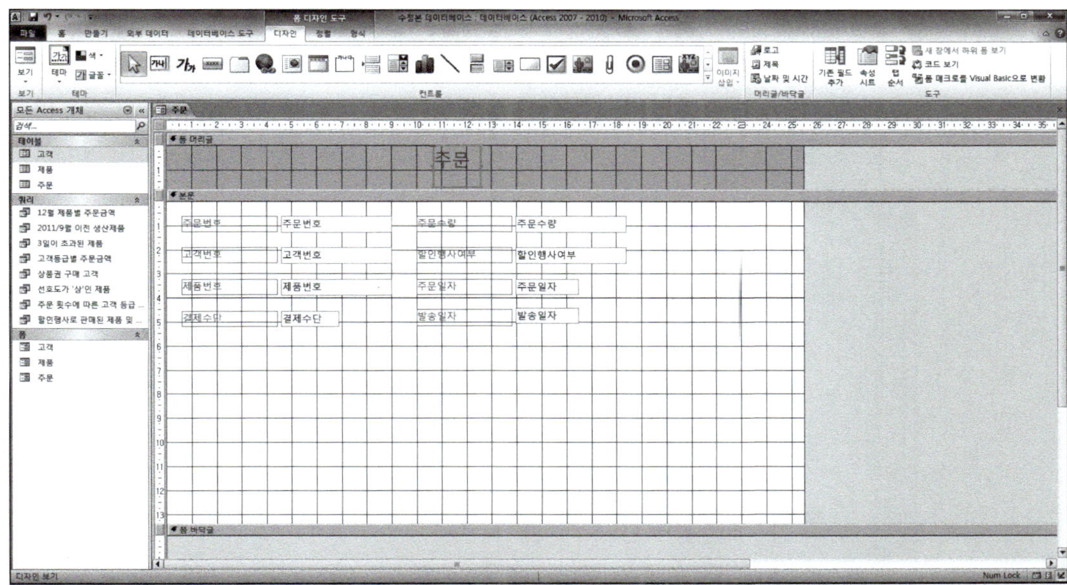

❷ 하위폼을 주문 폼 화면에 삽입하기 위해서는 상단 메뉴 중 '하위폼/하위 보고서'를 클릭하여 명령 단추를 만든 것과 동일한 방법으로 필요한 내용을 선택하고 위치와 크기를 잡아준다. 하위폼이나 하위 보고서에 사용할 데이터의 선택에서는 기존 폼 사용, 고객 폼을 선택하고 다음으로 넘어간다.

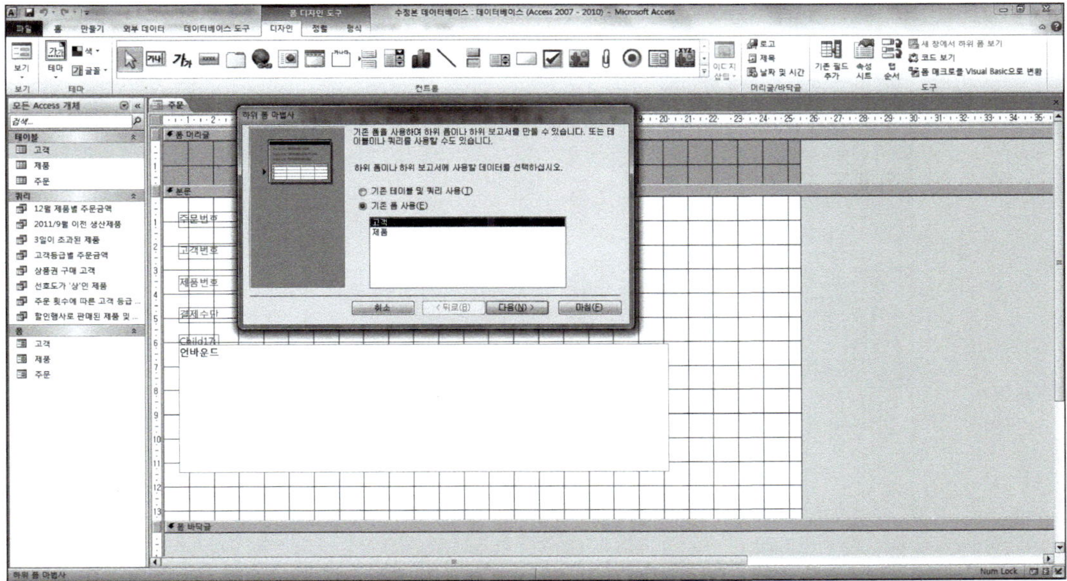

❸ 기본적으로 하위폼 마법사에서는 테이블간에 설정된 관계를 고려하여 연결을 해 준다. 쿼리 테이블을 사용하여 하위폼을 작성하는 경우라서 테이블 간에 관계가 없을 때는 직접 지정 메뉴를 이용하여도 된다. 여기서는 목록에서 주문테이블과 고객테이블 간의 관계를 만들어주는 고객번호를 선택하는 것으로 수행한다.

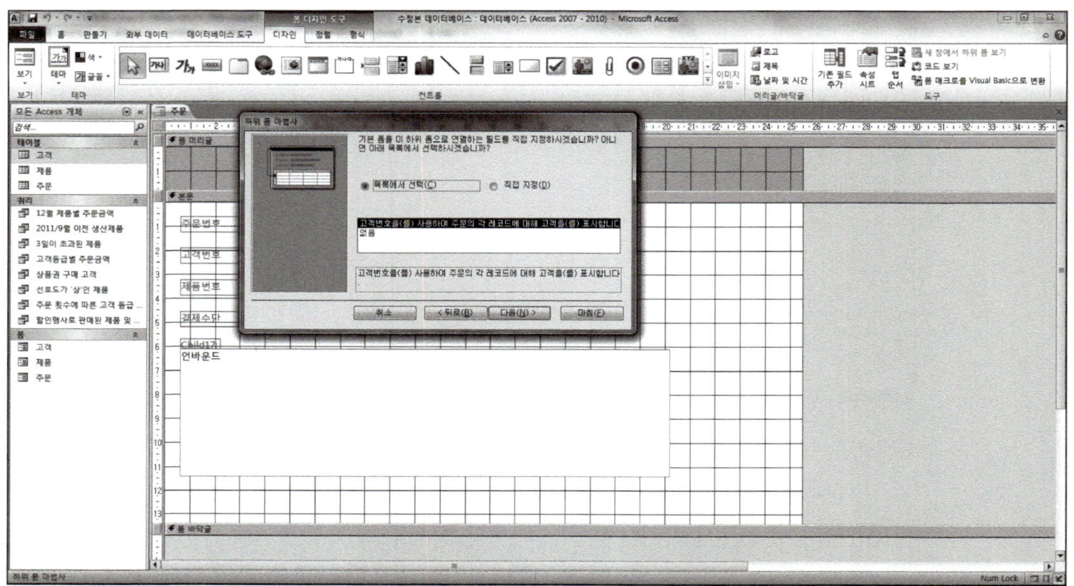

❹ 하위폼의 이름은 고객으로 저장하고 마친다.

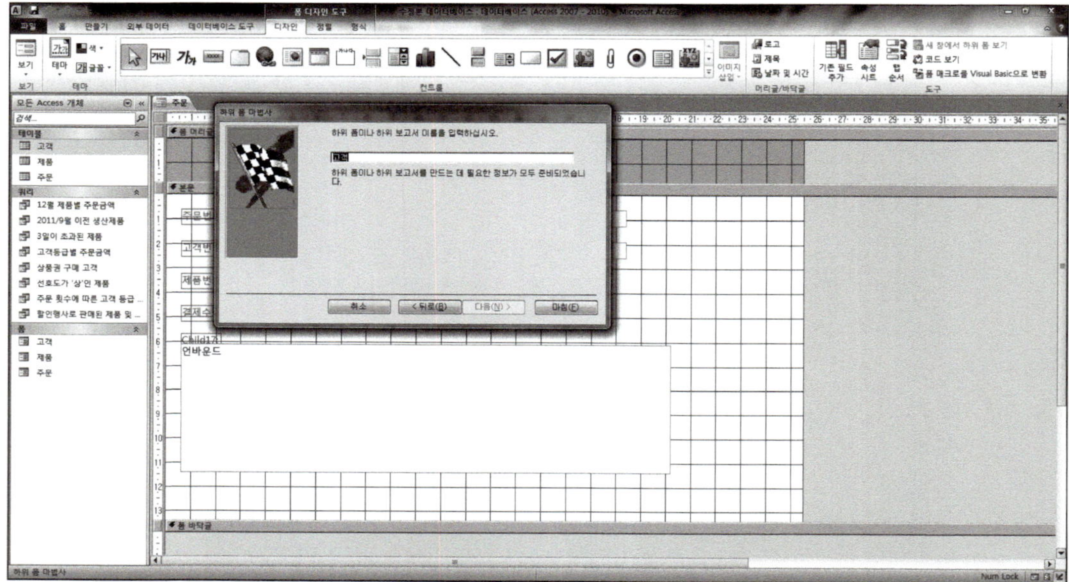

❺ 입력된 하위폼에서는 디자인 보기 화면에서 고객이라는 하위폼 이름을 나타낼 필요가 없으므로 삭제하고 폼 화면을 수정한다.

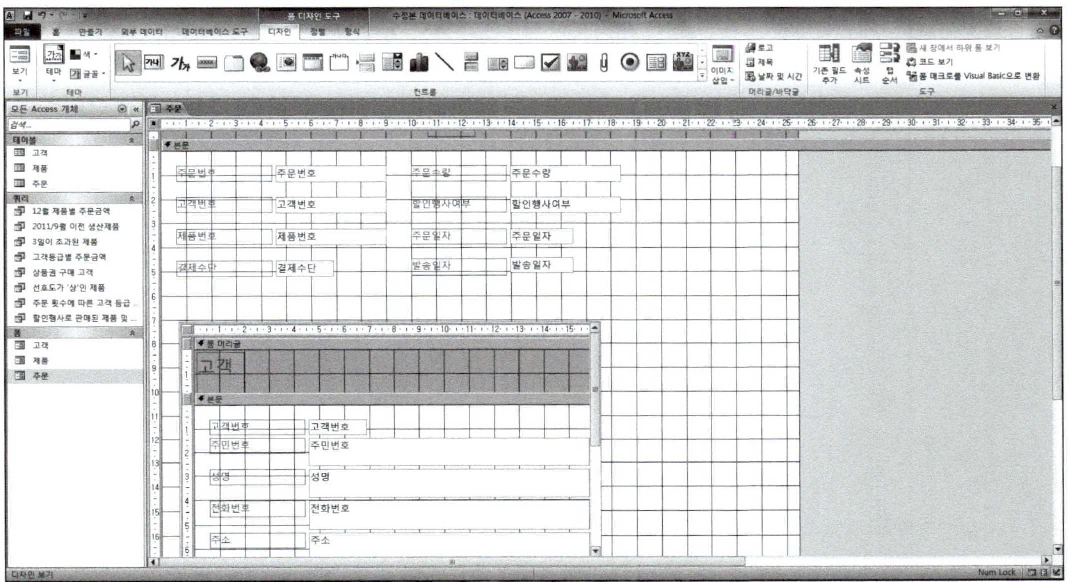

❻ 폼 보기로 이동하여 고객 하위폼을 포함하는 주문 폼의 화면을 확인한다.

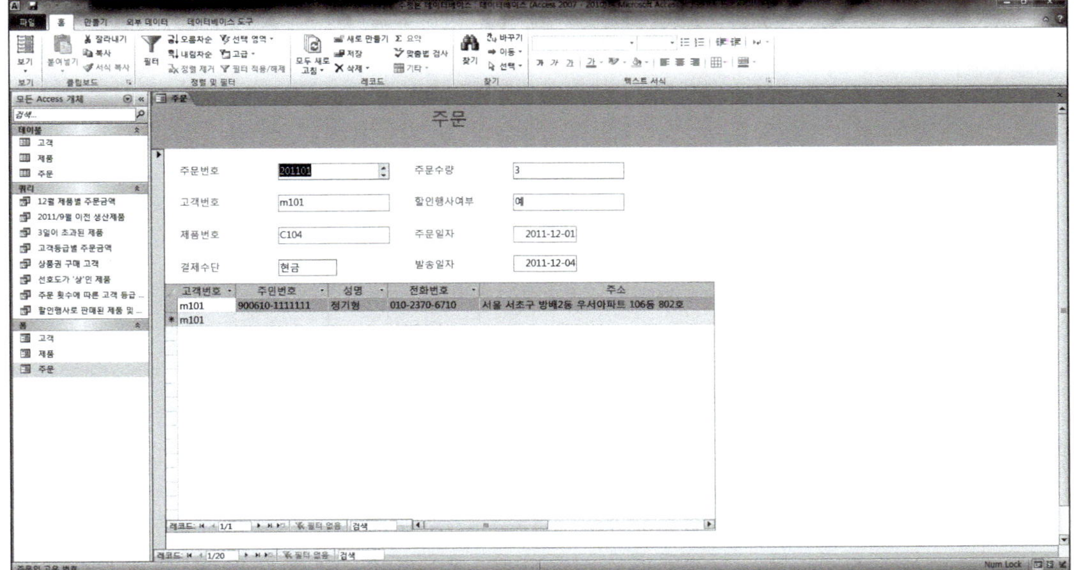

❼ 고객 데이터를 함께 볼 수 있는 주문 폼에서도 디자인 보기 메뉴로 돌아와 명령단추를 만들어본다.

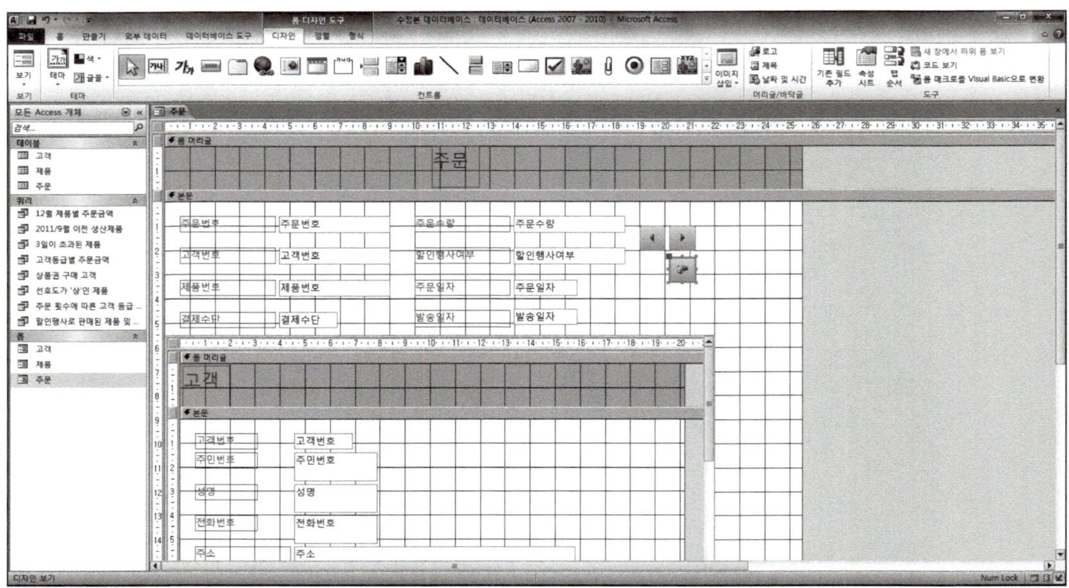

❽ 다음 단계에서는 명령단추를 사용하는 이동이 아닌 '콤보상자'를 이용하여 찾고자 하는 고객 데이터로 이동하는 방법을 연습해본다. 상단에 '콤보상자' 메뉴를 클릭하여 위치를 정하고, 콤보상자 값의 지정방법과 주문 폼에서의 고객번호를 필드로 선택한 후 테이블의 이름을 고객번호 선택으로 지정하여 준다.

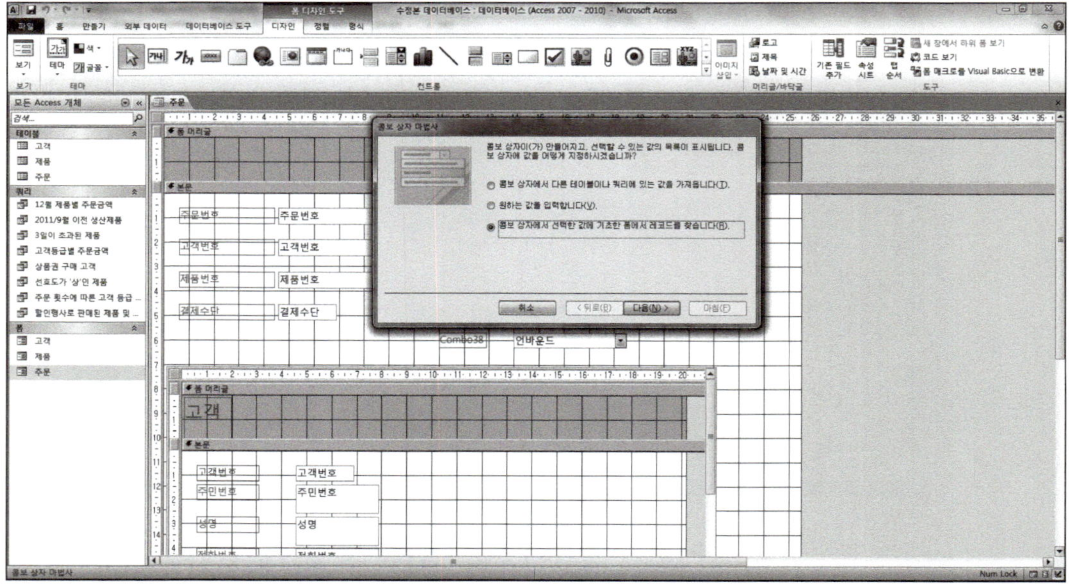

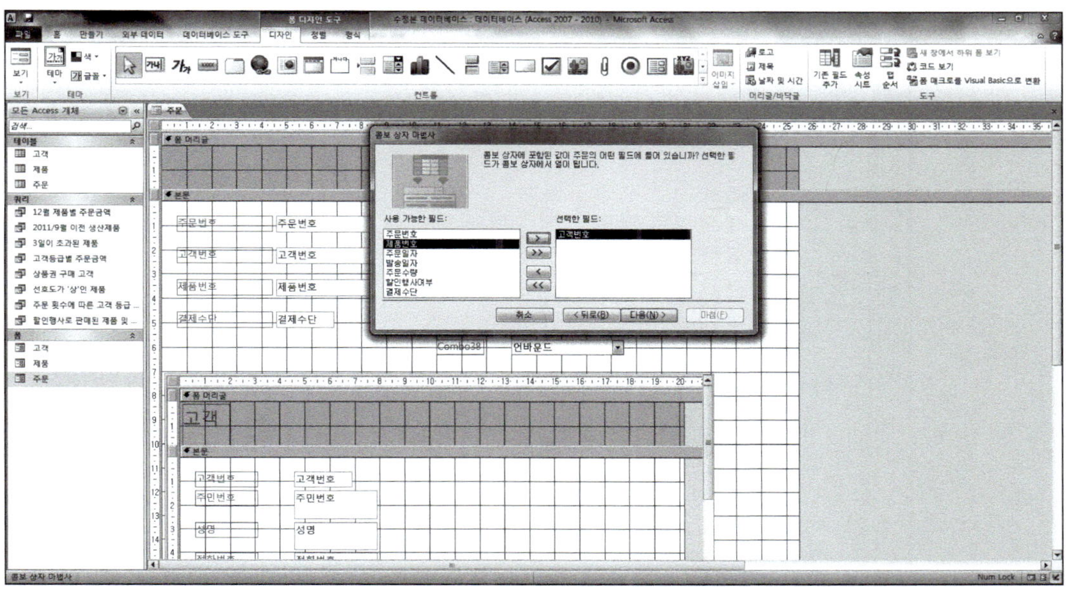

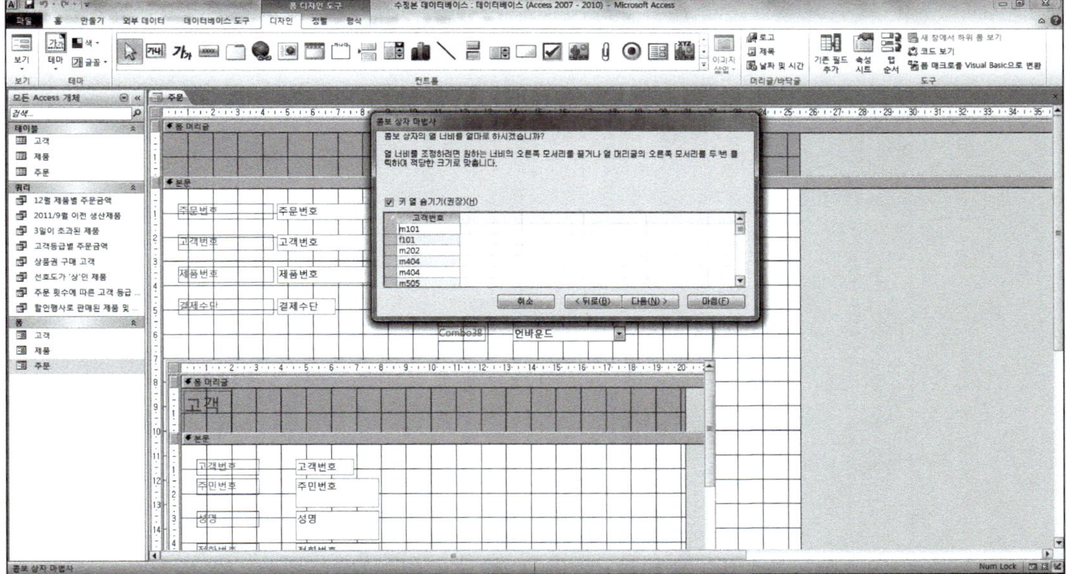

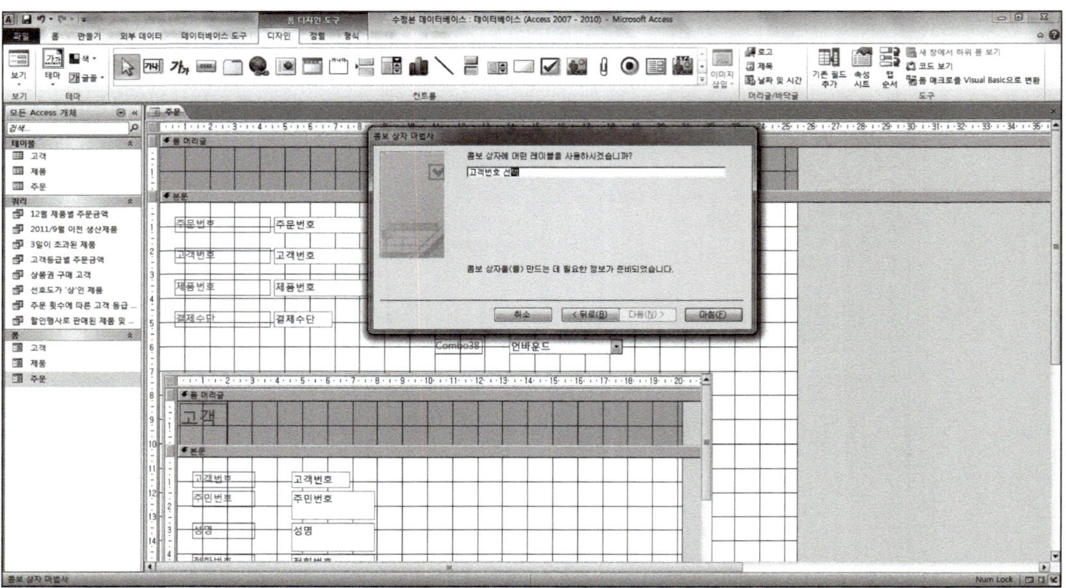

❾ 작성이 완료된 후 '폼 보기'로 이동하여 확인하면 고객하위폼 상단에 고객번호 선택이라는 콤보 상자가 만들어졌다.

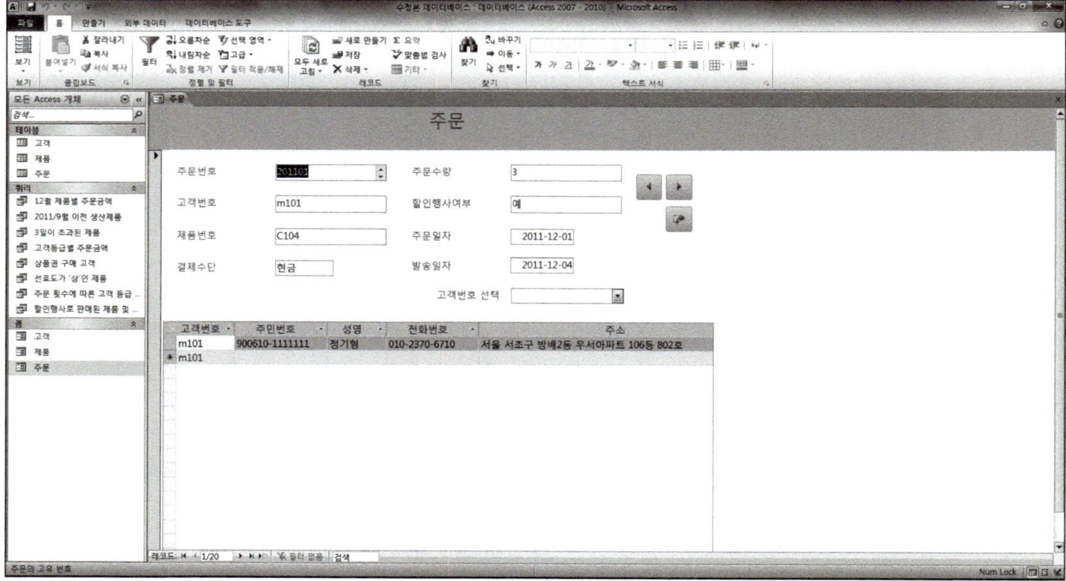

보고서 작성하기

1 하위 보고서를 포함하는 보고서

하위 보고서는 하위폼과 마찬가지로 하나의 보고서에 두 개의 테이블을 이용하여 추가로 하위 내용을 삽입하는 보고서를 말한다. 즉, 기본이 되는 보고서 내용에 그와 관련 있는 또 하나 이상의 보고서를 추가함으로써 하나의 보고서 페이지에서 보다 많은 정보를 파악하여 의사결정의 편리성을 도모한다.

기본 보고서에 하위 보고서를 추가할 경우, 기본 보고서로 사용되는 테이블과 하위 보고서로 삽입되는 테이블에는 공통 필드가 하나 이상 존재하여야 하고, 일대일, 일대다, 혹은 다대다의 관계로 공통 필드 간에 연결이 되어 있어야 한다. 이는 기본 보고서에 출력되는 레코드와 하위 보고서에서 출력되는 레코드가 서로 일치해야 하기 때문에, 하위 보고서 컨트롤이 기본 보고서의 값과 일치할 수 있도록 해주어야 하는 것이다.

먼저, 주문테이블을 기본 보고서의 대상으로 하고, 제품테이블을 하위 보고서로 포함시키는 보고서를 작성하여 본다.

❶ 기본 보고서인 주문 보고서를 작성하기 위하여 보고서 마법사를 열어 주문테이블을 선택한다. 보고서에 포함시키고자 하는 필드들을 선택한다. 보고서의 모양을 선택한 후, 보고서 이름을 주문으로 지정하고 저장한다.

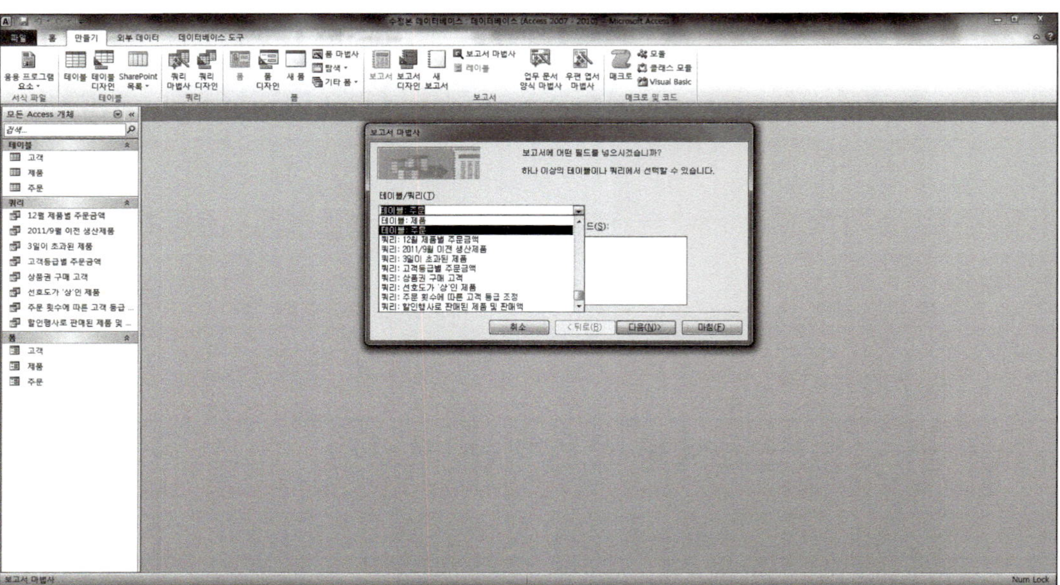

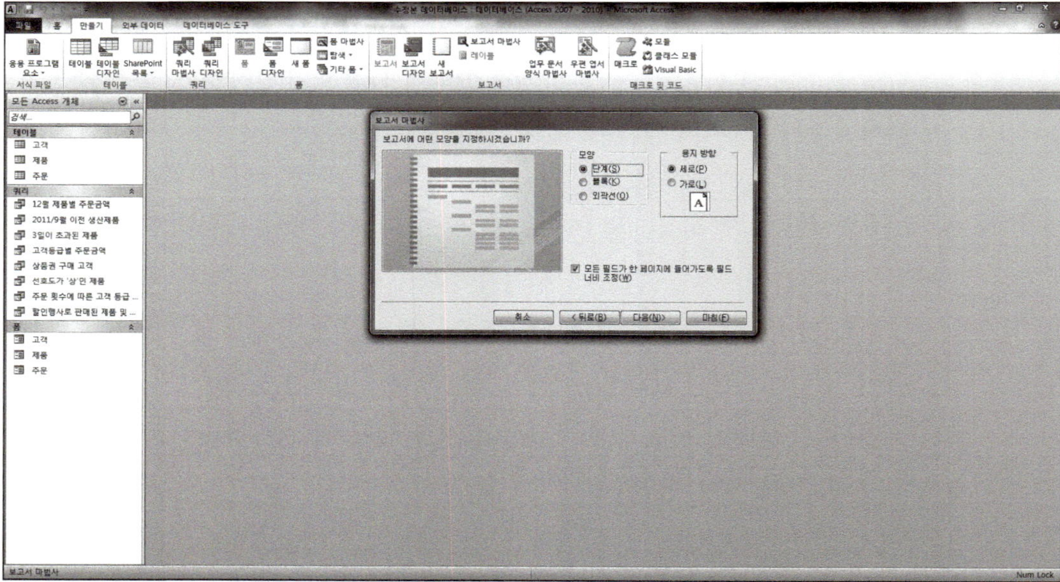

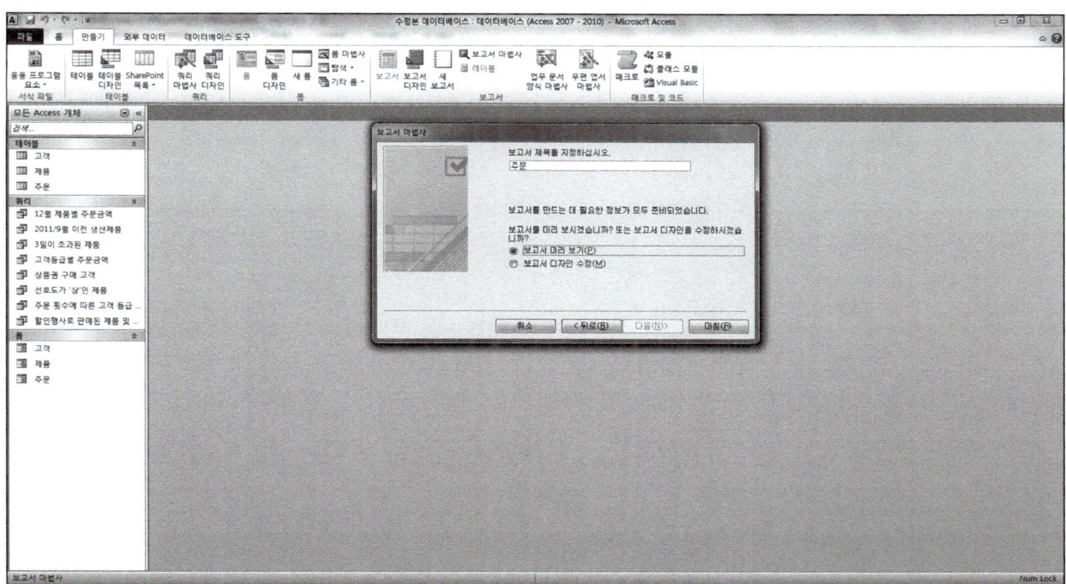

❷ 완료된 보고서를 보게 되면 항목이 잘 나오지 않으므로, '디자인 보기'메뉴로 이동하여 수정한다.

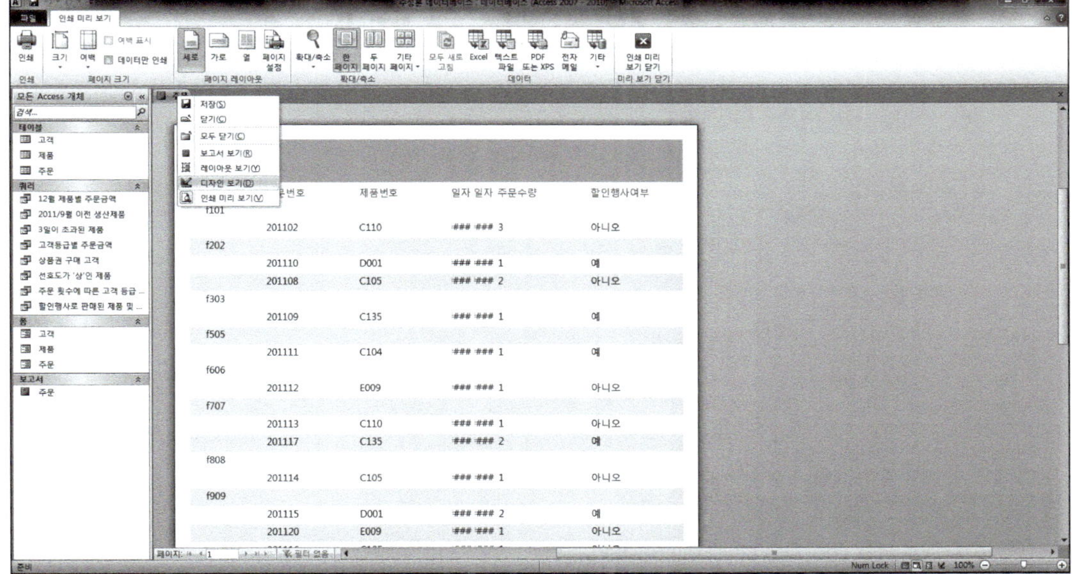

❸ 위치와 크기를 조절하여 초기 화면에 나타나지 않았던 발송일자, 주문일자 등이 나오도록 폼을 확인한다.

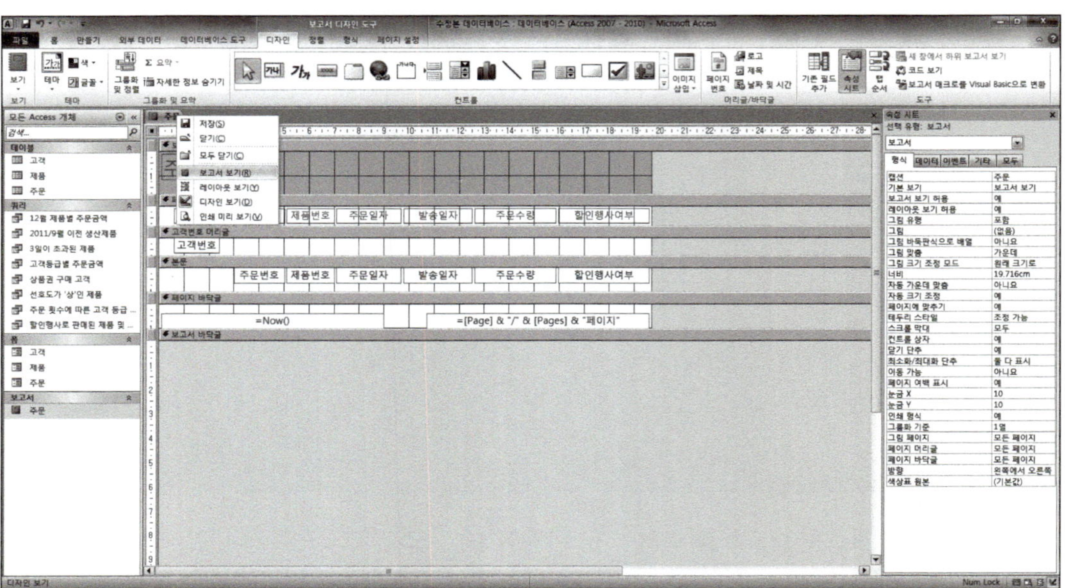

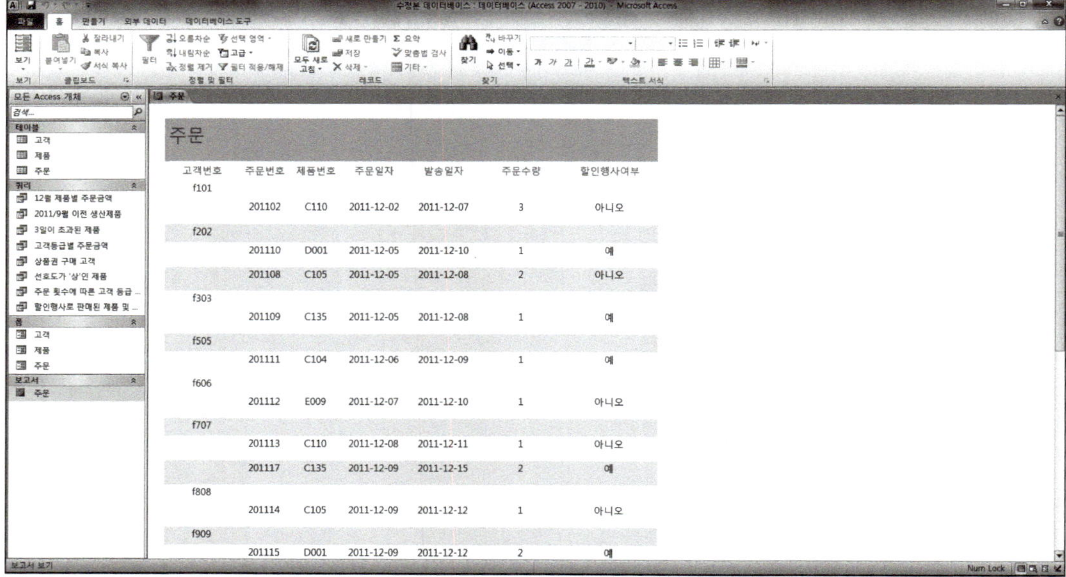

❹ 역시 같은 방법으로 제품 보고서를 작성한다. 아래와 같이 그룹수준을 지정하여 그룹별로 묶어 표현한다.

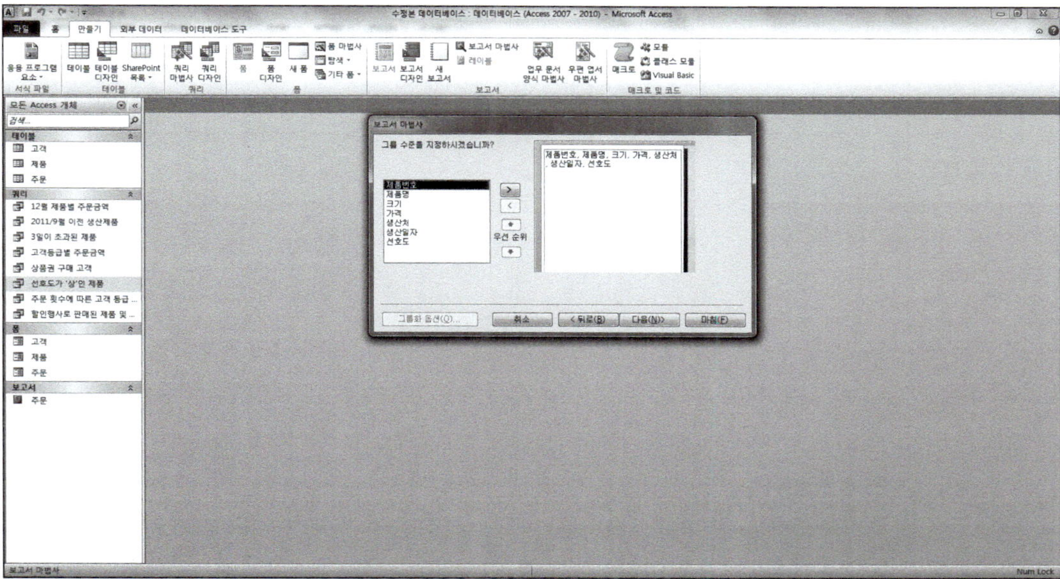

❺ 보고서의 모양은 열로 지정하고 보고서 제목은 제품으로 저장한다.

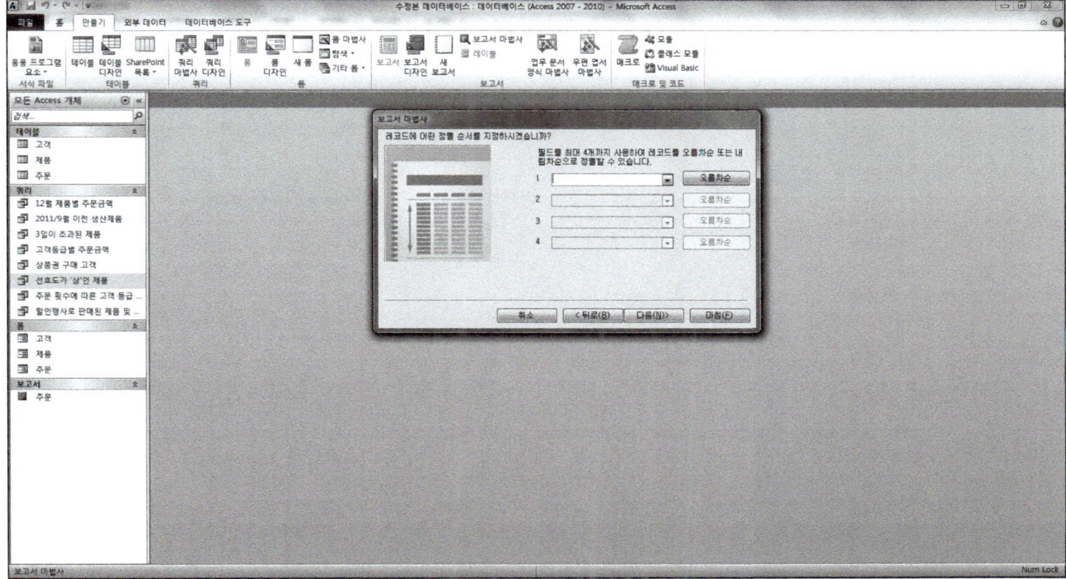

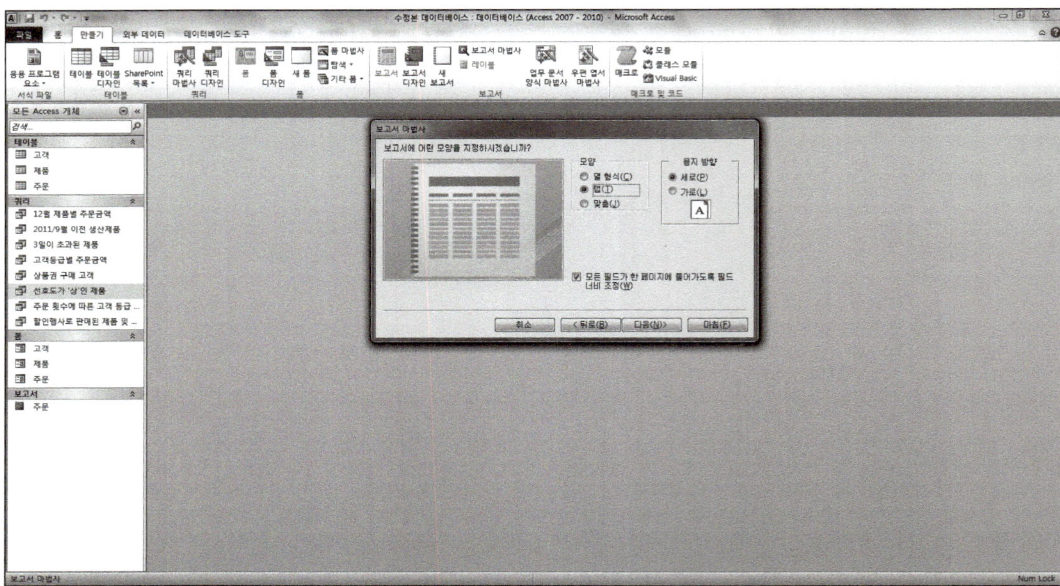
수정본 데이터베이스 : 데이터베이스 (Access 2007 - 2010) - Microsoft Access
보고서 마법사
보고서에 어떤 모양을 지정하시겠습니까?
모양
열 형식(C)
표(T)
맞춤(J)
용지 방향
세로(P)
가로(L)
모든 필드가 한 페이지에 들어가도록 필드 너비 조정(W)
취소
< 뒤로(B)
다음(N) >
마침(F)

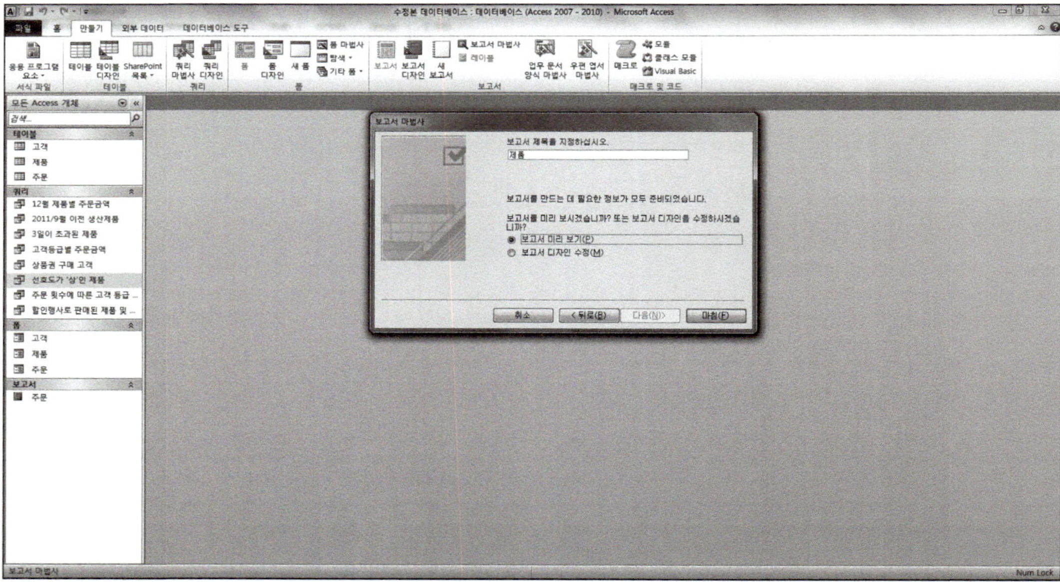
수정본 데이터베이스 : 데이터베이스 (Access 2007 - 2010) - Microsoft Access
보고서 마법사
보고서 제목을 지정하십시오.
제품
보고서를 만드는 데 필요한 정보가 모두 준비되었습니다.
보고서를 미리 보시겠습니까? 또는 보고서 디자인을 수정하시겠습니까?
보고서 미리 보기(P)
보고서 디자인 수정(M)
취소
< 뒤로(B)
다음(N) >
마침(F)

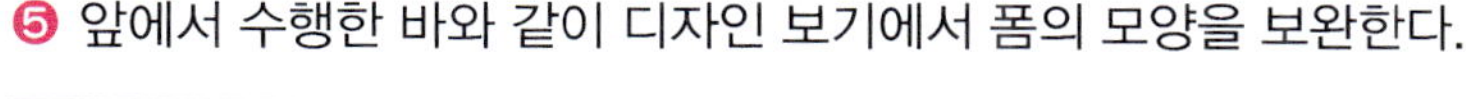

❺ 앞에서 수행한 바와 같이 디자인 보기에서 폼의 모양을 보완한다.

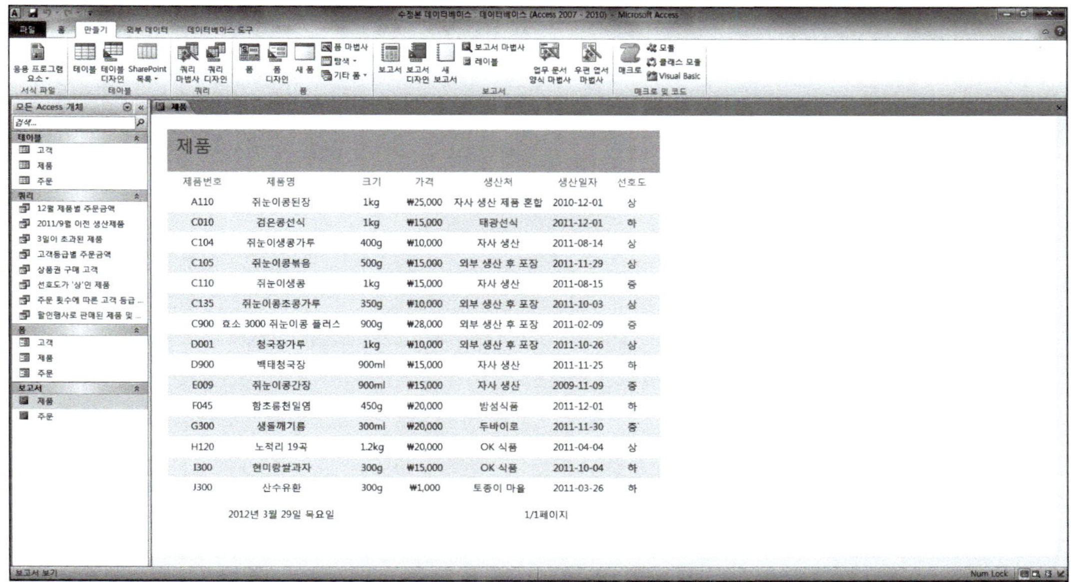

❻ 두 개의 보고서가 완성되었다. 열려있는 모든 보고서 탭을 닫은 후, 주문 보고서를 열고, '다지인 보기'로 이동한다. 상단의 하위폼/하위 보고서 메뉴를 클릭한 후 위치를 잡아주도록 한다. 메인 보고서와 하위 보고서를 연결하는 방법에서 이전 폼보기에서 학습한 직접 지정 방법이 있지만, 이번 보고서에서는 '목록에서 선택'을 통하여 제품번호로 지정하여 만들어 본다.

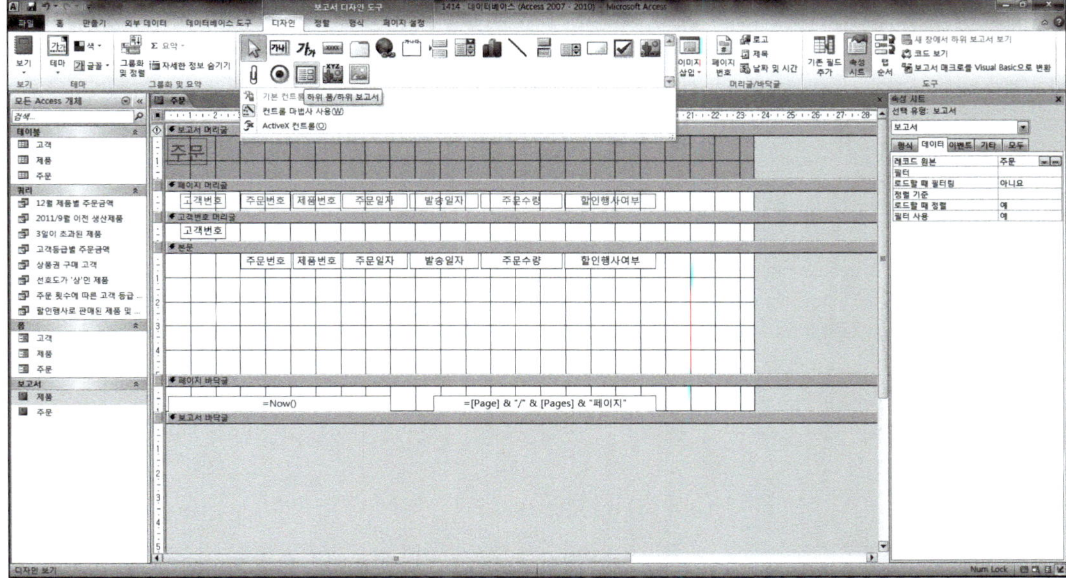

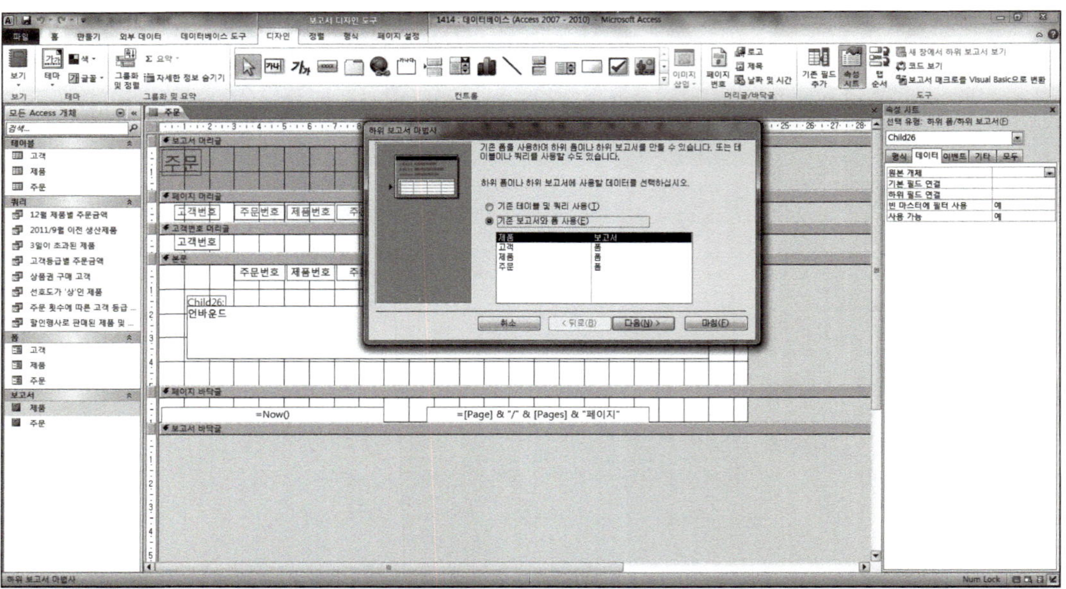
하위 보고서 마법사
기존 폼을 사용하여 하위 폼이나 하위 보고서를 만들 수 있습니다. 또는 테이블이나 쿼리를 사용할 수도 있습니다.
하위 폼이나 하위 보고서에 사용할 데이터를 선택하십시오.
기존 테이블 및 쿼리 사용(T)
기존 보고서와 폼 사용(F)
제품 보고서
고객 폼
제품 폼
주문 폼
취소
< 뒤로(B)
다음(N) >
마침(F)
=Now()
=[Page] & "/" & [Pages] & "페이지"

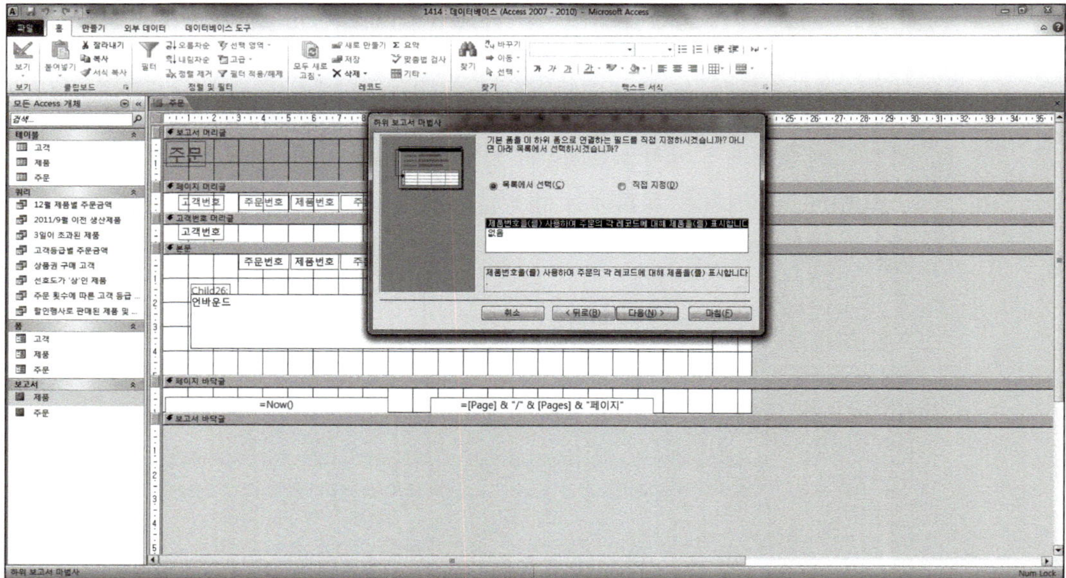
하위 보고서 마법사
기본 폼을 이 하위 폼으로 연결하는 필드를 직접 지정하시겠습니까? 아니면 아래 목록에서 선택하시겠습니까?
목록에서 선택(C)
직접 지정(D)
제품번호을(를) 사용하여 주문의 각 레코드에 대해 제품을(를) 표시합니다
없음
제품번호을(를) 사용하여 주문의 각 레코드에 대해 제품을(를) 표시합니다
취소
< 뒤로(B)
다음(N) >
마침(F)
=Now()
=[Page] & "/" & [Pages] & "페이지"

2 차트 보고서 작성하기

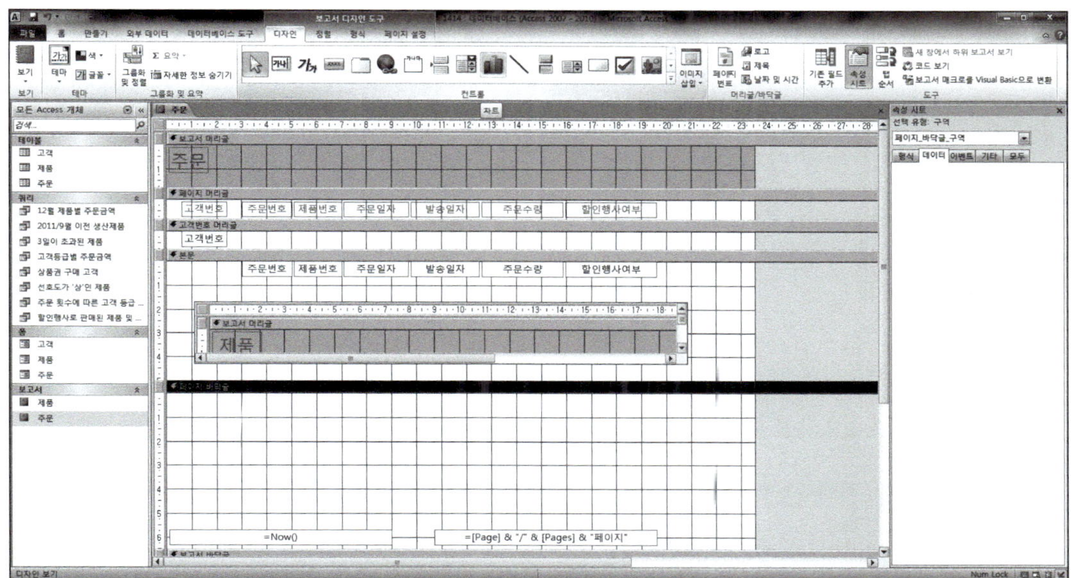

보고서에 차트가 추가되면 제시된 자료를 이해하기가 훨씬 용이해진다. 엑세스에서는 여러 가지 형태의 테이블을 이용하여 보고서에 차트를 작성하거나, 삽입하여 나타낼 수 있는데, 이때 차트에 사용되는 필드에는 반드시 수치 데이터가 포함되어야 한다. 마법사를 이용하여 차트만으로 작성된 보고서를 만들 수 있고, 기존의 폼에 새로운 차트를 삽입할 수도 있다.

앞에서 작성된 주문 보고서에 차트를 추가해 본다. 주문 보고서를 열고 '디자인 보기'로 이동하여 차트를 만들 페이지 바닥글에 공간을 마련해준다.

차트의 내용은 작성된 쿼리 가운데, 고객등급별 주문금액으로 한다. 차트의 종류는 표현하고자 하는 내용에 적합한 것을 선택하는데, 여기서는 원그래프를 이용하여 본다.

❶ 보고서 맨 앞에 12월 주문금액을 고객등급별로 원그래프로 보여주는 차트를 삽입한다.

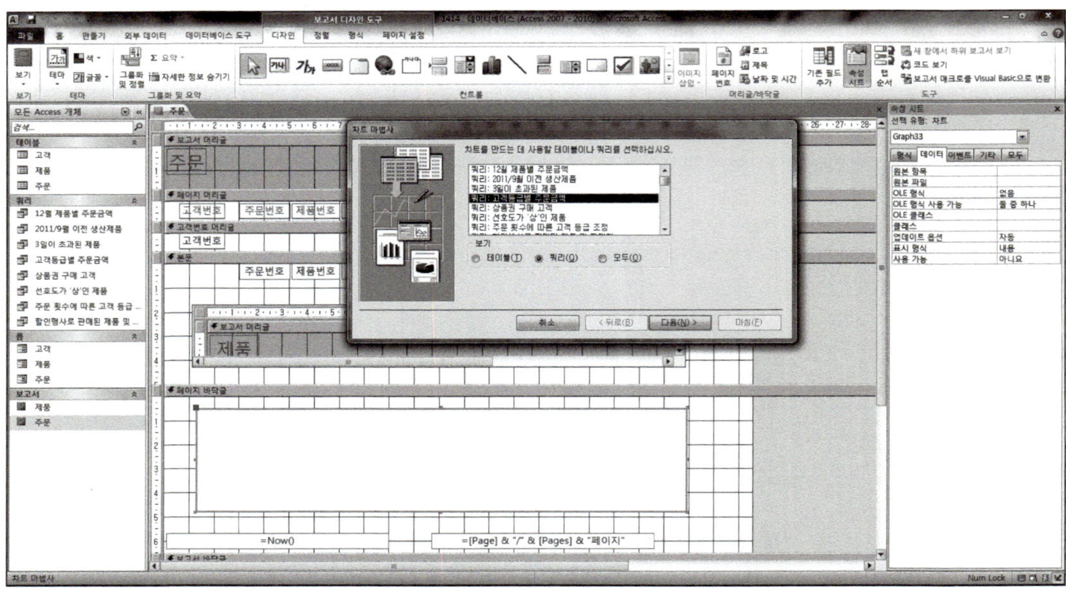

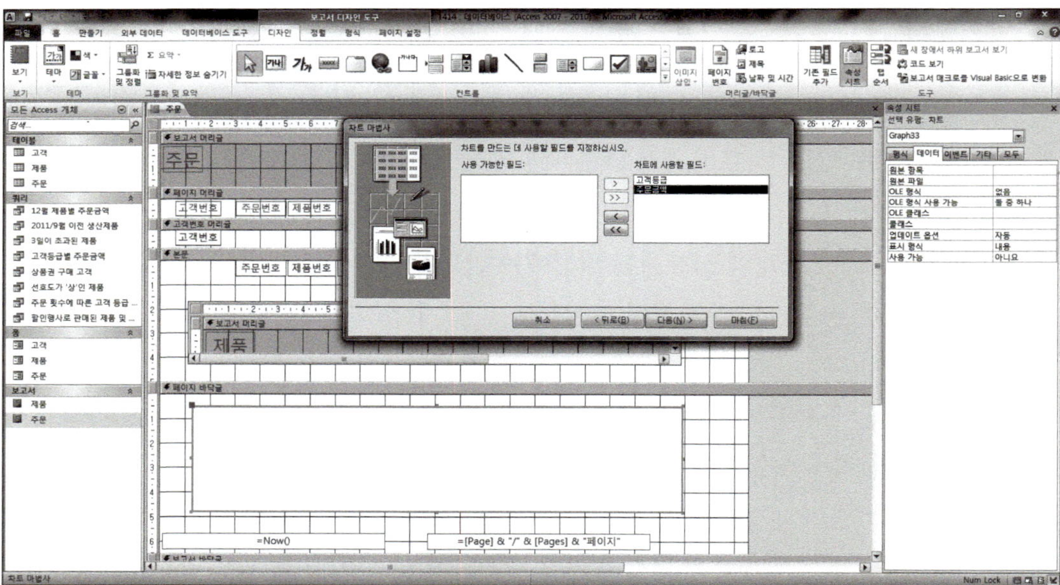

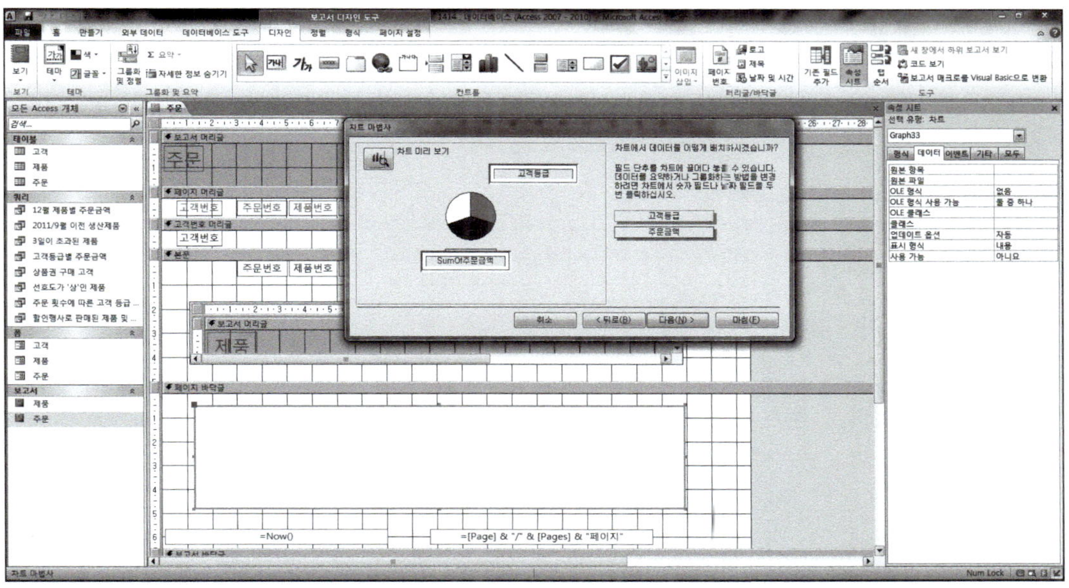

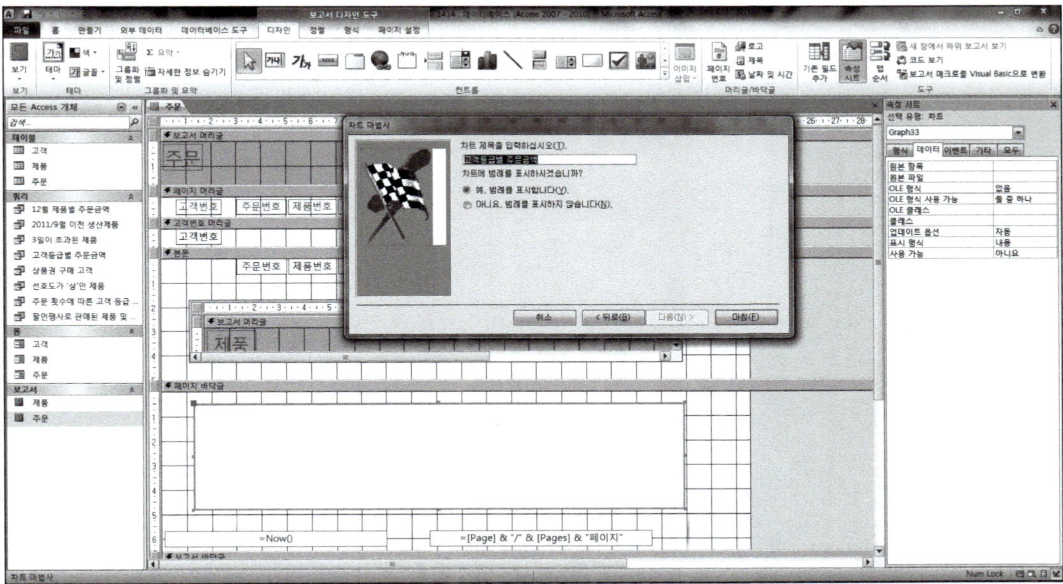

❷ 위의 내용과 같이 차트를 생성하게 되면, 범례에서 동부, 서부, 북부라고 나타나는 현상이 일어난다. 이와 같은 것은, 잘못 입력된 데이터가 나타나는 것이 아니고, 아직 엑세스 자체에서 인식된 데이터가 갱신이 되지 않은 것이다. 이것은 '보고서 보기'에서 보게 되면 정상적으로 표시된다. 만약 아직도 동일한 오류를 보여줄 경우 키보드 상단의 'F5'키를 누르면 새로고침이 되며 정상적으로 표시되게 된다.

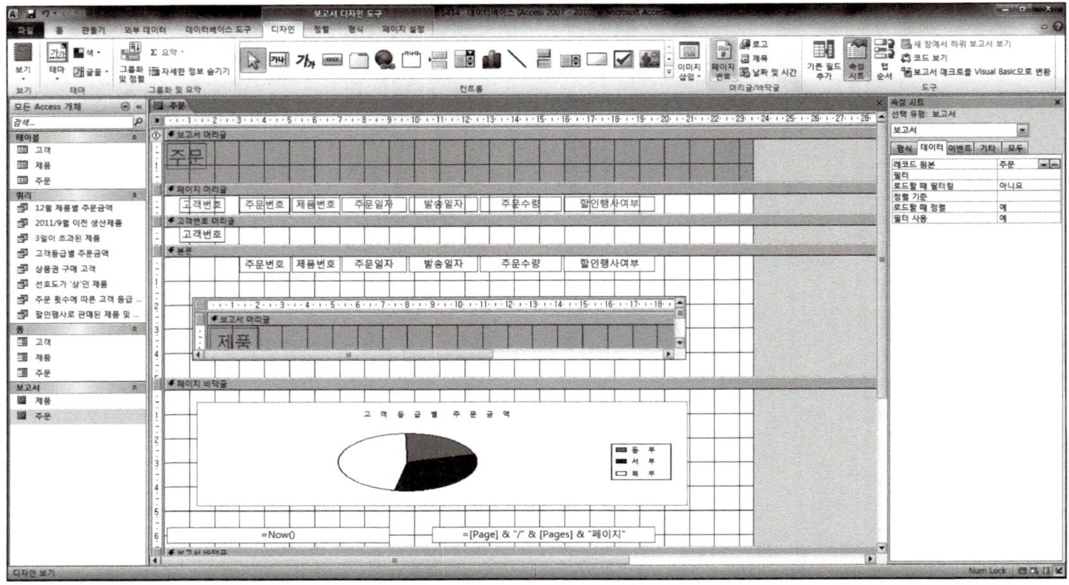

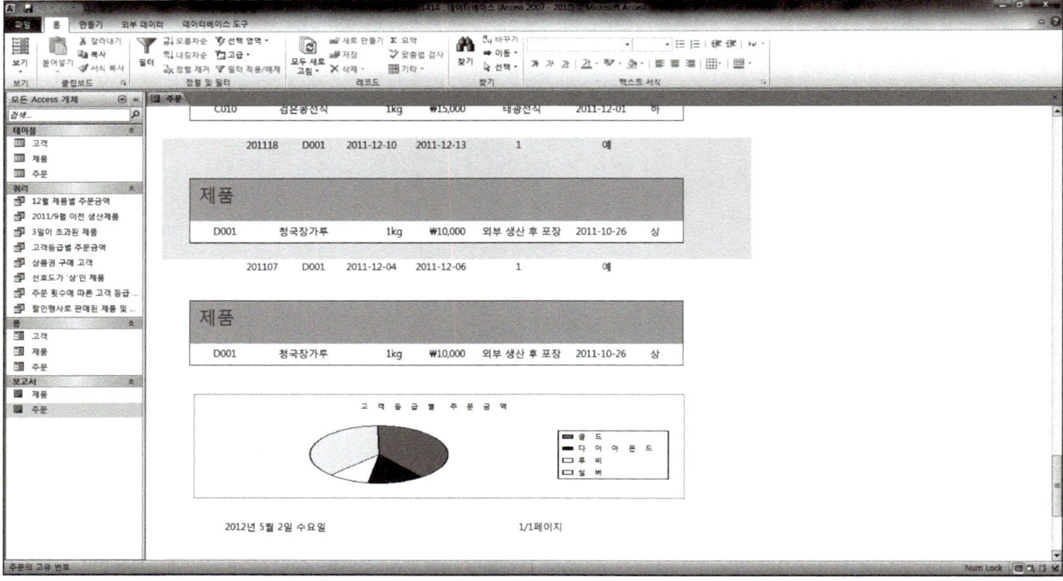

❸ 보고서에 첨부한 차트를 완성한 후, 폼에서 다른 양식의 차트를 만들어 보도록 한다. 우선 주문 폼을 연 후, '디자인 보기'로 이동한다. 이후 본문의 크기를 늘려주며, 차트가 들어갈 공간을 확보해 준다. 다음으로 상단의 차트 메뉴를 클릭하여 크기를 지정하도록 한다. 위치를 지정하게 되면 차트 마법사가 실행이 되며, 테이블 탭에서 주문을 지정하고, 다음으로 넘어가 사용할 필드를 주문수량과 제품번호로 선택하여 준다. 그리고 막대모양의 차트를 선택한다.

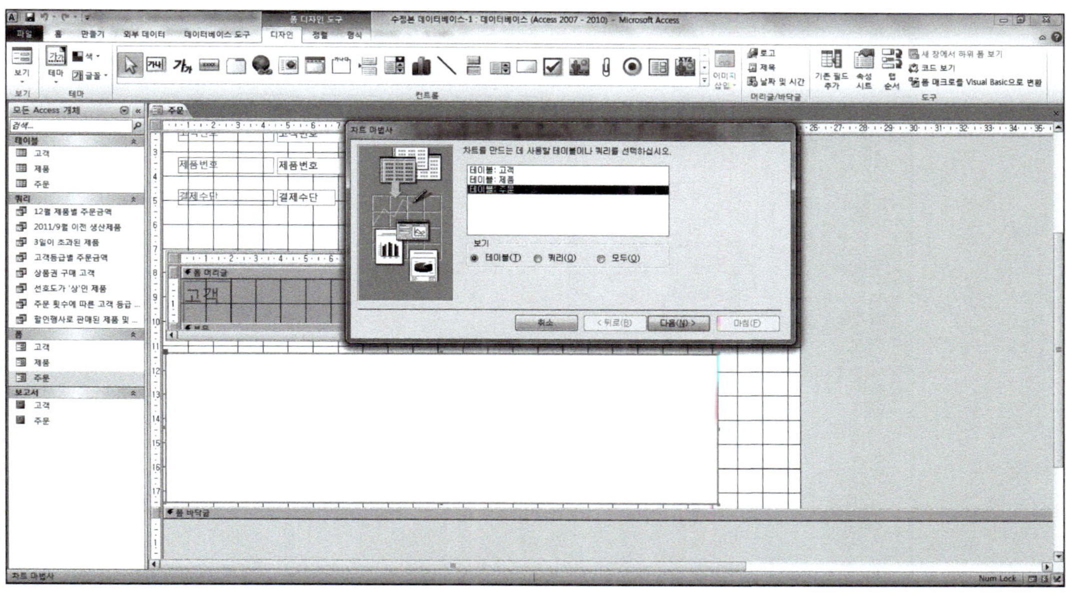
차트 마법사
차트를 만드는 데 사용할 테이블이나 쿼리를 선택하십시오.
테이블: 고객
테이블: 제품
테이블: 주문
보기
테이블(T)
쿼리(Q)
모두(O)
취소
< 뒤로(B)
다음(N) >
마침(F)

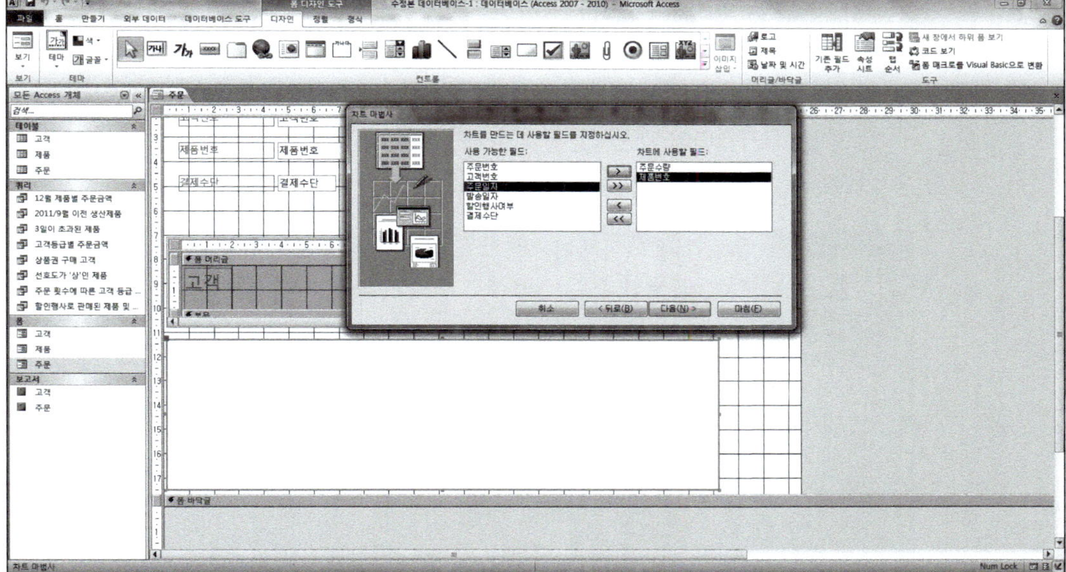
차트 마법사
차트를 만드는 데 사용할 필드를 지정하십시오.
사용 가능한 필드:
주문번호
고객번호
주문일자
발송일자
할인행사여부
결제수단
차트에 사용할 필드:
주문수량
제품번호
취소
< 뒤로(B)
다음(N) >
마침(F)

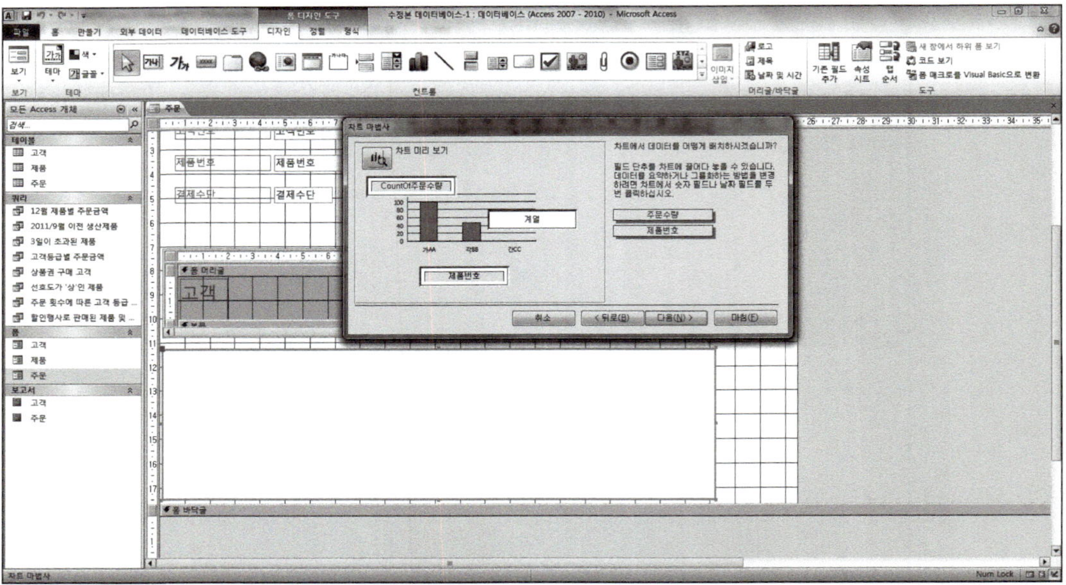

❹ 위와 같이 주문 수량을 좌측 상단에 위치시키면 자동으로 함수가 실행되며, 우측에는 빈칸으로 놀 경우 '계열'이라 표시된다. 하단에는 제품번호를 위치시키도록 한다.

❺ 폼 필드와 차트 필드의 연결 값은 '필드 없음'으로 하게 된다. 만약 '주문번호'를 지정할 경우, 상단의 폼과 연결되어 제품 한 개의 수량만 보여주게 된다. 우리가 원하는 값은 모든 제품의 주문 수량이므로 지정하지 않도록 한다.

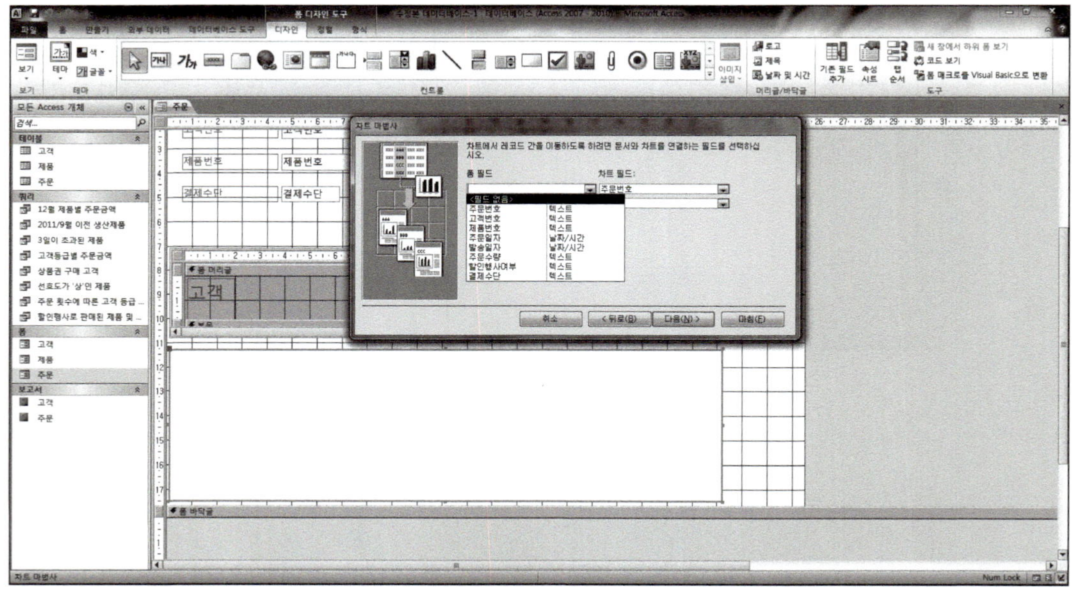

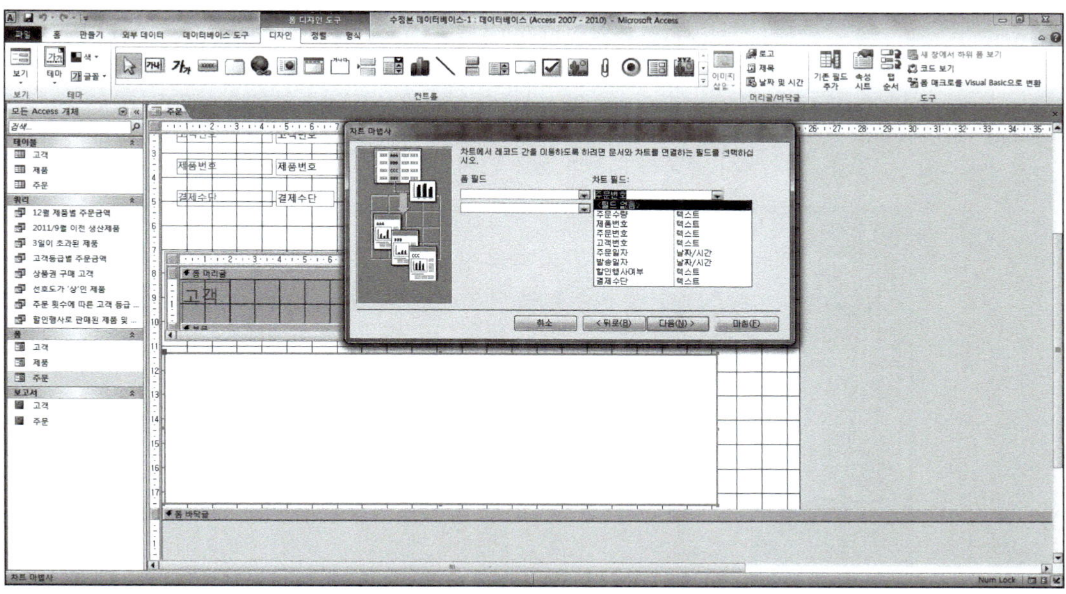

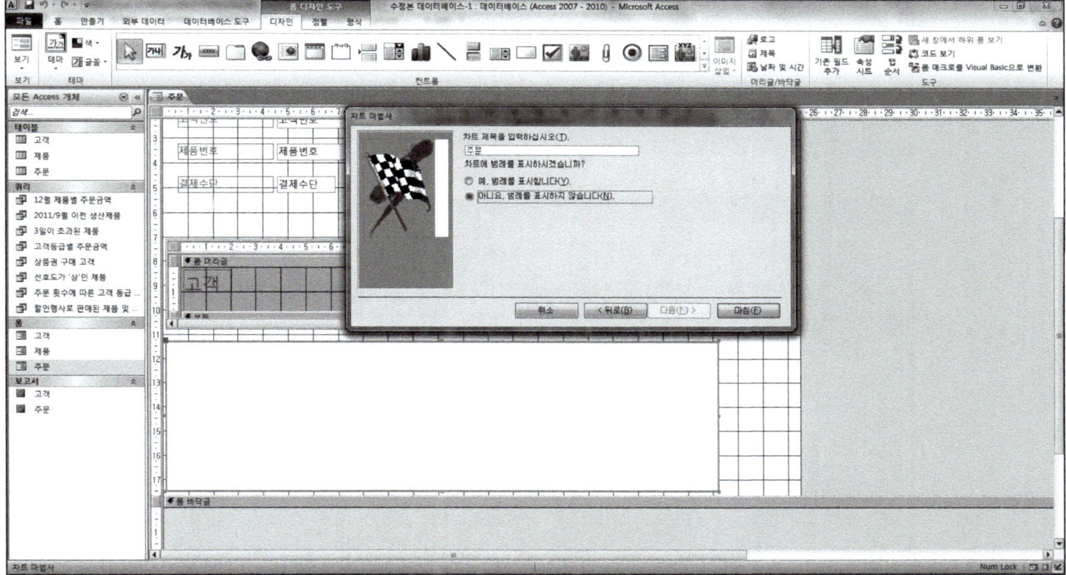

❻ 상단과 같이 범례는 표시하지 않는 것으로 한다.

결과값으로 하단과 같은 그래프가 나오는데, 앞의 원형 차트를 형성했던 것과 같이 차트가 처음에는 바르게 표시되지 않는다. 이것은 이전에 설명한 방법으로, '폼 보기' 메뉴로 이동하여 확인하고, 계속해서 잘못된 내용을 표시한다면, 'F5' 키를 눌러 새로고침을 하도록 한다.

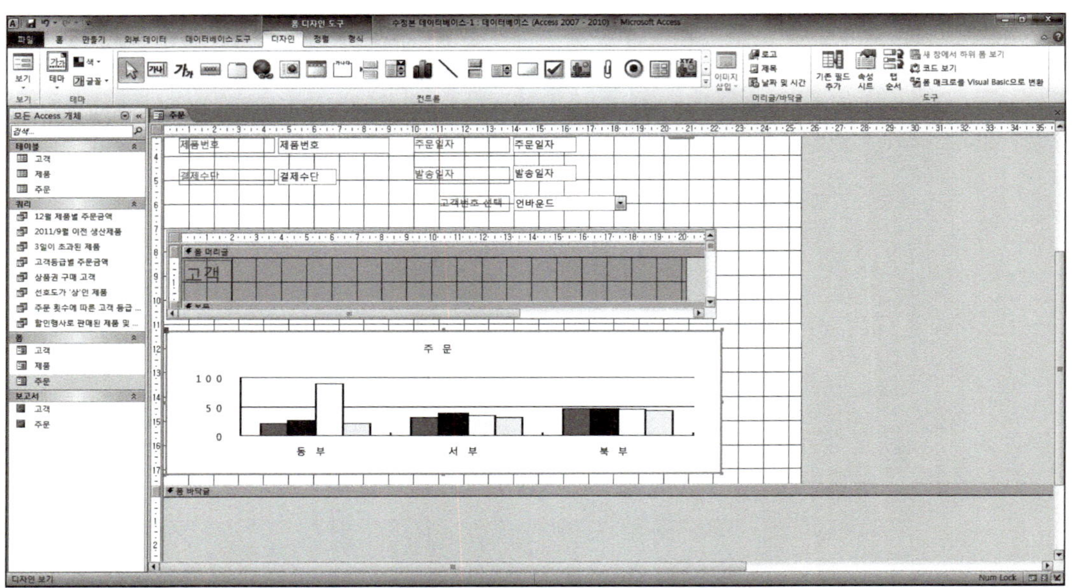

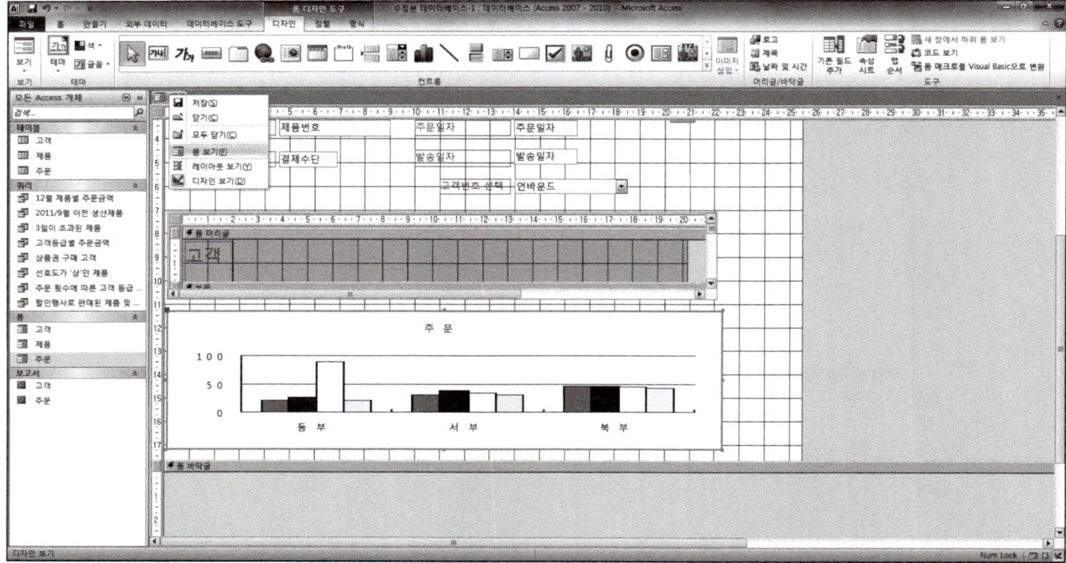

❼ 폼 보기를 통하여 결과값을 확인하면 정상적인 그래프가 나오고 있음을 볼 수 있다.

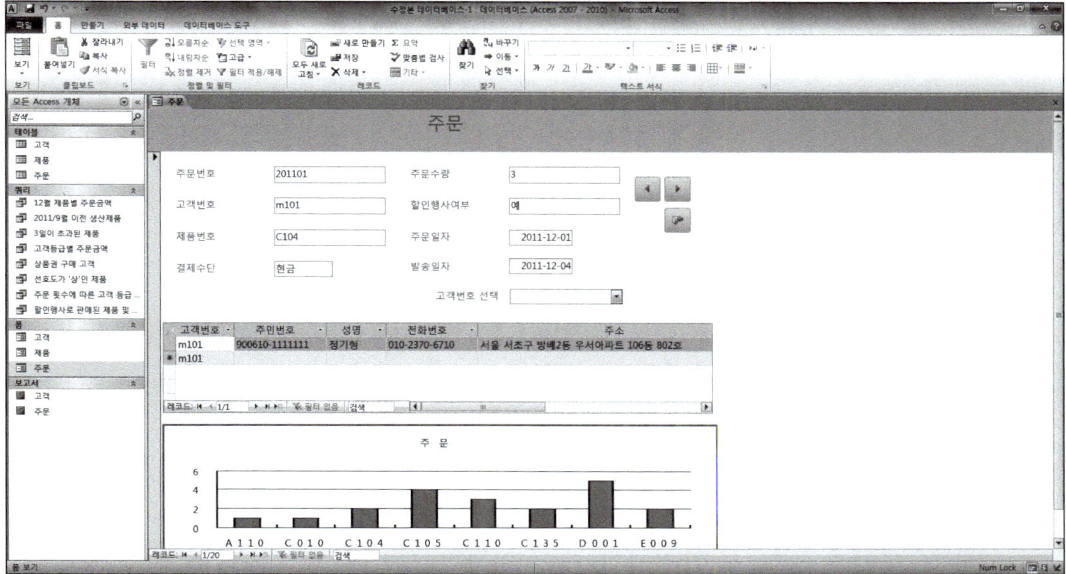

연 습 문 제

Chater 12

01 제품의 선호도별 구매금액의 합계를 확인하는 쿼리를 쿼리 디자인 도구로 디자인하여 실행하여 보라

02 생산처 별 판매금액의 합계를 확인하는 쿼리를 쿼리 디자인 도구로 디자인하여 실행하여 보라

03 제품테이블을 하위폼으로 하는 고객폼을 작성하여 보라

04 고객등급별 구매금액을 차트로 볼 수 있는 보고서를 작성하여 보라

05 작성된 메뉴화면을 사용자의 편의와 취향에 맞게 수정하여 보라

PART 3
부 록

1 영문색인

N

O

P

Q

R

S

2 국문색인

ㄹ

ㅁ

ㅂ

ㅅ

ㅇ

ㅈ

ㅊ

ㅋ

ㅌ

ㅍ

ㅎ

저자소개

■ 최재화
- University of Maryland, College Park, 경영학 박사
- 현재 단국대학교 경상대학장

■ 손승희
- (독일) Halle-Wittenberg 대학교, 경영정보학 박사
- 현재 단국대학교 경영학부 교수

■ 장윤희
- 서강대학교, 경영학 박사
- 현재 단국대학교 경영학부 교수

■ 이형배
- 단국대학교 공학석사
- 전 단국대학교 경영학부 겸임교수

경영과 컴퓨터

2012년 6월 25일 1쇄 인쇄
2021년 8월 30일 2쇄 발행

저 자 최재화·손승희
장윤희·이형배
발행인 류재식·박용범
발행처 도서출판 북넷

서울시 용산구 효창동 5-3 대신빌딩 2층
등 록 2010년 6월 7일(제2010-000069호)
전 화 (02) 395-2341
팩 스 (02) 395-2303

정가 25,000원

ISBN 978-89-966858-6-9

e-mail : book2341@naver.com